法学教室
LIBRARY

Key Points of Criminal Law: General Part
Hashizume Takashi

刑法総論の悩みどころ

橋爪　隆

有斐閣

はしがき

本書は，法学教室に連載した「刑法総論の悩みどころ」に，その後の判例・学説の動きを踏まえて，加筆修正を行ったものである。連載では，刑法総論の学修において理解が困難な解釈上の論点について，問題点を整理した上で，一定の考え方を示すことを目的とした。杞憂かもしれないが，最近の刑法総論の学修においては，難解な議論が展開されていることもあり，抽象的な言い回しや結論だけを覚えてすませる傾向があるように思われた。しかし，これでは刑法解釈論を，具体的な事例に適用可能なかたちで，正確に理解しているとはいえないし，何よりも刑法の議論の楽しさが伝わらない。このような目的意識から，連載では，判例・学説の状況をできる限り平易に説明した上で，なぜ，そのような問題が生ずるのか，そして，私自身が，どのような思考過程をたどって，また，どのような根拠に基づいて，一定の結論を導き出そうとしているのかを，具体的に示すことに努めた。単行本化の作業では，さらに構成や表現を大幅に改めて，私の問題意識や考え方の筋道が，少しでも分かりやすくなるように配慮したつもりである。これらの目的が十分に達成できているかは自信がないが，読者の方が刑法総論の議論を面白く感じていただけるのであれば，望外の喜びである。

連載が終了してから単行本化まで，少し間隔が空いたため，連載後の学説の動きを丹念にフォローしようと考えていたが，最新の議論を十分に勉強してから原稿を書き直そうとしていると，いつまでたっても本書が出版できないことに遅ればせながら気が付き，まずは単行本化の作業を最優先することにした。最新の議論を十分に反映できていない点があれば，深くお詫びしたい。また，それにもかかわらず，本書の出版を長い間，お待たせしたことについてもお詫びを申し上げる。

本書の刊行に際しては，多くの方に御礼を申し上げなくてはならない。

法学教室の連載中，山口厚先生，佐伯仁志先生からは，大所高所から貴重なご指導・ご助言を賜った。嶋矢貴之さん，樋口亮介さんからも，折に触れて，親身なアドバイスをいただいた。さらに連載終了後も，多くの研究者，実務家の方から，さまざまな機会にご意見，ご批判を頂戴した。学生のみなさんからも，連載の内容について，何度も質問を受ける機会があったが，これらも今回の加筆修正に活かされている。すべての方に心からの御礼を申し上げたい。

連載の際には，大原正樹さん，田中朋子さんにご担当いただいた。計画性のない私が，何とか連載を続けることができたのは，ひとえにお二人の適切なご対応のおかげである。また，五島圭司さんには，連載中，法学教室の編集長としてお世話になっただけではなく，その後，単行本化の作業も担当していただき，貴重なアドバイスを頂戴した。本書の表紙がオレンジ色になっているのも，五島さんのアイディアである（私はジャイアンツファンである）。これまでのご尽力に改めて御礼を申し上げたい。

最後に，私事で恐縮であるが，両親，妻，二人の娘にも感謝したい。

2020年2月15日

橋爪　隆

目　次

第10章 過失犯における結果回避義務の判断について ―― 224

第11章 「原因において自由な行為」について ―― 248

第13章 共同正犯の構造(1)――共犯としての共同正犯 ―― 300

第14章 共同正犯の構造(2)――正犯としての共同正犯 ―― 324

凡　　例

1. 法令名の略語

有斐閣刊行の法令集の巻末に掲載されている「法令名略語」に従った。

2. 判例集の略語

刑録	大審院刑事判決録
刑集	大審院・最高裁判所刑事判例集
集刑	最高裁判所裁判集刑事
高刑集	高等裁判所刑事判例集
高刑裁特	高等裁判所刑事裁判特報
下刑集	下級裁判所刑事裁判例集
刑月	刑事裁判月報
高検速報	高等裁判所刑事裁判速報
東高刑時報	東京高等裁判所刑事判決時報
判時	判例時報
判タ	判例タイムズ

3. 法律雑誌等の略語

ジュリ	ジュリスト	**法協**	法学協会雑誌
曹時	法曹時報	**法時**	法律時報
ひろば	法律のひろば	**法セ**	法学セミナー
法教	法学教室	**論ジュリ**	論究ジュリスト

最判解刑事篇平成(昭和)○年度	最高裁判所判例解説刑事篇平成（昭和）○年度
平成(昭和)○年度重判解(ジュリ○号)	平成（昭和）○年度重要判例解説（ジュリスト○号）
セレクト○	判例セレクト○（法学教室○号別冊付録）

4. 文献の略語

①教科書

浅田	浅田和茂『刑法総論〔第2版〕』(成文堂，2019年)
井田	井田良『講義刑法学・総論〔第2版〕』(有斐閣，2018年)
伊東	伊東研祐『刑法講義総論』(日本評論社，2010年)
伊藤ほか	伊藤渉＝小林憲太郎＝鎮目征樹＝成瀬幸典＝安田拓人『アクチュアル刑法総論』(弘文堂，2005年)
今井ほか	今井猛嘉＝小林憲太郎＝島田聡一郎＝橋爪隆『刑法総論〔第2版〕』(有斐閣，2012年)
大越	大越義久『刑法総論〔第5版〕』(有斐閣，2012年)
大塚	大塚仁『刑法概説〔総論〕〔第4版〕』(有斐閣，2008年)
大谷	大谷實『刑法講義総論〔新版第5版〕』(成文堂，2019年)
川端	川端博『刑法総論講義〔第3版〕』(成文堂，2013年)
木村	木村光江『刑法〔第4版〕』(東京大学出版会，2018年)
小林	小林憲太郎『刑法総論』(新世社，2014年)
斎藤	斎藤信治『刑法総論〔第6版〕』(有斐閣，2008年)
齋野	齋野彦弥『基本講義刑法総論』(新世社，2007年)
佐伯	佐伯仁志『刑法総論の考え方・楽しみ方』(有斐閣，2013年)
佐久間	佐久間修『刑法総論』(成文堂，2009年)
塩見	塩見淳『刑法の道しるべ』(有斐閣，2015年)
曽根	曽根威彦『刑法総論〔第4版〕』(弘文堂，2008年)
高橋	高橋則夫『刑法総論〔第4版〕』(成文堂，2018年)
団藤	団藤重光『刑法綱要総論〔第3版〕』(創文社，1990年)
内藤(上)	内藤謙『刑法講義総論(上)』(有斐閣，1983年)
内藤(中)	内藤謙『刑法講義総論(中)』(有斐閣，1986年)
内藤(下)Ⅰ	内藤謙『刑法講義総論(下)Ⅰ』(有斐閣，1991年)
内藤(下)Ⅱ	内藤謙『刑法講義総論(下)Ⅱ』(有斐閣，2002年)
中山ほか①	中山研一＝浅田和茂＝松宮孝明『レヴィジオン刑法1 共犯論』(成文堂，1997年)
中山ほか②	中山研一＝浅田和茂＝松宮孝明『レヴィジオン刑法2 未遂犯論・罪数論』(成文堂，2002年)
中山ほか③	中山研一＝浅田和茂＝松宮孝明『レヴィジオン刑法3 構成要件・違法性・責任』(成文堂，2009年)

西田	西田典之〔橋爪隆補訂〕『刑法総論〔第3版〕』（弘文堂，2019年）
西原(上)	西原春夫『刑法総論(上)〔改訂版〕』（成文堂，1993年）
西原(下)	西原春夫『刑法総論(下)〔改訂準備版〕』（成文堂，1993年）
野村	野村稔『刑法総論〔補訂版〕』（成文堂，1998年）
橋本	橋本正博『刑法総論』（新世社，2015年）
林	林幹人『刑法総論〔第2版〕』（東京大学出版会，2008年）
林・判例	林幹人『判例刑法』（東京大学出版会，2011年）
日高	日高義博『刑法総論』（成文堂，2015年）
平野Ⅰ	平野龍一『刑法総論Ⅰ』（有斐閣，1972年）
平野Ⅱ	平野龍一『刑法総論Ⅱ』（有斐閣，1975年）
平野・諸問題(上)	平野龍一『犯罪論の諸問題(上)総論』（有斐閣，1981年）
福田	福田平『全訂刑法総論〔第5版〕』（有斐閣，2011年）
藤木	藤木英雄『刑法講義総論』（弘文堂，1975年）
堀内	堀内捷三『刑法総論〔第2版〕』（有斐閣，2004年）
前田	前田雅英『刑法総論講義〔第7版〕』（東京大学出版会，2019年）
町野	町野朔『刑法総論講義案Ⅰ〔第2版〕』（信山社，1998年）
松原	松原芳博『刑法総論〔第2版〕』（日本評論社，2017年）
松宮	松宮孝明『刑法総論講義〔第5版補訂版〕』（成文堂，2018年）
山口	山口厚『刑法総論〔第3版〕』（有斐閣，2016年）
山口・基本判例	山口厚『基本判例に学ぶ刑法総論』（成文堂，2010年）
山口・新判例	山口厚『新判例から見た刑法〔第3版〕』（有斐閣，2015年）
山口・探究	山口厚『問題探究刑法総論』（有斐閣，1998年）
山口ほか・最前線	山口厚＝井田良＝佐伯仁志『理論刑法学の最前線』（岩波書店，2001年）
山口ほか・最前線Ⅱ	山口厚＝井田良＝佐伯仁志『理論刑法学の最前線Ⅱ』（岩波書店，2006年）
山中	山中敬一『刑法総論〔第3版〕』（成文堂，2015年）

②コンメンタール等

注釈	西田典之＝山口厚＝佐伯仁志編『注釈刑法(1)』（有斐閣，2010年）
争点	西田典之＝山口厚＝佐伯仁志編『刑法の争点』（有斐閣，2007年）
百選	山口厚＝佐伯仁志編『刑法判例百選Ⅰ総論〔第7版〕』（有斐閣，2014年）
百選〔6版〕	西田典之＝山口厚＝佐伯仁志編『刑法判例百選Ⅰ総論〔第6版〕』

（有斐閣，2008年）

百選〔5版〕　芝原邦爾＝西田典之＝山口厚編『刑法判例百選Ⅰ総論〔第5版〕』（有斐閣，2003年）

百選Ⅱ　山口厚＝佐伯仁志編『刑法判例百選Ⅱ各論〔第7版〕』（有斐閣，2014年）

医療過誤百選　唄孝一＝宇都木伸＝平林勝政編『医療過誤判例百選〔第2版〕』（有斐閣，1996年）

第1章 危険の現実化としての因果関係

I．はじめに

刑法における因果関係の意義については，相当因果関係説が伝統的な通説であった。これに対して，判例は判断基準を明示することなく，具体的事例ごとに実質的な判断を集積してきたが，実行行為の危険性が結果に現実化したことを要求しているという評価が一般的であり[1)]，実際，近時の最高裁判例は，いわゆる日航機ニアミス事件（最決平成22・10・26刑集64巻7号1019頁）において，「本件ニアミスは，言い間違いによる本件降下指示の危険性が現実化したものであり，同指示と本件ニアミスとの間には因果関係があるというべきである」と判示し，「危険の現実化」という表現を明示的に使用するに至った[2)]。このような立場は学説においても幅広い支持を受けており[3)]，現在においては，むしろ「危険の現実化」説が通説的地位を獲得したといっても過言ではな

1）たとえば山口・新判例10頁，山中287頁以下，大谷221頁，高橋136頁以下，川端154頁以下，佐伯77頁などを参照。既に永井敏雄「判解」最判解刑事篇昭和63年度274頁は，判例の因果関係判断において，実行行為の「危険性が……死亡という結果に現実化した」ことが重要である旨を指摘していた。

2）西野吾一「判解」最判解刑事篇平成22年度243頁参照。その後の三菱自動車ハブ脱落事件（最決平成24・2・8刑集66巻4号200頁）も「被告人両名の上記義務違反に基づく危険が現実化したものといえる」として，因果関係を肯定している（本決定の因果関係判断については，矢野直邦「判解」最判解刑事篇平成24年度85頁以下参照）。

3）危険の現実化説を支持する見解として，山口60頁，井田135頁，124頁，伊東86頁以下，高橋132頁以下などを参照。

い。

もっとも，「危険の現実化」という表現を用いるだけで問題が解決するわけではない。現実の事件を解決するためには，当然のことではあるが，具体的な判断基準を明らかにすることが不可欠である。このような問題意識から，本章では危険の現実化説に基づく因果関係の判断の在り方について，検討を加えることにしたい。

Ⅱ. 伝統的な相当因果関係説の判断構造

1. 相当因果関係説の基礎

議論の前提として，わが国における伝統的な相当因果関係説の内容を整理しておこう。相当因果関係説とは，刑法上の因果関係の内容として，行為から結果が生ずることが社会通念上相当であることを要求する見解であるが，その本質的な内容は，①相当性の判断の基礎となる事情（判断基底）を絞り込んだ上で，②それを前提として，因果関係の相当性の存否を判断するという点にある。前者①の判断基底論については，従来から激しい論争が繰り広げられてきた。すなわち（学説によって見解のバリエーションがあるが）一般人が認識・予見可能であった事情および行為者が特に認識し，予見していた事情を判断基底とする折衷説[4]と，行為当時に客観的に存在した全事情および行為後に生じた事情のうち予見可能な事情を判断基底とする客観説[5]が厳しく対立していたのである[6]。

これに対して，本来，より重要な問題であるはずの②相当性の存否の判断基準については，必ずしも十分な議論が展開されていなかった。また，相当性判断の対象についても学説が十分に意識的であったかは疑わしい。すなわち，相当性といっても，実行行為から結果発生に至る因果経過それ自体が相当性（通常性）を有している必要があるのか（因果経過の通常性），それとも，因果経過の内容はともかくとして，実行行為から当該結果が発生することが相当であればよいのか（結果惹起の相当性）によって，その判断も異なってくると思われ

4） 団藤177頁，大塚228頁以下，大谷207頁，川端163頁以下，井田144頁などを参照。

5） 内藤(上)279頁，松宮78頁，曽根74頁などを参照。

6） 行為者本人の認識・予見した事情に限定する主観説は今日，支持を失っているといわれていたが，近時，辰井聡子『因果関係論』（有斐閣，2006年）117頁以下は，行為者の認識可能性を

るが，両者の区別が必ずしも明確にされていなかったように思われる[7]。このことが，その後の議論を混乱させた１つの原因であるともいえよう。

2. 相当因果関係説に基づく因果関係判断

(1) 被害者の特殊事情が介在した場合

もっとも，判断基底を設定してから相当性を判断するという判断構造が，因果関係の判断において常に有益なのだろうか。具体的な事例ごとに確認しておくことにしたい。まず，通常ならば結果が発生しないところ，被害者の特殊な事情が存在したため，その影響で結果が発生した場合である。このような事例においては客観説と折衷説の対立が顕在化する。たとえば被害者を布団むしにするなどの軽微な暴行を加えたところ，通常であれば死亡するような暴行ではないにもかかわらず，被害者に重篤な心臓疾患があったため急性心不全で死亡したが，被害者の心臓疾患は一般人にもおよそ認識不可能であったという事例である。このような事例について，判例（最判昭和46・6・17刑集25巻4号567頁）は暴行と死亡結果の間の因果関係を肯定しているが，客観説からは行為時に存在した心臓疾患が判断基底に組み込まれる以上，本件暴行から急性心不全による死亡結果が発生することは経験則上通常であるとして，判例の結論が支持されることになる。これに対して，折衷説からは，一般人が認識できず，行為者本人も認識できない事情は判断基底から除外されるため，重篤な心臓疾患がなかったと仮定された被害者が本件暴行によって死亡する因果経過の通常性が問われることになり，基本的には因果関係が否定されることになろう。このような事例においては，判断基底論が因果関係の存否を判断する決定的な基準となっているということができる。もっとも，この場合にも，２段階の判断構造が意味を持っているかは疑わしい。というのは，結局のところ，被害者の特殊な事情を判断基底に組み込むか否かで結論が出ており，これを前提にした相当性判断は，既に示されている結論を確認するためのプロセスにすぎないからである[8]。

ベースとしつつ，それを一般人の認識可能性で修正する見解を提唱している。

7）両者の区別を明確に指摘するものとして，今井ほか79頁以下［小林憲太郎］，杉本一敏「因果関係」曽根威彦＝松原芳博編『重点課題刑法総論』（成文堂，2008年）25頁などを参照。

(2) 実行行為後の介在事情

これに対して，実行行為後に何らかの行為が介在した事例については，判断基底論をめぐる対立はほとんど意味がない。まず，介在した行為が通常想定される行為の場合である。たとえば激しい暴行を加えた結果，被害者が逃走しようとして転倒し，傷害を負った事例については，暴行を免れようとした被害者が逃走中に転倒することは通常の事態であるといえるから，これは一般人に予見可能な事態であるとして，折衷説からも客観説からも判断基底に取り込まれ，したがって，いずれの見解からも因果関係が認められることになる。この場合，介在事情が通常の事態であることから端的に因果関係を認められるのであって，あえて判断基底を設定してから相当性を判断するという判断過程を経る必然性は乏しい[9)]。

これに対して，介在行為が一般的に予見不可能な事態である場合はどうか。たとえば暴行行為によって被害者に軽傷を負わせた後，被害者を搬送している救急車が大規模な交通事故に巻き込まれて，その影響で被害者がショック死するような事例である。救急車が大規模な交通事故に巻き込まれることは一般人に予見不可能である以上，折衷説からも客観説からも判断基底から除外されることになり，この場合にも両説の対立は顕在化しない。そして，相当性の内容として，因果経過の通常性を重視する見解からは，救急車が大規模事故に巻き込まれるという因果経過が予測不能で異常である以上，（判断基底を設定するという作業を経る必要もなく）因果関係の相当性が否定される。また，結果惹起の相当性を重視する理解からも，救急車事故を判断基底から省いた以上，軽傷を負わせた暴行から被害者のショック死という死亡結果が生ずることは稀な事態であるとして，因果関係が否定されることになる。それでは，上記事例を修正して，当初の暴行によって生命に関わるような重傷を負った場合はどうだろうか。結果惹起の相当性を問題にする立場からは，このような暴行から死亡結果が発生することは十分に考えられるとして，相当因果関係を肯定する理解もあ

8） もちろん特殊な事情の存否にかかわらず，因果経過の蓋然性・通常性が認められる場合もありうる（たとえば本文の事例で，一般人でも死亡するような危険性の高い暴行が行われた場合）。しかしその場合には，判断基底の設定が結論におよそ影響を及ぼさないことになり，いずれにせよ２段階の判断構造が実益を有するわけではない。

9） そもそも相当性の内容として因果経過の通常性を要求する立場は，因果経過それ自体を判断対象にすればよいわけだから，行為後の介在事情を判断基底として設定し，それから因果関係の相

りうるのかもしれない[10]。しかし，このような理解は，結果惹起の具体的危険性が発生していれば，後は何が起きても（条件関係が否定されない限り）因果関係を認めるものであり，妥当ではないだろう。因果関係判断の対象となる結果とは，一般的・抽象的な構成要件的結果（人の死亡）ではなく，あくまでも具体的な状況・態様に基づく結果発生として把握される必要がある[11]。したがって，当初の暴行行為が重大なものであったとしても，暴行行為から「救急車事故によるショック死」が生ずることは相当ではないとして，因果関係を否定するのが一般的な理解であろう。

このように相当因果関係説の立場からは，行為後の介在事情を判断基底に含めるか否かが因果関係判断においては決定的に重要であり，その判断においては，介在事情の異常性，すなわち因果経過の通常性が重視されてきたといえる。

Ⅲ．相当因果関係の危機／危険の現実化

1．大阪南港事件と結果の抽象化

もっとも，因果経過の通常性が常に重要とはいえないことを示したのが，周知の通り，大阪南港事件（最決平成２・11・20 刑集 44 巻 8 号 837 頁）であった。被告人は被害者に暴行（第１暴行）を加えて，内因性高血圧性橋脳出血を発生させた後，同人を大阪南港の資材置場に放置して立ち去ったところ，被害者は翌日未明，内因性高血圧性橋脳出血で死亡したが，資材置場において第三者に頭頂部を数回殴打されたことによって（第２暴行），脳出血が拡大し，幾分か死期が早まった可能性があったという事案について，最高裁は「犯人の暴行により被害者の死因となった傷害が形成された場合には，仮にその後第三者により加えられた暴行によって死期が早められたとしても」犯人の暴行と死亡との間に因果関係を肯定できる旨を判示したのである。このように第三者の暴行行

当性を判断するという作業は，全く意味をなさないことになる（判断基底論が意味を持つのは，相当性の内容を結果惹起の相当性として理解した場合に限られることになる）。この点については，山中敬一『刑法における客観的帰属の理論』（成文堂，1997 年）28 頁以下，小林憲太郎『因果関係と客観的帰属』（弘文堂，2003 年）146 頁以下を参照。

10)　このような理解を正面から認めるものとして，大谷 223 頁以下を参照。

11)　たとえば井田良『犯罪論の現在と目的的行為論』（成文堂，1995 年）85 頁以下を参照。

為が介入した場合であっても因果関係を肯定したことによって，判例は介在事情が異常であっても[12]，それだけで因果関係が常に否定されるわけではないことを明らかにした。これがまさに「相当因果関係説の危機」[13]と呼ばれる事態である。

相当性の内容として因果関係の通常性を要求する立場からは，第三者の故意の暴行行為が介在している以上，因果関係が否定されることになる[14]。これに対して，相当性の内容として結果惹起の相当性を要求する立場は，本件暴行から被害者が脳内出血で死亡する結果が発生することが相当か否かを問題にすることによって，死因を形成した被告人の暴行と具体的な死亡結果の間に相当因果関係を肯定する余地がある。もちろん，死亡という結果を死因，態様，死亡時刻などによって具体的に把握した場合，第2暴行によって死期が早められたのであれば，本来生ずるはずであった死亡結果（A）と，現実に生じた死亡結果（B）は別個の結果ということになるから，実行行為からAが生ずることが相当であっても，Bが生ずることが相当であるとはいえない[15]。しかしながら，被害者の体調などの条件が異なれば，死亡時期などが多少変動することは十分にありうるから，A・Bの間に若干のズレが生じているとしても，それを捨象することによって，両者を同一視して把握する余地がある[16]。このような「結果の抽象化」によって，大阪南港事件についても，結果惹起の相当性を肯定する理解が有力化するに至った。

このような学説の問題意識は，行為後の介在事情を判断基底に取り込んでから相当性を判断するという判断構造の無意味さを改めて浮き彫りにする。大阪南港事件について述べれば，第2暴行は予見不能な事態として判断基底から除外されることになるが，それでも実行行為と結果惹起の間の因果関係は肯定される。すなわち，第2暴行を除外するという作業は，現実に発生した具体的な

12）　本件においては第2暴行の行為者は特定されていない。検察官は，被告人自身が第2暴行を行ったと主張したが，裁判所は被告人が第2暴行に及んだことについては，なお合理的な疑いが残るとして，あくまでも「氏名不詳の第三者」によって第2暴行がなされたと認定したうえで，第1暴行と結果との因果関係を判断している。あくまでも法的判断としては，被告人と無関係の第三者が故意に暴行行為に出たことが介在事情の内容とされるため，（大阪南港付近の治安状況にかかわらず）これが異常な介在事態と評価されることについては，異論がないと思われる。

13）　井田・前掲注11）79頁参照。

14）　このような理解として，小林・前掲注9）214頁注71参照。さらに客観的帰属論の立場から，第三者の故意行為の介入を重視して判例の結論に反対するものとして，齊藤誠二「いわゆる『相

死亡結果（B）と，かりに第2暴行が介在しなかった場合に生じたであろう（仮定上の）死亡結果（A）とを比較して，どの程度の相違が生じたのか，その相違が法的に有意なものといえるかを判断するための作業にすぎない。つまり，実行行為が結果惹起に対して与えた影響力を判断するために，一種の思考実験として，異常な介在事情を仮定的に除去しているにすぎない[17]。それであれば，はじめから実行行為の影響力の程度を問題にすればたりるのであり，あえて介在事情を限定してから相当性を判断するというプロセスを採る必然性は乏しいだろう。このような理解からは，行為後の介在事情については，判断基底を設定することなく，端的に現実の因果経過を分析の対象として，実行行為が結果惹起に対して及ぼした影響の内容・程度を検討すればたりることになる。

学説においては結果の抽象化によって因果関係を判断する見解もあるが，これも実行行為の影響力を問題にする見解にほかならない。たとえば有力な見解は，死因の同一性が認められる限度で結果の抽象化を認めているが[18]，これは，死因を形成したことを判断基準として，実行行為の結果発生に対する影響・寄与の程度を判断する見解と異なるものではない。一定の判断基準に基づいて，①結果を抽象化して「実行行為から結果が発生することがあり得るか」を問うことと，②現実の結果発生に対する実行行為の影響・寄与の存否を問うことは説明の違いにすぎない。あえて図式化すれば，前者が相当因果関係説，後者が「危険の現実化」説ということができる。

2. 因果経過の通常性の位置付け

(1)　因果経過それ自体の通常性は必要なのか？

相当因果関係説から「危険の現実化」説への変容の過程において，従来の議

当因果関係説の危機』についての管見」法学新報103巻2＝3号（1997年）761頁以下，安達光治「客観的帰属論の展開とその課題(4・完)」立命館法学273号（2000年）122頁以下を参照。

15)　このような指摘として，塩見10頁，伊東79頁注6を参照。

16)　山口厚「判批」警研64巻1号（1993年）52頁，井田・前掲注11)92頁以下などを参照。

17)　このような指摘として，佐伯仁志「因果関係論」山口ほか・最前線16頁参照。

18)　たとえば井田・前掲注11)92頁以下参照。さらに髙山佳奈子「死因と因果関係」成城法学63号（2000年）178頁以下も結果の属性として死因を重視しつつ，死因を形成したことそれ自体を結果として把握することによって，伝統的な相当因果関係説を維持しようとする。

論との決定的な相違は，異常な介在事情が介入した場合，すなわち因果経過それ自体が異常であるとしても，それだけでは因果関係が否定されないという点である。これは「結果惹起の相当性」として相当性を理解する立場からは，本質的な修正であるとまではいえないが，「因果経過の通常性」という趣旨で相当性を理解してきた立場からは，決定的な変更を意味することになる。それでは，因果経過の通常性は，因果関係判断において不可欠の要素なのだろうか。

この点については，一般予防の必要性という観点から，因果経過に関する通常人の利用可能性を重視するのが有力な見解であった。すなわち通常人が利用しないような特殊な因果経過によって結果が発生した場合を処罰しなくても，このような手段を利用して結果を惹起しようとする人が出てくるわけではない。したがって，通常人が利用可能な因果経過，すなわち通常の因果経過の設定に限って，処罰すればたりるとされたのである[19)]。しかしながら，既に指摘されているように[20)]，通常人がおよそ利用しないような特殊な因果経過であるとしても，行為者がそれを利用して結果を発生させたのであれば，行為者の処罰を否定する合理的な根拠は乏しい。たしかに，落雷で死亡することを願って，森に行くように被害者に勧める行為は（本当に被害者が落雷で死亡したとしても）誰も模倣しない行為であり，処罰の必要性が乏しい[21)]。しかし，これはそもそも実行行為の危険性がきわめて乏しい事例であり，因果経過の通常性それ自体とは無関係な話である。ナイフで被害者を刺した後，救急車が事故を起こしたからといって，ナイフで人を刺す行為を抑止する必要性が乏しくなることはあり得ないだろう[22)]。因果経過が異常であるとしても，それだけで結果帰責を否定する合理的な根拠は乏しいように思われる。このような理解からは，因果経過の通常性は，因果関係の不可欠の要素ではないと解すべきである[23)]。

---

19)　町野 164 頁以下，山口・探究 26 頁以下，髙山佳奈子「相当因果関係」山口厚編著『クローズアップ刑法総論』（成文堂，2003 年）26 頁以下などを参照。

20)　佐伯・前掲注 17)12 頁以下，辰井・前掲注 6)72 頁以下などを参照。

21)　林幹人「相当因果関係と一般予防」上智法学論集 40 巻 4 号（1997 年）28 頁以下を参照。

22)　島田聡一郎「相当因果関係・客観的帰属をめぐる判例と学説」法教 387 号（2012 年）9 頁を参照。

23)　なお，林・判例 38 頁以下は，因果経過の通常性（予測可能性）を因果関係判断の基準とする

(2)　因果経過の通常性は不要なのか？

もっとも，だからといって，因果経過の通常性がおよそ判断基準として無意味なわけではない。むしろその逆である。因果経過が通常であれば，当然に実行行為と結果との間の因果関係が認められるのであり，危険の現実化の枠組みにおいても，因果経過の通常性が重要な観点であることには変わりはない[24)]。因果経過の通常性は，刑法上の因果関係を認めるための必要条件ではないが，十分条件であるといえる。

それでは，因果経過の通常性と実行行為の影響力（寄与度）はどのような関係に立つのであろうか。学説には，①実行行為の危険性，②介在事情の異常性，③介在事情の寄与度を総合的に考慮して，因果関係（ないし客観的帰属）を判断する見解も有力に主張されているが[25)]，総合考慮といえば問題が解決するわけではない。たとえば，②介在事情の異常性は乏しいが，③その寄与度は高い場合のように，判断基準間の評価が相反する場合の解決の在り方を明らかにしなければ，解釈論としては意味をなさないであろう[26)]。

この問題については，実行行為の結果への影響力に応じて，区別して考える必要がある。まず大阪南港事件のように実行行為が結果惹起に決定的な影響を及ぼしており，介在事情の影響力を無視できる場合である。この場合については，既に述べたように，因果経過の通常性を考慮する必要はなく，結果惹起に対する影響力だけで因果関係を肯定することができる。これに対して，介在事情が結果に対する影響力を有する場合は，実行行為から介在事情が生ずることが通常の事態といえる関係が必要となる。たとえば重大な暴行行為から逃れようとして，逃走中の被害者が転倒して負傷したような場合，傷害結果を引き起こした直接的な原因は被害者自らの転倒であり，犯人の暴行それ自体が傷害を形成したわけではない。したがってこの場合には，実行行為から介在事情（被害者の逃走行為およびその際の転倒）が生ずることが十分ありうると評価できる状況に限って，因果関係が肯定される。すなわち，介在事情の介入が見込まれ

が，この見解も（大阪南港事件のように）結果に与えた影響が乏しい介在事情については，その介入を捨象する余地を認めており，影響力・寄与度による修正の余地を前提とするものである。

24)　曽根威彦『刑法における結果帰属の理論』（成文堂，2012年）47頁以下も，寄与度と予見可能性は別次元の問題であり，ともに相当性判断の不可欠の要素であるとする。

25)　前田140頁以下を参照。

26)　このような指摘として，山中・前掲注9)85頁を参照。

る場合には，実行行為の危険性の内容として，介在事情を引き起こす可能性が含まれているといえるから，その介在事情に基づいて結果が惹起された場合にも，実行行為の危険性が（介在事情を経由して）間接的に結果に実現していると評価できるのである。危険の実現という表現を用いているが，その内容は従来の相当因果関係説と実質的に異なるものではない。

このような説明に対しては，後者の類型についても，結果惹起に対する実行行為の影響力という観点から，統一的に説明が可能ではないかという疑問がありうるかもしれない。たしかに，上記の事例についても，犯人の暴行があったからこそ，被害者は何とか逃げようとして慌てて転倒したのであるから，当初の暴行が（少なくとも被害者の心理面においては）傷害結果に対して重要な影響を及ぼしているという説明も可能である。大阪南港事件の担当調査官が「行為の結果に対する影響は，医学的見地だけではなく，物理学的，化学的，心理学的等種々の観点から問題になり得る」[27]と述べるのも，このような趣旨だろう。もちろん影響力，寄与度という言葉自体が多義的であるから，これをどのような趣旨で用いることも自由である。しかし，逃走中の転倒による傷害結果は，犯人の当初の暴行だけからは生じ得ない。被害者の逃走・転倒という介在事情が付け加わることではじめて生じうるのである。この点において，被告人の暴行行為単独でも，ほぼ同じ死亡結果が発生し得た大阪南港事件とは，根本的に異なるというべきであろう。このような事例の性質の相違に着目するのであれば，結果に対する影響・寄与の存否は，実行行為が単独でも当該結果を惹起し得たか否かという観点から理解した方が適切であるように思われる[28]。

3. 危険の現実化の判断構造

これまでの分析の整理として，危険の現実化の判断構造を簡単にまとめておくことにしたい。

刑法上の因果関係は，実行行為の危険性が結果に実現した場合に認めることができるが，危険実現の態様は直接的な実現類型と間接的な実現類型に類型化

27） 大谷直人「判解」最判解刑事篇平成 2 年度 241 頁を参照。

28） もちろん，言葉の使い方の問題にすぎないから，全ての事例を影響力・寄与度という観点から統一的に整理することも十分に可能である。このような理解として，たとえば鈴木左斗志「刑法における結果帰責判断の構造」学習院大学法学会雑誌 38 巻 1 号（2002 年）285 頁以下，小林充「刑法における因果関係論の方向」白山法学 1 号（2005 年）16 頁以下を参照。

することができる[29]。前者は，実行行為が結果惹起について決定的な影響を及ぼしている場合であり，大阪南港事件が典型的なケースである。この場合には因果経過の通常性を考慮する必要はない。介在事情がきわめて異常な事態であるとしても，因果関係が認められる。

後者は，介在事情から結果が惹起された場合であるが，そもそも実行行為に介在事情を引き起こす危険性が内在している場合である。この場合，実行行為の危険性が介在事情を介して間接的に結果に実現していると評価することができる。この類型については，実行行為と介在事情の関係が重要な考慮要素となる。すなわち，因果関係を認めるためには，実行行為が介在行為を誘発することが十分にありうるといえる関係（＝介在事情の通常性）が必要となる。

このような危険実現の理解によれば，因果関係が否定されるのは（結果回避可能性が欠けるような例外的な場合を除くと）実行行為が結果惹起に直接的な影響を及ぼしたわけではなく，かつ，介在事情の介入が実行行為との関係で異常な事態と評価される場合に限られることになる。

ここで根本的な問題について立ち返ってみたい。そもそも危険の現実化が因果関係の判断基準とされるのはいかなる根拠に基づくものだろうか。条件関係が認められても，危険の現実化の関係が欠ける場合に結果帰責を否定すべきなのはなぜだろうか。この問題に対して理論的に回答することは実は困難であり，実行行為が結果発生の具体的危険性を有する行為である以上，その危険性が具体的結果として現実化した場合に限って，結果帰責を肯定するのが妥当であるという形式的な説明にとどまらざるを得ない。ここでは理論的な限定というよりも，いかなる範囲まで処罰することが刑罰権の行使として適切かという刑事政策的な観点が重視されている。すなわち，条件説が一般に不当と解されているのは，それが刑法理論として論理的に成り立たないからではなく，条件関係さえあれば徹底的に処罰するという価値判断が適切ではないと考えられているからにほかならない[30]。したがって，危険の現実化による限定も，刑法の謙抑性に基づく一定の政策判断であるという面が強い[31]。もちろん，政策

29）　山口・基本判例19頁以下，島田聡一郎「判批」平成18年度重判解（ジュリ1332号）（2007年）157頁などを参照。

30）　西田108頁，112頁が「洗練された応報思想」に言及するのも，実質的には同様の趣旨であろう。さらに島田・前掲注22)12頁も同様の問題意識を示す。

判断であるからといって，全く自由な判断が許容されるわけではない。いかなる範囲までの結果惹起を行為者の「しわざ」として帰責するのが妥当かという社会通念に照らした合理的な価値判断が必要であろう[32)]。それだからこそ，因果関係論においては，安定した判断構造を担保するために，具体的な判断基準を明確化する要請が強いといえる[33)]。

4. 条件関係・結果回避可能性との関係

従来の相当因果関係説では，条件関係の存在を前提にして，相当因果関係の存否を検討するのが一般的であった。しかしながら，危険の現実化の関係が認められる場合，実行行為から直接的または間接的に結果が惹起されているのであるから，実行行為と結果発生との間に事実的なつながり（事実的因果関係）が存在することは当然の前提とされている。したがって，通常の事例については条件関係と危険の現実化を区別して論ずる必要はなく，端的に危険の現実化を問題にすればたりるだろう[34)]。

もっとも，不作為犯や過失犯については，発生した結果を行為者に帰責するためには結果回避可能性が必要とされる[35)]。たとえばホテルの一室でXがAに覚せい剤を投与した結果，Aが錯乱状態に陥ったが，Xは救急医療を要請することなくホテルを立ち去ったという事例において，XはAのために救急医療を要請するなどの作為義務を負うことになるが，Xが直ちに救急治療を要請したとしてもAの救命が確実とはいえない場合には，Xの不作為とAの死亡結果との間に刑法上の因果関係を認めることができない（最決平成元・12・15刑集43巻13号879頁参照）。この場合，Xが救急医療を要請しないという不作為とAの死亡結果との間に事実的なつながりを認めることは不可能ではないが，Xが作為義務を尽くしたとしてもAの死亡結果を回避することができないことから，死亡結果の帰責が否定されている。因果関係の判断を危険

31）　山口厚「コメント①」山口ほか・最前線37頁以下も，「条件説も，その当否は別として，学説として成り立ちうるもの」であり，法的因果関係の限定は「刑罰権力介入に関する抑制的な政策判断」であるとする。

32）　小林憲太郎「因果関係に関する近時の判例理論について」立教法学81号（2011年）251頁が「因果関係論はインテグリティと道徳的直観による正当化のフィードバックである」と述べるのも（おそらく）基本的には同様の方向の指摘であろう。

33）　亀井源太郎「因果関係論に求められるもの」法学研究83巻8号（2010年）33頁以下は，裁判員裁判における刑法理論の在り方も踏まえつつ，「基準の精緻化」の必要性を強調する。

の現実化に一元化するのであれば，因果関係と別個の要件として結果回避可能性を要求することが考えられる[36]。もっとも，結果回避可能性を因果関係の内容として理解することも十分に可能である。このような理解からは，刑法の因果関係の判断は，①結果回避可能性，②危険の現実化の２段階で判断されることになるが，故意作為犯については①の判断が問題になることがほとんど考えられないため，両者を分けて検討すべき事例は，事実上，過失犯，不作為犯（の一部の事例）に限られることになる。たとえば上記事例において放置されたＡが錯乱のあまり，ホテルの窓から転落して死亡した事例，あるいは従業員の通報によって病院に搬送されたが，医師の治療ミスによって死亡した事例などを想定した場合，①Ｘが救急医療を要請することによってＡの死亡を回避する可能性があったことを前提にした上で，②救急医療を要請しなかった不作為から，これらの介在事情が介入することが通常といえるかを，さらに検討する必要がある。①の判断が因果関係の判断か，それとも別個独立の要件（結果回避可能性）の判断なのかは，体系的な整理の問題にすぎない。

Ⅳ．実行行為の危険性の判断

1．危険性判断の構造

それでは危険の現実化の判断基準について，具体的に検討を進めたい。危険の現実化の判断は，まず①実行行為に内在している危険性の内容を明らかにして，②それが現実の因果経過および結果惹起によって実現されていると評価できるかを検証するプロセスということになる。たとえば被害者に重大な暴行を加える場合，その実行行為には，当然ながら暴行の作用によって負傷する危険性が含まれているが，それ以外にも，暴行の衝撃で転倒して負傷する危険性も，また，暴行から逃れようとして逃走中に転倒したり，人や物にぶつかって

34）このような理解として，山口 61 頁などを参照。

35）本書 60 頁以下，215 頁以下を参照。ここで詳しく検討することはできないが，故意作為犯の処罰においても，理論的には結果回避可能性を要求すべきであろう。もっとも，故意作為犯については実際に結果回避可能性の存否が問題となる事例が（特殊な教唆事例を除けば）ほとんど観念できない。

36）このような理解として，山口 80 頁を参照。この立場からは，平成元年判例が「刑法上の因果関係」を問題にしていることは，厳密には適切さを欠くことになる。

負傷する危険性なども含まれているといえる。このように実行行為からどのような結果惹起が想定されうるかという観点から，実行行為の危険の内容の範囲が画されることになる。そして，現実の因果経過および結果惹起が，その危険性の実現過程と評価できるのであれば，危険の現実化の関係が認められる[37)]。したがって，重大な暴行の結果，被害者に脳内出血が生じ，それが死因となって被害者が死亡した場合には，まさに実行行為に内在していた危険性（＝暴行の作用によって死傷する危険）が結果に直接的に実現しており，因果関係が肯定される（直接的危険実現）。これに対して，被害者が必死に逃走を図り，その過程で負傷した場合についても，被害者が逃走を企て，その際に負傷する危険性が実行行為の危険の１つとして織り込まれている以上，被害者の介在行為（逃走および転倒）を介して，危険の現実化が認められる（間接的危険実現）。このように間接的危険実現類型においては，介在事情の通常性が，実行行為の危険性を基礎付ける要素となる[38)]。

なお，上記の説明では，①実行行為の危険の内容を明らかにし，②現実の因果経過および結果惹起がその実現過程といえるか，という順序（①→②）で検討するイメージを示したが，実際の事例の処理においては，既に②具体的な因果経過および結果惹起が現実に生じている（結果が発生していなければそもそも因果関係は問題にならない）。したがって，時間的に遡るかたちで，①現実に発生した結果を引き起こす危険性が実行行為に内在していたかだけを問題にすればたりることになる。たとえば被害者に向けて拳銃を発砲したところ，弾丸が逸れたが，被害者に重篤な心臓疾患があったため，発射音のショックから急性心不全で死亡したという事例の場合，拳銃を発砲する行為には，出血死，臓器損傷など生命に対する様々な危険性が内在していることは明らかである。しかし，これらの危険性が現実の因果経過および結果として実現しているわけではないから，これらの危険性の存在は因果関係判断においては全く無意味である。危険実現を肯定するためには，現実の結果惹起を引き起こす危険性，すな

37） 杉本・前掲注7)27頁が，「(a)行為時に立って予測（事前判断）された『典型的な範囲』内に，(b)裁判時に立って確定された「現実経緯」が含まれるのかを判断する（事後判断），という二段構造」によって判例の立場を説明するのも同趣旨であろう。さらに杉本一敏「相当因果関係と結果回避可能性(6・完)」早稲田大学法研論集106号（2003年）152頁以下も参照。

38） この点については，松原77頁注31も参照。このような意味においても，実行行為の危険性と介在事情の通常性を別個独立の要件として列挙する理解は妥当なものとはいえない。

わち，被害者が発射のショックで急性心不全を起こす可能性が実行行為の危険性の内容に含まれていることが必要であり，また，実際の事例の検討においては，この点だけを確認すれば十分である[39]。

2. 危険性の判断資料

(1) 判断基底の必要性

実行行為の危険性を判断する際には，危険性の判断資料をどのように設定するかという問題（判断基底論）が生ずる。この点は従来の相当因果関係説と全く同様であり，危険の現実化説だから判断基底論が全く不要になるというわけではない[40]。したがって（必ずしも明示的な議論が展開されているわけではないが）危険の現実化の枠組みを採用しつつ，危険性の判断資料としては（その当否はともかく）折衷説を採用することも理論的には可能であろう。(2)で述べるように，判例はこのような理解を採用していないが，判例理論だけが唯一の正しい危険の現実化説というわけではない。今後，この点について議論が進展することを強く期待したい。

(2) 被害者の特殊事情／外部的な特殊事情

判例は，被害者の病変などの特殊事情については，一般人が認識不可能であり，また，行為者本人が認識していなくても，それを判断資料に取り込んで因果関係を肯定している。老女布団むし事件に関する最高裁判決（前掲最判昭和46・6・17）は，「被告人の本件暴行が，被害者の重篤な心臓疾患という特殊の事情さえなかったならば致死の結果を生じなかったであろうと認められ，しかも，被告人が行為当時その特殊事情のあることを知らず，また，致死の結果を予見することもできなかったものとしても」因果関係が認められる旨を判示しており，被害者の特殊事情については全て因果関係の判断の基礎とされることが前提とされている[41]。それ以外にも，被害者の顔面を蹴ったところ，脳梅

39） 実行の着手を基礎付ける危険性は，当然ながら結果が現実化する前に判断されるから，実行行為に含まれている全ての危険性が判断資料となる。これに対して，危険実現の判断における実行行為の危険性は，現実の結果惹起に対応した内容に限られる。

40） この点に関して，佐伯77頁以下，島田聡一郎「相当因果関係と客観的帰属」法教359号（2010年）8頁を参照。

41） 判例・裁判例の概観については，注釈313頁以下［小林憲太郎］を参照。

毒によって脳に高度の病的変化があったため，脳組織が破壊されて死亡した事件（最判昭和25・3・31刑集4巻3号469頁），暴行を受けた被害者の肺に結核性の病巣があったため，ステロイド剤の投与によって循環障害を起こして死亡した事件（最決昭和49・7・5刑集28巻5号194頁）についても因果関係が肯定されている。

もっとも判例の事案は被害者の特殊事情に集中しており，それ以外の特殊事情がどのように評価されるのかは明らかにされていない。現実味のきわめて乏しい設例であるが，たとえば暴行を受けた被害者が転倒したところに不発弾が埋まっており，それが爆発して死亡した場合や，被害者を搬送した救急車のエンジンに異常があり，搬送中に炎上事故を起こした場合などはどうだろうか。客観説を徹底した場合，これらの特殊事情も判断基底に取り込まれることになるため，因果関係が肯定されることになる。

この問題について，曽根威彦教授は判断基底の切り分けを主張される。すなわち曽根教授の立場からは，行為時の客観的全事情に加えて，行為後の予見可能な事情が判断基底に組み込まれることになるが，上記の不発弾やエンジンの異常などは，実行行為段階で直接に作用するわけではなく，行為後にはじめて因果の流れに介入し，事後的に影響を及ぼす事情であることから，行為時の事情ではなく，行為後の介在事情と評価され，一般人に予見不可能な場合には判断基底から排除することができる[42)]。しかし，被害者の特殊事情についても，たとえば通常であれば治癒するところ，被害者の特殊な病変のために治療の効果が上がらず，死亡に至った場合のように，実行行為後にはじめて因果経過に影響を及ぼす場合が考えられる。このような場合と実行行為段階で直ちに病変が作用した場合とを異なって解することが妥当であるとは思われない[43)]。

被害者の特殊事情とそれ以外の外部的事情の切り分けを主張されるのが佐伯仁志教授である。佐伯教授は「被害者は一般人（一般的被害者）としてではなく１人１人個性を持った個人として尊重されるべきであり，特殊な素因を持っ

---

42)　曽根・前掲注24)38頁以下を参照。

43)　このような指摘として，佐伯・前掲注17)12頁，山中277頁注19を参照。

44)　佐伯・前掲注17)14頁，25頁，さらに佐伯75頁以下も参照。

45)　たとえば井田良「コメント②」山口ほか・最前線53頁以下，辰井・前掲注6)126頁以下，今井ほか84頁［小林］，塩見23頁などを参照。

46)　最高裁判例（最決平成元・3・14刑集43巻3号262頁）は，軽四輪を運転している被告人が

た被害者もそのような人として刑法上保護されるべきである」として，被害者の素因はすべて判断基底に取り込んだ上で，それ以外の外部的事情については基本的に折衷説の立場を支持されている[44]。このように被害者の特殊事情を特別に考慮する理解については，学説上，批判が強いが[45]，そこでは佐伯教授が（特殊な疾病を有する）被害者を保護する必要性や当事者間のリスクの公平な分配という観点を重視される点が批判の中心とされている。もっとも，このような観点を強調しなくても，被害者をそれ自体として保護の対象とするという理解を導くことができるだろう。たとえば猟銃を自宅の天井に向けて誤発射したところ，実は天井裏には窃盗犯人が潜んでおり，同人が死亡したという事例について，窃盗犯人の存在をおよそ認識できなかったとしても，それによって因果関係を否定する理解はおそらく採り得ないであろう。被害者がそこにいて，結果が発生したことは結果帰責の議論をする上で，当然の前提とされるべきである[46]。このように被害客体の存在が客観的な前提をなすのであれば，まさに被害客体の属性の集合体がその存在そのものということもできるから，被害客体の属性もすべて因果関係判断の前提をなすと解することが可能であろう。

(3) 客観説／折衷説

このように被害者のすべての属性（特殊事情）を危険性判断の資料とすると解した場合，被害客体と関係しない外部的事情については，どのように考えるべきだろうか。実行行為が法益侵害の危険性を有するか否かは，原則として客観的な事情を基礎として判断すべきである。このような理解を前提とすれば，客観的全事情を判断資料とする理解（客観説）が基本的に妥当と解されるべきである。しかしながら，誰も気が付かないような不発弾がたまたま埋まっていたため，被害者が死亡した場合についても，行為者に死亡結果を帰責してよいのであろうか。もちろん，因果関係を認めても，故意・過失によって処罰範囲

過失によって事故を起こした結果，後部荷台に乗車していた被害者が死亡したが，被害者が乗り込んでいる事実を認識できなかった可能性がある事件について，被告人の過失を認める判断を下しているが，因果関係の存在は当然の前提とされている。安廣文夫「判解」最判解刑事篇平成元年度87頁，98頁注20を参照。もっとも，西田281頁は，結果惹起の経験的通常性を重視する立場から，被害者の存在が「経験則上稀有な事情」といえる場合には因果関係を否定する余地を認める。

を限定する可能性があるから，因果関係をあえて限定する必要はないという理解もあり得よう。しかし，通説の立場によれば，故意犯の成立については，現実の因果経過の認識は不要であり，危険実現（相当因果関係）と評価される事実の認識があればたり，過失犯についても，同様の事実の予見可能性があればたりると解されるから，現実の因果経過以外におよそ結果惹起の可能性がないような例外的な場合を除き，故意・過失による限定は困難である47)。不発弾の例についても，たとえば被害者が後頭部を地面に強打して死亡する可能性があり，そのような事実が予見可能であれば，不発弾の存在をおよそ認識できないとしても，死亡結果についての過失を否定しがたいであろう。

客観説を前提としつつ，処罰範囲を限定するアプローチとしては，客観的全事情に代えて，科学的専門家の認識可能性による限定が考えられる（修正客観説）48)。この立場からは，現代の科学水準によって認識不能な事情は判断基底から除外されることになる。しかし，不発弾もエンジンの異常も徹底的に調査すれば解明しうるのであるから，このような基準を援用しても問題が解消するわけではない。また，かりに専門家でも容易に発見できない事情があるとしても，行為者本人がたまたま知っていた事情は，これを判断基底に含めて，因果関係を肯定すべきであるようにも思われる49)。

この問題については，客観的全事情を判断資料とする立場が理論的に最も明快であるが50)，上記の不発弾やエンジン異常の事例などを想定した場合，これでは処罰範囲が広すぎるのかもしれない。私自身は，被害者に関する事情以外の外部的事情については，何らかの観点から判断基底を限定する理解にも魅力を覚えているが，その限定の方法や理論的な正当化については，今後の課題とせざるを得ない。

---

47) 佐伯 65 頁注 17 を参照。

48) このような見解として，平野・諸問題(上)41 頁，林・前掲注 21)38 頁以下などを参照。

49) 山中 278 頁，高橋 129 頁などを参照。

50) 小林憲太郎『刑法総論の理論と実務』（判例時報社，2018 年）149 頁は，「被害者がその意に反

V. 介在行為の評価

1. 総説

既に述べたように，実行行為に介在行為を引き起こす危険性があれば，間接的実現類型として危険実現の関係が認められる。このような関係を認めるためには，介在行為の介入が，実行行為の関係においては異常な事態ではないと評価されることが必要となる。学説においては，介在事情の予見可能性，経験的通常性，蓋然性など様々な表現が用いられてきたが，いずれにせよ，介在事情の介入が「十分にあり得る事態」といえるか否かを判断する基準であり，表現の違いをことさらに重視する必要はないだろう。もっとも，いかなる表現を用いるにせよ，介在事情の介入について，それほど高度の蓋然性を要求するべきではない。因果関係の判断においては「偶然の事態を行為者に帰責することの回避」が求められているのであるから，例外的な事態が生じた場合に限って，因果関係が否定されると解すべきである。

異常な事態か否かは，自然現象の場合についてはある程度，明確な判断が可能である[51]。森に行くことを勧めた結果，森で落雷に遭遇することは一般的には異常な事態といえるが，大型台風が接近している状況で登山を勧めた場合には，強風で転落等する事態も十分にありうるといえよう。後掲の夜間潜水事件においては，潜水指導者であった被告人が受講生のそばから離れた後，受講生は海中のうねりのような流れによって沖の方向に流されてしまったため，被告人による発見が大幅に遅れたという事情が介在しているが，当日の悪天候などを前提とすれば，海中で潮流に巻き込まれることは突発的とはいえ，十分にありうる事態である[52]。

これに対して，人間の行為が介在事情として介入する事例については，「そのようなことがありがちか」という事実的・統計的な観点だけではなく，実行行為と介在行為との関連性に着目する必要がある。すなわち介在行為については，実行行為の影響で介在する可能性が高まるものもあれば，逆に，実行行為とは無関係に別個独立の原因で介入するものもある。実行行為に介在行為を引

して利益を奪われたこと」が決定的であるとして，この立場を採用する。

51）　辰井・前掲注 6)114 頁以下などを参照。

52）　原判決（大阪高判平成 4・3・11 刑集 46 巻 9 号 697 頁参照）もこのような判断をしている。井上弘通「判解」最判解刑事篇平成 4 年度 211 頁，228 頁注 12 も参照。

き起こす危険性が含まれているか否かを検討する上では，両者の区別が重要である。佐伯教授は，重傷を負った被害者が救急車で搬送される際に，救急車の運転者の過失によって死亡する場合と，搬送先の救急病院の医師の不適切な治療によって死亡した場合とを比較して，後者の方が因果関係を認めやすいと解されている[53]。救急車の事故は，実行行為とは無関係に生じうる事態であるが，救急病院の医師がミスを犯す可能性は，実行行為によって十分な準備もなく，急遽，（面識もない）患者の治療に迫られる状況において増幅しているということができるから，このような相違を正当化することは十分に可能であろう。近時の判例が，実行行為によって介在行為が「誘発」されたことを重視していることも，このような理解を前提とするものであろう。

もっとも，実行行為に誘発されていれば，いかなる介在事情が介入しても因果関係が肯定されるわけではない。たとえば被害者が暴行を避けようとして回避行為に出ることは実行行為に誘発されているといえるが，被害者がおよそ考えられないような異常な行動に出ても，それが実行行為に誘発されている以上，常に因果関係を認めるというのでは，条件説に帰着してしまう。実行行為の危険性の中に，介在事情を引き起こす危険性が含まれていると評価するためには，一般的・類型的に評価して，そのような介在行為の誘発が十分にありうる事態であることが必要と考えるべきであろう[54]。このような理解を判例の事案に即して，具体的に示すことにしたい。

2. 被害者の行為の介入

⑴ 柔道整復師事件（最決昭和63・5・11刑集42巻5号807頁）

本件被告人は柔道整復師であったが，被害者から風邪ぎみであるとして診察治療を依頼されたところ，被害者に対して熱を上げること，水分や食事を控えること，閉め切った部屋で布団をしっかり掛け汗を出すことなどの誤った指示を行い，それに従った被害者の病状が次第に悪化しても，再三往診して同様の

53） 佐伯71頁参照。

54） このような指摘として，松原81頁以下，佐伯・前掲注17)22頁，小林・前掲注50)167頁以下などを参照。

55） 本件の事案については，事実上，これ以外の因果経過によって被害者が死亡する事例は想定できないであろう。

56） このような批判として，たとえば曽根威彦「判批」判評360号（判時1294号）（1989年）55頁，町野朔『犯罪論の展開Ⅰ』（有斐閣，1989年）246頁などを参照。

指示を繰り返していた。被害者は，被告人の指示に忠実に従い続けたため，病状が悪化の一途をたどり，診察を受けてから5日目には脱水症状に陥り，死亡するに至った。最高裁は「被告人の行為は，それ自体が被害者の病状を悪化させ，ひいては死亡の結果をも引き起こしかねない危険性を有していた」ことから，被害者側にも落ち度があったとしても，指示行為と死亡結果との間に因果関係が認められる旨を判示している。本決定は実行行為の危険性を因果関係を認める根拠としているが，実行行為が危険だといっても，被告人の指示行為だけで被害者が死亡することはあり得ない。本件実行行為が死亡結果を惹起するためには，被害者が指示に従うという介在事情が誘発されることが絶対に必要である[55]。したがって，実行行為に被害者の介在行為を誘発する危険性がある場合に限って，実行行為には生命に対する危険性が認められることになる。このように理解すると，本決定が実行行為の危険性だけを重視しており，危険の実現過程を考慮していないという批判[56]は，実は正当な指摘とはいえない。むしろ本件のような事案については，実行行為の危険性と因果経過の通常性は表裏一体なのである[57]。

それでは，本件実行行為には被害者の対応を引き起こす危険性が認められるのか。被害者が医学的に明らかに誤った治療方針に従い続けることは異常な事態とも思われるため，この点が問題となる。原審の認定によると，被告人と被害者一家は以前から親交が深く，とりわけ被害者の母親が被告人に全幅の信頼を置いているという事情があった。これらの事情を重視すれば，被害者が忠実に指示に従った経過もそれほど異常ではないと解することもできる[58]。しかし，最高裁はこのような事実に言及することなく因果関係を肯定している。これは，被告人・被害者の関係性などの具体的事情を度外視しても，本件では因果関係が認められるという理解を前提にするものといえよう。この点について，担当調査官は，被害者の行動は「被告人の指示に直接由来するもの」であり，その「異常性を主張しにくい事案であった」と指摘している[59]。被害者

57)　この点に関して，林陽一「判批」法教97号（1988年）84頁，葛原力三「判批」百選27頁などを参照。

58)　この事情を重視する見解として，内田文昭「判批」昭和63年度重判解（ジュリ935号）（1989年）142頁，佐久間修「判批」医療過誤百選221頁などを参照。もっとも，第1審の認定によると，被害者は高等教育を受けた建築士であり，その妻は臨床検査技師として病院に勤務していた。被害者と被告人の関係などの具体的な事情を考慮するのであれば，これらの事情も併せて考慮する必要がある。

は被告人が言った通りのことを行っているのであるから，当然に因果関係が認められるという趣旨であろう。しかし，このような理解を徹底すると，誰も真に受けないような指示であっても，たまたま被害者が従った場合には常に因果関係が認められることになり，妥当ではないように思われる。あくまでも「指示に従うことがありうる」といえる事情を要求すべきであろう。本件の事実関係においては，被害者が被告人の指示に従っていることを知りながら，被告人が再三往診して同様の指示を繰り返していることが重要であると思われる60)。すなわち，被害者が被告人の指示に従っている状況を前提にした上で，同様の指示を何度も繰り返すことによって，その分だけ，被害者がそれに従う危険性が強まり，その結果，介在事情の異常性が否定されるのではないだろうか。かりに最初の診察の際に指示をした後，被告人は被害者といっさい接触していないが，被害者は忠実に指示に従い続けたという事案であれば，因果関係が否定された可能性もあるように思われる。

⑵　夜間潜水事件（最決平成４・12・17 刑集 46 巻９号 683 頁）

本件被告人は，スキューバダイビングの指導者であったが，指導補助者を指揮しながら夜間潜水の講習指導を実施中，不用意に移動して，指導補助者と受講生を見失ってしまった。このような場合は，海上で待機して合流を待つべきところ，指導補助者は被告人を探し求めて水中移動を指示し，これに従った受講生の１人であった被害者は，空気残圧量を確認しないまま水中移動を続けたため，途中で空気を使い果たしてパニックに陥り，溺死するに至った。最高裁は，被告人が受講生のそばから離れ，同人らを見失った行為は「それ自体が，指導者からの適切な指示，誘導がなければ事態に適応した措置を講ずることができないおそれがあった被害者をして，海中で空気を使い果たし，ひいては適切な措置を講ずることもできないままに，でき死させる結果を引き起こしかねない危険性を持つものであり，被告人を見失った後の指導補助者及び被害者に適切を欠く行動があったことは否定できないが，それは被告人の右行為から誘

---

59)　永井・前掲注 1)273 頁以下を参照。
60)　この点に関して，臼木豊「判批」警研 61 巻 1 号（1990 年）55 頁を参照。
61)　深町晋也「判批」ジュリ 1182 号（2000 年）100 頁を参照。
62)　佐伯・前掲注 17)22 頁，塩見淳「判批」法教 157 号（1993 年）95 頁を参照。
63)　この点を指摘するものとして，井上・前掲注 52)235 頁以下を参照。

発されたものであって，被告人の行為と被害者の死亡との間の因果関係を肯定するに妨げない」と判示している。本件における実行行為の危険性判断も，柔道整復師事件と同様であり，実行行為それ自体が直接的に結果を惹起する危険性ではなく，実行行為が被害者等の不適切な行動を引き起こし，それによって死亡結果を惹起する危険性を意味していると解される[61)]。また，「誘発」という表現についても，単に実行行為によって介在行為が引き起こされているという事実に尽きるわけではなく，このような介在事情が介入することが通常ありうるという判断が前提とされているように思われる[62)]。本決定は，被害者が初心者であり技術が未熟であったこと，夜間潜水が不安感や恐怖感を助長すること，指導補助者の指導者としての経験が浅かったことなどの具体的な事情を挙げているが，これらの事情は本件介在事情の異常性を否定する方向で機能するものである。因果関係を肯定する上では，このような事情が決定的に重要であったと解される。

なお，本件のような過失犯の場合，過失犯の注意義務の認定と因果関係の判断が，一定の範囲で重なり合うことになる。過失犯の実行行為は結果回避義務に違反する行為と解されており，結果発生の危険性を回避するための具体的措置を履行しなかったことが，過失犯の実行行為の内容を構成する。そして，実行行為が介在行為を誘発する可能性が高い場合には，介在事情によって現実化する危険を回避することが結果回避義務の内容を構成する。したがって，介在事情による結果発生が予見可能である場合には，因果関係も認められるし，また，その危険を回避する義務も課されることになるため，両者の判断が密接に関連することになる[63)]。もっとも，過失犯において実行行為の判断と因果関係の判断が常に一致するわけではない。たとえば本件被害者が指導補助者によって何とか救助されたが，その後，救急車で搬送中に交通事故に巻き込まれ，その影響で死亡したような場合には，結果回避義務に違反する過失行為は認められても，因果関係が否定される余地がある[64)]。また，過失犯における予見可能性としては，ある程度，具体的なレベルが要求されると解されるか

64)　回避義務における回避対象は現実の結果惹起ではなく，一般的に想定されうる危険であるため，このような齟齬が生じることになる。井上調査官が例に挙げられるように（井上・前掲注52)238頁），被害者がたまたま現場にいた鮫に襲われたような場合も因果関係が否定される余地があるように思われる。

ら，因果関係が肯定される事例であっても，行為者の予見可能性が否定される場合も考えられる。因果関係と過失の判断は理論的には別の次元の問題であり，事実上，一定の考慮要素が重なりうる場合があるにすぎない[65)]。

(3) 高速道路進入事件（最決平成15・7・16刑集57巻7号950頁）

本件の被告人らは，被害者に対して深夜，公園で約2時間10分，さらにマンション居室で約45分間，断続的に激しい暴行を加えたため，被害者は隙を見てマンションから逃走したが，被告人らに対し極度の恐怖感を抱き，逃走開始から10分後，被告人らの追跡から逃れるため，高速道路に進入し，疾走してきた自動車に衝突されるなどして死亡した。最高裁は「被害者は，被告人らから長時間激しくかつ執ような暴行を受け，被告人らに対し極度の恐怖感を抱き，必死に逃走を図る過程で，とっさにそのような行動を選択したものと認められ，その行動が，被告人らの暴行から逃れる方法として，著しく不自然，不相当であったとはいえない」として因果関係を肯定している。

本件については，被害者の行為が「著しく不自然，不相当であったとはいえない」という判断が重要である[66)]。本件の暴行がきわめて執拗であり，被害者が極度の恐怖感を抱き，必死の逃走行為の過程で「とっさ」に選択した判断であることから，それ自体を観察すれば通常とはいいがたい行為についても，異常性が減殺され，本件実行行為によって誘発されうる事態という評価が可能になるのである。

このような理解に対しては，被害者がパニックに陥っているという事実だけでは不十分であり，被害者の主観面においては，本件逃走行為に出ることがやむを得ない選択と評価できる場合に限って，因果関係を肯定する見解も主張されている[67)]。この見解は，現実には逃走手段として他に有効な選択肢があったとしても[68)]，被害者の追い詰められた心理状態を前提とした場合，他の行為を選択することが困難であった関係を要求するものといえる。

---

65) いわゆる日航機ニアミス事件（前掲最決平成22・10・26）においては（判断内容は実質的には大幅に重複しているが）過失犯の実行行為性，実行行為と本件事故の間の因果関係，結果発生の予見可能性がそれぞれ個別に認定されている。

66) 山口雅高「判解」最判解刑事篇平成15年度427頁以下も，被害者の逃走方法が著しく不自然であれば，被告人の暴行の影響下で逃走方法が選択された場合であっても，因果関係が否定される余地が留保されているとする。

67) 杉本一敏「相当因果関係」松原芳博編『刑法の判例〔総論〕』（成文堂，2011年）17頁以下を

たしかに被害者がパニックに陥っていたことを過度に強調して，いかなる逃走手段を講じても不思議ではないとして，因果関係を肯定することは妥当ではない[69]。たとえばマンションの高層階の居室で暴行を受けていた被害者が隙を見て（高層階であることを認識しつつ）窓から飛び降りて死亡したような場合には，因果関係が否定される場合が多いであろう。また，被害者の心理状態において他の選択肢がなければ，そのような行為に出ることは必然であり，当然に因果関係を肯定することができよう。もっとも，このような関係が認定できる場合に限って因果関係を認めるのでは，帰責の範囲として狭すぎるように思われる。被害者がそこまで追い詰められていなくても，その判断が実行行為との関係において十分に了解可能であれば，因果関係を肯定する余地があると思われる[70]。

なお，本件では，被告人らの暴行の物理的な危険性が介在事情を引き起こしたわけではなく，執拗な暴行に基づく心理的な影響が被害者の不適切な逃走行為を誘発したといえるから，因果関係の判断においては心理的影響の程度が決定的である。したがって，暴行の程度がそれほど重大ではないとしても，被害者に同程度の心理的影響を及ぼしうる状況にあれば，同様に因果関係を認めることができよう。たとえばリンチ目的で監禁されていた被害者が，リンチを受けることを極度に畏怖し，同様の行動に出た場合であっても，監禁行為と死亡結果との間の因果関係を認める余地があるだろう。被害者が異常に臆病であるような場合には，被害者の性格を危険性の判断資料に取り込むべきかが問題となるが，被害者の事情である以上，本書の理解からはこれを肯定することになる。

3. 第三者の行為の介入

(1) 過失行為の介入

第三者の行為の介入についても基本的な視点は共通であり，実行行為から通常生じうる事態と評価できれば，因果関係が肯定される。第三者に過失が認め

参照。同趣旨の指摘として，深町晋也「判批」法教281号（2004年）149頁も参照。

68) 被害者が逃走した付近には，ゲームセンターや大規模商業施設があり，被害者が身を隠すに適したところは少なからずあったようである。山口・前掲注66)423頁注18を参照。

69) この点について，林陽一『刑法における因果関係理論』（成文堂，2000年）271頁を参照。

70) この点について，樋口亮介「判批」百選29頁を参照。なお，山中304頁は，本件被害者の行為を「心理的に準強制された不合理な行動であるとともに，被害者の動機連関としては合理的な行動でもある」とする。

られる場合には，過失の程度が1つの判断基準となりうるだろう。過失の程度がきわめて著しい場合には因果関係が否定されるケースも考えられる。

このような一般論を前提とすると，議論の余地がある事件がトランク監禁事件（最決平成18・3・27刑集60巻3号382頁）である。本件被告人は，深夜，普通乗用自動車後部のトランク内に被害者を押し込み，同車を発進走行させると，知人と合流するために路上で停車していたが，停車から数分後，第三者が運転する自動車が前方不注意のため停車中の被告人車に気が付かず，同車のほぼ真後ろから時速約60kmでその後部に追突し，この衝撃でトランク内の被害者が死亡した。最高裁は「被害者の死亡原因が直接的には追突事故を起こした第三者の甚だしい過失行為にあるとしても，道路上で停車中の普通乗用自動車後部のトランク内に被害者を監禁した本件監禁行為と被害者の死亡との間の因果関係を肯定することができる」と判示したが，特にその論拠を明示しているわけではない。

本件の実行行為は被害者を自動車のトランクに監禁する行為であり，その行為には，被害者が脱出を試みて負傷する危険，精神的不安から自傷行為に出る危険，炎天下で熱中症で死亡する危険など，様々な生命に対する危険が認められることは言うまでもない。しかし，本件の結果はあくまでも後続車に追突されたことによる死亡結果であるから，本件の監禁行為にそれ以外のルートで死亡する危険が含まれていることは，因果関係判断においては全く無意味である。あくまでも本件で因果関係を認めるためには，監禁行為から第三者の追突事故による被害者の死亡が発生しうる関係を認定する必要がある。この点について，本件の担当調査官は，交通事故に巻き込まれることは社会的に「ままあり得る事象」と評価できるとされる[71]。たしかに交通事故自体は（残念ながら）日常茶飯事であるから，軽微な物損事故などであれば十分にありうる事態である。しかし，本件の事故は時速60kmで真後ろから激突するという事故であり，運転者には「甚だしい過失」が認められるのである。学説には，深夜に路上停車をしていたことが追突行為を誘発しているという指摘もみられるが[72]，停車地点はほぼ直線の見通しのよい道路であり[73]，深夜の路上停車という点

71） 多和田隆史「判解」最判解刑事篇平成18年度233頁を参照。

72） 高橋145頁，木村光江「判批」百選25頁などを参照。

73） さらに弁護人の上告趣意によれば（刑集60巻3号390頁参照）被告人はテールランプを点灯させていた可能性があり，この事実は第1審，原審においても否定されていない。

を考慮しても，本件事故が「ままあり得る」と評価することは難しいように思われる。また，かりに本件事故が「ままあり得る」事態と評価するのであれば，時速60kmで衝突すれば，被害者が後部座席に監禁されていた場合であっても（とりわけシートベルトをしていない場合であれば）追突のショックで死亡することは十分に考えられるから，その場合でも監禁致死罪が成立することになるが，このような結論が妥当とは思われない。このように考えると，本件の衝突行為それ自体は異常性の高い行為であると言わざるを得ないだろう[74]。

もっとも，次のような理解によって因果関係を肯定することは可能である。トランクは中に人が入ることを想定して設計されていないから，人を防護する機能を有しておらず，したがって，軽微な物損事故のレベルの衝突事故であっても，追突のショックで死亡する可能性が高い。そして，軽微な物損事故のレベルの衝突事故であれば，深夜に路上停車していれば，十分に起こりうる事態であるといえよう。したがって，もし本当に軽微な事故が発生し，被害者が死亡したのであれば，当然に因果関係が認められたはずである。このように軽微な事故でも重大な事故でも，いずれにせよ被害者が死亡する危険性があるのに，たまたま発生した事故の程度が重大であると因果関係が否定され，実行行為に死亡結果が帰責できなくなるというのは妥当ではないだろう。トランクに被害者を監禁して路上駐車する行為は，被害者を何らかの事故によって死傷させる危険にさらすものと評価できる。このような理解からは，本件実行行為には（事故の程度は抽象化して）何らかの追突事故によって被害者を死傷させる危険性が内在しているといえるから，実際に追突事故によって被害者が死亡した場合に危険実現の関係を認めることが可能であろう[75]。本件のような重大な衝突事故は異常な事態であっても，事故の程度を抽象化した衝突事故一般は通常生じうる事態であり，本件の実行行為の危険性を考慮した場合，事故の程度は重要ではないということもできる。

(2)　故意行為の介入

実行行為の後に第三者の故意行為が介在する場合については，特別な考慮が

---

74)　このような観点から，本決定を批判する見解として，松原86頁，辰井聡子「判批」刑事法ジャーナル7号（2007年）72頁などを参照。

75)　島田・前掲注22)11頁が「行為者の設定した危険状況が，結果発生に結びついている」と述べるのも同趣旨であろう。さらに井田良「判批」百選〔6版〕31頁，山中308頁以下も参照。

必要である。すなわち，同一結果に向けられた故意有責の行為は，まさに第三者自らの主体的な意思決定として評価すべきであるから，実行行為に誘発された行為として評価すべきではない。このような発想を帰責の原理として一般化したものが遡及禁止論である。山口厚教授は，構成要件的結果惹起の原因を支配した者が正犯であるという理解から，同一の法益侵害について故意有責の行為が介在した場合には，原則として背後者の正犯性を否定されている[76]。これは背後者の行為と結果の因果関係ではなく，正犯性それ自体を否定する理解であるが[77]，いずれにせよ，第三者の故意有責の介在行為の介入によって正犯としての既遂犯の成立が否定されることになる[78]。もっとも，これは故意有責の介在行為が直接的に結果を惹起した場合に限られるから，実行行為が結果に対する決定的な影響を有しており，介在事情の介入を無視しうる類型（直接的実現類型）については，遡及禁止論の発想は妥当しない[79]。

このような遡及禁止論の理解は，基本的には正当な内容を含んでいる。したがって実行行為とは独立に第三者の故意有責行為が介在し，その介在行為によって結果が惹起された場合には，間接的実現類型として結果を帰責することは原則として困難であると解すべきである。もっとも，遡及禁止論は絶対的な基準ではなく，正犯性（ないし因果関係）の一般的な傾向にすぎず，その例外を認めることは十分に可能だろう[80]。たとえば故意有責の介在行為が実行行為と密接に関連しており，しかも，その介入が実行行為段階において想定されているような場合には，遡及禁止の例外として，背後者を既遂犯の正犯として処罰する余地があると思われる[81]。

76） 山口 68 頁を参照。

77） 島田聡一郎『正犯・共犯論の基礎理論』（東京大学出版会，2002 年）89 頁以下，髙山佳奈子「相当因果関係」山口厚編著『クローズアップ刑法総論』（成文堂，2003 年）7 頁以下などを参照。

78） 既遂犯の正犯の成立が否定されることにより（介在行為が介入するまでの段階で既に未遂犯が成立していれば）未遂犯の正犯の罪責を問うか，それとも既遂犯の共犯の罪責を問うことになる。もっとも，共犯の成立を認めるためには，第三者の故意行為を物理的または心理的に促進する関係が必要であり，しかも，その点に関する認識が必要であるため，既遂犯の共犯が成立する場面はきわめて限られることになる。この点については，島田・前掲注 77)99 頁以下を参照。

Ⅵ. 直接的な危険実現

1. 総説

実行行為の危険性が直接的に結果に実現していれば，介在事情の性質を問わず，因果関係を認めることができる。この場合には実行行為が結果惹起の決定的な原因を作出し，その影響で結果が発生しているといえるため，介在事情の介入を度外視することができるのである。そして，実行行為の影響力の程度を具体的に判断するためには，現実の結果と，かりに介在事情が介入しなければ発生したであろう仮定上の結果とを比較して，両者の間に実質的な変更があったか否かを問題にするべきであろう。

このような理解からは，米兵ひき逃げ事件（最決昭和42・10・24刑集21巻8号1116頁）が実行行為と死亡結果との間の因果関係を否定したことを正当化することが可能である。周知の通り，被告人が自動車を走行中，前方不注視のため，被害者をはね飛ばして，被害者を自動車の屋根の上にはね上げたまま運転を継続したところ，助手席に同乗していた第三者が被害者を発見し，恐怖のあまり，被害者を路上に引きずり下ろした結果，被害者が死亡したという事件について，最高裁は同乗者の行為は「経験上，普通，予想しえられるところではなく，ことに，本件においては，被害者の死因となった頭部の傷害が最初の被告人の自動車との衝突の際に生じたものか，同乗者が被害者を自動車の屋根から引きずり降ろし路上に転落させた際に生じたものか確定しがたい」ことを根拠として，被告人の過失行為と死亡結果との間の因果関係を否定している。本件は第三者の故意行為の介在事例であり，直接的危険実現としてのみ，因果関係を認める余地があるところ，介在行為が死因となった傷害を形成した可能性が否定できない事案である[82]。したがって，第三者の介在行為を仮定的に

---

79)　まさに大阪南港事件がその典型である。この点についても，島田・前掲注77)348頁以下を参照。

80)　山口69頁注17も，遡及禁止には例外があることを認めている。

81)　このような理解は早すぎる構成要件実現の問題や原因において自由な行為（心神耗弱状況で結果行為が行われた場合）の解決について，一定の影響を及ぼすことになる。本書196頁，259頁以下を参照。

82)　海老原震一「判解」最判解刑事篇昭和42年度285頁は，死因となった傷害の部位から見て，致命傷は第三者の介在行為によって生じた蓋然性が高いとする。

取り除いて考えた場合，被害者が異なる死因で，しかも異なる時間に死亡していた可能性もありうるし，さらに実行行為による負傷の状況によってはそもそも死亡していない可能性も完全には否定できない。このように介在行為によって結果の実質的変更が生じている可能性がある以上，実行行為の危険が直接的に現実化したと評価することができず，因果関係が否定される。

2. 結果の同一性の判断

それでは介在事情によって結果が変更されているにもかかわらず，結果惹起の実質的変更がないとして，直接的危険実現を肯定できるのはどのような場合であろうか。この問題が顕在化したのが大阪南港事件（前掲最決平成2・11・20）である。既に述べたように，被告人の第1暴行によって被害者に脳出血が発生し，被害者はこれによって死亡したが，被害者が死亡する前に第三者の第2暴行が行われており，同暴行は脳出血を拡大させ，幾分か死期を早める影響を与えた可能性があるという事件について，最高裁は「犯人の暴行により被害者の死因となった傷害が形成された場合には，仮にその後第三者により加えられた暴行によって死期が早められたとしても，犯人の暴行と被害者の死亡との間の因果関係を肯定することができ」る旨を判示している。本件の場合，第2暴行の介入を仮定的に除外しても，被害者は脳出血で死亡していただろうし，しかも，その死期も幾分か遅くなった可能性があるにすぎない。したがって，結果惹起の態様・内容に実質的な変更がないとして，実行行為の危険性の直接的な実現を認めたものであろう[83)]。

それでは死亡結果の実質的変更の存否，換言すれば，結果の同一性の判断基準は死因，死期のいずれに求められるのであろうか。この点については，死因の同一性の範囲で結果の同一性を認める見解が有力に主張されており[84)]，大阪南港事件もその表現ぶりからは死因の同一性を重視しているようである。しかしながら，死因という概念それ自体が相当に幅のある概念である[85)]。たと

---

83) なお，かりに本件の第2行為者の罪責が問題となった場合，その行為によって死期が早まったことが明らかであれば，傷害致死罪（ないし殺人罪）が成立する。このような理解に対しては，死期を早める行為と現実の死亡結果との間に因果関係を認めつつも，それを「影響力が小さい」行為とすることは矛盾であるという指摘がある（辰井・前掲注6)186頁参照）。しかしながら，第2行為の影響が乏しいという判断は，あくまでも第1行為との関係における相対的な判断であって，第2行為それ自体が（死期が変更された）結果惹起との間に因果関係を有するという判断と矛盾するものではない。

えば放火行為によって全身に火傷を負った被害者が入院したところ，たまたま病院が火事になって新たな火傷を負い，当初の火傷がさらに拡大・悪化して死亡した場合，被害者の死因は当初の放火行為によって形成されたということもできるが，病院の火災による火傷が加わって新たな死因が形成されたということもできる。また，介在行為によって死期が大幅に繰り上げられたとしても，死因が同一でさえあれば因果関係を認めるというのでは，危険実現が認められる範囲が広がりすぎるように思われる86)。

学説ではこのような理解から，むしろ死期の同一性を基準として結果の同一性を判断する見解も有力に主張されている87)。人間の生命には生き続ける時間という意味で価値があると考えるのであれば，死期が同一であればその結果は実質的に変更されていないと解することには十分の理由がある。しかしながら，私はこのような理解にも若干の躊躇を覚える。死期のみを重視した場合，大阪南港事件において，被害者が資材置場で脳出血が悪化して危篤状態に陥った後，突然第三者が心臓めがけて拳銃を発砲し，それによって被害者が死亡した場合であっても，第1行為と結果との間に因果関係が認められることになるが，そのような結論が妥当であるとは思われない。その理由は2つある。第1に，因果関係としては，実行行為によって死亡結果が「引き起こされた」関係が必要なところ，死因が大幅に変わってしまった場合，その結果が実行行為によって「引き起こされた」といえるのか，疑問を覚える。第2に，仮定上の死期というのはあくまでも仮定上の判断にすぎない。被害者が回復不可能な状態に陥っているとしても，奇跡的に救命する可能性が全くないわけではない。それにもかかわらず，被害者はもうすぐ死ぬことは間違いないから，後は何が起きても因果関係が認められるというのは，やや乱暴な議論のような印象を受ける。

このように考えると，結局，死因も死期もどちらも重要な観点であり，どちらか一方の観点だけで結果を把握することは困難であるように思われる。歯切

---

84)　井田・前掲注 11)89 頁以下，髙山・前掲注 18)178 頁以下などを参照。

85)　林・前掲注 69)324 頁以下を参照。

86)　伊東研祐「判批」判評 391 号（判時 1388 号）（1991 年）64 頁，山口・探究 25 頁などを参照。

87)　山口厚「判批」警研 64 巻 1 号（1993 年）51 頁，島田・前掲注 77)350 頁，西田 114 頁などを参照。さらに平野・諸問題(上)42 頁は，介在事情がなくても「まもなく死んだであろうという場合」には因果関係を肯定する。小林・前掲注 28)14 頁以下はこれをさらに押し進めて，構成要件的結果のレベルまでの抽象化を認める。

れの悪い結論になるが，現実の結果惹起と（介在事情を仮定的に捨象した場合の）仮定上の結果惹起とを比較して，社会通念上，両者の間に実質的な相違がないかを構成要件ごとに個別に検討することになろう[88]。

3. 不作為の介入

直接的危険実現の限界が問われるのが，不作為の介入である。たとえば暴行の被害者が重大な傷害を負ったが，適切な治療を受ければ回復の可能性があった場合に，被害者が病院に行かなかった，あるいは家族が病院に搬送しなかった，さらには病院に搬送されたが担当医師が必要な治療を行わなかったなどの不作為が介在した結果，当初の傷害が死因となって被害者が死亡したような事例について，暴行行為と死亡結果との間の因果関係は肯定されるのであろうか。この点について山口教授は，物理的寄与度の低い作為が介入しても危険実現が否定されない以上，物理的寄与度のない不作為の介入については，危険の現実化が当然に肯定されるとして，不作為の介入事例については，原則として因果関係を肯定されている[89]。たしかに不作為が介在しても，それによって死因が変更されるわけではないから，死因の同一性を重視する場合，実行行為の危険性がそのまま結果に実現していることを否定しがたい。しかしながら，実行行為の危険性といっても，それは通常見込まれる因果経過を想定した上で判断されるべきであろう。実行行為によって傷害を負ったとしても，適切な治療を受ければ回復が確実であり，死亡の危険はほぼ解消しうる場合であれば，実行行為にはその程度の危険性しかなかったと評価すべきであり，それにもかかわらず被害者が（適切な医療を受けずに）死亡した場合には，例外的に危険実現の関係を否定する余地があるだろう[90]。

このような観点から興味深いのが，最決平成16・2・17（刑集58巻2号169頁）である。本件被告人らは被害者に暴行を加え，同人に左後頸部刺創による左後頸部血管損傷等の傷害を負わせた。被害者は直ちに病院に赴いて緊急手術

---

88) 小坂敏幸「因果関係(1)」小林充＝植村立郎編『刑事事実認定重要判決50選(上)〔第2版〕』（立花書房，2013年）53頁以下，さらに中森喜彦「判批」百選〔6版〕33頁を参照。

89) 山口・新判例16頁参照。

90) 山口・新判例16頁もこのような可能性を認めている。

91) この点について，島田聡一郎「判批」ジュリ1310号（2006年）172頁を参照。これに対して，林・判例40頁以下は，被害者の行為が予測可能といえる限度で因果関係が認められるとする。

92) たとえば高橋142頁を参照。

を受け，いったんは容体が安定し，担当医は，良好に経過すれば加療期間は約3週間との見通しをもっていた。ところが，その日のうちに被害者の容体が急変し，被害者は上記左後頸部刺創に基づく頭部循環障害による脳機能障害により死亡した。容体の悪化の原因として，被害者が無断退院しようとして，体から治療用の管を抜くなどして暴れた可能性があることは否定できない。このような事案について，最高裁は「被告人らの行為により被害者の受けた前記の傷害は，それ自体死亡の結果をもたらし得る身体の損傷であ」ることを重視して，暴行行為と死亡結果との間の因果関係を肯定している。本決定は，実行行為と介在事情の関連性などに言及することなく，実行行為それ自体が本件死亡結果を惹起しうる危険性を有することを重視して因果関係を肯定しているから，大阪南港事件と同様の判断枠組みに立脚していることは明らかである[91)]。本決定に対しては，被害者の容体が安定して，回復の可能性が高まったのであるから，当初の実行行為の危険が実現してないという批判もある[92)]。しかし，本件の被害者はいったん容体が安定しただけであって，生命に対する危機を完全に脱したわけではない。本件においても，実行行為に含まれていた死亡の危険性が，減弱しつつも，なお存続しており，それが具体的な死亡結果に実現したと評価することは十分に可能であろう[93)]。

Ⅶ．行為者の行為の介入

1．基本的な視点

行為者自身の行為が介入する事例の場合，そもそも同一行為者による複数の行為を包括的に評価して「一連の実行行為」と把握する可能性がある[94)]。故意犯であれば同一の意思決定に基づく近接した複数の故意行為，過失犯であれば同一の結果回避に向けられた一連の義務違反行為を一体的に把握することができるだろう。この場合，介在行為を含めて「一連の実行行為」と評価するの

93)　この点について，前田厳「判解」最判解刑事篇平成16年度148頁以下を参照。なお，本書のように死因と死期の両者を考慮して結果の同一性を判断する立場からも，本件の被害者が死の危険を脱したわけではない以上，何らかの事情で容体が急変して死亡する可能性もあり得たとして，ある程度幅をとって（介在行為がなかった場合の）仮定上の死期を認定することで，因果関係を肯定することができよう。

94)　この問題に関する代表的な研究として，仲道祐樹『行為概念の再定位』（成文堂，2013年），深町晋也「『一連の行為』論について」立教法務研究3号（2010年）93頁以下などを参照。

であるから，因果関係についての特別な問題は生じない[95]。これに対して，故意行為と過失行為が競合する事例については，両行為を包括して評価することは困難であり，原則として両行為を分けて検討することになろう[96]。この場合，基本的には第三者の介在行為が介入する場合と同様に検討すればたりるが，行為者自身の行為であることが介在行為の評価に影響を及ぼす場合もあるだろう（たとえば犯行計画において第2行為の遂行を予定していた場合など）。さらに，第1行為，第2行為がともに結果発生との間に因果関係を有する場合については，同一行為者を同一結果について二重に処罰することは正当化できないことから，二重評価を回避するための考慮が必要になる。

2. 故意行為→過失行為

故意行為の後に過失行為が介在する事例の典型は砂末吸引事件（大判大正12・4・30刑集2巻378頁）である。被告人が被害者を殺害しようとして同人の頸部を麻縄で絞めたところ，被害者が身動きしなくなったので，既に死亡したと思い，犯行発覚を防ぐ目的で被害者を海岸の砂浜に運んで放置したところ，まだ生存していた被害者が砂末を吸引して窒息死したという事件について，大審院は，死体遺棄の目的での行為は「因果関係ヲ遮断スルモノニ非サル」として殺人罪の成立を認めている。殺人罪の成立を認めるためには，殺意が認められる絞殺行為（第1行為）を実行行為として把握する必要があるが，実際の死因は過失行為（第2行為）が形成しているのであるから，第1行為と結果惹起との間に因果関係を認めるためには，間接的実現類型として，介在事情の通常性が必要となる。その判断は具体的な事実関係に依存するが，①殺人犯人が被害者の死体を遺棄しようとすることは十分ありうること，②第2行為は（死亡結果との関係では）過失行為の介入であること，③被害者の生死を誤信して第2行為に及んだことも，第1行為によって形成された心理状態に誘発されていることなどを考慮すると，因果関係を認めることは十分に可能であるように思われる[97]。このような前提からは，第1行為について殺人罪が成立することになる[98]。

95) この点について，齋野93頁などを参照。
96) この点について，仲道・前掲注94)77頁以下，深町・前掲注94)123頁などを参照。
97) 佐伯276頁も参照。これに対して，曽根・前掲注24)290頁以下は，第1行為を故意の未遂犯，

なお，この場合にも，現実に死亡結果を惹起した第2行為を（過失が認められる限度で）過失致死罪として独立に評価することは可能である。このことは，かりに第2行為が共犯者の助力を借りて行われた場合，その共犯者を過失致死罪で処罰できることからも明らかであろう。もっとも，第2行為は犯行計画を完遂させるための一環にすぎず，新たな犯意に基づいて行われたわけでもないから，第2行為による過失致死罪は第1行為による殺人罪に吸収されることになる。このように罪数レベルで吸収一罪の関係を認めることによって，死亡結果の二重評価の問題を回避することができる。

3. 過失行為→故意行為

過失行為の後，故意行為が介在した事件としては，熊撃ち事件（最決昭和53・3・22刑集32巻2号381頁）がある。被告人が被害者を熊と間違えて猟銃を発射し，瀕死の重傷を負わせたため（第1行為），被害者を早く楽にさせた上で現場から逃走しようとして，殺意をもって再度，猟銃を発砲し（第2行為），被害者を死亡させた事件について，最高裁は，第1行為を業務上過失傷害罪，第2行為を殺人罪とした上で，両罪を併合罪の関係とした原判決の結論を是認している。

本件については事実関係が必ずしも明らかではないが，第1行為が死因となった傷害を形成しており，第2行為がなくても間もなく被害者は死亡していたが，第2行為によって死期が早められているようである。したがって殺意をもって死期を早めた第2行為が殺人罪に該当することは当然である。また，第1行為についても，第1行為が死因となった傷害を形成し，介在行為によって死期が早められたという事情からは，大阪南港事件と同様に，第1行為と死亡結果との間の因果関係を肯定することは十分に可能なはずである。しかし，このように解した場合，同一の死亡結果を行為者に二重に帰責することになってしまう。そこで二重評価を回避するための処理が必要になる。1つの方法は業務上過失致死罪と殺人罪の成立を認めつつ，罪数判断として，両者を包括一罪として処理する方法である[99]。もう1つの選択肢は，両者を併合罪として評

第2行為を過失の既遂犯としつつ，両者を併合罪として処理すべきとする。

98）本件被告人には因果関係の錯誤が問題になるが，通説の立場からは殺人罪の故意を阻却するものではない。詳細は本書180頁以下を参照。

価しつつも，業務上過失致死罪のうち，死亡結果のみを殺人罪の中に吸収させることによって，第１行為を業務上過失傷害罪の限度の処罰にとどめるという方法である[100)]。本決定がいかなる理解を前提としているかは明らかではないが，少なくともその結論は，後者のアプローチによって正当化することができる[101)]。

99)　このような解決を示唆するものとして，山火正則「判批」警研55巻2号（1984年）88頁，山中敬一「行為者自身の第二行為による因果経過への介入と客観的帰属」福田平・大塚仁博士古稀祝賀『刑事法学の総合的検討(下)』（有斐閣，1993年）275頁などを参照。

100)　このような理解について，樋口亮介「判批」百選〔6版〕23頁参照。さらに塩見27頁を参照。

101)　この点について，仲道祐樹「判批」百選31頁を参照。

第2章 実行行為の意義について

I. はじめに

「実行行為」という概念は，伝統的な刑法解釈論において，きわめて重要な概念として位置づけられてきた。もっとも，そもそも実行行為とはどのような概念であり，具体的にどのように実行行為を特定するかについては，必ずしも見解の一致があるわけではない[1)]。また，最近の議論においては，「実行行為」という概念に重要な意義を認めるべきではない，さらには，そもそも，このような概念を用いるべきではないという指摘もみられる[2)]。

本章では，実行行為をめぐる問題について検討を加えることにしたい。

II. 実行行為概念の理解

1. 構成要件該当行為としての実行行為

実行行為を形式的に定義するのであれば，それは構成要件に該当する行為（構成要件該当行為）である[3)]。したがって実行行為に該当するか否かは，個別の構成要件ごとに判断される。殺人罪の実行行為は「人を殺」す行為であり，

1）「実行行為」という概念について検討する最近の文献として，小林憲太郎「実行行為」法教415号（2015年）39頁以下を参照。

2） たとえば髙山佳奈子「『実行行為』概念の問題性」法学論叢162巻1～6号（2008年）204頁以下などを参照。

詐欺罪の実行行為は「人を欺」く行為（欺罔行為）である。このように構成要件該当行為として，実行行為が要求されることは，罪刑法定主義の観点からは当然のことである。そして，結果犯の構成要件該当性を肯定するためには，実行行為によって構成要件的結果が惹起されたことが必要であるから，実行行為は因果関係の起点としての意味を有することになる。具体的には，実行行為の危険性が結果に現実化したと評価できる限度で刑法上の因果関係が認められる。

また，刑法における責任非難は，実行行為に出て，それを継続しようとする意思決定に対して向けられることから，責任能力は実行行為を行っている段階で要求される。さらに故意犯が成立するためには構成要件該当事実の認識・予見が必要とされるが，この認識・予見も実行行為を行う段階で必要となる。構成要件該当事実を認識・予見しつつ，あえて行為に出たことが故意犯の責任非難を基礎づけるからである。過失犯における結果の予見可能性についても同様であり，結果回避義務に違反する行為に出る段階で予見可能性が要求されることになる[4)]。

このように実行行為という概念については，①罪刑法定主義の観点から，構成要件に該当する行為を限定する機能がある。また，②因果関係の起点として，結果発生との間の因果関係判断の対象とされる。さらに，③実行行為の段階における主観面を基準として，責任能力，故意・過失などの主観的要件の存否が判断される[5)]。たとえば強盗罪の解釈においても，①判例によれば同罪の実行行為は「社会通念上一般に被害者の反抗を抑圧するに足る程度」の暴行・脅迫である必要がある[6)]。また，多数説の理解によれば，②強盗罪における実行行為と占有奪取との間の因果関係として，実行行為によって被害者が現実に反抗抑圧され，それを利用して財物を奪取した関係が必要である[7)]。さらに，③強盗罪の故意に基づいて実行行為が行われる必要があるから，被害者の反抗抑圧後に財物奪取の意思が生じた場合には，（強盗罪の実行行為性を有する）新

3） むしろ構成要件該当性を認めるためには，構成要件に該当する行為が必要であり，その行為を講学上，「実行行為」と呼んでいると説明したほうが正確かもしれない。

4） 予見可能性を責任要件として理解する立場（修正旧過失論）からは，故意犯と同様，実行行為に出る態度が法的非難の対象とされることになる。また，結果回避義務の前提として予見可能性を要求する立場（新過失論）からも，回避義務を課す前提として，その時点で予見可能性が要求されることになる。

5） 目的犯における目的，財産犯における不法領得の意思などの主観的要素についても，実行行為

たな暴行・脅迫が必要と解される。

実行行為にこれらの意義が認められることについては，おそらく異論の余地はないと思われる。もっとも，これは処罰対象行為である構成要件該当行為のことを実行行為と呼んでいる以上，当然の帰結ということもできる。つまり「実行行為」という用語を用いるか否かを問わず，一定の行為に結果惹起を帰責させ，故意犯または過失犯として処罰するためには，上記①〜③の要請は当然に充足される必要がある。

2. 実行行為概念を中心とした犯罪論

(1) 「切り札」としての実行行為

もっとも，伝統的通説にとって，実行行為という概念は単に「構成要件に該当する行為」の言い換えにとどまるわけではなく，犯罪論の中核的概念として重要な機能が与えられている。実際，通説の立場からは，間接正犯，不作為犯，原因において自由な行為，未遂犯，共犯などの多くの犯罪論の問題が，実行行為概念を軸として解決されてきたのである。すなわち，何らかの身体の動静によって結果が発生したとしても，その行為が「実行行為」と評価できない限り，構成要件該当性が認められず（正犯としての）処罰が否定される。典型的な教室事例であるが，たとえば飛行機が墜落すると考えて友人に沖縄旅行を勧めたところ，本当に飛行機が墜落してその友人が死亡したとしても，「飛行機での旅行を勧める行為」は殺人罪の実行行為に該当しないから，殺人罪は成立しない。また，作為義務のない者が救助しなかったことによって急病人が死亡したとしても，作為義務のない者の不作為は実行行為に当たらないから構成要件に該当しない。このように実行行為という概念は犯罪論の「切り札」であった。そして，このように重要な意義が認められるからこそ，伝統的通説は，実行行為という概念を限定的に理解してきた。団藤重光博士は，一定の行為を実行行為というために，当該犯罪の実行行為としての「定型性」が備わっ

を基準として判断されることになる。

6）　最判昭和24・2・8刑集3巻2号75頁を参照。

7）　たとえば西田典之〔橋爪隆補訂〕『刑法各論〔第7版〕』（弘文堂，2018年）183頁，山口厚『刑法各論〔第2版〕』（有斐閣，2010年）217頁などを参照。このような理解に疑問を示す近時の研究として，嶋矢貴之「強盗罪と恐喝罪の区別」髙山佳奈子＝島田聡一郎編『山口厚先生献呈論文集』（成文堂，2014年）357頁以下を参照。

ていることを重視された[8]。たとえば殺人罪の実行行為というためには，その行為が社会通念上，「人を殺」す行為と評価されるような外形や内容を備えている必要がある。その後の議論では，実行行為の内容として結果発生の現実的危険性が重視されるに至った[9]。このような理解からは，実行行為と評価するためには，その行為自体を事前判断して，結果発生の現実的危険性が認められる必要があることになる。

(2) 未遂行為としての実行行為

このように実行行為の現実的危険性を強調する通説の立場からは，実行行為性は未遂犯の成否にとって決定的な意義を有する。すなわち，実行行為に出れば，その段階で結果発生の現実的危険性が認められるのであるから，実行行為の開始が「実行の着手」を意味することになる。また，未遂犯か不能犯かの区別は，その行為（たとえば空ピストルの発砲行為）が実行行為性を有するか否かによって判断される。さらに，中止未遂の成否に関して，「犯罪を中止した」といえるかについても，実行行為概念が重要な判断基準となる。すなわち実行行為が終了していない場合（着手未遂）には，実行行為を継続しなければ中止行為が認められるのに対して，実行行為を行い終わったが結果が発生していない場合（実行未遂）については，単なる不作為では不十分であり，結果不発生に向けた積極的な行為が要求される。このように実行行為とは，未遂犯の処罰を基礎づける行為（未遂行為）として位置づけられ，未遂犯処罰をめぐる問題は，実行行為概念を軸として解決が示されたのである。

(3) 正犯行為としての実行行為

さらに実行行為概念は，正犯と（狭義の）共犯の区別についても，重要な判断基準とされてきた。正犯とは自らの行為が構成要件に該当する者であるから，構成要件該当行為（実行行為）すべてを単独で実行し，結果を発生させた

8） 団藤 140 頁以下を参照。

9） たとえば大塚 149 頁，171 頁以下などを参照。

10） 団藤博士も共謀共同正犯否定説を採用されていたが，その後，限定的ながら共謀共同正犯を肯定する立場に改説された。最決昭和 57・7・16 刑集 36 巻 6 号 695 頁〔大麻密輸事件〕の団藤裁判官の意見を参照。

11） 島田聡一郎「実行行為という概念について」刑法雑誌 45 巻 2 号（2006 年）60 頁以下，山口厚

者が正犯（単独正犯）として評価されることは明らかである。問題は共同正犯と狭義の共犯の区別である。この点について，伝統的通説は周知のとおり，共同正犯も実行行為を共同する必要があるとして，実行行為の分担を共同正犯の要件として理解してきた。ここでは，共同正犯も（単独正犯と同様に）「正犯」であるという理解を前提として，正犯性の要件として実行行為の（全部またはその一部の）実行が要求されていることになる。したがって，伝統的通説の立場からは，実行行為を分担しない者は正犯と評価されない以上，共謀共同正犯を否定するのが一般的であった[10)]。

3. 実行行為と犯罪論

(1)　個別的解決の重要性

このように実行行為概念を中核として，犯罪論のさまざまな問題を統一的に解決する通説の理解に対しては，本来，個別に検討すべき問題を，形式的に一律に処理しているという批判が向けられている[11)]。たとえば不真正不作為犯における作為義務の発生根拠と正犯と共犯の区別は，どう考えても全く別の問題である。この両者がともに実行行為性の問題であるといっても，それは不作為犯論，共犯論それぞれの議論を，とりあえず「実行行為性」という標題のもとにまとめ上げたものにすぎない。もちろん，単なる表現の問題であれば，どのような用語や分類を利用しても構わないだろう。ただ，すべての問題を実行行為という概念のもとに集約することによって，本来は個別に検討すべき問題が統一的な観点から解決可能であるかのような錯覚を与えるのであれば，やはり議論の方向として好ましくないだろう[12)]。

また，未遂犯論や共犯論について，実行行為を基準とした議論が貫徹されているわけではない[13)]。共犯論については，周知のとおり，共謀共同正犯の成立が判例・学説によって広く認められている以上，実行行為の分担が共同正犯の要件とされているわけではない。そもそも共同正犯が「正犯」であるといっ

「実行行為と責任非難」『鈴木茂嗣先生古稀祝賀論文集(上)』（成文堂，2007年）201頁以下，髙山・前掲注2)205頁などを参照。

12)　もっとも，現在においては，個別の問題ごとの実質的検討の重要性は十分に理解されている（と思われる）ので，このような「錯覚」の懸念は既に杞憂になっているのかもしれない。

13)　山口・探究4頁以下を参照。

ても，本来は共犯として犯罪に関与した者を，その関与の重要性や積極性にかんがみて「正犯」に格上げして処罰しているにすぎないから，共同正犯と単独正犯を同じ原理に包摂しようとすること自体，妥当とはいえない[14)]。

未遂犯についても同様である。実行行為を未遂行為として理解する立場からは，実行行為の開始段階で常に「実行の着手」を認めざるを得ないから，実行の着手の基準については形式的客観説を採用せざるを得ないだろう。しかし，未遂犯の処罰根拠を構成要件実現の具体的危険性の惹起に求めるのであれば，まだ実行行為それ自体が行われていない段階（たとえば窃盗罪において財物に接近する行為，強制性交等罪において被害者を自動車内に引きずり込む行為）であっても実行の着手を認めることができる。また，離隔犯や間接正犯については，実行行為が行われたとしても，それだけで未遂犯の成立を認めるべきではなく，その後の時間的経過によって，結果発生の危険性が現実化した段階ではじめて未遂犯の成立を肯定すべき場合がありうる[15)]。このように考えると，実行行為の開始時点と未遂犯の成立を全面的に連動させるべきではないし，実際にもそのような解釈が徹底されているわけでもない[16)]。不能犯と未遂犯の区別についても，これを実行行為性という基準を用いて議論しても構わないが，実行行為から結果発生の具体的危険性が発生したか否かを問題にしたほうが適切であるように思われる[17)][18)]。

(2) 判断資料としての実行行為

このように，実行行為という概念によって，すべての問題を統一的に解決することは不可能であり，個別の問題ごとの実質的な検討が不可欠である。とはいえ，一見矛盾するようにみえるが，個別領域の検討において，構成要件該当

---

14) この点については，本書 328 頁以下を参照。もし，共同正犯が単独正犯と同じ原理で説明できるのであれば，そもそも刑法 60 条がなくても共同正犯が処罰できることになる（間接正犯は単独正犯である以上，明文の規定がなくても処罰可能である）。しかし，60 条は明らかに処罰拡張事由として理解すべきであろう。

15) 実行の着手をめぐる議論については，本書 284 頁以下を参照。

16) 平野龍一「正犯と実行」平野・諸問題(上)130 頁を参照。さらに，佐藤拓磨『未遂犯と実行の着手』（慶應義塾大学出版会，2016 年）218 頁以下もあわせて参照。なお，奥村正雄「実行行為概念について」『大谷實先生喜寿記念論文集』（成文堂，2011 年）155 頁は，間接正犯においては利用者の行為と被利用者の行為が一体として利用者の実行行為と評価されるから，伝統的通説の理解からも，被利用者の行為時に実行行為の開始を認めることができるとするが，利用者の行為も実行行為の一部である以上，利用行為の開始段階で着手が認められない根拠を示す必要があるだろう。

17) 「結果としての危険」を未遂犯の処罰根拠とする理解については，山口厚『危険犯の研究』（東

行為としての実行行為が重要な基準となることを否定することはできない[19)]。たとえば実行の着手の判断については，既に述べたように，常に実行行為の開始段階で未遂犯が成立するわけではない。しかし，構成要件該当行為の遂行それ自体には結果発生の具体的危険性が認められるのが通常であるから，離隔犯や間接正犯のような特殊な事例を除けば，遅くとも実行行為の開始段階に至れば実行の着手を認めることができる。また，実行行為の開始前の段階で着手を認めるとしても，実行行為に密接に関連する行為の遂行が要求されている[20)]。このように「実行の着手＝実行行為の開始」という理解を採用しないとしても，実行行為が未遂犯の成否にとって重要な基準となっていることは否定しがたいだろう。

共犯論についても同様である。共謀共同正犯を肯定する判例・通説の立場からは，実行行為の分担は共同正犯の不可欠の要件ではない。しかしながら，構成要件該当行為の一部を分担している場合については，実行行為の分担という重要な役割を担っている以上，原則として共同正犯の成立を認めるべきであろう。このように共同正犯の成否の判断資料としても，実行行為概念が一定の意義を有することになる。構成要件該当性の判断において，実行行為（＝構成要件該当行為）の遂行が決定的な意義を占める以上，個別の解釈論において，これが重要な考慮要素となることは当然であろう。

(3)　実行行為と危険性・因果関係

繰り返し述べるように，実行行為の遂行があれば，常に未遂犯が成立すると解する必然性はない。むしろ実行行為の結果として，未遂犯処罰に値する具体的危険性が発生した段階で未遂犯が成立すると解すべきである。このような理

京大学出版会，1982年）56頁以下，山口284頁以下を参照。

18)　なお，中止犯における中止行為の意義についても実行行為を軸に分析をする必要はない。中止行為の意義を「自ら惹起した危険性の消滅行為」として理解するのであれば，中止行為の内容についても，①犯行を継続する可能性のみが危険性を根拠づけている場合（犯行を継続しなければ中止行為に当たる），②傷害が拡大するなど，そのまま放置しても結果が発生する危険性がある場合（結果防止のための積極的措置が必要となる）によって区別されるべきであり，あえて実行行為の終了時期を基準とした議論を行う必要はない。たとえば佐伯359頁以下を参照。

19)　中森喜彦「実行行為の概念について」前掲注11)『鈴木古稀』199頁も，実行行為概念が「それ自体で犯罪論上の多くの問題を解決しうるほどの機能を持たないことは今日共通の理解であるが，この概念を中心として刑法上の諸問題の解決が考えられるべきことは，罪刑法定主義を採る限り必然的なこと」とする。

20)　詳細については，本書289頁以下を参照。

解からは，たとえば毒物などを発送する離隔犯については，発送行為を実行行為と評価しつつも，その後，客体が被害者の領域に達した段階で未遂犯の成立を認めることも可能である。したがって，実行行為の遂行の段階において，未遂犯の処罰に値するだけの具体的危険性が発生している必要はないことになる。

他方，実行行為と結果との間の因果関係は，実行行為に内在する危険性が結果発生に実現したといえるかによって判断される。したがって，実行行為に内在する危険性の程度が著しく低い場合には，その行為が現実の法益侵害結果を引き起こす危険性が乏しいとして，危険の現実化の関係が否定されることになる。たとえば上記**2**(1)の飛行機墜落事例については，現実には飛行機が墜落して友人が死亡したとしても，旅行を勧める行為には墜落事故を引き起こす危険性が内在していないとして，因果関係が否定される[21)]。したがって，危険実現という観点から因果関係を認めるためには，実行行為に具体的結果を惹起する一定の危険性が備わっていることが必要となる。

問題となるのは，①行為に危険性が乏しい場合には因果関係を否定すればたりるのであるから，あえて実行行為として一定の危険性を要求する必要はないと考えるか[22)]，それとも，②因果関係の判断とは別に，実行行為それ自体に一定の危険性を要求すべきか，という点である。飛行機墜落事例については，①の立場からは因果関係の問題に全面的に解消されるのに対して，②の立場からは，旅行を勧める行為にはそもそも実行行為性が欠けるから，因果関係を判断するまでもなく構成要件に該当しない，ということになる。これまでの検討から明らかなように，①，②の対立は体系的な整理にとどまるものであり，具体的な結論を左右するものではない。ただ，(a)とりわけ経済犯罪などの局面においては，いかなる行為が禁止され，処罰対象になるかを実行行為として具体化し，国民一般に示すことが重要であること，(b)過失犯においては予見可能な危険が存在する状況における結果回避義務を実行行為として把握する以上，故

---

21)　この場合，死亡結果との間の因果関係を否定するだけであれば未遂犯が成立するようにも思われるが，実行行為を行ったことから直ちに未遂犯の成立が認められるのではなく，実行行為によって未遂犯の結果としての法益侵害の危険性が発生し，さらに両者の間に因果関係が認められることが要求されるべきである。したがって，飛行機墜落事例については，旅行を勧める行為と（墜落事故の直前に認められる）死亡結果発生の具体的危険性との間にも危険実現の関係が認められないことから，未遂犯の成立も否定されることになる。

22)　このような理解から，髙山・前掲注 2)211 頁以下は「実行行為性の判断としてつけ加わるもの

意犯においても，実行行為の遂行それ自体に一定の危険性が認められると解すべきであること，(c)因果関係や故意の判断に立ち入る以前に，危険性がきわめて乏しい行為は実行行為に当たらないとして「門前払い」することが思考経済に資することなどを考慮すると，②の立場のように，結果発生について実質的危険性を有する行為を実行行為として把握するほうが適切であるように思われる[23]。なお，このように実行行為を理解したとしても（飛行機墜落事例などの教室事例はともかくとして）通常の故意作為犯の事例で実行行為性を否定すべき事例はほとんど考えられないだろう。

4. 実行行為を特定する基準

(1) 総説

たとえば，XがAを殺害する意思を固めて，①ナイフを持参してA宅に赴き，②ナイフを構えてAに近づくと，③逃げようとするAを押さえつけた上で，④Aの胸にナイフを突き刺し，⑤逃げ出したAを再度捕まえると，⑥同人の腹部をナイフで刺し，同人を殺害した事案を考えることにしたい。当然のようにXには殺人罪が成立するが，この場合，①～⑥の行為のうち，いかなる行為をXの実行行為として特定すべきだろうか。この問題については，従来，理論的な検討は十分に行われておらず，いわば感覚的なかたちで解決されていたといってよい。おそらく上記の事例であれば，④および⑥の刺突行為が殺人罪の実行行為として把握されることになるだろう。最近，この問題に本格的に取り組み，行為に意味を与えるのは行為者の主観であるという問題意識から，「法益侵害を志向する行為意思」の一体性によって処罰対象行為を特定する見解が主張されている[24]。この見解に従えば，「Aをナイフで殺害しよう」という1つの行為意思に貫かれた行為全体が1つの行為として処罰対象を画することになるから，②から⑥までの一連の行為が殺人罪の処罰対象行為と評価されることになるのだろう[25]。このような実行行為の特定の問題について，

は何もない」とする。

23）　同様の指摘として，島田・前掲注11)70頁以下，佐伯62頁などを参照。

24）　仲道祐樹『行為概念の再定位』（成文堂，2013年）73頁以下を参照。さらに行為者の犯罪実現意思からみた最終的な作為として実行行為概念の中核を理解する見解として，樋口亮介「実行行為概念について」『西田典之先生献呈論文集』（有斐閣，2017年）25頁以下を参照。

25）　行為意思の理解にもよるが，①の段階においては殺人の最終的な意思決定に至っていないと考えると，この段階は一体的評価から除外されることになるのだろう。

少し考えてみたい。

たとえばPがQを殺害しようとして，立て続けに3回，同人の胸部を包丁で突き刺し，3回目の刺突行為で死に至らしめた場合，自然的に観察すれば3つの刺突行為が併存しているから，2つの殺人未遂罪と1つの殺人既遂罪が成立し，全体が包括一罪になるという理解がおよそ不可能なわけではない。しかし，この場合については，3つの刺突行為を包括して，全体の行為を1つの実行行為として評価するのが通常の理解であろう。一定の犯意を実現しようとする際に連続して複数の行為に出ることは十分にありうる以上，その複数の行為を分断することなく，全体として1つの行為として評価することが，犯罪の実体に即した適切な評価といえるからである。このように考えると，上記の見解が述べるとおり，処罰対象行為を特定する際には，犯意（行為意思）の一体性が重要な基準となるように思われる[26)]。もっとも，犯意が一体であっても時間的・場所的な連続性が乏しい場合には，行為を分断して評価すべき場合もあるだろう。また，実際の事案処理においては，一連の行為の中で，特に結果発生に影響を及ぼした行為だけを切り取って実行行為として評価することも可能である。上記の事例についても，被害者Aはナイフによって刺殺されているのであるから，そのような死亡結果を惹起する危険性を有する行為，すなわち④と⑥の刺突行為だけを切り取って，実行行為と評価しても構わないだろう。これに対して，たとえばAが重度の心臓疾患を患っており，⑤の段階の逃走行為やXによる拘束行為のショックによって急性心不全で死亡したような事例であれば，死亡結果を直接惹起した⑤の行為を実行行為として把握するか(その場合，⑥の直前に位置する行為という意味において，早すぎた構成要件実現の問題となる)，あるいは，④の刺突行為を実行行為として把握しつつ，その後の⑤を実行行為の後の介在事情として評価して因果関係を判断することになろう[27)]。

---

26) もっとも，たとえば本文の事例において，④の段階でXがいったん殺意を放棄したが，Aが逃走したことに激高し，新たに殺意を抱いて⑥の刺突行為に出たとしても，それだけで両者の行為が分断されるわけではないだろう。また，XがAとBを殺害する意思を固めて，両人を殺害した場合には，当然にA殺害とB殺害は別個の行為と評価される。その意味では行為の一体的評価の根拠となるのは行為意思の同一性ではなく，むしろ故意内容の同一性ではないか，そして，故意内容が同一の場合に行為を一体的に評価できるのは，同一の故意行為の範囲であれば，複数の行為を分けて評価しても，一体的に評価しても，結論が異ならないという実質的考慮に基づくものではないか，という疑問もある。

(2) 一連の実行行為

最近の学説では，複数の行為を「一連の実行行為」として一体的に評価することで，一定の法的解決を導くアプローチが有力に主張されている[28)]。すなわち，(a)構成要件段階で「一連の実行行為」と評価された場合には防衛行為性の評価についても一体的に評価され，全体として正当防衛・過剰防衛の成否を判断すべきである（防衛行為の一体性），(b)行為者が第1行為に引き続いて，自らの第2行為で結果を発生させる計画を有していたが，計画に反して第1行為で結果が惹起された場合であっても，第1行為・第2行為が「一連の実行行為」と評価できる場合には，「一連の実行行為」内部の齟齬は重要ではなく，故意既遂犯が成立する（早すぎた構成要件実現），(c)実行行為の途中から責任能力を喪失する事例についても，全体を「一連の実行行為」と評価できる場合には39条を適用しない（原因において自由な行為）などの理解がその典型である。

複数の行為を「一連の実行行為」として把握した場合，全体の行為が構成要件的評価の対象となるから，因果関係の判断においても，その起点となる行為は「一連の行為」全体に求められることになる。したがって，複数の行為のうち，どの行為が結果を惹起したかが明らかではない場合であっても，全体としての行為が結果を惹起したことが明らかであれば，実行行為と結果との間の因果関係が認められる[29)]。また，複数の行為を「一連の実行行為」と評価することによって，実行行為の危険性が増幅され，たとえば介在事情を誘発する蓋然性が高められるなどして，危険の現実化の関係を肯定しやすくなる場合も考えられる[30)]。このように，「一連の実行行為」としての把握が構成要件該当性の評価に一定の影響を及ぼすことは否定できない。しかしながら，「一連の実行行為」を認めた途端に，違法性や責任の評価にもかかわる(a)〜(c)の問題についても，一定の解釈論的帰結が導かれるというのは，やはり妥当ではないと思われる。これらの問題領域は刑法理論上，異なった観点から解決されるべき問

27）　なお，東京高判平成13・2・20東高刑時報52巻1〜12号7頁は，被告人が殺意をもって妻の胸を包丁で突き刺した後，ベランダに逃げ出した同女を部屋に連れ戻してガス中毒死させようとして，同女に摑みかかったところ，同女がベランダから転落して死亡した事件について，刺突行為から妻を捕まえようとする行為までが一連の行為であるとして，殺人罪の成立を認めている。

28）　詳細な研究として，深町晋也「『一連の行為』論について」立教法務研究3号（2010年）93頁以下を参照。

29）　深町・前掲注28)120頁以下は，このような場合に限って「一連の行為」に基づく全体的考察を行うべき基礎が認められるとする。

題であり，「一連の実行行為」という統一的基準によって解決すべき問題ではない[31]。(a)については，いかなる要件を充たす場合に防衛行為としての一体性が認められるかという問題であり，その評価は構成要件的評価と常に一致するわけではない。また，(b)においては，結果を惹起した第1行為が（客観的には）実行行為として評価されるべきところ，第1行為から第2行為を介してはじめて結果が発生すると認識している場合であっても第1行為段階で故意が認められるかを問題とすべきである。さらに，(c)の問題においては，自ら責任能力の喪失・減弱を招いたことを理由として，心神喪失・心神耗弱状態で行われた行為も含めて処罰対象にすることが許されるかが問われているのであり，これらの問題は（何らかの共通した側面があるとしても）異なる観点から個別に検討する必要がある。全体を「一連の実行行為」をめぐる問題として位置づけることは，伝統的通説における実行行為概念がそうであったように，真に必要とされる実質的考慮を形式論理の中に埋没させるものであり，適切なアプローチではないと思われる。

Ⅲ．間接正犯の成立範囲

1．総説

実行行為性の存否がもっとも問題になる事例として，間接正犯の成立範囲について検討しておくことにしたい。間接正犯とは，第三者または被害者の行為を道具として利用して犯罪を実行する類型である。間接正犯についての明文の規定はないから，あくまでも単独正犯として，第三者または被害者の行為を利用して構成要件を実現したことが単独正犯の構成要件に該当することが必要となる。したがって，他人の行為を「道具」として利用するというのもあくまで

30）　最決平成15・7・16刑集57巻7号950頁〔高速道路進入事件〕は，被告人らから公園で約2時間10分の暴行（第1暴行），さらにマンション居室で約45分間の暴行（第2暴行）を受けた被害者が必死に逃走を図る過程で高速道路に進入し，自動車に轢過されて死亡した事件について，被害者の逃走行為は「著しく不自然，不相当であったとはいえない」として因果関係を肯定しているが，第1暴行・第2暴行を「一連の実行行為」と把握することによって，実行行為が「長時間激しくかつ執ような暴行」であると評価することができ，このことを根拠として，被害者が極度の恐怖感から高速道路に進入することも，それほど異常とはいえないという結論を導いていると解される（もちろん，被害者が第1暴行で既に相当の恐怖感を抱いていることを判断資料とすれば，第2暴行だけを実行行為としても因果関係を認めることは不可能ではない）。

も一種の比喩であり，他人を利用する行為それ自体に（単独正犯としての）実行行為性が認められ，その利用行為の危険が結果に現実化していることが要件となる[32]。

このように間接正犯は，あくまでも単独正犯の一類型であり，直接正犯と同視可能な類型である。したがって，狭義の共犯の成立範囲によって，間接正犯の成否が左右されることはない。かつては狭義の共犯の要素従属性について極端従属性説が有力であり，その立場からは責任がない関与者に対する共犯が成立しないため，その受け皿として間接正犯の成立を認めるような議論があったが，このような議論は狭義の共犯が成立しない場合に，その補充類型として単独正犯の成立を認めるものであり，論理が逆転している[33]。あくまでも間接正犯が成立しない場合に限って，補充的に共犯の成否が問題となる。さらに，共同正犯も間接正犯も「正犯」と評価されているが，共同正犯の本質は共犯としての性格に求めるべきであり（広義の共犯），刑法60条が処罰範囲を拡充することによって，はじめて可罰性を有する類型である。刑法60条の適用の要否という意味でも，両者は明確に区別して論ずる必要がある[34]。このような理解からは，第三者を利用して犯罪を実現する類型については，まず間接正犯の成否を検討し，間接正犯が成立しない場合に共同正犯，さらに狭義の共犯（教唆犯）の成否が順次検討されることになる[35]。

2. 正犯性の要件

それでは第三者・被害者を利用する行為が単独正犯の実行行為と評価できるためには，いかなる要件が必要であろうか。この点において，有力な学説は，行為者が構成要件実現の過程について有する支配性を基準として，間接正犯の成立を認めようとする（行為支配説）。具体的には，被利用者が錯誤や畏怖状態

31）　このような指摘として，小林・前掲注1)41頁を参照。

32）　この点について，佐伯仁志「コメント②」山口ほか・最前線165頁を参照。

33）　このような理解は，いわゆる拡張的正犯論を採用した場合に限って主張可能である。この点については，松宮263頁以下，今井ほか344頁［島田聡一郎］などを参照。

34）　実際，後掲最決平成13・10・25においては，被告人について強盗罪の間接正犯の成立が否定された上で，12歳の長男との間に共同正犯の成立が認められている。

35）　これに対して，高橋436頁は，まず共謀共同正犯の成否を検討し，共謀が存しない場合にはじめて教唆犯・幇助犯か，あるいは間接正犯の可能性が問われる，とする。

にある場合に，背後者がそのような状態を利用して被利用者の意思・行為を支配（意思支配）することによって結果を惹起したことを根拠として，間接正犯の正犯性が認められる36)。正犯とは結果に対する第一次的な責任主体であり，結果発生に至る因果経過を支配する者であるから，このような方向性は基本的に正当なものである。もっとも，既に述べたように，間接正犯と共同正犯の区別も重要である以上，あくまでも直接正犯としての処罰の根拠を示す必要がある。また，因果経過の支配を問題にする以上，被利用者がいかなる主観面で行為に出たかが重要な基準となるはずである37)。

このような問題意識から，被利用者が構成要件の実現にとって，自律的な主体として行為したか否かに着目するのが遡及禁止論である38)。この見解によれば，直接行為者が（自由な意思決定のもと）故意に当該構成要件を実現している場合，まさに直接行為者が自律的な意思決定のもと，行為に出ているのであるから，直接行為者が結果発生に対して第一次的に責任を負うべき主体であり，この場合に背後者にさかのぼって単独正犯の罪責を追及することは許されず（遡及禁止），背後者は（広義の）共犯としてのみ可罰的である。したがって，間接正犯が成立する場面は，被利用者（直接行為者）に自律的な意思決定が欠ける場合に限られることになる。この場合には，背後者は，自由な意思決定を欠いた被利用者を自己の「道具」として利用して犯罪を実現したと評価できるからである。遡及禁止論のこのような理解は，①他人の故意有責の行為に間接的に関与する行為については，原則的に（広義の）共犯として処罰されること，②因果関係論としても，故意有責の介在行為によって結果が直接的に惹起された場合には（背後の）実行行為者は結果惹起については（正犯としての）責任を負わないことなどの一般的理解とも親和的であり，基本的に支持することができる39)。

---

36) たとえば井田 488 頁，橋本 240 頁，高橋 437 頁，照沼亮介『体系的共犯論と刑事不法論』（弘文堂，2005 年）86 頁以下などを参照。

37) これらの指摘について，島田聡一郎「間接正犯と共同正犯」『神山敏雄先生古稀祝賀論文集(1)』（成文堂，2006 年）450 頁以下を参照。

38) 島田聡一郎『正犯・共犯論の基礎理論』（東京大学出版会，2002 年）89 頁以下，114 頁以下，215 頁以下，山口厚「『実行行為』論の一断面」研修 627 号（2000 年）5 頁以下などを参照。

39) もっとも，本章で詳細に論ずることはできないが，行為者自身がその犯行計画に従って，故意有責の第 2 行為に出た場合，第 2 行為が自律的な意思決定であるからといって，背後の第 1 行為が常に結果発生について（正犯としての）因果関係を有しないと解すべきではない。行為者自身の行為の介入については遡及禁止論の原則を修正する余地がある（このような理解は，早すぎた

もっとも，繰り返し述べるように，間接正犯の成立を認めるためには，利用行為が実行行為と評価され，その危険の実現として結果が惹起される必要がある。遡及禁止論は「自律的な意思決定が介在していない場合には，背後者に間接正犯の成立を認める余地がある」というかたちで，間接正犯の成立を許容する条件を示しているといえる。しかし，それを超えて「利用行為には実行行為性が認められ，その危険の実現として被利用者が利用されている」という事実までを積極的に根拠づけるものではないと思われる[40)]。たとえば遡及禁止論の立場からは，当該構成要件の故意を欠く者や責任無能力者の行為が介在した場合には，自律的な意思決定が介在しないことから，背後者には常に間接正犯が成立することになる。しかし，故意がなければ人はどのような指示でも従うわけではないし，責任無能力者であれば何でもするわけではない[41)]。あくまでも利用行為に被利用者の行為を誘発する実質的危険性が認められ，それが結果に実現した関係が必要ではないだろうか。このように考えると，遡及禁止論の理解を前提としつつも，自律的意思決定が介在していないことは背後者に正犯性を認めるための前提要件であり，さらに利用行為に被利用者の行為を誘発する実質的危険性が認められることを重ねて要求する必要があると思われる[42)]。このような前提からは，間接正犯の実行行為は，自律的意思決定を欠く被利用者の行為を利用する危険性のある行為として理解されることになる。

3. 具体的事例の検討

間接正犯の成否が問題となる事例について，とりわけ判例で問題となった事案を中心として，簡単に検討を加えておくことにしたい。

構成要件実現や原因において自由な行為の問題に影響を及ぼす)。

40)　このような指摘として，杉本一敏「遡及禁止と間接正犯」高橋則夫ほか『理論刑法学入門』(日本評論社，2014年) 193頁以下，照沼・前掲注36)88頁以下などを参照。

41)　この点について，林幹人「『間接正犯』について」板倉宏博士古稀祝賀『現代社会型犯罪の諸問題』(勁草書房，2004年) 90頁以下を参照。

42)　島田・前掲注37)447頁も，遡及禁止論は間接正犯を認める「1つの重要な判断基準」であり，「根拠」となるわけではない，とする。山口69頁も同旨。これに対して小林憲太郎『刑法総論の理論と実務』(判例時報社，2018年) 515頁以下は，正犯性の基準としては，行為媒介者の自律性が損なわれていることを認定すればたりるとする。

⑴ 脅迫・強制による利用

脅迫・強制によって，被利用者に一定の行為を行わせた場合，心理的圧迫によって被利用者の自由な意思決定が失われていれば，間接正犯の成立を認めることができる。近時の最高裁判例（最決平成16・1・20刑集58巻1号1頁）は，極度に畏怖して被告人に服従していた被害者に対して，暴行・脅迫によって自動車ごと海中に転落して自殺することを執拗に要求し，被害者をそれ以外の行為を選択することができない精神状態に陥らせた上で，被告人の命令通り，漁港の岸壁上から自動車ごと海に転落させた行為について，上記のような被害者の精神状態を重視して，「被害者に命令して車ごと海に転落させた被告人の行為は，殺人罪の実行行為に当たる」と判示し，殺人未遂罪の成立を認めている（被害者は車から脱出して死亡を免れている）。本件の被害者は，実は被告人の命令に従って自殺する意思がなく，車ごと海に飛び込んで生き延びる可能性に賭け，死亡を装って被告人から身を隠そうと考えていた。このような意味において，被害者の心理状態はいわば「面従腹背」の状態であり，何とか生き延びようとする主体的な意思決定があることは否定できない[43)]。しかしながら，かりに被害者に意思決定の可能性が残されているとしても，被告人に命令された行為以外の行為を選択しがたい精神状態に追い詰められていたことには変わりはないのであるから，本件行為を選択する上では支配・利用されていたとして，間接正犯の成立を認めることができる[44)]。

なお，本件の被告人は被害者が自殺する意思を有していたと誤信していたが，本決定は「被害者に対し死亡の現実的危険性の高い行為を強いたこと自体については，被告人において何ら認識に欠けるところはなかったのであるから，上記の点は，被告人につき殺人罪の故意を否定すべき事情にはならない」と判示している。本件の被告人は，執拗な暴行・脅迫によって，被害者を自分の命令に従わざるを得ない精神状態に追い込んでいるから，かりにこのような精神状態で被害者が自殺を決意した場合であっても，その自殺意思は強制に基づく無効なものであるから，被告人には自殺関与罪ではなく，殺人罪が成立することになる。このように被告人が誤信したとおりの事実が現実化したとして

43） この点について，藤井敏明「判解」最判解刑事篇平成16年度25頁を参照。橋田久「判批」法教289号（2004年）153頁はこの点を重視して間接正犯の成立を否定する。

44） 小林憲太郎『刑法的帰責』（弘文堂，2007年）219頁を参照。成瀬幸典「『意思の抑圧』と間接

も，その行為は殺人罪として評価されることになるため，本件の被告人の錯誤は同一構成要件内部の齟齬にすぎず，殺人罪の故意を阻却するものではない。このように被害者を脅迫して命令に従わざるを得ない精神状態に追い込んだ場合には，①利用行為が実行行為と評価されるかという問題と，②被害者の法益処分に関する同意が無効と評価されるかという問題が，同一の基準によって統一的に判断されることになる[45]。

(2)　刑事未成年者の利用

責任無能力者の行為を利用する場合には，故意有責の自律的決定が介在しないことから，背後者に間接正犯の成立を認めることが可能である。もっとも，刑事未成年者のうち是非弁別能力を有する者については，（少年の可塑性などを考慮して政策的な観点から）刑事責任こそ問われないものの，主体的な意思決定は十分に可能といえるから，刑事未成年者を利用したという事実だけから直ちに間接正犯の成立を認めることはできない。この点について，最決昭和58・9・21（刑集37巻7号1070頁）は，四国八十八ヶ所札所等を巡礼していた被告人が，日頃からタバコの火を押しつけたりドライバーで顔をこすったりするなどの暴行を加えて自己の意のままに従わせていた養女（当時12歳）に窃盗を命じて行わせた事件について，「被告人が，自己の日頃の言動に畏怖し意思を抑圧されている同女を利用して右各窃盗を行つたと認められるのであるから，たとえ所論のように同女が是非善悪の判断能力を有する者であつたとしても，被告人については本件各窃盗の間接正犯が成立する」と判示している。本決定は刑事未成年者の利用という事情だけではなく，被利用者が意思を抑圧されているという事情をあわせ考慮して間接正犯の成立を認めたものである。既に述べたように，是非弁別能力を有する刑事未成年者はなお自律的な意思決定が可能であるから，被利用者がそのような刑事未成年者であったことは，直接的には間接正犯の成否に影響を及ぼさない。しかしながら，年少者は精神的に未成熟であり，経済的にも自立していないのであるから，とりわけ監護者からの命令に対しては，それを断ることがきわめて困難な精神状態に陥りやすい。した

正犯」小田中聰樹先生古稀記念『民主主義法学・刑事法学の展望㈦』（日本評論社，2005年）184頁以下も，他行為の選択が困難であればたり，意思決定の自由の喪失までは不要とする。

45)　この点について，島田・前掲注38)256頁以下を参照。

がって，究極的には被利用者が「命令に従わざるを得ない精神状態」にあったか否かを判断基準としつつも，被利用者が刑事未成年者であることを考慮して，そのために必要となる脅迫，強制の程度が事実上，緩和される場合が多いと考えられる。本件については，旅の途中，他に頼る人もいない状況において，被告人の命令に逆らえば苛烈な暴行を加えられることは必至の状況だったことなどを考慮すれば，12 歳の養女にとって，被告人からの命令はまさに抗拒不能の命令と評価することができる[46)]。このように考えると，かりに本件の養女が刑事罰の対象となる 14 歳であったとしても，本件と同様の事実関係が認められるのであれば，間接正犯の成立を認める余地があったようにも思われる[47)]。

これに対して，最決平成 13・10・25（刑集 55 巻 6 号 519 頁）では刑事未成年者の利用について間接正犯の成立が否定されている。本決定は，被告人 A 子が生活費欲しさから強盗を計画し，当時 12 歳の長男 B に対して，覆面をしてエアーガンを突き付けて脅迫するなどの方法によってスナック経営者から金品を奪い取ってくるように指示命令し，嫌がる B に対して説得を重ねて承諾させ，強盗を行わせた事案について，「本件当時 B には是非弁別の能力があり，被告人の指示命令は B の意思を抑圧するに足る程度のものではなく，B は自らの意思により本件強盗の実行を決意した上，臨機応変に対処して本件強盗を完遂したことなど」から，A に強盗罪の間接正犯の成立を否定し，共同正犯の成立を認めている。本件においては，A の指示命令は強制的なものではなく，嫌がる B を説得して承諾させたものにすぎないこと，また，B 自身も犯行現場で臨機応変に主体的に振る舞っており，A の「道具」として機械的に行動したわけではないことを考慮すると，B が「A の命令に従わざるを得ない精神状態」にあったとまでは評価できず，A の命令も B の自由な意思決定を抑圧するに足る程度とまではいえないから，間接正犯の成立を否定した結論は妥当なものであろう[48)]。

---

46)　これらの点について，渡邊忠嗣「判解」最判解刑事篇昭和 58 年度 279 頁を参照。
47)　このような指摘として，佐伯・前掲注 32)166 頁を参照。
48)　平木正洋「判解」最判解刑事篇平成 13 年度 157 頁以下を参照。

(3) 錯誤・不知の利用

背後者が被利用者を欺罔した結果，被利用者が結果惹起を認識することなく，指示された行為に出た場合，背後者には間接正犯の成立を認めることができる。たとえば医師Xが看護師Yに対して，治療薬と偽って患者Aに毒物を注射させ，同人を死亡させる事例が典型である。この場合，YはAの死亡結果について故意を欠いているから，当該構成要件実現については答責的な意思決定を行っていないし，また，Xの指示行為にはYを誤信させ，注射行為によってAを殺害する危険性が内在しているといえるからである。これに対して，XがYに対して，同女が自分のことを熱愛していることを利用して，「Aを殺害すればお前と結婚してもよい」と欺罔して，Aに毒物を注射させた場合には，Xは殺人罪の間接正犯の罪責を負うのではなく，Yとの間に共同正犯が成立する[49]。この場合のYは欺罔されているとはいえ，A殺害については正確な認識を有しており，当該構成要件実現については自律的な意思決定が認められるからである。このように第三者の行為を利用する場合については，被利用者が構成要件の実現について正確な認識を有するか否かが，間接正犯の成否において重要な基準となる。

もっとも，被害者の行為を利用する場合については，判例は被害者が結果発生を正確に認識している場合であっても間接正犯の成立を認めている。すなわち最判昭和33・11・21（刑集12巻15号3519頁）は，被害者から心中を持ちかけられた被告人が，同女が自己を熱愛していることを奇貨として，追死する意思がないのに追死すると偽り，準備してきた毒物を同女に与えて自殺させた事件について，「本件被害者は被告人の欺罔の結果被告人の追死を予期して死を決意したものであり，その決意は真意に添わない重大な瑕疵ある意思であることが明らかである。そしてこのように被告人に追死の意思がないに拘らず被害者を欺罔し被告人の追死を誤信させて自殺させた被告人の所為は通常の殺人罪に該当する」と判示している。本決定は，被害者の自殺意思（生命侵害に関する同意）は「真意に添わない重大な瑕疵ある意思」であり，その同意が無効であるとした上で[50]，自殺意思を有する被害者に毒物を与える行為が，殺人罪

49) 共同正犯と教唆犯の区別が問題となるが，本件のXは主体的・積極的に犯行にかかわっていることから，X，Y間の共同性が強く，共同正犯の成立が認められるであろう。

の（間接正犯としての）実行行為に当たると解している。しかしながら，本件の被害者は自らの死亡結果を正確に認識して毒物を嚥下している。このような被害者に対して毒物を与える行為を殺人の実行行為として評価するのであれば，上記の医師Xの事例のように第三者を利用する場合と，本決定のように被害者を利用する場合とでは，間接正犯の成否の基準が異なることになる。この点については，被害者が自己の利益を処分することは犯罪ではない以上，第三者利用の場合と被害者利用の場合とでは，間接正犯の判断基準が異なっても構わないという理解もありうるところであろう[51)]。しかし，第三者であれ，被害者であれ，自らの主体的な判断によって生命侵害を決意している点には変わりはない。そして，間接正犯の成否にとっては，やはり被利用者の主体的判断の存否が重要な基準とされるべきである。このような理解からは，両者の場合で間接正犯の成否の判断は原則的に異ならないと解すべきであるように思われる[52)]。

(4) 異なる故意を有する者の利用

たとえばXがA所有の屛風の裏にBがいることを知りながら，Bの存在を知らないYに対して，「その屛風をけん銃で撃て」と命じた場合，Yは器物損壊罪の故意を有しているが，殺人罪の故意は認められない。誰が結果発生に至る因果経過を正犯として支配しているかは，個別の構成要件ごとに判断する必要があるから，Yが「道具」として利用されているか否かは，具体的な法益侵害ごとに判断されることになる。学説ではこのような前提から，Xは器物損壊行為については教唆犯（または共同正犯）の罪責を負うが，B殺害につい

50） これに対し，学説ではいわゆる法益関係的錯誤説の立場から，相手方が追死するか否かは被害者の生命という法益に関係する事情ではないとして，被害者の自殺意思を有効とする見解が主張されており，私自身もこのような見解を支持しているが，この点は本章では措くことにしたい。詳細は佐伯仁志「被害者の錯誤について」神戸法学年報1号（1985年）66頁以下を参照。

51） このような理解として，樋口・前掲注24)28頁以下を参照。さらに豊田兼彦「被害者を利用した間接正犯」刑法雑誌57巻2号（2018年）148頁以下は，正犯性の上位基準は共通であっても，被害者利用の類型の方が利用行為の正犯性が認められやすいとする。第三者利用の場合には間接正犯の成立を否定しても，利用者と被利用者を共同正犯として処罰すればたりるのに対して，被害者利用の場合，間接正犯の成立を否定すると（自殺関与罪が成立する場合を除き）行為者を処罰することができない。両者を異なって解する議論の背景には，このような実際上の必要性がある。

52） 島田・前掲注38)262頁以下を参照。なお，このように解すると，（とりわけ判例のように錯誤によって同意を広く無効とする立場からは）被害者の自殺意思は無効だが，被告人の働き掛けに

ては，Yが自律的な意思決定を行っていないことから，間接正犯が成立する余地を認める見解が有力である[53]。もっとも，このような構成要件ごとの個別評価を徹底すると，たとえば①VがWに対して，目の前の現住建造物（たとえば利用中の別荘）を非現住・非現在建造物（シーズンオフの別荘）であると騙して，放火を行わせた場合，②PはQに対して，Rにナイフで重傷を負わせることを唆したが，PはRが病弱であることから，ナイフの傷害によって死亡することを予見していたという場合など，被利用者の認識内容と背後者の認識内容が相当程度，実質的に重なり合っている場合であっても，背後者にはそれぞれ現住建造物等放火罪，殺人罪の間接正犯が成立しうることになる[54]。

構成要件が実質的に符合しているとしても，個別の構成要件実現について正確な認識を欠いている者は，その背後の正確な認識を有する者に「道具」として利用されうるというのは十分に説得的な議論である。このような理解からは，上記の事例についてもすべて背後者に間接正犯が成立しうることになる。しかしながら，たとえば上記①の事例の場合，現住か非現住かはともかく，建造物放火という法益侵害はまさにWの主体的な意思決定に基づいて実現されている。Wが「道具」として利用されているのは，放火した客体が現住建造物であったという点に尽きており，このような場合に背後のVが構成要件的結果発生を支配していたと評価することには若干の躊躇を覚える。処罰の限界が不明確になることは免れないが，被利用者が現実の法益侵害の実質的な不法内容を認識していたと評価できる場合については，むしろ利用者・被利用者を共同正犯として処罰したほうが適切であるようにも思われる[55]。

は殺人罪の実行行為性が認められないという場合が生じうることになる。このような場合には，自殺関与罪は自殺意思が無効な場合をも含むとして，同罪の成立を認めるべきであろう。佐伯仁志「判批」百選Ⅱ 5頁を参照。

53)　たとえば山口71頁以下（「若干疑問は残る」とされる），高橋438頁などを参照。

54)　このような結論を明示するものとして，島田・前掲注38)279頁以下を参照。さらに井田491頁も参照。

55)　たとえば事例②については，Pは殺人罪の共同正犯，Qは傷害致死罪の共同正犯として処罰されることになろう。もっとも，これは行為共同説の立場からの帰結である点に注意が必要である。部分的犯罪共同説の立場からは，P，Qは傷害致死罪の限度で共同正犯となるが，実行行為を担当していないPについて殺人罪の単独犯の成立を認めることは困難であろう。さらにPを教唆犯として評価するとしても，殺人罪の正犯が存在しないところで，殺人罪の教唆犯を肯定することには無理がある。したがって，部分的犯罪共同説の立場からは，実は本文の事例すべてについて，背後者を間接正犯として処罰する必要性が生ずることになる。

第3章
不作為犯の成立要件について

I. はじめに

「人を殺した者」(刑199条) は殺人罪で処罰されるが, この「人を殺した」とは, 作為によって殺害した場合だけではなく, 生存に必要な保護を怠るなど, 不作為によって死亡結果を招いた場合も含むというのが一般的な理解である[1)]。このように判例・通説は殺人罪, 放火罪などの一定の犯罪類型について不真正不作為犯の成立を認めているが, その成立要件, とりわけ作為義務の発生根拠については, さまざまな見解が対立しており, 錯綜した状況にある。本章においては, 対立点をできるだけ明確にした上で, 一定の考え方を示すことに努めたい。

II. 不真正不作為犯の成立要件

1. 作為義務と同価値性の関係

作為義務の検討に移る前に, まず不真正不作為犯の成立要件全般について,

---

1) そもそも, このような理解自体に疑問を示すものとして, 松宮87頁以下, 井上宜裕「不真正不作為犯と罪刑法定主義」立命館法学327＝328号 (2009年) 115頁などを参照。

2) このような理解として, たとえば内藤(上)234頁, 大谷132頁, 140頁, 曽根204頁, 川端235頁などを参照。

3) これに対して, 佐久間80頁は, 同価値性 (等価値性) を分けて論ずることによって, 不真正

簡単に確認しておくことにしたい。不真正不作為犯については，当該構成要件に該当する作為犯と対比して，構成要件的に同価値と評価できる場合に限って，構成要件該当性を認めることができると解されてきた（同価値性要件）。他方で，不真正不作為犯の処罰においては，すべての人の不作為ではなく，作為義務を負う者（保障人）の不作為のみが構成要件に該当する。この同価値性の要件と作為義務の関係について，伝統的な通説は，両者を別個の要件として理解してきたものと思われる。すなわち，作為義務が肯定されることに加えて，作為義務違反の不作為が作為の構成要件該当行為と同価値と評価されることが重ねて必要とされたのである[2)]。作為義務に関する形式的三分説も，このような体系的理解を前提として主張されてきたといえよう。伝統的な通説は，法令，契約，条理（先行行為を含む）を作為義務の発生根拠として理解してきたが，これをそのまま適用した場合，民法上の扶養義務，契約上の安全配慮義務などが認められる状況全般について，きわめて広範に作為義務が課されることになる。そこで処罰範囲を適切に限定するために，構成要件的同価値性によって絞りをかけることが予定されていたのである。

もっとも，このような2段階の限定を重ねる必然性は乏しいように思われる。構成要件的同価値性によって処罰範囲を限定する必要が生ずるのは，そもそも形式的三分説が広範に作為義務を認めているからである。しかし，それであれば，はじめから作為義務の存否を実質的に判断し，構成要件的同価値性が認められる状況に限って，作為義務を認めればたりる話であり，あえて2段階の判断を採用する必然性は乏しいだろう[3)]。現在の学説では，このような理解から，構成要件的同価値性は作為義務と別個の要件ではなく，むしろ，これを作為義務の実質的な発生根拠として理解する見解が多数を占めている[4)]。そして，このことは作為義務を法令，契約，条理によって形式的に広範に認めるべきではなく，実質的な観点から作為義務を限定すべきことを意味する。

なお，同価値性要件については，構成要件の区別の基準としての意義が指摘されることがある[5)]。とりわけ想定されているのが不作為の殺人罪と保護責任

不作為犯の実行行為性がより限定できるとする。

4）　このような理解として，大塚157頁注14，林158頁，佐伯84頁，松原94頁などを参照。

5）　この点については，萩野貴史「不真正不作為犯における構成要件的同価値性の要件について⑶」名古屋学院大学論集51巻4号（2015年）230頁以下を参照。

者遺棄（不保護）致死罪の区別である。たとえば被害者を保護せずに死に至らしめた場合であっても，その不作為に作為の殺人行為に対応する危険性がない場合には，殺人罪の構成要件的同価値性を欠くとして同罪の成立を否定し，保護責任者遺棄致死罪の成立にとどめるべき，という主張がその典型である[6)]。たしかに不作為の殺人罪が成立するためには，処罰の前提として被害者死亡の具体的危険性が必要と解されるから，かりに行為者に殺意が認められても，生命に対する具体的危険性が十分ではなく，抽象的危険性が認められるにすぎない状況においては，不作為の殺人（未遂）罪は成立せず，保護責任者遺棄（致死）罪が成立する場合が考えられないわけではない[7)]。しかし，この場合についても，殺人罪は生命に対する具体的危険性が認められる場合に成立するが，保護責任者遺棄致死罪は，それよりも危険性が低い場合でも成立する，と説明すればたりる。この場合に，あえて構成要件的同価値性という要件を持ち出す必要はないと思われる[8)]。

2. 結果回避可能性の意義

このように不真正不作為犯においては，作為義務に反する不作為が実行行為と評価されることになる。そして，このような不作為について構成要件該当性を認めるためには，当然ながら，不作為と結果との間に因果関係が必要である。作為犯については，実行行為の危険性が結果に実現した場合に因果関係が認められることになるところ，不作為犯の場合，不作為それ自体が結果惹起の危険性を創出するわけではないが，行為者が本来，回避すべき危険性が回避さ

6） このような趣旨の主張として，大谷142頁などを参照。

7） 生命に対する抽象的な危険しかなかったが，その後，介在事情が介入した結果，被害者の死亡結果に至り，しかも，当初の不作為と死亡結果との間に因果関係が認められるような場合である。

8） この点について，萩野貴史「不真正不作為犯における構成要件的同価値性の要件」刑法雑誌57巻2号（2018年）72頁以下を参照。同価値性によって両罪を区別する見解は，（たとえば被害者を事故現場に放置するひき逃げ事犯についても作為義務を認めるなど）保護責任者遺棄罪における作為義務をかなり広く認めることを前提にしていると思われるが，そもそも，このような前提自体に疑問がある。佐伯仁志「遺棄罪」法教359号（2010年）102頁を参照。

9） たとえば，放置すれば死亡する危険性のある負傷者を病院に搬送するなどして救護する義務を負う行為者が，救護することなく，そのまま被害者が死亡した場合には，行為者が回避すべき生命に対する危険が，不作為によって解消されず，そのまま結果に実現したとして因果関係が認められる。

10） 結果回避可能性を危険の現実化と別個の要件として要求する理解については，本書12頁以下

れない点に不作為の危険性の本質が認められるから，作為義務者が回避すべき危険が回避されることなく，結果に実現した場合には危険の現実化の関係を認めることができる9)。

さらに，このような危険の現実化の前提として，結果回避可能性が要求されるべきである10)。判例（最決平成元・12・15刑集43巻13号879頁）は，被告人が覚せい剤を注射したことによって錯乱状態に陥った被害者をホテルの客室に放置したため同女が死亡した事件について，「直ちに被告人が救急医療を要請していれば……十中八九同女の救命が可能であった」ことから，「同女の救命は合理的な疑いを超える程度に確実であった」として，本件の放置行為と被害者の死亡結果との間に「刑法上の因果関係があると認めるのが相当である」と判示している。既に繰り返し指摘されているように11)，「十中八九」というのは，額面通り，80～90％という意味ではなく，「合理的な疑いを超える程度に確実」であることを，慣用表現として言い換えたものである12)。したがって，実体法の要件として要求されているのは「救命が可能であった」，すなわち死亡結果が回避可能であったという事実であり，その証明の程度として「合理的な疑いを超える程度」が要求されていると解すべきであろう13)。

このように結果回避可能性が実体法の要件として必要であると解した場合，たとえば作為義務を有する者が被害者の死亡を予見しつつ，必要な救命措置を怠って死亡させた事例についても，直ちに救命治療を要請したとしても救命が確実とまではいえない場合には，不作為の殺人罪が成立しないことになる。それでは，この場合に殺人未遂罪は成立しないのだろうか。この点について，西

を参照。

11）　たとえば山口80頁を参照。

12）　原田國男「判解」最判解刑事篇平成元年度385頁を参照。

13）　なお，細かいことになるが，平成元年判例では，「延命」ではなく，「救命」との間に回避可能性が問題とされていることを指摘しておきたい。死亡結果はその時期や態様によって具体的に把握されるべきであるから，因果関係の問題として把握した場合，救命治療を要請することによって（救命は困難でも）数日間，延命できる場合にはそのことを根拠として因果関係を認めることも不可能ではない（作為の場合，死因を変更しなくても，死期を有意に早めた場合には当然に因果関係が肯定できるだろう）。なお検討を要するが，むしろ因果関係の問題ではなく，「単に延命の見込みしかない場合に，行為者に作為を義務づけることが正当化できるか」という観点が問題になっているように思われる。また，かりに「延命」との間で回避可能性を問題にすればたりると解した場合，ほとんどの場合，結果回避可能性が認められることになり，結論において妥当ではないだろう。

田典之教授は，そもそも結果を回避できる作為が観念できない以上，実行行為としての「不作為」が認められず，未遂犯も成立しないと解されている[14)]。しかし，未遂犯は構成要件該当事実が現実化する危険性があれば成立するのであるから，因果関係が認められないとしても，直ちに未遂犯の成立が否定されるわけではない[15)]。おそらく西田教授の意図は，結果が防止できない場合に作為義務を課しても意味がないから，結果回避可能性は因果関係の内容にとどまらず，作為義務の前提要件としても機能すべき，というものであろう。もっとも，事後的に見れば結果を回避できない場合であっても，事前判断において，結果を回避する一定の蓋然性が認められる場合については，ひとまず結果発生の危険を減少させるべく，結果回避措置を義務づけることには十分な合理性があるように思われる[16)]。このような理解からは，結果を回避できる一定の蓋然性があれば，それを前提として作為義務が課され，したがって，それを怠った場合には未遂犯が成立する余地がある。この「一定の蓋然性」の判断資料・判断基準などは，未遂犯と不能犯の区別の問題に帰着するだろう[17)]。このような理解からは，前掲の平成元年判例の事案について，かりに直ちに救急医療を要請していても死亡結果を確実に回避できたとまではいえないが，死亡結果を回避できる一定の見込みがあれば，保護責任者遺棄等の罪の成立を認めることができる。これに対して，被害者が錯乱状態に陥った段階において，既に手の施しようがなく，救命の可能性もほとんどない場合であれば，そもそも作為義務が認められず，不作為犯が成立しないと解すべきだろう。

3. 作為可能性

作為義務が課される状況であっても，行為者に作為可能性がない場合には不作為犯が成立しない。結果回避可能性と作為可能性については，時折，混同が見られるが，別個の要件として位置づけるべきである。たとえば溺れている子どもを救助すべき作為義務を負う者が救命行為に出ることなく，子どもが死亡

14) 西田典之「不作為犯論」芝原邦爾ほか編『刑法理論の現代的展開 総論Ⅰ』（日本評論社，1988年）74頁参照。

15) この点について，山口80頁注20を参照。

16) この問題については，仲道祐樹「不作為における『可能性』」高橋則夫ほか『理論刑法学入門』（日本評論社，2014年）51頁以下を参照。

17) この点に関する検討として，奥村正雄「不作為犯における結果回避可能性」同志社法学62巻

した場合について，そもそも行為者が泳げず，他の者に直ちに救助を要請することも困難であれば，作為可能性がなく，不作為犯は成立しない。これに対して，かりに救命活動を行ったとしても，確実に死亡結果が回避できたといえない場合には，結果回避可能性が欠けるが，（既に述べたように，救命に成功する一定の蓋然性がある状況であれば）未遂犯が成立する余地が残る。したがって，具体的な事案の分析においては，行為者に作為可能性があり，かつ，結果回避の一応の見込みがある回避措置が，行為者に義務づけられる作為として想定され，それを仮定的に考慮しつつ，結果回避可能性の存否が判断されることになろう。

なお，作為可能性は想定される作為義務の内容に応じて判断される必要がある。たとえば子どもが溺れている事例において，救助すべき義務を負う父親が，泳ぐことはできないが，監視員等の救助を要請することは可能な場合，自ら飛び込んで救助することは義務づけられないが，救助を要請することを義務づけることはできる。また，作為可能性の判断においては，行為者に一定のリスクを負わせる余地はあるが（たとえば川に飛び込んだ父親が軽傷を負うなど），重大なリスク（たとえば自らも溺死するリスク）を負わせることまでは正当化できないだろう。具体的状況で行為者がどの程度のリスクを負うべきかについては，被害者に対する法益侵害の程度や危険性，救助行為に伴う危険性の内容，結果回避の可能性，代替手段の存否，作為義務の強さなどの事情を考慮しつつ，個別に判断せざるを得ないだろう[18]。

このような問題が顕在化するのは，結果回避の一応の見込みがある措置が複数存在しているが，それに伴うリスクや困難が，それぞれの具体的措置ごとに異なる場合である。たとえば札幌高判平成12・3・16（判時1711号170頁）は，被告人が，内縁の夫Aが自分の連れ子であるBを殴打して死亡させた際に，それを制止することなく放置した行為について，不作為による傷害致死の幇助を認めているが，①被告人がAとBの側に寄ってAが暴行を加えないように

3号（2010年）14頁以下を参照。

18)　学説ではこのような考慮を「作為の容易性」と表現することが多い。もっとも，表現の問題にすぎないが，少しでも困難やリスクが伴えば不作為犯は成立しないと考えるべきではないだろう。なお，杉本一敏「不作為犯の結果回避可能性」高橋ほか・前掲注16)44頁以下は，このような考慮を「負担要求可能性」という観点のもとに位置づけている。

監視する行為，②Aの暴行を言葉で制止する行為，③被告人が身を挺して暴行を制止する行為それぞれについて，結果を回避する蓋然性の程度，被告人に生じうる不利益の程度を具体的に検討しており，参考になる。従来の学説の関心は，作為義務が発生する状況か否かの判断に限られていたが，具体的な事例を解決する際には，その作為義務の具体的内容を（作為可能性を踏まえつつ）認定することも重要である。

4. 小括

これまでの検討の帰結を簡単にまとめておくことにしたい。

行為者に法益侵害を回避すべき作為義務が課される状況においては，結果回避の蓋然性のある措置の中から，行為者に生じうる不利益の程度・危険性を考慮しつつ（作為可能性），いかなる作為が義務づけられるべきかを明らかにする必要がある。そして，法益侵害結果を行為者に帰責するためには，義務づけられるべき作為を行った場合に，法益侵害結果を確実に回避できた関係（結果回避可能性）が必要である。これらの要件を充たせば，重ねて構成要件的同価値性を検討する必要はない。

なお，あえて確認しておきたいが，不真正不作為犯については，罪刑法定主義の問題を無視することはできない。結果を回避しない不作為が，その日本語の可能な語義の範囲において，条文の文言に包摂されることが必要である。たとえば被害者が怖がっているのを知りながら，それを放置したとしても，これを不作為の脅迫と評価することは，「脅迫」という文言解釈としては困難であろう[19]。判例において，不真正不作為犯の成否が問題となるのは，殺人罪，保護責任者遺棄罪，死体遺棄罪，放火罪，詐欺罪など特定の犯罪類型に限られているのも，このような文言解釈に伴う制約として理解すべきである[20]。

このような前提のもと，最も重要な問題である作為義務の発生根拠について，具体的に検討を加えることにしたい。

19） もちろん言動などの挙動それ自体が「脅迫」と評価できる場合は考えられるが，それは作為の脅迫と評価されるべきである。この問題に関連して，冨高彩「強盗罪における不作為構成(2･完)」上智法学論集54巻3＝4号（2011年）76頁以下を参照。

20） 判例の概要については，たとえば注釈292頁以下［佐伯仁志］などを参照。このような意味において，不真正不作為犯の問題は各論の解釈としての側面も有することになる。

Ⅲ．作為義務の発生根拠

1．議論の展開

伝統的な学説は，法令，契約，条理を作為義務の発生根拠としていたが，このような見解は，既に見たように，構成要件的同価値性によって処罰範囲を絞り込むことを前提にしていた。その後の学説においては，むしろ構成要件的同価値性が認められる具体的状況を明らかにし，その場合に限って作為義務を認める理解が有力になる。そこでは，規範的な考慮を可能な限り排除して，事実的な観点から，また，一元的な基準によって作為義務の根拠を明らかにすることが重視されたのである21)。

事実的な観点としてまず重視されたのが先行行為であった。日髙義博教授は，不作為犯について構成要件的同価値性を認めるためには，不作為が原因力を有しないという存在構造上のギャップを乗り越える必要があるとして，不作為者が事前に「原因を設定したと考えられる場合」，つまり事前に自らの先行行為によって「法益侵害に向かう因果の流れを自ら設定している場合」に限って，不真正不作為犯の処罰が可能であるとされた22)。このような理解に対しては，①因果経過を設定しているのは先行行為にすぎず，それだけで（その後の）不作為と作為との同価値性を認めることができない，②先行行為があれば常に作為義務を認めるのでは不作為犯の成立範囲が広すぎる一方，先行行為がなければ不作為犯が成立しないというのも処罰範囲が狭すぎる，という批判が向けられた23)。もっとも，「自ら危険を創り出した者はその危険を解消する義務を負う」という感覚それ自体は十分に理解可能なものであり，このような考慮はその後の学説にも影響を及ぼすことになる。

その後，重視された事実的要素は，「保護の引受け」であった。堀内捷三教授によれば，親が子どもの生命を保護する作為義務を負うのは，親子という身分関係があるからではなく，子どもの生命が「事実上の保護の引受け」によって，親の保護に依存しているからである。具体的には，①法益の維持・存続の

21)　学説の展開については，塩見30頁以下を参照。

22)　日髙義博『不真正不作為犯の理論』（慶應通信，1979年）154頁を参照。

23)　たとえば中森喜彦「保障人説」現代刑事法41号（2002年）6頁，西田・前掲注14)87頁，山口88頁などを参照。

ための行為の開始，②その行為の反覆・継続，③排他性の確保によって，「事実上の引受け行為」が認められ，作為義務が肯定されることになる[24)]。この見解に対しては，法益の保護が行為者に依存していることが重要であれば，それは保護の引受けが行われた場合に限られない，という批判が向けられた[25)]。たとえば交通事故を起こした者が，負傷した被害者を自分の自動車に収容した場合，それによって被害者の生命は行為者に依存することになるが，その際に行為者が被害者の保護を引き受けていたか，それとも，どこかに遺棄しようと考えていたかによって，作為義務の判断が異なると解すべきではないだろう。

もっとも，この見解が「行為者が保護しなければ法益を維持・存続できない」という保護・依存関係を重視した点は，その後の排他的支配説に受け継がれている。また，その後の議論においては，「保護の引受け」という事実は，法益を保護する行為であると同時に，法益に対する（潜在的な）危険を創出する側面があることが意識されるに至っている。たとえば路上で倒れている被害者を自宅に運び込み，保護した行為者は，その段階においては法益を保護する行為を行っているが，同時に，そのまま放置していれば第三者による救助の可能性があり得たところ，自宅に運び込む行為によって第三者による保護の可能性を排除している。このような意味において，保護の引受けは法益保護にとどまらず，先行行為と同じように，法益に対する（潜在的な）危険創出行為としての側面を有するのである[26)]。

2. 排他的支配説の理解

現在の学説において，有力に主張されているのは，いわゆる排他的支配説である。西田典之教授によれば，不作為について作為との同価値性を認めるためには「不作為者が結果へと向かう因果の流れを掌中に収めていたこと，すなわち，因果経過を具体的・現実的に支配していたこと」が必要である[27)]。この

24）堀内捷三『不作為犯論』（青林書院新社，1978 年）254 頁以下を参照。同様に事実上の引受けを重視する見解として，浅田 160 頁を参照。

25）西田・前掲注 14)89 頁，山口 89 頁などを参照。

26）このような観点を重視する見解として，佐伯仁志「保障人的地位の発生根拠について」香川達夫博士古稀祝賀『刑事法学の課題と展望』（成文堂，1996 年）108 頁以下を参照。

27）西田・前掲注 14)90 頁を参照。基本的に同趣旨の見解として，松原 95 頁以下を参照。

28）井田良『刑法総論の理論構造』（成文堂，2005 年）41 頁以下は，排他的支配の関係が必要であることについては「見解にほぼ一致のあるところ」とする。

立場からは，法益の保護が行為者に依存している状態，すなわち行為者が保護するか否かによって，法益の維持・存続が左右される関係（排他的支配）が作為義務の発生根拠となる。

排他的支配説は，不真正不作為犯の成立範囲を事実的観点から合理的に限定する理解として，その後の学説に広く受け入れられた[28)]。もっとも，このような議論を徹底すると，たとえば一人暮らしの行為者の自宅に身に覚えのない乳児を遺棄されたような場合についても，行為者以外にその乳児を保護しうる者はいないのであるから，排他的支配が認められ，行為者は作為義務を負うことになりかねない。しかし，このような場合に作為義務は認められないというのが一般的な理解である。もちろん，このような場合，電話一本で警察か救急車の出動を要請すれば乳児は保護されるのであるから，乳児の生命という法益の重大さを考えれば，そのくらいのことを義務づけても構わない，という理解もありうるのかもしれない[29)]。しかし，人は自由な行動の可能性を享受することができるから，その自由を制約して一定の作為を義務づけるためには，何らかの実質的根拠を要求すべきである。「赤の他人」に対して（自分の意思に反して）偶然，排他的支配を得ただけで作為義務を課すことは妥当ではない[30)]。

多数説はこのような理解から，排他的支配が重要であるとしても，それだけで作為義務を根拠づけることはできず，それに「プラスアルファ」の付加的要素が必要だと解している[31)]。西田教授自身，このような「プラスアルファ」を考慮して，作為義務が認められる範囲を限定している。すなわち，①不作為者が自己の意思に基づいて排他的支配を設定した場合には作為義務が認められるが，②意思に基づかずに排他的支配を有するに至った場合については，親子，建物の所有者・管理者のように身分関係，社会的地位に基づき社会生活上，継続的に保護義務を負う場合に限って作為義務が課されるのである[32)]。この見解については，2つの類型に分類することによって，作為義務を認める

---

29)　このような理解を明示するものとして，井田・前掲注28)43頁を参照。

30)　さらにいえば，かりに警察等に通報する義務を課すとしても，その不履行を作為の殺人罪などと同価値を有する行為として，処罰すべきではないという理解が前提にあるといえよう。

31)　この点について，島田聡一郎「不作為犯」法教263号（2002年）113頁を参照。

32)　西田・前掲注14)91頁を参照。西田教授は，後者の②の類型を「支配領域性」と呼び，前者①（事実上の排他的支配）と区別されている。これに対して，自ら排他的支配を設定したことを作為義務の発生根拠とする見解として，林156頁以下を参照。

べき事例を広くカバーしているものの，作為義務の存否について事実的な観点を重視する出発点に立ちつつも，後者②の類型については，結局のところ，規範的な観点が処罰の限界を画していることについて，疑問が示されている[33]。

このような学説の展開を前提とすれば，排他的支配説を前提としつつも，「プラスアルファ」の観点として，先行行為を典型とする危険創出を要求する見解が登場することは，いわば必然であったといえよう。佐伯仁志教授によれば，作為との構成要件的同価値性を肯定するためには，結果惹起に向けた因果的支配という観点から，排他的支配が要求され，かつ，例外的に作為を義務づけることを正当化する要素（自由保障の観点）から事前の危険創出が要求され，両者をともに充たす場合に作為義務が認められることになる[34]。ここでいう危険創出行為には，先行行為のように積極的に危険を惹起する行為のほか，保護の引受けのように，「第三者による保護の可能性を排除し，自分以外の者が保護できない状況にすること」も含まれている。したがって，西田教授の類型化による「意思に基づく排他的支配の設定」は，この見解によれば，危険創出と排他的支配の要件を同時に充足する場合ということになる。

このように，排他的支配説の内部においては，①結果発生に向けられた排他的支配を必要条件とする点については，基本的に見解の一致があるが，②さらに必要とされる付加的要件の内容をめぐって見解の対立があるということができる。そして，その後の学説の批判もまさにこの両者の点に向けられている。すなわち，①そもそも不真正不作為犯の要件として排他的支配が必要なのか，また，②付加的要件として危険の創出行為を要求すべきなのか，あるいは，そもそも付加的要件を一元的に理解することができるのか，という点である。この両者について，検討を加えることにしたい。

3. 排他的支配の要否・内容

排他的支配説は不作為犯の処罰範囲を限定する論理として，その出発点にお

33） たとえば佐伯・前掲注 26）106 頁を参照。

34） 佐伯・前掲注 26）109 頁以下，さらに佐伯 89 頁以下を参照。

35） この点については，鎮目征樹「刑事製造物責任における不作為犯論の意義と展開」本郷法政紀要 8 号（1999 年）349 頁の分析も参照。

36） このような指摘として，鎮目・前掲注 35）350 頁を参照。そして鎮目教授は，①最も効率的に結果回避措置をなしうる主体であり，かつ，②行為者自らがそのような地位に就くことを事前に

いて正当な内容を含んでいる。しかしながら，不真正不作為犯の成立要件として排他的支配を厳格に要求することには，次のような問題があると思われる。

まず第1に，作為犯との構成要件的同価値性である。既に見たように西田教授は，結果発生に至る因果経過を排他的に支配していたことによって，作為犯との同価値性が認められると解されていた。しかしながら，かりに因果経過の排他的支配によって同価値性が基礎づけられるのであれば，それだけで作為義務が肯定されるはずであり，意思に基づく設定などの付加的要件を要求する必然性は乏しい[35)]。付加的要件を持ち出さざるを得ないということは，排他的支配という観点だけでは同価値性が根拠づけられないことを示しているといえよう。

さらに，排他的支配を厳格に要求した場合，作為義務が認められる範囲が過度に限定されてしまう。排他的支配説を表現通りに理解した場合，まさに「他を排する」関係が必要なのであるから，結果を回避できる者が自分1人しかいないことが必要となる。しかし，自分の子どもが溺れているのを目撃した父親が，周りに誰もいなければ当然に作為義務を負うところ，無関係の第三者が数名，現場にいれば，作為義務を負わないという理解は適切ではないだろう[36)]。そもそも作為犯においても，単独正犯の個数は常に1個に限定されるわけではなく，同時犯が認められる場合がありうるから，作為犯においても，因果経過の「排他」的支配までは要求されていないことになる[37)]。それであれば，不作為犯に限って排他性を要求する必然性は乏しいであろう。

このような問題が顕在化するのは，過失不作為犯の場合である。従来，不真正作為犯の問題は故意犯の事例を念頭において議論することが多かったが，過失犯についても当然に不作為犯を観念することができる[38)]。そして，過失犯については，複数の過失犯が重畳的に競合することが広く認められている[39)]。ここでは，法益侵害結果を確実に回避するために，立場や状況の異なる複数の関与者が，それぞれの立場に応じて，重畳的に作為義務を負うべき場合が想定

選択したとみなしうる場合に作為義務を認められる。鎮目・前掲注35)354頁以下を参照。

37)　この点について，山口・新判例40頁以下を参照。たとえば大阪南港事件（最決平成2・11・20刑集44巻8号837頁）のような事例の場合，第1暴行を行った被告人が傷害致死罪の罪責を負うとしても，さらに第2暴行によって死期を有意に早めた者についても傷害致死罪の成立を認める余地があり，作為正犯が常に1名に限定されるわけではない。

されているのである。

これらの事情にかんがみれば，不作為犯の成立要件として，因果経過の排他的支配を厳格に要求できないことは明らかであろう[40]。結果発生に至る因果系列の中には，結果発生・不発生を左右しうるいくつかの要因が存在している。不作為犯に関する支配性についても，これらの結果発生に至りうる要因のうち，いずれか１つを実質的に左右しうる程度の関係があればたりると解すべきである。山口厚教授が，作為義務の発生根拠として「結果原因の支配」の有無を問題とされるのも[41]，このような趣旨であろう。

このように結果発生に至りうる原因の支配を問題にする立場からは，特定の被害者（たとえば同居している乳幼児など）を支配している場合だけではなく，第三者の法益を侵害しうる原因（危険源）を管理・支配している場合についても，作為義務が認められることになる。従来の排他的支配説は，必ずしも明確ではないが，前者の状況のみを念頭に議論してきた傾向がある。確かに特定の被害者に対して危険が迫った状況においては，その被害者を保護する義務があるか否かを問題にすればたりる場合が多いだろう。しかし，たとえば猛犬を適切に管理していない段階においては，具体的な被害者が顕在化しているわけではない。しかし，その猛犬が逃げ出して第三者を殺傷した場合については，実際に猛犬が逃げ出した後は作為可能性がないとしても，事前に適切に管理しなかった不作為を問題として刑事責任を問うべきであろう。このような危険源を管理・支配している者は，その被害が無関係の第三者に及んだ場合についても，作為義務が認められ，不作為犯の罪責を負う余地がある[42]。さらに危険

38）この点について，過失不作為犯についてはもっぱら注意義務が問題となり，作為義務は問題とならないとする見解もある（たとえば稲垣悠一「刑事過失責任と不作為犯論」専修大学法学研究所紀要40号〔2015年〕6頁などを参照）。しかし，過失不作為犯においては，過失犯の結果回避義務と不真正不作為犯の作為義務が重なり合っており，前者の判断の中で，後者も同時に判断されていると解すべきである。この点については，本書210頁以下を参照。

39）この点については，本書243頁以下を参照。

40）このような指摘として，佐伯94頁以下，斎藤信治「不真正不作為犯と作為義務の統一的根拠その他」法学新報112巻11＝12号（2006年）284頁，丸山雅夫「不真正不作為犯の限定原理」同『刑法の論点と解釈』（成文堂，2014年）15頁以下などを参照。さらに排他的支配を不要とする見解として，髙山佳奈子「不真正不作為犯」山口厚編著『クローズアップ刑法総論』（成文堂，2003年）50頁以下を参照（相当因果関係の判断の一資料にすぎないとする）。これに対して，林幹人「業務上過失致死傷罪の主体」曹時70巻5号（2018年）12頁以下は「支配」だけでは茫漠としているとして，「排他」性を要求する。

41）山口90頁以下を参照。

源という観点からは，たとえば製造物・医薬品などについて，その危険性に関する情報を掌握している者については，情報という観点から危険源に関する支配・管理を認めることができる[43]。

なお，島田聡一郎教授は，排他的支配を不作為犯固有の要件ではなく，作為犯・不作為犯共通の要件に位置づけている。すなわちこの立場からは，結果発生に至る因果経過を支配する関係は（作為・不作為共通の）単独正犯の成立要件であるから，排他的支配は作為義務の発生根拠ではなく，従来の学説が「付加的要件」として扱ってきた危険創出・保護の引受けこそが，本来の作為義務の発生根拠ということになる[44]。少なくとも不作為の単独正犯が問題となる場合については，（排他性を緩和したかたちで）排他的支配を作為義務の発生根拠として要求しても，それを単独正犯性の要件と位置づけても，具体的な結論が異なってくるわけではない。問題となるのは不作為の共犯の場合である。たとえば不作為の幇助が問題となる場合，島田教授の理解からは，正犯性の要件は問題とならないから，排他的支配はおよそ要求されないことになる[45]。しかし，たとえば白昼の公園で周囲に大勢の人が遊んでいる状況において，同棲相手が自分の子どもに暴行を振るった場合，その母親は傷害罪の不作為の幇助の罪責を負うのであろうか。もちろん，幇助犯の成立を認めても構わないという理解もありうるだろうが，私には，このような状況についてまで不作為犯の成立を認めるのは行き過ぎであるように思われる。もちろん，共犯については単独正犯同様の支配性の要件を要求するべきではないが，それでもなお，第三者によって正犯者の犯罪を阻止することが事実上困難であるという関係が要求

42)　このような理解から，現在の学説においては，作為義務の内容を法益保護義務と危険源管理義務に類型化する見解が有力である（たとえば山中244頁以下，高橋161頁以下などを参照）。

43)　いわゆる薬害エイズ旧厚生省事件（最決平成20・3・3刑集62巻4号567頁）においては，非加熱製剤の危険性についての認識が関係者間に十分に共有されていないところ，そのような情報を把握していた生物製剤課長であった被告人に結果回避義務を課し，過失犯の成立を肯定している。学説では本件についても排他的支配を認める見解が多いが（たとえば林・判例22頁など），情報を把握しているだけで「排他」性を認めることは過度な規範化であろう。この点について，塩見40頁以下，鎮目征樹「公務員の刑法上の作為義務」研修730号（2009年）13頁以下などを参照。

44)　島田・前掲注31)114頁以下，117頁を参照。基本的に同趣旨の見解として，小林憲太郎「不作為による関与」判時2249号（2015年）4頁以下を参照。

45)　この点について，島田聡一郎「不作為による共犯について(2·完)」立教法学65号（2004年）222頁以下を参照。

されるべきであろう。

4. 作為義務を課すことの正当化

続いて「付加的要件」の意義について考えてみることにしたい。既に述べたように，結果原因の支配が認められるとしても，それだけで作為義務を課すことはできない。行為者に作為義務を課して一定の作為を義務づけ，その違反があった場合には処罰することを正当化するためには，そのような負担を正当化する何らかの事情が必要とされるべきだからである[46]。このような理解から，学説においては事前の危険創出を要求する見解が有力に主張されている[47]。自ら法益に対する危険を創り出した者には，その危険が実現しないように一定の回避措置が義務づけられるというのは適切な理解である。また，保護の引受けについても，行為者が保護を引き受けることによって，第三者による救助の可能性を事前に排除する行為としての側面を有する点において（行為者が保護する意思を放棄した場合には危険に転化するという意味で）潜在的な危険を創出する行為といえるから，これも危険創出行為の一類型として評価することが可能である。

問題は，作為義務を課すことを正当化すべき状況が，このような危険創出行為に限定されるべきか，という点である。ここでは，事前に危険が創出されたという事実に決定的な意義があるわけではない。むしろ，被害法益あるいは危険源に対する一定の支配を有している行為者に対して，作為義務という負担を課すことの正当性が問われているのである。このような「負担の正当化」という観点からは，それを根拠づける事情を危険創出行為に限定する必然性はないと思われる[48]。事前の危険創出行為や引受行為がなくても，一定の身分的関係や社会的・法的関係を考慮することによって，例外的に義務を課すことを正当化すべき状況もあるのではないだろうか。

典型的な状況が，親が年少の子どもを保護する義務である。もちろん，通常

46)　萩野貴史「刑法学における自由主義と不作為処罰」早稲田大学大学院法研論集132号（2009年）301頁以下は，負担の正当化は真正不作為犯の処罰には要求されていないとして，このような理解に疑問を示している。なお検討を要するが，真正不作為犯についても，作為義務を課すことを正当化しうる状況を一般的に類型化した上で，それを独立の構成要件として規定しているという理解がありうるように思われる。

47)　佐伯90頁以下，島田・前掲注31)116頁以下，小林・前掲注44)4頁以下などを参照。

48)　この点について，平山幹子「保障人的地位について」川端博ほか編『理論刑法学の探究⑤』

の場合，子どもの保護の引受けが認められる場合が多いだろう。さらに，母親がはじめから育てるつもりのない子どもを出産する行為についても，危険創出を要求する論者は，あえて自宅でこっそりと出産する行為が（生まれてきた乳児に対する）危険創出行為に当たると説明している[49]。それでは，この事例の場合，同じく育てるつもりのない父親は作為義務を負わないのだろうか。あるいは，両親が育児を放棄しており，代わりに同居の祖父母が子どもを保護していたところ，祖父母が子どもを残して外出し，外出先から戻ってこなかった場合，両親は作為義務を負わないのだろうか[50]。これらの事例についても，危険創出という観点から説明することは不可能ではないが，危険創出という概念をいたずらに希薄化させつつ，すべての事例を一元的に説明するよりも，継続的な保護を要する子どもについては，同居の親子関係が作為義務を負わせる根拠となる場合があると端的に説明した方が適切であろう[51]。

危険創出行為を作為義務の前提として要求する見解は，作為義務の発生根拠を一元的に説明するものであり，きわめて魅力的な見解である。しかしながら，行為者に義務を課すべき状況は多様であるところ，これらをすべて危険創出という観点から一元的に正当化することには少し無理があるように思われる。このような問題意識から，本章では危険創出行為（または保護の引受け）を行為者に義務を課すべき典型的な場面としつつも，例外的に親子関係，行為者の地位・職責などの規範的要素から義務づけがなされる場合もあると考えてみた。このような規範的な根拠づけは，あくまでも例外的・補充的な要素にすぎないと考えているが，このように事実的要素と規範的要素をあわせ考慮する立場の当否については，さらに考えてみたい。

5. まとめ

本書の立場によれば，不真正不作為犯の作為義務の発生根拠は，次のように整理することができる。

（成文堂，2012年）169頁以下を参照。

49）佐伯93頁を参照。

50）これらの問題提起については，十河太朗「不真正不作為犯の実行行為性について」同志社法学56巻6号（2005年）715頁以下，721頁を参照。

51）同居の親子関係全般を義務の根拠とするのでは広すぎるだろう。年少の子ども，高齢の親など法益が脆弱であり，親族による保護が必要とされる場合に限定すべきであるように思われる（もちろん，危険創出・保護の引受けという観点から作為義務が課される場合は別論である）。

作為義務を認めるためには，結果回避が行為者に実質的に委ねられているといえる状況，すなわち結果発生・不発生を左右する要因（の１つ）を実質的に支配する関係（結果原因の支配）が必要である。一定の局面において，行為者が結果発生・不発生を左右する可能性を有しており，かつ，行為者以外の第三者がその局面に介入することが容易ではない状況があれば，この要件を充たすと解すべきである。したがって，「行為者以外に法益を保護できる者がいない」という意味における排他的支配までは必要ではない。たとえば被害者を事実的に保護・支配している状況，法益保護に必要な情報を掌握している状況，危険な設備等を管理している状況などがこれに当たる。

このような結果原因の支配に加えて，行為者の自由を制約し，一定の作為を義務づけることを正当化すべき観点が必要である。その典型は先行行為などの危険創出行為，保護の引受けであるが，それ以外にも，同居の親子関係，行為者の地位や職責などの事情を考慮することによって，例外的に義務を課すことが正当化されるべき場合も考えられる。この両者の観点がともに充足されることによって，行為者に作為義務が課されることになる。

Ⅳ．判例の検討

1．シャクティパット事件（最決平成 17・7・4 刑集 59 巻 6 号 403 頁）

このような理解を前提としつつ，具体的な事例に即して，考え方の筋道を示しておくことにしたい。まず，近時の最高裁判例（前掲最決平成 17・7・4）である。本件の被告人は，「シャクティパット」と称する独自の治療（シャクティ治療）によって信奉者を集めていたところ，脳内出血で倒れて入院中のＡの息子Ｂからシャクティ治療を依頼されると，主治医の警告等を無視して，Ｂに命じて，入院治療が必要な状態にあるＡを病院から連れ出し，被告人が滞在中のホテルまで運び込ませた。そして，ホテルでＢらからＡに対するシャクティ治療を委ねられると，このままではＡが死亡する危険性があることを認識しつつ，Ａの生命維持のために必要な医療措置を受けさせずに，シャクティ治療を行い，同人を死亡させた。このような事実関係について，最高裁は「被告人は，自己の責めに帰すべき事由により患者の生命に具体的な危険を生じさせた上，患者が運び込まれたホテルにおいて，被告人を信奉する患者の親族から，重篤な患者に対する手当てを全面的にゆだねられた立場にあった」ことを根拠として，被告人に作為義務を認めている。

本件については，①被告人の「責めに帰すべき事由」によってAに対する危険性が創出されたこと，②Aの保護を「全面的にゆだねられた立場」にあったことが重視されている。前者①が先行行為による危険創出の要件，後者②が排他的支配を念頭に置いた判断であることは明らかであろう。もっとも，本決定は，本件事案においては①②の事情が認められたことを指摘するにとどまり，これが作為義務の発生根拠として必須の要件であると判示しているわけではない52)。

本書の理解からも，上記①のように，Bに対する指示によってホテルまで運び込ませる行為は，作為義務を根拠づけるために不可欠とまではいえないだろう。かりにBの独断でAを病院から連れ出し，被告人のホテルまで運び込んだ場合であっても，被告人が最終的にシャクティ治療を引き受けていれば，同じように作為義務を認める余地があったと思われる。また，②の要件についても，ホテルには関係者やAの家族が出入りしており，「排他」的な関係までが認められる事案ではなかったが53)，それでも結果原因の支配としては，十分であると解される。さらにいえば，たとえばAが運び込まれた場所が教団の施設であり，多数の信者が一緒に生活している空間であったとしても，被告人の信仰上の立場・支配力などを考慮すれば，第三者による結果回避が困難な状況であるとして，作為義務が認められるだろう。

2. ひき逃げをめぐる問題

ひき逃げをめぐる問題についても簡単に言及しておきたい。ひき逃げの場合，まさに先行する自動車運転によって被害者の生命に対する危険性が創出されているから，危険創出の要件は当然に肯定される。この点について，最判昭和34・7・24（刑集13巻8号1163頁）は，保護責任者遺棄罪の成否に関して，「自動車の操縦中過失に因り通行人に自動車を接触させて同人を路上に顛倒せしめ……重傷を負わせ歩行不能に至らしめたときは，かかる自動車操縦者は法令により『病者ヲ保護ス可キ責任アル者』に該当する」と判示している。この判断は，218条の保護責任と作為義務を同視する一般的な理解を前提とした場

52）藤井敏明「判解」最判解刑事篇平成17年度203頁を参照。
53）このような指摘として，鎮目征樹「判批」百選15頁を参照。

合，過失行為による危険創出があれば直ちに作為義務（＝保護責任）を肯定しているようにも理解できる。もっとも本件は，被害者を自車に乗せて事故現場を離れ，人気のないところで被害者を降ろして逃走した行為について保護責任者遺棄罪の成立を認めたものであり，被害者を事故現場にそのまま放置した単純なひき逃げの事件ではない。むしろ被告人が被害者を自車に乗せて人気のないところに運び，同所で被害者を騙して自動車から降ろしたという一連の行為によって支配を設定したことが重要と解することもできる。さらに東京地判昭和40・9・30（下刑集7巻9号1828頁）では不作為の殺人罪の成立が認められているが，これも過失による自動車事故によって重傷を負わせた被害者を，病院に搬送する目的で自車の助手席に乗せたが，その後，病院に搬送する意図を放棄し，適当な場所に遺棄しようとして移動中に車内で死亡させた事件である。本件でも，先行行為による危険創出に加えて，被害者を自車に乗せて自らの支配下に置いたことが重視されているように理解できる。

このように現在の判例実務においては，不作為の殺人罪，保護責任者遺棄（致死）罪は，単純ひき逃げの事案には認められておらず，被害者を自動車に乗せるなど自らの支配下に置いた事件に限られている。これは，単純ひき逃げについても自動車運転過失致死傷罪（自動車運転致死傷5条）と救護義務違反罪（道交117条2項）の併合罪として十分な処罰が確保できるので，あえて刑法上の不作為犯として処理する必要はないという実務的な要請に基づくものかもしれないが，本書の立場からは，不作為犯の成立要件として結果原因の支配を要求したものとして，理論的に正当化することができる。もっとも，自動車の内部という空間において被害者を支配する必要はないから，他の車両や通行人が通りかかる可能性がきわめて乏しい場所で被害者に重傷を負わせ，そのまま走り去ったような場合であれば，単純なひき逃げの事例についても作為義務を認める余地があると思われる[54)]。さらにいえば，先行行為による危険創出も不可欠の要素ではないから，事故現場を通りかかった第三者が病院に連れて行くと偽るなどして，被害者を自車に乗せた場合であっても，作為義務を認めることは可能であろう。

なお，東京高判昭和46・3・4（高刑集24巻1号168頁）では，過失事故に

54）　これを肯定するものとして，佐伯91頁，島田・前掲注31)115頁などを参照。

よって重傷を負わせた被害者を自動車に乗せた上，寒さ厳しい深夜に人に発見されにくい場所で自動車から引きずり下ろした事件について，不作為の殺人未遂罪の成立が認められている55)。本件の場合，被害者を引きずり下ろした行為が認められるから，これを作為の実行行為と評価する余地がないわけではない。実際，たとえば大雪が降る深夜に，重傷を負った被害者を雪の中に放置するような行為であれば，それ自体を殺人罪の（作為の）実行行為と評価できる場合もあるだろう。おそらく本件においては，被害者を自動車から引きずり下ろし，道端に放置する行為によって死亡結果に向けた新たな危険が創出されたとまでは評価できなかったことから，作為の放置行為が殺人罪の構成要件該当性を充たさず，それゆえ，その後，被害者を保護しなかったという観点から，不作為犯の成否が問題になったものと思われる。被害者を車から引きずり下ろした後は，被告人は被害者を空間的に支配しているわけではないが，被告人以外の者が被害者を発見することが困難であったのであれば，支配性の要件を充たすと解することができよう。なお，被告人が被害者を自動車に乗せた段階でも既に支配性の要件は充たされているから，車内でも既に被害者の生命に対する具体的危険が生じており，かつ，被告人に殺意が認められるのであれば，自動車で搬送中における不作為もあわせて処罰対象とすることも可能であろう。逆に言うと，かりに本件の被告人が，人通りの多い場所に被害者を降ろして逃走した場合であれば，被害者を降ろした後には支配性の要件が失われているから，自動車で搬送している間の不作為のみが処罰対象として把握されることになる。すなわち，本書の理解からは，ひき逃げ事案については，危険創出の要件は常に充たされているから，何らかの意味における支配性が継続している限度で，不作為犯が成立すると解される。

55）被害者はたまたま通りかかった関係者に救助され，一命を取り留めたため，殺人未遂罪の成否が問題となっている。

第4章

正当防衛状況の判断について

Ⅰ．はじめに

刑法36条1項は，「急迫不正の侵害」に対する「やむを得ずにした」防衛行為を正当化しているが，時間的に切迫した不正の侵害に対する対抗行為であっても，侵害が現実化する前の先行事情の考慮によって，正当防衛の成立が認められない場合がある。いわゆる「喧嘩と正当防衛」をめぐる問題，さらに自招侵害をめぐる問題である。

この問題をめぐっては，古くから学説の活発な議論が展開されているが，判例もこの問題について独自の展開を遂げており，緻密な判例理論が形成されている[1)]。また，正当防衛については実務家による踏み込んだ分析も数多く公表されており[2)]，これらの論稿も現実の実務における正当防衛の判断の在り方を知る上で重要である。もちろん（私を含めて）学説は判例理論に全面的に賛成しているわけではないが，その議論の背景を理解するためにも，判例理論の正

1）佐伯仁志「裁判員裁判と刑法の難解概念」曹時61巻8号（2009年）16頁も，正当防衛に関する判例は「判例理論のなかで最も精緻なものの1つということができる」とする。したがって，裁判員裁判の導入においては，判例理論の核心をどのように裁判員に平易に説明すべきかが重要な課題とされた。この問題については，橋爪隆「裁判員制度のもとにおける刑法理論」曹時60巻5号（2008年）15頁以下を参照。

2）たとえば香城敏麿「正当防衛における急迫性」小林充＝香城敏麿編『刑事事実認定(上)』（判例タイムズ社，1992年）261頁以下，佐藤文哉「正当防衛における退避可能性について」『西原春夫先生古稀祝賀論文集(1)』（成文堂，1998年）236頁以下，波床昌則「正当防衛における急迫不

確な理解は不可欠である。本章では，「喧嘩と正当防衛」，自招侵害をめぐる判例理論を分析した上で，それに関する若干の検討を加えることにしたい。

自分のことを書くのは気がひけるが，私がはじめて取り組んだ研究テーマが正当防衛論であり，いろいろと悩みながら，2007年に何とか自分なりの問題解決の枠組みを示している（侵害回避義務論と呼ばれている）[3]。研究のスタートラインは，まさに日本の判例理論の分析であった。読者のみなさんには私が判例理論をどのように評価し，それをどのように修正して結論に至ったかを理解していただき，その当否について考えていただけると，筆者としては望外の幸せである。

Ⅱ.「喧嘩と正当防衛」をめぐる判例理論

1. 侵害に先行する事情の評価の必要性

「喧嘩と正当防衛」をめぐる最高裁判例にとって，重要な出発点が最大判昭和23・7・7（刑集2巻8号793頁）である。本判決は，被告人と被害者の殴り合いの過程で，被害者からの暴行を受けて被告人が憤激のあまり，被害者を小刀で殺害した事件について，「互に暴行し合ういわゆる喧嘩は，闘争者双方が攻撃及び防禦を繰り返す一団の連続的闘争行為であるから，闘争の或る瞬間においては，闘争者の一方がもっぱら防禦に終始し，正当防衛を行う観を呈することがあっても，闘争の全般からみては，刑法第三十六条の正当防衛の観念を容れる余地がない場合がある」と判示して，正当防衛の成立を否定している。本判決は，正当防衛の成否については，防衛行為の瞬間だけではなく，「闘争の全般」を評価する必要があることを明示した点において，重要な意義を有する。「闘争の全般」といっても，防衛行為後の状況に意味があるわけではないから，この判決は結局のところ，不正の侵害に先行する事情を正当防衛の成否

正の侵害」大塚仁＝佐藤文哉編『新実例刑法（総論）』（青林書院，2001年）79頁以下，中川博之「正当防衛の認定」木谷明編著『刑事事実認定の基本問題〔第3版〕』（成文堂，2015年）131頁以下，遠藤邦彦「正当防衛判断の実際」刑法50巻2号（2011年）303頁以下，安廣文夫「正当防衛・過剰防衛」法教387号（2012年）14頁以下，和田真＝野口卓志＝増尾崇「正当防衛について(上)」判タ1365号（2012年）46頁以下，栃木力「正当防衛における急迫性」小林充＝植村立郎編『刑事事実認定重要判決50選(上)〔第2版〕』（立花書房，2013年）71頁以下などを挙げることができる。

3）　橋爪隆『正当防衛論の基礎』（有斐閣，2007年）88頁以下，305頁以下を参照。

において考慮しうることを示したものと解される。

さらに本決定は，喧嘩闘争状況であっても常に正当防衛の成立が否定されるわけではないことを示した点においても重要である。すなわち，大審院判例には「喧嘩両成敗」の格言を援用して，喧嘩闘争については正当防衛がおよそ成立しないかのような判断を示したものもあったが[4)]，本判決は喧嘩闘争については「正当防衛の観念を容れる余地がない場合がある」と，正当防衛が成立しないのがむしろ例外であるような表現を用いることによって，喧嘩闘争の場面であっても正当防衛が成立する可能性を認めたものと解することができる[5)]。

2. 積極的加害意思論

それでは，闘争の過程を全般的に観察した結果，「正当防衛の観念を容れる余地がない場合」とはいかなる場合か。それを具体的に示したものが昭和52年決定の積極的加害意思論である。最決昭和52・7・21（刑集31巻4号747頁）は，政治集会を開こうとして会場を設営中，反対派の学生からの攻撃を撃退した後，再度の攻撃があることを予期してバリケードを築いているうちに，予想通り攻撃してきた反対派の学生に対して共同暴行をした事件について，「刑法36条が正当防衛について侵害の急迫性を要件としているのは，予期された侵害を避けるべき義務を課する趣旨ではないから，当然又はほとんど確実に侵害が予期されたとしても，そのことからただちに侵害の急迫性が失われるわけではないと解するのが相当であ」るが，「同条が侵害の急迫性を要件としている趣旨から考えて，単に予期された侵害を避けなかったというにとどまらず，その機会を利用し積極的に相手に対して加害行為をする意思で侵害に臨んだときは，もはや侵害の急迫性の要件を充たさない」と判示して，正当防衛の成立を否定している。

本決定は，侵害を予期していても「そのことからただちに」急迫性が否定されるわけではないとしつつも，「予期された侵害」に対して積極的加害意思で

4） たとえば大判昭和7・1・25刑集11巻1頁などを参照。

5） その後の最判昭和32・1・22刑集11巻1号31頁は，昭和23年判例を本文のような趣旨で解釈して，正当防衛の成立を否定した原判決を破棄している。

6） 侵害の開始時期，終了時期に関する学説の詳細な検討については，明照博章『正当防衛権の構造』（成文堂，2013年）24頁以下を参照。

7） たとえば最判昭和59・1・30刑集38巻1号185頁は，被害者による攻撃は「被告人の予期し

臨んだ場合には，侵害の急迫性が否定される旨を示したものである。判例は，侵害の急迫性を「法益の侵害が間近に押し迫ったことすなわち法益侵害の危険が緊迫したこと」（最判昭和24・8・18刑集3巻9号1465頁）と定義しているが，昭和52年判例は，このような時間的概念としての急迫性の理解を変更するものではない[6]。むしろ本決定は，侵害の急迫性が規範的な性質を有することを前提として，時間的に切迫した侵害であっても，例外的に急迫性が否定される場合があることを示したものとして理解すべきであろう。

昭和52年決定の理解においては，急迫性の判断において侵害の予期が大きな役割を果たしていることが重要である。「予期された侵害を避けなかったというにとどまらず，その機会を利用し積極的に相手に対して加害行為をする意思で侵害に臨んだとき」という表現からは，本決定が予期された侵害の存在を前提として，積極的加害意思の存否を問題にしていることが窺える。したがって侵害の予期が認められない場合には，そもそも積極的加害意思の存否の検討に立ち入るまでもなく（時間的な切迫性が認められる限り）侵害の急迫性が肯定されることになる[7]。

3. 積極的加害意思の内容

それでは積極的加害意思とは具体的にどのような意思内容なのか。明確な定義が示されているわけではないが，昭和52年判例は，被告人が「相手の攻撃を当然に予想しながら，単なる防衛の意図ではなく，積極的攻撃，闘争，加害の意図をもって臨んだ」という事実から積極的加害意思を肯定していることから，積極的加害意思を認定するためには，攻撃，加害目的が必要であり，防衛目的，護身目的の場合には積極的加害意思は否定されると理解することができる[8]。もっとも，正当防衛とは，相手に対する加害行為によって自らを防御する側面を有しているため，防衛目的と加害目的の区別はかなり微妙なものにならざるを得ない[9]。

なかったことであって，それは被告人に対する急迫不正の侵害というべき」と判示しており，積極的加害意思の存否については全く言及していない。松浦繁「判解」最判解刑事篇昭和59年度44頁は，本判決は侵害の確実な予期を要求していると解する。

8）たとえば香城敏麿「判解」最判解刑事篇昭和52年度246頁，栃木・前掲注2)81頁などを参照。

また，既に指摘されているように，積極的加害意思は侵害の予期を契機として生じうる意思，すなわち侵害を予期してから侵害が現実化するまでの事前の意思内容であり[10]，現実の対抗行為の段階の意識内容に即して判断される防衛意思とは明確に区別される。同じ主観的要件であっても，その判断時点が全く異なるのである。したがって，防衛意思の存否が問題となる事例は，侵害切迫前の主観面において侵害の予期と積極的加害意思が認められなかった事例に限定されることになる[11]。

それでは，侵害の予期と積極的加害意思が認められる場合には，なぜ侵害の急迫性が否定されるのであろうか。昭和 52 年判例の担当調査官であった香城敏麿教授は，積極的加害意思によって侵害に臨んだ場合は，その侵害は「行為者が敢えてこれを受け入れた結果であるから，行為者にその結果を甘受させるべきであり」[12]，「相手の侵害との関係で特に法的保護を受けるべき立場にはなかった」[13]と説明されている。このような理解は，次のように敷衍することができるだろう。正当防衛において防衛行為者は原則として退避義務を負わないし，防衛利益と侵害利益との比較衡量も不要である。このような正当防衛という峻厳な手段を用いることを正当化するためには，正当防衛によって被侵害者の利益を保護せざるを得ない状況，いわば緊急状況性が必要とされるべきである。この緊急状況性は不正の侵害が時間的に切迫していれば，原則として認められるが，侵害に先行する事情を考慮した結果，防衛行為者（被侵害者）[14]を保護する必要性が乏しいとして，例外的に否定される場合もある。喧嘩闘争になることを予期しつつ，それを受け入れてあえて不正の侵害に臨む事例がま

9） 安廣文夫「判解」最判解刑事篇昭和 60 年度 149 頁は，積極的加害意思を「はじめから同種同等の反撃を相手方に加えるという苛烈な行為……に出ることを決意し，成行き如何によっては防衛の程度を超える過剰行為に出ることも辞さないという意思」として理解しており，意図された加害内容が積極的（＝過大）であることを本質的な内容としているわけではない。

10） 安廣・前掲注 9)150 頁を参照。

11） 判例は防衛の意思を必要と解しているが，憤激・逆上した反撃行為であっても防衛意思は否定されず（最判昭和 46・11・16 刑集 25 巻 8 号 996 頁），攻撃的意思が併存していても構わない（最判昭和 50・11・28 刑集 29 巻 10 号 983 頁）。したがって，行為者の主観面において，防衛しようとする意思が少しでも認められれば「防衛するため」の行為と評価されることになるから，通常の正当防衛状況において防衛意思が欠ける事例はほとんど考えられないことになる。裁判実務においても，防衛意思が否定される事例とは，①危険性の乏しい侵害行為に対して，意図的に危険な防衛手段を選択した場合，②侵害が終了したことを認識しつつ，追撃行為に出る場合に限られており，事実上，客観的には過剰防衛に当たりうる行為について，36 条 2 項の適用を排除する機能を果たしているにすぎない。この点については，今井猛嘉ほか『刑法総論〔第 2 版〕』

さにその場合である。このような状況においては，不正の侵害は防衛行為者が自ら引き受けた結果である以上，正当防衛を認めて行為者を保護する必要性は乏しく，緊急状況性を認めることができない。このような考慮は，36条1項の文言解釈としては，正当防衛状況を基礎付けている急迫性要件の解釈に反映させることができる。判例の実質的考慮は，おそらくこのようなかたちで理解することができるだろう。安廣文夫教授が，積極的加害意思が認められる場合には「正当防衛の本質的属性である緊急行為性が欠けている」[15]とされるのも，このような趣旨であると思われる[16]。

4. 実務における急迫性の判断

このような判例理論は，実際の裁判実務ではどのように適用されているのだろうか。昭和52年判例以後の急迫性の判断について検討を加えたところ[17]，非常に興味深かったのは，侵害の急迫性の判断において，実際には侵害の予期の存否が決定的である点であった。すなわち，急迫性の存否が争われた事件のうち，急迫性を肯定する裁判例のほとんどは，侵害の十分な予期が認められないとか[18]，あるいは，現実の侵害が予期の範囲をはるかに超えるものであること[19]を根拠として，急迫性を肯定している。逆にいうと，侵害の予期が認められた事例の多くは積極的加害意思も認定され，侵害の急迫性が否定されている。侵害の予期が認められながら，積極的加害意思が認められずに侵害の急迫性が肯定された事例は，自宅や自室で侵害に直面した事例[20]，予期された侵害を回避しようとしていたが，これに失敗して侵害に直面した事例[21]，上

(2012年) 207頁以下［橋爪隆］を参照。

12)　香城・前掲注8)247頁参照。

13)　香城・前掲注2)263頁参照。

14)　第三者による防衛行為が認められている以上，防衛行為者と被侵害者は一致しない場合がありうるが，このような理解を突き詰めた場合，緊急状況性の存否は（防衛行為者ではなく）被侵害者の事情を基準として判断されるべきであると思われる（橋爪・前掲注3)328頁以下参照)。もっとも本章では，防衛行為者と被侵害者が一致する典型的な事例を念頭に検討を進めることにしたい。

15)　安廣・前掲注9)149頁参照。

16)　さらに同様の指摘として，井田298頁，波床・前掲注2)84頁などを参照。

17)　橋爪・前掲注3)155頁以下を参照。

18)　仙台高秋田支判昭和55・1・29判タ423号148頁，大阪地判平成3・4・24判タ763号284頁など。

19)　大阪高判平成7・3・31判タ887号259頁，東京地判平成10・10・27判タ1019号297頁など。

司からの侵害が予期されたが，勤務中であり，それを回避することが困難であった事例など[22]，一定の類型に限られている。

このような裁判例の傾向は十分に理解できるところである。たとえば喧嘩相手に呼び出されており，現場に行けば不正の侵害に直面する可能性が高い場合，あえてそこに行くべき合理的な理由がなければ，現場に行くのを控えるのが通常の判断であろう。現場に行く必然性がないにもかかわらず，侵害を予期しつつ，あえて現場に向かう場合，行為者は侵害を受け入れた上で，それに対抗する意思を有している場合がほとんどであろう。すなわち積極的加害意思は，合理的な理由がないにもかかわらず，あえて予期された侵害に対峙したという事実から認定できる場合が多いのである。これに対して，自宅などで予期された侵害を待ち受けている場合は，かりに積極的加害意思がないとしても，行為者が自宅などに留まることは通常の事態であるから，現場で待機していることそれ自体から積極的加害意思を認定することは困難であり，さらに特段の事情が必要となるだろう[23]。

このように積極的加害意思の存否を認定する際には，予期された侵害に対して，行為者が事前にいかなる行動を採ったかが重要な判断資料となる[24]。したがって，積極的加害意思それ自体ではなく，行為者の事前の行動などの客観的事情それ自体を重視して，急迫性の存否を判断する裁判例が登場することも自然な流れといえる[25]。たとえば大阪高判昭和 62・4・15 判時 1254 号 140 頁では，ナイフによる決闘を挑まれた被告人が，執拗な挑発に耐え，喧嘩を思いとどまるように説得に努めていたが，結局，我慢できずに闘争に応じて被害者を刺殺した事件について，「被告人としては，一時の屈辱に甘んじてもひとまずその場を逃れるという手段を取るべきであった……にもかかわらず，被告人はあえて右屈辱を潔しとせずに喧嘩闘争を受けて立ったものである以上，……

20）　大阪高判昭和 53・6・14 判タ 369 号 431 頁，札幌高判昭和 63・10・4 判時 1312 号 148 頁など。

21）　東京地判平成 8・3・12 判時 1599 号 149 頁など。

22）　大阪高判平成 14・7・9 判時 1797 号 159 頁。評釈として，齊藤彰子「判批」判評 538 号（判時 1834 号）（2003 年）43 頁以下，橋爪隆「判批」刑事法ジャーナル 8 号（2007 年）126 頁以下を参照。

23）　この点について，香城・前掲注 2)273 頁，283 頁などを参照。

24）　町野朔教授は，積極的加害意思は，予期された侵害を「避けられるのに避けなかった，逃げられるのに逃げなかったという場合に，行為者に事実上生じうる意思にすぎ」ないと解されている。阿部純二 = 中義勝ほか「刑法総論の現代的課題」Law School 42 号（1982 年）15 頁［町野

右攻撃をもって刑法36条にいう『急迫不正ノ侵害』ということはできない」という判断が示されている。さらに暴力団の抗争事件については，予期された侵害に対抗する意図でけん銃を違法に準備したという事実それ自体から，侵害の急迫性を否定した裁判例が存在する[26)]。これらの裁判例においては，予期された侵害を受け入れるに至った客観的な先行事情から，侵害の急迫性が否定されていると解する余地がある。もちろん，これらの裁判例についても，究極的には積極的加害意思が重要であり，客観的な事実関係はそれを認定するための間接事実にすぎないという理解も可能である。しかしながら，たとえ間接事実であっても，実際には客観的な先行事情，すなわち合理的な理由もなく，凶器を準備するなどして，予期された侵害に臨んだという客観的な事実が，侵害の急迫性を否定する上で決定的な意義を有していることは否定しがたい。

Ⅲ．学説の対応

1．積極的加害意思論に対する従来の批判

このような判例の積極的加害意思論は，緊急状況性という観点から侵害の急迫性を規範的に限定するものであり，喧嘩闘争の事例を解決するアプローチとして（以下に述べる点を除けば）十分に説得力を有するものである。もっとも，学説の多数は，積極的加害意思論に対して批判的である。具体的にどのような批判があるのか，また，その批判には十分な理由があるのかについて検討しておくことにしたい。学説の批判は多岐にわたるが，その主要なポイントとして次の3点を挙げることができる。

まず，そもそも侵害に先行する事情を考慮して正当防衛を制限すること自体に対する疑問である。すなわち，正当防衛の成否は現実に不正の侵害が切迫し

朔］を参照。

25）　遠藤・前掲注2）309頁以下を参照。

26）　たとえば大阪高判昭和56・1・20判時1006号112頁，大阪高判平成13・1・30判時1745号150頁，東京地判平成14・1・11裁判所ウェブサイトなどを参照。たとえば大阪高裁平成13年判決は「被告人らの普段からの警護態勢に基づく迎撃行為が，それ自体違法性を帯びたものであったこと及び本件襲撃の性質，程度も被告人らの予想を超える程度のものではなかったことなどの点に照らすと，本件犯行は，侵害の急迫性の要件を欠き，正当防衛の成立を認めるべき緊急の状況下のものではなかった」と判示している。

た段階を基準として判断されるべきであり，それ以前の状況は（自招侵害のように侵害を自ら惹起した例外的な場合を除くと）原則として考慮されるべきではない，という批判である[27)]。もちろん，このような限定は十分に成り立ちうる見解である。しかし，だからといって，判例のように侵害に先行する事情を正当防衛の成否の判断で考慮することが，36条1項の文言解釈として直ちに排斥されるわけでもないだろう。結局のところ，いかなる範囲で正当防衛を認めることが適切かという価値判断に帰着するが，かりに侵害に先行する事情を考慮しない場合，典型的な喧嘩闘争であっても，不正の侵害が切迫していることは否定できないから，正当防衛・過剰防衛の成立を排除することができない。このような結論が妥当ではないのであれば，やはり侵害に先行する主観的・客観的事情を36条1項の解釈において考慮せざるを得ないであろう。

このような理解に対しては，侵害の予期があれば防衛行為者には十分な準備をする余裕があり，事実上，防衛手段の選択の幅が広がるのであるから，あえて正当防衛の成立を否定しなくても，防衛行為の相当性（必要最小限度性）が事実上，限定されることになり，それで十分であるという反論がある[28)]。たしかに，事前に準備をする機会があれば，それがない場合に比べて，より軽微な手段で防衛が可能になる場合は考えられるから，その場合にあえて危険性の高い手段を利用した場合には，防衛行為の相当性が否定されることになろう（過剰防衛が成立する）。しかし，たとえば包丁やけん銃による攻撃が切迫している場合，事前に十分な準備があったとしても，防衛可能な手段は自ずから限られてくる。かりに防衛行為者が生命に危険性の高い侵害を予期して，けん銃を準備して現場に向かった場合であっても，相手から重大な侵害を受け，けん銃を発砲して相手を殺傷しなければ侵害の排除が困難な状況に至れば，やはり発砲行為が必要最小限度の防衛行為と評価されることになる。もちろん，この

27） 自招侵害の場合も含めて，先行事情の規範的考慮を否定する見解として，浅田241頁参照。松宮139頁，塩見48頁以下なども，自招侵害の場合を除いて，同様の前提に立つものと思われる。

28） 塩見49頁以下，照沼亮介「侵害に先行する事情と正当防衛の限界」筑波ロー・ジャーナル9号（2011年）133頁以下（もっとも，同153頁では，凶器を準備して出向いている事例については，防衛行為性が否定される余地も認める）などを参照。

29） さらにいえば，侵害の予期や積極的加害意思（に基づく行為者の対応）が正当防衛の制限の根拠にならないと解するのであれば，事前に防衛のための準備をする必要もないはずである。そうすると，事前の準備の可能性があったからといって，それを適切に行使する義務もないわけだから，選択しうる防衛手段が広がってくると本当にいえるのかについても，疑問の余地がある。

ような場合であっても必要最小限度の防衛行為については無条件に正当防衛を認めるのであれば，理論的に一貫しているといえるが，私はこのような結論は妥当ではないと考える。やはり不正の侵害に先行する事情を正当防衛の要件解釈において，正面から考慮すべきであろう[29)]。

第2に，正当防衛状況を否定するという問題解決に対する批判がある。すなわち侵害の急迫性を否定してしまうと対抗行為については過剰防衛が成立する余地も排除されてしまう。しかし，喧嘩闘争の事例といっても防衛行為者の保護の必要性は様々であるから，むしろ防衛行為の相当性の問題として事案ごとに検討すべきであるという趣旨の批判である[30)]。しかしながら，このような批判も妥当ではないと思われる。まず，判例実務の問題関心とのギャップである。実務の問題関心は，喧嘩闘争目的で凶器を準備して現場に赴いた事例のように，およそ防衛行為と評価すべきではない事案の処理であったように思われる。それにもかかわらず，喧嘩闘争事例を広く過剰防衛として処理すべきというのは，実務の問題意識に対応していないきらいがある[31)]。また，先行事情を考慮して防衛行為の相当性を判断するというのも，現実的であるとは思われない。そもそも防衛行為の相当性自体がかなり微妙な認定を要する判断であるところ，さらに侵害に先行する諸般の事情を総合的に考慮して相当性を認定するというのでは，明確な判断が担保できるとは思われない。ここで詳論することはできないが，防衛行為の相当性の要件は，防衛行為者が現場で選択できる必要最小限度の防衛行為か否かによって判断されるべきであり[32)]，それ以外の諸事情を考慮することは混乱を招くように思われる。

一部の学説の中には，喧嘩闘争の事例についても，過剰防衛が成立する余地を広く認めることが柔軟な解決を可能にする優れた理論構成であるというイメージが共有されている印象がある。しかし，過剰防衛の成立を認めるといっ

30)　曽根102頁，髙山佳奈子「『不正』対『不正』状況の解決」研修740号（2010年）6頁以下，照沼・前掲注28)124頁以下などを参照。さらに自招侵害の事例を防衛行為の必要性の要件で解決しようとする近時の研究として，瀧本京太朗「自招防衛論の再構成（3・完）」北大法学論集66巻6号（2016年）142頁以下を参照。

31)　この点については，遠藤・前掲注2)314頁参照。既に同様の指摘として，西田典之「現代刑事法学の視点」法時61巻13号（1989年）104頁がある。

32)　このような理解については，たとえば山口137頁以下，佐伯148頁，橋爪・前掲注3)353頁以下などを参照。判例（最判昭和44・12・4刑集23巻12号1573頁）も，防衛行為の相当性の要件として，「防衛する手段として必要最小限度のものであること」を要求している。

ても，36条2項は刑の任意的減免の余地を認めているにすぎない（侵害の急迫性を否定して正当防衛の成立を否定したとしても，被害者の帰責性等の事情は量刑上，考慮されるだろう）。過剰防衛の成立の余地を広く認めることは，かえって正当防衛とすべき事案が（相当性判断の混乱によって）過剰防衛とされてしまうリスクを伴う。これらの点にかんがみても，相当性による問題解決が，急迫性による問題解決よりも優れているとは思われない。

第3の批判として，急迫性は客観的な概念であり，行為者の主観面を考慮すべきではないという点である。これは従来の学説において重視されてきた点であるが[33)]，急迫性をもっぱら客観的に判断しなければいけない必然性は乏しいと思われる。違法性阻却事由の解釈においても目的論的な解釈は当然に許されるべきであるから，正当防衛による対抗を許すべき状況といえるか否かの規範的判断を急迫性の解釈に読み込むことが，およそ日本語の「急迫」の意味を超えるものであるとは思われない。従来の学説においては，侵害の急迫性を客観的な要件と解した上で，積極的加害意思のような主観面の問題は防衛意思の要件で判断すべきとするものが多かった[34)]。しかし，既に述べたように，判例は，侵害が切迫する以前の意思内容と対抗行為段階の意思内容をそれぞれ急迫性，防衛意思の要件に位置付けて，両者を明確に区別している。これを主観面の問題だからまとめて防衛意思の問題にしようというのは，乱暴にすぎる議論であり，判例理論より優れた解釈論であるとは思われない。

2. 侵害回避義務論

このように考えると，侵害に先行する事情を考慮して緊急状況性を判断し，それが実質的には認められない場合に侵害の急迫性を否定するという判例理論には十分な理由があると思われるし，その基本的な方向性を支持することができる。それにもかかわらず，私が疑問を覚えるのは，以下のような点である。

判例の背景にある基本的な発想は，現場に行けば喧嘩になると分かっていながら，喧嘩を覚悟してあえて現場に向かったような場合などは，もはや防衛行

33）　たとえば大谷275頁以下，山中485頁以下，曽根101頁などを参照。

34）　たとえば大塚383頁注4，大谷276頁などを参照。

35）　もちろん，被侵害者の利益状況を判断するときには，行為者の目的などの主観的事情も考慮される場合があるが，積極的加害意思という純然たる心情要素によって被侵害者の利益状況が左右されるべきではない。佐伯134頁以下，塩見48頁なども同旨。これに対して，山口厚「正当防

為者（被侵害者）を正当防衛で保護する必要はない，という理解である。そして，このように行為者の事前の対応を正当防衛を否定する根拠とする以上，不正の侵害を事前に予期していたことが重要な考慮要素となる。もっとも，単に侵害を予期しているだけでは行為者の保護を否定することはできない。侵害を予期しているだけで正当防衛の成立が否定されてしまうと，侵害の危険がある限り，好きなところにも行けず，自宅からも退避しなければいけない。このような結論が不当であることはいうまでもない。そこで，判例は侵害の予期に「プラスアルファ」を付け加えることで，正当防衛による保護を否定すべき状況を限定しようとしたのであり，そのプラスアルファこそが積極的加害意思であったといえる。

しかしながら，このプラスアルファの限定を，積極的加害意思によって画することが本当に適切なのだろうか。正当防衛によって被侵害者を保護する必要性が重要なのであれば，それは被侵害者の置かれた客観的な利益状況から判断すべきであり，判例のように喧嘩闘争意思という主観的な意図だけを過度に重視することは妥当ではないと思われる[35)]。たとえば，自宅の前にやってきた喧嘩相手から電話があり，「今から行く，待ってろ」と言われた場合，その直後の襲撃が予期されるとしても，行為者にとっては自宅にとどまって侵害を迎撃する以外に選択肢はないだろう。警察に通報したとしても間に合いようがないし，かといって自宅から逃げ出すことを要求すべきではない（施錠して待機していても確実に安全とはいえない状況を前提にする）。この場合に，行為者が落ち着いて護身目的で待機していれば正当防衛だが，激高して，積極的加害意思を有していると正当防衛が成立しないという区別は，行為者の心情を過度に重視するものであり，妥当ではないように思われる。安廣教授は，侵害の回避が困難であったり，警察の援助にも限界があるような場合には積極的加害意思論をそのまま適用するのは相当ではないとされるが[36)]，このような指摘自体が，急迫性の判断においては，積極的加害意思それ自体ではなく，その背後に認められる客観的な利益状況が決定的であることを物語るものであろう。行為者が

衛論の新展開」曹時61巻2号（2009年）33頁は，事前の積極的加害意思を，被侵害者の正当な利益の要保護性を否定する要素として正当化する。林・判例55頁も，積極的加害意思がある場合には高度の主観的違法性が認められるとする。

36)　安廣・前掲注9)151頁を参照。

自宅にとどまっており，しかも，事前に侵害を回避することが期待できない状況にあることが，侵害の急迫性が否定されないという結論を導く上で重要なのではないだろうか。

このような問題意識から，私は，被侵害者が正当な利益を犠牲にすることなく，予期された侵害を容易に回避できた場合には，回避すべき危険が現実化しているにすぎないとして，侵害の急迫性を否定すべきであると考えた（侵害回避義務論）[37)]。具体的には，侵害を予期しつつ現場に向かう場合には，現場に赴くだけの正当な理由が認められない限り，急迫性が否定される。他方，予期された侵害を待ち受ける場合については，現場にとどまることについて正当な理由がある限り，直ちに侵害の急迫性は否定されないが，警察への救助要請によって確実に侵害が回避しうる状況でありながら，そのような対応をあえて採らずに対抗行為に出た場合については急迫性が否定されることになる[38)]。このように侵害回避義務論は，予期された侵害の事前回避が可能であり，かつ，これを行為者に期待できる場合に限って急迫性を否定するものであるから，この立場からは，①侵害回避のために行為者にいかなる作為・不作為を要求できるかを明らかにした上で，②要求される措置によって侵害が確実に回避できたといえる場合に限って，侵害の急迫性が否定される。行為者にとって，確実に侵害を事前に回避する手段が乏しい場合には，積極的加害意思の存否にかかわらず，侵害の急迫性が認められることになる。

侵害回避義務論については，これを基本的に支持する見解もあるが[39)]，批判的な見解も多い。有力な見解は，侵害回避義務論は実行行為である防衛行為ではなく，それに先行する事前の義務違反を処罰対象にしているという批判を加えている[40)]。侵害回避義務論というネーミング自体が事前の義務違反を処

37）橋爪・前掲注 3)305 頁以下参照。このような侵害回避義務を主張した先駆的な見解として，佐藤・前掲注 2)242 頁以下がある。

38）昭和 52 年判例の事案については，そもそも集会を開催するために現場にとどまるという目的が既に名目的なものにすぎず，また，警察による救助も（本人たちが要請するか否かはともかく）十分に間に合う状況であれば，急迫性を否定した結論を支持することができる。これに対して，松原 169 頁は，被告人らの集会の自由の保護を重視する。

39）たとえば西田 177 頁，前田 255 頁以下，佐伯 154 頁以下，栃木・前掲注 2)76 頁以下など。杉本一敏「正当防衛における負担要求可能性」高橋則夫ほか『理論刑法学入門』（日本評論社，2014 年）73 頁以下は，事前の負担要求可能性という観点から，侵害回避義務の存否を検討している。なお侵害回避義務論に依拠している裁判例として，既に奈良地判平成 19・3・27 裁判所ウェブサイト，大阪地判平成 20・9・19 裁判所ウェブサイト，東京高判平成 21・10・8 判タ 1388

罰しているような印象を与えることは否定できないが，この見解はあくまでも侵害に先行する事情を考慮することによって，現実の正当防衛状況を否定するものにすぎず，侵害を回避しなかったこと自体を処罰対象にしているわけではない41)。既に述べたように，侵害に先行する事情を考慮することによって正当防衛の成立が排除される場合がありうることは否定できない以上，侵害回避義務論という理論構成の当否を論ずるのではなく，むしろ一定の範囲においては侵害の事前回避が要求される場合（＝行為者の事前の対応によって正当防衛の成立が排除される場合）があることを認めた上で，その範囲・根拠をめぐって議論を展開した方が有益であろう42)。後掲の平成29年判例の理解も含め，今後の議論がこのような方向で進展することを強く期待したい。

Ⅳ．自招侵害

1．問題の所在

「喧嘩と正当防衛」の問題と密接に関連するが，理論的には別の次元の問題が自招侵害，すなわち防衛行為者自身が先行する暴行行為などによって不正の侵害を自ら招いた場合である。「喧嘩と正当防衛」の領域においては，事前の積極的加害意思という主観面が問題とされていたのに対して，自招侵害の問題では，防衛行為者自らが不正の侵害を作り出したという客観的な関連性が重視されている43)。

自招侵害の事例についても，相手方の反撃行為が当初の不正の暴行行為に対する正当防衛と評価される場合には，侵害の不正性が欠けることになるため，それに対する対抗行為について正当防衛が成立しないのは当然である。ここで

号370頁，東京高判平成27・6・5東高刑時報66巻1～12号58頁などがある。

40)　たとえば林189頁，198頁，照沼・前掲注28)130頁などを参照。

41)　たとえば侵害を回避すべきところ回避せずに侵害に直面したが，予想していた以上に侵害の程度が軽微であったため，防衛行為を断念して侵害を甘受した場合，当然ながら行為者は処罰されることはない。

42)　昭和52年判例も，積極的加害意思をもって現場で相手を待ち構えてはいけない，という意味で，侵害回避義務を要求していると解することもできる。山口厚「回避・退避義務再論」『浅田和茂先生古稀祝賀論文集(上)』（成文堂，2016年）141頁も「すでに回避義務については，一定の範囲で認められているともいえる」とする。

43)　的場純男＝川本清厳「自招侵害と正当防衛」大塚＝佐藤編・前掲注2)111頁は，両者の問題領域は「一部で交差する二つの円のような関係にあるといえよう」とする。

問題にされているのは，相手の反撃行為が過剰防衛と評価される場合や，先行する当初の暴行が既に終了した後の反撃行為であるなど，相手方の反撃が不正の侵害であることは否定しがたい場面である44)。この問題は学説でも活発に議論されており，様々な理論構成が提唱されてきたが，相手方の不正の侵害の招致を意図して挑発行為を行う場合（意図的挑発）には正当防衛の成立が否定され，それ以外の有責招致については防衛行為の範囲を制限するというのが多数説の帰結であったと思われる45)。

従来の裁判例においては，意図的な挑発の事例については積極的加害意思論によって正当防衛の成立が否定されていた。すなわち相手の反撃を予期しつつも，積極的加害意思をもって挑発的な言動に出る場合には侵害の急迫性が否定され，正当防衛の成立が排除される46)。もっとも，下級審裁判例の中には，侵害の自招という事実それ自体に着目した理論構成を採用するものもあった。たとえば東京高判平成8・2・7判時1568号145頁は，通勤ラッシュ時の駅の階段でSと被告人が口論になり，被告人がSの腕を強くつかんだのに対して，Sが被告人の顔面を殴打したという状況について，「Sによる反撃は，自ら違法に招いたもので通常予想される範囲内にとどまるから，急迫性にも欠けると解するのが相当である」と判示している。この自ら招いた侵害が「通常予想される範囲内」にとどまるという判断基準は，他の裁判例においても共通して用いられている47)。

2. 平成20年判例の意義

最高裁が自招侵害についてはじめて具体的な判断を示したのが，最決平成

---

44) なお，高山佳奈子「正当防衛論(下)」法教268号（2003年）70頁以下は，自招侵害は「どっちもどっち」の関係であり，いわば「不正」対「不正」の関係であることから，侵害の不正性を否定し，緊急避難の限度で対抗行為を正当化する。

45) 山本輝之「自招侵害に対する正当防衛」上智法学論集27巻2号（1984年）211頁以下，山中敬一『正当防衛の限界』（成文堂，1985年）96頁以下，齊藤誠二『正当防衛権の根拠と展開』（多賀出版，1991年）197頁以下，吉田宣之『違法性の本質と行為無価値』（成文堂，1992年）61頁以下，川端博『正当防衛権の再生』（成文堂，1998年）73頁以下，岡本昌子「自招侵害について」同志社法学50巻3号（1999年）285頁以下などを参照。

46) このような裁判例として，東京高判昭和60・6・20判時1162号168頁，東京高判昭和60・8・20判時1183号163頁，札幌地判平成元・10・2判タ721号249頁などを参照。

47) たとえば福岡高判昭和60・7・8判タ566号317頁，仙台地判平成18・10・23判タ1230号348頁など。後掲平成20年最高裁決定の原判決（東京高判平成18・11・29刑集62巻6号1802頁参照）も同様の判断を示していた。下級審裁判例の詳細な紹介として，明照博章「正当防衛に

20・5・20 刑集 62 巻 6 号 1786 頁である[48]。本件の被告人は A と口論になったが，いきなり A の顔面を殴打して（第1暴行），現場から逃走したところ，A は自転車で被告人に追いつくと，被告人の背後からプロレスのラリアットのような暴行を加えた（第2暴行）。被告人はこれに対して，携帯していた特殊警棒で A の顔面や左手に暴行を加え，同人に傷害を負わせた（第3暴行）。この第3暴行について正当防衛の成否が問題となったが[49]，最高裁は「前記の事実関係によれば……A の攻撃は，被告人の暴行に触発された，その直後における近接した場所での一連，一体の事態ということができ，被告人は不正の行為により自ら侵害を招いたものといえるから，A の攻撃が被告人の前記暴行の程度を大きく超えるものでないなどの本件の事実関係の下においては，被告人の本件傷害行為は，被告人において何らかの反撃行為に出ることが正当とされる状況における行為とはいえないというべきである」として正当防衛の成立を否定している。

本決定は事例判例のかたちではあるが，侵害を自招したという事実によって正当防衛の成立が排除される場合があることを示した点において，重要な意義を有する。本決定には，前掲昭和 52 年判例と比較して，大きな2つの相違点がある[50]。第1に，本決定は侵害の予期や積極的加害意思など，被告人の主観面については一切言及することなく，不正の侵害を自ら招いたという客観的事実それ自体から正当防衛を否定している。第2に，正当防衛の要件論との関係においても，原判決が侵害の急迫性を否定する解決を示していたにもかかわらず，「反撃行為に出ることが正当とされる状況における行為とはいえない」と述べており，急迫性要件については全く言及していない。これらの点にかん

おける『自招侵害』の処理(3)」松山大学論集 21 巻 3 号（2009 年）101 頁以下などがある。

48) 本決定を契機として，自招侵害について検討を加えた文献として，たとえば吉田宣之「『自招防衛』と正当防衛の制限」判時 2025 号（2009 年）3 頁以下，照沼亮介「正当防衛と自招侵害」刑事法ジャーナル 16 号（2009 年）13 頁以下，橋田久「自招侵害」研修 747 号（2010 年）3 頁以下，岡本昌子「正当防衛状況の創出と刑法 36 条」『大谷實先生喜寿記念論文集』（2011 年）403 頁以下，木崎峻輔「自招防衛の処理について」早稲田大学大学院法研論集 143 号（2012 年）101 頁以下などを参照。

49) 本件事実関係については，そもそも被告人が第3暴行に出ようとする時点において，第2暴行（不正の侵害）が継続していたといえるかについて，疑問が示されている。たとえば安廣・前掲注 2)18 頁，橋田久「判批」名古屋大学法政論集 244 号（2012 年）133 頁参照。もっとも，裁判所は侵害が継続していることを前提に正当防衛に関する判断を下していると解されるから，この点は措くことにしたい。

50) 詳細については，橋爪隆「判批」ジュリ 1391 号（2009 年）159 頁以下を参照。

がみれば，最高裁が本決定によって，昭和52年判例とは異なる論理で正当防衛が否定される場合を明示しようとしたことは明らかである。つまり昭和52年判例の積極的加害意思論が行為者の事前の主観面の考慮によって正当防衛を否定したのに対して，平成20年判例は侵害の自招という客観的な事実から正当防衛の否定を導いている。両者はともに侵害に先行する事情を考慮して正当防衛の成立を否定したものであるから，ともに前掲昭和23年大法廷判決を具体化したものと評価する余地があるが，その具体化のポイントが異なるのである[51)]。

本決定は，あくまでも「不正の行為」によって侵害を自招したことを前提にしている。したがって，必ずしも違法とはいえない行為（失礼な言動や威圧的な態度など）が相手の不正の侵害を招いたとしても，本決定の射程が及ぶわけではない。さらに，自招侵害の事例と評価するためには，不正の侵害が「被告人の暴行に触発された，その直後における近接した場所での一連，一体の事態ということができ」ることが要求されている。行為者が不正の侵害を自ら惹起したと評価するためには，それが「一連，一体の事態」と評価できるだけの密接な関係が必要とされるという趣旨であろう。

もっとも，本決定はこれらの事実から直ちに正当防衛の成立を否定したわけではなく，あくまでも「本件の事実関係」に即した判断を示しているにすぎない。そして，本件事実関係の中から，とりわけ「Aの攻撃が被告人の前記暴行の程度を大きく超えるものでない」という事情が明示的に抽出されている。このような第1暴行と第2暴行の均衡性については，単に本件ではそのような事実が認められたという摘示にすぎず，自招侵害の要件として一般的な意義を有するわけではないという指摘もあるが[52)]，本件の事実関係の中から，最高裁があえてこの事実に限って指摘していることからすれば，この事実が正当防衛の成立を排除する上で重要な考慮要素であったと解すべきであろう。したがって，Aの第2暴行の程度が，被告人の第1暴行の程度と比して，はるかに重大なものであった場合には，本決定の射程が及ばないことになる[53)]。

このように平成20年判例は，行為者の主観面を一切考慮することなく，不

51）　この点について，三浦透「判解」最判解刑事篇平成20年度432頁以下，山口・前掲注35）20頁以下を参照。

52）　塩見56頁，橋田・前掲注49）141頁などを参照。

53）　三浦・前掲注51）439頁を参照。

正の先行行為によって侵害が創り出されたと評価できる客観的な事実関係に基づいて，正当防衛の成立を否定したものと解される。不正の先行行為・相手方の反撃行為（不正の侵害）・行為者の対抗行為を一連の喧嘩闘争の過程と評価できる限度で，全体の事象経過を不法な相互闘争行為と評価し，正当防衛の成立を排除したものということもできる[54)]。本決定をこのような趣旨で理解した場合，自招行為それ自体の違法性は，一連の過程を不法な相互闘争と評価するための不可欠の要件ということになるだろう。

なお，既に述べたように，平成20年判例は，昭和52年判例とは異なる観点から正当防衛の成立を排除したものであるから，今後の裁判実務においては，両判例が併用されることになるだろう[55)]。侵害の自招という客観的事実が認められる場合には，平成20年判例に基づいて「反撃行為に出ることが正当とされる状況」が否定される場合がありうるし，また，これが否定されない場合であっても，昭和52年判例の基準に従って，侵害の予期と積極的加害意思によって，侵害の急迫性が否定される場合がありうることになる。

3. 若干の検討

私は以前，自招侵害の問題については特別の判断基準を設けなくても，侵害回避義務論を一般的に適用すればたりると考えていた[56)]。そのように考えたのは，正当防衛の解釈論はただでさえ錯綜しているところ，さらに複数の基準を併用することは議論を不必要に混乱させるように思われたからである。このような理解からは，自招侵害の事例についても，（自招行為を回避すべき事情があることを前提に）侵害の予期が認められる場合に限って正当防衛の成立が否定されることになる。しかしながら，平成20年判例に接し，改めて考え直してみると，回避すべき侵害を避けることなく侵害が現実化した場合と，自らの不正な行為によって侵害を惹起したと評価できる場合とを比較した場合，後者の類型のほうが正当防衛を否定すべき必要性が高いことは否定できないように思われた。したがって，両者の類型を区別して，異なる判断基準を設けることにも一定の合理性があると考えるに至った次第である。もっとも，不正の侵害

---

54)　このような理解として，山口127頁以下を参照。
55)　三浦・前掲注51)440頁，中川・前掲注2)137頁などを参照。
56)　橋爪・前掲注3)322頁以下を参照。

を事前に回避すべきであったにもかかわらず，それを現実化させたことが正当防衛否定の根拠となるという前提からは，正当防衛の成立を否定するためには，相手方の反撃を予期していないとしても，少なくとも反撃が予見可能であったことが必要であると思われる57)。すなわち侵害が予見可能であるからこそ，それが現実化しないように自招行為に出ることを差し控えることを期待できるのではないだろうか。既に述べたように，本決定は，全体が「一連，一体の事態」と評価できる関係にあり，しかも第1暴行と第2暴行の均衡性を要求しており，これらの要件を充たす場合には，基本的に侵害の予見可能性も認められるだろうから，この点は説明の違いにすぎないのかもしれない。しかし，本書の立場からは，むしろ相手方の第2暴行が予見可能な範囲であったことを端的に要求すべきであったと思われる。これは推測にすぎないが，平成20年判例は，裁判員裁判への対応を強く意識して，正当防衛状況の判断から（裁判員に理解・認定が困難な）行為者の主観的事情を除外しようとしたものかもしれない58)。しかし，本当に自招行為段階の主観面を考慮する必要がないのかについては，個人的には疑問が残るところである59)。

4. 自招危難について

自招侵害と関連する問題として，自招危難についても簡単に触れておくことにしたい。自招危難とは，避難行為者自らが先行する行為によって危難を生じさせた場合に緊急避難の成立が認められるか，という問題であり，大審院判例（大判大正13・12・12刑集3巻867頁）は「同条ハ其ノ危難ハ行為者カ其ノ有責行為ニ因リ自ラ招キタルモノニシテ社会ノ通念ニ照シ已ムヲ得サルモノトシテ其ノ避難行為ヲ是認スル能ハサル場合ニ之ヲ適用スルコトヲ得サル」として，過失によって危難を招いた事件について緊急避難の成立を否定している60)。学説においても議論が展開されているが61)，必ずしも一致した解決が見られ

57) 橋爪・前掲注50)163頁参照。予見可能性を要求する見解として，林・判例50頁，栃木・前掲注2)85頁，塩見54頁などを参照。なお，小林憲太郎「自招防衛と権利濫用説」研修716号（2008年）7頁以下は，正当防衛の制限を自招者に対する制裁と解する立場から自招行為段階の責任を要求する。

58) 平成20年判例にこのような意図があることを指摘するものとして，佐伯・前掲注1)21頁以下を参照。

59) なお，橋田・前掲注49)137頁は，本決定が掲げる客観的要件の中には，主観的要件を考慮しない不都合の回避を意図したものが含まれていることを示唆する。

ないのが現状である。

平成20年判例は自招侵害の状況について，「被告人において何らかの反撃行為に出ることが正当とされる状況」を否定しているが，この実質的根拠は，自らの不正行為によって緊急状況を招いた者の利益は，あえて正当防衛を用いて保護する必要性が乏しいという意味において，被侵害者の要保護性の欠如に求めることができる。そして，被侵害者の要保護性の欠如という観点は，その状況が共通であれば，対抗行為が正当防衛であっても，緊急避難であっても，同様に当てはまると考えられる。したがって，平成20年判例と同様の事実関係のもと，たとえばAが被告人に追いついて攻撃行為に出たところ，被告人は反撃する意欲を失い，とっさにフェンスを乗り越えてBの建造物の敷地に侵入したような場合については，建造物の囲繞地に立ち入ったことについて，緊急避難の成否が問われることになるが，平成20年判例の趣旨を前提とすれば，被告人は「避難行為に出ることが正当化される状況」になかったとして，緊急避難の成立が排除されることになるだろう。

これに対して，行為者が自らの故意・過失によって，第三者に対する危険を招いた場合については，その第三者の法益の要保護性が否定されることはないから，別の観点からの検討が必要である。たとえばバスの運転手Xが前方不注視によって通行人Pに衝突しそうになったため，急ブレーキをかければ立っている乗客Qらが負傷する危険性があることを認識しつつも，それ以外にPの生命を保護する方法がないことから，急ブレーキをかけてQらに傷害を負わせたような場合である。この場合，Xの過失によってPの生命に対する危険が生じているが，P自ら危険を招いたわけではないから，Pの生命を正当防衛・緊急避難によって保護する必要性が失われることはあり得ないであろう。このように危険に直面したAの法益の要保護性が否定されない以上，平成20年判例と同じ論理でこの事例を解決することは困難である[62]。

60）もっとも，本件の被告人は，自ら招いた危険を避けるために，他に避けるべき方法があったにもかかわらず，第三者に自車を衝突させており，そもそも避難行為の補充性が認められない事案であった（その意味で自招危難に関する判断は傍論ともいえる）。この点については，山本輝之「判批」百選66頁を参照。

61）自招危難に関する検討としては，山口厚「自招危難について」香川達夫博士古稀祝賀『刑事法学の課題と展望』（成文堂，1996年）199頁以下，小名木明宏「自招危難について」刑法雑誌44巻2号（2005年）142頁以下，注釈486頁以下［深町晋也］などを参照。

緊急避難の成否においては，被害者の法益を保護すべき必要性が重要な視点であり，誰によって避難行為が行われるかは重要ではないと解するのであれば，この場合についても，X による緊急避難の成立それ自体を認めた上で，X が緊急状況を招いた先行行為の過失に遡って，別途，過失犯の成立を認める理解（原因において違法な行為の理論）を採用すべきであろう[63)]。このような理解からは，本事例についても，未必の故意に基づいてブレーキをかけた行為（故意の傷害行為）については緊急避難の成立を認めた上で，過失によって P の生命に対する危険を招き，その危険の現実化として Q らに傷害を負わせたことについて，自動車運転過失致傷罪が成立することになる[64)]。かりに X による緊急避難の成立それ自体を否定した場合，本事例についても（急ブレーキをかける行為に傷害の未必の故意が認められる以上）傷害罪の故意犯が成立することになるが，避難行為を行ったことによって，処断刑が重くなることになり，妥当ではないと思われる[65)]。

V．行為全般の状況に基づく急迫性の判断

1．平成 29 年判例の意義について

最近，最高裁は侵害の急迫性に関して，新たな判断を示した（最決平成 29・4・26 刑集 71 巻 4 号 275 頁）。本件の被告人は知人である A から因縁を付けられるなどしていたが，犯行当日の深夜，自宅にいたところ，A から，マンションの前に来ているから降りて来るようにと電話で呼び出され，包丁を携帯して自宅マンション前の路上に赴くと，A がハンマーを持って被告人の方に駆け寄って来たのに対し，同人に包丁を示すなどの威嚇的行動を取ることなく，包丁で A の左側胸部を強く突き刺して殺害した。最高裁は，急迫性の判断方

62）　今井ほか 237 頁［橋爪隆］では，自招侵害の問題は「正当防衛における自招侵害と基本的には共通の問題である」と述べたが，この点に関する意識が不十分であった。

63）　このような理解として，山口・前掲注 61）208 頁以下，井田 337 頁，佐伯 193 頁などを参照。

64）　X が急ブレーキをかける介在行為は，緊急状況でやむを得ない選択である以上，実行行為に誘発されうる介在事情と評価することが可能である。

65）　バスをそのまま運転して P を死亡させる行為よりは，Q らに傷害を負わせた方が，まだ「まし」であるにもかかわらず，それによって過失犯処罰が故意犯処罰に転ずることは妥当ではない。この点について，山口 160 頁を参照。

法について，次のような一般論を示している。「刑法36条は，急迫不正の侵害という緊急状況の下で公的機関による法的保護を求めることが期待できないときに，侵害を排除するための私人による対抗行為を例外的に許容したものである。したがって，行為者が侵害を予期した上で対抗行為に及んだ場合，侵害の急迫性の要件については，侵害を予期していたことから，直ちにこれが失われると解すべきではなく……，対抗行為に先行する事情を含めた行為全般の状況に照らして検討すべきである。具体的には，事案に応じ，①行為者と相手方との従前の関係，②予期された侵害の内容，③侵害の予期の程度，④侵害回避の容易性，⑤侵害場所に出向く必要性，⑥侵害場所にとどまる相当性，⑦対抗行為の準備の状況（特に，凶器の準備の有無や準備した凶器の性状等），⑧実際の侵害行為の内容と予期された侵害との異同，⑨行為者が侵害に臨んだ状況及びその際の意思内容等を考慮し，行為者がその機会を利用し積極的に相手方に対して加害行為をする意思で侵害に臨んだとき……など，前記のような刑法36条の趣旨に照らし許容されるものとはいえない場合には，侵害の急迫性の要件を充たさないものというべきである」（①～⑨は筆者が付記した）。

このような一般論を踏まえて，最高裁は，本件被告人は「Aの呼出しに応じて現場に赴けば，Aから凶器を用いるなどした暴行を加えられることを十分予期していながら，Aの呼出しに応じる必要がなく，自宅にとどまって警察の援助を受けることが容易であったにもかかわらず，包丁を準備した上，Aの待つ場所に出向き，Aがハンマーで攻撃してくるや，包丁を示すなどの威嚇的行動を取ることもしないままAに近づき，Aの左側胸部を強く刺突した」ことから，被告人の行為は「刑法36条の趣旨に照らし許容されるものとは認められず，侵害の急迫性の要件を充たさない」旨の判断を示している。

本決定は，侵害の予期が認められる場合における急迫性の判断について判示したものであり，昭和52年判例の延長線上に位置づけられる。昭和52年判例は，侵害の予期と積極的加害意思を要件として侵害の急迫性を否定していたが，本決定は，このうち積極的加害意思を「行為全般の状況」に置き換えたことになる。もっとも，これは急迫性の判断構造を大きく改めるものではない。既に述べたように，積極的加害意思を認定する際には，侵害に先行する行為者の対応等の客観的な行為状況が重要な判断資料とされていたが，本決定は，客観的な行為状況それ自体を判断資料として侵害の急迫性が判断されることを示したものである。急迫性の判断資料それ自体は大きく異ならないが，その中間項として積極的加害意思を認定する必要がない点が，昭和 52 年判例との相違点であるといえよう。本決定によって，侵害の急迫性の判断においては，積極的加害意思それ自体ではなく，その認定のための資料とされてきた「行為全般の状況」が重要な意義を有することが確認されたといってよい。このような判断を前提とすると，積極的加害意思が認められる場合は，「行為全般の状況」の考慮によって急迫性が否定される典型的な事例の 1 つにすぎず，積極的加害意思は侵害の急迫性を否定するための不可欠の要素ではないことになる。

このように平成 29 年判例は，侵害の急迫性の判断において客観的な行為状況を重視している点において，平成 20 年判例と共通する側面がある。しかし，平成 29 年判例はあくまでも侵害の予期が認められる場合に限った判断であり，侵害の予期を要件としない平成 20 年判例とは大きく異なる。本決定が具体的な判断要素として掲げた事情①～⑨の中から，不正の侵害を自ら招いたという事情が慎重に除外されていること，さらに（平成 20 年判例のように）「反撃行為に出ることが正当とされる状況」ではなく，侵害の急迫性の存否を問題としていることは，本決定が平成 20 年判例とは異なる論理であることを示す趣旨といえるだろう[66)]。このように平成 29 年判例は，昭和 52 年判例の趣旨を明確化するものであり，今後の実務においては，同判例と平成 20 年判例が併用されることになると思われる。

2.「行為全般の状況」の意義について

(1)　総説

本決定は，侵害の予期が認められる事案の急迫性の判断においては，「対抗行為に先行する事情を含めた行為全般の状況」を考慮することが必要であるとしているが，その具体的な判断要素として，上記①～⑨の事情が列挙されている。学生のみなさんの中には，①～⑨の事情をすべて暗記して，これを具体的な事実関係に当てはめればよい，と考えている方もいるかもしれない。しかし，本決定はこれらの事情をすべて機械的に考慮する趣旨ではなく，あくまでも具体的な「事案に応じ」て重要な事実を取捨選択しつつ，急迫性の存否を判

66）　この点について，照沼亮介「判批」法教 445 号（2017 年）54 頁を参照。
67）　このような指摘として，中尾佳久「判解」曹時 71 巻 2 号（2019 年）250 頁以下を参照。
68）　個人的には，上記①～⑨の事情を無理に暗記する必要もないと思う。具体的事案に応じて，重

断することを予定している[67]。また，①〜⑨の事情を淡々と当てはめてみても，それらの帰結を評価する視点がなければ，急迫性の存否の結論を導くことはできないだろう[68]。このような問題意識から，これらの事情を分析する視点について，簡単に述べておくことにしたい[69]。

(2) 侵害の予期に関わる事情

上記①〜⑨の事情を，その内容に即して類型化した場合，侵害の予期に関わる事情（②，③，⑧），侵害の事前回避に関わる事情（④，⑤，⑥）が中心的な内容になっており，これらの事情に加えて，それ以外の事情が補充的に考慮されている。まず，侵害の予期に関わる事情である。本決定は，あくまでも侵害の予期が認められる事案に限って急迫性の判断方法を示すものであるが，侵害の予期の程度や内容については幅がありうることから，一定のレベルの予期は最低限度必要であるとした上で，予期の程度や内容については，他の判断要素と相関的に考慮する趣旨のものと解される。すなわち侵害の予期の程度が高度であればあるだけ，行為者は現場に行くべきではないという判断に至りうるし，また，警察の救助などを要請しやすい場合が多くなるだろう。さらに，生命・身体に対する危険性の高い侵害を予期している場合には，それにもかかわらず，あえて現場に行き，侵害に対抗することが許容される場合はきわめて限られてくる。逆にいえば，危険性の乏しい侵害しか予期していない場合であれば，その程度の侵害であれば私人が実力をもって反撃することが許容される場合が多くなるだろう。このように予期の程度・内容は，それを前提として行為者が事前にいかなる対応に出るべきかを判断する上で，重要な前提事実を構成することになる。

(3) 侵害の事前回避に関連する要素

続いて，侵害の事前回避に関連する要素である。本決定は，④侵害回避の容易性を判断要素に掲げており，事前の侵害回避が容易な場合には，それにもかかわらず，侵害を回避しなかったという事実を，急迫性を否定する方向で考慮

要とされる事実関係を指摘しつつ，その意義を検討することができれば十分だろう。

69)　私見の詳細については，橋爪隆「侵害の急迫性の判断について」『日高義博先生古稀祝賀論文集(上)』（成文堂，2018年）245頁以下，同「判批」論ジュリ29号（2019年）200頁以下を参照。

するものである。⑤侵害場所に出向く必要性，⑥侵害場所にとどまる相当性は，いわゆる出向き型，迎撃型の事例に即して，行為者に侵害の事前回避が期待できるかを問題にするものといえよう。これらの観点は，まさに侵害回避義務論が急迫性の判断において重視してきた事情である。本決定は侵害回避義務論を正面から採用しているわけではないが，行為者にとって侵害を事前に回避すべき状況といえるか否かが，少なくとも間接的には侵害の急迫性の判断を左右しうることを認めたものである（侵害回避義務を主張してきた者として，このことをささやかに喜びたい）[70]。これらの事情によって，侵害を確実に回避する手段があるか，それが行為者にとって容易な手段として期待できるかを具体的に判断することが求められているといえよう。また，本決定の理解によれば，警察の援助を要請する行為についても，侵害回避の１つの手段として，他の選択肢と並列的に考慮されることになる。

(4) それ以外の考慮要素

本決定が列挙した事情は，侵害の予期と事前回避措置に関連する事情に全面的に解消できるわけではない。それ以外の事情も，急迫性の判断に影響を及ぼす余地が認められている。たとえば⑦「対抗行為の準備の状況（特に，凶器の準備の有無や準備した凶器の性状等）」という事情は，行為者の闘争・加害意思の存否・程度を徴表するものであり，これを考慮することによって，従来の積極的加害意思論との連続性を意識しているのかもしれない。さらに，⑨「行為者が侵害に臨んだ状況及びその際の意思内容」という要件は，必ずしもその趣旨は明確ではないが，不正の侵害が切迫した後，行為者が現実の防衛行為に至るまでの事情を急迫性判断の資料として取り込む余地を認めるものであろう[71]。この点については，急迫性は正当防衛状況の判断である以上，不正の侵害が切迫するまでの段階で終局的に判断されるべきであり，その判断が，防衛行為段階の事情によって事後的に覆されることはあり得ないという批判がある[72]。侵害の急迫性が正当防衛状況の判断であり，侵害が現実化するまでの

---

70) 本決定が侵害回避義務論に親和的であるとの指摘として，前田雅英「判批」捜査研究 799 号（2017 年）16 頁，109 頁以下，大塚裕史「侵害の『急迫性』要件の意義と射程」判時 2357＝2358 号（2018 年）16 頁，佐伯仁志「正当防衛の新判例について」同誌 22 頁などを参照。中尾・前掲注 67) 251 頁も，侵害回避義務論の問題提起は「常識的で合理的なもの」であり，「行為全般の状況の一事情として考慮することは，むしろ当然」とする。

事情によって判断されるべきであることは，まさにこの見解が指摘するとおりである。しかし，予期された侵害を事前に回避すべき状況にもかかわらず，侵害が現実化した状況であっても，その後，行為者が攻撃意思を喪失し，防御的な防衛行為に終始した場合などは，侵害回避義務の例外として，正当防衛の成立を認める余地があるようにも思われる[73)]。

(5)　まとめ

平成29年判例は，侵害の予期が認められることを前提とした上で，行為者に事前の侵害回避が期待できる状況か否かを客観的な事実関係から判断し，これを重要な考慮要素とすることで，行為者にとっての緊急状況性，すなわち侵害の急迫性を判断するものと解される。これは従来の昭和52年判例に基づく急迫性判断を大きく改めるものではないが，行為者の意識内容を重視するのではなく，むしろ「行為者は予期された侵害にどのように対応すべきだったか」という観点を重視するものであろう。

既に述べたように，本決定の立場は，侵害回避義務論に全面的に解消できるわけではないが，まずは上記のような問題意識から事実関係を分析した上で，それ以外の例外的な事情について補充的に検討を加えることが，少なくとも学修上は有益である（と思う）。

---

71)　このような理解として，佐伯・前掲注70)22頁を参照。

72)　このような批判として，たとえば小林憲太郎「自招侵害論の行方」判時2336号（2017年）144頁などを参照。

73)　このような理解として，中尾・前掲注67)253頁を参照。

第 5 章 過剰防衛の成否について

Ⅰ．はじめに

過剰防衛（36 条 2 項）には一般に，質的過剰と量的過剰の 2 つの類型があるとされる。このうち質的過剰，すなわち急迫不正の侵害に対する防衛行為が相当性の範囲を逸脱した場合は，まさに 36 条 2 項の文言通りであるから，当然に同項が適用される。これに対して量的過剰の類型，すなわち侵害終了後も継続して追撃行為が行われる事例については[1)]，そもそも同項の適用の余地があるのかについて争いがあるが，通説的見解は侵害継続中の対抗行為，終了後の

1） 量的過剰防衛の定義については，本文のように侵害終了後にも追撃行為が行われた場合（時間的過剰）だけではなく，侵害継続中に複数の対抗行為が行われる場合において，途中からの対抗行為が相当性を逸脱している場合を含める理解もある。このように広狭 2 つの定義があるのは，①いかなる範囲で複数の対抗行為を一体的に評価して過剰防衛を認めるべきか，②侵害継続中の防衛行為と侵害終了後の追撃行為を一体的に評価して過剰防衛を認めることができるか，という 2 つの問題が併存していることに由来する。この点は用語の問題にすぎないが，前者①については過剰防衛が成立することに異論がないのに対して，後者②については，そもそも過剰防衛の成立を否定する見解もあることから，本書では，本文のような定義に従って両者を区別しておくことにしたい。

2） この問題に関する近時の文献として，たとえば山口厚「正当防衛と過剰防衛」刑事法ジャーナル 15 号（2009 年）50 頁以下，橋田久「量的過剰防衛」刑事法ジャーナル 16 号（2009 年）21 頁以下，前田雅英「正当防衛行為の類型性」研修 734 号（2009 年）3 頁以下，長井圓「過剰防衛の一体的評価と分断的評価」『立石二六先生古稀祝賀論文集』（成文堂，2010 年）215 頁以下，安田拓人「事後的過剰防衛について」前掲立石古稀 243 頁以下，原口伸夫「量的過剰防衛について」前掲立石古稀 271 頁以下，植田博「量的過剰防衛の周辺問題」修道法学 33 巻 1 号（2010 年）55

追撃行為を一体的に評価することによって，全体としての防衛行為が時間的な観点で過剰に至ったとして36条2項の適用を認めており，判例もこのような理解を支持している。このような防衛行為の一体性評価の根拠，およびその判断基準について検討を加えるのが，本章の課題である。

さらにいえば，このような防衛行為の一体性評価の問題は量的過剰の類型に限った話ではない。不正の侵害が継続している間に，複数の防衛行為が行われている場合についても，これらを個別に評価するのか，それとも全体を一体の防衛行為と評価するのかという問題が生ずることになる。もちろん，個別の防衛行為がそれぞれ正当防衛の要件を充たしている場合には，どのような構成によっても正当防衛が成立するため，問題が顕在化しないが，防衛行為の一部が相当性の要件を充たしていない場合，正当防衛と評価できる部分も含めて，全体の防衛行為を過剰防衛として評価すべきかが重要な問題となる。

このような防衛行為の一体性の限界の問題については，重要な最高裁判例が相次いで出されたこともあり，近時，きわめて活発な議論が行われている[2)]。既に論点は出尽くしている感もあるが，この機会に改めて検討を加えることにしたい。

頁以下，小野晃正「防衛行為の個数について」阪大法学60巻6号（2011年）83頁以下，井上宜裕「量的過剰防衛」松原芳博編『刑法の判例〔総論〕』（成文堂，2011年）75頁以下，林幹人「量的過剰について」林・判例67頁以下，佐藤拓磨「量的過剰について」法研84巻9号（2011年）173頁以下，山本輝之「量的過剰防衛についての覚書」研修761号（2011年）9頁以下，成瀬幸典「量的過剰に関する一考察⑴(2·完)」法学74巻1号（2010年）1頁以下，75巻6号（2012年）48頁以下，仲道祐樹『行為概念の再定位』（成文堂，2013年）213頁以下，滝谷英幸「量的過剰とその周辺問題」早稲田大学大学院法研論集145号（2013年）187頁以下，髙橋直哉「複数の反撃行為と過剰防衛の成否」駿河台法学26巻2号（2013年）45頁以下，照沼亮介「過剰防衛と『行為の一体性』について」川端博ほか編『理論刑法学の探究⑦』（成文堂，2014年）35頁以下，遠藤邦彦「量的過剰防衛」池田修＝杉田宗久編『新実例刑法〔総論〕』（青林書院，2014年），松原芳博「いわゆる量的過剰防衛について」長井圓先生古稀記念『刑事法学の未来』（信山社，2017年）41頁以下，遠藤聡太「過剰防衛の成否」法教453号（2018年）14頁以下，小林憲太郎『刑法総論の理論と実務』（判例時報社，2018年）239頁以下などがある。私自身の検討としても，既に橋爪隆「防衛行為の一体性について」『三井誠先生古稀祝賀論文集』（有斐閣，2012年）95頁以下がある。本章はこの内容を前提にしつつ，さらに検討を重ねたものである。

Ⅱ．判例とその理解

1．判例の動向

最高裁判例では，既に最判昭和34・2・5（刑集13巻1号1頁）が，被告人が防衛行為に出た後，既に侵害態勢が崩れ去った被害者に対して，さらなる追撃行為に出た結果，被害者を死亡させた事件について，「被告人の本件一連の行為」が全体として過剰防衛に該当すると判断しており，量的過剰の類型に36条2項の適用を認めたものとして理解することができる[3]。また，質的過剰における防衛行為の一体的な把握についても，既に最判平成9・6・16（刑集51巻5号435頁）が，鉄パイプで被害者の頭部を殴打する暴行，さらに同人を2階から転落させる行為の両者を含む「被告人の一連の暴行は，全体として防衛のためにやむを得ない程度を超えたものであったといわざるを得ない」と判示しており，一連の防衛行為を一体的に把握して過剰防衛の成立を肯定していた。このように防衛行為の一体的な把握は実務の一般的な傾向となっていたと思われるが[4]，この点について具体的な判断を示したのが，最決平成20・6・25（刑集62巻6号1859頁）と最決平成21・2・24（刑集63巻2号1頁）である。

平成20年判例は結論として過剰防衛の成立を否定したが，一般論としては量的過剰が認められることを前提に，その一体的評価の基準を示した点において重要である。すなわち，本判例は，被告人が被害者Aによる殴打や灰皿投げつけなどの侵害行為に対して，顔面を殴打して同人を転倒させた後（第1暴行），Aが意識を失ったように動かなくなっている状況を十分に認識した上で，悪態をつきながら腹部を足蹴にするなどの暴行（第2暴行）を加えた結果，Aが死亡したが，死因となる傷害はもっぱら第1暴行によって生じたという事件について，「第1暴行により転倒したAが，被告人に対し更なる侵害行為に出る可能性はなかったのであり，被告人は，そのことを認識した上で，専ら攻撃

3） これに対して，山本・前掲注2)11頁以下は，本件も質的過剰の類型に当たるとする。

4） 安廣文夫「正当防衛・過剰防衛に関する最近の判例について」刑法雑誌35巻2号（1996年）88頁以下は，量的過剰について「全体的に考察して過剰防衛とするのが，確立した判例の立場」であるとする。最判平成6・12・6刑集48巻8号509頁も，共同実行者の共謀の射程が問題となった事件であるが「侵害現在時における暴行が正当防衛と認められる場合には，侵害終了後の暴行について……新たに共謀が成立したかどうかを検討すべきであって，共謀の成立が認められるときに初めて，侵害現在時及び侵害終了後の一連の行為を全体として考察し，防衛行為としての

の意思に基づいて第2暴行に及んでいるのであるから，第2暴行が正当防衛の要件を満たさないことは明らかである。そして，両暴行は，時間的，場所的には連続しているものの，Aによる侵害の継続性及び被告人の防衛の意思の有無という点で，明らかに性質を異にし，被告人が……Aに対して相当に激しい態様の第2暴行に及んでいることにもかんがみると，その間には断絶があるというべきであって，急迫不正の侵害に対して反撃を継続するうちに，その反撃が量的に過剰になったものとは認められない」と判示して，第1暴行については正当防衛を認めつつも，第2暴行については傷害罪が成立し，過剰防衛を認める余地がない旨を明らかにしている。

さらに平成21年判例は，質的過剰の類型について防衛行為の一体的評価を肯定している。本件においては，拘置所内で被害者から折り畳み机を押し倒された被告人が，同机を押し返した暴行（第1暴行）に出た後，机に当たって押し倒されて転倒し，反撃が困難な状態になった被害者Bに対して[5]，その顔面を数回殴打したが（第2暴行），Bの傷害結果と因果関係を有するのは第1暴行だけであり，しかも第1暴行を単独で評価すれば防衛行為の相当性を充たす可能性があるという事件について，「前記事実関係の下では，被告人が被害者に対して加えた暴行は，急迫不正の侵害に対する一連一体のものであり，同一の防衛の意思に基づく1個の行為と認めることができるから，全体的に考察して1個の過剰防衛としての傷害罪の成立を認めるのが相当であ」る旨を明らかにしている。つまり，第1暴行・第2暴行を分断的に評価すれば，第2暴行に限って，暴行罪の過剰防衛が成立する可能性のある事案について，両暴行を全体的に評価することで傷害罪の過剰防衛の成立を認めたのである。そして，第1暴行による傷害結果を過剰防衛として処罰対象に含めることの不都合については，この点を「有利な情状として考慮すれば足りるというべきである」と判示している。

相当性を検討すべきである」と判示しており，量的過剰について36条2項の適用があることを当然の前提としていると解される。

5）　原審（大阪高判平成20・10・14刑集63巻2号15頁参照）は，この段階においても，被害者が攻撃意思を失ったわけではなく，また，「間もなく態勢を立て直して再度の攻撃に及ぶことも客観的に可能であった」として不正の侵害が継続していたことを認定している。最高裁の判断もこのような事実評価を前提としたものであろう。したがって，第2暴行は質的過剰の類型ということになる。松田俊哉「判解」最判解刑事篇平成21年度8頁も参照。

2. 判例の理解と評価

(1) 判例の前提にある考え方

平成20年判例，平成21年判例はいずれも事例判例であるが，この両者によって防衛行為の一体的評価に関する判例の立場は明確になったものと思われる。まず，当然のことであるが，①平成20年判例は侵害継続中の対抗行為が，侵害終了後も連続して行われた場合について，全体としての防衛行為について過剰防衛（量的過剰）が成立する余地を前提にしている6)。そして，②第1暴行・第2暴行が一連の行為と評価できるのであれば，全体としての防衛行為について過剰防衛が成立する。このことは，③侵害継続中に複数の暴行が行われた場合（平成21年判例）と侵害終了後にも暴行行為が継続した場合（平成20年判例）とで基本的には変わりはない。そして，④全体が一連の行為と評価される場合については，その評価は貫徹されるべきであり，具体的な事案に応じて，両者の行為を分断的に評価することは許されない。何らかの不均衡が生じた場合は量刑判断として考慮すれば足りる（平成21年判例）。

このような判例理論の背景にある基本的な理解は，防衛行為の一体性はそもそも刑法上の行為の個数の評価の問題であり，構成要件段階または前構成要件的な評価の問題であるというものである。これを明確に示されたのが永井敏雄判事である。永井判事によれば，「社会的には一つのエピソードとして存在する事態については，全体的評価をする手法が相当である」。そして，犯罪の成否を検討するに当たっては，まず「一個の行為」の内容を確定する必要があり，これは構成要件該当性や違法性阻却事由の検討に先行して行われる。そして，このような「一個の行為」が認められる場合には，「一個の行為」全体について構成要件該当性や違法性阻却事由を判断することは「理の当然であ

6） 平成20年判例は，第2暴行段階で侵害の継続性と防衛意思がともに認められないことを重視しているから，かりに一体的評価を肯定するためには侵害の継続性も不可欠の要素であると解すると，侵害終了後の追撃行為について過剰防衛が成立する余地を認めていないという解釈の余地もないわけではない（その場合，決定文中の「量的に過剰」というのは前掲注1)の定義のうち，後者②の意味で理解されることになる）。しかし，このような前提からは，本決定の結論を導くためには，第2暴行段階で侵害が継続していない事実を示せば十分であったことになる。平成20年判例がそれ以外の事実関係も具体的に指摘していることにかんがみると，やはり量的過剰についても36条2項の適用の可能性を前提にしたものと考えるべきであろう。

7） 永井敏雄「量的過剰防衛」龍岡資晃編『刑法・刑事訴訟法〔現代裁判法大系(30)〕』（新日本法規

る」[7]。したがって，第1行為から重大な結果が発生した場合のように，一体的考察がかえって行為者の不利益になるケースについても，いったん決まった「一個の行為」という視点を動揺させ，「これを分断するのは背理であるから，当然に全体的評価を貫くべき」[8]ということになる。

(2) 評価

このような判例理論のポイントは，①防衛行為の一体性の判断は，違法性阻却のレベルではなく，構成要件ないしそれに先行する段階の判断であること，②この段階で「一個の行為」と判断された場合，違法性阻却の判断においても一体的な評価を貫徹しなければいけない，という点に集約される。しかし，このような理解には必ずしも十分な理由がないように思われる。

まず，行為の一体性判断の体系的な位置づけである。平成20年判例は，防衛行為の一体性を判断する際に侵害の継続性や防衛意思の存否を重視している。このことは行為の一体性判断が構成要件段階ないしそれに先行する段階の問題ではなく，防衛行為としての評価，すなわち違法性阻却の段階の判断であることを如実に示すものであろう[9]。このような理解に対しては，生の行為の一体性の判断においては，その動機内容や意思決定が重要であるところ，量的過剰が問題となる局面においては，第1暴行が防衛の意思で行われていることから，防衛意思の連続性が，事実上，動機内容・意思決定の連続性の判断基準になっているだけであり，正当防衛の要件それ自体を問題にしているわけではないという反論がある[10]。しかしながら，たとえば第1暴行の主たる動機が相手に対する報復・加害の意思であったが，同時に自分の身を守ろうとする意思も併存しており，判例の立場からは防衛の意思が認められる状況で，その直後にもっぱら報復・加害の動機に基づいて第2暴行が行われた場合，両暴行の

出版，1999年）134頁以下を参照。平成20年判例の調査官解説も永井論文に全面的に依拠した内容になっている。松田俊哉「判解」最判解刑事篇平成20年度502頁以下を参照。さらに同旨の見解として，原口・前掲注2)291頁以下がある。

8）永井・前掲注7)146頁参照（もっとも，永井判事は，このような事例に限って全体的評価を制約する考え方もありうるとされている。同145頁参照）。同旨の見解として，松田・前掲注5)9頁以下も参照。

9）この点については，高橋則夫「犯罪論における分析的評価と全体的評価」刑事法ジャーナル9号（2009年）43頁，佐伯172頁を参照。

10）和田真＝野口卓志＝増尾崇「正当防衛について(下)」判タ1366号（2012年）50頁を参照。

主たる動機内容は基本的に共通している以上，生の意思内容の連続性を認めざるを得ないだろう。この事例について，第1暴行・第2暴行を別個の行為と評価するのであれば，それは生の意思内容ではなく，正当防衛の要件である防衛の意思を基準としているに他ならない[11)]。生の意思決定の一体性と防衛意思の連続性は別の次元の問題であり，防衛意思の連続性を重視するのであれば，それは36条の要件を問題にしているといわざるを得ないだろう。

判例の立場は，構成要件段階で1個の行為と評価できること（単純一罪性）を決定的に重視するものといえる。もっとも，構成要件段階で複数の行為であっても，罪数判断として複数の暴行罪が包括的に評価される場合もありうる（包括一罪）。平成20年判例の事件の場合，第1暴行について正当防衛が成立したので罪数が問題にならなかったが，かりに第1暴行それ自体が質的過剰防衛であった場合には，第1暴行について過剰防衛としての傷害致死罪，第2暴行について完全な犯罪としての傷害罪が成立することになる。しかし，同一の機会に同一被害者に対して行われた両暴行はおそらく包括一罪として評価されることになるだろう[12)]。したがって，罪数の議論を視野に入れた場合，判例の立場は，複数の暴行行為が単純一罪として評価されるのか，それとも包括一罪として評価されるのかを，防衛行為の一体性判断において重視するものといえる[13)]。しかしながら，そもそも単純一罪と包括一罪を厳密に区別することが可能なのだろうか。たとえば1時間程度の間隔を置いて，同一被害者に対して同様の暴行を繰り返す場合，単純一罪としての暴行罪を認めるのが一般的であると思われるが，これについても，複数の暴行罪が成立した上で全体が包括一罪の関係に立つと説明することが不可能なわけではない。単純一罪と包括一罪の区別は流動的であって，厳密な区別の基準は存在しないように思われ

---

11)　逆に，たとえば第1暴行がもっぱら防衛の動機のもと行われたが，そもそも侵害の時間的切迫性が不十分であり，正当防衛・過剰防衛が認められない場合に，その後，報復・加害の動機で第2暴行が行われた場合には（生の意思を重視して）両暴行を分断して評価するのだろうか。おそらくこの場合には過剰防衛の成否が問題にならないことから，当然に全体の行為を一連の暴行と評価して処罰するのではないだろうか。

12)　この点については，松尾昭一「防衛行為における量的過剰についての覚書」『小林充先生・佐藤文哉先生古稀祝賀刑事裁判論集(上)』（判例タイムズ社，2006年）143頁以下，遠藤邦彦「正当防衛判断の実際」刑法雑誌50巻2号（2011年）200頁などを参照。なお，安田拓人「過剰防衛の判断と侵害終了後の事情」刑法雑誌50巻2号（2011年）182頁以下は，第1暴行も質的過剰の場合については，第1暴行も第2暴行もいずれも違法行為である以上，平成20年判例のような事案であっても，両者を分断する必要はないとするが，これが罪数判断を含んだ結論を示す趣

る[14]。このような区別が，なぜか量的過剰の事例に限って，防衛行為の一体性を判断する上で決定的な基準となるというのは，説得的ではないように思われる。

このように構成要件段階の一体的評価といっても，それほど確固たる判断ではなく，包括一罪との相違は紙一重であると解するのであれば，構成要件段階では一連の暴行行為と評価可能な場合であっても，その評価を常に貫徹する必要はなく，防衛行為の判断において分断的に評価することも十分に可能であろう[15]。たとえば不正の侵害を制止しようとして侵害者の身体を強く押さえ続けていたところ，途中から侵害者が失神して，侵害が完全に終了したような事例については，そもそも暴行行為（＝押さえ続ける行為）は1個しか存在せず，分断不可能にみえるかもしれない。しかし，かりにこの事例の行為者が侵害者が失神していることを十分に認識しながら，日頃の憤懣が爆発して，あえて同人を強く押さえ続けていたのであれば，継続的な暴行行為を侵害終了の前後で分断して評価することは十分に可能だろう。

あえて逆の例を考えると，構成要件段階では明らかに別個の行為であっても，防衛行為としては一体的な把握が可能な場合もありうる。たとえば急迫不正の侵害を排除するために，侵害者に対して凶器を示しつつ脅迫行為を行ったが，侵害者が体勢を崩して転倒し，侵害が終了した後，動揺のあまり，その凶器を用いて被害者に対する暴行行為に出たような場合，構成要件段階では第1行為は脅迫罪，第2行為は暴行罪（または傷害罪）と評価され，一体的評価は困難であるようにみえるが，防衛行為として両者を評価した場合，全体を「一連の防衛行為」と評価して，暴行罪（または傷害罪）についても（量的）過剰防衛の成立を認めるべき場合もありうると思われる[16]。いずれの方向につい

旨のものであれば，賛成することができる。

13)　長井・前掲注2)234頁以下も，単純一罪と包括一罪の区別が重要であるとする。

14)　このような指摘として，山口厚「判批」刑事法ジャーナル18号（2009年）82頁を参照。

15)　この点については，高橋・前掲注9)43頁，仲道・前掲注2)238頁，成瀬・前掲注2)法学75巻6号67頁などを参照。

16)　この場合，あえて第1行為，第2行為を「一連の防衛行為」と評価しなくても，端的に第2行為を過剰防衛と評価すれば足りると思われるかもしれない。しかし，第2行為は単独で評価した場合，侵害が終了した後の追撃行為にすぎないため，第1行為と一体的な評価をして，全体を「一連の防衛行為」と評価しなければ，防衛行為としての性質を付与することができず，36条2項を適用することも困難であるように思われる。

ても，構成要件段階と違法性の段階で異なる評価は十分に可能である。

Ⅲ．過剰防衛の刑の減免の根拠

1. 一般的な理解

このように防衛行為の一体性の判断は，もっぱら過剰防衛の要件論として検討する必要がある。それでは，そもそも議論の前提として，侵害継続中の対抗行為と終了後の追撃行為を「一連の防衛行為」として包括的に評価して，全体について36条2項を適用することは可能なのだろうか。過剰防衛の刑の減免の根拠との関連で検討しておくことにしたい。

過剰防衛の刑の減免の根拠については周知の通り，緊急状態における被侵害者の恐怖，驚愕などの心理的圧迫を根拠として責任減少を認める見解（責任減少説）[17)]，過剰防衛においても正当な利益が保護された関係があることから，違法性の減少を肯定する見解（違法減少説）[18)]，さらに違法性と責任の両者の減少を根拠とする見解（違法・責任減少説）[19)]の対立がある。そして，責任減少説からは侵害が終了した後も心理的圧迫が継続している場合がありうるから，量的過剰についても36条2項の適用が肯定されるのに対して，違法減少説からは，侵害終了後の追撃行為については，およそ防衛効果が認められず，違法性減少が観念できないことから，同項の適用を否定する理解が一般的であった。違法・責任減少説からは，違法性と責任がともに減少する場合に限って36条2項が適用されるのか，それとも違法性または責任のいずれかの減少で足りるのかによって結論が異なってくることになるが[20)]，前者であれば違法減少説，後者であれば責任減少説と同様の帰結に至ることになる[21)]。

17） 平野Ⅱ 245頁，西田189頁以下，佐伯175頁などを参照。過剰防衛における責任減少に関する最近の研究として，徳永元「過剰防衛における責任減少に関する判例・学説の分析」法政研究83巻4号（2017年）77頁以下も参照。

18） 町野朔「誤想防衛・過剰防衛」警研50巻9号（1979年）52頁，山本輝之「優越利益の原理からの根拠づけと正当防衛の限界」刑法雑誌35巻2号（1996年）209頁，林美月子「過剰防衛と違法減少」神奈川法学32巻1号（1998年）7頁以下などを参照。

19） たとえば大谷291頁，山口142頁，井田319頁などを参照。さらに違法性減少を責任減少に連動させることで，二重の責任減少を重視する見解として，山中535頁を参照。

20） 松原174頁は，両者の区別を明示的に指摘した上で，常に両者の契機を要求することが妥当で

2. 量的過剰と違法減少・責任減少

私自身は，36条2項が現実に急迫不正の侵害に対する客観的な防衛行為が行われたことを前提としており，侵害を排除する行為としての性質を有していることが同項適用の前提であるという理解から，36条2項を適用するためには違法性の減少が不可欠の要素であるが，同項を適用した上で，刑を減免するか否かの具体的判断においては，責任減少の程度が考慮されるべきであると解してきた[22]。つまり，違法性かつ責任の減少を要求する立場ということになる。このような理解からは量的過剰については36条2項の適用が否定されるようにもみえるが，山口厚教授が指摘されるように[23]，違法性減少を前提としても，侵害継続中の対抗行為と終了後の追撃行為が同一の意思決定に基づいて行われ，両者を包括して「一連の防衛行為」と評価することができれば，その全体としての防衛行為について違法性の減少を認めることは可能である。したがって，違法性減少を要求する立場からも，量的過剰を認めることは十分に可能であると考えてきた。

もっとも，改めて考えてみると，量的過剰を認めることの根拠として，違法性の減少を援用することは困難であるように思われる。たしかに「一連の防衛行為」を前提とすれば全体について違法性の減少を認めることは可能である。しかし，そもそも侵害終了後の防衛行為，つまり，およそ違法性減少の効果を有しない行為を「一連の防衛行為」の一部として評価することが許される根拠は，違法減少説から導くことはできない。違法性減少の効果を有する行為のみが「一連の防衛行為」の一部を構成するという理解も，違法減少説からは導きうるからである。この点については，違法減少以外の根拠を援用せざるを得ないだろう[24]。

はないとして，後者の立場（択一的併用説と命名されている）を採用している。

21）　違法・責任減少説の立場から，違法性減少の契機を厳格に要求することで，量的過剰を否定する見解として，橋田久「外延的過剰防衛」産大法学32巻2＝3号（1998年）227頁以下，松宮147頁などを参照。

22）　このような理解については，橋爪・前掲注2)97頁以下を参照。既に内藤㈥351頁も違法・責任減少説の立場から，違法性減少が過剰防衛の前提となることを強調していた。

23）　山口・前掲注2)56頁などを参照。

24）　このような批判として，佐伯175頁を参照。

しかし，だからといって，責任減少説が防衛行為の一体性を導く基準として有益であるとも思われない。過剰防衛の刑の減免の可否については，36条2項が刑の任意的減免の規定である以上，①そもそも同項が適用できるかという問題と，②具体的事件について刑を減軽・免除すべきか否かの判断を区別する必要があるが，過剰防衛の法的性質をめぐる議論は，①の次元の問題であると思われる。そして，質的過剰の類型については（防衛の意思が認められる事例であれば）どのような精神状態で対抗行為に出ている場合であっても，当然に①の要件は認められ，36条2項が適用される。この結論は，行為者の主観面において，およそ非難可能性の減少が認められない場合であっても変わりはない。つまり個別の事案について責任減少が認められるか否かは，②の段階では考慮されるとしても，①の段階では問題にされていないのである。①の段階では，「防衛行為については一般的に責任が減少するケースが多い」という類型的な考慮がなされているにすぎない。

量的過剰については，責任減少説の立場から，侵害終了後も心理的動揺が続いている場合には責任減少が継続しているから36条2項を適用してもよいという指摘があるが[25]，これは①と②の次元を混同した議論だろう。36条2項は心理的動揺がある状況一般について刑の減免を認めた規定ではなく，あくまでも防衛行為性が認められる事例に限った規定であるから，「責任減少が認められれば同項を拡張的に適用できる」と解するべきではない。あくまでも防衛行為としての性質が認められることが（責任減少説からも）36条2項の適用の不可欠の前提なのである。したがって，侵害終了後の追撃行為についても，これを防衛行為と評価できれば（類型的な）責任減少を認めることができるが，いかなる範囲の行為を防衛行為として評価することができるかについては，責任減少説からは明確な基準は導かれないのではないだろうか。

このように考えると，過剰防衛の法的性質をめぐる議論は，量的過剰防衛の成否について具体的な判断基準を導きうるものではないように思われる[26]。むしろ，侵害継続中の対抗行為がまさに「勢い余って」時間的な観点から過剰に至った場合については，行為態様や防衛意思の連続性が認められる限度で，

25）たとえば西田192頁などを参照。

26）防衛行為の一体性評価と過剰防衛の法的根拠論が関係しないことを既に指摘するものとして，たとえば深町晋也「『一連の行為』論について」立教法務研究3号（2010年）128頁以下，成

全体の行為について防衛行為としての性格を認める余地があり，その限度で，全体としての防衛行為について36条2項の適用が可能であると考えた方が適切であろう。違法減少，責任減少が具体的事案に認められるか否かではなく，防衛行為としての性格が認められるか否かが重要な基準とされるべきである。

なお，量的過剰に36条2項を適用することには，同項の拡張適用という側面があるが，①量的過剰という発想が，一連の防衛行為について刑の減免の余地を認めることによって，緊急状況におかれた行為者にとって有利な理解であること，②侵害の終了時期の認定は事実上，かなり微妙であり，質的過剰と量的過剰の区別も相対的なものにならざるを得ないことなどを考慮すれば，同項の拡張適用には十分な理由がある。

Ⅳ．量的過剰の一体性

1．一体性の判断基準

(1)　侵害終了後の防衛意思

それでは量的過剰の類型について，いかなる要件で防衛行為の一体性を肯定することができるか。平成20年判例に即して，具体的に検討することにしたい。既にみたように，本決定は第1暴行と第2暴行の断絶を認める根拠として，侵害の継続性と防衛意思の存否を重視したものと解されるが，量的過剰についても過剰防衛を認めることが前提になっていると解される以上，侵害が継続していないことが直ちに一体性を否定する理由になるわけではない。そうすると，本決定が一体性を否定した決定的な理由は，第2暴行段階で防衛意思が既に失われている点に求めることができる。学説においても，防衛意思の連続性を肯定できる限度で，侵害終了後の追撃行為についても防衛事象的性格が維持されているとして，この結論を支持する見解が有力である[27]。このような見解は基本的に妥当なものであるが，そこでいう防衛意思の内容については，もう少し踏み込んで検討する必要がある。

判例は防衛意思の内容を明確に定義しているわけではないが，一般的な理解

瀬・前掲注2)法学75巻6号54頁以下などを参照。

27)　このような判断基準を明示的に採用する見解として，たとえば安田・前掲注2)258頁以下を参照。

によれば，他の意思内容と併存しても構わないが，とにかく急迫不正の侵害を認識しつつ，それを排除しようとする意思内容（侵害排除意思）があれば足りると解することができよう。そうすると，侵害が終了した後に，侵害の終了を認識しつつ追撃行為に出ている場合には，そもそも侵害の終了を認識しているのであるから，侵害排除意思を認定することは困難であろう。したがって防衛意思の連続性を厳格に要求するのであれば，行為者が侵害の終了を認識していない場合，換言すれば侵害が継続していると誤信している場合に限って，追撃行為に防衛意思が認められることになる。しかし，このような場合については侵害の継続性に関する誤信が認められ，追撃行為を誤想防衛または誤想過剰防衛として解決することができるから，あえて量的過剰という概念を認める実益が失われてしまう28)。学説においては，このような問題意識から，侵害終了の認識が欠ける場合には誤想防衛・誤想過剰防衛として処理をすれば足りるのであるから，あえて量的過剰という類型を認める必要がないという見解も主張されるに至っている29)。しかしながら，たとえば行為者が侵害の終了を未必的に認識しつつも，ひょっとしたら攻撃が再開するのではないかと不安になり，追撃行為に出たような場合についても，侵害の終了を認識しているとして，追撃行為について完全な犯罪の成立を認めるというのは，行為者にとって酷な結論であろう。むしろ行為者が侵害の終了を未必的に認識していたとしても，興奮・狼狽のあまり追撃行為に出たような状況についても，全体の防衛行為を一体的に把握して，36条2項の適用の余地を認めるべきである30)。このように解するのであれば，防衛意思の連続といっても，侵害終了後の追撃行為については，厳密な意味での防衛意思（＝侵害を認識し，それを排除しようとする意思）が要求されているわけではなく，侵害継続中の対抗行為の主観面との一定の連続性が認められれば足りることになる31)。したがって，かりに行為者が侵害の終了を未必的に認識していたとしても，なお侵害が再開される可能性を危惧して追撃行為に出たような場合には，防衛意思の連続性を認めることができる。

---

28)　この点に関して，西田192頁を参照。なお，遠藤・前掲注12)190頁は，量的過剰の類型を「理論的には誤想防衛と考えられる一場面を，事態の連続性に照らしてなお過剰防衛として扱う」ものとする。

29)　佐藤・前掲注2)176頁，202頁を参照。

30)　この点について，西田192頁，髙橋・前掲注2)48頁を参照。平成20年判例も，被告人が侵害の終了を「十分に認識しながら」追撃行為に出た旨を認定しているから，侵害の終了を認識して

(2) 防衛行為としての客観的連続性

このような主観面の連続性に加えて，行為態様の客観的な連続性・同質性も要求されるべきであろう。繰り返し述べるように，量的過剰について36条2項の適用を認めるためには，侵害終了後の追撃行為についても防衛行為としての性質が継続している必要があるからである。まず対抗行為と追撃行為との時間的・場所的連続性が必要とされるべきである。さらに，行為態様が一定の連続性を保っていることも必要であろう[32)]。行為態様の連続性といっても，厳格な同一性までは不要だが，侵害の程度・態様が大きく異なるような例外的なケース（とりわけ侵害終了後にきわめて危険性の高い行為に及んだ場合）については，連続性が否定される場合があるだろう。

平成20年判例の解釈としては，防衛意思の連続性が強調される傾向があるが，本決定は第1暴行・第2暴行の時間的・場所的な連続性を認定しつつも，防衛の意思（および侵害の継続性）の欠如に言及しているのであるから，両暴行の時間的・場所的連続性も，それがなければ当然に量的過剰が否定されるという意味において，重要な基準となっていることは否定しがたいであろう。また，本決定はさらに，被告人が被害者に対して「相当に激しい態様の第2暴行に及んでいることにもかんがみ」て，量的過剰の成立を否定している。第2暴行が激しい態様であったことは，その段階で防衛意思が欠けることを認定するための間接事実にすぎないという理解もありうるが，本決定が，第2暴行段階で防衛意思が欠けることを明示した上で，さらに第2暴行の行為態様に言及している点にかんがみれば，客観的な行為態様の同質性それ自体も，一体性評価の判断資料として考慮されることを前提にしたものと理解することもできる。

2. 一体的評価は絶対的か？

このように対抗行為と追撃行為が主観的・客観的に連続した行為と評価できる場合には，両者を一体的に把握して，全体としての防衛行為について36条

いる場合に量的過剰の成立を一律に排除したものではないと解する余地がある。

31)　橋爪・前掲注2)101頁，佐伯169頁注23などを参照。成瀬幸典「判批」論ジュリ1号（2012年）221頁も「防衛的な心理が継続している状態」を問題とする。

32)　このような指摘として，曽根威彦「侵害の継続性と量的過剰」研修654号（2002年）10頁以下，佐伯169頁以下などを参照。

2項が適用されることになる。したがって，平成20年判例の事案についても，かりに第2暴行段階でも被告人の防衛意思が持続しており，暴行の態様もそれほど激しいものでなければ，量的過剰が認められ，両暴行を一体的に評価して，過剰防衛としての傷害致死罪が成立したはずである。しかし，第2暴行段階で防衛意思が認められず，両暴行の間に断絶があった場合には，死因を形成した第1暴行については正当防衛が成立するため，平成20年判例の被告人は（過剰防衛は成立しないものの）傷害罪の罪責を負うにとどまっている。そうなると，第2暴行についても防衛意思が維持されており，むしろ軽く処罰すべき事例の方が，かえって処断刑が重くなるという不都合が生じてしまう。

このような逆転現象について，平成20年判例・平成21年判例の担当調査官であった松田俊哉判事は，量刑判断のレベルで対応することができるから問題はないとされる[33]。しかし，量刑判断で対応できれば，罪名は何でも構わないということであれば，刑法解釈論はほとんど意味がないことになってしまう（その通りだといわれると立つ瀬がないが）。また，死因を形成した第1暴行それ自体は正当防衛行為と評価されており，死亡結果の惹起はいったん正当化されているのであるから，その後の第2暴行の主観的・客観的な態様によって，死亡結果を被告人に帰責させるか否かを左右することは明らかに不当である。松田判事は，第1暴行・第2暴行が全体として1個の構成要件に該当するのであれば，第1暴行もその一部にすぎないから，1個の行為の一部について正当防衛の成否を終局的に判断することはあり得ず，第1暴行もあくまでも「正当防衛的な行為」にすぎないと反論されている[34]。しかしながら，この反論は，「一連の行為」と評価される行為については，違法性阻却のレベルで分断することはおよそ不可能であるという前提のもとで成り立ちうる主張にすぎない。このような前提が妥当ではないことは，既に述べた通りである。

そもそも量的過剰という概念については，過剰防衛を認めることが行為者にとって有利な解釈になることがその出発点になっていたように思われる。すなわち，余勢に駆られて追撃行為を継続した場合について，追撃行為について完全な犯罪の成立を認めることは行為者に酷であることから，侵害現在時の対抗

33） 松田・前掲注5)14頁を参照。

34） 松田・前掲注5)9頁以下を参照。

35） 山口・前掲注2)57頁を参照。西岡正樹「判批」法学74巻2号（2010年）149頁，小林・前掲注2)256頁以下も同旨。なお，松原・前掲注2)57頁以下は，侵害継続中の第1暴行と侵害終了

行為と一体的評価が可能な事案については，全体の行為について過剰防衛の成立を認めることで，被告人に刑の減免の可能性を与えることが主たる問題意識であった。それであれば，量的過剰として一体的評価をすることが，かえって被告人の不利益をもたらすという事態は，本来の趣旨に真っ向から反するものであり，看過しがたいものであろう。このような場合については，たとえ量的過剰として一体的評価が可能な事案であっても，第1暴行・第2暴行を分断して評価する可能性を認めるべきである。平成20年判例の事案については，たとえ第2暴行段階で防衛意思が連続していたとしても，やはり第1暴行・第2暴行を分断的に評価することによって，傷害致死罪の成立を排除すべきであろう。なお，この場合について，山口教授は傷害罪としての過剰防衛の成立を肯定されている[35]。第1暴行による死亡結果を帰責範囲から排除して，傷害罪の成立にとどめる点はもちろん賛成できるが，第1暴行と第2暴行を切り離すのであれば，もはや第2暴行それ自体を防衛行為として評価することはできないと思われる。本書の理解からは，分断的な評価を行う以上，36条2項は適用できず，完全な犯罪としての傷害罪が成立することになろう。

念のため，本書の理解を整理しておきたい。侵害現在時の第1暴行と侵害終了後の第2暴行の主観的・客観的な態様の連続性が認められる場合には，全体を一連の防衛行為と評価して，全体の行為について過剰防衛の成立を認めることができる。もっとも，両者を一体的に評価することが，その処断刑において，かえって行為者の不利益になる場合については，両者を分断して，第2暴行について完全な犯罪の成立を認めることも可能である（事実上，第1暴行から重大な結果が発生した事例に限られることになる）。このように行為者の利益になるか否かによって，一体的評価か分断的評価かを区別する本書の立場に対しては，あまりに便宜的であり，理論的根拠に乏しいという批判がある[36]。しかし，そもそも法律構成というのは，一定の事実を適切に評価するための枠組みにすぎないから，1つの事実について常に1つの法律構成しか観念できないわけではない。第1暴行と第2暴行に一定の連続性が認められる場合には，両者を一体的に評価することも，分断的に評価することもいずれも可能であると

後の第2暴行を一体的に評価するのではなく，もっぱら第2暴行について類型的な責任減少が認められるとして，追撃行為について36条2項の適用（準用）を認めており，結論としてはこれらの見解と同様の帰結に至る。

36)　このような批判として，佐伯175頁，松原・前掲注2)56頁などを参照。

考えるべきである。通常は，一体的に評価した方が行為者にとって有利になることから，一体的評価が優先されることになるが，例外的に分断的に評価した方が有利な場合には，分断的な評価が優先されるにすぎない。これに対して，両暴行の間に大きな断絶がある場合には，そもそも一体的評価の基礎を欠くため，もっぱら分断的評価のみが可能とされることになる。

上記の理解を2つの事例に即して，確認しておくことにしたい。まず，第1暴行を単独で評価すれば正当防衛と評価されるが，侵害終了後に第2暴行が行われた事例であり，第1暴行が死因を形成したが，第2暴行によってその死期が有意に早められた事例である。この場合についても，平成20年判例のように第2暴行段階で防衛意思が認められないなど，両暴行の間に断絶がある事件であれば，両暴行を分断して評価することになり，完全な犯罪としての傷害致死罪が成立することになる。第2暴行は独立の死因を形成しているわけではないが，死期を早める影響を有している以上，第2暴行を単独で評価しても，死亡結果との因果関係を認めることができるからである。これに対して，第2暴行も防衛意思に基づく行為であり，両者を一体的に評価できる場合には，両暴行を一体的に評価して，傷害致死罪の過剰防衛が成立することになる。この場合に分断的評価をすると，かえって第2暴行について刑の減免の余地が失われることになるため，この場合には一体的評価を貫徹すべきということになる。

次に，第1暴行，第2暴行の具体的な状況はまったく共通であるが，死因となった傷害がいずれの暴行から生じたかが不明である事例について考えてみたい。この場合，両暴行の間に断絶がある場合には，第2暴行に限って，完全な犯罪としての傷害罪が成立するにとどまる（傷害致死罪が成立しないことは当然であろう）。他方，防衛意思が連続しているなど，両暴行の一体的評価が可能な事案については，全体について傷害致死罪としての過剰防衛の成立を認めることが可能なようにも思われる。しかし，この場合にも両者を分断的に評価する余地を認めるべきである。そして，両者を分断した場合，第2暴行について完全な犯罪としての傷害罪が成立するにとどまるため，被告人に有利な方向で分断的な処理が優先されることになろう（いずれが被告人に有利かについては，処断刑の上限を比較すべきである）。このような理解に対しては，被告人の行為によって死亡したことが明らかなのに，死亡結果を帰責できないことは不当であるとの批判もあるが[37)]，正当防衛に当たる行為によって死亡結果が惹起された可能性がある以上，死亡結果を帰責しないのがむしろ当然であると思われる[38]。

V．質的過剰の一体性

最後に，侵害継続中に複数の防衛行為が行われた場合の一体的評価の限界について，簡単に検討を加えることにしたい。具体的には一連の防衛行為の中で，相当性の要件を充足する防衛行為とこれを逸脱した防衛行為とが連続的に行われた場合に，全体の防衛行為について過剰防衛の成立を認めるのか，それとも，後者の行為に限定して過剰防衛の成立を認めるのかが問題となる。

平成20年判例は，第1暴行と第2暴行を一体的に評価すべきか否かの基準として，とりわけ侵害の継続性と防衛意思の連続性を重視したものと解される。そして侵害継続中に複数の防衛行為が行われる場合，前者の要件を充たしていることは当然の前提になるから，後者の連続性が決定的な基準となることになる。実際，平成21年判例は，「急迫不正の侵害に対する一連一体のものであり，同一の防衛の意思に基づく1個の行為と認めることができる」として，行為の一個性の要件として防衛意思の連続性を重視している。さらに平成21年判例は，複数の暴行行為が客観的にも「一連一体のもの」であることも要求していると解する余地もあるが，不正の侵害が継続している間の連続した防衛行為であれば，この要件が充たされる場合がほとんどであろう。

そして，判例の立場によれば，防衛行為の一体性が肯定される事案については，その一体的評価は貫徹されるべきということになる。したがって，傷害結果を惹起した第1暴行を単独で評価すれば正当防衛と評価できるが，傷害結果と因果関係を有しない第2暴行が相当性を逸脱している場合であっても，全体の防衛行為について「1個の過剰防衛としての傷害罪の成立」が認められる。もちろん，この場合には両暴行を分断的に評価した方が被告人には有利な帰結となるが（暴行罪の過剰防衛が成立するにとどまる），そのようなアンバランスは「有利な情状として考慮すれば足りる」。このような判例の理解を前提にした場合，かりに本件の第2暴行段階において，被害者が防衛意思を失っており，

37)　たとえば松田・前掲注5)10頁を参照。深町・前掲注26)120頁以下，成瀬・前掲注2)法学75巻6号64頁も基本的に同旨であろう。

38)　山口・前掲注14)83頁，林・前掲注2)77頁，佐伯173頁などを参照。

もっぱら攻撃の意思で対抗行為に及んでいた場合であれば，両暴行は連続性を失い，分断的に評価されることになるから，第1暴行は正当防衛として違法性阻却され，第2暴行のみが完全な犯罪として暴行罪を構成することになる[39]。したがって，平成21年判例は，防衛意思で第2暴行に出た被告人について，第2暴行がもっぱら攻撃意思で行われた場合よりも，処断刑のレベルでは不利益な帰結を導いていることになる。

既に繰り返し述べてきたように，本書の立場によれば，防衛行為の一体的評価は絶対的なものではないから，防衛行為の内容が連続しており，複数の暴行行為を一体的に把握できる場合であっても，それを分断的に評価する余地を認めるべきである。そして，一体的な評価がかえって行為者に不利益な帰結をもたらす場合は，両暴行を分断的に評価する処理を優先すべきである。もっとも，慎重な検討を要するのは本件が量的過剰の類型ではなく，質的過剰の類型である点である。つまり量的過剰については，侵害継続中の対抗行為と侵害終了後の追撃行為は，本来的に異なる性質を有していることから，両者を分断的に評価することが十分に可能だが，質的過剰の類型は，同一の不正の侵害を排除するために連続した対抗行為が行われているのであり，防衛意思が連続する限り，全体としての防衛行為を一体的に評価するのがむしろ原則であるようにも思われるからである[40]。「急迫不正の侵害については，瞬間ごとに細切れに認定するのではなく，その開始時期を始点に一定の幅でその継続を認めるのであるから，それに対応する反撃行為の評価も侵害の開始時から終了時までを一体として行うべき」[41]という指摘に一定の合理性があることは否定しがたい。

しかし，不正の侵害が一体的に評価されるのであるから，防衛行為も一体的に評価する必要があるという理解には，理論的必然性があるのだろうか。不正の侵害が一体的に評価されるといっても，それは自然的意味において単一の侵害が継続されているわけではなく，複数の侵害行為が行われているが，それら全体について侵害の急迫性が継続的に認められるという意味であって，およそ分断が不可能な実体があるわけではない。そして，正当防衛とは時間的に切迫

39） もちろん，このように継続する不正の侵害に対して，対抗行為が継続的に行われる場合で，第2暴行段階で防衛意思が失われる場合はほとんど考えられない。ありうるとすると，第2暴行段階においても侵害が継続しているにもかかわらず，被告人が，被害者がダウンしているから侵害は再開される可能性はないと確定的に認識しつつ，あえて暴行を継続するような事例であろうか。

した侵害を排除するための手段であり，既に行われた侵害を排除する行為はおよそ観念できない以上，侵害の継続性という評価も，既に行われた侵害が終了する時点とこれから行われる侵害の開始時点が事実上，重なり合っているため，両者を分断することなく，一連一体の侵害と評価できるということの言い換えにすぎない[42]。このように考えると，侵害の一体性という評価も（防衛行為の一体性評価と同様に）絶対的な基準ではなく，これを複数の侵害行為に分断して考察する余地が，理論的に排斥されるわけではない。それであれば，侵害継続中の防衛行為についても，分断的な評価を行う余地を認めるべきであろう。たとえば侵害がいったん中断した後，その後の侵害態様やその程度が大きく異なってくる場合のように，侵害行為の内容が大きく変化する局面については，いわば先行する第1侵害行為が終了し，それと同時に新たな第2侵害行為が切迫していると評価できることから，それぞれの局面ごとに防衛行為を分断して評価することも可能というべきである。このような理解からは，平成21年判例の事案についても，第1暴行段階と第2暴行段階では，まさに侵害行為の局面が大きく変化しているのであるから，両暴行を分断して評価の対象とすることは十分に可能であり，分断的評価の帰結として，第2暴行に限って暴行罪の過剰防衛の成立を認めることができたように思われる[43]。

実際，平成21年判例の事案については，机を押し返されて転倒したことによって，被害者の侵害行為はいったん中断しているのであるから，第2暴行の段階で侵害の継続性が認められたか否かは，事実認定において紙一重のところであったようにも推測される。もちろん，判例の立場を貫徹すれば，本件については第2暴行段階における侵害の継続性の存否にかかわらず，いずれにしても防衛意思の継続性という観点から，一連の防衛行為について過剰防衛の成立が認められることになるので，その点は重要な問題ではない。しかし，既に述べたように，量的過剰の事例については，一体性を肯定できる状況であっても，行為者の利益になるかたちで両者を切り分けて評価することが可能であると解する本書の立場からは，侵害の継続性が認められた途端に，分断的評価が

---

40)　このような指摘として，西田193頁を参照。

41)　佐藤・前掲注2)203頁を参照。

42)　このような理解については，橋爪隆「判批」ジュリ1154号（1999年）134頁以下を参照。

43)　このような結論を支持するものとして，山口・前掲注14)84頁，林・前掲注2)77頁，佐伯174頁などを参照。

およそ排斥されるというのは合理的な区別ではないだろう。やはり質的過剰の類型についても，一定の範囲では防衛行為の分断的評価の余地を認めるべきである。

第6章

誤想過剰防衛をめぐる問題

Ⅰ．はじめに

誤想過剰防衛は誤想防衛と過剰防衛が交錯する領域であり，刑法の学修にとって理解が困難な問題の1つである。また，学生のみなさんの中には，誤想過剰防衛の問題を一般論としては理解できても，それに基づいて具体的事例を分析することが苦手な方が多い印象がある。本章では，誤想過剰防衛に関する基本的な理解を確認した上で，具体的な事例の検討において問題となる点を指摘することにしたい。あわせて，防衛行為が第三者の法益を侵害する行為の処理についても，簡単に検討を加える。

Ⅱ．誤想過剰防衛の基本的な理解

1．基本的な視点

かつては，誤想過剰防衛とは誤想防衛なのか，過剰防衛なのかという観念的な議論が展開されたこともあった。さらに，そもそも誤想過剰防衛とはいかなる行為類型を指すのかが争われることも多かった。このような議論が影響を及ぼしているのかもしれないが，試験答案などでも「本件はいわゆる誤想過剰防衛に該当するため，故意犯が成立する／36条2項が適用される」などの記述を目にすることが多い。しかしながら，当然のことであるが，誤想過剰防衛に関する明文の規定が存在するわけではなく，これは講学上の概念にすぎない。

したがって，一定の類型を誤想過剰防衛に該当すると評価しても，それから何らかの帰結が導けることはあり得ない。あくまでも問題は，①故意犯の成否，② 36条2項による刑の減免の可否という個別の解釈論に尽きるのであり，具体的な事実関係に即して，この2点に関する検討をすればたりるのである。そして，上記① ②は全く別の次元に属する問題であるから，両者はそれぞれ別個独立に検討する必要がある[1)]。

2. 故意犯の成否

(1) 違法な事実の認識・予見

故意犯の成立を認めるためには，「罪を犯す意思」（38条1項）が必要である。そして，「罪」の内容が構成要件該当事実として具体化されている以上，故意の内容としては，構成要件該当事実の認識・予見が必要とされる[2)]。もっとも，構成要件に該当する事実がすべて違法と評価され，犯罪を構成するわけではない。あくまでも故意を認めるためには「罪」（＝犯罪）を犯す意思が必要である以上，その認識対象は，より厳密にいえば，構成要件に該当する違法な行為として理解すべきである。したがって，構成要件該当事実を認識しても，違法性阻却事由の存在を認識している場合には，違法と評価される事実を認識していない以上，故意が阻却される。通説はこのような理解のもと，構成要件該当事実の認識・予見があっても，違法性阻却事由を誤信しているときには故意犯の成立を否定している。学説においては，故意の内容は構成要件該当事実の認識・予見に尽きるとする見解（厳格責任説）も主張されているが[3)]，構成要件該当事実が常に違法な事実と評価されるわけではない以上，これによって「罪を犯す意思」を認めることは困難であろう。構成要件該当事実が違法性を積極的に根拠づけ，違法性阻却事由が（それに該当する場合には違法性を否定するという意味において）違法性を消極的に根拠づけている以上，両者に関する認識を異なって取り扱う合理的な理由は乏しいと思われる[4)]。

1） この点を明確に指摘したのは，町野朔「誤想防衛・過剰防衛」警研50巻9号（1979年）37頁であり，現在においては，このような認識は学説に広く共有されるに至っている。

2） 詳細については，本書159頁以下を参照。

3） 厳格責任説を支持する見解として，たとえば大谷292頁，339頁などを参照。この立場からは，違法性阻却事由の存在を誤信しても，誤信について過失があるときには（構成要件該当事実の認識・予見がある以上）故意犯が成立することになるが，違法性阻却事由の誤信について過失がないときは，違法性の意識の可能性がないとして責任が阻却されることになる。したがって，通説

(2) 評価の基礎となる事実の認識

もっとも，違法な事実の認識・予見が必要であるといっても，自分の行為が違法と評価されることについての認識が要求されるわけではない。構成要件該当事実の認識についても，たとえば覚せい剤を覚せい剤と認識して所持していれば故意としては十分であり，その所持が違法であることの認識が要求されるわけではない[5)]。覚せい剤と分かって所持していることによって，法益侵害性の認識が認められ，また，通常であれば違法性の意識を可能にする事実認識が与えられているからである。故意の認識対象は自己の行為の違法性を基礎づける事実であり，違法という評価それ自体について認識が及んでいる必要はない。このことは違法性阻却事由の誤信についても全く同様である。あくまでも違法という評価を基礎づける事実の認識が重要なのであるから，刑法の理解を誤った結果，自分の行為が正当防衛に該当すると認識していても，これによって故意が阻却されるわけではない。あくまでも違法性阻却を基礎づける事実の認識がある場合に限って故意が阻却されることになる。

このように，故意犯の成否を判断する際には，行為者が自分の行為の違法性を基礎づける事実を認識・予見していたか否かが基準となる。学生のみなさんの中には，この「違法性を基礎づける事実の認識」を具体的にイメージしにくい人が多い気がするが，要するに，そのような事実がかりに現実に存在した場合に，違法と評価される事実が「違法性を基礎づける事実」である[6)]。したがって，行為者が主観的に認識した事実を客観的に評価した場合に，それが違法と評価されるのであれば，「違法性を基礎づける事実」の認識があり，故意が認められる。たとえば相手が冗談でモデルガンを構えたのを見て，本物の拳銃で殺害されると誤信してナイフで切りつける行為は，かりに行為者が誤信したとおり，被害者が本当に拳銃を発砲しようとしていた場合に，ナイフで切りつける行為が客観的に相当な防衛手段と評価されるのであれば，故意が阻却される。これに対して，「正当防衛としてこの程度の対抗行為をしても構わない

との実質的な相違は，違法性阻却事由の誤信について過失がある場合に，故意犯の成立を認めるか（厳格責任説），過失犯の成立にとどめるか（通説）という点にある。

4）　この点について，内藤(中)354頁以下，松原251頁などを参照。

5）　もちろん通説の理解からは，違法性の意識の可能性がない場合には例外的に責任（または故意）が阻却されるが，（厳格故意説の立場を前提としない限り）違法性の認識それ自体が故意の内容として要求されているわけではない。

6）　この点について，町野・前掲注1)45頁を参照。

はずだ」という評価の誤りは，既に述べたとおり，故意犯の成否には影響を及ぼさない。たとえば口論の挙げ句に，激高した相手方が自分のもとに接近してきたところ，行為者は，すぐに相手から殴打されることはないとしても，近い将来，喧嘩に発展する可能性は高いと思い，機先を制して身を守ることが許されると考えて暴行行為に出た場合，行為者が認識したとおり，本当に「近い将来」喧嘩に発展するとしても，行為者が暴行行為に出た段階で侵害の急迫性が認められるわけではないから，本件暴行行為については，客観的にも正当防衛・過剰防衛が成立せず，また，故意も阻却されないことになる。もっとも，この場合，行為者が，相手方が接近してきたのを見て，相手方から直ちに殴打される可能性があると誤信して暴行行為に出た場合であれば（殴打されるのを回避しようとして暴行に出る行為が相当な防衛手段と評価される限りにおいて）誤想防衛として故意が阻却される7)。すなわち，①将来の事実関係（＝不正の侵害が切迫しているか）の予測の誤りは故意を阻却する余地があるが，②刑法上の許容性の判断（＝機先を制して対抗行為に出てもよいか）の誤りは故意犯の成否に影響を及ぼさない（現実の事例においては，この区別はかなり微妙になるのかもしれない）。

(3) 過剰性を基礎づける事実の認識

いわゆる誤想過剰防衛における故意犯の成否についても，このような前提を適用すればたりる。あくまでも「違法性を基礎づける事実」の認識・予見が故意阻却の基準となるから，行為者の認識・予見した事情が正当防衛に該当する事情である場合には，違法性を基礎づける事実の認識が欠けるとして故意が阻却され，その誤信について過失がある場合に限って，過失犯が成立することになる。これに対して，過剰防衛は刑の減免の可能性があるとはいえ，それ自体が違法行為であることには変わりがないため，過剰防衛と評価される事実を認識していた場合には，違法性を基礎づける事実の認識が認められ，したがって故意犯が成立する。ここでも繰り返しになるが，法的評価の誤りではなく，その評価の基礎となる事実の認識が重要である。したがって，行為者が自分の対

7） なお，東京地判平成20・10・27（判タ1299号313頁）は，被告人が，被害者Ａから直ちに暴力を振るわれるような状況になかったにもかかわらず，口論をしているうちにＡが被告人に向かってくる体勢を示したことから，「直ぐに暴力を振るわれるのでないかと考え，自分の身を守るための行動に出ることも，格別不自然ではない」として誤想過剰防衛の成立を認めている。

抗行為を過剰なものと評価していたか否かは全く無関係であり，「過剰という評価を基礎づける事実」の認識の存否が重要である[8)]。すなわち，①行為者がどのような事実を認識・予見していたかを明らかにした上で，②行為者の認識・予見したとおりの事実が現実に存在した場合に，それが正当防衛と評価されるか，それとも過剰防衛と評価されるかによって，故意犯の成否が判断されることになる。②の判断においては，客観的な事実関係ではなく，行為者が認識していた事情が判断資料となるものの，通常の正当防衛の事例と同様に，防衛行為の相当性の存否を具体的に判断する必要がある。

3. 刑の減免の可否

36条2項は「防衛の程度を超えた行為」について，刑の任意的減軽・免除を定めている。本項は，同条1項の防衛行為が「やむを得ずにした行為」としての「程度を超えた」行為を前提としたものであるから，急迫不正の侵害が現在する場合において，客観的に過剰と評価される防衛行為について同項の適用があることは明らかである。問題となるのは，現実には「急迫不正の侵害」が存在しないところ，侵害を誤信して防衛行為に出たが，その防衛行為が誤信した侵害を前提としても過剰な行為と評価される場合である。この場合，客観的には過剰防衛とは評価できないが，行為者の誤信した侵害を前提とした場合，過剰防衛としての性質が認められることから，36条2項の適用（または準用）の可否が争われてきた。

この問題については，従来から過剰防衛の刑の減免の根拠と関連づけて検討することが一般的であった。すなわち過剰防衛の刑の減免の根拠については，周知のとおり，緊急状態における被侵害者の恐怖，驚愕などの心理的圧迫を根拠として責任減少を認める見解（責任減少説），過剰防衛においても正当な利益が保護されていることから，違法性の減少を肯定する見解（違法減少説）の対立があり，最近では違法性と責任の両者の減少を根拠とする見解（違法・責任減少説）が有力化している[9)]。このうち，責任減少説を前提にした場合，行為者が緊急状況を認識している場合には，過剰防衛と同様の主観面が認められる

8）　この点について，佐久間修『刑法における事実の錯誤』（成文堂，1987年）321頁以下を参照。

9）　議論の詳細については，たとえば川端博『正当防衛権の再生』（成文堂，1998年）231頁以下を参照。

ことから，（侵害が現実に存在しない）誤想過剰防衛の類型についても，36 条 2 項によって刑の減免の余地が認められる。これに対して，違法減少説からは，侵害が現実に存在しない場合には正当な利益を保護する効果が生じないことから，違法性が減少せず，36 条 2 項の適用が否定されると解されるのが一般的であった10)。このような理解からは，違法・責任減少説についても，かりにそれが違法性および責任の両者の減少を要求する見解であれば，誤想過剰防衛については違法性が減少しないのであるから，違法減少説と同様の帰結に至ることになる11)。

しかしながら，違法減少説を前提としても，誤想過剰防衛の一定の類型について，36 条 2 項による刑の減免を認める余地はあると思われる。すなわち違法減少説の立場からは，過剰防衛の要件を充たす場合，その行為は違法性が減少することになるから，過剰防衛はいわば違法性減少事由として位置づけられることになる。そして，故意犯として責任を負う事実は行為者が認識した範囲の事実に限定されるべきであるから，客観的に違法性が減少していなくても，違法性の減少を基礎づける事実を認識している場合には，行為者はその限度で責任を負うことになり，結局，36 条 2 項による刑の減免が認められることになる12)。たとえば構成要件 A の減軽類型として構成要件 B が存在するとした場合に，客観的には A が実現していても，行為者が B に対応する事実を誤認しているのであれば，故意犯の成立範囲は B 罪の限度に限定される。もちろん誤想過剰防衛の場合，異なる構成要件の認識が問題になっているわけではないが，故意犯として責任を負う範囲が認識した事実に限定されるという意味において，基本的に同様に解することができるだろう13)。

このように違法減少説の立場からも誤想過剰防衛について刑の減免の余地が認められると解した場合，結局のところ，責任減少説からも違法減少説からも，36 条 2 項の適用が認められることになる（したがって当然に違法・責任減少説からも同様の帰結に至る）。山口厚教授は，誤想過剰防衛について 36 条 2 項

---

10) たとえば町野・前掲注 1)54 頁を参照。

11) たとえば曽根威彦「誤想過剰防衛と刑の減免」同『刑事違法論の研究』（成文堂，1998 年）215 頁は，このような理解から，誤想過剰防衛について 36 条 2 項の適用を否定している。これに対して，たとえば井田 323 頁，422 頁は，違法性または責任の減少があればたりるとして，誤想過剰防衛に 36 条 2 項の準用を認めている。

12) このような理解として，山口 212 頁注 12，林美月子「過剰防衛と違法減少」神奈川法学 32 巻

の適用を認めるべきかという問題は「過剰防衛における刑の減免根拠をどこに求めるかとは全く関係がない」[14]とされるが，適切な指摘であろう。もっとも，誤想過剰防衛について36条2項の適用の余地を認めるとしても，それは行為者の主観面が過剰防衛として刑の減免を受ける場合と全く同様の場合に限られる。また，誤想防衛との均衡を考慮する必要もある。これらの点については，具体的事例を想定しつつ，さらに検討を加えることにしたい。

Ⅲ．具体的事例の分析

1．類型別の整理

(1)　議論の前提

誤想防衛・過剰防衛が問題となる事例については，**【別表】**（133頁）のような分類をするのが一般的である。以下では，この類型ごとに事案の処理について簡単に確認しておくことにしたい。なお，防衛行為の相当性の存否については，本来は個別の事案ごとに具体的に検討する必要があるが，ここでは検討の便宜上，木刀による侵害に対して，木刀で傷害（軽傷）を負わせる行為は相当性の要件を充たすが，日本刀で傷害（重傷）を負わせる行為は過剰防衛と評価されると考えておくことにする。木刀と日本刀を取り違えるというのはいかにも教壇事例であるが，行為者が動揺のあまり，木刀を取り出そうとして誤って日本刀を取り出して攻撃を加えたという事例をイメージしていただきたい。また，いずれの事例についても，行為者は暴行または傷害の故意で防衛行為を行っており，被害者は傷害を負っていることを前提にする。したがって，類型①は，傷害罪の構成要件に該当するが，正当防衛の要件を充たしており，違法性が阻却されることになる。

1号（1998年）13頁以下などを参照。さらに松原254頁は38条2項の適用によって，故意の誤想過剰防衛について同様の結論を導く。このような理解に対する批判として，佐伯166頁を参照。

13)　なお，過失犯については，後述するように（Ⅲ1(3)），行為者に認識・予見可能であった事情が責任の上限を画することになる。

14)　山口・基本判例115頁を参照。

(2) 故意犯の成否

まず，故意犯の成否であるが，繰り返し述べたように，正当防衛と評価される事実しか認識していない場合には，違法性を基礎づける事実の認識が認められず，故意犯の成立が否定される。したがって，類型③については，行為者は木刀による侵害に対して木刀で傷害を負わせる認識，すなわち正当防衛に該当する事実の認識しかない以上，故意が阻却され，日本刀を木刀と誤信したこと（過剰性を基礎づける事実の誤信）について過失が認められる場合に限って，過失犯として処罰される。これに対して，類型②については，行為者は木刀の侵害に対して日本刀で対抗する認識を有していることから，過剰性を基礎づける事実を認識しており，故意犯（傷害罪）が成立する。あくまでも「過剰性を基礎づける事実」の認識の存否が重要であるから，行為者が暴行・傷害の故意を有していたか，それとも殺人罪の故意を有していたかは，成立する罪名に影響を及ぼすものの，故意阻却の可否とは関係しない。

このように故意犯の成否は，客観的な事実関係によって判断されるのではなく，あくまでも行為者が認識していた事情を前提に判断される。したがって，類型④，類型⑥についても，行為者が認識していた事実は，正当防衛と評価される事実にすぎないから，違法性を基礎づける事実の認識がなく，故意が阻却される。類型④については，木刀による侵害を誤信した点（正当防衛状況の誤信）について過失がある場合には過失犯が成立することになり，また，類型⑥については，正当防衛状況の誤信，過剰性を基礎づける事実の誤信の両者またはいずれかについて過失がある場合には，過失犯が成立する。これに対して，類型⑤については，過剰性の認識があることから，故意犯の成立が認められることは類型②と同様である。

なお，過剰性の誤信の事例については，**【別表】**のように対抗手段の危険性について誤信している場合のほか，侵害行為の危険性について誤信している場合も含まれることになる。木刀・日本刀の設例を用いるのであれば，相手からの木刀による侵害が現実に存在する場合において，これを日本刀による侵害行為と誤信して，それに対する必要最小限度の防衛手段として日本刀による傷害行為に出るような場合である。この場合であっても，行為者は正当防衛と評価される事実しか認識していないことから，故意が阻却される（類型③のグループに包摂されることになる）。

【別表】

類型	急迫不正の侵害		防衛行為	
	客観面	行為者の認識	客観面	行為者の認識
①	木刀による侵害	木刀による侵害	木刀による傷害	木刀による傷害
②	木刀による侵害	木刀による侵害	日本刀による傷害	日本刀による傷害
③	木刀による侵害	木刀による侵害	日本刀による傷害	木刀による傷害
④	なし	木刀による侵害	木刀による傷害	木刀による傷害
⑤	なし	木刀による侵害	日本刀による傷害	日本刀による傷害
⑥	なし	木刀による侵害	日本刀による傷害	木刀による傷害

(3)　刑の減免の可否

刑の減免の可否についても類型ごとに確認しておきたい。まず，類型②，類型③は，急迫不正の侵害に対して「防衛の程度を超えた行為」が行われている以上，当然に36条2項が適用される場合である。違法・責任減少説の立場からは，まさに過剰防衛としての客観的性質（＝違法性の減少）が認められることが36条2項の適用の根拠とされることになる。また，類型⑤，類型⑥についても，既に述べたように，その主観面が類型②，類型③と全く同様であれば，責任非難が行為者の主観面を前提とする以上，36条2項を適用する余地が認められることになる。すなわち，同項の適用の可否は，（過剰）防衛行為としての性格が行為者の主観面に反映されているか否かによって判断されるべきである。具体的には，故意犯が成立する場合については，自らの行為が防衛行為としての性格を有することを認識しつつ行為に出た場合には，その認識が故意責任の限界を画することから，36条2項の適用が認められることになる。したがって，類型⑤については，故意犯の成否が問題になるところ，急迫不正の侵害に対して過剰防衛と評価される対抗行為に出ることを認識しているという意味において，類型②と全く同様の主観面が認められることから，防衛行為性が主観面に反映されているといえ，36条2項の適用が認められる。

これに対して，類型⑥のように過失犯の成否が問題となる場合については，過失犯処罰について，36条2項の適用を認めるべきかが問題となる。学説においては，類型⑥についても，その主観面における認識内容が（過剰防衛として当然に36条2項の適用がある）類型③と共通であることから，36条2項の適用を認める見解が一般的である。しかし，類型⑥の主観面は類型④とも共通である。そして，類型④については36条2項の適用がないと一般に解されている。そうすると，類型③と主観面が共通という観点だけでは，類型④との区別を合理的に画することは困難になる。この点については，過失犯の成否が問題となる場面では行為者が認識していた事実ではなく，認識可能であった事実が責任非難の基準となることを重視すべきである。すなわち，自分の行為が防衛行為であると誤信していたとしても，十分に注意していれば，自分の行為が防衛行為としての性質を有していないことが認識できた場合には，行為者の過失犯としての非難可能性は，過剰防衛行為の限度にとどまるものではないから，36 条 2 項の適用が否定されるべきである。逆に言えば，自分の行為が（過剰）防衛行為としての性格を有していないことを認識できなかった場合に限って，行為者の非難可能性は過剰防衛の限度に限定され，36 条 2 項の適用が認められる[15)]。すなわち，自らの行為が防衛行為に当たると認識して行為に出たことではなく，防衛行為としての性格を有しないことを認識できなかったことが，過失犯について 36 条 2 項を適用する上では決定的である。

このような理解からは，類型⑥についても，常に 36 条 2 項の適用が認められるわけではないことになる。すなわち急迫不正の侵害の誤信について過失がある場合には，行為者は自らの行為が防衛行為に該当しないことを認識可能であるから，刑の減免を認めることはできず，36 条 2 項の適用は否定される[16)]。これに対して，侵害の誤信について過失はないが，相当性の誤信に限って過失が認められる場合には，行為者は自らの行為が防衛行為に当たらないと認識することができなかった以上，まさに過剰防衛としての性格が行為者の主観面に反映されており，36 条 2 項による刑の減免が認められる[17)]。結論として，侵害の誤信についての過失には 36 条 2 項が適用されず，相当性の誤信についての過失に限って同項が適用できるということになる。

本書の理解からは，類型④について 36 条 2 項の適用が認められない理由が改めて明らかになる。学生のみなさんの中には，類型④についても，正当防衛状況を誤信して，恐怖，興奮などの心理状態が認められることは共通なのであ

---

15)　たとえば過失犯の構成要件 A，その減軽類型 B があるとした場合，A 罪が現実化した場合に，行為者が A を予見可能であれば当然に A 罪が成立するが，B に限って予見可能であれば，B の限度で過失犯として処罰することができる（A が防衛行為性を有しない法益侵害，B が過剰防衛としての法益侵害に対応する）。

16)　なお，林・前掲注 12)14 頁も，侵害の誤信に過失があるが，過剰性の誤信については過失がない場合について，結論として刑の減免の余地を否定する。

17)　急迫不正の侵害の誤信についても，過剰性の誤信についても過失がない場合には，そもそも過

るから，この場合にも同項を類推適用する余地があると考えている人もいるかもしれない[18]。しかし，36条2項はあくまでも（過剰）防衛行為としての性格があることを根拠に刑の減免を認めるものであり，何らかの意味で責任が減少しうる事情があれば常に適用・準用できるものではない。そして，類型④は過失犯の成否が問題になるところ，急迫不正の侵害の誤信について過失がある場合，行為者はそもそも侵害が存在しないことを認識可能であり，自分の行為が防衛行為性を有しないことも認識可能であったことになる。このような理解からは，誤想防衛の類型に36条2項が適用されないという結論を合理的に説明することができる[19]。

なお，学説においては，誤想防衛（類型④）については刑の減免の余地がないのに対して，誤想過剰防衛（類型⑤，類型⑥）については36条2項が適用されることから，刑の不均衡を回避するために，誤想過剰防衛については刑の減軽を認めても，刑の免除を認めるべきではないとする見解が有力である[20]。もっとも，本書の理解のように，誤想過剰防衛について36条2項の適用を一定の範囲に限定する場合には，類型④との不均衡が生じうる局面も大幅に限定される。まず，類型⑥については，急迫不正の侵害の誤信について過失があるときには，そもそも36条2項の適用が否定されるべきであるから，類型④との不均衡の問題は生じない。また，侵害の誤信について過失がない場合は，類型④であれば不可罰となる場合なのであるから，類型⑥について刑の減免を認めたとしても，類型④との関係で不均衡が生ずるわけではない。したがって，類型⑥については，特に類型④との均衡を考慮することなく，刑の減免を認めることができると思われる。

また，類型⑤についても，侵害の誤信について過失がない場合には，同様の理由によって，類型④との不均衡は生じないから，刑の減免を制限する必要はない[21]。これに対して，侵害の誤信について過失がある場合には，類型⑥においても刑の減免が認められないのであるから，類型⑤についても，過失犯とし

失犯が成立せず，36条2項の適用が問題にならない。

18）　このような可能性を示唆するものとして，葛原力三「演習」法教357号（2010年）167頁を参照。

19）　侵害の誤信について過失がない場合には，行為者はまさに防衛行為と評価される事実しか認識できなかったことになるが，この場合には過失犯の成立が否定され，行為者は不可罰になるため，36条2項の適用を検討する実益がない。

20）　たとえば平野Ⅱ247頁，内藤㊥380頁以下などを参照。

ての処罰を下回ることが許されず，したがって，刑の免除が否定されることになる。結局のところ，この場合に限って，刑の免除を否定するという修正を施せば，刑の不均衡は生じないことになると思われる。

2. 判例の事案の分析

全体のまとめとして，重要な2つの最高裁判例の事案に即して，具体的な検討を加えておくことにしたい。

(1) 最判昭和24・4・5（刑集3巻4号421頁）

被告人Xは父親Aと口論になったが，AがXを追い詰めて，棒様のものを手にしてXに打ちかかってきたため，Xはその場にあった斧を斧と気がつかず，何か棒様のものと誤信してAの頭部を数回殴りつけて，Aを死亡させた。原審が（尊属）傷害致死罪の成立を認め，36条2項によって刑を減軽したのに対して，弁護人は誤想防衛として故意が阻却される旨を主張したが，本判決は，「原審は斧とは気付かず棒様のものと思ったと認定しただけでただの木の棒と思ったと認定したのではない，斧はただの木の棒とは比べものにならない重量の有るものだからいくら昂奮して居たからといってもこれを手に持って殴打する為め振り上げればそれ相応の重量は手に感じる筈である」ことから，「たとえ斧とは気付かなかったとしてもこれを以て過剰防衛と認めることは違法とはいえない」と判示し，上告を棄却している。

本件の事案において，XがAの頭部を斧で多数回殴りつける行為は，明らかに相当性を逸脱しており，客観的には過剰な防衛行為と評価される。したがって，問題となるのは，Xが過剰性を基礎づける事情を認識していたかである。この点において，斧による殴打という客観的事実を正確に認識していたか否かは重要ではない。たとえ現実の防衛行為に完全に対応していないとしても，過剰性を基礎づける何らかの事情を認識していれば，故意犯の成立を認めることができる。したがって，本判決が述べるように，Xに「通常の棒ではないような相当に重量のあるもの」を利用して殴打行為に出る認識が認められ，かつ，Xが認識していたような「相当に重量のあるもの」でAの頭部を

21）もちろん，故意の誤想過剰防衛について刑の免除を認めるべき場合はほとんど考えられないだろうが，そのことは別論である。

数回殴打する行為は，本件の具体的事情において過剰な防衛手段と評価されるのであれば，Xには過剰性を基礎づける認識が認められ，故意犯が成立することになる（類型②に該当する）。逆に言うと，Xが誤信したような重量・態様の凶器を用いた殴打行為が相当な防衛手段と評価される場合に限って，故意犯の成立が否定されることになる。

なお，本件においては，客観的に急迫不正の侵害が存在しており，Xの行為が過剰防衛に該当することは明らかであるから，36条2項が適用されることは当然である。

(2)　最決昭和62・3・26（刑集41巻2号182頁）

有名な「勘違い騎士道事件」である。本件被告人Xは空手3段の腕前を有する英国人であったが，夜間，帰宅途中の路上で，酩酊したA女とこれをなだめていたBが揉み合っているのを目撃し，BがAに暴行を加えているものと誤解し，同女を助けるべく両者の間に割って入り，Bに近づいたところ，同人がこれに対して防御するために，ファイティングポーズのような姿勢を取ったのを見て，さらにBが自分に殴りかかってくるものと誤信し，自己およびAの身体を防衛しようとして，空手技である回し蹴りをして，左足を同人の右顔面付近に当て，同人を路上に転倒させて頭蓋骨骨折等の傷害を負わせ，死亡させたという事件である。最高裁は，「本件回し蹴り行為は，被告人が誤信したBによる急迫不正の侵害に対する防衛手段として相当性を逸脱していることが明らかであるとし，被告人の所為について傷害致死罪が成立し，いわゆる誤想過剰防衛に当たるとして刑法36条2項により刑を減軽した原判断は，正当である」と判示している。

本件においては，Bによる不正の侵害が現実に存在しているわけではないが，Xは，Bが素手で自分に殴りかかり，また，Aに対しても暴行を加えると誤信している。したがって，まず，このようにXが誤信した侵害行為を前提として，本件のような回し蹴り行為が相当な防衛手段と評価されるかを検討する必要がある。この点については，(a)（Xの誤信した）Bの侵害行為の態様がそれほど危険なものではなかったのに対して，空手の有段者であるXが顔面を狙って回し蹴りをする行為は，生命に対する危険性の高い行為であったと評価できること，さらに，(b)Xにとっては，回し蹴り行為以外にも，より危険性の低い他の防衛手段が容易に選択可能であったことなどにかんがみれば，防衛行為の相当性が否定されることになる。さらに，Xが防衛手段の過剰性を基礎づける事実を認識していたかについても，まさに上記(a)(b)などの事情が本件行為の過剰性を基礎づけているのであるから，Xがこれらの事情を認識していたのであれば，過剰性の認識が認められる。すなわち，本件は類型⑤の事案と評価されることになり，故意犯が成立し，36条2項の適用が認められることになる[22)]。

かりに本件の事案において，XがBを威嚇する目的で，Bの身体付近を狙いつつも，身体に接触させないように回し蹴りをしたが，誤って足が顔面に命中してしまい，Bが死亡した場合であればどうだろうか（【事例1】）[23)]。この場合でも，やはり顔面に命中させてBを死亡させる行為は，Xが誤信した侵害行為との関係では過剰な防衛行為と評価されるだろう。しかし，Xは身体に接触させずに回し蹴りをする認識であったのだから，かりに，このような威嚇目的での回し蹴りが（Xの誤信した侵害を排除するために）相当な防衛行為と評価されるのであれば，過剰性の認識が否定され，故意犯の成立が否定されることになる（類型⑥として評価される）。さらに，たとえば周囲が暗かったため，Xが，Bがナイフや包丁などの凶器を所持しており，凶器を用いた攻撃に出ようとしていると誤信したような事例であれば（【事例2】），直ちに危険性の高い防衛手段に出る必要性があるから，そもそも顔面を狙った回し蹴り行為についても（誤信した侵害との関係で）相当性が認められる可能性がある。そして，相当性が認められる場合であれば，通常の誤想防衛の事案として，故意犯の成立が否定されることになる（類型④として評価される）。

なお，既に述べたように，【事例1】は侵害の誤信について過失がなければ，36条2項による刑の減免の余地があるが，【事例2】は誤想防衛の事例であり，36条2項の適用の余地はない。一見するとよく似た事例でありながら，36条2項の適否において結論を異にする点については，違和感を覚えるかもしれない。もっとも，【事例1】は侵害の誤信，相当性の誤信という二重の誤信が競

---

22) なお，森永真綱「誤想過剰防衛」松原芳博編『刑法の判例〔総論〕』（成文堂，2011年）105頁は，本件においては被告人Xの帰責性が強いことから，刑の減軽も否定されるべきであったとする。

23) ここでは，身体的接触がなくても，身体付近に対する有形力の行使があれば暴行罪の構成要件に該当するという通説の立場を前提とすることにしたい。このような理解からは，本件についても，傷害致死罪の構成要件該当性が認められる。

24) このような通説的理解に疑問を示す見解として，曲田統「判批」法学新報（中央大学）109巻

合する事例であるのに対して，【事例2】は侵害（の存否及び程度）の誤信のみが問題となっている。本書のように，侵害の誤信について過失がない場合に限って36条2項が適用可能と解する立場からは，誤信がいずれの段階で生じたかが，36条2項の適否においては重要な相違とならざるを得ない。通説の立場からも，類型④に36条2項の適用を否定し，類型⑥に（少なくとも一定の範囲で）同項の適用を肯定するという区別は，当然の前提とされてきたと思われる[24]。

Ⅳ．防衛行為と第三者

1．問題の所在

防衛行為によって第三者の法益を侵害した場合の処理が，いわゆる「防衛行為と第三者」として議論されている。この問題は，3つの類型に分けて論じられるのが一般的である[25]。

まず，第1類型は，たとえばAが第三者Bの所有するバットを利用してXを殴打しようとしたため，Xが防衛行為としてそのバットを損壊した場合のように，不正の侵害の手段として利用された第三者の法益を侵害する行為である。これについては，Bのバットも Aによる不正の侵害の一部を構成しているとして，正当防衛の成立を認めるのが一般的な理解である。これに対して第2類型は，防衛行為者が第三者の財物等を防衛手段として利用し，それを侵害する場合であり，たとえばAによる侵害行為を避けようとして，Xが第三者Bのバットを用いて防衛行為に出た結果，（Aが傷害を負ったことに加えて）Bのバットが損壊したような場合である。この場合，Bのバットは不正の侵害の一部を構成するわけではなく，要保護性のある正当な利益であることから，緊急避難が成立する限度で違法性阻却されると解される。したがって，Xが自分のバットを用いて防衛行為に出ることが可能であった場合，さらに，そもそも現場から退避する可能性があった場合には，避難行為の補充性を欠き，緊急

3号（2002年）194頁以下を参照。

25）　この問題について検討を加えるものとして，齊藤誠二「正当防衛と第三者」森下忠先生古稀祝賀(上)『変動期の刑事法学』（成文堂，1995年）219頁以下，曽根威彦『刑法の重要問題〔総論〕〔第2版〕』（成文堂，2005年）98頁以下，奥村正雄「防衛行為と第三者の法益侵害」現代刑事法56号（2003年）39頁以下，川端・前掲注9)199頁以下，齊藤彰子「防衛行為と第三者」争点46頁以下などを参照。

避難が成立しないことになる。

誤想（過剰）防衛に関連する問題として，本章で検討するのは第３類型である。この類型は，侵害者に対して向けられた防衛行為が，結果的に侵害者以外の第三者の法益を侵害した場合であり，たとえばＡから侵害を受けたＸが，防衛行為としてＡに向けて石を投げたところ，その石が誤って第三者Ｂに命中してＢが傷害を負ったような事例である。学説においては，緊急避難による違法性阻却を認める見解，さらに，「誤想防衛の一種」として故意阻却を認める見解が主張されている[26]。もちろん，両者の見解は排他的な関係にあるわけではないから，一定の場合については緊急避難の成立を認め，さらに，緊急避難が成立しない場合については故意を阻却するという解決も当然に可能であろう[27]。以下では，それぞれの解決の当否について，簡単に検討を加えることにしたい。

2. 緊急避難の成否

はじめに確認しておくべきことは，緊急避難の成否は当然のことではあるが，個別の事実関係に依拠すべき問題であり，第三者の法益侵害が常に緊急避難を構成するという結論はあり得ないことである。第３類型については，とりわけ「やむを得ずにした行為」（＝避難行為の補充性）の要件をどのように判断すべきか，また，その際に当該行為が防衛行為として行われていることをどのように評価すべきか，という点が重要な問題となる。

緊急避難における「やむを得ずにした行為」は，避難行為の補充性を意味すると解されており，これは危険を回避する手段として，本件行為以外に，侵害性のより軽微な手段が存在しないことを意味する。すなわち，被侵害法益に対する危険を回避するためには，当該法益を侵害する以外に手段がないという関係（二者択一的な関係）が要求されることになる[28]。したがって，たとえばＡ

26）さらに，第三者の法益侵害も「防衛行為」それ自体から生じていることから，正当防衛の成立を認める見解も主張されている（川端・前掲注 9)224 頁以下など）。しかし，正当防衛は「不正の侵害」に対する対抗行為である必要があるから，「正」の第三者に対する侵害行為を正当防衛によってカバーすることには疑問がある。たとえば山口・新判例 55 頁を参照。

27）このような指摘として，井田 285 頁を参照。

28）たとえば内藤㈲387 頁を参照。

29）この点について，山中 509 頁，山口・新判例 55 頁注 14 を参照。

30）このような理解を押し進めた場合，避難行為の補充性の要件は，行為者の能力によって左右されることになる。たとえば猛犬に襲われた場合などについても，足が速い行為者であれば退避行為が要求されるが，足の遅い行為者については，他人の住居等に侵入して難を逃れる行為につい

がBを盾にしてXに対する侵害行為に出ており，Xが自分の利益を保護するためにはAに向けて石を投げる以外に方法がなく，しかも，その場合にはBにも石が命中することを避けようがない場合であれば，Bの身体を侵害する行為について，まさに避難行為の補充性が認められ，緊急避難が成立することになる[29)]。さらにいえば，人間が自分の行動をコントロールする能力には自ずから限界があるから，Aには命中するが，Bには命中しないように投石することが物理的には可能であるとしても，行為者の能力を前提にした場合，そのようなコントロールが不可能であった場合についても，補充性を認めるべきであろう。法は行為者に不可能を強いるべきではないからである[30)]。もっとも，明らかに手元が狂ってしまい，Bに石が命中したような場合についてまで補充性の要件を肯定すべきではないだろう。緊急状況においてはコントロールミスも「やむを得ない」として補充性を認めてしまうのでは，あまりにも補充性の要件が弛緩してしまい，妥当ではないように思われる。あくまでも防衛行為から不可避的に発生したと評価できる限度で，補充性要件の充足を認めるべきであろう。

なお，学説においては，Aに対する防衛行為の相当性と，Bに対する避難行為の補充性を統一的に把握する見解も主張されている。すなわちXの行為は1つなのであるから，その行為の正当性を判断する際には，Aとの関係，Bとの関係をともに視野に入れた上で，統一的な判断をすべきと解する理解である[31)]。しかしながら，Aに対する法益侵害とBに対する法益侵害は別個の結果惹起なのであるから，両者の法的評価を常に統一的に判断すべき必然性は乏しいように思われる。たとえば上記の第2類型の事例においても，Aに対する傷害結果が正当防衛として違法性阻却されるとしても，Bに対する緊急避難が常に成立するわけではない[32)]。

て補充性が充たされることになろう。

31)　齊藤彰子「判批」金沢法学47巻1号（2004年）346頁以下を参照。両者を統一的に把握することによって，防衛行為の相当性が認められる範囲が限定される一方で，避難行為の補充性が肯定される範囲が拡張されることになる。

32)　そもそも正当防衛と緊急避難が競合するということ自体，両者の正当化の判断基準を相対的に把握することを当然の前提としているものと思われる。たとえば第2類型の事例において，現場で利用可能な道具はBのバットしかなかったが，そもそもXは現場から容易に退避可能であった場合，Aに対する正当防衛としては退避行為が義務づけられないが，Bに対する緊急避難については退避が義務づけられることになる。

このように第三者に対する法益侵害については，それが防衛行為から不可避的に生ずるものとして，補充性の要件を充たし，緊急避難が成立する場面があることは否定できないが，このような解決が可能な事例はかなり限られてくると思われる[33)]。なお，大阪高判平成14・9・4（判タ1114号293頁）は，Aらから実兄Bが攻撃を受けている状況において，被告人がBを助けるためにAの方向に自動車を急後退させたところ，Aの右手に自車を当て，さらにBに衝突して同人を轢過し，死亡させたという事件について，「たまたま意外なBに衝突し轢過した行為は客観的に緊急行為性を欠く行為であり，しかも避難に向けられたとはいえないから緊急避難だとするのも相当でない」と判示しており，緊急避難による解決を排斥している[34)]。本件は被告人がBの身体を防衛するために，結果的にBの生命を侵害した事案であり，被侵害者に対する危難を回避するために，被侵害者自身の，しかも被侵害法益よりも重大な法益が侵害されている。このように本件轢過行為は，およそ第三者への危険転嫁行為と評価できないものであったことから，裁判所は「避難に向けられた」行為とはいえないと判示したものと思われる。このような理解からは，本判決も，被侵害者以外の第三者を侵害する行為について緊急避難が成立する余地を全面的に否定したものではないと評価することができる。

3. 故意犯の成否

第3類型の事例について緊急避難の成立を否定した場合，Bに対する傷害行為について故意犯が成立するかが問題となるが，具体的法定符合説の立場からは（Bに命中することを未必的に認識している場合を除いて）そもそも故意が認められないことになるから，もっぱら過失犯の成否のみが問題となる。これに対して，抽象的法定符合説の立場からは，AとBが「人」というレベルで符合することから，Bに対しても暴行・傷害の故意が認められることになる。そこで有力な学説は，本件の行為者はあくまでも防衛行為として行為しており，「誤想防衛の一種」に当たるとして，故意の阻却を認めている[35)]。前掲の大阪

33）なお，補充性を欠いた場合について過剰避難の成立を認める立場からは，広い範囲で過剰避難による刑の減免が認められることになるが，少なくとも他の法益を侵害することなく危険を回避できる場合については，過剰避難の成立を認めるべきではないと思われる。この点については，橋爪隆「判批」セレクト'99（法教234号別冊付録）28頁，佐伯198頁を参照。

34）この点を批判するものとして，曲田統「判批」札幌学院法学20巻1号（2003年）86頁以下を

高裁平成14年判決も「被告人が主観的には正当防衛だと認識して行為している以上，Bに本件車両を衝突させ轢過してしまった行為については，故意非難を向け得る主観的事情は存在しないというべきであるから，いわゆる誤想防衛の一種として，過失責任を問い得ることは格別，故意責任を肯定することはできないというべきである」と判示して，故意犯の成立が否定される旨を明らかにしている。

誤想防衛としての解決に対しては，そもそも第3類型の事例においては，急迫不正の侵害が現在しており，しかもXはBからの侵害行為を誤信して行為に出たわけでもないから，これを「誤想防衛の一種」と評価することが適切ではないという批判がある[36)]。たしかに本類型の行為者は，侵害行為を誤想しているわけではないから，これが誤想防衛の典型的な場面ではないことは否定できない。しかしながら，誤想防衛説の論者は，何らかの事実を誤想したというよりも，「正当防衛に該当する事実しか認識していない」ということを問題にしているのであるから[37)]，それを「誤想防衛の一種」と表現することの当否はともかくとして，違法性を基礎づける事実の認識が欠けるとして故意を阻却する理解は，十分に成り立ちうるように思われる。

むしろ検討すべき点は，このような問題解決が抽象的法定符合説の前提と整合的かという問題である。抽象的法定符合説は，およそ「人」に対する暴行・傷害の故意があれば，発生した暴行・傷害結果すべてについて故意犯の成立を認める見解であるから，第3類型の事例についても，Xは構成要件レベルの評価としては，Bに対する暴行・傷害の故意が認められることになる。このような前提から，学説においては，そもそもXはBに対する侵害結果を認識した上で防衛行為に及んだと評価されることになるから，抽象的法定符合説の前提からは，「正当防衛に該当する事実しか認識していない」と評価することができず，結局，故意阻却を認めることができないという批判がある[38)]。しかしながら，結論から言えば，抽象的法定符合説を前提としても「誤想防衛の一種」として故意阻却を認める余地は十分にあると思われる。抽象的法定符合説

参照。

35)　団藤242頁，佐久間・前掲注8)372頁以下，前田317頁以下などを参照。

36)　たとえば平野・諸問題(上)77頁，内藤(中)388頁以下，高橋296頁以下などを参照。

37)　この点について，齊藤・前掲注31)341頁を参照。

38)　たとえば平野・諸問題(上)77頁，山中507頁，齊藤・前掲注31)342頁などを参照。

は個別の被害者を認識していなくても，およそ「人」という認識があれば故意犯の成立を認める見解であるが，それは認識事実と客観的事実が符合する限度で構成要件的故意を認める見解にすぎず，（認識していなかった）Ｂに対する侵害結果を認識・予見していたと擬制する論理ではない[39]。さらに，そもそも「違法性を基礎づける事実の認識」の存否を判断するときには，構成要件的故意としての評価を離れて，より具体的な認識内容を判断対象とする必要がある。たとえばＸがＡに対する防衛行為として，足を狙って投石したが，石が頭に命中し，Ａが重傷を負ったとする。頭部の傷害と足の傷害は具体的法定符合説の立場からも構成要件的に同価値であるから，いかなる見解を前提としても，Ｘには構成要件レベルでは暴行・傷害の故意が認められることになる。しかし，違法性阻却事由の誤信を検討する段階においては，かりに頭部に重傷を負わせる行為は相当性を逸脱しているが，足に命中させる行為は相当な防衛行為と評価される場合であれば，あくまでもＸは足に命中させる認識しかない以上，違法性を基礎づける事実の認識がないとして，故意が阻却されるべきであろう[40]。このように「違法性を基礎づける事実の認識」の存否については，同一の構成要件的評価を受ける事実の範囲であっても，さらに具体的な認識内容を考慮せざるを得ないのである。このような理解からは，抽象的法定符合説を前提にしても，第３類型の事例について故意犯の成立を否定する解決は十分に成り立ちうるものと思われる[41]。もっとも，故意阻却を認めるためには，行為者が正当防衛と評価される事実のみを認識したことが必要となるから，第３類型の事例において，そもそもＸがＡに対して投石する行為が過剰な防衛行為と評価される場合には，抽象的法定符合説の立場からは，違法性（過剰性）を基礎づける事実の認識がある以上，Ｂの傷害結果について故意阻却の余地がないことになる。具体的法定符合説からは，この場合でもＢについて傷害の故意が否定されることは当然である。

なお，前掲大阪高裁判決は，おそらく抽象的法定符合説に対する上記のような批判を意識して，本件については「被告人にとってＢは兄であり，共に相手方の襲撃から逃げようとしていた味方同士であって，暴行の故意を向けた相

39）この点について，鈴木左斗志「判批」百選 59 頁を参照。
40）この点について，平野・諸問題(上)78 頁を参照。
41）もちろん，抽象的法定符合説それ自体が妥当かについては別論である。

手方グループ員とでは構成要件的評価の観点からみて法的に人として同価値であるとはいえず，暴行の故意を向ける相手方グループ員とは正反対の，むしろ相手方グループから救助すべき『人』であるから……およそ故意の符合を認める根拠に欠ける」と判示しており，抽象的法定符合説の立場からも構成要件的符合が認められない事例であったと説明している。しかし，既に述べたとおり，構成要件段階で符合を認めたとしても，違法性を基礎づける事実を具体的に認識していないとして故意を阻却することは十分に可能である。このような理解を前提とすれば，本判決は，そもそもこのような説明をする必要はなかったことになる[42]。

42)　さらに言えば，抽象的法定符合説の立場から，敵味方という属性によって構成要件的符合の限界を画することは不可能であろう。問題となるのは，不正の侵害者に対する対抗行為か否かという観点に尽きるのであり，それは結局のところ，「違法性を基礎づける事実の認識」の存否に解消されることになる。山口・新判例56頁を参照。

第7章
事実の錯誤について

Ⅰ．はじめに

事実の錯誤をめぐる問題（錯誤論）は，従来から活発に議論されてきた論点であるが，判例の立場が既に明らかにされていることもあり，最近では議論が収束してきた傾向にある。本章においては，これまでの議論の状況を概観した上で，なお検討が必要と思われる問題点について，さらに考えてみることにしたい。

事実の錯誤は，認識事実と実現事実の食い違いが同一構成要件内部の錯誤（具体的事実の錯誤）と，異なる構成要件にまたがった錯誤（抽象的事実の錯誤）に分類するのが一般である。両者それぞれについて検討を加えることにしたい。なお，因果関係の錯誤をめぐる問題については，第8章で別個取り上げることとする。

Ⅱ．具体的事実の錯誤

1．議論の整理

⑴　学説の対立

具体的事実の錯誤の設例としては，下記の【事例1】のような客体の錯誤，【事例2】のような方法の錯誤の事例が挙げられるのが一般的である。

【事例1】Xは，Aを殺害する意思で，目の前に現れた人をAであると思って殺害したが，実はその人はAではなく，Bであった。

【事例2】Xは，Aを殺害する意思で，Aに向けてけん銃を発射したが，弾丸はAには命中せず，その付近にいたBに命中し，同人を死亡させた。

この問題については，学説上，具体的法定符合説（具体的符合説）と抽象的法定符合説（法定的符合説）の対立があることは周知の通りである[1)]。前者の見解は，故意の認識対象として，個別具体的な法益主体の認識を要求するのに対して，後者の立場からは，同一の構成要件に該当する事実を認識していれば，その内部で齟齬があっても，故意が認められる。

【事例1】の客体の錯誤については，両説いずれの立場からもBに対する殺人罪の故意が認められる。具体的法定符合説からは，AかBかの食い違いは生じているが，「その人」を殺害する意思で，まさに「その人」を殺害している以上，「その人」（＝B）についての故意が認められる。他方，抽象的法定符合説からは，殺人罪の構成要件は「人を殺す」ことであるから，およそ「人を殺す」意思で，「人を殺す」行為が現実に行われていることから，殺人罪の故意が認められる。

これに対して，【事例2】の方法の錯誤については，具体的法定符合説からは，XはあくまでもAを殺害しようとしており，Bという被害者を殺害する認識・予見を欠くことから，Bについては殺人罪の故意犯の成立が否定されるのに対して[2)]，抽象的法定符合説からは，「人を殺す」意思で「人を殺す」行為が現実化していれば十分であるから，B死亡結果についても殺人罪が成立することになる。

抽象的法定符合説は，Aに関する故意をBに転用する見解であると説明されることがあるが，これは正確な理解ではない。そもそも同説のもとでは，「誰を殺害するか」を認識する必要はないから，Aに対する故意，Bに対する故意という区別自体が存在しないのである。したがって，「(誰か) 人を殺害する」という認識があり，それに対応する客観的事実が現実化していれば，その

1）　両説の詳細な分析として，上嶌一高「具体的事実の錯誤と法定的符合」川端博ほか編『理論刑法学の探究②』（成文堂，2009年）61頁以下を参照。

2）　B死亡について過失があれば，Bに対する過失致死罪とAに対する殺人未遂罪が成立し，両者が観念的競合の関係に立つ。

事実について故意が認められるのは当然ということになる。また，同説からは，【事例 2】について，A が死亡する危険が生じた点についても殺人罪の故意を否定しがたいことから，A に対する殺人未遂罪，B に対する殺人罪の両者がともに成立することになる（数故意犯説）。学説では，あくまでも X は 1 名の殺害を予見していることから，故意の個数を 1 個に限定する見解も主張されている（1 故意犯説）[3]。しかし，抽象的法定符合説からは，「人を殺す」意思で「人を殺す」行為が行われた以上，殺人罪（ないし殺人未遂罪）が成立するのであるから，その個数を限定する論理はそもそも内在していないといわざるを得ない。同説からは，故意の個数を限定せずに複数の故意犯の成立を認めつつ，罪数論で観念的競合として処理する見解が一貫している[4]。

(2) 判例

判例も，抽象的法定符合説の数故意犯説の立場に立つことを明らかにしている。すなわち最判昭和 53・7・28（刑集 32 巻 5 号 1068 頁）は，被告人が警ら中の巡査 B からけん銃を強取しようと決意し，周囲に人通りがなくなった頃を見計らって，B に対する未必の殺意をもって，同人の右肩部付近を狙って改造した建設用びょう打銃を発射したところ，B に胸部貫通銃創を負わせたにとどまったが，B の身体を貫通したびょうが，B から約 30m 離れた歩道を通行していた A の背部に命中し，同人に腹部貫通銃創を負わせたという事件について[5]，「犯罪の故意があるとするには，罪となるべき事実の認識を必要とするものであるが，犯人が認識した罪となるべき事実と現実に発生した事実とが必ずしも具体的に一致することを要するものではなく，両者が法定の範囲内において一致することをもつて足りるものと解すべきである……から，人を殺す意思のもとに殺害行為に出た以上，犯人の認識しなかった人に対してその結果が発生した場合にも，右の結果について殺人の故意があるものというべきであ

3） たとえば大塚 192 頁以下，川端 253 頁以下，佐久間 129 頁以下などを参照。

4） このような理解として，大谷 171 頁，高橋 199 頁，前田 194 頁，林 256 頁以下（もっとも両罪は包括一罪の関係に立つとする）などを参照。

5） 本件の第 1 審・原審では，A についても未必の殺意が認められるか否かが争われたが，原判決（東京高判昭和 52・3・8 高刑集 30 巻 1 号 150 頁）は，被告人は通行人がいないことを確認してびょう打銃を発射しており，A については未必的な暴行の故意も認められないと判断している。詳細は，新矢悦二「判解」最判解刑事篇昭和 53 年度 317 頁以下を参照。

6） 新矢・前掲注 5)329 頁以下を参照。

る」と判示して，Ｂに対する強盗殺人未遂罪の成立に加えて，Ａについても強盗殺人未遂罪の成立を認めている。

本判決は，認識事実と実現事実が同一構成要件に属する場合には，実現事実について故意犯の成立を認めるものであり，抽象的法定符合説の論理そのものである。また，Ｂ１名を殺害する意思しかない場合であっても，Ａ・Ｂ両名に対する強盗殺人未遂罪の成立を認めており，故意の個数を限定しない数故意犯説の立場が採用されている[6]。なお，本章のテーマからは離れるが，Ａについても（殺人未遂罪ではなく）強盗殺人未遂罪の成立が認められていることにも注意しておきたい。被告人はＢが占有するけん銃を強取する意図を有しているから，Ａは強盗罪における財産的な被害者ではない。しかし，強盗致死傷罪は財産犯としての側面よりも，むしろ人身犯としての性格を強く有しているといえるから，強盗の実行行為によって，財産的な被害者以外の者が死傷した場合についても，その者について強盗致死傷罪が成立することになる[7]。

(3)　構成要件的評価における重要性

具体的法定符合説・抽象的法定符合説は，法定的符合説（構成要件的符合説）の内部の対立として評価することができる。具体的法定符合説は，「具体的」といっても，行為者の意思を徹底的に具体化して，認識事実と実現事実に少しでも食い違いがあれば，故意を否定するような見解ではない[8]。同説は，故意として必要な認識の範囲を構成要件該当性という観点から把握する点においては，法定的符合説の一類型であり，それゆえ，具体的法定符合説と名付けられているのである[9]。したがって，具体的法定符合説の立場からも，被害者の氏名，年齢，性別などを認識・予見する必要がないことは当然である。故意を認めるためには，殺人罪の構成要件評価において重要な事実を認識していれば十分であるところ，これらの事実は，構成要件評価において法的な重要性を有し

7）　これは錯誤論に関する対立とは無関係の問題である。したがって，具体的法定符合説の立場からも，本件については，Ｂに対する強盗殺人未遂罪に加えて，Ａに対する強盗致傷罪が成立し，両罪が観念的競合の関係に立つことになる。

8）　なお，このような方向性を採用する見解として，齋野彦弥「徹底して具体化された故意の概念と故意の認定について」『松尾浩也先生古稀祝賀論文集㊤』（有斐閣，1998年）303頁以下を参照。

9）　平野龍一「具体的法定符合説について」平野・諸問題㊤75頁を参照。

ないからである。

それでは構成要件該当性の判断において重要な事実とは何か。この点において，抽象的法定符合説は，殺人罪の構成要件は「人を殺す」という事実に尽きているから，「人を殺す」という事実の認識があれば故意非難として十分であると解する[10]。これに対して，具体的法定符合説は，具体的な被害者が誰かという点も構成要件的評価においては決定的に重要であるという理解から出発する。たとえば1つの実行行為に基づいてＡとＢが死亡した場合，両名の死亡結果は同一の構成要件によって包括的に評価することはできず，それぞれが別個の構成要件該当事実として評価される。このことは，構成要件的評価において，法益主体（被害者）が誰かという事実が重要な意義を有することを意味している[11]。具体的法定符合説はこのような理解を前提に主張されているのである。

具体的法定符合説をこのように理解するのであれば，たとえばＸが暴行の故意でＡの足を狙って投石したところ，狙いがそれて，同人の頭に当たり傷害を負わせた場合，実現事実と認識事実との間の齟齬は，Ａという同一の被害者の身体内部の食い違いにすぎないから，暴行罪・傷害罪の構成要件的評価においては重要な相違ではなく，Ｘには傷害罪が成立する[12]。さらに，ＸがＡの所有物である花瓶を損壊しようとして，誤って同人の所有物であるテーブルを損壊した場合についても，被害客体が異なるものの，両者はＡの所有物の損壊というレベルで符合することから，具体的法定符合説からも，テーブルの損壊について器物損壊罪が成立すると解される。

2. 抽象的法定符合説の検討

抽象的法定符合説は，判例が採用する立場であり，また，一般的にその結論が常識に合致しているといわれる。もっとも，この見解をそのまま適用した場合，処罰範囲が無限定に広がるおそれがある。

たとえばＸがＡを殺害しようとしてけん銃を発砲したところ，たまたま天

10）たとえば大谷168頁などを参照。

11）山口221頁，佐伯仁志「故意・錯誤論」山口ほか・最前線107頁，松原235頁，専田泰孝「具体的事実の錯誤における法定的符合説と構成要件」愛知大学法学部法経論集169号（2005年）22頁以下などを参照。

12）このような理解として，西田典之「共犯の錯誤について」『団藤重光博士古稀祝賀論文集(3)』（有斐閣，1984年）99頁以下，山口226頁などを参照。これに対して，葛原力三「打撃の錯誤と客体の錯誤の区別(2・完)」関西大学法学論集36巻2号（1986年）140頁は，この場合にも故意

井裏に潜伏していた窃盗犯人Bに弾丸が命中し，同人が死亡した場合，抽象的法定符合説からはBの死亡結果についても殺人罪の故意を否定することができない。しかし，存在自体を予見できないBの死亡結果について，殺人罪の責任を負わせることは妥当ではないように思われる。抽象的法定符合説の立場からは，このような結論は，おそらく実行行為性や因果関係など客観的構成要件の解釈によって回避できると考えられていたように推測される[13)]。実際，折衷的相当因果関係説をそのまま適用すれば，Bの存在をXが認識しておらず，一般人も認識不可能であれば，Bの存在を判断基底から捨象して因果関係を判断するという理解も不可能ではない。しかしながら，Bが死亡したことは厳然たる事実であり，また，Bが死亡したからこそ因果関係の問題が生ずるにもかかわらず，「Bはいなかったことにしよう」として因果関係を否定するというのは，やはり適切な解決とはいえないように思われる[14)]。実際，危険の現実化として因果関係を理解する立場からは，当然にXの発砲行為とB死亡との間に因果関係が認められるであろう。

また，XらがPに対して長時間執拗な暴行を加えた結果，Pが必死に逃走を図る過程で，Qが運転する自転車に衝突して傷害を負った場合には，Xの暴行行為とPの傷害結果との間には因果関係を認めることができるが（最決平成15・7・16刑集57巻7号950頁〔高速道路進入事件〕参照），かりにその際に，QもPに衝突した後，その衝撃で転倒して負傷した場合であれば，Xの暴行行為とQの傷害結果との間にも因果関係が認められることになる。そうすると，抽象的法定符合説の立場からは，Qの負傷についてもXには傷害罪が成立することになるのだろうか[15)]。しかし，私にはこのような場合まで故意犯の成立を認めるのは処罰範囲が広すぎて，妥当ではないように思われる。

この点において，学説では，当該具体的状況で実行行為を行えば，同種の客体に結果が発生する可能性を排除し得ない場合に限って，結果発生について故意責任を認める見解が主張されている[16)]。この見解によれば，方法の錯誤が

を否定する可能性を示唆する。

13)　たとえば大谷172頁を参照。

14)　このような指摘として，安廣文夫「判解」最判解刑事篇平成元年度87頁，98頁注20を参照。

15)　この場合，Qに対する暴行の実行行為がないという反論があるかもしれないが，道路上に障害物を置いて運転者を負傷させる行為は傷害罪を構成しうるのであるから，本件行為も（客観的には）Pの行為およびその身体を媒介として，Qに物理力を作用させる行為と評価することが可能であろう。

生ずることが十分に想定される状況に限って故意犯の成立が認められることになるから，事実上，結果発生の予見可能性が認められる範囲で，故意の符合が肯定されることになる。このように予見可能性による限定を付すことができれば，抽象的法定符合説の立場からも，故意犯の成立範囲を妥当な範囲に限定することができる[17]。ただ，理論的な問題として残るのは，はたして抽象的法定符合説の前提から，このような限定を付すことが可能かである。同説は「人を殺す」意思で「人を殺す」行為が行われれば故意の符合を認める見解であるから，符合の限界を予見可能性によって画することが正当化できるかについては，なお理論的な検討が必要であろう。

3. 具体的法定符合説の検討

具体的法定符合説の論拠は，既にみたように，構成要件評価における法益主体（被害者）の重要性である。もっとも，【事例 1】のような客体の錯誤の事例においても，X は A という法益主体を侵害することを予見していたが，結果的には B という法益主体が侵害されているのであり，異なる法益主体が侵害されている。したがって，具体的法定符合説からは客体の錯誤についても故意が阻却されるのではないか，という疑問が生じうるところである[18]。この点については，客体の錯誤においては，被害者の特定は最終的にはその名前によって行われてはいないという説明がされている。すなわち X は当初，A を殺害しようとしていたが，B を発見してこれを A と認識した。この段階で X の故意は A 殺害ではなく，「X によって A として認識された者」を殺害するという認識に発展している。したがって，X が殺害したのが現実には B であっても，B は「X によって A として認識された者」として特定されていることから，その被害者を殺害するという故意が認められるのである[19]。このように具体的法定符合説の立場からは，どのようなかたちで法益主体が具体的に特定されるかによって，故意犯の成否が左右されることになるため，認識し

16） 井田良「故意における客体の特定および『個数』の特定に関する一考察(3)」法研 58 巻 11 号（1985 年）86 頁以下，井田 192 頁以下を参照（もっとも，井田教授は抽象的法定符合説を支持されているわけではない）。

17） 佐伯 267 頁以下も，実務においては，結果発生が予見可能であった範囲で故意の符合を認めているのではないか，と推測している。

18） このような指摘として，上嶌・前掲注 1)97 頁以下を参照。

ていた法益主体（被害者）を特定する基準が重要な問題となる。これは従来，客体の錯誤と方法の錯誤の区別として論じられていた問題である。

まず，行為者が視覚，聴覚など感覚の作用によって，被害者を把握・特定している場合には，「行為者の感覚によって特定された被害者」として法益主体が特定されることになるから，その被害者について故意犯の成立が認められる。たとえばＸがＡに脅迫電話をかけるつもりが，電話番号を間違えてＢに架電し，Ｂが電話に出たのを聞いて（それをＡだと誤信しつつ）脅迫的な発言に出た場合，電話に出た被害者を特定した上で脅迫行為に出ているから（客体の錯誤の類型として）故意が認められる。着ぐるみショーで着ぐるみの中に入っている人間がＡだと思って殺害したが，実はＢであったという場合も，「着ぐるみの中に人間が入っている」という事実を視覚によって特定した上で殺害しているのであるから，やはり殺人罪の故意が認められるであろう。

それでは，ＸがＡを殺害する目的で，深夜，Ａが出勤に利用する自動車に爆弾を仕掛け，エンジンを作動させれば爆発するようにセットしたところ，翌朝，Ａの出勤前にその家族のＢが乗車して死亡した場合はどうだろうか。この場合，Ｘは被害者Ｂが乗車するのを認識してから爆弾を仕掛けたわけではない。したがって，Ｘが認識していた被害者はＡとして特定されているにとどまり，具体的法定符合説の立場からは，Ｂ死亡についての故意を否定するのが素直な理解であろう[20)]。しかしながら，自動車に爆弾を仕掛ければ，必ず誰かが死亡するのである。それにもかかわらず，たまたまＢが乗車したからといって故意犯の成立を否定することは，結論において妥当ではないように思われる[21)]。この点において，山口厚教授は，Ｘの犯行計画によれば被害者が自動車に乗ることが不可欠の前提であることから，Ｘが認識している被害者は「自動車に乗る人」というかたちで特定されるとして，（実際に自動車に乗った）Ｂの死亡結果について故意犯の成立を認められる[22)]。この事例について故意犯の成立を認める結論には賛成したい。ただ，このように「結果が発生する

19）　基本的に同趣旨の説明として，山口222頁以下を参照。

20）　このような結論を支持するものとして，西田239頁以下，松原240頁などを参照。

21）　実行の着手に関する理解とも関係するが，そもそもＡに対する殺人未遂罪も成立しない余地がある。

22）　山口227頁を参照。なお，山中348頁は，自ら制御できない他人の将来の行動を予測した場合は客体の錯誤であり，故意犯の成立が認められるとする。

ために必要となる前提条件」を組み込んで被害者を特定するということは，たとえばけん銃を発砲する事例については，行為者によって特定される被害者は「けん銃の弾丸が命中する人」ということになりかねず[23]，その帰結は限りなく抽象的法定符合説の立場に近づくことになる。

このように具体的法定符合説の立場からも，処罰範囲を合理的に画するためには，なお検討すべき問題が残されている[24]。私は，具体的法定符合説が妥当であると考えてきたが，具体的法定符合説を前提としつつ，故意犯の成立範囲を拡張する可能性，あるいは逆に，抽象的法定符合説の処罰範囲を限定する可能性については，さらに検討が必要である。

Ⅲ．抽象的事実の錯誤

1．問題の所在

故意犯の成立を認めるためには，少なくとも構成要件該当事実の認識・予見が必要とされるのが通説的な理解である[25]。したがって抽象的事実の錯誤の問題，すなわち認識した事実と実現した事実が異なる構成要件に属する事例については，実現した構成要件該当事実についての認識が欠ける以上，故意犯の成立を否定するのが原則ということになる[26]。もっとも，判例・通説は構成要件が実質的に重なり合う限度で故意犯の成立を肯定している。形式的な重なり合いがある場合には，その限度では構成要件該当事実の認識がある以上，故意犯が成立するのは当然のことであり，「故意犯の成立を認めるためには構成要件該当事実の認識が必要である」という前提をそのまま適用したにすぎないが，ここでは形式的な観点を離れて，「実質的な重なり合い」（実質的符合）がある場合にも，その限度で故意犯の成立が認められていることが重要である。この「構成要件の実質的符合」という表現は，刑法の学修においても広く共有されていると思われるが，そもそも「実質的符合」というのがいかなる内容を意味しており，また，なぜ実質的符合が認められれば故意犯が成立するのかに

23）　このような指摘として，西田 240 頁，佐伯 261 頁などを参照。

24）　なお，林 254 頁は，客体の錯誤と方法の錯誤の区別を理論的に根拠づけることは「おそらく不可能であろう」とする。

25）　厳格責任説の立場からは，構成要件該当事実の認識・予見が認められれば故意が認められることになるが，それ以外の立場からは，さらに違法性阻却事由の認識がないことが必要とされる。

ついては，必ずしも正確に理解されていないように思われる。

以下では，抽象的事実の錯誤をめぐる議論を概観した上で，構成要件の実質的符合の意義とその限界について，検討を加えることにしたい。

2. 判例・通説の理解

(1) 構成要件的符合説

まず，通説・判例の一般的な理解を確認しておくことにしたい。

故意犯の成立を認めるためには，構成要件該当事実の認識が必要である。通説の法定的符合説（構成要件的符合説）はこれを言い換えたものにすぎない。すなわち，認識事実と実現事実の間に構成要件的な重なり合いがあれば，その範囲については客観的な構成要件の実現が認められ，しかも，それに対応する認識も認められることになるから，その限度で故意犯が成立することになる。たとえば1項強盗罪の構成要件は「暴行・脅迫による財物の占有移転」であるから，意思に反する占有移転を内容とする窃盗罪の構成要件を完全に包摂する関係が認められる。したがって，両者の構成要件は窃盗罪の限度で重なり合うことになり，窃盗罪の故意で強盗罪を実現した場合についても，窃盗罪が成立する。

なお，既に見たように，具体的事実の錯誤については具体的法定符合説と抽象的法定符合説の対立があるが，両説は客体の錯誤については結論が異ならない。したがって，抽象的事実の錯誤の事例についても，客体の錯誤が問題になるケースについては，両説の対立は重要ではなく，同一の結論が導かれる。たとえばXがYに対してA宅での窃盗を教唆したところ，Aが在宅していたため，YがAに対する強盗行為に出た場合，窃盗も強盗も同一被害者の法益侵害であることには変わりはないから，具体的法定符合説の立場からも，Xに窃盗罪の教唆犯の成立が認められる。これに対して，YがA宅での窃盗を断念して，B宅に侵入し，強盗行為に及んだような場合には[27]，抽象的法定符合説からは，Xに窃盗罪の教唆犯の成立を認める余地があるが，具体的法定符

26）　構成要件該当事実の認識を要求する通説の立場からは，抽象的事実の錯誤の場合に故意犯の成立を認めるというのは，「一種の『異常事態』であるといえる」。山口・探究152頁参照。

27）　教唆の内容がそれほど限定的ではなく（たとえXが予見していないとしても）YがB宅に侵入し，強盗に及ぶことが十分にありうる事態であり，教唆行為との因果性が認められることを前提にする。

合説からは，そもそもＢの法益を侵害する認識が欠けることから，故意犯の成立が否定されることになる。

(2) 構成要件の実質的重なり合い

通説は構成要件に形式的な包摂関係（すなわち法条競合の関係）がある場合に限らず，構成要件に実質的符合が認められる場合についても，その限度で故意犯の成立を認める。典型的な事例として援用されるのが窃盗罪と占有離脱物横領罪である。両罪は被害客体が他人の占有する財物か，他人の占有を離れた財物かによって排他的に区別されているから，両者の構成要件をともに充足することはあり得ず，形式的な重なり合いは認められない。しかし，両罪がともに他人の所有物を領得する犯罪であることから，両者の構成要件は軽い罪である占有離脱物横領罪の限度では実質的に重なり合っているとして，たとえば占有離脱物横領罪の故意で窃盗罪を実現した場合についても，占有離脱物横領罪の故意犯の成立を認めるのが通説の理解であり，その趣旨の裁判例も存在する（たとえば大判大正9・3・29刑録26輯211頁，東京高判昭和35・7・15下刑集2巻7=8号989頁）。

このような実質的符合の理解を示した重要な判例が，最決昭和54・3・27（刑集33巻2号140頁）である。本決定は，麻薬を覚せい剤と誤信して輸入した行為，すなわち客観的には麻薬取締法における麻薬輸入罪を実現したが，覚せい剤取締法における覚せい剤輸入罪の故意を有していた事案について，「麻薬と覚せい剤とは，ともに，その濫用によってこれに対する精神的ないし身体的依存（いわゆる慢性中毒）の状態を形成し，個人及び社会に対し重大な害悪をもたらすおそれのある薬物であって，外観上も類似したものが多いことなどにかんがみると，麻薬と覚せい剤との間には，実質的には同一の法律による規制に服しているとみうるような類似性があるというべきである」とした上で，覚せい剤輸入罪と麻薬輸入罪は「その目的物が覚せい剤か麻薬かの差異があるだけで，その余の犯罪構成要件要素は同一であり，その法定刑も全く同一であるところ，前記のような麻薬と覚せい剤との類似性にかんがみると，この場合，両罪の構成要件は実質的に全く重なり合っているものとみるのが相当であるから，麻薬を覚せい剤と誤認した錯誤は，生じた結果である麻薬輸入の罪についての故意を阻却するものではない」として，麻薬輸入罪の成立を認めている。

さらに本件においては，麻薬は輸入禁制品，覚せい剤は輸入制限物件（税関長の許可が必要）であることから，被告人は関税法上の無許可輸入罪を犯す意思で禁制品輸入罪を実現したことになるが，「覚せい剤を無許可で輸入する罪と輸入禁制品である麻薬を輸入する罪とは，ともに通関手続を履行しないでした類似する貨物の密輸入行為を処罰の対象とする限度において，その犯罪構成要件は重なり合っているものと解するのが相当である。本件において，被告人は，覚せい剤を無許可で輸入する罪を犯す意思であったというのであるから，輸入にかかる貨物が輸入禁制品たる麻薬であるという重い罪となるべき事実の認識がなく，輸入禁制品である麻薬を輸入する罪の故意を欠くものとして同罪の成立は認められないが，両罪の構成要件が重なり合う限度で軽い覚せい剤を無許可で輸入する罪の故意が成立し同罪が成立するものと解すべきである」と判示している[28]。

(3)　故意／客観的構成要件

このように通説・判例は構成要件が実質的に重なり合う限度で故意犯の成立を認めているため，学生のみなさんの中には，構成要件が重なり合う場合には常に軽い罪の故意犯が成立すると機械的に理解している人が多い印象を受ける。しかし，このような結論だけを覚えていても意味がないのであって，なぜ，このような結論に至るのかを具体的事例に即して説明できることが重要である。念のため，学修上重要な点を確認しておきたい。

たとえば窃盗罪の故意で強盗罪を実現した場合，両罪は窃盗罪の限度で符合するから，窃盗罪の成立が認められることになるが，それは構成要件が符合する限度で窃盗罪の故意が認められるからではない。この場合，窃盗罪の故意があるのは当たり前であり，問題は同罪の客観的構成要件の充足である。この点，両罪の構成要件が符合することから，強盗罪の構成要件が実現している場合には，そこに包摂されている窃盗罪の構成要件も実現していると評価するこ

---

28)　さらに最決昭和61・6・9刑集40巻4号269頁においては，覚せい剤を麻薬であるコカインであると誤信して所持した事件について，麻薬所持罪と覚せい剤所持罪（後者の方が法定刑が高い）の関係について，「両罪の構成要件は，軽い前者の罪の限度において，実質的に重なり合っているものと解するのが相当である」として，「麻薬所持罪の故意が成立し同罪が成立する」と判示しており，昭和54年判例と同様，構成要件の実質的な重なり合いが重視されている（昭和54年判例が明示的に引用されている）。

とができるため，同罪の客観面・主観面がともに充足され，窃盗罪が成立するのである。問題は窃盗罪の客観的構成要件の存否に尽きており，故意の存否が問題になっているわけではない。したがって，前掲昭和54年判例が，関税法違反の罪の成否について，「両罪の構成要件が重なり合う限度で軽い覚せい剤を無許可で輸入する罪の故意が成立」すると述べているのも正確な表現とはいえない[29)]。本件の場合も，被告人に無許可輸入罪の故意があるのは当然であり，問題は同罪の客観的構成要件の充足である。

これに対して，強盗罪の故意で窃盗罪を実現した場合には，窃盗罪の客観的構成要件は当然に充足しているから，もっぱら同罪の故意の存否が問題となる。そして，強盗罪の構成要件が窃盗罪を包摂していることから，強盗罪の構成要件該当事実の認識があれば，そこには当然ながら，窃盗罪の構成要件に該当する事実の認識も含まれている。したがって，強盗罪の故意があれば，窃盗罪の故意も認められるのである。ここでは故意の存否が問題とされているが，故意として構成要件該当事実の認識が必要になることから，客観的構成要件が重なり合っているという事実が主観面に反映され，故意の重なり合いが認められることになる。

なお，実現した構成要件的結果について故意既遂犯の成立を認めるとしても，さらに（故意がなく実現された結果に対する）過失犯，（故意は認められるが既遂結果が発生していない犯罪に関する）未遂犯の成否をあわせて検討する必要がある。たとえば上記のように強盗罪の故意で窃盗罪を実現した場合，窃盗罪の故意既遂犯を認めることができるが，さらに強盗罪が実現する危険性が認められるのであれば，強盗罪の未遂犯が成立することになる。両者の罪数関係が問題となりうるが，両者は同一の法益侵害に関する複数の法的評価にすぎないことから，法条競合の関係に立つことになろう（したがって強盗未遂罪のみで処理される）。また，たとえば死体遺棄罪の故意で殺人罪を犯した場合については，後述するように，両罪の構成要件が実質的に符合せず，死体遺棄罪の故意犯が成立しないが，死亡結果の惹起について過失があれば過失致死罪の成立を

---

29) この点については，松原246頁注41を参照。

30) 髙山佳奈子『故意と違法性の意識』（有斐閣，1999年）215頁を参照。

31) 佐伯仁志「故意・錯誤論」山口ほか・最前線102頁などを参照。

32) 現在において抽象的符合説を採用する見解として，たとえば日高義博『刑法における錯誤論の新展開』（成文堂，1991年）31頁以下，325頁以下，斎藤136頁以下などを参照。

認めることができる。

3. 故意の構成要件関連性

(1) 総説

前述のとおり，構成要件符合説の出発点は，故意犯が成立するためには，少なくとも構成要件該当事実の認識・予見が必要であるという点にある。故意犯の成立要件として，この点を否定することは困難であろう。刑法38条1項は「罪を犯す意思」を故意として要求しているところ，まさに「罪」の個別的な内容が構成要件該当事実というかたちで具体化しているのであるから，構成要件該当事実の認識は故意の不可欠の要素というべきであろう。高山佳奈子教授が指摘されるように，犯罪の客観面において罪刑法定主義が妥当する以上，主観面においても罪刑法定主義の要請に基づいて，構成要件該当事実の認識が要求されるのである[30]。故意犯における法的非難という観点からも，構成要件該当事実を惹起したことに関する法的非難は，まさにその不法内容を主観的に認識した上で行為に出たという事実によって基礎付けられると説明することができよう[31]。このように故意犯処罰においては構成要件該当事実の認識が必要であるという前提に立つ以上，その帰結として構成要件的符合説（法定的符合説）が導かれ，認識事実と実現事実が構成要件的に重なり合う限度で故意犯が成立することになる。

学説においては，認識事実と実現事実が構成要件を異にする場合であっても，軽い罪の限度で故意犯処罰を認める見解（抽象的符合説）も主張されている[32]。この見解に従えば，たとえば器物損壊罪の故意で傷害罪を実現した場合についても，器物損壊罪の法定刑の範囲内で故意犯の責任が認められることになる[33]。たしかに器物損壊罪の構成要件を認識している場合であっても，それを契機として反対動機を形成することは可能であるから，故意責任の本質をもっぱら反対動機形成可能性に基づく非難に求めるのであれば，抽象的符合説に帰着することになろう[34]。しかしながら，故意の機能は反対動機形成可

---

33)　抽象的符合説の中でも様々な見解のバリエーションがあり，その結論は一様ではない（詳細な検討は，内藤(下)Ⅰ 967頁以下を参照）。たとえば日高・前掲注32)37頁は，傷害罪と器物損壊罪を合一的に評価した結果，傷害罪が成立するが，38条2項の制約によって，その処断刑は器物損壊罪の範囲に限定されるとする。しかし，繰り返し指摘されている点であるが，罪名と処断刑を分断する解釈は妥当ではない。

能性の媒介に尽きるわけではない。一定の法益侵害事実を認識しつつ，あえてそれを実現したという事実によって，当該法益を侵害しようとする意思が認められ，当該犯罪に関する故意犯としての責任非難が基礎付けられるのである。そして，法益を侵害しようとする意思を認めるためには，やはり法益侵害事実（＝構成要件該当事実）ごとの質的な相違が重要な意味を有するのである。抽象的符合説は，構成要件の質的な相違を無視して，これを単なる（違法性の）量的な相違に解消してしまう点において，問題がある[35]。

⑵ 不法・責任符合説

さらに学説では，構成要件該当事実の認識がなくても，その背後にある犯罪の実質，すなわち不法・責任内容の認識があれば足りるとする見解（不法・責任符合説）が主張されている[36]。町野朔教授によれば，覚せい剤輸入罪と麻薬輸入罪は異なる構成要件である以上，前者の認識があっても，後者の構成要件該当事実の認識が認められることはあり得ない。しかし，両罪の処罰の根拠，すなわちその不法・責任内容は完全に一致するので，いずれの薬物の認識を有していても，実現した犯罪について故意が阻却されないことになる。占有物と誤信して占有離脱物を領得した場合についても，「占有を離れた物」を領得する認識がなくても，窃盗罪の不法・責任内容の認識があれば，そこに包摂される占有離脱物横領罪の不法・責任内容の認識も認められることから，同罪の故意犯が成立する[37]。これらの説明から明らかなように，不法・責任符合説の具体的な結論は，構成要件の実質的重なり合いの限度で故意犯の成立を認める通説の帰結とほとんど異なるものではないが[38]，この見解は，通説が客観的構成要件の符合を要求しつつも，「実質的」という観点からそれを緩和している点を厳しく批判し，故意の認識対象は形式的な構成要件ではなく，犯罪の実質に関する認識が重要である点を示した点において重要な意義を有している。

しかしながら，この見解を前提としても，故意の内容から構成要件該当事実の認識という限定を放棄することはできない。かりに麻薬，覚せい剤と同程度

34） この点について，佐伯・前掲注 31)119 頁を参照。

35） たとえば平野Ⅰ 178 頁，中森喜彦「錯誤論 2」法教 107 号（1989 年）53 頁などを参照。

36） 町野朔「法定的符合について㈦」警研 54 巻 5 号（1983 年）8 頁以下を参照。前掲昭和 61 年判例の谷口正孝裁判官の補足意見は，まさにこの見解に依拠したものである。

37） 町野・前掲注 36)9 頁，12 頁などを参照。

の有害性，依存性を有しているが，現時点では規制されていない薬物Ａがあるとしよう。覚せい剤を薬物Ａと誤信して輸入した場合，通説の理解からは故意犯の成立が当然に否定されるが，不法・責任符合説からは覚せい剤と同様の不法・責任内容を認識していたとして，同罪の成立が認められかねない[39]。もちろん町野教授は，不法・責任の内容や程度は法定刑を基準とするべきであるとされ，構成要件がない場合には不法・責任内容がゼロであるとして故意犯の成立を否定されているが，このことは結局のところ，明文の根拠がない不法内容を認識していても意味がなく，（実現された構成要件とは厳密には一致しないとしても，とにかく）構成要件該当事実の認識がなければ故意が認められないことを示している[40]。この見解からも，構成要件該当事実の認識という制約を免れることはできないのである。

4. 符合の基準について

(1) 形式的符合／実質的符合

(a) 文言の実質的解釈による符合

このように構成要件的符合説（法定的符合説）を前提とした場合，構成要件が重なり合う限度で故意犯が成立することになる。次の問題は，構成要件の重なり合い（符合）をいかなる範囲で認めるかという点である。

まず争いのないのは，条文相互の関係で形式的な重なり合いが認められる場合である。たとえば窃盗罪と強盗罪，暴行罪・傷害罪と殺人罪，暴行罪・脅迫罪と強盗罪などについては，後者の構成要件が前者の構成要件を包摂する関係が認められるから，当然に前者の罪の限度で構成要件的符合が認められることになろう。

それでは同意殺人罪と殺人罪はどうか。同意殺人罪は殺人罪の減軽類型として理解されているが，202条は「その嘱託を受け若しくはその承諾を得て」殺害する行為を要求しているため，嘱託・承諾の存否によって両者の構成要件は排他的に区別されているようにもみえる。しかしながら，嘱託もしくは承諾の

38）　もちろん構成要件の実質的符合の基準によっては結論の相違をもたらすが，かりに不法責任内容が一致する限度で実質的符合を認めるのであれば，両説の帰結は全く同じものになる。

39）　このような指摘として，たとえば安田拓人「錯誤論(上)」法教273号（2003年）72頁を参照。

40）　この点については，山口・探究146頁以下，林262頁などを参照。

存在は殺人行為の違法性を減少させる要素であり，その法益侵害性を根拠付けているわけではない。むしろ通常の殺人罪において，嘱託・承諾が欠けていることがその違法性を加重しているといえるのである。このような理解からは，いわば条文の文言を反転させて，殺人罪の構成要件の内容は「その嘱託を受けずかつその承諾を得ずに」殺害する行為であり，他方，202条の同意殺人罪は嘱託・承諾の存否にかかわらず，いずれにせよ人を殺害した場合に成立するという解釈を採用する余地がある（嘱託・承諾を欠く場合には加重類型である殺人罪が優先的に成立することになる）[41]。すなわち同意殺人罪における嘱託・承諾の存在は「書かれた非構成要件要素」であり，殺人罪における嘱託・承諾の不存在は「書かれざる構成要件要素」ということになる[42]。このような解釈を前提とすれば，両罪は同意殺人罪の限度で符合することになる。現住・現在建造物等放火罪と，非現住・非現在建造物等放火罪の関係についても，このような解釈が可能であろう[43]。このような解釈は条文の文言には反するようにもみえるが，構成要件は条文それ自体ではなく，条文の解釈から導かれる帰結であるから，違法性・責任を基礎付ける事実のみが構成要件要素であるとする解釈には十分な合理性があるといえよう。

(b)　構成要件の実質的符合

問題は，このような条文の文言の論理的操作によって対応できる限度を超えて，構成要件の符合を肯定することができるかである。学説においては，条文の文言解釈を超えて構成要件の符合を認めるべきではないとする見解も有力である。この立場からは，覚せい剤輸入罪（所持罪）と麻薬輸入罪（所持罪）の関係についても，構成要件の符合が否定され，実現事実について未必の故意や択一的故意が認められる限度で故意犯の成立が認められることになる[44]。

しかしながら，構成要件が条文それ自体ではない以上，条文の構造や文言それ自体が構成要件の符合を否定する決定的な理由にはなり得ないように思われ

41）　松宮孝明「みせかけの構成要件要素と刑法38条2項」立命館法学327＝328号（2009年）866頁以下を参照。

42）　髙山・前掲注30)220頁参照。松宮孝明『刑事立法と犯罪体系』（成文堂，2003年）175頁，189頁は前者のような要素を「みせかけの構成要件要素」と呼んでいる。

43）　いずれにせよ建造物等に放火した場合には109条の構成要件に該当し，それが現住または現在建造物等である場合には，加重構成要件であるところの108条の構成要件に該当すると解することによって，両者の間に形式的な包摂関係を認めることができる。

44）　大越144頁以下，松宮193頁，葛原力三「判批」百選〔5版〕83頁，一原亜貴子「抽象的事実

る。たとえば強盗罪（「暴行又は脅迫」），略取誘拐罪（「略取し，又は誘拐」）などは，同一の結果を惹起する複数の行為態様を同一の条文の中に規定しているが，これは一般に構成要件内部の並列的・択一的な要件にすぎないと解されている。それであれば，別の条文に行為態様が書き分けられている場合であっても，これらは同一構成要件内部の択一的な要件にすぎないと解する余地があるだろう。たとえば偽計業務妨害罪（233条）と威力業務妨害罪（234条），強盗罪（236条）と昏酔強盗罪（239条）などの関係である。これらの犯罪の間の錯誤であっても，条文が異なる以上，別個の構成要件であり，符合を認めることができないという解釈はあまりにも形式的であり，妥当ではないように思われる[45)]。

そして，条文が異なってもよければ，法律が別であっても同じことである。たとえば業務妨害罪については，偽計・威力のほかに，電子計算機損壊等業務妨害罪（234条の2）の規定があるが，これは昭和62年の刑法改正によって新設された規定である。本条が規定する電子計算機を損壊したり，電子計算機に虚偽の情報を与える行為は，偽計・威力に該当する場合もありうるが，その被害の重大性にかんがみて，特別に刑を加重した規定として理解されている[46)]。このように本罪については偽計・威力業務妨害罪の加重規定と解されるから，当然に（軽い罪の限度で）構成要件の符合が認められることになろう。もっとも，かりに昭和62年の法改正が刑法典の罰条追加という形式ではなく，特別法の制定というかたちで実現された場合であれば，全く同じ規定内容であっても構成要件の符合が否定されることになるのだろうか。この点については，立法者があえて別個の法律として規定していることには重要な意図がある以上，その点を軽視してはならないという指摘もある[47)]。しかしながら，新たな罰則の追加が刑法典の改正として行われるのか，それとも特別法の制定によるのかは，立法技術上の問題に依拠するところが大きいのであって，常に構成要件解釈にとって重要な意味があるわけではない[48)]。法律を異にする場合であっ

の錯誤」松原芳博編『刑法の判例〔総論〕』（成文堂，2011年）118頁などを参照。佐久間134頁も，構成要件の実質的符合に否定的である。また齋野190頁は，占有離脱物横領罪と窃盗罪の関係についても，未必的ないし択一的な認識が認められる事例に限って故意犯の成立を認める。

45）　佐伯286頁を参照。

46）　同罪の立法趣旨については，米澤慶治編『刑法等一部改正法の解説』（立花書房，1988年）96頁以下［横畠裕介］を参照。

47）　浅田332頁以下を参照。

ても，構成要件の符合を認めることは十分に可能であると思われる。

このような理解からは，判例のように麻薬輸入罪（所持罪）と覚せい剤輸入罪（所持罪）との間に構成要件的符合を肯定することも十分に可能である。まず，両者の罰則が異なる法律で規定されていることは，既に述べたように，構成要件の符合を認める妨げになるわけではない。また，麻薬と覚せい剤は別の客体であり，重なり合いがないようにも思われるが，両者の法益侵害性の同質性にかんがみれば，本来は「規制薬物輸入罪（所持罪）」という包括した処罰規定を設けることが十分に可能であった場合である49)。このように条文上は別の概念が用いられていても，全体を１つのグループ（概念）にまとめ上げることが可能な状況であれば，構成要件の符合を認める余地があるだろう50)。つまり覚せい剤と麻薬で法定刑が同一であれば，強盗罪における暴行と脅迫のように択一的構成要件要素の間の錯誤の問題としてとらえることができるし，法定刑の高低があれば，規制薬物全体を含む基本的構成要件と，特定の薬物について特に加重して処罰している加重構成要件の間の重なり合いとして，前者の限度で故意犯の成立を認めることができる。

(c)　共通構成要件・実質的加重減軽

山口厚教授は，このような理解を推し進めて，条文の文言を超えた「共通構成要件」という概念を援用され，この「共通構成要件」内部の錯誤と評価できる場合には，まさに同一構成要件内部の齟齬にすぎないとして，故意犯の成立を認められている51)。たとえば占有離脱物横領罪と窃盗罪の関係についても，両罪の法文の解釈によって，両者をまとめて「他人の財物を領得する行為」全般を包摂する共通構成要件を導出することによって，構成要件の符合を肯定されるのである。このような理解は，通説が構成要件の「実質的」符合という説

---

48)　たとえば平成 25 年に成立した「自動車の運転により人を死傷させる行為等の処罰に関する法律」（自動車運転死傷行為処罰法）によって，自動車運転過失致死傷罪，危険運転致死傷罪は刑法典の罪から削除されて，特別法に移されることになったが，これは「通行禁止道路」（2 条 6 号），「自動車の運転に支障を及ぼすおそれがある病気」（3 条 2 項）の具体的内容が政令に委任されることになったという立法技術上の理由であり，これらの犯罪の罪質や構成要件の理解が改められたわけではない。

49)　このような指摘として，たとえば井田 209 頁を参照。

50)　髙山・前掲注 30)223 頁参照。平野Ⅰ 180 頁は，このような関係を「構成要件の外延的な包摂性」として符合を認めている。

51)　山口 239 頁以下を参照。松原 247 頁も同旨。

52)　たとえば中森喜彦「錯誤と故意」『西原春夫先生古稀祝賀論文集(1)』（成文堂，1998 年）440 頁

明によって，実際には実現した構成要件の認識がないのに故意犯の成立を認めている点を批判しつつ，あくまでも「共通」構成要件の認識の限度で故意犯の成立を認める立場として評価することができる。このような問題意識は正当なものであるが，条文の文言を離れて，共通構成要件を広く想定する解釈を採った場合，従来の構成要件に関する一般的な理解を逸脱するような印象を与える[52)]。たとえば山口教授は，詐欺罪と窃盗罪の間にも構成要件の符合を認めており[53)]，後述するように，この結論自体には十分な合理性があると思われる。もっとも，山口教授の立場からこの結論を正当化するためには，窃盗罪・詐欺罪の両者を包摂した「他人の財物の占有を移転させる犯罪」という共通構成要件を観念する必要があるところ，刑法各論の授業のときには窃盗罪と詐欺罪の構成要件の区別の重要性を強調しておきながら，刑法総論の授業のときには「実は両者は共通の構成要件に属しています」と説明することについては，若干の躊躇を覚えないわけではない（刑法総論を先に教えるから構わないという話ではない）[54)]。

このように考えると，論理的に明快ではない点が残るものの，形式的には別の構成要件に属している場合であっても，実質的な観点からは択一関係や加重減軽の関係にあると評価できる場合には，構成要件の実質的符合を認めるという説明のほうが一般に受け入れられやすいように思われる[55)]。たとえば占有離脱物横領罪と窃盗罪についても，前者の実質的な加重類型が窃盗罪であると解することによって，たとえば窃盗罪の故意で占有離脱物横領罪を実現した場合については，実質的には減軽類型である占有離脱物横領罪の故意も認められるとし，逆に占有離脱物横領罪の故意で窃盗罪を実現した場合についても，窃盗罪が実現された場合には，実質的な減軽類型である占有離脱物横領罪の構成

は，共通構成要件の構想について，「2つの罪に共通するとして取り出された不法内容に構成要件という名称を付したものに過ぎない」とする。

53）　山口241頁を参照。

54）　なお，林幹人教授は，異なる構成要件の間でも法益侵害の内容が一致する限度で符合を認める立場（法益符合説）から，実現した構成要件と（認識した構成要件に対応する）故意によって構成される犯罪類型の成立を認められている。林幹人『刑法の現代的課題』（有斐閣，1991年）91頁以下，林263頁以下を参照。理論構成は異なるが，2つの構成要件の「合成」によって故意犯処罰を肯定される点において，実は山口説と基本的には同一の構造を示すものといえよう。法益符合説を支持する見解として，さらに石井徹哉「抽象的事実の錯誤(下)」早稲田大学大学院法研論集63号（1992年）27頁以下を参照。

55）　同様の説明として，佐伯・前掲注31)120頁を参照。

要件も実現されていると評価できるとして，いずれにしても占有離脱横領罪の故意犯が成立すると説明することになる[56]。

このような理解は，結局のところ，不法・責任符合説の理解を前提にしつつも，少なくとも実質的に符合する構成要件該当事実の認識を要求するものである。実質的な加重減軽類型（または択一関係）にある構成要件の認識を要求することによって，主観面における罪刑法定主義の要請にも対応しうるものだと考えている。

(2) 罪質符合説・規範的符合説

法定的符合説のバリエーションとして，罪質符合説が主張されている[57]。この見解は，後述するように，通説的見解が構成要件の（実質的）符合の基準として法益侵害の同一性を重視するのに対して，それでは符合を認める範囲が狭すぎるとして，罪質の共通性を重視する。すなわち一般人にとっては構成要件，さらに故意の内容は明確に類型化されたものとはいえないことから，一般人がほぼ同質に考えるような範囲では罪質が同一であるとして，符合が認められるのである。具体的には，死体遺棄罪と保護責任者遺棄罪の間にも，「生きているのか死んでいるのか明らかにし難い状態の人を遺棄」するという意味において，罪質の符合が認められることになる。しかしながら，既に指摘されているとおり[58]，この見解が問題とする「罪質」の概念は必ずしも明らかではない。法益の同一性よりも多少広い概念であることは窺えるが，その具体的な判断基準は示されていない。一般人の認識が曖昧で漠然としているからといって，それを規律する故意の判断基準が曖昧であってよいわけではない[59]。

井田良教授が展開される規範的符合説も，その結論においては，罪質符合説に類似したものである[60]。この見解によれば，刑罰法規は裁判規範であるところ，それが一般国民の理解にかなうように「翻訳」されることによって行為規範を形成している。そして実現した構成要件の行為規範と，具体的な行為状

56) もっとも，錯誤が問題とならない通常の事例であれば，このような実質的な観点ではなくて，もっぱら形式的な観点から構成要件該当性やその認識を判断するはずである。このような意味において，抽象的事実の錯誤が問題となる局面においては，犯罪論の一般論が「実質的」に修正されていることは認めざるを得ない。なお錯誤論を，本来ならば故意が認められない例外的な場面で故意帰責を拡張するものとして理解する見解として，中森・前掲注 52)442 頁以下，安田・前掲注 39)72 頁などを参照。

況においては実質的に同一の行為規範に違反する認識があれば，行為規範違反の認識が符合するとして故意犯の成立が認められるのである。たとえば保護責任者遺棄と死体遺棄についても，「生死不明の状態にある被害者を遺棄してはいけない」という行為規範を想定することで構成要件の符合が認められている。しかしながら，かりにこの見解が主張するような裁判規範から行為規範への「翻訳」を問題にするとしても，その内容はあくまでも当該構成要件の保護法益を基準とした「翻訳」である必要があり，保護法益が異なる範囲まで符合を認めるべきではないだろう[61)]。そのように解さないと，人によく似たマネキンに対してけん銃を発砲する行為についても，「人のようにみえる客体を傷つけてはいけない」という行為規範を設定することによって，傷害罪・殺人罪と器物損壊罪の間にも符合が認められることになってしまうが，このような結論は妥当ではないと思われる[62)]。

Ⅳ. 実質的符合の限界について

1. 総説

このように通説の立場からは，構成要件の実質的符合が故意犯の成立の要件となるため，いかなる範囲で構成要件の実質的符合を認めることができるかが，重要な問題となる。本来，この問題は個別の構成要件の解釈問題であり，刑法各論の領域で検討されるべき問題である。もっとも，各論の議論においても，実質的符合の限界を正面から論ずることはそれほど多くはないので，この問題は総論でも各論でも十分に検討されておらず，宙に浮いている感がある。本章では，不十分な内容にとどまらざるを得ないが，個別の構成要件の解釈に踏み込んで具体的に検討してみることにしたい。

従来の一般的な理解では，構成要件の符合の基準として，行為態様と保護法益の共通性が重視されてきた[63)]。構成要件の内容が，特定の実行行為によっ

---

57)　西原(上)226頁以下を参照。

58)　たとえば内藤(下)Ⅰ 979頁を参照。

59)　石井徹哉「抽象的事実の錯誤(上)」早稲田大学大学院法研論集62号（1992年）45頁を参照。

60)　井田良『刑法総論の理論構造』（成文堂，2005年）98頁以下を参照。

61)　この点について，高橋207頁を参照。

62)　この点について，佐伯288頁を参照。

て結果を惹起するものである以上，実行行為と法益侵害結果の内容が構成要件的符合の基準となることは当然のことである[64]。もっとも，たとえば強盗罪や略取誘拐罪のように，同一の構成要件内部において態様の異なる複数の実行行為が択一的に規定されている場合は多数存在する。この場合には行為態様が異なっていても，それぞれが同一構成要件に属しているのである。このように行為態様の共通性は同一構成要件内部においても厳格に要求されていない以上，構成要件の実質的符合の観点としても決定的な基準ではないように思われる。結局のところ，異なる行為態様であっても，それらが一定の法益侵害に向けられた典型的な行為態様である場合などは，これらの行為態様は実質的には同一構成要件内部の択一的な内容として評価する余地があり，その限度で構成要件の符合を認めることが可能である[65]。これに対して，構成要件が特定の法益を保護するために規定されているものである以上，構成要件の符合の基準として保護法益の共通性は不可欠の要件である[66]。したがって，保護法益が共通することが出発点であり，その上で，行為態様の相違が「同一構成要件内部の択一的な行為態様の範囲内」と評価できる場合については[67]，構成要件的符合が肯定されることになる。

なお，故意犯の成立を認めるためには，実現事実と認識事実が実質的に同一構成要件に属していればたりるのであるから，構成要件という観点を離れて，現実の具体的な被害内容と行為者の生の認識内容との間の類似性・共通性が問題になるわけではない。あくまでも，（行為者の認識を法的に評価することによって）行為者が認識していた（と評価される）構成要件と，実現された構成要件とを一般的に比較して，符合の存否が判断されるのである。たとえば前掲昭和54年判例においては，輸入制限物件である覚せい剤を無許可で輸入する認識で，輸入禁制品である麻薬が輸入されているが，関税法違反の罪の成否を検討する際には，構成要件相互の関係として，無許可輸入罪と禁制品輸入罪との間に構成要件の実質的符合の関係が認められることが決定的であり，覚せい剤と

63）たとえば，内藤(下)Ⅰ 981 頁以下，大谷 177 頁，曽根威彦『刑法の重要問題〔総論〕〔第 2 版〕』（成文堂，2005 年）202 頁，などを参照。

64）したがって違法性の本質をめぐる議論とは直接的な関係はない。結果無価値論であっても，構成要件に該当するためには構成要件的行為（＝実行行為）を行っている必要があるし，故意を認めるためにはその点の認識が必要になる。

65）山中 355 頁は行為態様に限定した議論ではないが，「同一の構成要件に……選択的に規定されたとしても禁止規範の目的に適合しうるもの」，「種類の差が……上位概念に包摂しうるような場

認識して麻薬を輸入したという生の事実に意味があるわけではない。最近の裁判例（東京高判平成25・8・28高刑集66巻3号13頁）は，禁制品である麻薬を輸入しようとしたが（未遂），被告人は輸入制限物件であるダイヤモンドの原石を所持していると誤信していたという事例について，貨物の内容物の類似性やそれを輸入することの社会的意義の同一性などの事情は，禁制品輸入罪と無許可輸入罪の「犯罪構成要件の重なり合いの判断に直接影響するものではない」として構成要件の符合を肯定し，無許可輸入罪の未遂の成立を肯定しているが，妥当な判断であるといえよう[68]。

2. 財産犯

(1) 総説

財産犯については比較的広い範囲で符合を認めることができるだろう。たとえば強盗罪と窃盗罪については，意思に反する占有侵害を処罰する点において両者の構成要件は符合していると評価できるので，窃盗罪の限度で符合を肯定できる点については異論がないだろう（最判昭和23・5・1刑集2巻5号435頁参照）。また，強盗罪と恐喝罪については，前者が奪取罪，後者が交付罪という罪質の違いがあるが，いずれにしても暴行・脅迫を手段として財物の占有・利益を移転させる犯罪であるという点に着目すると，罪質の相違は決定的ではないとして，符合を肯定することができる（最判昭和25・4・11集刑17号87頁参照）。裁判例においては，被告人が一般的には反抗抑圧に足りる程度の脅迫を加えたが，被害者が現実に反抗抑圧されなかったところ，畏怖した被害者が被告人が財物を持ち去るのを黙認したという事案について，強盗未遂罪と恐喝既遂罪の観念的競合を肯定したものがある（大阪地判平成4・9・22判タ828号281頁）。強盗罪の成立には被害者が現実に反抗抑圧されたことが必要であると解する立場からは，強盗罪は未遂にとどまることになるが，この場合に恐喝罪の既遂が認められているということは，強盗罪の実行行為には恐喝罪の実行行為

合」には実質的符合を認めることができるとする。

66)　たとえば山口241頁，高橋205頁，佐伯287頁，松原242頁などを参照。

67)　もっとも，性質や態様が異なる行為であっても，同一構成要件内部に択一的な行為態様として規定することは可能であるから，この要件はあまり限定的に機能しないことになるだろう。

68)　本判決の分析については，佐藤拓磨「判批」刑事法ジャーナル40号（2014年）152頁以下を参照。なお，高橋207頁注38は，本件では法益の符合を肯定できないとするが，両罪はともに関税手続の不履行を処罰根拠とする以上，法益の符合は十分に認められると思われる。

が実質的に包摂されていることが前提にされていると考えることができ，構成要件の符合を認める理解と親和的な判断といえよう[69]。

さらに詐欺罪と恐喝罪についても，瑕疵ある意思に基づいて財物・利益の交付を行わせることによって，被害者の占有を侵害する犯罪類型として，同一構成要件内部に包摂しうる関係があることから，構成要件的符合を肯定する余地があるように思われる。たとえば高齢者に対する詐欺を教唆したところ，被害者がうまく騙されないため，正犯者が現場で恐喝行為に転じたような場合については，教唆犯には詐欺未遂のほか，恐喝既遂の教唆が認められることになる(教唆行為との因果関係が存在することを前提にする)。もちろん，恐喝手段である暴行行為それ自体には独自の法益侵害性が認められるから，法益侵害内容が完全に一致するわけではないとして，構成要件的符合を否定する理解もありうるだろう。しかし，このような理解を徹底した場合，略取罪と誘拐罪，偽計業務妨害罪と威力業務妨害罪，さらに暴行による強盗罪と脅迫による強盗罪の間についても，法益侵害の内容が完全には一致しないとして符合を否定することになりかねず，妥当ではない。主たる法益侵害の内容が共通であれば，行為態様の相違が副次的な法益侵害の相違を意味する場合であっても，それは構成要件的に重要な相違ではないとして，実質的符合を認める余地があるように思われる[70]。

(2) 窃盗罪と占有離脱物横領罪・器物損壊罪

たとえば公園のベンチにＡがかなり前に置き忘れたカメラを，すぐ近くで談笑しているＢのカメラであると誤信して持ち去った場合（あるいはその逆の場合）などで，窃盗罪と占有離脱物横領罪の符合の存否が問題となる。この点については，構成要件的符合を認めるのが通説の理解である。両者は他人の所有する財物を領得する点において共通性を有するところ，窃盗罪においてはその占有を直接的に侵害するかたちで法益が侵害されているために，その刑が加重されていると解することができる。したがって，両者は占有離脱物横領罪の限度で符合するといえるため，同罪の成立を認めることができるだろう。

なお，窃盗罪の保護法益についてはいわゆる占有説と本権説の対立があると

69) もっとも，法益侵害の事実は単一である以上，強盗未遂と恐喝既遂は観念的競合ではなく，法条競合の関係に立つようにも思われる。

ころ，占有説に立った場合，占有それ自体が保護法益であることから，窃盗罪と占有離脱物横領罪とでは法益侵害の内容が符合せず，したがって，構成要件的符合を否定せざるを得ないようにも思われる[71]。もっとも占有説は，242条の「他人が占有し」の解釈として，正当な権原のない占有状態も構成要件的には保護に値することを主張する見解にすぎないから，占有説の立場からも，占有の背後の所有権も保護法益に含まれると解して，実質的符合を認めることは十分に可能であろう。

それでは窃盗罪と器物損壊罪の間に構成要件的符合は認められるか。たとえばＸがＡに対する嫌がらせを目的として，Ｙに対してＡの財物を持ち去って隠匿するように教唆したところ，Ｙはその財物を自ら利用する意思で奪取したような事例について，両者の符合の可否が具体的に問題となる。かりに器物損壊罪の法益侵害の内容として財物の物理的な破壊を要求するのであれば，窃盗罪においては効用の滅失までが要求されているわけではないから，符合を否定する理解もありうるのかもしれない。しかしながら，判例・通説によれば，「損壊」というためには財物を利用困難な状態にすればたり（効用侵害説），物理的な毀損までが要求されているわけではない（大判明治42・4・16刑録15輯452頁，大判昭和9・12・22刑集13巻1789頁など参照）。したがって，どの時点で「損壊」を肯定するかについては問題が残るものの，実際には不法領得意思を有さずに被害者の占有を喪失させ，その利用可能性を侵害する行為について，広く器物損壊罪の成立が認められるのである。このような前提に立つ限り，窃盗罪は器物損壊罪の（不法領得意思に基づく）加重類型と評価できるから，後者の罪の限度で構成要件的符合を認めることができる。

(3)　窃盗罪と詐欺罪

窃盗罪と1項詐欺罪の錯誤は，人による財物の交付の事実について認識を欠く場合について問題となりうる。たとえばセルフサービスのガソリンスタンドは，給油機が自動的に給油を行っているわけではなく，従業員がモニターで確認した上で給油許可のボタンを押すことによって，はじめて給油が開始されるシステムを採用しているのが一般的である。したがって，偽造プリペイドカー

70）　このような指摘として，山口241頁，佐伯288頁などを参照。
71）　このような指摘として，高橋205頁を参照。

ドなどを給油機に挿入して給油を行う行為は，挙動による欺罔によってガソリンを交付させる行為に当たり，詐欺罪を構成することになる。もっとも，行為者がそのようなシステムを全く認識しておらず，給油機から自動的に給油できると誤信していた場合には，交付行為の存在を認識してないことから，窃盗罪に対応する認識を有していることになり，両罪の構成要件的符合の存否が問題となる。

この点については，奪取罪と交付罪という罪質の相違を重視して符合を否定する理解もありうるかもしれない。しかしながら，既に検討したように，強盗罪と恐喝罪についても符合を認めるのであれば，この場合に符合を認める余地があるだろう。また，詐欺罪が錯誤に陥った被害者を利用して占有を移転させる行為類型である以上，同罪は事実上，窃盗罪の間接正犯の一部の類型を特別に規定していると評価することも不可能ではない。このような理解からは，両罪は（法定刑の下限が低い）窃盗罪の限度で符合することになる。もっとも，窃盗罪は財物に限って保護対象としているから，このような符合が認められるのは1項詐欺罪の場合に限られる。たとえばレストランの代金支払を免れるために，脱兎の如く逃走することを教唆したところ，正犯者が従業員を欺罔して代金支払を免れたような事案については，そもそも教唆犯の認識内容は利益窃盗行為であり，いかなる構成要件にも該当しないのであるから，当然に故意を欠き，不可罰ということになる（逆の場合も，客観的に犯罪が実現していない以上，同様に不可罰である）。

なお，このような理解からは，詐欺罪と電子計算機使用詐欺罪との間に構成要件的符合を認めることも可能であろう[72]。

(4) 窃盗罪と委託物横領罪

たとえばXが家電販売店で勤務している友人Yに対して，Yが勤務する販売店のパソコンを領得して換金することを提案したが，Yは一従業員にすぎず，販売店のパソコンについて独自の占有を有していないところ，XはYは同店の店長として経営上の裁量を有しており，パソコンについても占有が認められると誤信しているような事例については，窃盗罪と委託物横領罪の構成要件的符合が問題になる。この場合，窃盗罪は占有侵害に基づいて所有権の機能

72） 松原244頁を参照。

を侵害する犯罪類型であり，横領罪はもっぱら所有権の機能を侵害する犯罪であると解するのであれば，両者は委託物横領罪の限度で符合すると解することになろう。

もっとも有力な見解は，委託物横領罪の保護法益は所有権の機能だけではなく，委託者との間の委託信任関係も含まれると解している73)。委託信任関係の侵害を所有権侵害とは別個独立の法益侵害の内容であると解した場合，窃盗罪には当然ながらこのような法益侵害は含まれていないから，両者は単純な加重減軽の関係に立つわけではなく，その共通部分は所有権侵害としての性質の共通性が認められる範囲に限定され，両者の共通項である占有離脱物横領罪の限度で符合を認めることになるのだろうか。なお検討を要するが，かりにこのような結論が妥当ではないのであれば，委託信任関係は副次的な法益侵害の内容にすぎないと解した上で，もっぱら第1次的な法益侵害である所有権侵害を基準として，委託物横領罪の限度で符合を認めることになるだろう。

3. その他の犯罪類型

(1) 偽造犯罪

判例（最判昭和23・10・23刑集2巻11号1386頁）は，虚偽公文書作成罪の教唆を共謀したところ，結果的には公文書偽造罪の教唆が実現したという事件について，「この両者は犯罪の構成要件を異にするもその罪質を同じくするものであり且法定刑も同じである，而して右両者の動機目的は全く同一である」として，公文書偽造罪の教唆について故意を阻却しない旨を判示している。本判決は構成要件が異なっていても，その「罪質」が共通であればよいと判示していることから，罪質符合説を前提としたものと解されるのが一般である。そして，構成要件符合説の立場からは，公文書偽造罪が文書の名義に対する信頼を保護し，虚偽公文書作成罪が文書の内容に関する信頼を保護していることから，法益が同一ではないとして，符合を否定する理解も有力に主張されている74)。この点は偽造犯罪の保護法益の理解に帰着することになるが，虚偽公文書作成であっても，公文書偽造であっても，権限のある公務員によって内容の正しい公文書が作成されることに対する信頼が侵害されている点には変わり

---

73)　たとえば山口厚『刑法各論〔第2版〕』（有斐閣，2010年）288頁などを参照。
74)　たとえば林265頁，松原245頁などを参照。

はないと解するのであれば，両者の違いも，いわば「公文書不正作成罪」の内部の行為態様の相違にすぎないとして，構成要件的符合を認めることも可能であると思われる[75]。学説においては，無形偽造（虚偽文書作成）が私文書については原則として不可罰とされていることを指摘して両者の質的相違を強調する見解もあるが[76]，利益窃盗が処罰されていなくても，1項詐欺罪と2項詐欺罪は当然に構成要件的に符合するのであるから，この点は符合を否定する根拠にはなり得ないように思われる。

(2) 保護責任者遺棄罪・死体遺棄罪

保護責任者遺棄罪と死体遺棄罪については，構成要件的符合説の立場から符合を否定するのが支配的な理解であり，妥当な結論であるといえる。保護責任者遺棄罪が被害者の生命（ないし身体）の安全を保護する犯罪であるのに対して，死体遺棄罪は死者に対する国民一般の敬虔の念を保護する犯罪であることから，保護法益の符合が認められないからである。罪質符合説・規範的符合説は両者の間にも符合を認めているが，これが支持できないことについては，既に述べたとおりである。

札幌高判昭和61・3・24（高刑集39巻1号8頁）は，被告人の除雪機の運転上の過失によって雪に埋没していた妻を発見するや，既に妻が死亡していると認識してその身体を遺棄したが，遺棄行為当時，妻の生死は不明であったという事件について，「重い罪に当たる生存事実が確定できないのであるから，軽い罪である死体遺棄罪の成否を判断するに際し死亡事実が存在するものとみることも合理的な事実認定として許されてよい」として，死体遺棄罪の成立を肯定している。裁判所がこのような択一的認定を行ったということは，保護責任者遺棄罪と死体遺棄罪との間の構成要件的符合を否定する理解が前提にあると推測される。かりに両者が符合しているのであれば，被害者の生死いずれにかかわらず，死体遺棄罪が成立することになるから，あえて択一的認定に踏む込む必要がないからである[77]。

---

75)　このような見解として，内藤(下)Ⅰ 982頁，佐伯286頁などを参照。

76)　林・前掲注54)『刑法の現代的課題』95頁などを参照。

77)　なお，死体遺棄罪と保護責任者遺棄罪の択一的認定の可否については，大澤裕「刑事訴訟における『択一的認定』(4・完)」法協113巻5号（1996年）62頁以下などを参照。

78)　この点について，町野朔『犯罪各論の現在』（有斐閣，1996年）74頁以下，大澤・前掲注77)

なお，死体を生きていると誤信して遺棄した事例であっても，被害者が死亡した後，そのまま現場に放置される事実も同時に認識している場合には，（生きていると誤信した）被害者が死亡した後，死体となって遺棄され続ける事実（不作為による死体遺棄）についても認識が認められることになる。したがって，少なくとも葬祭義務者である者がこのような行為に出た場合には，保護責任者遺棄罪（または殺人罪）の故意に加えて，さらに（不作為の）死体遺棄罪の未必的認識も認められることになるから，死体遺棄罪の故意犯の成立を認めることも不可能ではないだろう[78]。もっとも，これは実行行為時において，連続して成立する複数の犯罪についての故意が同時に認められるだけの話であり，抽象的事実の錯誤の問題ではない。最近の裁判例には，被告人が意識を喪失していたAを死亡したと誤信して海中に投棄した行為について，「被告人による遺棄行為は，Aの身体を海中に押し込んだ時点で終了したものとみるのは相当ではなく，その後，Aの身体が海中深くに沈み，外部から容易に発見されない状態になるまで相当時間続いて」おり，Aは遺棄行為が完了するまでには死亡していたことから，「結局，遺棄行為の最終段階においては，意図したとおり，死体遺棄の結果を生ぜしめるに至っている」として，死体遺棄罪の成立を認めたものがあるが（横浜地判平成28・5・25公刊物未登載），これも死体遺棄罪と殺人罪の構成要件的符合を否定した上で，Aを投棄した行為は，その後，海中で死亡したAの身体を（さらに海中深くに沈めて）遺棄する結果を生じさせたとして，作為による死体遺棄罪の成立を認めたものと評価できる。もっとも，既に海中に遺棄された死体が，さらに沈んでいく過程を新たな「遺棄」と評価できるかについては，なお検討の余地があるだろう[79]。

(3)　関与類型間の錯誤

広義の共犯については，単独正犯の構成要件が共犯規定と結合した結果，いわゆる修正された構成要件が形成されている。したがって，共犯としての構成要件実現と正犯としての構成要件実現の間の錯誤も抽象的事実の錯誤として，

64頁以下を参照。

79)　なお，本判決の立場からも，Aが海中に沈みきった後に死亡した可能性が否定できない場合には，新たな（作為による）「遺棄」を認めることができず，死体遺棄罪の成立を認めることはできないと思われる（不作為による死体遺棄罪は主体が葬祭義務者の場合に限って成立すると解されているから，本件では作為の遺棄行為を認定する必要がある）。

同様の観点から検討を加えることができる[80)]。典型的な事例が間接正犯と教唆犯の錯誤である。たとえば医師Ｘが患者Ａを殺害する意思で，事情を知らない看護師Ｙに毒の入った注射を打つように指示したところ，Ｙが事情を了解した上で，殺意をもって注射をし，Ａを殺害したような事例である。教唆犯としての修正構成要件は正犯者に故意を生じさせることを不可欠の要素とするから，この点を重視するのであれば，両者の構成要件は質的に相違するという理解も不可能ではない。しかしながら，正犯の構成要件も共犯の修正構成要件も，当然ながら法益侵害の内容は共通であり，自らが結果を直接的に惹起するか，他人の故意行為を介して結果を間接的に惹起するかの違いも行為態様の相違にすぎないと解するのであれば，両者の間に実質的符合を認めることも十分に可能であると思われる。このような理解からは，Ｘには殺人罪の教唆犯が成立するとともに，さらに未遂犯の理解によっては，間接正犯としての殺人未遂罪も成立することになる[81)]。

80）　西田典之「間接正犯論の周辺」Law School 48号（1982年）40頁を参照。これに対して，川端博「間接正犯の錯誤と刑法38条」『内田文昭先生古稀祝賀論文集』（青林書院，2002年）259頁は，両者の相違は構成要件の相違ではなく，「構成要件の実現態様」に関する相違に過ぎないとするが，結論においては38条2項の類推適用を認める。

81）　間接正犯の実行の着手時期について，利用者基準説に立てば当然ながら注射を指示する段階で（間接正犯としての）殺人未遂罪が成立する。もっとも，被利用者基準説に立つとしても，本件は実際に注射行為に至っており，しかも，Ｙが気が付かなければ間接正犯として結果が惹起された可能性が十分に認められるのであるから，間接正犯として結果が発生する危険性があるとして，殺人未遂罪の成立を肯定する余地がある。山口365頁を参照。

第8章 遅すぎた構成要件実現・早すぎた構成要件実現

Ⅰ．はじめに

本章のテーマは，行為者の予見に反して，行為者自身の別の行為によって結果が発生した場合である。遅すぎた構成要件実現とは，行為者は自らの第1行為によって結果が発生すると予見していたが，第1行為では結果が発生せず，その後の第2行為によって結果が発生した場合である。早すぎた構成要件実現とは，行為者が第1行為の後，第2行為によって結果を惹起する犯行計画を有していたが，予期に反して第1行為によって結果が発生した場合である[1)]。

これらの問題領域については，従来から活発な議論が展開されてきたが，あくまでも犯罪論の基本に立ち返った検討が重要であろう。すなわち客観面において構成要件該当性が認められるか，さらに，主観面において当該構成要件実現の認識・予見を肯定することができるかを個別に検討することが必要であり，かつ，それで十分である。本章においては，このような問題意識のもと，遅すぎた構成要件実現・早すぎた構成要件実現の問題領域について検討を加える。

1） なお，学説には，第1行為が既に実行の着手に至っている場合を「早すぎた結果発生」，着手の段階に至っていない場合を「早すぎた構成要件実現」として，両者を区別する見解もある（たとえば佐久間67頁注1など）。後述のとおり，たしかに判例にとっては実行の着手の存否が重要な判断基準となるが，これ自体，議論を要すべきことであるので，本章ではこのような区別をすることなく，両者をあわせて「早すぎた構成要件実現」として取り扱うことにしたい。

Ⅱ．因果関係の錯誤

1．問題の設定

本章で検討する問題は，因果関係の錯誤の一類型として理解することができるので，まず因果関係の錯誤一般について述べておきたい。因果関係の錯誤とは，行為者が認識・予見していた因果経過と現実の因果経過の間に齟齬が生じた場合をいう。因果関係の錯誤を検討するに際しては，当然のことではあるが，まずは客観面において，実行行為と結果惹起の間に法的因果関係（＝危険の現実化の関係）が認められる必要がある。たとえば，【事例 1】X が A を殺害しようとして，自らが運転する自動車を衝突させたところ，A は重傷を負った上，同車の屋根の上にはね上げられていたが，その後，共犯関係にない同乗者 Y が同人を路上に引きずり下ろした結果，これが死因となって A が死亡した場合については，そもそも A の死亡結果は X の実行行為の危険の現実化といえず，因果関係が否定されることになる。介在行為である Y の暴行は X の実行行為とは別個独立に行われた故意有責の行為であり，しかも，Y の行為が死因となる傷害を形成しているからである。この場合，そもそも客観面で因果関係が認められないのであるから，因果関係の錯誤を論ずる必要もなく，X は殺人未遂罪の罪責を負うにとどまる。

これに対して，【事例 2】X が A を殺害しようとして，包丁で A を切り付け，さらに逃げ惑う同人を必死で追いかけて包丁で刺そうとしたため，A が極度の恐怖心から必死に逃走を図る過程で，信号を無視して道路を横断したところ，進行してきた自動車に衝突して死亡したような事例については（もちろん個別の事例ごとの具体的判断が必要となるが），被害者の介在行為は実行行為によって引き起こされた事態と評価できるため，X の実行行為と A の死亡結果との間の因果関係を認めることができる[2)]。もっとも，X は本件の具体的な因果経過を予見していないため，因果関係の錯誤によって故意が阻却されるかが問題となる。このように客観面で因果関係が認められる場合に限って，因果関

2）　言うまでもなく，これらの設例は米兵ひき逃げ事件（最決昭和 42・10・24 刑集 21 巻 8 号 1116 頁），高速道路進入事件（最決平成 15・7・16 刑集 57 巻 7 号 950 頁）の実行行為を故意行為に翻案したものである。因果関係が問題になる事例の多くは過失犯か結果的加重犯の事例であるため，因果関係の錯誤が意識されることは少ないが，故意既遂犯の成否が問題となる場合は，因果関係の錯誤の問題も生ずることになる。

係の錯誤を論ずる必要が生ずるのである。

2. 通説の立場

因果関係の錯誤の問題について，伝統的な教科書では次のような説明が一般的であった。「行為者の予見した因果の経過と現実の因果の経過とが相当因果関係の範囲内で符合している限り，構成要件的故意は阻却されない」[3)]。この説明をそのまま受け取れば，現実の因果経過が相当因果関係であり，しかも，行為者が予見していた因果経過が相当因果関係と評価できるものであれば，両者は相当因果関係の範囲内で符合しており，故意犯の成立が認められるということになりそうである。もっとも，この見解は「行為者の認識・予見した因果の経過と具体的に発生した因果の経過との間の不一致が相当性の範囲を超えている場合には，結果に対する故意は否定されうる」[4)]とも述べており，たとえ行為者が相当因果関係と評価できる事実を予見していたとしても，現実の因果経過と予見した因果経過の齟齬が著しい場合については例外的に故意阻却の余地を認めていた。ここでは相当因果関係を基礎付ける「相当性」よりも狭い概念として，故意阻却の基準としての「相当性」概念が用いられていることになる[5)]。佐久間修教授が「たとえ侵害結果を実現する危険な因果経過の認識・予見（実行行為）があったとしても，実際の因果経過と行為者の主観を比較して，なお両者の隔たりが大きい場合，主観的相当性の枠を超える場合がありうる」[6)]として故意阻却の可能性を認めるのは，まさにこのような趣旨であろう。

しかし，このように相当因果関係の判断基準に関する「相当性」の判断と，故意阻却の基準である主観面における「相当性」とを使い分けることは，議論を混乱させるものであり，妥当ではないと思われる。また，論者は抽象的法定的符合説を議論の前提にしているが[7)]，その立場からは被害客体の相違も（同一構成要件内部であれば）抽象化されるのであるから，因果関係に限って，認識した因果経過と予見した因果経過の齟齬の程度を問題にする合理的根拠は乏しいだろう。

3）　大塚 193 頁。同旨の見解として，福田 117 頁以下，川端 258 頁などを参照。
4）　福田平＝大塚仁『対談刑法総論㈥』（有斐閣，1986 年）141 頁参照。
5）　このような指摘として，内藤㈦Ⅰ 954 頁を参照。
6）　佐久間 137 頁を参照。川端 258 頁も同旨である。
7）　たとえば大塚 188 頁などを参照。

この問題についても，故意責任を認めるためには構成要件該当事実の認識・予見が必要であるという原則に戻って検討を加える必要がある。故意犯として必要な認識内容を構成要件該当事実に関連して判断するということは，現実のすべての事実を認識する必要はなく，構成要件を基準として法的に意味のある事実に限って認識があればたりるという帰結を導く。だからこそ，殺人罪の故意を認めるためには（殺人罪の構成要件にとって重要ではない）被害者の氏名，年齢，血液型などを正確に認識・予見する必要がないのである。あくまでも故意犯において認識・予見が必要な事実は，当該構成要件にとって法的に重要な事実である。

このような前提から因果関係の錯誤を考えた場合，構成要件が特定の因果経過によって結果が発生することを要求していない限り，構成要件の法的評価において意味があるのは，実行行為と結果惹起との間に法的因果関係が存在するという事実に尽きる[8]。たとえば殺人罪の構成要件該当性は，「人を殺す」実行行為によって被害者の死亡結果が発生しており，かつ，実行行為の危険が結果に実現した関係（危険の現実化）が認められることによって充足されるのであるから，被害者がどのような態様・経過をたどって死亡したかは，殺人罪の構成要件的評価においては重要ではない。したがって，殺人罪の故意を認めるためには，実行行為から危険の現実化と評価される因果経過をたどって被害者が死亡する事実の認識・予見があれば十分であって，現実の因果経過それ自体を認識・予見する必要はない。上記の【事例 2】に即して説明すれば，A が必死に逃走する過程で道路を横断し，自動車に衝突して死亡することは実行行為の危険の現実化と評価する余地がある。また，主観面においても X は包丁で A を切り付けて致命的な傷害を負わせ，同人を死亡させる因果経過を予見しているが，これも危険の現実化と評価される因果経過である。したがって，X は，実行行為の危険の現実化として，客観的に A の死亡結果を惹起しており，かつ，主観面においても危険の現実化と評価される因果経過の予見が認められるから，X には殺人罪が成立するのである。この場合に現実の因果経過と予

8） これに対して，強盗罪において（通説からは）現実に反抗抑圧された被害者から財物・利益を強取するという関係が必要であるように，特定の因果経過による結果実現が構成要件的に要求されている場合には，その特定の因果経過の認識・予見が必要になる。

9） 山中敬一「過失犯における因果経過の予見可能性について(1)」関西大学法学論集 29 巻 1 号（1979 年）59 頁を参照。

見された因果経過が同一内容である必要はないし，両者の間の齟齬の程度を具体的に問題にする必要もない。

このような理解を前提とした場合，現実の因果経過が実行行為の危険の現実化と評価できる場合に，因果関係の錯誤として故意既遂犯の成立が否定されるのは，主観面においておよそ危険の現実化と評価できないような異常な因果経過を想定している場合に限られることになるが，このような認識内容はそもそも構成要件該当事実の認識とはいえないから，錯誤を問題にするまでもなく，当然に故意犯の成立が否定される。学説においては，因果関係の錯誤は「仮象問題」[9]にすぎないという評価が有力であるが，このような意味において正当な指摘であるといえよう。

なお，学説においては，故意犯の成立を認めるためには，実行行為性の認識と結果発生の認識があればたり，因果関係に関する認識は不要であるとする見解も主張されるに至っているが[10]，このような説明はやや「言い過ぎ」のように思われる[11]。第1に，形式的な論拠となるが，通説の立場からは，故意犯の成立を認めるためには構成要件該当事実の認識・予見が必要とされるところ，因果関係も構成要件要素である以上，その点に関する認識も必要とされるべきである[12]。第2に，この見解も，実行行為性の認識として，実行行為によって結果が発生する危険性の認識を要求していることになるため，実は「危険の現実化」の認識の一部が，実行行為性の認識に取り込まれており，因果関係の認識が全面的に不要とされているわけではない。たしかに本書の立場からも，因果関係の錯誤によって故意を阻却する場面はほとんど考えられないが，それは現実の因果経過と異なっていても，危険の現実化と評価できる事実を認識していれば故意犯の成立が認められるからであって，およそ因果関係の認識が不要というわけではない。そして，危険の現実化と評価できない事実しか認識していない場合には，やはり故意犯の成立を否定すべきなのである。

10)　前田196頁以下，大谷155頁などを参照。
11)　山口・探究132頁を参照。
12)　たとえば注釈524頁［髙山佳奈子］参照。なお，前田教授の実質的故意概念は「一般人ならば当該犯罪の違法性を意識しうる程度の事実」の認識を要求するものであるから（前田161頁など），そもそも，このような通説の前提を共有していないことになる。

3. 故意阻却説の検討

学説においては，因果関係の錯誤によって故意既遂犯の成立を限定しようとする見解も主張されている。たとえば井田良教授は，結果に対する主観的帰責を認めるためには，行為者の認識した行為の危険性が具体的態様における結果の中に実現した関係が必要であると解されている13)。このような理解からは，高い橋の上から人を落として溺死させようとしたときに，被害者が（行為者が認識していなかった）川の底の大きな岩に頭をぶつけて死亡した場合についても，岩に頭をぶつける危険性を認識しておらず，殺人既遂の成立が否定されるようにも思われるが，この程度の錯誤は，高い橋の上から突き落とした行為から生ずる「結果発生の態様のバリエーションの範囲内の問題」にすぎないとして，殺人既遂の成立が認められている14)。つまり，この見解によれば，結果惹起にとって決定的な事情を認識している場合に限って，行為者の認識した危険性が現実化しているとして故意既遂犯の成立が認められることになる15)。この立場から【事例 2】を検討した場合，おそらく現場に交通量の多い道路があることを認識していれば殺人罪が成立するが，この点の認識を欠く場合には，因果関係の錯誤によって行為者は殺人未遂罪にとどまることになるのだろう16)。

客観面において実行行為の危険性の現実化が要求される以上，その主観面における反映として，行為者が認識した危険性の現実化を要求するのは十分に理解できる。しかしながら，構成要件の評価としては，実行行為の危険性が結果に実現したという事実のみが重要なのであるから，実現された危険性の具体的

---

13) 井田良「故意における客体の特定および『個数』の特定に関する一考察(3)」法研 58 巻 11 号（1985 年）78 頁を参照。これを支持する見解として，内藤(下)I 955 頁参照。

14) 井田 197 頁を参照。

15) 理論構成は異なるが，因果関係の錯誤による故意阻却の余地を認める見解として，さらに浅田和茂「因果関係の錯誤」香川達夫博士古稀祝賀『刑事法学の課題と展望』（成文堂，1996 年）301 頁以下（結果発生にとって因果的に決定的な事情に関する認識を要求），専田泰孝「因果関係の錯誤をめぐる一試論」佐々木史朗先生喜寿祝賀『刑事法の理論と実践』（第一法規出版，2002 年）132 頁以下（「想像を絶する事態」の場合には故意阻却），松宮 201 頁（結果の故意への帰属を問題にした上で，「意外な結果」の場合には故意阻却）などを参照。さらに高橋 195 頁も既遂故意を阻却する余地を認める。

16) 井田教授は【事例 2】について直接言及されているわけではないが，拳銃を発射したところ，被害者が崖から転落して死亡した事例について，行為者が崖の存在を認識していない場合には故意既遂犯の成立を否定されているので（井田・前掲注 13)78 頁以下），【事例 2】についても同様の帰結になると思われる。なお，故意を否定しつつ未遂犯の成立を認めるのは適切ではないとい

内容を認識する必要性が直ちに導かれるわけではない。また，このような前提を一貫させるのであれば，【事例2】についても，被害者Aが道路に飛び出す可能性それ自体について認識を要求すべきであり，その外形的事情（道路の存在など）の認識でたりるとする合理性は乏しいであろう17)。おそらく井田教授は，現実の介在事情の予見までを厳密に要求した場合，故意既遂犯の成立が過度に限定されてしまうことから，実行行為の危険の「バリエーションの範囲内」といえる場合には故意既遂犯の成立を認められるのだろう。しかし，どこまでが「バリエーションの範囲内」と評価できるかについて，明確な判断基準は存在しないように思われる18)。

このように考えると，やはり危険の現実化と評価できる事実の認識さえあれば，故意既遂犯の成立を認める立場が妥当であるように思われる。もっとも，悩ましい問題は，被害者の特殊な素因が介在するケースである19)。たとえば【事例3】Xは殺意をもって，Aに向けて拳銃を発射したところ，弾がそれて，Aは腕に軽傷を負うにとどまったが，Aは重度の血友病に罹患していたため，失血死するに至ったという事例である（Aの血友病についてXは認識しておらず，一般人も認識不可能であったとする）。伝統的な相当因果関係論における折衷的相当因果関係説は，因果関係の相当性の判断において，一般人が認識不可能であり，かつ，行為者も認識していない特殊事情を判断基底から除外するから，この立場からはAの血友病を判断基底から除外した上で，本件行為によってAが死亡することは相当ではないとして因果関係が否定され，Xの罪責は殺人未遂にとどまることになる。しかし，被害者の事情をすべて判断基底

う批判があるが，この立場からも未遂犯が成立する段階までは主観面と客観面が一致しており，それ以降の因果経過に齟齬が生じた場合にすぎないから，この立場から故意未遂犯の成立が認められることには問題はない。

17)　佐伯275頁を参照。

18)　鈴木左斗志「因果関係の錯誤について」本郷法政紀要1号（1993年）206頁，町野247頁などを参照。

19)　なお，鈴木・前掲注18)212頁以下は，行為者が現実の行為を意識的に行ったと仮定した場合に，結果惹起が予見されたかという基準によって，故意既遂犯の成否を判断していたが，鈴木教授はその後，改説され，過失犯処罰がある法益侵害類型については，その行為を意識的に行ったとしても，結果惹起が予見不可能である場合に限って，故意既遂犯の成立を否定されている（鈴木左斗志「刑法における結果帰責判断の構造」学習院大学法学会雑誌38巻1号〔2002年〕248頁注422参照）。この見解を前提にした場合，一般的に認識不可能な被害者の病変が決定的な原因となって死亡結果が発生した場合には故意既遂犯の成立が否定されることになる。

に含めた上で実行行為の危険実現を判断する立場によれば，【事例 3】についても因果関係が肯定される。そして，X は拳銃を発射して A を殺害する因果経過を予見している以上，危険の現実化と評価される因果経過の認識も認められるから，X には殺人罪が成立することになる。このようにおよそ本人が認識できない事情が決定的に作用しているにもかかわらず，故意既遂犯の成立を認めるのは，行為者にとって過酷にすぎるという批判もありうるかもしれない[20]。もっとも，【事例 3】の X は殺意をもって拳銃を発砲し，本人の意図通り，A が死亡している。もし弾丸が X の予見通り，A の身体の重要部分に命中し，死亡していれば当然に殺人罪の罪責を負うのである。それであれば，本件のように特殊な素因が決定的に作用した場合についても，殺人罪の成立を認める結論が必ずしも不当なわけではないだろう。

このような理解を前提にして，遅すぎた構成要件実現・早すぎた構成要件実現について検討を加えることにしたい。

Ⅲ．遅すぎた構成要件実現

1．基本的な理解

遅すぎた構成要件実現の典型的な事例が，大判大正 12・4・30（刑集 2 巻 378 頁〔砂末吸引事件〕）である[21]。本件は，被告人が被害者 A を殺害する決意をして，熟睡中の A の頸部を細い麻縄で絞めたところ（第 1 行為），同人が身動きしなくなったため，被告人は A が既に死亡したと考え，犯行発覚を免れる目的で同人を海岸砂上に運んで放置した結果（第 2 行為），A は同所で砂末を吸引し，頸部絞扼と砂末吸引が原因となって死亡したという事案である（以下，【事例 4】とする）。大審院は「殺人ノ目的ヲ以テ為シタル行為ナキニ於テハ犯行発覚ヲ防ク目的ヲ以テスル砂上ノ放置行為モ亦発生セサリシコトハ勿論ニ

20） たとえば浅田・前掲注 15)295 頁などを参照。

21） このような事例はヴェーバーの概括的故意事例と呼ばれることもある。かつては複数の行為によってはじめて殺人を実現できる場合が多かったことから，全体の行為を包括する意思として「概括的故意」が問題とされたようである。内田文昭「いわゆる『ウェーバーの概括的故意』の意義㈦」警研 58 巻 5 号（1987 年）12 頁以下などを参照。

22） 学説の詳細については，内藤㈦Ⅰ 961 頁，齊藤誠二「いわゆる概括的故意をめぐって(2・完)」警研 51 巻 2 号（1980 年）29 頁以下，山中敬一「行為者自身の第二行為による因果経過への介入と客観的帰属」福田平・大塚仁博士古稀祝賀『刑事法学の総合的検討㈦』（有斐閣，1993 年）

シテ之ヲ社会生活上ノ普通観念ニ照シ被告ノ殺害ノ目的ヲ以テ為シタル行為トAノ死トノ間ニ原因結果ノ関係アルコトヲ認ムルヲ正当トスヘク」として殺人罪の成立を認めている。「殺害ノ目的ヲ以テ為シタル行為」の具体的内容が明確にされているわけではないが，素直に読めば第１行為を実行行為と評価して死亡結果との間の因果関係を肯定したものであろう。

遅すぎた構成要件実現の問題解決については，第１行為，第２行為を一連の行為とみなして殺人罪の成立を認める見解と，両者を別個の行為と評価して殺人未遂罪と過失致死罪の成立を認める見解の対立があるとされる[22)]。しかし，このような理解は必ずしも妥当ではない。まず行為の個数である。学説では，第１行為，第２行為は被害者の殺害に向けられた連続的行為であるとして，両者を一連の実行行為として捉える理解もあるが[23)]，行為者は第２行為に出る時点では，被害者が既に死亡していると認識しているのであり，この段階で殺意があるというのは「明らかなフィクション」[24)]である。第１行為，第２行為が時間的に連続して行われているといっても，両者は異なる犯罪の故意に基づいて行われているのであるから，別々の行為として把握すべきだろう[25)]。

もっとも，両者を分けて把握するからといって，常に第１行為が殺人未遂罪の罪責にとどまるわけではない。第１行為の後，第２行為が介在して結果が発生することが，第１行為の危険の現実化として評価できるのであれば，第１行為のみを実行行為と評価した上で，死亡結果との間に因果関係を認めることは十分に可能である[26)]。危険の現実化の存否は個別の事案ごとに検討する必要があるが，本件については，①被害者を殺害した者が，その死体を遺棄しようとすることは十分にありうる事態であること，②身動きしなくなった被害者の生死を誤信することもそれほど異常ではないこと，③介在行為は死体遺棄の故意によるものであるが，生命侵害との関係では過失行為にすぎず，生命侵害に向けた新たな意思決定が行われたわけではないこと，④第１行為の後，時間

261頁以下，葛原力三「所謂ヴェーバーの概括的故意について」刑法雑誌33巻４号（1994年）3頁以下，本間一也「『概括的故意事例群』と共犯の成否(1)」法政理論45巻４号（2013年）253頁以下などを参照。

23）最近でも，たとえば伊東研祐「判批」百選33頁が，第２行為においても「いわば殺意の継続を前提・包含すると捉えることは可能であろう」とする。

24）町野朔「因果関係論と錯誤理論」北海学園大学法学研究29巻１号（1993年）228頁を参照。

25）この点に関連して，仲道祐樹『行為概念の再定位』（成文堂，2013年）207頁も参照。

26）この点について，町野170頁を参照。

的・場所的に連続して第2行為が行われていることなどの事情にかんがみれば，第1行為が第2行為を誘発することは十分にありうるとして，いわゆる間接的実現類型として危険の現実化を認めることができる[27)]。その上で，因果関係の錯誤が問題となりうるが，既に述べたように，現実の因果経過を認識していなくても，危険の現実化と評価される因果経過を認識していれば故意非難としては十分であるから，Aの首を絞めて殺害しようとしている被告人には因果関係の認識も当然に認められ，殺人罪が成立することになる[28)]。

このような理解に対しては，第2行為も行為者自身の行為でありながら，それを実行行為後の因果経過の1コマとして評価することについて違和感があるかもしれない[29)]。しかし，たとえばXがAの首を絞めた後，同人が既に死亡したと思って路上に放置したところ，第三者Yが自動車運転上の過失によってAを轢過し，死亡させた場合であれば，第三者Yの過失行為を介在事情として評価し，Xの実行行為とA死亡結果との間の因果関係が認められるであろう。それであれば，これがYの行為ではなく，X自らの過失行為であっても，同様に解すべきである[30)]。第2行為もX本人の行為であるという特殊事情は，因果関係の判断ではなく，罪数評価の問題として考慮すればたりると思われる[31)]。

2. 関連する問題

このように遅すぎた構成要件実現の問題は，①第1行為と最終的な結果発生との間に危険の現実化の関係が認められるか，②因果関係の錯誤が故意を阻却しうるかという点に尽きており，特別な問題は生じない。第1行為を実行行為として評価すれば十分であり，あえて「一連の実行行為」という概念を援用する必要性も乏しい。そして，行為者が危険の現実化と評価される因果経過を認識している場合，②因果関係の錯誤は故意を阻却しないから，結局のところ，

27） なお，本判決は，頸部絞扼と砂末吸引が共同して死因を形成したとして，第1行為，第2行為が死亡結果発生の「共同原因」となっている旨を判示している。このように第1行為それ自体が結果発生に（一定の範囲で）直接的に寄与している事例は，それがない場合に比べると，危険の現実化の関係を認めやすいと解する余地もある。もっとも，介在事情（第2行為）の異常性が高い場合についてまで，このような理解で因果関係を認めることは困難であろう。

28） 同旨の見解として，たとえば山口231頁，佐伯276頁などを参照。

29） このような懸念を示すものとして，たとえば高橋190頁を参照。中義勝「概括的故意事例についての一考察」同『刑法上の諸問題』（関西大学出版部，1991年）169頁以下が，第2行為の介

この問題は，①第1行為と結果発生との間の危険の現実化の問題に尽きることになる。もっとも，第1行為と第2行為について，いかなる関係があれば危険の現実化を肯定しうるかについては，なお検討の余地があるだろう。いくつかの関連する問題について，ごく簡単に検討しておくことにしたい。

(1) 犯行計画の要否

【事例4】において，殺人罪の成立を認めるためには，XがはじめからAを殺害後，その死体を海岸の砂浜の上に遺棄する犯行計画を有していたことが必要だろうか。因果関係の認識として，行為者が認識した危険性が結果に実現した関係を要求する立場からは，死体遺棄の犯行計画を有していた場合に限って，行為者が認識した危険性が結果に実現しており，故意既遂犯の成立が認められることになる[32]。しかし，因果関係の認識としては，具体的な危険の認識が不要であることは既に述べたとおりである。本書の理解からは，むしろ危険の現実化の判断において，犯行計画の存否やその内容が影響を及ぼすか否かが問題とされることになる。

伝統的な折衷的相当因果関係説の立場からは，行為者が予見していた介在事情は判断基底に取り込まれることになるから，死体遺棄の計画があった方が因果関係を肯定しやすいであろう。また，危険の現実化の枠組みでも，犯行計画を有している方が，それに従って介在行為が誘発されやすいと解するのであれば，同様の帰結に至ることになろう。もっとも，本件は殺人行為の後の死体遺棄行為であり，そもそも異常な事態が介在しているわけではない。少なくとも本件については，事前の犯行計画が存在しない場合であっても，危険の現実化の関係を肯定することは十分に可能であると思われる[33]。

なお，このような理解からは，犯行計画とは無関係の行為によって結果が惹起された場合であっても，それが実行行為によって誘発されうる事態と評価で

入は第1行為の類型的な危険性とまでは評価できないとするのも，同様の感覚に基づくものだろう。

30）　このような指摘として，松原319頁を参照。

31）　第2行為も因果関係の1コマに尽きるわけではなく，別途，法的評価の対象になりうる行為である（過失致死罪が成立するであろう）。死亡結果の二重評価を避けるためには，両罪を包括一罪として評価する必要がある。詳細は本書35頁以下を参照。

32）　井田・前掲注13)79頁，内藤(下)Ⅰ 963頁などを参照。

33）　このような指摘として，山口231頁以下を参照。

きるのであれば，危険実現の関係を認める余地がある。たとえばXが死亡したと思ったAを（死体を遺棄する目的で）自動車で海岸に搬送中，過失によって交通事故を起こし，それによってAが死亡した事例であっても，具体的な事実関係によっては，第1行為の危険実現を肯定してXに殺人罪の成立を認めることが可能だろう。

(2) 中止行為による結果惹起

たとえば，【事例5】Xが殺意をもってAをマンションのベランダから突き落とそうとしたが，手すりにぶら下がっているAの姿を見て，憐憫の情から翻意して，Aを引っ張り上げて救助しようとしたが，その際に手がすべってしまい，その結果，Aが転落死した場合はどうだろうか。この場合，当初のXの犯行動機が連続しておらず，別の意思決定が介在したことによって，Aの死亡結果が発生しているため，「動機連関」が欠落するとして，危険の現実化の関係を否定する見解も主張されている[34)]。しかし，Xが殺意を放棄して救命行為に出ることは十分にありうる事態であると思われるし，また，法的にはむしろ期待されるべき展開である[35)]。また，Aの死亡結果の惹起については，XがAを突き落とそうとして同人を手すりにぶら下がる状態にしたことが決定的に重要であり，かりに第三者が救助しようとして同様の結果に至った場合であっても，介在行為による転落死は実行行為によって誘発されうる事態であるとして，当然に因果関係が認められるだろう。これらの事情を前提とすれば，本事例についても，XがAを突き落とそうとする行為の危険の現実化としてAの死亡結果が生じているとして，殺人罪が成立すると解される[36)]。

34） 山中・前掲注22)272頁などを参照。

35） この点について，葛原・前掲注22)30頁の分析も参照。

36） なお，東京高判平成13・2・20判時1756号162頁は，被告人が殺意をもって妻を包丁で刺したところ（第1行為），妻がベランダに逃げ出したので，部屋に連れ戻して出血死を待つ，あるいはガス中毒死させる目的で同女に摑みかかったところ（第2行為），同女がベランダから転落死した事件について，第1行為・第2行為を一連の行為と評価して殺人罪の成立を認めている。第2行為段階でも殺意を放棄していない点が【事例5】と異なるが，第1行為を実行行為と評価して，危険の現実化の関係を肯定することも可能であったと思われる。島田聡一郎「実行行為という概念について」刑法雑誌45巻2号（2006年）64頁を参照。

Ⅳ．早すぎた構成要件実現

1．平成 16 年判例の概要

早すぎた構成要件実現の問題については，近時の最高裁決定（最決平成 16・3・22 刑集 58 巻 3 号 187 頁〔クロロホルム事件〕）の理解が重要である。まずは本決定について詳しくみておくことにしたい。

(1)　事実関係・判旨

被告人Ｚは，夫Ａを事故死に見せ掛けて殺害して生命保険金を詐取しようと考え，Ｘに殺害の実行を依頼した。Ｘは実行担当者Ｙらとともに，実行犯の乗った自動車をＡの運転する自動車に衝突させ，示談交渉を装ってＡを犯人使用車に誘い込み，クロロホルムでＡを失神させた上，Ｂ港まで運び，自動車ごとＡを海中に転落させて溺死させるという計画を立てた。犯行当日，Ｙらは，上記犯行計画を実行に移し，Ａに多量のクロロホルムを吸引させ，同人を昏倒させた（第１行為）。その後，Ｙらは，ＡをＢ港まで運び，同人をＡ使用車の運転席に運び入れた上，同車を岸壁から海中に転落させて沈めた（第２行為）。Ａは死亡したが，その死因は第１行為，第２行為のいずれから生じたかは特定できず，Ａが第２行為の前に，第１行為で死亡していた可能性も否定できない。もっとも，Ｘ，Ｙらは第１行為自体によってＡが死亡する可能性を認識していなかった。

このような事実関係を前提に，最高裁は次のような判断を下した。

「実行犯３名の殺害計画は，クロロホルムを吸引させてＡを失神させた上，その失神状態を利用して，Ａを港まで運び自動車ごと海中に転落させてでき死させるというものであって，第１行為は第２行為を確実かつ容易に行うために必要不可欠なものであったといえること，第１行為に成功した場合，それ以降の殺害計画を遂行する上で障害となるような特段の事情が存しなかったと認められることや，第１行為と第２行為との間の時間的場所的近接性などに照らすと，第１行為は第２行為に密接な行為であり，実行犯３名が第１行為を開始した時点で既に殺人に至る客観的な危険性が明らかに認められるから，その時点において殺人罪の実行の着手があったものと解するのが相当である〔【要旨1】〕。また，実行犯３名は，クロロホルムを吸引させてＡを失神させた上自動車ごと海中に転落させるという一連の殺人行為に着手して，その目的を遂げたのであるから，たとえ，実行犯３名の認識と異なり，第２行為の前の時点でＡが第１行為により死亡していたとしても，殺人の故意に欠けるところはなく，実行犯３名については殺人既遂の共同正犯が成立するものと認められる〔【要旨 2】〕。」

(2) 本決定の論理

本決定は第１行為で被害者が死亡したと認定しているわけではなく，死因が特定できないことを前提に判断を下している。一定の事実関係がＰかＱか証明できなかった場合は，その事実がいずれであっても成立する犯罪の限度で処罰が可能となる。本件に即していえば，Ａが第２行為によって死亡していれば，被告人らの犯行計画通りに結果が発生したのであり，当然に殺人罪が成立する。したがって，かりに第１行為によって死亡していた場合であっても殺人罪が成立するのであれば，考えられるすべての可能性について殺人罪が成立するのであるから，死因が特定できなくても殺人罪の成立が認められることになる。これに対して，かりに第１行為によってＡが死亡した場合には殺人未遂罪しか成立しないと解するのであれば，結局，殺人既遂の事実が証明できていないことになるから，（殺人既遂も殺人未遂を包摂することから，いずれの場合であっても成立する）殺人未遂罪の限度で処罰可能ということになる。このような前提から，本決定においては「かりにＡが第１行為によって死亡していたとしても，殺人罪の成立を認めることができるか」という問題が検討されているのである（説明が錯綜するので，以下では，Ａが第１行為によって死亡した場合を前提に検討を進めることにしたい）。

本決定の【要旨 1】では殺人罪の実行の着手の存否が判断されているが，本件の被害者Ａは死亡しているのであるから，本来，未遂犯の成否について法的判断を示す必要はなかったはずである[37)]。それにもかかわらず，本決定が【要旨 1】で実行の着手に関する判断を示したということは，これが【要旨 2】を導く重要な前提となっていることを意味している[38)]。つまり【要旨 2】で

37）　既遂犯の成立が否定された場合に限って，実行の着手の時期を検討すればたりることになる。
38）　この点に関して，平木正洋「判解」最判解刑事篇平成 16 年度 171 頁，古川伸彦「判批」百選 131 頁などを参照。
39）　平木・前掲注 38) 181 頁以下も参照。
40）　このような指摘として，佐藤拓磨「早すぎた構成要件実現」法教 453 号（2018 年）20 頁以下

は，第1行為，第2行為が「一連の実行行為」として包括的に評価されているが，このような包括的評価を許容するためには，第1行為と第2行為との間に密接な関連性が必要になる。このような密接な関連性を認定するために，【要旨1】ではその前提として，第1行為段階で直ちに第2行為に連なりうる関係性，すなわち実行の着手が認められる旨が判示されていると解される。

そして，おそらく本決定は，（一連の）実行行為によって死亡結果が発生しており，しかも実行行為によって結果が発生する認識があれば故意犯処罰としては十分であり，因果関係の錯誤は故意を阻却しないという理解を前提にしていると思われる[39]。したがって，第1行為，第2行為を「一連の実行行為」と評価できる場合には，行為者が第2行為で結果を惹起しようとしたにもかかわらず，第1行為で結果が発生したとしても，（一連の）実行行為によって結果が発生したことには変わりはないから，この点の錯誤は構成要件的に重要ではなく，故意犯の成立が認められる。たとえば金属バットで被害者を多数回殴打して殺害しようとする場合，行為者の犯行計画よりも大幅に少ない回数で被害者が死亡したとしても，それによって殺人罪の故意が否定されることはあり得ないだろう。それは「一連の実行行為」内部の食い違いにすぎないからである。

(3)「一連の実行行為」の意義

本決定の論理は，実行行為を行為者の犯行計画が実現していく一連の過程として把握する立場と親和的なものといえる[40]。行為者は犯行計画に基づき，場合によっては複数の段階を踏みつつ，構成要件的結果を発生させようとする。この犯行計画において実質的に重要な行為がまさに実行行為である[41]。このように犯行計画の実質的な最終段階として実行行為を把握する立場からは，ある程度，幅を持って実行行為を把握する余地が生ずる。「一連の実行行為」という概念も，まさにこのような観点から実行行為を実質的に把握するものといえる。そして，構成要件を実現する意思に基づいて，実質的に把握された実行行為（一連の実行行為）を開始したことが未遂犯処罰においては決定的

を参照。なお，連載の際には，判例の内在的な理解と，筆者の立場からの判例の分析を混然一体として論じていたため，単行本化の機会に両者の区別が明確になるよう，これ以降の本文の構成を大幅に改めた。

41）樋口亮介「実行行為概念について」『西田典之先生献呈論文集』（有斐閣，2017年）34頁以下を参照。

に重要であり，原則としてこの段階で実行の着手が認められることになる。このような理解は，行為者の主観面を重視しつつ，事前判断によって実行行為性を判断する伝統的な犯罪論の立場を前提にするものといえよう。

そして，このような犯罪論を前提にした場合，本決定は次のように理解される。すなわち，第1行為段階で実行の着手が認められる旨の判断は，犯行計画を考慮しつつ，第1行為・第2行為を「一連の実行行為」と評価するためのプロセスである。そして，行為者は「一連の実行行為」によって死亡結果を惹起したのであるから，殺人罪の客観的構成要件に該当する。そして，行為者が第2行為で結果を惹起しようとしたにもかかわらず，第1行為で結果が発生したという点も，これは「一連の実行行為」内部の齟齬にすぎない。また，行為者は既に結果惹起の意思によって「実行の着手」という決定的な段階を突破したのであるから[42)]，故意既遂犯の成立を否定する実質的根拠も乏しい。したがって，本件の行為者の錯誤は構成要件的に重要ではなく，故意既遂犯の成立が認められる。

このように本決定を理解した場合，早すぎた構成要件実現の問題について故意既遂犯の成立を認めるためには，「一連の実行行為」（の一部）によって結果が惹起されたことが決定的であり，その判断基準は，第1行為の段階で実行の着手が認められるか否かに求められる。この要件を欠いた場合，全体を「一連の実行行為」と評価することができず，故意既遂犯の成立を認めることができない。たとえば**【事例6】**Xが夫Aを殺害しようとして，コルクを通してワインに毒を入れておき，Aが帰宅した後，X自らコルクを開けてワインをグラスに注ぎ，それをAに飲ませて殺害しようと考えていたが，予定よりも早く帰宅したAがワインを発見し，自らコルクを開けてワインを飲み，死亡した場合，Xがワインに毒を入れて準備する行為の段階では実行の着手を否定するのが一般的な理解であろう。したがって，この場合には，毒ワインを準備する段階で「一連の殺人行為」に着手したと評価することはできず，殺人罪の成立が否定される（過失致死罪と殺人予備罪が成立する）。

42）　この点について，安田拓人「判批」平成16年度重判解（ジュリ1291号）（2005年）158頁を参照。

2. 若干の検討

(1) 基本的な視点

平成16年判例が故意既遂犯の成立を認めた結論それ自体は妥当なものであったと思われる。もっとも，本決定が「一連の実行行為」に依拠して故意既遂犯の成立を認めた理論構成については，若干の疑問を覚える。私の疑問は，①本件の実行行為を客観的に「一連の実行行為」として把握する必要があったのか，②早すぎた構成要件実現の問題の核心は，実行行為の把握ではなく，第1行為段階における故意の存否に尽きるのではないか，という点である。以下，敷衍して述べることにしたい。

まず「一連の実行行為」という概念である。たしかに複数の行為によって同一の結果を惹起する場合などについては，「一連の実行行為」という概念が有用であることは否定できない。しかし，結果を惹起した行為が特定されている場合についてまで，あえて複数の行為を一体的に評価する必然性は乏しいように思われる。判例の事案についても，かりに犯行計画通り，Aが第2行為によって死亡した事件であれば，第2行為のみを殺人罪の実行行為として評価すればたりるのであり，第1行為を含めた「一連の実行行為」という概念を援用する必要はないだろう。結果を惹起した行為の直前の行為まで処罰範囲が拡張されているのは，まさに未遂犯の処罰の要請である。たとえば財物の占有を移転する行為（第2行為）の直前に位置する物色行為（第1行為）については，結果惹起行為（＝実行行為）に密接な行為として未遂犯の処罰が認められる。しかし，実際に占有移転行為が行われ，窃盗罪が既遂に達した場合についてまで，物色行為を含めて「一連の実行行為」と評価する必要はないだろう。実行行為の実質的拡張（前倒し）は未遂犯の処罰を認めるための理論であり，既遂犯について同様に解する必然性は乏しいと思われる[43]。既遂犯における実行行為は，事後的・客観的な評価に基づき，結果発生の因果的起点となる行為に求めるべきだろう。

第2に，早すぎた構成要件実現の問題の核心である。実行行為を結果惹起の因果的起点として客観的に把握する理解からは，第1行為で被害者が死亡した

43)　この点について，山口・新判例89頁を参照。

場合であれば，第1行為が客観的には殺人罪の実行行為であり，第2行為は殺害行為と無関係な行為にすぎない。この場合に解釈論上，問題となるのは，あくまでも（第1行為段階における）被告人の故意の存否である。すなわち，第1行為によって結果が発生する認識・予見がない行為者に殺人罪の故意が認められるか，という点のみが解釈論上の争点となる44)。このことは，かりに本件の被告人らが本件と同様の犯行計画に基づいて第1行為に出たが，Aが第1行為によって死亡することもありうると未必的に認識していた場合であれば，第1行為のみを実行行為と評価して，当然に殺人罪が成立することからも明らかであろう。

このように早すぎた構成要件実現の問題の評価においては，実行行為概念をどのように理解するかが重要な前提となる45)。そして，本書のように，事後的・客観的な立場から，結果を惹起した行為を実行行為と評価する立場からは，早すぎた構成要件実現は，第1行為段階における故意の存否の問題に尽きる。このような理解からは，「一連の実行行為」を問題とした本決定の論理は，後述するように，一連の実行行為に出る認識を認めることで第1行為段階の故意を肯定した論理として，実行行為性の問題からその点の認識の問題に読み換えて理解する必要が生ずる。

(2) 実行行為性の認識

故意犯の成立を認めるためには，少なくとも構成要件該当事実の認識・予見が必要であるから，故意の内容として，実行行為によって結果を惹起することの認識・予見が要求される。そして，一般的な理解によれば，実行行為に出る際には，行為者には実行行為を行っている認識（実行行為性の認識）が必要とされる46)。実行行為を結果発生の因果的起点であり，その具体的危険性を有する行為として理解する立場からは，自らの行為にそのような性質があることの認識が必要とされるだろう。たとえば殺意をもって拳銃を発砲する場合，行為者は発砲行為に生命に対する具体的な危険性があり，発砲によって死亡結果

---

44) 同様の問題意識として，島田聡一郎「早すぎた結果発生」争点66頁を参照。

45) この点を明確に指摘するものとして，佐藤・前掲注40)21頁を参照。

46) たとえば佐伯279頁（「実行行為の時点で，実行行為を行っていることの認識が必要」とする），山中敬一「いわゆる早すぎた構成要件実現と結果の帰属」板倉宏博士古稀祝賀『現代社会型犯罪の諸問題』（勁草書房，2004年）125頁（「結果に対する危険を創出する行為であることの

が発生することを認識・予見している。

このような観点から本件の第1行為を分析した場合，第1行為には，クロロホルムの吸引それ自体で被害者が死亡する具体的な危険性が存在しており，本件では実際にそれが現実化しているから，客観的にはこれが実行行為である。しかし，被告人らにはこの点の認識が欠けるから，第1行為について実行行為性の認識を認めることはできない。もっとも，本件犯行計画によれば，第1行為と第2行為は密接に関連しており，第1行為を行えば，そのまま第2行為で被害者が死亡する危険性が高かったのであるから，第1行為には第2行為の直前行為としての危険性も認められる47)。そして，被告人らは犯行計画を有する以上，第1行為が第2行為に密接な行為として危険性を有していることを当然に認識している。したがって，客観的には第1行為が実行行為であるところ，被告人らは第2行為を実行行為として認識しており，第1行為はその準備的行為として把握していたが，そもそも被告人の犯行計画において，第1行為・第2行為は密接に関連する「一連の実行行為」と評価できるのであるから，第1行為に出る段階で被告人らには（第2行為を中核的部分とする）「一連の実行行為」に出る認識が認められる。このように客観的にも実行行為（＝第1行為）が行われ，主観的にも実行行為（＝一連の実行行為）を行う認識が認められることから，被告人らには故意犯の成立が認められることになる。ここでは客観面，主観面の内容が異なるものの，いずれにしても被告人が第1行為に出る段階で実行行為性およびその認識が認められることが重要である。

このように第1行為で結果が発生した以上，客観面では実行行為性に関する問題は生じないと解する本書の立場からは，平成16年判例は，かりに被告人の犯行計画通りに事態が推移した場合，第1行為・第2行為を「一連の実行行為」と評価する余地があることから，第1行為段階でも「一連の実行行為」に出る認識があり，それゆえ故意既遂犯の成立が認められるという趣旨の判断として捉え直されることになる48)。「一連の実行行為」の認定が客観的な実行行為性の判断として要求されているのか，それとも，客観面では実行行為を第1

認識」を要求）などを参照。

47)　このように第1行為には二重の意味の危険が併在していることになる。この点について，橋爪隆「判批」ジュリ1321号（2006年）235頁参照。

48)　同趣旨の理解として，佐伯280頁などを参照。

行為と捉えつつ，第１行為段階で「一連の実行行為」に出る認識（故意）を認めるために要求されているのかについては見解の相違があるが，いずれにしても実行の着手が重要な判断基準となる点において，両者の結論は一致しているといえる。ここでは「一連の実行行為」という観点から未遂犯処罰に必要な危険性が問題とされ，未遂犯処罰の段階まで至れば，それ以降の錯誤は構成要件的に重要ではないという実質的理解が前提とされているのである。

(3) 因果関係の錯誤としてのアプローチ

早すぎた構成要件実現は因果関係の錯誤の一類型であると解されているが，既に検討したように，実際には「一連の実行行為」に依拠した問題解決が支配的である。もっとも，このようなアプローチも，未遂犯の成立時点までの経過を「一連の実行行為」に取り込むことによって，因果関係の錯誤を実行行為性（あるいはその認識）の問題に解消するものとして評価することが可能である。それでは，この問題を正面から因果関係の錯誤として検討した場合，どのような説明ができるのだろうか。

まず，クロロホルムの吸引で死亡することは十分にありうるのであるから，現実の因果経過は第１行為の危険の現実化といえ，第１行為と結果惹起との間に因果関係が認められる。したがって，通説の立場からは，行為者の主観面において，危険の現実化に対応する認識があれば，故意既遂犯の成立が認められることになる。危険の現実化の認識があるか否かを検討するに際しては，行為者が認識していた因果経過が現実に存在したと仮定した場合，それが実行行為の危険の現実化と評価できるかによって判断することができる[49]。そして，本件の行為者が認識していた因果経過とは，第１行為の後，行為者自らの故意有責の第２行為が介在し，しかも，第２行為が死因を形成することによって被害者が死亡するという因果経過である。このように故意有責の介在行為が介入し，しかもそれが死因を形成するというのは，まさに因果関係が否定される典

49）故意が客観的な事実の主観面への反映であることから，この問題に限らず，このような分析がきわめて有益である。たとえば誤想防衛・誤想過剰防衛の問題においても，同様の観点から故意阻却の可否を判断することができる。詳細は本書第６章を参照。

50）このような理解として，山口・探究 141 頁を参照。もっとも，山口 234 頁は，「一連一体の行為」の開始段階で現実的な故意を認めることで，故意既遂犯の成立を認めることも「不可能とはいえない」とする。

51）町野 248 頁以下，林・判例 96 頁以下，高橋則夫『規範論と刑法解釈論』（成文堂，2007 年）

型的なケースである。そして，故意有責の介在行為が結果発生に重要な影響を及ぼしたことを根拠として，第１行為と結果との間の因果関係を否定した場合，本件の行為者には，第１行為の段階で危険の現実化に対応する事実の認識が認められず，故意既遂犯の成立が否定されることになる[50]。学説では，既遂犯の故意とは行為者が結果実現のために必要なことをすべて行ったという認識であり，結果発生のためにさらなる行為が必要であると考えている場合には故意既遂犯が成立しないとする見解が主張されているが[51]，基本的には同様の問題意識ということができよう。

もっとも，故意有責の行為による結果惹起を留保している場合には故意既遂犯が成立しないと解すると，故意既遂犯の成立範囲が過度に限定されてしまい，結論において妥当ではないだろう。本件の場合，故意有責の行為といっても，介在するのは行為者自らの行為であり，しかもそれは第１行為段階で既に計画されている行為である。第１行為の行為者自身からみれば，第２行為の介在はまさに予定通りの事態と評価されるのであるから，これを実行行為（第１行為）によって誘発される介在事情と評価する余地があると思われる。すなわち既に犯行計画に組み込まれており，しかも第１行為と密接な関連性・接着性を有する第２行為については，それは第１行為に誘発されうる行為であり，それゆえ通常介在しうる行為であると評価することも可能であろう[52]。このような関係が肯定できる限度において，行為者には第１行為の段階で危険の現実化の認識が認められ，故意既遂犯が成立することになる。

このような理解からは，早すぎた構成要件実現の事例については，第１行為の段階で，さらに第２行為を行って結果を発生させる犯行計画を有しており，しかも，行為者の認識においては第１行為と第２行為が密接に関連付けられていれば，故意既遂犯の成立が認められることになる[53]。このような帰結は具体的事案の解決においては，判例の基準とほとんど異なるものではなく，説明方法の違いにとどまる。すなわち，第２行為を介在行為として評価した上で，

---

74 頁以下，松原芳博「実行の着手と早すぎた構成要件の実現」同編『刑法の判例〔総論〕』（成文堂，2011 年）186 頁以下，石井徹哉「行為と責任の同時存在の原則」刑法雑誌 45 巻 2 号（2006 年）85 頁以下などを参照。

52）　橋爪・前掲注 47)238 頁では，行為者が第１行為段階で確定的意思を有していることが必要であるとしていたが，島田・前掲注 44)67 頁が指摘するとおり，確定的な意思までを要求する必然性は乏しいだろう。この点を改めたい。

53）　同旨の見解として，島田・前掲注 44)67 頁，佐伯 280 頁を参照。

その介入の異常性を否定して危険の現実化の関係を肯定する視点が，第１行為と第２行為の密接な関連性を根拠づけ，「一連の実行行為」性を導いているのであり，両者のアプローチは，同一の問題意識を，異なる論理で説明するものにすぎない（因果関係の内容が「一連の実行行為」の一部に取り込まれている）。したがって，どちらのアプローチを採用しても構わないが，私個人の経験を踏まえていえば，学生のみなさんにとって，理解が容易な説明は，明らかに「一連の実行行為」に依拠したアプローチであろう。ただ，本音を言えば，早すぎた構成要件実現が未遂犯の成否の問題ではなく，第１行為段階の故意の存否の問題であることを明らかにするという意味においては，因果関係の錯誤としてのアプローチの方がより適切なアプローチであると考えている。

第9章
過失犯の構造について

I. はじめに

過失犯の構造をめぐっては，周知のとおり，旧過失論と新過失論の対立がある。両説の対立については，旧過失論がもっぱら主観的な予見可能性によって過失を限定するのに対して，新過失論は客観的な注意義務違反として過失を把握しているという理解が一般的であった。もっとも，旧過失論が客観面において過失犯の成立範囲をおよそ限定しないわけではない。とりわけ修正旧過失論の立場からは，過失犯の実行行為性を限定する理解が示されている。他方，新過失論といっても，過失犯の成立要件をもっぱら客観的に判断するわけではなく，その内容や位置づけはともかくとして，予見可能性を要求するのが一般的な理解である。したがって，両説の対立といっても，その対立軸は必ずしも明確なものではない。

むしろ，過失犯の理解において重要な視点は，過失犯を故意犯のアナロジーで理解するか，それとも，全く異なる構造の犯罪類型として理解するかという点にあるといえよう。私自身は，これまで前者の立場で検討を進めてきたが[1)]，最近では後者のアプローチも有力化しており，議論が錯綜している。本

1） このような問題意識から執筆したのが，橋爪隆「過失犯(上)(下)」法教275号76頁以下，276号39頁以下（2003年）である。基本的な問題意識には変わりはないが，個別の議論については，修正・補充を要すべき点が少なくない。

章では，過失犯の構造をめぐる議論を整理した上で，その理論的な問題点を明らかにすることにつとめたい。

Ⅱ．過失構造論をめぐる対立

1．旧過失論・新過失論・修正旧過失論

過失犯の構造をめぐって，伝統的な過失犯論（旧過失論）は，十分に注意していれば構成要件該当事実を惹起することが予見可能であったにもかかわらず，結果を予見することなく，漫然と構成要件的結果を惹起させた行為者の不注意な心理状態を過失の本質として理解した[2)]。すなわち行為者が構成要件該当事実を認識・予見している心理状態が故意であるのに対して，それを予見可能である心理状態が過失として理解されたのである。このような理解からは，客観面においては故意犯と過失犯とは区別することができず，両者は責任非難のレベルにおいて区別されることになる[3)]。

これに対して新過失論は，過失の本質を行為者の不適切な客観的行為態様に求める。すなわち，行為者には構成要件的結果を回避すべき義務（結果回避義務）が課される場合があり，その客観的な義務に違反して結果を惹起したという事実それ自体が過失犯処罰を基礎付ける[4)]。もっとも，いかなる場合であっても行為者に結果回避義務が課されるわけではない。あくまでも結果が発生する危険性がある場合，すなわち一般的に結果発生が予見可能である場合に限って，結果回避が義務づけられることになる。このような新過失論の理解によれば，過失犯の構成要件においては，故意犯のように客観面と主観面を截然と区別することができない。すなわち結果発生が一般に予見可能である状態を前提として結果回避義務が導かれるのであるから，過失犯においては主観的事情，客観的事情が一体となって構成要件を構成する。したがって，故意犯と過失犯はそもそも構成要件段階で異なる構造を有することになるのである。

新過失論は，旧過失論が客観面では過失犯の成立を限定しておらず，過失犯

2）たとえば平野Ⅰ 191 頁以下，内藤(下)Ⅰ 1104 頁以下，町野 255 頁以下，西田 275 頁以下，松宮 212 頁などを参照。

3）学説においては，責任要件によって故意犯と過失犯が区別されるという説明が一般的であった。もっとも，故意・過失（の一部）を構成要件段階で判断する立場を前提にすれば，両者は客観的構成要件の内容は共通にするが，主観的構成要件の段階で既に区別されることになる。両者

の成立範囲が拡大するおそれがあるとして，旧過失論を厳しく批判してきた。しかし，旧過失論からは客観面の限定は不可能であるというのは正当な理解とはいえない。旧過失論は，故意犯と過失犯とでは客観的構成要件の内容は共通であると解しているのであるから，故意犯においても実行行為に危険性が認められ，その危険性が結果に現実化した場合に限って構成要件該当性が認められる以上，同様の観点から，過失犯においても客観的な限定は可能であり，また，必要である。新過失論の批判を受けて，旧過失論の立場からは過失犯の実行行為性を限定する立場が有力になるが（いわゆる修正旧過失論），これは旧過失論を修正したというよりも，本来，客観的な限定が必要であったことを再確認する意義を有していたといえる。修正旧過失論こそが，本来の旧過失論の内容であったというべきであろう。

このように新過失論と修正旧過失論の主張を比較した場合，客観的に過失犯の実行行為性を限定しようとする点には変わりはなく，しかも（主観的か客観的かはともかく）予見可能性が要求されている点も共通である。そのため，表面的に両説の対立は解消しているようにも思われる[5)]。しかしながら，①実行行為性を限定する根拠とその基準，さらに②予見可能性の位置づけについては，各説の立場から異なった理解がありうるであろう。両者の問題について，それぞれ検討を加えることにしたい。

2. 過失犯の実行行為性

実行行為性の検討に際して，次のような2つの事例を素材にすることにしたい。

【事例1】Xは前方を注視せずに自動車を運転していたところ，信号を無視して横断しようとする歩行者Aの発見が大幅に遅れたため，同人をはねて死亡させた。Xが前方を注視していればAを事前に発見し，衝突を回避することが確実に可能であった。

【事例2】Xは前方を注視して運転を行っていたが，酔ったAが突然，道路

の説明は，少なくとも過失犯の成否をめぐる議論においては，実質的な相違はない。

4）　たとえば団藤333頁以下，大塚211頁以下，西原(上)196頁以下，大谷182頁，高橋218頁以下などを参照。

5）　この点に関して，伊東138頁以下を参照。

を横断してきたため，急ブレーキをかけたが間に合わず，A を死亡させた。

(1) 新過失論による回避義務論

新過失論の構造では，一般人が結果発生を予見可能であれば，その結果発生を回避する義務が生ずることになる。このように一般人を基準とした予見可能性（客観的予見可能性）を前提として，その予見された結果を回避するための義務（結果回避義務）を課すというのが新過失論の基本的な理解である。この予見可能性を厳格に要求すると，【事例 1】についても，そもそも A が突然道路を横断してくることは予見できないとして，予見可能性を否定する余地もありそうだが，おそらく一般的な理解は，予見可能性の内容を抽象的に把握して，「自動車の走行中には他の車両運転者や歩行者に死傷の結果が生じうること」が予見可能であるとして，それを回避するための義務として，前方注視などの結果回避義務を要求する。したがって，【事例 1】は結果回避義務違反が認められるが，【事例 2】は結果回避義務に反する行為がなく，過失犯の成立が否定される。このように新過失論における予見可能性とは，現実に発生した結果惹起ではなく，一般的・抽象的に生じうる結果を基準として判断されることになると思われる。このことは新過失論が国民一般に対して行為規範を提示することを重視していることとも整合的であろう。すなわち新過失論の立場からは，たとえば自動車を運転する際には事故を回避するためにどのような義務が課されるべきかを事前に明確に提示することが重要である[6)]。そして，事前に義務を提示するためには，当然ながら事前判断によって，一般的に生じうる（仮定上の）結果を対象として予見可能性が判断されることになる。

さらに新過失論の特徴として，予見可能性を結果回避義務を導く前提要件として位置づけている点が重要である。つまり，過失犯の中核的内容は結果回避義務に違反した行為であるが，何の契機もないところで回避義務を課すことは

6） たとえば井田良『刑法総論の理論構造』（成文堂，2005 年）123 頁以下，高橋則夫『規範論と刑法解釈論』（成文堂，2007 年）76 頁以下などを参照。

7） これは故意の機能として，反対動機形成可能性の契機のみを重視した場合，構成要件該当事実の認識は不要であり，抽象的符合説に行き着く可能性があることと類似している。

8） 最近の新過失論において，危惧感説の主張が再評価されていることは偶然ではない。井田良「刑事過失の認定をめぐる諸問題」曹時 61 巻 11 号（2009 年）26 頁以下，高橋 218 頁以下などを参照。

9） なお，最決昭和 55・4・18 刑集 34 巻 3 号 149 頁は，調理師が客の求めに応じて，とらふぐの

できないから，結果回避を義務づける前提として予見可能性が要求される。しかし，このように結果回避を義務づける契機でよいのであれば，構成要件該当事実に関する具体的予見可能性を要求する必然性はない。何らかの危険性を予見可能であれば，それを契機として回避義務を義務付けることは十分に可能だからである[7)]。このような意味において，新過失論の論理を徹底した場合，それは危惧感説に行き着くことになるだろう[8)]。また，何らかの危険性が予見可能であればたりるのであれば，予見内容の構成要件関連性を厳格に要求する必要がないことになる。たとえばアレルギー成分を含む可能性のある食品を提供する際に，傷害結果が生ずることは十分に予見可能であったが，死亡結果が発生することについてはおよそ予見不可能である状況において，行為者が十分な安全確認をすることなく食品を提供した結果，被害者が死亡したとする。この場合についても，新過失論の立場からは，被害者の傷害結果が予見可能である以上，提供を差し控える，十分な安全確認を行うなどの回避義務が課される結果，死亡結果についても過失犯の成立が肯定される余地があるだろう[9)]。もちろん，新過失論の立場からも，現実に生じた構成要件についての予見可能性を要求する理解が一般的であるが，それは新過失論の論理からは必然的に導かれるわけではない[10)]。

このように新過失論が，事前判断としての結果回避義務の設定を重視する以上，回避義務の前提となる予見可能性は，現実の法益侵害結果（および因果経過）を捨象した抽象的な内容とならざるを得ない。また，何らかの危険性が予見可能であれば回避義務の契機として十分である以上，予見可能性を現実の構成要件に関連づける必然性はない。注意義務の内容の確定プロセスを重視する最近の見解が，注意義務（回避義務）の前提となるのは具体的な構成要件的結果の予見可能性ではなく，注意義務を設定する時点における危険の予見可能性であると解するのは[11)]，このような意味において，正当な指摘であるといえ

肝料理を提供した結果，被害者が中毒死した事件について，「客がふぐ中毒症状を起こすことにつき予見可能性があった」と判示して，業務上過失致死罪の成立を肯定しており，死亡結果の予見可能性が明示的には認定されていない。もっとも，この点が具体的結論を左右したわけではないから，この点については判例性を有しないと解する余地がある。佐藤文哉「判解」最判解刑事篇昭和55年度79頁を参照。

10)　このような指摘として，古川伸彦『刑事過失論序説』（成文堂，2007年）173頁以下を参照。

11)　このような理解については，樋口亮介「注意義務の内容確定プロセスを基礎に置く過失犯の判断枠組み(2)」曹時70巻1号（2018年）28頁以下などを参照。

よう。

(2) 修正旧過失論からの実行行為性の限定

これに対して，修正旧過失論の立場からは，実行行為の内容として実質的危険性が要求される[12]。したがって【事例 1】については，前方不注視での運転行為には，前方で発生しうる事態に適切に対応できない高度の危険性が認められることから，実行行為性が肯定される。これに対して，【事例 2】については，結果的に A が死亡している以上，X の運転行為には事後的には死亡結果惹起の危険性があったことは否定しがたい。しかし，X の運転行為は通常の状況であれば法益侵害が生じない行為である。このような行為については，一般的に想定される状況では法益侵害が生じ得ない行為であることから，実質的危険性が乏しく，実行行為性を否定する余地がある。このような理解からは，自動車運転の場合，「交通法規に従い適切な運転操作を行っていれば，それと異なる特別の操作を要請する例外的状況が存在しない限り，事故（人の死傷）発生の危険性は（通常そうしたことがない程度にまで）低下することになる」ため，過失犯の実行行為性が否定されることになる[13]。

もちろん，たとえば A が道路沿いにふらふらと歩いており，道路に飛び出してくることが十分にありうる状況であれば，このように解することはできない。その場合には A が飛び出してきても事故が生じないように，十分に減速した安全運転が要求されるべきであるから，通常の速度で運転する行為であっても，状況によっては，なお実質的危険性を有する行為であり，過失犯の実行行為と評価される余地がある。道路の状況や A の態様等によって，同じような運転行為であっても，その実質的危険性は異なりうることになる。

(3) 両説の異同

新過失論の立場は，予見可能な結果（または危険）を前提として，その結果

---

12) このような理解として，平野Ⅰ 193 頁以下，平野・諸問題(上)96 頁以下などを参照。

13) 山口厚「過失犯に関する覚書」渥美東洋先生古稀記念『犯罪の多角的検討』（有斐閣，2006 年）51 頁，さらに橋爪・前掲注 1)276 号 45 頁以下を参照。

14) このような批判として，小田直樹「過失犯の構造と認定」『三井誠先生古稀祝賀論文集』（有斐閣，2012 年）126 頁以下などを参照。

15) この点は実行行為の危険性の判断基準に関わる問題であるので，新旧過失論の対立に完全に対

を回避する義務に違反する行為として，過失犯の実行行為を把握する。これに対して，修正旧過失論の立場からは，過失犯の実行行為は実質的危険性の高い行為に限定される。両者はともに，一定の危険性を回避することなく実現する行為として過失犯の実行行為を把握するものであり，具体的な帰結において，ほとんど異ならない[14]。もっとも，理論的な相違点としては，新過失論の立場が一定の結果発生を予見可能な場合に限って，過失犯の実行行為性を認めるのに対して，修正旧過失論の立場からは，行為当時の客観的事情を前提として危険性が判断される点を挙げることができる[15]。

たとえば【事例 3】X が自動車を発車したところ，幼児 A が自動車の下に潜り込んでいたため，A を死亡させてしまったが，A を事前に発見することは不可能であったという場合，前者の立場からは，自動車の下に潜り込んだ人を死亡させる危険は予見不可能である以上，X の行為は結果回避義務に違反しない。これに対して，後者の立場からは，A の存在を前提に行為の危険性を判断することから，なお X の行為は実質的危険性を有する行為と評価されるのである。もちろん，後者の立場からも X を過失犯で処罰するわけではないが，それは結果発生の予見可能性が認められず，責任要件としての過失が欠ける点に求められる。どちらの立場からも不可罰という結論は異ならないので，実益のある議論ではないが，【事例 3】の X の行為を適法と評価することについては，なお違和感を覚える[16]。体系的な整理の問題かもしれないが，私は，A の存在を前提に X の行為の危険性を評価した上で，これを違法な実行行為と評価した方が適切であると考えている[17]。本書においては，修正旧過失論の実行行為概念を前提として，さらに検討を進めることにしたい。

3. 責任要件としての予見可能性

修正旧過失論の立場から，過失犯の実行行為を実質的危険性を有する行為として把握した場合，その危険の現実化として結果が惹起された場合に過失犯の

応するものではないかもしれない。なお，古川・前掲注 10）196 頁以下も参照。

16）X の行為を適法と評価した場合，第三者が A の生命を保護するために正当防衛に出ることができなくなってしまう（もっとも，その場合でも，少なくとも緊急避難は認められるので，それほど不都合はないのかもしれない）。

17）同様の指摘として，小林憲太郎『刑法総論の理論と実務』（判例時報社，2018 年）350 頁などを参照。

客観的成立要件が充足される。もっとも，責任主義の観点からは，客観的な構成要件実現の惹起について，行為者の非難可能性（＝責任）をさらに検討する必要がある。この点については，基本的に故意犯の議論を転用すべきであろう。故意犯においては構成要件該当事実を認識・予見することにより，犯罪事実が行為者の主観面に反映され，責任非難が正当化される。過失犯についても同様に，構成要件該当事実を予見可能でありながら，漫然と結果を惹起したという事実が過失犯としての責任非難を根拠付けるのである。したがって，過失犯の責任要件として，構成要件該当事実の予見可能性を要求すべきである。この点は，故意犯と同様，主観面における罪刑法定主義の要請として位置づけることができる[18)]。

このような伝統的な理解に対しては，近時，結果（および因果関係の基本的部分）に対する予見可能性には独自の意義が認められないという批判がなされており，注目される[19)]。この見解は，従来，結果（および因果関係）の予見可能性が要求されてきた実質的根拠は，①結果回避義務を導く前提としての意義と，②責任主義の要請を充足する点に求められてきたところ，①については，危険の予見可能性が認められれば十分であり，また，②についても，危険の予見可能性と危険実現の判断によって責任主義の要請は十分に充たされており，さらに責任要件として予見可能性を問題にする必要はないと解する。

たしかに，この見解が指摘するとおり，因果関係を危険の現実化として理解した場合，因果関係の判断と予見可能性の判断は大幅に重なり合う。しかし，だからといって，因果関係の判断と切り分けて，結果発生の予見可能性を問うことがおよそ無意味というわけではないだろう。論者は危険の予見可能性とその危険実現で責任主義の要請を充足するとするが，故意犯の場合，危険の認識とその実現によって責任主義の要請を充たすわけではなく，やはり構成要件該当事実の認識・予見が要求されるのである[20)]。過失犯においても，故意犯とパラレルに，結果および因果関係の予見可能性を要求すべきであるように思わ

18)　故意犯に関する議論については，髙山佳奈子『故意と違法性の意識』（有斐閣，1999年）215頁を参照。

19)　樋口・前掲注 11)46 頁以下を参照。故意犯のアナロジーとしての過失犯理解に対する批判として，さらに同「刑事過失と信頼の原則の系譜的考察とその現代的意義」東京大学法科大学院ローレビュー4巻（2009年）176頁以下なども参照。

20)　もっとも，樋口教授は故意犯と過失犯のパラレルな議論を排斥されているので，この点は樋口説それ自体に対する批判にはならない。

れる。

なお，結果ではなく，危険の予見可能性に基づいて回避義務を課すという理解からは，いわゆる情報収集義務が広く認められることになる。すなわち，具体的な結果が予見できなくても，何らかの危険の予見可能性がある場合には，この見解からは，それを前提として情報収集義務を課すことが可能となり，その結果，情報収集していれば，回避措置を講ずることができた結果発生についても，過失犯の成立を認める余地が生ずることになる[21]。たしかに情報収集義務を認めることによって，法益侵害を効果的に回避できることは否定できない。しかしながら，結果が予見できなかったため，特に問題はないと判断して情報収集を怠った者に刑事責任を問うべきかについては，なお慎重に考えるべきだろう[22]。予見可能な危険に対応した情報収集を義務付ける理解は，その当否はともかく，過失犯の成立範囲を広げる可能性をはらむことに留意すべきである。

4. 小括

本書の過失犯の構造の理解を簡単にまとめておくことにしたい。過失犯の実行行為は実質的な危険性を有する行為である。実行行為当時の客観的状況において想定されうる危険が現実化しないように，十分に危険性を減少させる措置を講じていた場合には，実質的危険性が乏しいことから，実行行為性が否定される。これに対して，実質的危険性を有する行為の危険性が現実化して結果が発生している場合には，過失犯の客観的成立要件が充足される。

客観的成立要件が充足された場合には，さらに過失犯の責任要件を検討することになり，構成要件該当事実について予見可能性が認められる必要がある。この際には，基本的には故意犯とパラレルな議論に基づいて，予見可能性の対象となる事実が画される。

なお，裁判実務においては，結果回避義務を設定した上で，それを履行しな

21)　なお，松宮孝明『刑事過失論の研究〔補正版〕』（成文堂，2004年）294頁以下は，危惧感説を情報収集によって具体的予見可能性を得るための「契機」として評価する。また，山本紘之「過失犯における情報収集義務について」法学新報112巻9＝10号（2006年）415頁以下も，「何らかの危険」が認識された時点で情報収集義務を要求する。

22)　この点について，山口246頁以下，佐伯308頁などを参照。なお，橋爪・前掲注1)275号76頁では，情報収集義務に親和的な理解を示していたが，現在では，同義務を課す範囲を制限的に解すべきだと考えている。

かったことを過失として把握する理解が定着しており，それは新過失論と親和的であるといわれる。もっとも，現実の事件処理においては，まず結果が発生したことが出発点であり，その結果を回避するためにはどのような行為に出るべきであったか，また，そのような行為が期待できたかが問われるのが一般的であろう[23]。ここでは事前に行為規範を提示するという新過失論の発想が採用されているとはいいがたい[24]。そして修正旧過失論の立場からも，一定の行為（作為・不作為）によって結果が回避できたにもかかわらず，それに反する行為（不作為・作為）に出たことが実行行為の実質的危険性を基礎づけると解するのであれば，判例実務の処理を正当化することは不可能ではないと思われる。いわゆる日航機ニアミス事件（最決平成22・10・26刑集64巻7号1019頁）においては，航空中の航空機A機とB機が接近したため，両機の衝突を避けるために，航空管制官がA機に対して降下指示をすべきところ，誤ってB機に対する降下指示をしたため，B機がそれに従って降下した結果，両機が異常接近（ニアミス）し，衝突を避けるための急降下によって乗客が負傷した事件について，被告人の言い間違いは「航空管制官としての職務上の義務に違反する不適切な行為」であり，「両機が接触，衝突するなどの事態を引き起こす高度の危険性」を有する行為であるとした上で，「本件ニアミスは，言い間違いによる本件降下指示の危険性が現実化したものであり，同指示と本件ニアミスとの間には因果関係があるというべきである。」さらに，被告人には「言い間違いによる本件降下指示の危険性も認識できた」し，「その結果，乗客らに負傷の結果が生じることも予見できたと認められる」として，業務上過失傷害罪の成立が肯定されている。本件の訴訟経過においては，被告人の過失行為の存否，因果関係の存否などが争われていたことから，本決定もそのような上告趣意に対応したものであり，特定の過失構造論を前提にした判断を示したものとして評価すべきではない[25]。しかしながら，本決定の判断構造は，まさに修正旧過失論の立場そのものであり，このような構造論が実務において排斥

23）　たとえば植村幹男「自動車運転過失の認定」木谷明編著『刑事事実認定の基本問題〔第3版〕』（成文堂，2015年）74頁，水野谷幸夫『Q&A実例過失犯捜査の実際』（立花書房，2012年）8頁などを参照。

24）　これに対して，仲道祐樹「過失行為のとらえ方」髙橋則夫ほか『理論刑法学入門』（日本評論社，2014年）23頁は，結果からさかのぼって注意義務を認定する手法と（新過失論の前提にある）行為無価値論は矛盾するものではないとする。

されているとまではいえないだろう[26]。

このような理解を前提に，過失犯の成立要件について個別に検討を加えることにしたい。

Ⅲ．結果回避義務の判断

1．総説

(1)　結果回避義務違反＝実質的危険性の惹起

修正旧過失論の立場からは，実質的危険性が認められない行為については実行行為性が否定されることになるから，行為者には行為の危険性を実質的に減少させ，それによって結果を回避することが義務づけられているといってもよい。したがって，修正旧過失論の立場からも，危険性を減少させる措置を講ずることなく，実質的に危険な行為に出たことを結果回避義務違反と呼ぶことは十分に可能である[27]。

また，過失犯についても，故意犯と同様，作為犯と不作為犯を区別する必要がある。実行行為を結果回避義務違反として把握した場合，すべての過失犯が不作為犯として構成されるような印象を受けるかもしれないが，そうではない。たとえば前方注視義務を履行することなく運転を継続する行為は，前方不注視の状態でハンドルを操作する行為によって危険性を創出し，その危険性が結果に現実化しているのであるから，明らかに作為犯である。結果回避義務違反という構成は，危険性を減少させないまま作為の実行行為に出たという意味において，その行為の危険性を表現する内容として理解すべきだろう。そして，作為犯として構成する以上，身分犯でない限り，特に主体の限定等を考慮することなく，実質的危険性を惹起する行為が実行行為と評価される。

学説においては，実行行為の実質的危険性を重視する立場から，複数の過失行為が競合して結果が発生した場合については，結果惹起にもっとも近接した

---

25)　この点について，今井ほか155頁以下［島田聡一郎］，西野吾一「判解」最判解刑事篇平成22年度239頁以下を参照。

26)　これに対して，樋口・前掲注11)18頁は，本決定を「注意義務の内容確定という視点が後退したものであって……実務運用に適合しない判断を示したもの」と批判する。

27)　山口247頁以下を参照。

時点の行為のみが過失行為として構成されるとする見解（直近過失説）が主張されている[28]。直近過失説に立った場合，たとえばトラック運転手が十分に積荷を固定せずに積載し，その後，不適切な運転行為を行った結果，積荷が落下して，通行人が死傷した場合については，直近の運転行為のみが過失犯の実行行為として評価されることになる。しかしながら，過失犯については，実行行為の後に新たな過失行為が介在したとしても，先行する過失行為の正犯性や（結果との）因果関係が否定されるわけではない。また，上記事例についても，積荷を積載する行為について実質的危険性を否定することは困難であろう（しかも，それが結果に現実化している）。このような理解からは，複数の過失行為の併存を認めるべきである（過失併存説）[29]。

(2) 過失不作為犯の実行行為

過失犯についても当然ながら不作為犯の類型がありうる。そして，構成要件が不作為を実行行為として明示的に規定していない限り，過失不作為犯は不真正不作為犯として把握される必要がある[30]。たとえば最決平成5・11・25（刑集47巻9号242頁）においては，ホテルを経営する会社の代表取締役社長であり，消防法上の管理権原者でもあった被告人Xが，スプリンクラーを設置し，消防訓練を実施するなど，防火体制を確立するために必要な措置を講じていなかったところ，宿泊客のタバコの不始末によって大規模火災が発生し，防火体制の不備によって多数の宿泊客が死傷した事件について，業務上過失致死傷罪の成立が肯定されているが，本件の実行行為は防火管理体制を整備しない不作為である。したがって過失実行行為を認めるためには，不真正不作為犯の一般的な議論に従って，被告人に保証人的地位（作為義務）を認定する必要がある。

28） 大塚裕史「段階的過失における実行行為性の検討」『神山敏雄先生古稀祝賀論文集(1)』（成文堂，2006年）46頁などを参照。

29） もっとも，たとえば制限速度を超過して運転しており，しかも，その際に前方を注視していなかったため，事故を起こした場合，たしかに2つの義務違反が併存しているが，事故を惹起した運転行為は1個の行為である。したがって過失の併存を認めるとしても（本文の例のように）2つの過失行為が併存する場合と，（本脚注の例のように）1個の行為が複数の回避義務違反として評価される場合の区別がある。この点について，大塚・前掲注28)59頁以下を参照。

30） これに対して，日高義博「管理・監督過失と不作為犯論」前掲注28)『神山古稀』152頁以下は，過失犯の構成要件の規定形式は常に作為を前提にした規定とまではいえないから，不真正不

それではこのような過失不作為犯を検討する場合に（不真正不作為犯としての）作為義務と（過失犯としての）結果回避義務はどのような関係に立つのであろうか。体系的な観点から，両者を明確に峻別する必要性を指摘する見解も主張されている[31]。しかしながら，作為義務にせよ，結果回避義務にせよ，具体的状況において誰がどのような行為によって法益を保護すべきかが問題となっているのであるから，両者は実質的に同一の義務であり，両者を分けて議論する必然性は乏しい[32]。たとえば平成5年決定においても，「被告人は，代表取締役社長として，本件ホテルの経営，管理事務を統括する地位にあり，その実質的権限を有していたのであるから，多数人を収容する本件建物の火災の発生を防止し，火災による被害を軽減するための防火管理上の注意義務を負っていたものであることは明らかであ」ると判示されているが，ここでいう「注意義務」は作為義務と異なるものではない。ここでは，被告人が会社経営の実質的権限を有しており，いわば危険源である建造物を自ら支配していたこと（危険源の支配），さらに被告人が消防法上の管理権原者として法令上の義務（同法8条1項参照）を負うことが根拠となって，注意義務（＝作為義務）が認められているのである[33]。この判断においては，不真正不作為犯における作為義務論が適用されており，過失犯特有の問題が生ずるわけではない。

もっとも，過失犯については，他の過失行為が介在しても，背後者について直ちに正犯性や因果関係が否定されないため，いわゆる過失正犯が競合する事態が広く認められている。実際，平成5年決定の事件においても，被告人Xの部下であり，同社の支配人兼総務部長であったY（消防法上の防火管理者）についても，業務上過失致死傷罪の成立が肯定されている。故意不作為犯における作為義務の発生根拠については，排他的支配を要求する見解が有力に主張されているが[34]，過失不作為犯については，過失正犯の競合が認められる以

作為犯として理解する必然性はないとする。

31）　たとえば神山敏雄「過失不真正不作為犯の構造」福田平・大塚仁博士古稀祝賀『刑事法学の総合的検討(上)』（有斐閣，1993年）49頁以下などを参照。

32）　町野306頁などを参照。

33）　林幹人『刑法の現代的課題』（有斐閣，1991年）10頁，島田聡一郎「管理・監督過失における正犯性，信頼の原則，作為義務」山口厚編著『クローズアップ刑法総論』（成文堂，2003年）100頁以下などを参照。

34）　代表的見解として，西田125頁以下を参照。

上，排他的な関係を要求できないことは明らかである。また，代表取締役であったXはともかく，Yが本件ホテルを「支配」していたと評価することは困難である。かりに「支配」に言及するとしても，それは結果発生に向けられた原因の1つを左右できる程度の地位ないし権限として理解される必要があるだろう。

2. 信頼の原則

(1) 総説

信頼の原則とは，被害者または第三者が適切な行動をすることを信頼するのが相当な事情がある場合には，その信頼を前提として適切な行為をすればたり，たとえその信頼が裏切られ，被害者または第三者の不適切な行動によって結果が発生したとしても，行為者は過失責任を負わないとする原則である[35)]。判例も過失犯一般について，この原則を認めているが[36)]，同原則はとりわけ交通事故の事例について重要な意義を有する。たとえば最判昭和41・12・20（刑集20巻10号1212頁）は，小型貨物自動車を運転する被告人が右折中にエンストしたため，再発進しようとしたところ，右側方から進行し，被告人車の前方を通過しようとしたA運転の原動機付自転車と衝突し，同人に傷害を負わせた事件について，「自動車運転者としては，特別な事情のないかぎり，右側方からくる他の車両が交通法規を守り自車との衝突を回避するため適切な行動に出ることを信頼して運転すれば足りるのであって，本件Aの車両のように，あえて交通法規に違反し，自車の前面を突破しようとする車両のありうることまでも予想して右側方に対する安全を確認し，もって事故の発生を未然に防止すべき業務上の注意義務はない」と判示している。

信頼の原則の位置付けについては，新過失論の立場からは結果回避義務を限定する論理として，また，旧過失論の立場からは（不適切な行動は予見できない場合が多いという意味で）予見可能性の判断基準として理解されるのが一般的であった。もっとも，過失犯の成立要件は客観面・主観面の両者から限定する余地があるから，信頼の原則も両者の観点からの限定の基準として位置づける

---

35) 先駆的な業績として，西原春夫『交通事故と信頼の原則』（成文堂，1969年）を参照。

36) たとえば最判昭和41・6・14刑集20巻5号449頁は，駅の乗客係の職員が居眠りをしていた酔客を起こして下車させたが，その者が線路上に転落したことに気が付かず，轢死させた事件について，「その者が安全維持のために必要な行動をとるものと信頼して客扱いをすれば足りる」

ことが可能だろう。すなわち，一般的に相手の不適切な行動が想定されない状況については，通常であれば結果が生じない程度の措置を履行していれば，その行為の遂行には実質的危険性が認められないことから，相手の不適切な行動までを想定した対応を講じていなかったとしても，過失犯の実行行為性が否定される。また，過失犯の実行行為性が認められる場合についても，相手の不適切な行動（およびそれに基づく結果惹起）が予見不可能な場合については，責任要件としての予見可能性が否定されると解される37)。

(2)　信頼の限界

信頼の原則は「被害者または第三者が適切な行動をすることを信頼するのが相当な事情」が認められる場合に，それを信頼することが許されるという原則である。したがって，信頼が相当とはいえない場合，たとえば被害者または第三者が不適切な行動に出る蓋然性が高い状況については，同原則は適用されず，過失犯が成立する余地がある。このような場合には，被害者等の不適切な行動を前提とした回避措置が義務づけられるため，結果回避義務違反が認められるからである。たとえば①相手方が幼少者，高齢者，酩酊者など危険を回避するための適切な行動に出る能力が乏しい場合，②類型的に不適切な行動が頻発しており，それが十分に想定される場合，③相手方に不適切な行動の具体的徴候がみられる場合などが典型的な場面であろう38)。たとえば①道路付近で幼児や児童が遊んでいる場合には急な飛び出しも十分にありうるだろうし，②深夜で交通量の乏しい道路などであれば，制限速度を大幅に超過した運転なども（通常時に比べれば）生じやすいといえる。また，③強引な車線変更や蛇行運転を繰り返すなど，不適切な運転が現に行われており，行為者もそれを認識可能であった場合についても同様であろう。

この点について，最決昭和45・7・28（判時605号97頁）は，被告人が普通貨物自動車を運転して時速約50kmで進行中，道路前方の対向車線のバス停にバスが停車したことを認識したが，時速45kmに減速しただけで，そのまま進行したところ，バスから降りてすぐに道路を横断しようとした被害者（4歳の

と判示している（本件においては，被害者が酩酊していたといっても，ちょっとふらふらしている程度であったことが重要であろう）。

37)　同様の理解として，山口257頁，林297頁以下などを参照。

38)　詳細な事案の分析については，注釈589頁以下［上嶌一高］を参照。

女児）をはねて死亡させた事件について，「被告人がバスを下車した被害者の姿を衝突の直前まで発見していなかったこと……また，幼児のとび出しを予見しうべき具体的状況が存在したことを認めるに足りる証拠もないのであるから，原審が，被害者が4歳の幼児であることを理由にして，信頼の原則の適用を否定したのは，正当ではない」としつつ，「事故現場付近の道路および交通の状況からみて，バスを下車した人がその直後において道路を横断しようとすることがありうるのを予見することが，客観的にみて，不可能ではなかったものと認められる」と判示して，信頼の原則の適用を否定した原判決の結論を支持している。本件においては4歳の女児が飛び出してくることを事前に予見できたわけではないから，本決定が指摘するように，被害者の属性が結論を左右するわけではない。もっとも本件の事故現場は田畑に囲まれる農村地帯であり，少なくとも事故当時においては，バスを下車した人が道路を横断しようとすることが稀ではなかったようである[39)]。このような事情があるからこそ，被害者が誰であるかを捨象した上で，一般的なバス乗客の急な道路横断に注意すべき義務が生じ，また，横断による死傷事故が予見可能であったと思われる。

行為者自らが交通違反などの不適切な行為に出ている場合に信頼の原則の適用の余地があるかも争われている。この点について，最判昭和42・10・13（刑集21巻8号1097頁）は，被告人が運転する原動機付自転車が交差点を右折しようしたところ，被害者の運転する原動機付自転車が被告人車の前方を通過して，被告人車を追い越そうとしたため，衝突事故が発生したが，そもそも被告人の右折方法が当時の道路交通法に違反するものであったという事件について[40)]，信頼の原則を適用して過失犯の成立を否定した上で，カッコ書きで，被告人の右折方法が道路交通法違反であったことは「右注意義務の存否とは関係のないことである」と述べている。

信頼の原則は何か特別なルールではなく，結果回避義務および予見可能性の

39）　これらの点については，西原春夫「判批」昭和45年度重判解（ジュリ482号）（1971年）132頁参照。

40）　行為当時，原動機付自転車はいったん道路の左端に寄ってから交差点の側端に沿って右折する必要があったが（いわゆる2段階右折），被告人はセンターラインの若干左側からそのまま右折しようとしていた。

41）　さらに結果回避義務違反が否定できない場合であっても，その義務違反とは無関係な事情で死傷事故が発生した場合には，危険の現実化の関係を否定する余地もある。

認定の１つの判断基準にすぎない。したがって，行為者が何らかの義務に違反していたとしても，それだけで信頼の原則の適用が否定されて，過失犯が成立するわけではない。実行行為の危険性判断においては，あくまでも相手方の不適切な行動が想定される状況か否かが重要である以上，行為者自身が不適切な行為に出たことが相手方の不適切な行動を誘発するような関係が認められる場合を除き，通常であれば，死傷結果が発生しないような運転行為を行っていれば，実行行為性を否定する余地がある[41]。また，予見可能性の判断においても，相手方の不適切な行動は予見不可能な場合が多いだろう。もっとも，過失犯の予見可能性の対象はある程度概括的に把握される余地があるから，（不適切な行動に出た，現実の）被害者の死傷結果が具体的に予見できないとしても，（別の経緯でそこに出現する可能性のあった，仮定上の）被害者の死傷結果が予見可能であれば，予見可能性は直ちには否定されない。たとえば行為者が青信号の車線を制限速度を大幅に超過して走行していたところ，赤信号を無視して交差点に進入してきた車両と衝突して死傷事故が生じた場合，赤信号を無視して交差点に進入してくる車両の存在を予見することは困難である。しかし，行為者自身の行為が既に実質的に危険な行為であり，また，別の車両や歩行者に対する危険も認識できる以上，死傷事故の発生は（概括的に）予見可能といえる。このような理解からは，本事例については，信頼の原則が適用されず，後述するように結果回避可能性が認められる限度で，過失犯の成立が肯定されると解される[42]。

3.　結果回避可能性

(1)　結果回避可能性の判断方法

過失犯における結果回避可能性の判断方法や位置づけについては，近時，判例（最判平成15・1・24判時1806号157頁）が出たこともあり，活発に議論されている[43]。本件は，タクシー運転手であった被告人が深夜，左右の見通しが

---

42)　なお，深町晋也・百選111頁は，行為者の不適切な行動が相手方の不適切な行動を誘発する関係にある場合には信頼の原則が適用されないとする。これ自体は適切な指摘であるが，本文の事例のように，誘発する関係が認められない場合でも，信頼の原則の適用を否定すべき場合があるように思われる。

43)　議論の状況については，永井敏雄「黄色点滅信号時の交差点事故について」『小林充先生・佐藤文哉先生古稀祝賀刑事裁判論集(上)』（判例タイムズ社，2006年）365頁以下を参照。

きかない交差点に進入するに際して，漫然と時速約30～40kmで進行したところ，折から左側道路から進行してきたA車と衝突し，被告人車に乗車していたB，Cを死傷させた事件であるが，被告人側の信号機は，他の交通に注意して進行することができることを意味する黄色点滅の表示であり，A車の信号機は，一時停止の義務を意味する赤色点滅の表示であった。また，Aは酒気を帯び，時速約70kmで前方を注視せずに走行しており，一時停止することなく，そのまま交差点に進入していた。最高裁は，被告人が時速10kmないし15kmに減速して走行していた場合に，本件衝突が回避できたかを慎重に検討した結果，「被告人車が本件交差点手前で時速10ないし15キロメートルに減速して交差道路の安全を確認していれば，A車との衝突を回避することが可能であったという事実については，合理的な疑いを容れる余地があるというべきである」ことから，「公訴事実の証明が十分でないといわざるを得」ないとして，被告人を無罪としている。

本件においては，被告人が時速10kmないし15kmに減速して交差点に進入する行為を仮定的に考慮した上で，結果回避可能性の存否が判断されている。結果回避可能性を判断するに際して，違法な行為を仮定的に付け加えることは許されるべきではないから，このような処理を正当化するためには，本件の状況においては，10～15kmに減速して交差点に侵入する行為を結果回避義務を遵守した適法な行為であると評価する必要がある。つまり，被告人がかりに慎重な運転を心懸けて，一時停止した上で交差点に進入していれば衝突事故は回避できたと思われるが，本件の具体的状況においては，被告人にはそこまでの義務は課されていないということが本判決の前提となる。

もちろん，本件A車のように高速度で交差点に進入してくる車両がありうることが十分に想定される状況であれば，行為者にはそれに対応できるような措置が義務づけられることになるから，たとえ10～15kmに減速していても，それはなお衝突の実質的危険性をはらんだ行為と評価されることになり，場合によっては，被告人車に一時停止が義務付けられることもありうる。しかし，本件の具体的状況において，このような事態が一般的に予測可能であったわけではない。したがって10～15kmに減速しており，通常であれば事故が発生しない程度まで危険性を減少させていれば，その運転行為には実質的危険性が認められず，実行行為性が否定される[44]。このような前提からは，たとえ10～15kmに減速するという適法な運転行為を仮定的に考慮したとしても，本件死傷事故が発生した疑いが否定できない以上，結果回避可能性の存在を証明することができず，過失犯の成立が否定される[45]。

なお，学説においては，A車が高速度で交差点に進入してくることが予見できないことから，予見可能性を否定すればたりると解する見解も主張されている[46]。しかし，被告人が漫然と時速40kmで交差点に進入していれば，一時停止をした後，再発進して交差点に進入する自動車とも衝突事故が生ずる可能性がある以上，本件事案について，予見可能性を否定することは困難であろう[47]。

(2)　結果回避可能性の位置づけ

過失犯の成立要件において，結果回避可能性はどのように位置づけられるのであろうか。本件最高裁判決は，被告人の行為は「道路交通法42条1号所定の徐行義務を怠ったものといわざるを得ず，また，業務上過失致死傷罪の観点からも危険な走行であ」り，「それ自体，非難に値するといわなければならない」と厳しい評価を示しているが，それが過失犯の実行行為（注意義務違反行為）に当たるか否かについては，慎重に明言を避けている。この点は，結果回避可能性の証明がない場合には過失犯の成立を否定するという結論を導くため

---

44)　なお，実質的危険性が乏しい行為が義務づけられるという観点からは，直ちに時速10～15kmに減速するという義務が一義的に導かれるわけではない。判例（最決昭和44・5・22刑集23巻6号918頁）によれば，黄色点滅信号が作動している交差点は「交通整理の行なわれていない交差点」に該当することから，道交法42条1号が適用されて，黄色点滅信号の交差点に進入するときには運転者は徐行義務を負う。もっとも，徐行運転とは一般に時速8～10kmと解されていることから，時速10～15kmに減速進行する行為は，厳密には道交法の徐行義務を遵守した行為ではない。ここでは道交法の義務内容を考慮に入れつつ，道路の具体的状況などにかんがみて，その義務を若干緩和したかたちで結果回避義務の内容が認定されているように思われる。

45)　これに対して，古川・前掲注10)333頁以下は，仮定的な結果回避が「可能である」ことが明らかになれば十分であり，仮定的な結果回避が「確実である」ことまでは不要とする。

46)　たとえば大塚裕史「過失犯における結果回避可能性と予見可能性」神戸法学雑誌54巻4号（2005年）20頁などを参照。

47)　このような前提から，杉本一敏「結果無価値論から見た過失犯の結果回避可能性」『曾根威彦先生・田口守一先生古稀祝賀論文集(上)』（成文堂，2014年）542頁は，事後的にみて結果を回避しうる行為（本件の場合，一時停止などの措置）が結果回避のために義務づけられることの認識可能性を欠くとして（事後判断を徹底する立場からも）不可罰の結論が導かれるとする。もっとも，このような説明を正当化するためには，A車の危険な走行が予見できない本件の状況においては一時停止等の措置を講ずる義務がないという客観的評価を前提にする必要があるため，結局のところ，本文で述べたように合義務的な行為を仮定する理解に帰着するように思われる。

には，特定の過失構造論を前提にする必要がないことから，過失犯の構造に関わる判断が回避されたものと推測することができよう。学説においては結果回避可能性があるからこそ結果回避義務が認められるとして，結果回避可能性を結果回避義務の前提要件として位置づける理解も主張されている48)。このような理解からは，本件についてはそもそも結果回避義務が否定され，過失犯の実行行為性が否定されることになろう。しかしながら，既に述べたように，新過失論は現実の結果が発生する以前の段階で，いわば事前判断によって結果回避義務を課すものであるから，事後的にはじめて明らかになる結果回避可能性を回避義務の前提として位置づけることは困難であろう49)。本書のような修正旧過失論の立場からも，減速せずに漫然と交差点に進入する行為には衝突の実質的危険が認められるのであり，過失犯の実行行為と評価される。そして，結果回避可能性は過失実行行為と結果惹起との間の因果関係判断の要素として位置づけられることになる。

Ⅳ．予見可能性の判断

1．総説

過失犯の責任を根拠づけるためには，犯罪事実について予見可能性が認められる必要がある。故意犯において，客観的な犯罪事実を認識・予見している場合に限って，その犯罪事実の惹起について責任非難がなしうるのと同様に，過失犯においても，行為者の主観面において犯罪事実の予見可能性が認められることによって，客観的な犯罪事実が主観面に反映され，過失犯としての責任非難が正当化される。そして，犯罪事実の予見可能性を肯定するためには，少なくとも構成要件該当事実の予見可能性が必要とされる50)。

このような前提からは，故意犯においては構成要件該当事実の認識・予見が要求されるのに対して，過失犯では構成要件該当事実の予見可能性が必要にな

48）伊東153頁などを参照。

49）このような理解から，事前判断された結果回避可能性と事後的に明らかになった結果回避可能性を分けて，前者を結果回避義務の問題，後者を因果関係の問題に分類する見解として，山中敬一「過失犯における『回避可能性』の意義」研修704号（2007年）3頁以下，高橋226頁などを参照。

50）違法性阻却事由が存在しないのに，それが存在すると誤信しており，しかも，それが存在しな

るのであるから，過失犯の予見可能性を判断する際には，基本的には故意犯の議論を念頭におきながら，それを過失犯に転用すればたりることになる。これに対して，予見可能性をもっぱら結果回避義務を導く前提要件として理解した場合には，結果回避義務を導く「契機」としての機能を果たせば十分である以上，構成要件該当事実について予見可能性を要求する必然性はなく，その結果，故意犯とパラレルな議論は不要ということになる。しかし，責任要件としての過失の意義を重視する立場からは，やはり構成要件該当性に関連付けた予見可能性を要求すべきだろう。以下では，故意犯の議論を転用するかたちで，予見可能性の内容について検討を加えることにしたい。

2.　予見可能性の対象

(1)　結果の予見可能性

既に述べたように，過失犯が成立するためには「故意犯において認識・予見が必要となる事実」について予見可能性が必要とされるから，結果に対する予見可能性の内容についても基本的に故意犯と連動した議論をすればたりる。すなわち，具体的法定符合説からは具体的な客体に対する法益侵害の認識が必要であり，殺人罪の故意としても「その人」を殺害する認識が必要となるから，この立場からは過失犯においても，具体的な被害者の死傷結果について予見可能性が要求される。これに対して抽象的法定符合説からは，具体的な客体の認識は不要であり，「およそ人」を殺害する認識があればたりることから，過失犯についても，「およそ人」の死傷結果の予見可能性でたりることになる。このような理解に対しては，抽象的法定符合説も無制限な符合を認めるわけではなく，具体的な結果発生が予見可能な限度で符合が認められているという指摘がある[51]。かりに，抽象的法定符合説をこのように限定できるのであれば，過失犯の予見可能性については，両説の相違は解消することになる。このような限定は（故意犯の議論についても，また，過失犯の議論についても）好ましいこ

いことを認識することも不可能であった場合にも，犯罪事実の予見可能性がないとして，過失犯の成立が否定される。故意が構成要件該当事実の認識・予見に尽きるわけではないことと同じように，構成要件該当事実の予見可能性があれば常に過失犯が成立するわけではない。

51)　たとえば大塚裕史「『結果』の予見可能性」岡山大学法学会雑誌49巻3＝4号（2000年）187頁以下，松宮孝明『過失犯論の現代的課題』（成文堂，2004年）110頁以下などを参照。

とである。もっとも，抽象的法定符合説は「およそ人」というレベルで故意を肯定する見解であるから，符合の範囲を予見可能性が認められる範囲に限定することが理論的に正当化できるかについては，なお検討が必要である[52]。

最決平成元・3・14（刑集43巻3号262頁）は，被告人が軽四輪を運転中，制限速度を超過して走行した結果，ハンドル操作を誤り，信号柱に自車左側後部荷台を激突させ，助手席に同乗していたAに傷害を負わせるとともに，後部荷台に乗車していたB，Cを死亡させたが，被告人はB，Cが乗車していた事実を認識していなかった事件について，「被告人において，右のような無謀ともいうべき自動車運転をすれば人の死傷を伴ういかなる事故を惹起するかもしれないことは，当然認識しえたものというべきであるから，たとえ被告人が自車の後部荷台に前記両名が乗車している事実を認識していなかったとしても，右両名に関する業務上過失致死罪の成立を妨げない」と判示している。かりに被告人が重量感や振動などから，B，Cが乗車している事実を認識することが可能であれば，両名が死亡することについても予見可能であるといえるから，過失犯が成立するのは当然である。問題はB，Cが乗車している事実をおよそ認識不可能であった場合である。本決定は，無謀運転を行えば「人の死傷を伴ういかなる事故を惹起するかもしれないこと」が予見できたことを根拠として過失犯の成立を認めているため，たとえB，Cの乗車が認識できない場合であっても，とにかく誰か人が死亡する可能性が予見可能であれば，両名に対する過失犯が成立すると解しているものと推測される[53]。これは抽象的法定符合説を前提にする判例の立場からは一貫したものであろう。しかしながら，このような理解を徹底した場合，不注意な運転によって事故を起こした場合には，どこかに人がいる可能性があり，そして，誰か人が死傷する可能性はありうることから，ほとんど無限定で予見可能性が肯定されることになる。このような帰結は責任主義の観点からは妥当なものとはいいがたいであろう。やはり具体的な被害客体について予見可能性を要求すべきであると思われる。

なお，このように具体的被害客体に対する予見可能性を要求するとしても，それが概括的なかたちで認定される場合が考えられる。いわゆる概括的予見可

52）この点について，山口・前掲注13)56頁を参照。
53）安廣文夫「判解」最判解刑事篇平成元年度86頁を参照。
54）この点については，松宮・前掲注51)118頁以下を参照。
55）Xに関する上告事件の弁護人の上告趣意（刑集388頁参照）によると，YはA死亡結果を含

能性（概括的過失）である。たとえば酒気帯びの状態で運転を開始した場合，運転の途中で注意力が散漫になったり，運転操作を誤るなどして，死傷事故が発生することは予見可能であると思われるが，いつどこで，また，誰が死傷するかを事前に正確に予見することは不可能であり，また，それが過失犯の処罰において必要とされるわけでもない。具体的被害客体に関する予見可能性を要求する立場を前提としても，予見可能性はある程度，概括的・抽象的なかたちで判断されることになる。したがって，飲酒運転の事例については，運転の過程で通常生じうる事故によって死傷する被害者全般について，概括的な予見可能性を認めることができる。もっとも，このような概括化は，通常，事故に巻き込まれることがありうる被害者一般という範囲でなされるから，現場にいることがおよそ想定しがたい客体については，概括化の限界を超えていると考えられる[54)]。たとえばXが被害者Aを自動車後部のトランクに監禁して路上停車していたところ，その後方を走行してきた自動車が，運転者Yの前方不注視のため，X車に追突し，これによってAが死亡した事件（最決平成18・3・27刑集60巻3号382頁〔トランク監禁事件〕参照）について，具体的な被害者について予見可能性を要求する立場から，YにA死亡結果に関する過失責任を問うことは困難であろう[55)]。本件の場合，「前方車両の座席に乗車している人一般に対する死傷事故」というかたちで予見可能性を問題にする余地があると思われるが，この範囲にトランクの中にいるAを含めることは難しいように思われる。

(2)　因果関係の予見可能性

因果関係の予見可能性についても，故意犯の議論の応用によって解決が可能である。すなわち，因果関係も構成要件要素であるから故意の認識対象であるが，構成要件的評価において重要なのは，現実の因果経過の具体的な内容ではなく，危険の現実化と評価される因果経過が存在するという事実である。したがって，故意犯が成立するためには，危険の現実化と評価される何らかの因果経過を認識・予見していれば十分であり，現実の因果経過の認識までは不要である[56)]。このような理解を因果関係の予見可能性の問題に転用した場合，現

む死傷結果について，業務上過失致死傷罪で略式請求されたようである。平成元年決定のように，「人の死傷を伴う……事故」の惹起が予見可能であればたりると解するのであれば，YはA死亡結果についても過失責任を問われることになるだろう。

56）このような理解について，本書第8章（180頁以下）を参照。

実の因果経過Aが予見不可能であるとしても，同一の構成要件的結果を惹起する可能性があり，しかも危険の現実化と評価される（仮定上の）因果経過Bが予見可能であれば，危険の現実化についての予見可能性が肯定されることになる[57)]。

下級審裁判例においては，「特定の構成要件的結果及びその結果の発生に至る因果関係の基本的部分」について予見可能性を要求するものが多数を占めている[58)]。このような見解はおそらく，現実の因果経過を正確に予見することは困難であるから，因果経過の中でも重要性が高い部分に限って，予見可能性を要求するものと解される。もっとも，このような理解に対しては，「基本的部分」に含まれるか否かについて明確な判断基準を定立することが困難であるため，「基本的部分」を抽象的に捉えることによって，予見可能性を安易に肯定する結論に至るおそれがあるという懸念が示されている[59)]。

この問題を検討する上では，最決平成12・12・20（刑集54巻9号1095頁）が有益である。本件被告人はトンネル内における電力ケーブルの接続工事を担当していたが，ケーブルを分岐接続器に接続する際にはケーブル等が発火することを防ぐ目的で，電流を地面に流すための接地銅板を取り付ける必要があったところ，被告人はその1枚の設置を失念したため，誘起電流が大地に流されず，本来流れるべきではない分岐接続器本体に流れて炭化導電路を形成し，長期間の通電によって火災が発生して死傷事故が発生した。もっとも，炭化導電路の形成という現象は，本件以前には報告されていない未知の現象であった。第1審判決（大阪地判平成7・10・6判タ893号87頁）は，被告人にとって，ケーブルに大量の電流が流れて，ケーブルから出火するという（仮定上の）因果経過（因果経過①）は予見できたとしても，Y分岐接続器本体に電流が流れ，炭化導電路が形成されて火災が発生するという現実の因果経過（因果経過②）については，「Y分岐接続器に炭化導電路が形成されたという事実は……本件火災発生に至る一連の因果経路の基本部分を構成するものというべき」であるとした上で，その点の予見可能性がない以上，現実の因果関係の基本的部分を予見できなかったとして被告人を無罪とした。これに対して，控訴審（大阪高

57）　このような理解として，島田聡一郎「判批」ジュリ1219号（2002年）165頁以下，山口254頁などを参照。

58）　たとえば札幌高判昭和51・3・18高刑集29巻1号78頁〔北大電気メス事件〕，東京高判昭和53・9・21刑月10巻9＝10号1191頁，福岡高判昭和57・9・6高刑集35巻2号85頁などを参照。

判平成10・3・25判タ991号86頁）は，因果経過②については，「誘起電流が長期間にわたり，本来流れてはいけないY分岐接続器本体の半導電層部に流れ続け……そのことにより同部が発熱し発火に至る」ことが因果関係の基本的部分であり，炭化導電路の形成は「因果の流れの中における細目の一つに過ぎない」として，予見可能性を肯定している。第1審判決，控訴審判決は，現実の因果経過②の基本的部分の予見可能性が必要であるという前提を共有しつつも，炭化導電路の形成が「基本的部分」に含まれるか否かについて，結論を異にしていることになる。このことは，因果関係の基本的部分の内容について，明確な判断基準が欠如していることを如実に示すものであろう[60]。

これに対して，最高裁決定は「被告人は，右のような炭化導電路が形成されるという経過を具体的に予見することはできなかったとしても，右誘起電流が大地に流されずに本来流れるべきでない部分に長期間にわたり流れ続けることによって火災の発生に至る可能性があることを予見することはできたものというべきである」として，予見可能性を肯定している。本決定のいう「本来流れるべきでない部分」とは，ケーブル本体への通電（因果経過①），分岐接続器本体への通電（因果経過②）を包括するかたちで，とにかく「流れるべきでない部分」を広くカバーするものだろう。このように最高裁は，現実の因果経過を抽象化することによって，いわば因果経過①，因果経過②を包摂する因果関係を想定し，それについて予見可能性を肯定したものと解される。第1審判決，控訴審判決のように，現実の因果経過に即して，その基本的部分を絞り込んでいくというアプローチは採用されていないことになる。もっとも，最高裁のアプローチに対しても，因果関係の抽象化が可能な範囲に関する判断基準を示すことが必要となるはずであるが[61]，明確な基準を示すことはやはり困難であろう。これに対して，本書の立場からは，因果関係の抽象化ではなく，端的に（危険の現実化と評価される仮定上の）因果経過①の予見可能性が認められることから，因果関係の予見可能性が認められることになる。

59）　この点について，たとえば朝山芳史「判解」最判解刑事篇平成12年度318頁を参照。

60）　この点について，山口厚「判批」百選109頁を参照。

61）　島田・前掲注57）169頁参照。なお，朝山・前掲注59）321頁は，現実の因果経過と予見可能な因果経過に相当の隔たりがある場合については，因果経過の抽象化は困難であるとしている。

第10章 過失犯における結果回避義務の判断について

Ⅰ．はじめに

第９章で検討したように，過失犯の構造に関するいかなる見解を前提にしても，過失犯の実行行為性を検討することは不可欠である。新過失論の立場によれば，それは結果回避義務の判断であるし，修正旧過失論の立場からは，実行行為として実質的危険性を要求した上で，不作為が問題になる場合には作為義務の存否・内容が問題とされることになる。いずれにせよ，具体的状況において，誰がいかなる措置を講ずることによって結果発生を回避すべきかを認定する必要がある。とりわけ複数人が重畳的または並列的に関与する事例については，いかなる範囲の主体が義務を負担するかが重要な問題となる。また，結果回避義務を負うとしても，具体的にどのような措置までを刑法上義務づけるべきかについては，個別の状況ごとの検討が不可欠である。

最近，過失犯に関する重要な最高裁判例が相次いでいるが，その多くにおいては，まさにこのような問題が正面から問われているといってよい。そこで，本章においては，２つの判例を具体的に分析することで，結果回避義務の認定の在り方について検討を加えることにしたい。検討する判例は，埼玉医科大病院事件（最決平成17・11・15刑集59巻9号1558頁），明石歩道橋事故事件（最決平成22・5・31刑集64巻4号447頁）の２件である[1]。

なお，複数人の過失の競合が問題になる事例については，過失の共同正犯の成否が問題になる場合が多い。もっとも，過失の共同正犯の成否が問題になる場合をさらに分けて検討した場合，①過失犯の単独犯（過失同時犯）としても構成可能な事例であるが，過失構成要件を共同惹起していることから，過失共同正犯として構成することも可能な場合と，②そもそも過失単独犯としては処罰できない場合について，過失共同正犯の成否が検討される場合が併存している[2)]。前者については同時犯として構成できる場合であっても，なお過失共同正犯としての構成の可能性が問題とされるのに対して[3)]，後者については，過失同時犯の成立が否定された後，共同正犯としての処罰の拡張の限界が問われることになる。このように過失共同正犯が問題となる場面も必ずしも一様ではないことから，本章では，もっぱら過失同時犯（単独正犯の競合）の成否について考えることにしたい。

Ⅱ．埼玉医科大病院事件

1．判例の概要

(1)　事実関係

本件被告人Ａは，Ｓ大学総合医療センターの耳鼻咽喉科長兼教授であった。

1）　過失の競合が問題になる最近の判例としては，その他にも横浜市大病院事件（最決平成19・3・26刑集61巻2号131頁），薬害エイズ旧厚生省事件（最決平成20・3・3刑集62巻4号567頁），三菱自動車ハブ脱落事件（最決平成24・2・8刑集66巻4号200頁），明石人工砂浜陥没事件（最決平成26・7・22刑集68巻6号775頁），渋谷温泉施設爆発事件（最決平成28・5・25刑集70巻5号117頁），JR福知山線脱線事故事件（最決平成29・6・12刑集71巻5号315頁）などが重要であるが，紙幅の関係から，本章では2つの判例に絞って検討を加えることにしたい。これらの判例の事件の回避義務の設定について，詳細な検討を加えたものとして，樋口亮介「注意義務の内容確定プロセスを基礎に置く過失犯の判断枠組み(1)～(3)」曹時69巻12号（2017年）1頁以下，70巻1号（2018年）1頁以下，70巻2号（2018年）1頁以下を参照。筆者自身の三菱自動車ハブ脱落事件，渋谷温泉施設爆発事件に関する検討として，橋爪隆「過失犯(2)最近の特殊過失事件について」警察学論集70巻4号（2017年）157頁以下も参照。

2）　故意犯の場合にもこのような区別が当然に前提とされている。たとえば強盗の共謀を遂げて，Ｘが暴行，Ｙが財物の強取を分担した場合，Ｘ・Ｙをそれぞれ強盗罪の単独正犯として構成することはできず，共同正犯規定の適用によってはじめて強盗罪で処罰することができる。これに対してＸ・Ｙの共謀に基づき，もっぱらＸが強盗行為を実行した場合，Ｘは強盗罪の単独正犯としても処罰可能である。後者の類型のＸを共同正犯として構成するのは，共謀に基づいた犯行という実体を法令解釈に反映させる趣旨もあるだろうが，やはり背後のＹを共同正犯として把握する必要性に基づくものであろう（Ｙを単独正犯として構成することはできないし，また，単独による共同正犯はあり得ない）。これに対して，過失犯については背後者についても，過失の同時犯の成立を認める余地があるため，その分だけ，過失共同正犯を肯定する必然性が相対的に低下することになる。この点については，さらに嶋矢貴之「過失競合と過失犯の共同正犯の適用範囲」『三井誠先生古稀祝賀論文集』（有斐閣，2012年）223頁以下を参照。

同科の診療は，耳鼻咽喉科専門医の試験に合格した医師を指導医として，主治医，研修医各１名の３名がチームを組んで当たっており，指導医の指導の下に主治医が中心となって治療方針を立案した上で，治療方針等の最終的決定権を有する耳鼻咽喉科長に報告し，その承諾を得ることが必要とされていた。難しい症例などについては，チームの治療方針を医局会議（カンファレンス）にかけて討議し，科長が最終的な判断を下しており，カンファレンスの前には科長による入院患者の回診（教授回診）が行われるのが通例であった。

Ｘ女（当時16歳）は本センターで右顎下部腫瘍の摘出手術を受けたが，その後，上記腫瘍は滑膜肉腫であるとの診断を受けた。滑膜肉腫は悪性軟部腫瘍の１つで，確立した治療方法のない難病であり，本センターの耳鼻咽喉科には滑膜肉腫の臨床経験のある医師はいなかった。Ｘの治療にはＢを指導医，Ｃを主治医とし，これに研修医Ｄが加わった３名が当たることになった。Ｃは治療方針を検討するに際して，同僚からVAC療法を薦められたため，Ｃは図書館で文献調査を行い，文献中にVAC療法のプロトコール（薬剤投与計画書）を見つけたが，そこに記載された「week」の文字を見落とし，週１回投与すべき抗がん剤（硫酸ビンクリスチン）を12日間連日投与するものと誤解した。Ｃは上記プロトコールの写しをＢに示し，自ら誤解した内容に即して治療計画を説明したところ，Ｂも上記プロトコールが週単位で記載されているのを見落とし，上記治療計画を了承した。９月20日頃，ＣはＡに対して，ＸにVAC療法を行いたい旨報告し，Ａは同療法の具体的内容などについてＣに確認することなく，これを了承した。９月28日開催のカンファレンスにおいても，ＣはＸにVAC療法を行っている旨報告したのみで，具体的な治療計画は示さ

3） 最決平成28・7・12刑集70巻6号411頁では，まさにこの点が問題となった。明石警察署副署長であった被告人Ｘは，検察審査会の判断に基づき強制起訴されたが，本件事故については，公訴時効停止事由がない限り，既に公訴時効が完成していた。もっとも，本文後述のとおり，明石警察署地域官であったＡは業務上過失致死傷罪で起訴され，有罪判決が確定しているため，ＸとＡが過失の共同正犯に該当し，Ａの公訴提起から判決確定までは，Ｘについても公訴時効が停止しているか否かが争点となった。本決定は，「業務上過失致死傷罪の共同正犯が成立するためには，共同の業務上の注意義務に共同して違反したことが必要であると解されるところ……Ａ地域官及び被告人がそれぞれ分担する役割は基本的に異なって」おり，「本件事故を回避するために両者が負うべき具体的注意義務が共同のものであったということはできない」と判示し，被告人ＸとＡの間に過失犯の共同正犯の成立を否定し，それゆえＸには公訴時効が完成している旨を明らかにしている。本決定については，三上潤「判解」曹時70巻9号（2018年）247頁以下を参照。なお，筆者自身の検討として，橋爪隆「共同正犯をめぐる問題(5)過失犯の共同正犯について」警察学論集70巻12号（2017年）121頁以下がある。

なかったが，Aはそのままこれを了承した。

9月27日から10月3日までの7日間，Xに抗がん剤2mgが連日投与された結果，10月1日以降，同女に重篤な副作用が生じた。Aは9月28日の教授回診の際にXを診察し，10月初旬にもXの重篤な様子を見たが，抗がん剤の過剰投与やその危険性には思い至らなかった。10月3日にはCの判断で抗がん剤の投与は一時中止されたが，同7日，Xは抗がん剤の過剰投与によって死亡した。10月1日の段階で救命措置を講じていれば，救命はほぼ確実であった。

第1審（さいたま地判平成15・3・20刑集59巻9号1570頁参照）はA，B，C全員について業務上過失致死罪の成立を肯定した。また，原審（東京高判平成15・12・24前掲刑集1582頁参照）はA，Bの過失内容の認定が不十分であるとして原判決を破棄したが，結論として両名について同罪の成立を肯定している。これに対して，被告人Aが上告した。

(2)　決定要旨

最高裁は本件上告を棄却したが，Aの過失について，下記のような判断を示した。

①VAC療法の治療方針決定について

「右顎下の滑膜肉腫は，耳鼻咽喉科領域では極めてまれな症例であり，本センターの耳鼻咽喉科においては過去に臨床実績がなく，同科に所属する医局員はもとより被告人ですら同症例を扱った経験がなかった。……しかも，VAC療法に用いる硫酸ビンクリスチンには強力な細胞毒性及び神経毒性があり，使用法を誤れば重篤な副作用が発現し，重大な結果が生ずる可能性があり，現に過剰投与による死亡例も報告されていたが，被告人を始めCらは，このようなことについての十分な知識はなかった。さらに，Cは，医師として研修医の期間を含めて4年余りの経験しかなく，被告人は，本センターの耳鼻咽喉科に勤務する医師の水準から見て，平素から同人らに対して過誤防止のため適切に指導監督する必要を感じていたものである。このような事情の下では，被告人は，主治医のCや指導医のBらが抗がん剤の投与計画の立案を誤り，その結果として抗がん剤が過剰投与されるに至る事態は予見し得たものと認められる。そうすると，被告人としては，自らも臨床例，文献，医薬品添付文書等を調査検討するなどし，VAC療法の適否とその用法・用量・副作用などについて把握した上で，抗がん剤の投与計画案の内容についても踏み込んで具体的に検討し，これに誤りがあれば是正すべき注意義務があったというべきである。」

②抗がん剤の副作用に対応する義務について

「抗がん剤の投与計画が適正であっても，治療の実施過程で抗がん剤の使用量・方法を誤り，あるいは重篤な副作用が発現するなどして死傷の結果が生ずることも想定されるところ，被告人はもとよりC，Bらチームに所属する医師らにVAC療法の経験がなく，副作用の発現及びその対応に関する十分な知識もなかったなどの前記事情の下では，被告人としては，Cらが副作用の発現の把握及び対応を誤ることにより，副作用に伴う死傷の結果を生じさせる事態をも予見し得たと認められる。そうすると，少なくとも，被告人には，VAC療法の実施に当たり，自らもその副作用と対応方法について調査研究した上で，Cらの硫酸ビンクリスチンの副作用に関する知識を確かめ，副作用に的確に対応できるように事前に指導するとともに，懸念される副作用が発現した場合には直ちに被告人に報告するよう具体的に指示すべき注意義務があったというべきである。」

「原判決が判示する副作用への対応についての注意義務が，被告人に対して主治医と全く同一の立場で副作用の発現状況等を把握すべきであるとの趣旨であるとすれば過大な注意義務を課したものといわざるを得ないが，原判決の判示内容からは，上記の事前指導を含む注意義務……があるという趣旨のものとして判示したものと理解することができるから，原判決はその限りにおいて正当として是認することができる。」

2. 検討

(1) 実行行為の認定について

本決定は，耳鼻咽喉科長Aについて，2つの異なる内容の過失責任を認めている。すなわち，①Cらの誤った抗がん剤投与計画を是正しなかった過失，②Cらが抗がん剤の副作用に的確に対応できるように事前指導せず，また，副作用が発現した場合には直ちに報告するように具体的に指示しなかった過失である。① ②は注意義務の内容が異なるだけではなく，①が9月20日頃から9月28日頃の間の義務違反であるのに対して，②が抗がん剤投与計画の決定以降，10月1日頃までの義務違反であり，過失実行行為の時点も異なっている。本決定が，複数の過失行為の併存を認める立場（過失併存説）を前提にしていることは明らかであろう[4]。本件事案においては，①の過失を前提として，②の過失の存否が問題とされているが，本来，① ②の過失は別個独立の内容を有している。すなわち抗がん剤治療においては，常に副作用の発現に適切に対応する必要があるから，かりに抗がん剤の投与計画が事前の段階では適切な内容であったとしても，やはり副作用に対して適切に対応する義務が生ずることになる。

なお，過失犯についても作為・不作為が問題になるところ，第1の過失行為は，Cらの誤りを是正しないまま，その投与計画を承認・決定するものであるから，承認・決定行為が実行行為であり，回避義務を履行していない状況はその実行行為の実質的危険性を基礎づける事情ということになる（もちろん，投与計画を承認した後でも，誤りがある場合にはこれを是正すべき義務があると考えれば，過失不作為犯が問題となる）。これに対して第2の過失行為は，副作用に適切に対応できるように事前指導を行わなかった点に求められるから，不作為犯である。この場合，回避義務は法益保護に向けて一定の作為に出ることを義務づける内容であり，事実上，不作為犯における作為義務の判断と重なることになる。作為・不作為のいずれであっても，回避義務の存否・内容が重要な問題となることには変わりはない。

(2)　監督責任と信頼の原則

耳鼻咽喉科長のAは，まさに同科の責任者として，同科の医師を指導監督する立場にあり，また治療方針についての最終決定権を有していた。したがってAが何らかのミスを看過した結果，医療過誤が生じた場合にはAが監督過失の責任を負うのは当然であるようにも思われる。もっとも，同時に，監督過失の事例であっても信頼の原則を適用する余地があり，実行担当者の適切な対応を信頼してもよい場合があると解されている[5)]。しかし，信頼の原則が適用できる場合には，上位者は監督責任を免れるのであるから，そもそも実行担当者を監督する必要がないということになってしまいかねない。逆に上位者に監督責任を認めるということは，そもそも実行担当者を信頼してはいけないことを意

4）　第1審，原審の「罪となるべき事実」を見ると，2つの過失は書き分けられずに，2つの注意義務違反がまとめられて記載されている。このような記載方法は「一連の過失行為」を認定したものと解する余地もあるかもしれないが，両者を別個の過失行為とした上で，包括的に評価することと実質的に相違するわけではない。重要なことは① ②という異なる時点での，また，異なる内容の義務違反の併存を認めている点である。

5）　たとえば西原春夫「監督責任の限界設定と信頼の原則(上)」曹時30巻2号（1978年）13頁以下を参照。

味しているようにも理解できる。つまり監督責任を認めつつも，信頼の原則の適用の余地があるということの関係については，やや不明瞭なところがある。

修正過失論の立場からは，責任要件における予見可能性の判断に先立って，過失犯の実行行為性の存否が判断されることになり，その際には当該行為の遂行に実質的危険性が認められる必要がある。したがって，実質的危険性を解消するための十分な措置を講じている場合には，当該行為の遂行に実質的危険性が認められないことから，過失犯の実行行為性が否定されることになる[6)]。このような理解からは，たとえば上位者の監督がなければおよそ下位者の適切な対応が期待できない状況においては，上位者は必要な監督措置を講ずることによって，その実質的危険性を解消させる義務を負うことになる[7)]。

これに対して，一定の範囲においては下位者の適切な対応が期待できる場合には，その分だけ，監督措置を講じない行為の危険性は減少することになるが，状況によっては，下位者が適切に対応できないおそれが残るのであれば，上位者が監督措置を講じない行為の危険性はゼロになるわけではない。したがって，過失犯の実行行為性を否定するためには，その危険性を解消する措置が必要とされるが，そもそも危険性が減少していることから，行為者に課される義務の程度も当然に軽減される。たとえば部下の適切な行動がおよそ信頼できない場合には，上司が自ら調査検討をした上で，立ち入った指導をする義務が生ずるとしても，基本的には適切な対応が期待できる場合であれば，確認措置を命ずるなど一般的な指導監督を行えば十分なことも多いであろう。このように監督責任が問題になる状況において信頼の原則が適用されるということは，実際には監督者に課される回避義務の内容・程度を軽減させるかたちで機能することになる[8)]。もちろん，およそ下位者のミスがあり得ないような状況であれば，そもそも監督義務が完全に免除されることになるが，そこまで至ら

6） この点について，山口厚「過失犯に関する覚書」渥美東洋先生古稀記念『犯罪の多角的検討』（有斐閣，2006年）50頁以下を参照。

7） 不作為が問題になる場合には，上位者に作為義務が認められることが前提となるが，その点はひとまず措くことにしたい。

8） このような観点からの分析として，香城敏麿「判解」最判解刑事篇昭和63年度420頁以下を参照。なお，このような理解から危険性の解消が不十分であるとして過失犯の実行行為性が肯定されても，責任要件として予見可能性が要求されることになるから，下位者の過誤による結果惹起がおよそ予見不可能な場合については，やはり上位者は免責されることになる。

9） 樋口亮介「刑事過失と信頼の原則の系譜的考察とその現代的意義」東京大学法科大学院ローレ

ない場合には，下位者を信頼できる範囲・状況に応じて，回避義務の内容が限定されることになる。

このような理解からは，信頼の原則の適用によって，上位者がおよそ過失犯の責任を負わない場合もあれば，上位者に課される回避義務の内容が限定されることによって，結果的に過失犯の成立範囲が限定される場合もあることになる[9)]。そして後者の場合には，上位者がいかなる範囲で，また，いかなる内容の監督義務を負うべきかが重要な問題となる。まさしく本件においてもAが一定の監督義務を履行する必要があることを前提とした上で，いかなる範囲で回避義務が課されるかが問題となっている[10)]。

(3)　信頼の可否の判断資料

完全に免責するか，それとも回避義務の内容を限定するかはともかくとして，信頼の原則が機能するためには（少なくとも一定の範囲においては）相手方の適切な行動を信頼できる状況が必要である。そして，下位者の適切な対応を期待するためには，当然のことではあるが，その前提として，適切な担当者を選任した上で，十分な指導・研修等の機会を保障する必要があるし，また，準備不足や過労などミスが発生しやすい原因を排除する必要がある。このような前提条件を整備しなかった結果，下位者の過失によって法益侵害が惹起された場合には，上位者は当然に過失責任を負う[11)]。たとえば北ガス事件（札幌地判昭和61・2・13刑月18巻1=2号68頁）では，都市ガスの熱量変更計画に伴って利用者のガス器具を調整する必要が生じたところ，現場作業員の調整ミスから，ガス中毒による死傷事故が発生した事件について，ガス器具の調整作業においては十分な事前準備と適正な作業負荷を定めた上で，必要な現場作業員を確保する必要があるところ，各家庭のガス器具の事前調査を行わず，しかも現

ビュー4巻（2009年）194頁以下も，信頼の原則によっていかなる範囲・内容の注意義務が免除されるかを個別に問題としている。

10)　多和田隆史「判解」最判解刑事篇平成17年度558頁も，「科長の監督権限の行使の在り方は，ケースバイケースで考えるべきであろう」と段階的な解決を前提としている。

11)　もっとも，たとえば従業員の単純ミスによって事故が発生した場合についても，上位者が適切な措置を講じていれば事故発生を回避できたことを立証する必要がある。そもそも不適切な人材を選任していたといえる場合には，上位者の義務違反行為と結果の因果関係は明らかであるが，たとえば適切な勤務体制の整備などが義務内容とされる場合，義務違反と結果発生との因果関係の立証が困難な場合もあるだろう。

場作業員に連日残業をしなければ消化できないようなノルマを課した上で，調整過誤を是正点検させる措置も講じていなかった点に注意義務違反があるとして，ガス会社の専務取締役，営業技術課長について業務上過失致死傷罪の成立が認められている。

また，このような前提条件が整備されているとしても，担当している職務の内容や担当者の属性によっては，担当者の適切な対応が期待できない場合がありうる。このような場合も上位者は監督責任を免れないことになる。まさしく本決定はこのような事案である。すなわち本件においては，(a)主治医であったCは医師としての経験が未熟であったところ，(b)滑膜肉腫は耳鼻咽喉科の領域では極めてまれな症例であり，同病院の耳鼻咽喉科でも取り扱ったことがなかったこと，しかも(c)VAC療法に用いられる抗がん剤は毒性が強く，使用法を誤れば重篤な副作用が発現する危険性が高かったという事情が認められる。まさに(a)(b)の事情によってCらによる過誤が生じやすい状況が形成されており，それを回避するために必要な監督義務がAに課されることになるのである。

この点において，参考になるのが北大電気メス事件（札幌高判昭和51・3・18高刑集29巻1号78頁）である。本件は看護師が電気メスのケーブルを誤接続した結果，装着されていた心電計とあいまって特殊な電気回路が形成され，手術部位ではなかった被害者の右足に熱傷が生じた事件について，ケーブルの接続を誤った看護師Xについては，本件熱傷が発生した理化学的原因がおよそ予見できなくても，「構成要件的結果及び結果発生に至る因果関係の基本的部分」について予見可能性があるとして，過失犯の成立を認めたが，執刀医Yについては，(d)ケーブル誤接続による重大事故発生の予見可能性が乏しかったこと，(e)チーム医療における執刀医の立場（全体を統括・監督する立場にあるわけではなく，むしろ手術に集中すべきであること），(f)電気メスのケーブル接続作業はきわめて単純容易な作業であり，しかも，(g)担当看護師のXは十分な経験を積んだベテラン看護師であったことなどが考慮され，「被告人Xを信頼し接続の正否を点検しなかったことが当時の具体的状況のもとで無理からぬものであった」として過失犯の成立が否定されている。同事件においては，そもそも執刀医が看護師を監督すべき立場・状況になかったことに加えて（(e)参照），Xが十分な経験を積んでおり，しかも電気メスの接続が単純作業であったことから，ミスが生ずることがほとんど想定されなかったことが重視されている

((g)および(f)を参照)。これらの事実関係の相違が信頼の当否の判断においては重要であろう。

なお，本決定においては，VAC療法に用いられる抗がん剤の危険性が重視されているが，この点は，北大電気メス事件において，ケーブルの誤接続によって重大な死傷事故が生じうることが一般的に認識されていなかったことと対照的である（(c)および(d)参照）[12]。このような業務内容の危険性は上位者の監督責任にいかなる影響を及ぼすのであろうか。信頼の原則の適否においては，もっぱら直接担当者がミスを犯す可能性の程度が重要であると解した場合，かりにミスが起きた場合の危険性の程度・内容は，同原則の適否とは無関係な事情のようにも思われる。しかしながら，過失犯の実行行為として実質的危険性の惹起を要求する場合，かりに実行担当者のミスが介在した場合には重大な被害が生ずる危険性が高い状況については，その危険性を減少させるべく，より厳格な監督義務を課す余地があるようにも思われる[13]。もちろん，およそミスの介在について予見可能性が認められない場合には，いずれにせよ過失犯の成立が否定されることになるが，概括的なレベルであっても予見可能性が肯定される状況においては[14]，予見可能な危険性の内容・程度に応じて回避義務の内容・程度が異なってくる余地があるだろう。

(4)　結果回避義務の内容

それではAは具体的にいかなる内容の結果回避義務を負うのであろうか。本決定は，A自らが臨床例，文献，医薬品添付文書等を調査検討するなどし，VAC療法の内容を正確に把握した上で，Cらの投与計画の当否について検討

12)　なお，この点を突き詰めると，北大電気メス事件で医師Yを免責しつつ，看護師Xに過失責任を認めた結論の妥当性が疑われることになろう。町野朔「過失犯における予見可能性と信頼の原則」ジュリ575号（1974年）78頁を参照。

13)　樋口亮介「注意義務の内容確定基準」刑事法ジャーナル39号（2014年）49頁以下は，注意義務の内容を比例原則の観点から判断する立場から，厳格な回避措置を正当化する前提として重大な危険性を要求している。

14)　なお，このような理解は，過失犯における予見可能性として，それほど高度なレベルの予見可能性を要求しない立場を前提にしている（したがって，防火体制が不十分なホテルを経営している場合にも，長い間に大規模火災が生じることは稀ではないとして，出火についての予見可能性を認める余地がある。橋爪隆「判批」百選〔6版〕121頁参照)。高度な予見可能性を要求する立場からは，そもそも実行担当者のミスの可能性が低い場合には，予見可能な危険性の内容にかかわらず，監督者の過失が否定されることになろう。

する義務を課しているが，Cらも医師として専門性を有している以上，Cらに対して必要な文献を指示したり，慎重な対応をするように注意喚起等をすれば十分だという理解もありうるところだろう[15]。繰り返し述べるように，過失犯の実行行為として実質的危険性の惹起を要求する立場からは，通常であれば結果が惹起しない程度まで危険性を減少させることが義務内容を構成することになる。また，不真正不作為犯において作為の可能性・容易性が要求されているように，過失犯の回避義務判断においても，行為者にとって重大な負担を伴う義務の履行を強制することは正当化できないだろう[16]。このような理解からは，①具体的状況における結果惹起の危険性，②義務履行の負担の程度を基準としつつ，個別の事案ごとに検討を加える必要がある。本件については，B，CらはVAC療法について十分な知識がない以上，自ら文献資料等を読み解いたとしても何らかの誤解が生ずる危険性は十分にあり得たといえる（本件ではまさに「誤解」が現実に生じている）。しかもAは「本センターの耳鼻咽喉科に勤務する医師の水準から見て，平素から同人らに対して過誤防止のため適切に指導監督する必要を感じていた」というのであるから，何らかの一般的な注意喚起や指示を行ったとしても，B，Cらの投与計画について何らかの過誤が生じた可能性は否定しがたい。このような状況を前提にすれば，やはり本件においては，A自らがVAC療法の内容について十分な調査検討を行い，B，Cの治療方針について踏み込んだ検討を加えることによって，はじめて結果惹起の実質的危険性を解消することができたと思われる。また，Aが自らプロトコールなどを精査することがそれほどの負担になるわけでもないから，これを義務づけることも十分に可能であろう。このような理解からは，本決定の回避義務に関する判断を支持することができる。

それでは副作用に対応する義務についてはどうか。この点については，原審判決がA自らが治療医の立場として，科長回診の機会などに副作用について適切に対応する義務を強調しているのに対して[17]，本決定は「被告人に対して主治医と全く同一の立場で副作用の発現状況等を把握すべきであるとの趣旨であるとすれば過大な注意義務を課したものといわざるを得ない」としつつ，

15） なお，かりに後者の程度の義務で十分であると解したとしても，本件Aについてはなお回避義務の履行が不十分であり，注意義務違反が認められたようにも思われる。

16） この点について，樋口・前掲注13)50頁を参照。

17） 刑集59巻9号1590頁以下を参照。

Cらに対して「副作用に的確に対応できるように事前に指導するとともに，懸念される副作用が発現した場合には直ちに被告人に報告するよう具体的に指示すべき注意義務があった」と判示している。すなわち，A自らが治療医として副作用に直接，対応するのではなく，担当医師に事前指導をしていれば十分であるという判断が示されている。Cらが経験不足であるとしても，副作用の内容について事前に調べておいた上で，副作用が発現した場合には直ちにAに報告するという作業はそれほど困難なものではないから，適切な対応を十分に期待できると思われる。そして副作用が発現した場合に直ちに対応できるような事前準備を施していれば，通常生じうる危険には対応可能であり，結果惹起の実質的危険性の解消を認めることができるだろう。また，耳鼻咽喉科全体を統括するAが，たとえ危険な治療方法を実施しているとしても，自らも治療医の1人として，Xの容体を絶えずチェックしなくてはいけないというのは現実的に要求困難な内容であろう[18)]。このような理解からは，AはVAC療法の副作用について事前に調査研究を行った上で[19)]，B，Cに対して懸念される副作用が発現した場合には直ちにAに報告させるような指導を尽くしていれば，十分に回避義務を尽くしたものと評価できる。

(5)　結果回避義務の射程

このようにVAC療法の特殊性・危険性，さらに担当医師の経験不足などにかんがみれば，Aが担当医師の経験不足を補うべく，具体的な結果回避義務を負担することは当然の結論ともいえる。もっとも，本件事故は，CらがVAC療法の実施について必要とされる専門的な知識や技術が十分ではなかったために発生したわけではない。Cがプロトコールの「week」という文字を見落としたというきわめて単純な不注意によって発生した事故なのである。このような担当医師の単純ミスをカバーする義務までがAに課されるのであろうか。この点については，VAC療法が不慣れだからこそ，このような初歩的な見落としが起きたという指摘もあるが[20)]，たとえ新規な治療方法だといっても，「week」という記載を見落とすというのは，やはり通常想定しがたいミ

18)　小林憲太郎「判批」ジュリ1399号（2010年）164頁を参照。

19)　なお，AがVAC療法の副作用や対応方法について自ら調査研究しなければいけない点は，まさにVAC療法を決定する段階の回避義務の判断と同様である。

20)　小林・前掲注18)165頁，日山恵美「判批」年報医事法学22号（2007年）153頁などを参照。

スであるように思われる。むしろ新規な治療方法であるからこそ，通常は慎重にプロトコールを読み解くとさえいえるのである[21]。このような理解からは，Aには専門的な知識の過誤をただす義務があるとしても，単純ミスを防止するために介入する義務はないとして，過失犯の成立を否定する理解もありうるところであろう[22]。

しかしながら，本件においてはCらがVAC療法について十分な知識・経験を有しないことから，本件のような単純な見落としでなくても，治療方法の選択，実施方法などについて様々な過誤が生ずるおそれがあった。それだからこそ，Aには，CらのVAC療法の理解の不十分さから生じうる危険性を回避するために，自ら調査を行った上で，立ち入った検討をすることが義務づけられているのである。そして，このような回避義務を履行していれば，VAC療法の実施の当否に関する専門的判断の誤りだけではなく，本件のような単純ミスも発見し，是正することが可能であった。このように結果回避義務がある程度，幅を持った内容であることから，単純な見落としの発見・是正が直接の回避の対象とされていなくても，結果回避義務の射程に含まれていると包摂的に評価する余地があると思われる。このような理解からは，本件の死亡事故についても，まさにAに課されていた回避義務違反が現実化したものと評価することが可能であろう[23]。

なお，本件Aは，Cがこのような単純ミスを犯すことについて予見可能性が乏しかったと思われるが，第9章で検討したとおり，予見可能性の要件においては現実の因果経過について予見可能性が要求されるわけではなく，実行行為の危険実現と評価される（仮定上の何らかの）因果経過が予見可能であれば十分である。したがって，VAC療法の実施に関連して他の過誤が予見できる状況であれば，この点も過失犯の成立を否定する根拠にはなり得ないだろう。

21）　このような指摘として，多和田・前掲注10)561頁を参照。

22）　このような理解として，林幹人「医師の刑事過失」曹時58巻12号（2006年）7頁以下を参照。

23）　この点，三菱自動車ハブ脱落事件（前掲最決平成24・2・8）では，被告人らに課される注意義務が「あくまで強度不足に起因するDハブの輪切り破損事故が更に発生することを防止すべき業務上の注意義務」であることから，Dハブの強度不足に起因して生じた死傷事故に限って危険の現実化を認めることができると判示している（したがって，原因不明の事故については，

Ⅲ．明石歩道橋事故事件

1．判例の概要

(1)　事実関係

本件は明石市が実質的に主催した夏まつりにおける花火大会の当日，最寄りの駅と会場の公園とを結ぶ歩道橋上に多数の観客が集中して過密な滞留状態となっていたところ，花火大会終了後，公園に向かう参集者と駅に向かう参集者が押し合い，強度の群衆圧力が生じた結果，同日午後8時48分から49分頃，多数の参集者が折り重なって転倒する事態（群衆なだれ）に至り，11名が死亡し，183名が負傷したという事件である。本件公園の立地状況や本件歩道橋の規模・構造にてらせば，花火大会の際に歩道橋上に参集者が滞留し，大混乱が生ずることは容易に予想されるものであった。また，本件夏まつりは本件会場ではじめて実施されたものであるが，同じ会場で実施された他のイベント（前年の大晦日のカウントダウン花火大会）の混雑状況からして，今回の夏まつりには10万人を超える参集者が見込まれていた。

本件夏まつりに向けて，明石市（実質的な主催者），明石市から会場警備を委託された警備会社N，明石警察署の三者により，雑踏警備計画策定に向けた検討が重ねられてきたが，そこでは本件歩道橋における参集者の滞留による混雑防止のための有効な方策は講じられず，歩道橋の混雑状況の監視体制，混雑した場合の規制方法及びその場合の主催者側と明石警察署との間の連携体制などについて，具体的な計画は策定されていなかった。なお，本件の警備計画においては，兵庫県警の当時の内部基準に基づき，いわゆる自主警備の原則が採用されていた。それによれば，主催者側が警備を担当するのが原則であり，その際に警察は指導・助言を積極的に行うが，主催者側では対応できない事態が生じた場合には警察の方で自ら必要な措置をとることとされていた。第1審・原審の認定によれば[24]，本件事故については，午後7時30分頃の段階で主催

ハブを交換していれば事故が回避できたとしても，因果関係が否定される）。このように回避義務の内容が限定的な場合には，それによって危険の現実化が肯定される範囲も狭くなることになる。この点の分析については，島田聡一郎「相当因果関係・客観的帰属をめぐる判例と学説」法教387号（2012年）13頁，樋口亮介「判批」論ジュリ6号（2013年）171頁を参照。

24)　結果回避が可能であった時点などについて，第1審判決と原審判決には細かい相違点があるが，その点は措くことにしたい。

者側の自主警備として歩道橋への流入規制を実施していれば本件事故を回避することができた。さらに午後8時頃の段階で警察の機動隊の出動を要請していれば，機動隊による歩道橋への流入阻止によって本件事故を回避することができた。

本件事故について業務上過失致死傷罪で起訴されたのは明石市職員であった A_1（開催本部統括副責任者），A_2（実施運営本部実施責任者），A_3（実施運営本部実施副責任者），明石警察署地域官であったB，N社大阪支社長であったCの5名である。本件当日，A_1 ないし A_3 は大会会場の運営等本部のテント，Cは自主警備本部テントにそれぞれ待機しており，Bは現地警備本部で指揮をとる態勢となっていた。事前の予想通り，午後6時頃から多数の参集者が本件歩道橋に流入し始め，午後7時頃には歩道橋に参集者が滞留し始め，午後7時45分の花火大会開始に向けて，さらに多くの参集者が歩道橋に流入して滞留し，混雑が進行する状況になっていたが，各人はそれぞれ部下からの伝達を受けるなどして，このような状況を十分に認識していた。しかしながら，A_1 ないし A_3 は歩道橋の混雑を解消するための措置を講じておらず，機動隊の出動を要請することもなかった。また，Cも午後8時頃までには，歩道橋内が警察官による流入規制等を必要とする過密な滞留状態に達していることを認識したが，Bに対して「前が詰まってどうにもなりません。ストップしましょうか」などと警察官による歩道橋内の流入規制について打診をしたものの，Bの消極的な反応を受けてすぐに引き下がり，結局，機動隊の出動を要請する措置を講じなかった。さらにBも，Cから上記のような打診を受けるなどして，午後8時頃までには同様の状況を認識していたが，機動隊の出動を要請する措置を講じなかった。

本件の公訴事実は，警備計画策定段階の過失ではなく，もっぱら本件事故当日の過失を問題にしている。第1審判決（神戸地判平成16・12・17刑集64巻4号501頁参照）は被告人5名全員について，業務上過失致死傷罪の成立を認め，A_1 ～ A_3 については執行猶予つきの判決，B，Cには禁錮2年6月の実刑判決を下した。被告人全員が控訴したが（そのうち，A_2 は控訴取り下げ），原審（大阪高判平成19・4・6前掲刑集623頁参照）は控訴を棄却した。これに対して，B，Cが上告した。

⑵　決定要旨

最高裁は上告を棄却したが，職権で以下のような判断を示している。

「被告人Ｂは，明石警察署地域官かつ本件夏まつりの現地警備本部指揮官として，現場の警察官による雑踏警備を指揮する立場にあったもの，被告人Ｃは，明石市との契約に基づく警備員の統括責任者として，現場の警備員による雑踏警備を統括する立場にあったものであり，本件当日，被告人両名ともに，これらの立場に基づき，本件歩道橋における雑踏事故の発生を未然に防止し，参集者の安全を確保すべき業務に従事していたものである。しかるに……，遅くとも午後８時ころまでには，歩道橋上の混雑状態は，明石市職員及び警備員による自主警備によっては対処し得ない段階に達していたのであり，そのころまでには……，被告人両名ともに，直ちに機動隊の歩道橋への出動が要請され，これによって歩道橋内への流入規制等が実現することにならなければ，午後８時30分ころに予定される花火大会終了の前後から，歩道橋内において双方向に向かう参集者の流れがぶつかり，雑踏事故が発生することを容易に予見し得たものと認められる。そうすると，被告人Ｂは，午後８時ころの時点において，直ちに，配下警察官を指揮するとともに，機動隊の出動を明石警察署長らを介し又は直接要請することにより，歩道橋内への流入規制等を実現して雑踏事故の発生を未然に防止すべき業務上の注意義務があったというべきであり，また，被告人Ｃは，午後８時ころの時点において，直ちに，明石市の担当者らに警察官の出動要請を進言し，又は自ら自主警備側を代表して警察官の出動を要請することにより，歩道橋内への流入規制等を実現して雑踏事故の発生を未然に防止すべき業務上の注意義務があったというべきである。そして，前記のとおり，歩道橋周辺における機動隊員の配置状況等からは，午後８時10分ころまでにその出動指令があったならば，本件雑踏事故は回避できたと認められるところ，被告人Ｂについては，前記のとおり，自己の判断により明石警察署長らを介し又は直接要請することにより機動隊の出動を実現できたものである。また，被告人Ｃについては……，明石市の担当者らに警察官の出動要請を進言でき，さらに，自らが自主警備側を代表して警察官の出動を要請することもできたのであって，明石市の担当者や被告人Ｃら自主警備側において，警察側に対して，単なる打診にとどまらず，自主警備によっては対処し得ない状態であることを理由として警察官の出動を要請した場合，警察側がこれに応じないことはなかったものと認められる。したがって，被告人両名ともに，午後8時ころの時点において，上記各義務を履行していれば，歩道橋内に機動隊による流入規制等を実現して本件事故を回避することは可能であったということができる。

そうすると，雑踏事故はないものと軽信し，上記各注意義務を怠って結果を回避する措置を講じることなく漫然放置し，本件事故を発生させて多数の参集者に死傷の結果を生じさせた被告人両名には，いずれも業務上過失致死傷罪が成立する。」

2. 検討

(1) 過失を認定する時点

本件事故については，時系列的にみて，過失実行行為を把握するポイントが複数存在している。まず，①事前に雑踏警備計画を策定する時点である。本件の警備計画は想定される大混雑に対して適切に対応できる内容になっていないし，また，緊急事態における連携体制などに関する具体的計画も不十分であった。さらに，本件事故当日についても，②午後7時30分頃，まだ主催者側の自主警備によって対応できる段階において，歩道橋への流入規制などを実施していない点についても問題があった。さらに，③午後8時頃，もはや自主警備では対応困難であり機動隊の出動が必要であった段階において，機動隊の出動を要請または進言していない点についても過失実行行為を認める余地がある。もっとも，検察官は，①警備計画策定段階の過失を訴因に含めず，もっぱら事故当日の不適切な対応を訴因として公訴を提起している。これに対して，第1審判決は② ③のそれぞれの段階について注意義務違反を認定したが，原審判決は，事故防止のために採り得た回避措置は複数あるところ，被告人それぞれについて，個別にこれらの複数の回避行為を仮定的に考慮しつつ，結果回避可能性を認定することは「ほとんど不可能である」として，直近の③の段階に限定して注意義務違反を認定している[25]。そして，最高裁決定は，原審の判断

---

25) 刑集64巻4号639頁以下を参照。

26) 三浦透「判解」最判解刑事篇平成22年度109頁を参照。

27) たとえば土本武司「判批」判評630号（判時2114号）(2011年) 38頁などを参照。さらに松宮孝明「判批」速判解8号（2011年）206頁も，計画策定段階の過失（原因行為）が事故当日の注意義務の履行を困難にする関係があったとして，原因行為も「罪となるべき事実」に加えるべきとする。

28) なお，内海朋子「判批」横浜国際経済法学21巻1号（2012年）82頁以下は，警備計画が不備

を前提にして，③の段階の注意義務の存否に限って職権判断を示している。

このように最高裁は原判決の注意義務判断それ自体を是認したものにすぎないから，過失実行行為の特定方法として，直近過失説を採用しているわけでもないし，①②の段階における被告人らの過失の存否について，何らかの判断が示されたわけでもない[26]。また，原判決の判断も，理論的に過失併存説を排斥したわけではなく，多数の関与者が存在する大規模な雑踏事故においては，併存する過失それぞれについて，結果回避可能性に関する具体的判断を示すことが困難であるという実務的な理由に基づくものであろう。いずれにせよ，結果回避が求められる時点を特定した上で，その段階で各関与者に義務づけられるべき結果回避措置を想定し，過失犯の成否を問うことが必要となる。

なお，本件の評釈においては，むしろ①事前の雑踏警備計画の不備がもっとも重大であり，これを注意義務違反の内容として重視すべきであるという指摘がある[27]。たしかに杜撰な警備計画が策定されれば，花火大会の当日，適切な警備が行われず，死傷事故が発生する危険性が高いといえるだろう（実行行為の実質的危険性）[28]。しかも本件の場合，前年にカウントダウン花火大会が開催され，過度の混雑状態が発生していた以上，計画策定段階においても，死傷事故発生について予見可能性を肯定することも不可能ではなかったと思われる[29]。もっとも，本件では検察官がこの点について起訴していない以上，裁判所が具体的な判断を示していないのは当然のことであり，具体的な検討を差し控えることにしたい。なお，①段階の過失を処罰対象とする場合，適切な警備計画が策定されていれば，事故当日に何らかの混乱が生じたとしても，なお適切な対応が行われ，死傷事故が確実に回避できたことを立証する必要がある点に注意が必要である[30]。

(2)　組織内の自然人に課される回避義務の認定

このように回避義務の判断時点が，事故当日，しかも自主警備による対応が

であっても，事故当日に適切な対応がなされれば事故が回避できた可能性があることから，準備段階での危険性が不十分であるとするが，警備計画の不備が当日の対応の不備を誘発する関係にあれば，危険の現実化を否定することはできないだろう。

29)　この点に関して，甲斐克則「判批」平成22年度重判解（ジュリ1420号）（2011年）195頁を参照。

30)　この点の立証が必ずしも容易ではないことを指摘するものとして，北川佳世子「最近の過失裁判例に寄せて(2・完)」曹時65巻7号（2013年）15頁を参照。

困難になった段階③に設定されたことから，本件においては機動隊の出動によって群衆の歩道橋への流入を阻止し，事故を回避することが現実的に採りうる唯一の選択肢となった。したがって，過失犯の実行行為は，機動隊の出動を要請しなかった不作為として把握され，過失犯の成立を認めるためには機動隊の出動を要請する作為義務が必要とされることになる。それでは本件のように複数人が関与する事例において，作為義務が課される主体をどのように判断すればよいのだろうか。

この点において，まずは法人・組織にいかなる義務が課されているかを明らかにし，その上でその構成員に課される義務内容を明らかにする発想（段階的思考）が主張されており，注目される[31]。たとえば最決平成2・11・29（刑集44巻8号871頁〔千日デパート事件〕）は，火災事故を起こしたSデパートビルを管理していたD観光株式会社の管理部管理課長であった被告人Xの過失を検討するに際し，まず「D観光としては，火災の拡大を防止するため，法令上の規定の有無を問わず，可能な限り種々の措置を講ずべき注意義務があったことは，明らかである」として，D観光株式会社が注意義務を負っている旨を判示し，その上で同社における地位・権限を考慮しつつ，Xの注意義務違反を肯定している[32]。このような理解は，一見すると，法人それ自体の過失責任を問題にしているようにも思われるが，そのような理解を前提にする必然性はない。業務上過失致死傷罪等の成否を検討するに当たっては，あくまでも自然人個人の過失責任が問題になるが，自然人といっても，組織によって与えられた職責や権限に従って，一定の義務を負担するのであるから，自然人の過失を問題にする際に，いわばその判断の「補助線」として，その者が属している組織体の義務や権限を問題にすることは合理的な判断であり，法人の刑事責任に関する立場の違いを超えて，採用可能な手法であると思われる。本件についていえば，死傷事故の防止のために，明石市，明石警察署，民間警備会社であるN社が，それぞれいかなる回避義務を負うかを前提にした上で，被告人B，Cがそれぞれの組織で果たすべき職責や権限を検討することによって，各人の注意義務の内容が明らかにされることになる。もっとも，あくまでも自然

31）　たとえば樋口・前掲注13)55頁以下を参照。
32）　この点について，原田國男「判解」最判解刑事篇平成2年度255頁以下を参照。
33）　なお，Bの権限に関する検討については，内海・前掲注28)78頁以下を参照。
34）　たとえば大塚裕史「過失不作為犯の競合」前掲注2)『三井古稀』159頁，松宮・前掲注27)205

人の過失が問題になる以上，個別の関与者ごとに予見可能性や結果回避義務違反などの要件を検討する必要があることはいうまでもない。

(3)　過失の競合

本件においては過失不作為犯の成否が問題となっているのであるから，関与者ごとに作為義務の存否を判断する必要がある。まず被告人Ｂが作為義務を負っていることについては，おそらく異論はないと思われる。Ｂは現場における警察側の指揮官の立場にあり，「自己の判断により明石警察署長らを介し又は直接要請することにより機動隊の出動を実現」する権限を有していたのであるから[33]，第一次的にはＢが機動隊出動を要請し，死傷事故を回避する義務を負っていたというべきである。

これに対して，Ｃは自主警備側の統括責任者にすぎず，自らの権限によって機動隊の出動を要請できたわけではない。したがって，Ｃが本件結果を回避するためには「明石市の担当者らに警察官の出動要請を進言し，又は自ら自主警備側を代表して警察官の出動を要請すること」が要求されることになる。このように機動隊の出動を決定する権限を有しない者が，直接または間接にＢらに対して機動隊の出動を要請するというのは，あくまでも二次的・補充的な義務にすぎず，過失正犯としての可罰性を根拠づけるものではないとする見解が主張されている[34]。過失犯の（狭義の）共犯は不可罰であることから，このような理解からは，少なくとも午後８時段階の結果回避義務違反については，Ｃは過失犯の責任を問われないことになる[35]。

しかしながら，結論から示せば，本決定の結論を支持することは十分に可能であると思われる。以下，問題になる点について，順次検討を加えることにしたい。

まず前提となることは，本件Ｃの進言・要請行為による死傷事故の結果回避可能性である。進言義務をめぐる問題においては，たとえ進言・要請を行ったとしても，相手方がそれに応ずるか否かは確実ではないという指摘がある[36]。過失不作為犯においても，期待される作為に出た場合に結果が回避で

頁，齊藤彰子「判批」セレクト 2010［Ｉ］（法教 365 号別冊付録）（2011 年）29 頁などを参照。

35）　このような前提から，齊藤・前掲注 34)29 頁は，Ｃらに自主警備が可能であった段階における回避義務違反を根拠として，過失正犯が成立する余地を認める。

36）　たとえば松宮 99 頁などを参照。

きること（結果回避可能性）が「合理的な疑いを超える程度に確実であった」必要があるから[37)]，相手方が進言を聞き入れなかった可能性が払拭できない場合に過失犯の成立が否定されるのは当然である。本決定も，明石市の担当者やCらが警察側に機動隊の出動を要請した場合，「警察側がこれに応じないことはなかったものと認められる」と判示しており，（やや婉曲な表現ではあるが）結果回避可能性が認定できることを前提にしている[38)]。また，進言義務は作為義務の一内容として問題になるのであり，作為義務を負わない者が進言義務を負い，過失犯として処罰されることはあり得ない。あくまでも行為者が作為義務を負うことが議論の出発点であり，その者が単独では結果を回避できない場合に，第三者または上位者に依頼・進言する義務が結果回避義務（作為義務）の具体的内容として問題になるのである[39)]。したがって，問題の核心は，第一次的に結果を回避すべきBが作為義務を負う場合に，さらに重畳的にCが作為義務を負うことがありうるかという点に尽きる。

この点において，作為義務の発生根拠として，排他的支配を強調する理解からは，Bが機動隊の出動について排他的支配を有していた以上，背後のCについては（過失正犯としては）作為義務が課されないという理解が主張されている[40)]。しかしながら，排他的支配という基準をその言葉通り理解した場合，複数人の過失が競合して結果が発生した場合，関与者は誰も結果を「排他的」に支配していないとして過失犯処罰が否定されることになりかねない。過失の競合を広く認める判例・通説のもとでは，このような厳格な正犯性の基準が採用されていないことは明らかである。かりに正犯における作為義務の根拠として結果に対する支配を要求するとしても，それは「排他」的な支配である必要はなく，結果発生に向けられた複数の要因のうち，いずれか1つを左右できる

37）　不作為の結果的加重犯に関する判断であるが，最決平成元・12・15刑集43巻13号879頁を参照。

38）　三浦・前掲注26)104頁を参照。これに対して，松宮・前掲注27)205頁は，本件で確実な回避可能性が認められているわけではないとする。

39）　この点については，齊藤彰子「進言義務と刑事責任」金沢法学44巻2号（2002年）149頁以下，島田聡一郎「管理・監督過失における正犯性，信頼の原則，作為義務」山口厚編著『クローズアップ刑法総論』（成文堂，2003年）110頁以下を参照。

40）　たとえば大塚・前掲注34)158頁などを参照。

41）　詳細は第3章を参照。山口90頁以下が「結果原因の支配」の有無を問題にするのも基本的には同様の理解であろう。

42）　このような指摘として，北川・前掲注30)7頁以下を参照。川上拓一「近時の最高裁判例に見

程度の地位または権限があればたりると解すべきである[41]。

また，本件の具体的事実関係を前提としても，機動隊の出動に向けて，複数人に重畳的な作為義務を課すことは合理的であったように思われる。そもそも本件夏まつりは主催者側の自主警備が原則であり，自主警備の限界を超えた場合に警察側が直接介入することになっていたところ，まさに午後8時頃というのは，自主警備の限界を超えた事態が生じつつあった時点であり，警備の中心的主体が主催者側から警察側に移行する時点である。この段階においては，主催者側と警察側の連携がスムーズに行われなければ事態の流れに迅速適切に対応できない危険がある以上，主催者側は完全に結果回避義務を免れるわけではなく，警察側担当者とともに重畳的な回避義務を負うと解すべきであろう[42]。両者の連携体制について具体的な取り決めがなされていない本件においては，警察側担当者による適切な対応を全面的に信頼することが相当な状況でなかったということもできる。とりわけ本件においては，既に歩道橋上に異常な混雑が発生しており，死傷事故の高度の危険性が顕在化していることを併せ考慮すれば，重畳的な結果回避義務を課すことについて十分な合理性があるというべきである[43]。

このような理解に対しては，第三者に働き掛けて結果を惹起させる行為については（単独）正犯性が否定されるのが一般であるから，第三者に対して結果阻止を働き掛けなかった者についても，正犯性を認めることはできないという批判がある[44]。しかし，介在する第三者の行為が故意犯か過失犯かによって，背後者の関与の評価は異なりうるだろう。たしかに第三者の故意の犯罪行為に関与する行為（たとえばXがYに対して窃盗をするように働き掛け，Yが窃盗を実行する行為）は，第三者の自律的な意思決定が介在していることから，原則

る過失犯論の動向」刑事法ジャーナル39号（2014年）35頁も同旨。

43)　三浦・前掲注26)104頁を参照。なお，大塚・前掲注34)160頁は，明石市は契約に基づいて，警備会社に警備に関する権限を委譲しているので，明石市の職員は監督責任を問われることはないとするが，本件においては，そもそも①警備会社の警備体制について全幅の信頼を置ける状況ではなかったこと，さらに②A_1～A_3も主催者として現場の実施本部に待機しており，状況によっては，警備体制について直接的な指揮命令が可能であったことにかんがみると，B，Cに加えて，A_1～A_3について重畳的な回避義務を課すことは十分に可能であると思われる。北川・前掲注30)3頁以下を参照。

44)　古川伸彦「過失競合事案における注意義務の重畳関係の論定」刑法雑誌52巻2号（2013年）165頁などを参照。

として（広義の）共犯としてのみ処罰可能であり，単独正犯として処罰することはできない。これに対して，第三者の過失の作為・不作為が介在したとしても，これは自律的な意思決定の介在とは評価できず，背後者の正犯性が否定されるわけではない。たとえば（人気のない）プールで自分の子が溺れているのを発見した母親が自分で飛び込んで救助することが不可能であれば，監視員などに救助を要請することが作為義務の内容として義務づけられることになる。したがって，監視員が気づいていないのを奇貨として，あえて救助を要請せずに傍観した母親には，監視員の過失の存否にかかわらず，不作為の殺人罪の正犯が成立すると解される[45)]。そして，母親が不注意のため，自分の子が溺れていることに気が付かず，監視員に救助を要請しなかった場合には，たとえ監視員にも過失があったとしても，母親について（不作為の）過失正犯が成立すると解すべきである。これらの事例のように，第三者に対する進言義務に違反した行為者についても，第三者の過失行為が介在したにすぎない場合には，過失正犯として処罰することは十分に可能である。繰り返しになるが，問題の核心は，行為者に（第三者への進言によって）結果を回避する義務が認められるか否かという点に尽きる。

Ⅳ．まとめにかえて

本章では，2つの最高裁判例を手がかりとして，結果回避義務の判断について具体的に検討を加えてきた。これだけの検討から何らかの「まとめ」を導くことはできないが，あえて3つのことを確認しておきたい。

⑴過失犯の成否においては，①誰が回避義務を負うかという問題も重要であるが，さらに②その者がどのような内容の回避義務を負うかという問題も重要である[46)]。埼玉医科大病院事件においては，耳鼻咽喉科長Aが監督義務を負うことを前提に，具体的にいかなる義務が要求されるのかが問題になったのに対して，明石歩道橋事故事件においては，いかなる範囲の主体に回避義務が課

45）　このような指摘として，齊藤・前掲注39)150頁，北川・前掲注30)7頁以下を参照。

46）　大塚・前掲注34)155頁以下は，前者①の問題は作為義務の問題であり，後者②の問題は結果回避義務の問題であるとする。たしかに，従来の作為義務論においては作為義務の存否のみが検討されてきたが，それは故意不作為犯においては，結果惹起を認識しつつ何の措置も講じない事例が典型的であったため，②いかなる範囲の作為が義務づけられるかという観点が十分に意識さ

されるかが重要な争点になったということができる。

(2)複数人が関与する事例については，具体的な状況においては，複数人が重畳的な回避義務を課される場合がありうる。いわゆる監督過失は重畳的な回避義務が認められる典型的なケースである。もっとも，このような「過失の競合」は当然のことながら，無制約に肯定できるわけではない[47]。背後者に重畳的な回避義務を課すためには，それを正当化するための根拠が不可欠であり，個別の関与者ごとに回避義務の存否を検討する必要がある。

(3)本章では，もっぱら過失犯における結果回避義務違反について検討を加えたが，過失犯においては予見可能性の要件も重要な限定の契機である。たとえ回避義務違反が認められても，行為者に予見可能性が欠ける場合には，過失犯の成立は否定される。

れていなかったことに起因するものであろう。本来は，作為義務論としても，① ②の両者の観点が問題とされるべきであり，それは過失不作為犯においては結果回避義務の判断と重なり合うことになる。

47)　このような問題意識として，古川伸彦「いわゆる過失競合事案における過失認定の在り方について」川端博ほか編『理論刑法学の探究⑤』（成文堂，2012年）30頁を参照。

第11章 「原因において自由な行為」について

Ⅰ．はじめに

刑法39条1項は心神喪失者の行為を罰しない旨を規定しており，また，同2項は心神耗弱者の行為について刑の必要的減軽を規定している。心神喪失・心神耗弱は，精神の障害によって弁識能力または制御能力が欠けているか，著しく限定されている状態をいうから，飲酒や薬物使用によって自ら（しかも一時的に）心神喪失・耗弱状態に陥った場合であっても，39条1項・2項の適用が直ちに排除されるわけではない。もっとも，自らの行為によって心神喪失・耗弱状態を招致し，その状態で構成要件的結果を惹起した場合について常に39条を適用することは妥当ではないという問題意識から，一定の法的構成によって，39条の適用を排除し，完全な責任を問う可能性が指摘されている。これが「原因において自由な行為」をめぐる問題である。本章ではこの問題について検討を加えることにしたい。

Ⅱ．問題の所在

1．問題となる事例

まず「原因において自由な行為」として問題となる事例を整理しておきたい。以下の【事例1】から【事例3】が典型的な事例といわれる。

【事例1】XはA殺害の決意を固めたが，なお殺害行為に出る度胸がなかったため，景気づけのために大量に飲酒したところ，心神喪失（または心神耗弱）の状態に陥り，その状態で当初の計画通り，Aを殺害した。

【事例2】Xは大量に飲酒すると粗暴になり周囲に暴行などを加える性癖があったにもかかわらず，大量に飲酒した結果，心神喪失（または心神耗弱）の状態に陥り，その状態でAと口論になり，憤激のあまり，殺意をいだいて同人を殺害した。

【事例3】XはAに対する殺意をいだき，同人にナイフを繰り返し刺すなどして殺害したが，犯行の途中から，XはAに対する積年の恨みなどの感情・情動が突発的に爆発し，その結果，心神喪失（または心神耗弱）の状態に陥っており（情動行為），致命傷となった傷害はそれ以降の刺突行為から生じたものである。

【事例1】【事例2】は，飲酒行為によって責任能力が喪失または減弱した状態で故意の殺人行為が行われている。講学上，責任能力喪失・減弱の原因となった行為（飲酒行為）を原因行為，心神喪失・耗弱下で，構成要件的結果を現実に惹起した行為（殺害行為）を結果行為というのが一般的である[1)]。【事例1】と【事例2】の大きな違いは，【事例1】は原因行為段階から殺人罪の故意が認められ，それが結果行為として現実化しているのに対して（いわゆる連続型），【事例2】では原因行為段階では故意が生じておらず，心神喪失・耗弱下ではじめて殺意が生じている点である（いわゆる非連続型）。また，それぞれの事例について，結果行為が心神喪失でなされた場合，心神耗弱でなされた場合を分けて論ずる必要がある。

これに対して【事例3】は，殺人罪の実行行為が完全責任能力で開始されて

1） なお，飲酒酩酊については従来，単純酩酊，複雑酩酊，病的酩酊に分類した上で，単純酩酊については完全な責任能力を認めるが，複雑酩酊は心神耗弱，病的酩酊は心神喪失を認めるべきとする理解が示されることがあったが，あくまでも責任能力は刑法上の法的判断である以上，この三分法を形式的に当てはめるべきではなく，個別の状況に応じた実質的判断が不可欠である。また，通常の飲酒酩酊によって多少認識・制御能力が減退していたとしても，それだけで責任能力の喪失・減弱が認められるわけではないから，本文の事例のように飲酒酩酊によって心神喪失・耗弱に至るのは，実際にはきわめて例外的な事態にすぎない。この点については，大塚仁ほか編『大コンメンタール刑法(3)〔第3版〕』（青林書院，2015年）464頁以下［島田聡一郎＝馬場嘉郎］，國井恒志「責任能力(2)――病的酩酊」小林充＝植村立郎編『刑事事実認定重要判決50選(上)〔第2版〕』（立花書房，2013年）127頁以下などを参照。

いるが，その途中から心神喪失・耗弱状態に陥っている場合である。したがって，【事例 3】については少なくとも殺人未遂罪については完全な刑事責任を問いうることは明らかだが，殺害結果を直接的に惹起した行為は心神喪失・耗弱下で行われていることから，心神喪失・耗弱下において生じた結果について完全な責任を問うことができるかという点において，【事例 1】【事例 2】と共通の問題が生ずることになる。

2. 基本的な考え方

「原因において自由な行為」に関する本書の基本的な理解を確認しておきたい。第 1 に，この問題も刑法の解釈論である以上，罪刑法定主義が前提となることを否定することはできない。自らの先行行為によって責任能力の喪失・減弱に至り，犯罪を実現した場合について，39 条を適用することは妥当ではないという感覚は十分に共感できる。しかし，刑法典には 39 条が存在しており，その適用を排除する例外的な規定も存在しないことは，やはり議論の前提として重要である[2)]。したがって，行為者に完全な刑事責任を問うとしても，その法的構成が 39 条の文言と調和することが必要となる。「原因において自由な行為」という特別な法理論があって，その理論の適用によって，例外的に 39 条の適用が排除されるという説明は妥当ではない[3)]。あくまでも現行法の解釈論として，39 条が適用される場合／されない場合の限界を示すべきであり，その解釈論的帰結が具体的事例に適用されるにすぎない。学説においては，過失犯においては「原因において自由な行為」の理論を適用する必要がないという指摘が有力であるが[4)]，「原因において自由な行為」の解決のために，特別な理論が存在するわけではない以上，そもそもこのような問題設定自体が適切ではないと思われる。いずれにせよ，刑法理論を原則通り，適用することに尽きるのである[5)]。

2） このような観点を重視して，「原因において自由な行為」についても，39 条の適用を認める見解として，浅田和茂『刑事責任能力の研究(下)』（成文堂，1999 年）130 頁以下，158 頁以下，平川宗信「原因において自由な行為」現代刑事法 20 号（2000 年）37 頁以下などを参照。

3） たとえば丸山治「『原因において自由な行為』小考」『内田文昭先生古稀祝賀論文集』（青林書院，2002 年）165 頁以下は，権利濫用禁止に基づいて 39 条の適用を排除するが，正面からこのような説明をすることは，やはり罪刑法定主義上の問題が生ずることになる。

4） たとえば西田 303 頁以下などを参照。

5） このような指摘として，山口・探究 195 頁を参照。長井圓「原因において自由な行為の仮象問

第2に,「原因において自由な行為」についても,構成要件該当性を充足する必要がある以上,何が構成要件該当行為(=実行行為)かを明らかにする必要がある。そして,「原因において自由な行為」が問題となる場面については,構成要件該当行為は原因行為か結果行為のいずれかに求めざるを得ない[6)]。

原因行為を構成要件該当行為として把握する見解(構成要件モデル)は,たとえば【事例1】の飲酒行為を殺人罪の実行行為として把握することになる。そして,原因行為を実行行為として理解すれば,この段階では責任能力には問題が生じていない以上,39条は当然に適用されない。もっとも,飲酒行為を実行行為として処罰するためには,飲酒行為が(単独)正犯としての実行行為であり,その危険の現実化として被害者の死亡結果が惹起された関係が認められる必要があるところ,このような関係がそもそも,また,いかなる範囲で認められるかが,構成要件的評価との関係で問題となる。

これに対して,結果行為を実行行為として捉える立場(責任モデル)からは,構成要件該当性について特段の問題は生じない。もっとも,結果行為の段階では行為者は既に心神喪失・耗弱状態に至っていることから,実行行為の段階で責任能力の存否を判断すべきという一般的な理解(行為と責任の同時存在の原則)を前提にした場合,39条の適用を免れることはできないようにも思われる。ただ,39条は「心神喪失者の行為は,罰しない」(1項),「心神耗弱者の行為は,その刑を減軽する」(2項)と規定しているものの,どの段階の主観面を基準として責任能力を判断するかについて明確に規定しているわけではない[7)]。したがって,39条の解釈論として,責任能力の判断時点を実行行為より早い段階に求めることができるのかが,問題とされることになる。

なお,学説においては,意思決定の同一性が認められる限度で,原因行為,結果行為の両者を包括して「一連の行為」として把握する見解も有力に主張されている[8)]。この見解は,結果行為を実行行為の中核的内容として把握しつ

題と現実問題」前掲注3)『内田古稀』177頁以下も,この問題は,「刑法の一般原則を適用して解決されねばならない『仮象法理』である」とする。

6) 【事例3】のように実行行為の途中から責任能力が喪失・減弱した事例については,責任能力に問題がない段階の行為のみを実行行為として切り取るか,それとも,全体の行為を処罰対象行為にするかが問題となる。

7) かりに刑法39条1項が「実行行為のときに心神喪失であった者の行為は罰しない」と規定していたのであれば,結果行為を実行行為と把握しつつ,39条の適用を排除する見解は罪刑法定主義に抵触し,採用しがたいと思われる。

つ，責任能力に問題のない原因行為を実行行為の一部に取りこむことによって，同時存在の原則の要請に応えようとするものであり，上記の構成要件モデル・責任モデルの問題点を同時に解消するアプローチといえる9)。もっとも，かりに意思決定の同一性の範囲で行為の一体性を判断するとしても10)，その中には原因行為，結果行為という2つの行為が含まれていることを否定することはできない11)。そして，2つの行為を包括して実行行為と評価するということは，両者の行為をともに処罰対象にするということだから，結局のところ，①原因行為を実行行為（の一部）と評価できるのか，②結果行為について完全な刑事責任を問いうるか，という問題がそのまま残されることになる。たしかに，後述するように，原因行為・結果行為が同一の意思決定に基づいており，密接な関連性を有することは「原因において自由な行為」の可罰性を認める上で，重要な判断基準となる。しかしながら，はじめから「一連の行為」と評価できるか否かによって問題を一元的に解決するのではなく，それぞれの行為がいかなる要件のもと，処罰対象になりうるかを個別に検討した方が，解釈論として誠実（？）な態度であるように思われる。

3. 構成要件モデル・責任モデル

従来の議論においては，構成要件モデルを採用するか，それとも責任モデルを採用するかというかたちで，両説が択一的に論じられる傾向があったが，最近においては，むしろ両説を併用して「原因において自由な行為」の問題を解決する見解が有力化している12)。両説を併用することの意義について確認しておきたい。

まず，構成要件モデルについては，原因行為が実行行為と評価できる場合には39条を適用する必要がない，という当たり前のことを述べているにすぎないから，同説を採用できるか否かを問題にするまでもなく，一般論としては当

8） 西原春夫『犯罪実行行為論』（成文堂，1998年）162頁，高橋365頁以下，小林114頁以下などを参照。

9） このような指摘として，注釈628頁以下［古川伸彦］参照。

10） たしかに同一機会に複数回の殴打を加えるような場合は，暴行の意思決定が一体である限り，全体が1つの構成要件的評価を受けるべきである。しかしながら，飲酒行為と殺害行為は同一の機会に行われるとは限らないから，暴行の事例と完全に同視することはできないだろう。

11） この点について，町野朔「『原因において自由な行為』の整理・整頓」『松尾浩也先生古稀祝賀論文集(上)』（有斐閣，1998年）344頁以下を参照。かりに結果行為の段階で責任能力に問題がな

然に成り立つ見解である[13]。実行行為性や因果関係，故意についての論者の理解によって，適用範囲の広狭について相違が生ずるにすぎない。その上で，原因行為について構成要件該当性を認めがたい事例について，さらに責任モデルを採用して39条の適用を排除すべきか否かが，次の段階の問題として顕在化する。この点については，行為と責任の同時存在原則を重視して，責任モデルを採用しないという結論もありうるところである。他方，責任モデルを採用する立場からは，いかなる範囲で責任能力を実行行為以前の段階で判断できるか，その基準と要件が問題となる。

したがって，まず，①構成要件モデルとして，具体的にどのような事例までを処罰することができるのかを明らかにすることが議論の前提となる。その上で，②責任モデルを採用することができるか，採用するとして，具体的にいかなる場合に適用できるかについて，検討する必要が生ずる。「原因において自由な行為」をめぐる学説の対立は，この① ②の問題解決のバリエーションとして整理することが可能である[14]。両者の問題について，順次検討を加えることにしたい。

Ⅲ．構成要件モデルの検討

1．総説

構成要件モデルは，原因行為を構成要件該当行為（実行行為）として把握しつつ，その危険が結果行為を介して結果惹起として現実化していることを要求する見解である。原因行為が処罰対象行為である以上，39条の適用は当然に問題にならない。そして，故意・過失についても原因行為段階の主観面に基づいて判断されるため，【事例1】のような連続型については殺人罪の成否が問題となるが[15]，【事例2】のような非連続型については，原因行為時点で故意

い事案であれば，当然に結果行為のみが実行行為として評価されるのであり，あえて両者の行為を一体的に把握しようとする問題意識は生じないであろう。

12） 山口275頁以下，伊藤ほか230頁以下［安田拓人］などを参照。

13） 山口厚「『原因において自由な行為』をめぐって」研修708号（2007年）4頁を参照。

14） 構成要件モデル・責任モデルを併用する見解は，①原因行為について構成要件該当性が認められる余地を一定の限度で認めつつも，なお不十分な点が残るとして，②責任モデルの立場から39条の適用が排除される場合を認める見解ということになる。

が認められないため，その段階で結果発生について過失が認められる限度で，過失致死罪の成否が問題となる。もっとも，通常であれば，結果を直接的に惹起する結果行為が実行行為と評価されるべきところ，さらに遡って，原因行為を実行行為と評価し，その危険実現として結果行為による結果惹起を位置づけることができるかが重要な問題となる。

2. 実行行為性

周知の通り，伝統的な通説は，間接正犯類似の構造によって原因行為を実行行為と把握していた。すなわち，原因行為は，責任無能力に陥った自らを道具として利用して構成要件を実現するものであることから，原因行為は間接正犯における利用行為と同視され，それゆえ実行行為と評価されたのである[16)]。もっとも，このような見解に対しては，【事例 1】において殺害の意図で飲酒行為に出ただけで殺人未遂罪が成立することになり，未遂犯の成立時期が早すぎるという批判がなされた[17)]。このような批判を受け，また，論者自身が実行行為の定型性を重視していたことから，故意作為犯については，飲酒行為などを実行行為と評価することは事実上困難であるとされるに至っている[18)]。

しかしながら，このような問題は，原因行為を実行行為と評価したことから生じたのではなく，実行行為の開始段階で常に未遂犯が成立するという前提に起因するものである。第 2 章で述べたように[19)]，未遂犯の成立時期は結果発生の具体的な危険性が生じた段階に求められるべきであるから，それが常に実行行為の開始段階に認められる必然性はない。間接正犯については，原則として被利用者の行為を基準として実行の着手が判断されるべきであろう。このような理解からは，原因行為の遂行それ自体に一定の実質的危険性が認められれば，未遂犯処罰のレベルの危険性がその段階で発生していなくても，それを実行行為と評価することは十分に可能である。

さらに実行行為の定型性の問題である。たしかに飲酒行為が「人を殺」す行為であるというのは，定型的・典型的な殺害行為とはいえず，違和感があるか

---

15) 構成要件モデルからは，結果行為時の主観面は故意の存否を判断する上では決定的ではないから，原因行為段階で故意があれば，結果行為時には故意が欠けていたとしても（それ以外の客観的要件を充足していれば）故意犯の成立を認める余地がある。

16) たとえば団藤 161 頁以下，大塚 165 頁以下などを参照。

17) たとえば西原・前掲注 8) 153 頁などを参照。

もしれない。しかしながら，間接正犯が成立する場合というのは，被利用者に対する欺罔・強要などの働き掛けそれ自体が構成要件該当行為と評価される場合である。たとえば，自分のことを畏怖している 12 歳の娘に対して，煙草の火を押しつけながら窃盗を命じ，窃盗を行わせる行為が，「窃取」行為と評価されるのである[20]。ここでは，命令行為それ自体が構成要件的な定型性を示すことは厳格に要求されておらず，それが（被利用者の行為とあいまって）財物の占有奪取を惹起した行為であることから，実行行為と評価されている。かりに，利用行為自体に「窃取」行為と評価できるような定型性を要求するのであれば，そもそも間接正犯という概念を認めることができないだろう。このような理解からは，飲酒行為などの原因行為を殺人罪などの実行行為として評価することも不可能ではない。

なお，学説においては，原因行為が実行行為と評価される余地を認めつつも，構成要件上，行為者による自手実行が要求されている犯罪類型（自手犯）については，行為者自身が構成要件に規定されている行為を現実に遂行することが要求されていることから，原因行為を実行行為と評価することは困難であるという指摘がある[21]。たしかに構成要件が，行為者が一定の地位・状況にあることを身分として要求している場合，身分を有しない者が間接正犯として構成要件を実現することは不可能であるから，その場合には，自手犯の存在を認めざるを得ないであろう。たとえば偽証罪（刑 169 条）においては，「法律により宣誓した証人」が「虚偽の陳述」をすることが構成要件上，要求されていることから，身分を有しない者が（法律により宣誓した）証人を脅迫して虚偽の証言を行わせたとしても，非身分者を偽証罪の間接正犯として処罰することはできない。したがって（現実味の乏しい事例であるが，それはともかく）偽証をする度胸がない行為者が，飲酒行為によって心神喪失に陥り，公判において宣誓の上で偽証行為を行ったとしても，飲酒行為を偽証罪の実行行為と評価することはできないだろう[22]。しかしながら，このような自手犯という犯罪類型を認めるとしても，それは構成要件の文言解釈上，一定の状況・地位にあ

18) 団藤 163 頁などを参照。
19) 本書 42 頁を参照。さらに第 12 章（284 頁以下）も参照。
20) 最決昭和 58・9・21 刑集 37 巻 7 号 1070 頁を参照。
21) たとえば山口・前掲注 13)9 頁，中山ほか③ 298 頁以下［松宮孝明］などを参照。

る者の現実の行為のみが構成要件に該当すると解される場合であるから，その範囲は必ずしも広いものではない[23]。たとえば道路交通法上の酒酔い運転罪（道交117条の2第1号）が自手犯の典型として挙げられることが多いが，これも酒気を帯び，「酒に酔つた状態」で車両等を運転する行為が構成要件に該当するのであるから，自らが運転しなくても，欺罔・強制などによって「酒に酔つた状態」の第三者に運転させる行為も，本罪の実行行為に該当するという解釈は不可能ではないだろう[24]。このような解釈が可能であれば，酒酔い運転罪についても，原因行為（飲酒行為）を構成要件該当行為と評価する余地が生ずることになる。

3. 正犯性・危険の現実化

(1) 原因行為の危険実現

原因行為を構成要件該当行為と評価するためには，原因行為が正犯行為と評価され，また，その危険が結果行為を介して具体的結果に現実化している関係が必要である。この点についても第2章で検討したように[25]，①行為者が結果発生を支配しているというために，行為者の処罰対象行為の後に，原則として，自律的意思決定が介在していないことが必要であり，さらに，②原因行為に結果行為を誘発する一定の危険性が認められることが要求されるべきである。このような前提からは，まず【事例1】【事例2】の結果行為が心神喪失状態で行われた場合には，結果行為は心神喪失状態であり，自律的な意思決定が介在しているとはいえないから，①の要件を充たすことになる。もっとも，結

---

22) あくまでも身分は実行行為に出るときに必要となるため，飲酒行為の段階で「法律により宣誓した証人」の身分を取得していない以上，飲酒行為について構成要件該当性を認めることはできない。

23) そもそも自手犯という概念を認めること自体について懐疑的な見解として，たとえば西田80頁，今井ほか60頁以下［小林憲太郎］などを参照。

24) かりに酒酔い運転罪を自手犯と解すると，飲酒酩酊類型の危険運転致死傷罪（自動車運転致死傷2条1号）も自手犯ということになるが，暴行・脅迫などによって酩酊者に運転を強制した者は危険運転致死傷罪で処罰できないのだろうか。少なくとも，運転者にひそかに薬物を摂取させた者などを同罪の間接正犯として処罰する余地を認めるべきであるように思われる（そもそも，運転者や事故の相手方に対する傷害罪・殺人罪が認められる場合が多いだろうが）。

25) 本書49頁以下を参照。

26) この点を指摘するものとして，杉本一敏「アリス（alis）とアリック（alic）」高橋則夫ほか『理論刑法学入門』（日本評論社，2014年）100頁以下を参照。

果行為が心神喪失で行われていれば，常に②の危険実現の関係を充たすわけではない[26]。心神喪失状態であれば常に犯罪に出る危険性が認められるわけではないから，原因行為に結果行為を誘発するにたりる危険性が内在していることを要求すべきである。

この点については，連続型（【事例1】），非連続型（【事例2】）に分けて検討する必要がある。連続型については，はじめから結果惹起の故意を有しており，そのような意思決定のもと，責任能力を喪失する原因行為が行われている。そして，心神喪失状態においては，規範意識を覚醒させて犯罪的な意思決定を翻意することは困難であるから，自らを心神喪失状態に陥らせる行為には，いわば事前の意思決定を固定化させることによって，当初の計画通りの犯罪をそのまま遂行させる危険性が内在していると解することができる[27]。もっとも，このような意思決定の支配というかたちでの危険の現実化を認めるためには，単に原因行為時と結果行為時の故意が構成要件的に符合するだけでは不十分であり，まさに原因行為時の意思決定が同一性を保って実現された関係が要求されるべきである。したがって，たとえばA殺害の意思決定のもと，飲酒行為を行ったところ，心神喪失状態に陥り，その状態で（無関係の）Bを殺害したような場合は，（錯誤論として抽象的法定符合説を採用するとしても）原因行為に支配された意思決定が実現したとは評価できず[28]，後述の非連続型の類型と同様の観点から，危険実現の関係を検討する必要がある[29]。

そして，非連続型の場合については，心神喪失状態ではじめて故意が生じていることから，原因行為には，行為者にそのような故意を生じさせる危険性が

---

27) このような指摘として，町野・前掲注11)360頁以下を参照。

28) どのような場合に意思決定の同一性が認められるかは，困難な問題であるが，原因行為が結果行為における心理状態に働き掛けるものであることから（同じ心理的因果性の存否の問題である）共謀の射程をめぐる議論が参考になると思われる。

29) したがって，本文の事例（別人のBを殺害した事例）については，心神喪失状態において殺害行為を行う傾向や性癖などを特別に認定する必要があると解される。なお，連続型については，既に殺人の意思決定のもと原因行為に及んでいることから，原因行為がなくても同様に結果行為（殺害行為）に至った可能性が排除できず，結果回避可能性が欠ける場合があるとの指摘がある（たとえば林幹人「原因において自由な行為」同『刑法の基礎理論』〔東京大学出版会，1995年〕147頁以下を参照）。しかし，「飲酒行為がなくても，故意有責に殺害行為に及んでいただろう」という違法な行為を仮定的に付加して，結果回避可能性を否定することには疑問がある（不作為犯や過失犯における結果回避可能性の判断において仮定的に付加されるのは，合義務的な適法行為に限られている）。

認められる必要がある。そして，このような危険性を認めるためには，既に多くの学説が指摘するように，行為者にそのような意思決定に至る傾向や性癖などが存することが必要となるだろう。たとえば大量に飲酒すると暴力的になり，周りの人に暴行を加えて傷害を負わせることを何度も繰り返している者が，しかも，周囲に被害者となる可能性がある者が存在する状況下で大量に飲酒した場合であれば，飲酒行為には行為者の暴行・傷害の意思決定を誘発し，そのような意思決定のもと，具体的な法益侵害を引き起こす危険性が内在しているとして，危険実現の関係を認める余地がある[30]。このような関係を認める上では，「大量の飲酒によって粗暴な行動が誘発されうる」という行為者の性癖・性格が重要であるから，行為者が心神喪失に陥ったこと自体は決定的な要素ではない[31]。しかし，上記①のように，正犯行為性を認めるためには自律的な意思決定が介在しないことが必要であるという観点からは，やはり結果行為段階で心神喪失に陥っていることが別途要求されることになる。

(2) 心神耗弱の場合

構成要件モデルにおいて，もっとも困難な問題は，結果行為が心神耗弱状態で行われた場合である。心神耗弱状態の行為者は，責任能力が減弱しているとはいえ，なお有責に行為している。したがって，結果行為が故意に行われた場合には，故意有責の行為が介在していることから，原因行為を正犯行為と評価できないという問題が生ずる。実際，間接正犯類似説の立場からは，心神耗弱の自分自身を道具として利用することはできないとして，39条2項の適用を認める立場が示されている[32]。しかし，結果行為が心神喪失で行われた場合には39条の適用を排除する余地があるのに，心神耗弱の場合には39条2項に

---

30) このような指摘として，たとえば佐伯328頁を参照。

31) この点を指摘するものとして，杉本一敏「『過失犯において原因において自由な行為の理論は不要である』という命題について」Law&Practice 5号（2011年）288頁以下を参照。もっとも，心神喪失状態に陥っていた方が，犯罪的意思決定を躊躇することなく，そのまま犯行に出る可能性が高いとはいえるから，行為者が心神喪失状態に陥ったことが，結果行為を誘発する危険性を判断する際にも全く無関係なわけではないだろう。

32) たとえば団藤162頁，佐久間269頁以下などを参照。山中666頁以下も，原因行為はいわば潜在的な実行行為であり，結果行為が行われた段階で事後的に実行行為（正犯行為）になるという理解のもと，心神耗弱の場合には結果行為の段階で実行行為が認められるとして，39条2項の適用を認めている（670頁）。

33) 大塚168頁，佐伯仁志「コメント②」山口ほか・最前線166頁以下，松原328頁などを参照。

よって常に刑を減軽しなければいけないというのは，やはり不均衡であろう。学説においては，限定責任能力者を利用する場合であっても間接正犯が成立するという前提から，結果行為が心神耗弱下で行われた場合であっても，原因行為を正犯行為として評価する見解も主張されているが[33]，間接正犯の成立範囲を，一般論として緩和してよいかについては，なお慎重な検討が必要であろう。

この点については，結果行為が故意有責に行われたとしても，それが行為者自身の行為であることを重視するべきであろう。すなわちクロロホルム事件に関する最高裁判例（最決平成16・3・22刑集58巻3号187頁）は，行為者が，クロロホルムを吸引させて被害者を失神させる行為（第1行為）の後，被害者を海中に転落させて殺害する行為（第2行為）を計画し，それを実行したところ，第1行為によって被害者が死亡した可能性がある事案について，第1行為の段階で殺人罪の実行の着手が認められることを前提として，被告人らが「クロロホルムを吸引させてAを失神させた上自動車ごと海中に転落させるという一連の殺人行為に着手して，その目的を遂げたのであるから……殺人の故意に欠けるところはな」い旨を判示している。本決定を前提とした場合，行為者がはじめから第2行為による結果惹起を予定しており，しかも第1行為と第2行為が密接に関連している場合には，第1行為に着手する段階で既に殺人罪の故意が認められる，という理解を導くことができる[34]。そして，故意とは構成要件該当事実の認識・予見である以上，第1行為を遂行している時点で故意が認められるということは，行為者が認識したとおりの事実が現実に生じた場合，すなわち第1行為の後，自らの第2行為によって死亡結果が発生した場合にも，第1行為の危険実現として殺人罪の構成要件該当性が認められることを意味する。ここでは，故意有責の第2行為が介在しても，それによって第1行

なお，西田308頁以下は，この問題を相当因果関係の存否の問題として扱いつつ，心神耗弱の場合でも（原因行為と結果惹起との間に）相当因果関係が認められるとする。

34）　もっとも，クロロホルム事件は第1行為が既に実行の着手の段階に至っており，第1行為と第2行為との自動性・連続性が強いことが重要である。したがって，この論理を「原因において自由な行為」の問題に転用するとしても，原因行為段階で実行の着手が認められない以上，直ちにクロロホルム事件と同視することはできない。この場合には，本文で後述するように，結果行為段階で限定責任能力に陥っており，原因行為時の意思決定をそのまま実現しやすいという事情が（いわば実行の着手の段階に達していないことを補う事情として）要求されると解される（したがって，責任能力の減弱も正犯性および因果関係を認めるためには必要であり，それゆえ故意の認識対象となる）。

為の実行行為性（正犯行為性）が失われていないのである。具体的にいえば，第1行為段階で既に計画されており，しかも，第1行為と密接な連続性・接着性を有する自己の第2行為が介在した場合であっても，それは第1行為によって誘発されうる介在行為であり，しかも，第1行為とは別個独立の自律的な意思決定と評価する必要もないことから，背後の第1行為を実行行為（正犯行為）と評価して，危険実現の関係を肯定することが可能となるのである[35)]。

このような理解を「原因において自由な行為」の問題に援用した場合，結果行為が心神耗弱状態で行われた場合であっても，その行為が原因行為段階から既に計画されており，しかも，行為者による翻意が事実上困難であり，原因行為と結果行為が密接に関連している状況であれば，原因行為を実行行為と評価して，構成要件該当性を認める余地が生ずることになる。したがって，【事例1】のような連続型については，既に結果行為に関する意思決定が事前に行われており，しかも（なお責任能力が残されているとはいえ）心神耗弱状態であり，当初の意思決定がそのまま実現されやすい状況にあるといえるから，原因行為を実行行為と評価して，殺人罪の成立を認めることが可能であろう[36)]。これに対して，【事例2】のような非連続型については，原因行為の後，はじめて結果行為に出ることの意思決定が生じていることから，両行為の間の密接性・自動性を認めることができず，原因行為を実行行為と評価することは困難であろう。したがって，この立場からは，結果行為を実行行為として把握した上で，39条2項が適用されることになる[37)]。

4. 故意・過失

故意・過失は原因行為段階の主観面によって判断される。故意の存否については，結果惹起の認識に加えて，自らが心神喪失・耗弱状態に陥ることの認識が必要か否かが争われてきた（いわゆる二重の故意の要否）。故意を認めるため

35) このような理解については，本書第8章Ⅳ2(3)（196頁以下）を参照。

36) 同趣旨の見解として，深町晋也「原因において自由な行為」争点85頁，大塚ほか編・前掲注1)42頁以下［島田仁郎＝島田聡一郎］などを参照。井田501頁も，限定責任能力状態にある自分自身を利用する場合は（限定責任能力の第三者を利用する場合と比較して）正犯性が認められやすいとする。

37) もっとも，心神耗弱の場合には，結果行為を処罰対象としても（39条2項で減軽されるとはいえ）故意犯処罰が可能である。また，かりに原因行為を処罰対象とするとしても，その段階では故意が欠ける以上，過失犯が成立するにすぎない（39条2項によって減軽された故意犯処罰

には，客観的構成要件の認識・予見が必要であるから，結果発生の認識に加えて，①実行行為性（正犯行為性）を基礎づける事情，②危険実現と評価される因果経過の認識が要求されることになる。そして，結果行為が心神喪失または心神耗弱状態で行われるからこそ，原因行為が実行行為と評価され，また（意思の固定化によって）危険実現の関係が認められるのであるから，故意の内容としても，①②の認識として，自らが心神喪失または心神耗弱状態に陥ることについて認識が要求されることになる[38]。もっとも，心神喪失・心神耗弱という概念は法律上の判断であるから，その内容を正確に認識する必要はなく，いわば「意味の認識」として，「泥酔するなどして，およそ正常な判断ができなくなる」ことを（未必的に）認識していれば十分であろう。

過失犯における予見可能性についても，同様に考えるべきであり，心神喪失・耗弱状態に陥ることではじめて危険実現の関係が認められる場合には，そのような状態に陥ることの予見可能性が要求される。また，結果回避義務違反も原因行為段階で認定される必要がある。たとえば飲酒行為に出れば粗暴な行動に出る危険性が高い場合には，原因行為段階で過度な飲酒行為を控えるなどの結果回避義務が認められる場合があるだろう[39]。なお，原因行為段階の過失を根拠として過失犯の成立を認めるためには，結果行為段階の主観面は決定的ではないから，結果行為が（心神喪失・耗弱下における）故意行為である場合であっても，原因行為を過失犯として処罰することは可能である。

Ⅳ．責任モデルの検討

責任モデルは，構成要件モデルでは「原因において自由な行為」に関する問題を十分に解決できない，という問題意識に基づいて，有力に主張されてきた。したがって，本書のように，比較的広い範囲で構成要件モデルに基づく解

に吸収されることになる)。したがって，心神耗弱の非連続型については，そもそも構成要件モデルに基づいて原因行為を処罰対象とする実益はほとんどない。

38） 山口・探究187頁以下，井田499頁，佐伯329頁などを参照。これに対して，深町・前掲注36)85頁は，原因行為・結果行為が同一の意思の実現過程にあることを認識していれば，正犯性，危険実現の認識として十分であるとして，二重の故意を不要とする。

39） この点に関連して，林・前掲注29)138頁以下は，飲酒行為には一定の有用性があることから，一定量以上の飲酒行為に限って注意義務違反とすべきとする。もっとも，飲酒をすると暴行に出る性癖がある場合については，およそ飲酒を控える義務を課すことも十分に可能だろう。

決を図る立場からは，責任モデルを併用する実益はそれほど大きくない。とはいえ，なお構成要件モデルでは対応が困難な事例がありうる以上，責任モデルの当否についても，さらに検討しておくことにしたい。

責任モデルの代表的な見解は，実行行為の段階で責任能力が喪失・減弱していても，事前の最終的な意思決定の段階で責任能力があり，その意思決定がそのまま結果行為として現実化している場合には，完全な責任能力を認めるというものである[40)]。このような解釈は同時存在の原則には反するものであるが，心神喪失・心神耗弱の判断時点を最終的な意思決定段階に求めるという解釈を採用すれば，39 条の文言に抵触するものではない。このような理解によれば，【事例 1】については原因行為段階の意思決定がそのまま結果行為に実現していることから，結果行為を実行行為と評価しつつ，39 条の適用が排除される。これに対して，【事例 2】は原因行為段階で殺害の意思決定がなされたわけではないが[41)]，原因行為時に結果惹起の予見可能性が認められるのであれば，その主観的な態度が（故意に包含されるかたちで）結果行為に実現したとして，過失犯の限度で 39 条の適用が排除されることになる。さらに，責任モデルは，最終的な意思決定が事前になされたことを重視するから，結果行為が心神耗弱状態で行われた場合であっても，同モデルを適用することができる。

このような責任モデルの理解は，犯罪行為に出ようとする意思決定過程を責任非難の対象とするものであり，39 条の解釈として採用する余地がないわけではない。もっとも，責任能力のある段階で最終的な意思決定がなされていれば責任非難として十分なのであれば，この見解からは，原因行為によって責任無能力を有責に招致することは要求されないはずである[42)]。たとえば X が A 殺害を確定的に決意した後，A 宅に向かう途中，突然，病気の発作で心神耗

40) 西原・前掲注 8)158 頁以下，高橋 364 頁，山口 276 頁以下，大谷 326 頁以下などを参照。

41) 最終的な意思決定及びその実現という基準は，故意犯を念頭に置いたものであり，過失犯にはそのまま当てはまるわけではない。このような指摘として，中森喜彦「原因において自由な行為」芝原邦爾ほか編『刑法理論の現代的展開 総論 I』（日本評論社，1988 年）243 頁注 2 を参照。

42) このような指摘として，松原 327 頁，井田 496 頁などを参照。

43) 山口 277 頁参照。

44) このような指摘として，佐伯 327 頁，松原 327 頁，深町・前掲注 36)85 頁などを参照。中森・前掲注 41)242 頁が，結果行為を実行行為と評価しつつ，それが原因行為の危険の実現過程と評価できることを要求しているのは，まさに両者の立場の同質性を示すものであろう。

45) 山口 277 頁を参照。もっとも，故意犯の成立を認めるためには，原因行為時と結果行為時の両者で故意が必要とする。

弱に陥り，その状態でAを殺害した場合であっても，最終的な意思決定段階に完全な責任能力がある以上，責任モデルの立場からは39条2項の適用が排除されることになりかねない。山口厚教授はこのような結論を回避するために，心神喪失・耗弱状態が原因行為によって招致されたことを必要としているが[43]，このように原因行為が責任能力の喪失・減弱（およびその状態の下での結果行為）を惹起する必要があるというのは，原因行為それ自体を非難の対象とするものであり，構成要件モデルの発想と実質的に異ならないように思われる[44]。山口教授が，責任能力だけではなく，故意などの責任要素をすべて原因行為時に要求されるのも[45]，まさに原因行為それ自体が処罰対象となっていることを物語るものであろう。

なお，近時の学説においては，責任説の立場から，違法性の意識の可能性と責任能力の同質性を重視して，39条の例外を認める見解が主張されている。違法性の意識の可能性については，実行行為段階では違法性を意識し得ない場合であっても，事前の調査・照会によって違法性を意識できる場合には，事前の回避可能性に基づいて違法性の意識の可能性が認められている[46]。このような事前の回避可能性が責任非難を基礎づけるという観点から，この見解は，責任能力を喪失した場合であっても，事前に（責任能力の喪失に関する）回避可能性が認められる限りで39条の適用が排除されるとする[47]。しかしながら，違法性の意識の可能性はまさに「可能性」であり，その可能性が事前の回避可能性を考慮しつつ判断されているのに対して，責任能力はその存在自体が39条によって要求されている。このような観点からは，両者の判断構造を同一視すべきかについては，なお慎重な検討が必要であろう[48]。さらに，この見解からは，責任能力の欠如が事前の回避可能性によって埋め合わされるが，それ

46) 教壇事例であるが，たとえば無人島に単独で赴いて，禁猟獣を捕獲した場合において，無人島への船乗り場には，特定の動物が捕獲禁止であることを示す看板が立てられていたが，その看板を見落として無人島に到着した後は，どの動物が禁猟獣かを認識する手段がなかったような場合，事前に看板を確認する可能性によって，無人島における捕獲行為についての違法性の意識の可能性が基礎づけられていることになる。違法性の意識の可能性について，このような理解に対する批判として，髙山佳奈子『故意と違法性の意識』（有斐閣，1999年）337頁以下を参照。

47) 安田拓人「回避しえた責任無能力状態における故意の犯行について(2・完)」法学論叢142巻2号（1997年）45頁以下，同『刑事責任能力の本質とその判断』（弘文堂，2006年）54頁以下を参照。中空壽雅「『責任能力と行為の同時存在の原則』の意義について」刑法雑誌45巻3号(2006年）24頁以下も，責任無能力状態の事前の回避可能性を重視する。

48) 同様の指摘として，町野・前掲注11)350頁を参照。

以外の主観的要件は結果行為を基準として判断されることになるから，【事例2】のように結果行為段階ではじめて故意が生じた事例であっても，殺人罪の成立が認められることになる[49)]。しかし，【事例2】のような非連続型の事例について故意犯の成立を認めるのは，結論において，妥当ではないように思われる。

V．判例の検討

1．過失犯の成否

「原因において自由な行為」に関する重要な判例・裁判例を簡単に検討しておくことにしたい。過失犯について39条の適用を排除したものとしては，最大判昭和26・1・17（刑集5巻1号20頁）が重要である。本件は飲食店で飲酒していた被告人が，女性従業員にちょっかいを出したのを同席のAに制止されたことに憤慨し，現場にあった肉切包丁でAを刺殺したが，刺殺行為の段階では病的酩酊に陥り，心神喪失の状態であったという事件であるが，最高裁は「本件被告人の如く，多量に飲酒するときは病的酩酊に陥り，因って心神喪失の状態において他人に犯罪の害悪を及ぼす危険ある素質を有する者は居常右心神喪失の原因となる飲酒を抑止又は制限する等前示危険の発生を未然に防止するよう注意する義務あるものといわねばならない」として，過失致死罪の成立を認めている。

本件は心神喪失状態ではじめて殺人の故意が生じた事件であるから，【事例2】のような非連続型である。したがって，原因行為段階の主観面に対応して，過失犯の成否が問題となる。そして，本件の被告人には，多量に飲酒すると病的酩酊に陥り，他人を加害する危険性が認められるから，このような素質を有する被告人が多量に飲酒する行為には，心神喪失状態に陥り，その状態で殺害行為などの重大な加害行為に及ぶ危険が内在していると評価することができる。このように本件では，被告人の危険な素質の存在が，原因行為の危険実現の関係を基礎づけている。そして，このような危険性が被告人本人にも予見可

---

49)　安田・前掲注47)法学論叢47頁以下は，故意犯の成立を認めつつ，38条2項の類推適用を認める。これに対して，中空・前掲注47)26頁は，原因行為時の認識内容によって故意犯の成否を判断する。

能であるからこそ，それを回避するために飲酒行為を抑止・制限するなどの結果回避義務が課せられ，回避義務違反として過失犯の成立が認められる。なお，かりに本件の被告人が心神耗弱状態で刺突行為に及んだ事件であれば，原因行為の後に（故意有責の）新たな意思決定が介在していることから，構成要件モデルの理解からは，原因行為の義務違反が結果行為に実現したと評価することは困難であろう。その場合には殺人罪の成立を認め，39条2項を適用すべきということになる。

昭和26年判例は結果行為が故意行為の場合であるが，結果行為が過失行為の場合であっても，39条の適用を排除しつつ，過失犯の成立を認める余地がある。たとえば大阪地判平成元・5・29（判タ756号265頁）は，被告人がA方で大量に飲酒した後で自動車を運転し，交通事故を起こしたが，事故の段階では心神喪失または心神耗弱の状態に陥っていたという事件について，①被告人が運転して帰宅するつもりでA方に赴いていること，②飲酒が進むと自制心を失う酒癖があったこと，③飲酒運転に対する抵抗がなかったことなどを指摘しつつ，「A方で飲酒を開始する時点で，それ以上適量を越えて飲酒すれば飲酒酩酊の影響で正常な運転ができず，交通事故を起こし他人に死傷を与えるという具体的な危険が既に発生していた」ことから「被告人にはそれ以上の飲酒を止めるか，あるいは，あえて飲酒するのであれば，酩酊に陥らないように飲酒量を抑制すべき注意義務が発生していた」として，業務上過失致死傷罪（当時）の成立を認めている[50)]。①〜③の事情は，飲酒抑制の義務違反と死傷結果の危険実現の関係，さらに被告人の死傷結果発生に関する予見可能性を根拠づける事情ということができよう。

2. 故意犯の成否

故意犯について39条の適用を排除した判例としては，最決昭和43・2・27（刑集22巻2号67頁）が重要である。本決定は，自動車を運転して酒を飲みにバーに行き，飲酒後は酔って自動車を運転することを認識しつつ，ビール20

50） 本判決はさらに，飲酒段階で酒酔い運転をすることの認識・認容が認められるとして，故意犯である道交法上の酒酔い運転罪についても，39条の適用を排除している。なお，本件行為は，現在においては，かりに被告人が運転を開始させる段階で責任能力が認められれば，危険運転致死傷罪（自動車運転致死傷2条1号または3条1項）が成立する可能性がある。

本ほどを飲んだ被告人が，その後，酒酔い運転を行ったが，運転行為の段階では心神耗弱状態であったという事件について，39条2項の適用を排除した原判決を維持したが，カッコ書きで「なお，本件のように，酒酔い運転の行為当時に飲酒酩酊により心神耗弱の状態にあつたとしても，飲酒の際酒酔い運転の意思が認められる場合には，刑法39条2項を適用して刑の減軽をすべきではないと解するのが相当である」と判示している。本決定は39条2項の適用を排除する実質的根拠を示すものではないが，「飲酒の際酒酔い運転の意思が認められる場合」とあえて判示していることから，原因行為段階の故意がそのまま結果行為に実現したことを重視したものと解する余地がある[51]。自動車を運転してバーに行けば，帰りも自動車を運転して帰宅する意思であることが窺えるので，原因行為段階の意思決定がそのまま結果行為段階でも維持されているといえ，危険実現の関係を認定しやすい事件といえよう。また，本決定については，心神耗弱状態の場合であっても，39条の適用が排除されたことも重要である。

本書の立場からは，飲酒後に運転して帰宅するという結果行為が，既に犯行計画に組み込まれていることから，心神耗弱下の故意行為が介在しても，原因行為の正犯性が失われないことになる。なお，構成要件モデルからは，39条2項の適用を排除するためには，本件の飲酒行為によって心神耗弱状態に陥ることの認識が必要とされることになるが，本決定はその点について具体的な判断を示していない。少なくとも，本件のように原因行為と結果行為の連続性の強い事件については二重の故意が不要であることを前提にしたものと解することもできるが[52]，被告人自身がバーで大量に飲酒していることから，異常に酩酊することについて未必的認識を認めることができた事案であったと解する余地もある[53]。

なお，名古屋高判昭和31・4・19（高刑集9巻5号411頁）は，覚せい剤中毒者であったが，いったん治癒していた被告人が，覚せい剤の注射によって幻覚妄想を起こし，心神喪失状態で同居の姉を殺害した事件について，「薬物注射

51） なお，桑田連平「判解」最判解刑事篇昭和43年度17頁は「本件事案がたまたまそのような場合であった」にすぎず，事前の故意が欠ける場合について消極の判断を示したものではないとする。

52） このような理解として，町野・前掲注11)368頁を参照。

53） このような指摘として，中空壽雅「判批」百選81頁を参照。

により症候性精神病を発しそれに基く妄想を起し心神喪失の状態に陥り他人に対し暴行傷害を加へ死に至らしめた場合に於て注射を為すに先だち薬物注射をすれば精神異常を招来して幻覚妄想を起し或は他人に暴行を加へることがあるかも知れないことを予想しながら敢て之を容認して薬物注射を為した時は暴行の未必の故意が成立する」と判示して，傷害致死罪の成立を認めている。本決定は，原因行為時においても，幻覚妄想の影響で他人に暴行を加えることを未必的に認識・予見していたとして，暴行罪の未必の故意を認めている[54]。本件の結果行為は殺人罪の故意で行われているが，①危険実現としては，原因行為時に暴行行為の意思決定がなされていれば，その意思形成が発展する過程で殺害行為に至る危険性が認められ，また，②故意犯の成否という観点からも，暴行の故意で殺害結果を惹起すれば（故意の符合する限度で）傷害致死罪が成立するということであろう。本件については原因行為時に暴行の故意を認めた点について批判が多いが[55]，かりにこの点を措くとしても，暴行の意思決定が姉の殺害に発展する過程についても，これが原因行為の危険実現と評価できるかについて慎重な検討が必要であろう[56]。本件の被告人は，はじめから姉に加害することを想定しつつ薬物注射をしたわけではないから，意思決定の連続性という観点は必ずしも十分とはいえない。このような意味において，本件はむしろ非連続型の事例として評価すべきである。したがって，本件で危険実現の関係を認定するためには，薬物を注射すれば幻覚妄想の影響で本件のような加害行為に及ぶ危険性があったことを認定することが必要となるだろう。

Ⅵ．実行の着手後の責任能力の喪失・減弱

最後に，実行の着手後に責任能力が喪失・減弱した事例について考えてみることにしたい。この問題については，そもそも「原因において自由な行為」の問題ではなく，因果関係の錯誤の問題にすぎないとする理解が有力である[57]。もっとも，構成要件モデルの立場からは，「原因において自由な行為」だから

54） さらに大阪地判昭和51・3・4判時822号109頁も，飲酒酩酊して心神喪失状態に陥った被告人が刃物を用いた強盗未遂事件を犯した事件について，飲酒段階から暴行・脅迫の未必の故意があるとして，示凶器暴行脅迫罪（暴力1条）の罪を認めている。

55） このような批判として，たとえば町野・前掲注11)362頁，佐伯333頁などを参照。

56） この点を指摘するものとして，中森・前掲注41)230頁を参照。

といって，特別な法理を適用するわけではないから，「原因において自由な行為」の問題か否かという点は，表面的な対立にすぎないといえる。まず，完全責任能力の段階で致命傷となった傷害が生じた場合には，その段階の行為だけを実行行為と評価しても危険実現の関係が認められるから，39条の適用が排除されることは当然である。これに対して，【事例3】のように心神喪失・耗弱状態で致命傷が生じた場合には，完全な責任能力の段階で行われた実行行為の危険が，それ以降の実行行為の継続を介して死亡結果に実現したかを問うことになる。この点において，責任能力喪失・減弱前の実行行為が喪失・減弱後も連続して行われている場合には，当初の意思決定がそのまま実現されていると評価できるし（危険実現），また，実行の着手に至った段階において，別個独立の意思決定が介在しているわけでもないことから（正犯性），完全な責任を追及することができると解される。したがって，39条を適用しなければいけないのは，責任能力の喪失・減弱の前後で実行行為の主観的または客観的態様が大きく異なるような例外的局面に限られることになるだろう[58]。また，構成要件モデルを前提としても，この事例については，正犯性，危険実現の関係を基礎づけているのは，行為者が責任能力を喪失・減弱したという事情ではなく，「一連の実行行為」に着手し，当初の意思決定の内容がそのまま継続されている点に求められるから，二重の故意は要求されないことになる[59]。

この問題に関する重要な裁判例が長崎地判平成4・1・14（判時1415号142頁）である。本判決は，長年連れ添ってきた妻Aと生命保険の受取の件で口論になった被告人が，焼酎を飲んで酩酊の度を深めながら，Aを殴る，蹴るなどの暴行を約9時間にわたり，連続的・断続的に行い，Aを外傷性ショックによって死亡させたが，被告人は飲酒酩酊の影響で，犯行の中核的な行為を行った段階には心神耗弱状態にあったという事件について，「本件は，同一の機会に同一の意思の発動にでたもので，実行行為は継続的あるいは断続的に行

57）　たとえば中森喜彦「実行開始後の責任能力の低下」『中山研一先生古稀祝賀論文集(3)』（成文堂，1997年）225頁以下，山中敬一「実行行為の途中で責任能力の減弱・喪失状態に陥った事案に関する一考察」産大法学32巻2＝3号（1998年）352頁以下（因果関係の錯誤は意味を持たず，客観的帰属の問題に尽きるとする）などを参照。

58）　このような指摘として，佐伯336頁を参照。

59）　この点について，町野・前掲注11)369頁を参照。

60）　なお，本件は【事例3】と異なり，暴行それ自体ではなく，飲酒行為が心神耗弱状態を招いているが，本件の実行行為は「飲酒しながらの暴行」であるから，飲酒酩酊を深めている事情も実

われたものであるところ，被告人は，心神耗弱下において犯行を開始したのではなく，犯行開始時において責任能力に問題はなかったが，犯行を開始した後に更に自ら飲酒を継続したために，その実行行為の途中において複雑酩酊となり心神耗弱の状態に陥ったにすぎないものであるから，このような場合に，右事情を量刑上斟酌すべきことは格別，被告人に対し非難可能性の減弱を認め，その刑を必要的に減軽すべき実質的根拠があるとは言いがたい」として，被告人に傷害致死罪の成立を認め，39条2項の適用を否定している。

本判決は，Aに対して暴行を加えるという意思決定に基づき，心神耗弱に至った後も継続的に暴行行為が行われた事例である。したがって，当初の意思決定がそのまま心神耗弱下の暴行行為として実現され，それによって死亡結果が惹起されたのであるから，当然に39条2項の適用が排除されるようにも思われる。しかしながら，本件の被告人はおそらく，暴行開始時から，このような執拗かつ重大な暴行を継続的に行う意図があったわけではないし，（詳細な事実関係は不明であるが）夫婦喧嘩の一環である暴行行為が死亡結果に至ることが通常の事態であるとも思われない。本件においては，やはり飲酒酩酊によって自制心が失われた被告人が，当初の暴行の犯意を大幅にエスカレートさせて，重大な結果を引き起こしたという因果経過が重要である。そして，このような実行行為にこのような因果経過を引き起こす危険性を認めるためには[60)]，やはり被告人に大量に飲酒酩酊すれば感情が爆発し，粗暴な行動に出る性癖・傾向があるなどの事情を認定する必要があったように思われる[61)]。これに対して，当初から被告人に殺意がある事例については，殺意に基づく行為が連続的に行われることが十分にありうるから，実行行為の同質性・連続性を認めることが容易であり，被告人の性癖・傾向などの特殊事情を認定しなくても，完全な責任能力を問うことができる場合がほとんどであろう[62)]。いずれにせよ，39条の適用を排除するためには，全体の実行行為が当初の意思決

行行為の危険実現に取りこむ余地がある。小池信太郎「判批」百選75頁参照。

61） このような理解は，「実行行為の一体性」という観点で危険実現を基礎づけるのではなく，心神耗弱状態において，死の危険があるような重大な暴行をさらに加えることについて，（実質的には）新たな意思決定がなされたものとして，いわば非連続型の事例として危険実現の関係を問うものである。また，結果的加重犯の加重結果について過失を要求する立場からは，このように暴行が過剰にエスカレートして死亡結果に至る事態について予見可能性が問われることになる。

62） たとえば東京高判昭和54・5・15判時937号123頁を参照。

定によって貫かれているといえるかが重要であり，この点が十分ではない事例については，心神喪失・心神耗弱状態において新たな意思決定に至る危険性を基礎付ける事情（行為者の性癖・傾向，飲酒の程度等の事情）が別途，要求されることになると思われる。

第12章
実行の着手について

I．はじめに

未遂犯が成立するためには，行為者が「犯罪の実行に着手」（43条）することが必要である。この「実行の着手」の判断基準については，かつては行為者の主観的危険性，すなわち行為者の犯罪的意思の発動を基準とする見解（主観説）が主張されていたが，現在においては，構成要件該当事実の惹起に関する客観的な危険性を基準とする見解（客観説）が通説となっている。また，伝統的な通説は「犯罪の実行」を実行行為，すなわち構成要件該当行為の遂行と解釈することによって，構成要件該当行為の開始段階で未遂犯の成立を認めていた（形式的客観説）。もっとも，現在においては，形式的に未遂犯の成立時期を画するべきではないとして，客観的な危険性を実質的に判断すればたりるとする理解（実質的客観説）が有力になっている。

もっとも，客観的な危険性の内容をどのように理解すべきかについては，見解の一致があるわけではない。また，危険性を判断する資料として，いかなる事情を考慮すべきかについても見解の対立が存する。本章では，実行の着手を基礎づける危険性の意義について改めて検討を加えることにしたい。

なお，未遂犯については，いわゆる不能犯をめぐる問題が重要である。すなわち何らかの行為の遂行があるが，構成要件的結果発生の危険性が認められないため，未遂犯の成立が否定され，不可罰となる場合が不能犯といわれているが，これも文言解釈としては，「実行に着手」していない場合ということになり，「実行の着手」の問題に解消されることになる[1)]。もっとも，不能犯をめぐる問題においては，行為者が予定した行為がすべて行われたが結果が発生しなかったケースについて結果発生の危険性の存否が問われているのに対して，一般に「実行の着手」の存否として検討されている問題は，主として時間的な観点から，いかなる段階まで進んでいれば未遂犯の成立が肯定できるかという問題であるため，両者を区別することも可能である。本章では，もっぱら後者の問題を取り上げることにしたい。

Ⅱ.「実行の着手」をめぐる基本的理解

1. 実行行為概念による形式的限定

伝統的通説は，構成要件該当行為（実行行為）が開始された段階をもって「実行の着手」を認めていた（形式的客観説）[2)]。これは43条の「犯罪の実行に着手して」を「実行行為に着手して」と解釈するものであった。そして，ここでいう「実行行為」とはまさに構成要件に該当する行為なのであるから，窃盗罪においては財物を「窃取」する行為，放火罪においては客体に「放火」する行為の開始が要求されることになる[3)]。

このような形式的客観説に対しては，未遂犯の成立時期が遅すぎるという批判が向けられた。たとえば窃盗罪においては，財物に物理的に接触して占有を移転させる行為（＝窃取行為）の開始が要求されるため，窃盗の目的で財物を物色している段階では未遂犯の成立が認められないことになる。しかし，商品を特定して物色行為を行っていれば，窃盗が既遂に至るのは時間の問題といえるから，この段階で未遂犯の成立を否定するのは妥当ではない。このような批判を受けて，形式的客観説を修正し，「実行行為の直前に位置する行為」の開

1） このような観点から，両者の問題領域を統一的に解決しようとするものとして，和田俊憲「未遂犯」山口厚編著『クローズアップ刑法総論』（成文堂，2003年）188頁以下を参照。なお，不能犯論と実行の着手論の関係について，本格的な検討を加える最近の研究として，東條明徳「実行の着手論の再検討⑴」法協136巻1号（2019年）189頁以下がある。

2） たとえば団藤354頁以下を参照。もっとも，団藤博士は「それじたいが構成要件的特徴を示さなくても，全体としてみて定型的に構成要件の内容をなすと解される行為であれば，これを実行の着手と解してさしつかえない」（同書355頁注4）とされており，厳格に実行行為の開始を要求されていたわけではない。

3） 今日においても，このような厳格な立場を維持するものとして，浅田382頁以下を参照。

4） 塩見淳「実行の着手について（3・完）」法学論叢121巻6号（1987年）15頁以下を参照。基

始によって未遂犯の成立を認める見解が主張されている（修正された形式的客観説）。たとえば塩見淳教授は，構成要件該当行為の直前に位置する行為の開始が実行の着手であり，直前行為といえるためには，①構成要件該当行為に至る経過が自動的といえる行為，または②構成要件該当行為に時間的に近接する行為である必要があるとされる[4)]。直前行為という概念からは，②のような定義が自然に導かれるが，この見解は，②の基準を充たさなくても，①の基準を充足すればたりるとして，両基準を併用するところに特徴がある[5)]。

この見解が実行行為の直前行為という形式的限定を重視することは，未遂犯の成立範囲を合理的に限定する基準として積極的に評価すべきである。もっとも，直前行為性の判断において，2つの基準を併用することの理論的根拠は必ずしも明らかではない[6)]。また，行為経過の自動性を重視するといっても，住居内の物色行為だけから自動的に窃盗行為に至ることはあり得ない。この場合，物色行為が直前行為として位置づけられるのは，あくまでも物色行為を行えば，その後は特段の困難がなく窃取行為に転ずることができるという実質判断であろう。それであれば，直前行為性をもっぱら形式的な観点から判断することは困難であり，実質的な観点をあわせて考慮せざるを得ないように思われる[7)]。

2. 実質的危険としての未遂犯

(1) 危険な行為としての実行行為

学説においては，実質的な観点から実行の着手時期を判断する理解（実質的客観説）が有力化している。この立場は，実行行為という形式的限定を離れ，実質的な観点から実行の着手時期を決しようとする。すなわち未遂犯の処罰根拠が法益侵害（＝既遂結果実現）の具体的危険性の惹起にあることから[8)]，法益

本的に同旨の見解として，井田435頁以下も参照。

5） 塩見・前掲注4)17頁を参照。井田435頁以下は，行為者が結果惹起のために必要なことの大半を終えたといえる場合には，行為不法の観点から未遂犯処罰が根拠づけられるとする。

6） このような指摘として，たとえば佐伯仁志「コメント②」山口ほか・最前線204頁などを参照。

7） たとえば齋野238頁を参照。

8） 危険犯についても未遂犯があることから，既遂結果が常に法益侵害を意味するわけではない。したがって，厳密には「既遂結果実現の危険性」と表現するのが正確であろう。この点を強調するものとして，たとえば浅田381頁などを参照。

侵害の具体的危険性が認められた段階で未遂犯の成立を認めるのである。たとえば窃盗の目的で財物を物色する行為については，その段階で既に窃盗が実現する具体的な危険性が認められることから，実行の着手が認められることになる。

もっとも，この場合にも何を対象として危険性を判断するかについて，見解の対立がある。従来の多数説は，物色行為という行為それ自体に具体的危険性があり，いわば物色行為は（行為者の犯行計画において）引き続き行われる窃取行為とあわせて「一連の実行行為」を構成することから，「一連の実行行為」の開始段階で実行の着手が認められると解する（行為説）[9]。ここでは「実質的危険性を有する行為の開始」が未遂犯の処罰の根拠とされていることになる。本来，実行行為とは構成要件に該当する行為であり，構成要件的結果を惹起する因果的起点たる行為を意味しているから，窃盗罪の実行行為は「窃取」行為に尽きるはずであるが，ここでは結果発生の実質的危険性が認められる限度で実行行為概念が（前倒しされるかたちで）実質的に拡張され，準備的な行為も含めて「実行行為」が構成されていることになる。

このような理解は，修正された形式的客観説とそれほど異なるわけではないが，実質的危険性が認められる範囲で着手を認めることから，危険性の理解によっては，構成要件該当行為の直前段階を超えて，より早い段階で着手を認める余地があるだろう。

(2) 危険な結果の惹起

実質的客観説を前提としても，実質的危険性を有する行為の遂行によって未遂犯の成立を認めるのではなく，結果として，「法益侵害の具体的な危険性」が発生した段階で未遂犯の成立を認める見解も有力に主張されている（結果説）[10]。この見解は，既遂犯が既遂結果の惹起を成立要件としているのと同じように，未遂犯においても「既遂結果惹起の危険性」という結果の惹起が要求されていると解する。上記の物色行為を例にすれば，物色行為によって，まさに窃取結果が生ずる具体的危険性が生じたことを根拠として，未遂犯の成立が

9） たとえば大谷364頁などを参照。なお，従来の学説は，明示的に「一連の実行行為」という概念を用いてきたわけではないが，実行行為と「実行の着手」を連動させる（従来の）通説を前提とする限り，このような理解に至るものと思われる。

10） 平野龍一「正犯と実行」平野・諸問題(上)130頁以下，内藤(下)Ⅱ 1242頁，山口284頁以下，西

認められることになる。

行為説と結果説は，いずれにせよ法益侵害の具体的危険性を問題にするものであるから，一定の行為の開始によって具体的危険性が生じている場合には，何ら結論の相違をもたらさない。結果説を採用する実益は，行為の段階では十分な危険性が発生していないが，その後，時間的な推移によって，具体的な危険性が現実化する場合であり，まさに間接正犯・離隔犯の問題である。この問題については，項を改めて検討することにしたい。

3. 平成16年判例の理解

いわゆるクロロホルム事件に関する最高裁決定（最決平成16・3・22刑集58巻3号187頁）は，早すぎた構成要件実現の事例について故意既遂犯の成立を認めた点において重要な意義を有するが[11]，故意既遂犯の成立を導く前提として，殺人罪における実行の着手の意義についても具体的な判断を示しており，その内容は（早すぎた構成要件実現という問題を離れても）未遂犯の成立要件を考える上でも重要な意義を有している[12]。すなわち，本件被告人らは，被害者Aを事故死に見せ掛けて殺害して生命保険金を詐取する意図で，実行犯の乗った自動車をAの運転する自動車に衝突させ，示談交渉を装ってAを犯人使用車に誘い込み，クロロホルムでAを失神させた上（第1行為），B港まで運び，自動車ごとAを海中に転落させて溺死させる（第2行為）という計画を立て，それを実行に移したが，Aの死因は第1行為，第2行為のいずれから生じたかは特定できなかったという事案について，「実行犯3名の殺害計画は，クロロホルムを吸引させてAを失神させた上，その失神状態を利用して，Aを港まで運び自動車ごと海中に転落させてでき死させるというものであって，第1行為は第2行為を確実かつ容易に行うために必要不可欠なものであったといえること，第1行為に成功した場合，それ以降の殺害計画を遂行する上で障害となるような特段の事情が存しなかったと認められることや，第1行為と第2行為との間の時間的場所的近接性などに照らすと，第1行為は第2行為に密接な行為であり，実行犯3名が第1行為を開始した時点で既に殺人に

田319頁，佐伯342頁などを参照。

11)　詳細は，本書第8章Ⅳを参照。

12)　本決定の読み方に関する分析として，仲道祐樹「実行の着手」法セ705号（2013年）9頁以下を参照。

至る客観的な危険性が明らかに認められるから，その時点において殺人罪の実行の着手があったものと解するのが相当である」と判示している。

本決定においては，第2行為によって死亡結果が発生した場合を想定して，実行の着手時期が判断されていることになる[13]。この場合，（犯行計画上，想定される）結果を惹起した実行行為は厳格に考えればもっぱら第2行為ということになるが，本決定は第1行為が第2行為に「密接な行為」であり，第1行為を開始した段階で（第2行為によって）「殺人に至る客観的な危険性」が認められることから，第1行為の段階で実行の着手を肯定している。すなわち判例は，実行行為の前段階の行為であっても，それが，①実行行為に「密接な行為」であり，しかも，②その段階で結果発生の「客観的危険性」が認められれば，未遂犯の成立を認めていることになる。①②の観点の関係について明確な判断が示されているわけではないが，実行行為との密接関連性という形式的な基準と，結果惹起の客観的危険性という実質的基準が併用されていると解することができよう[14]。

このような密接性，客観的危険性を導く判断資料として，本決定は被告人の犯行計画を考慮している。あくまでも，「実行犯3名の殺害計画」，すなわち第1行為の後，第2行為を行う計画が存在することを前提にして，第1行為の客観的危険性（および第2行為との密接性）が判断されているのである。また，その際に重視されるべき事情として，本決定は，(a)第1行為は第2行為を確実かつ容易に行うために必要不可欠なものであったといえること，(b)第1行為に成功した場合，それ以降の殺害計画を遂行する上で障害となるような特段の事情が存しなかったと認められること，(c)第1行為と第2行為との間の時間的場所的近接性などを指摘している。これらの事情があいまって，本件事案においては密接関連性，客観的危険性がともに肯定されるということであろう[15]。

13） 第1行為で死亡した事例については，第1行為の着手段階で（客観面においては）実行の着手が認められるのは当然である。

14） この点について，平木正洋「判解」最判解刑事篇平成16年度162頁を参照。

15） 密接関連性，客観的危険性と本文の(a)〜(c)の基準の関係が問題となるが，本決定は密接関連性と客観的危険性を一括して認定しており，両者を個別に判断している痕跡はうかがわれない。この点について，松原芳博「実行の着手と早すぎた構成要件の実現」同編『刑法の判例〔総論〕』（成文堂，2011年）182頁を参照。

16） 議論の詳細については，佐藤拓磨『未遂犯と実行の着手』（慶應義塾大学出版会，2016年）99

Ⅲ．行為者の犯行計画と危険性判断

1．主観面の考慮の必要性

平成16年判例は，構成要件実現の客観的危険性を判断するに際して，その判断資料として行為者の（主観的な）犯行計画を重視したものと評価できる。このように犯行計画が危険性判断に影響を及ぼす根拠について，改めて考えてみることにしたい。

実質的客観説の立場からは，既遂結果実現の具体的危険性が未遂犯の処罰根拠をなすことになるが，この危険性を純粋に客観的な立場から判断すべきか，それとも行為者の主観面を考慮する必要があるかについては，以前から学説の活発な議論があった[16]。しかしながら，結論からいえば，純粋に客観的な立場から結果発生の危険性を判断することは不可能であろう。いかなる立場を前提としても，行為者の主観面が危険性判断の資料となることは認めざるを得ないと思われる。

純客観的に危険性を判断する見解は，たとえば行為者がけん銃を被害者に向けて構えた場合には，けん銃を構えるという客観的な行為それ自体に危険性が認められると解する[17]。しかし，行為者がもっぱら脅迫目的でけん銃を構えており，絶対に発砲するつもりがない場合，（そもそも殺人罪の故意が認められないが，それ以前に）この行為に生命に対する現実的危険性が認められるのだろうか。もちろん手（指？）がすべったり，けん銃が暴発する可能性は皆無ではない。しかし，そのような偶発的な可能性が生命侵害の実質的危険性を根拠づけるわけではないだろう[18]。けん銃を構える行為は，行為者が被害者に向けて発砲しようとする意思を考慮することによって，はじめて生命に対する実質的危険性を有する行為と評価されることになる。窃盗罪における物色行為についても同様である。商品をひたすら凝視し，欲しい商品に狙いをつけたとし

頁以下を参照。

17)　このような立場として，たとえば曾根威彦『刑法の重要問題〔総論〕〔第2版〕』（成文堂，2005年）252頁，内山良雄「未遂犯総説」曾根威彦＝松原芳博編『重点課題刑法総論』（成文堂，2008年）189頁以下などを参照。

18)　純客観的に危険性を根拠づける見解は，結局のところ，このようなきわめて抽象的な危険性によって未遂犯の処罰を根拠づけるか，それとも，客観面だけでも具体的な危険性が明らかな段階（たとえば実際に引き金をひこうとする段階）まで待ってはじめて着手を認めることになるが，そのいずれの帰結も妥当なものではないと思われる。この点について，山口285頁以下を参照。

ても,「見てるだけ」では絶対に財物の占有は移転しない。物色行為に財物窃取の危険性が認められるのは,まさに行為者に財物窃取の意図があるからである。このように行為者の主観面が危険性判断に影響を及ぼすことは否定しがたいだろう。

このように行為者の主観面を考慮するといっても,行為者の内心だけで危険性が根拠づけられているわけではない。上記の例からも明らかなように,あくまでも犯行を可能とする客観的な事実が,主観的な犯行計画とあいまって,危険性判断の前提をなすのである。つまり,①その行為だけでは結果が発生しないが[19],次の行為(=法益侵害行為)に出ることによって結果発生が可能な客観的状況の存在を前提として,②行為者がその「次の行為」に出る蓋然性が高い場合に未遂犯の成立が認められるのである。そして,行為者の主観面,すなわち「次の行為に出ようとする意思」は,後者②の可能性を判断する資料として用いられていることになる。このように,あくまでも客観的な行為の危険性を判断する上で,将来予測の資料として行為者の主観面が考慮されているのである。平成16年判例が,被告人の犯行計画を考慮しつつ,殺人行為に至る「客観的な危険性」の存在を肯定している点についても,このような趣旨で理解することができる[20]。

2. 犯行計画の考慮

(1) 行為意思としての犯行計画

このように行為者の主観面は(一定の範囲で)危険性判断の資料となる。しかし,上記のけん銃の例からも明らかなように,危険性を高める主観的事情は故意それ自体ではなく,「次の行為に出ようとする意思」(=行為意思)である[21]。たとえば行為者が被害者を熊と見間違えて,熊を殺害するつもりでけん銃を構え,発砲しようとした場合,行為者には殺人罪の故意は認められない。しかし,「(熊と見間違えた)被害者の身体に向けてけん銃を発射しようと

---

19) したがって,その行為だけで結果が発生する危険性が高い場合(たとえば火気のある現場において,大量のガソリンを撒布する行為など)については,行為者の主観面を考慮することなく具体的危険性が認められる余地がある。この点について,和田・前掲注1)216頁,二本柳誠「未遂犯における危険判断と行為意思」早稲田大学大学院法研論集120号(2006年)152頁以下を参照。

20) この点について,鈴木左斗志「実行の着手」争点89頁を参照。

する意思」があることによって，けん銃を構える行為には被害者の生命に対する高度の危険性が認められる。もちろん，この事例の場合，行為者には殺人罪の故意が欠けるため，いずれにせよ殺人未遂罪は成立しない。しかし，あえて厳密に説明するのであれば，客観面においては殺人未遂罪の成立に十分な客観的危険性が発生しているが，主観面において，殺人未遂罪の成立に必要な故意が欠けるため，未遂犯の成立が否定されるのである。

そして，このように「次の行為に出ようとする意思」の存否が，行為者が法益侵害行為に出る蓋然性の判断に影響を及ぼすと考える以上，行為者がどのような条件で，また，いかなる時期・態様で次の行為に出ようと考えていたか，すなわち行為者の犯行計画全般が未遂犯の危険性判断の資料として考慮されるべきであろう。ここでは「故意」という枠組みで主観面を考慮するのではなく，「行為者が法益侵害行為に出る可能性がどの程度あるか」を予測する判断資料として主観的事情を考慮するのであるから，構成要件的な評価を離れて，まさに生の意思内容として行為者の犯行計画が判断資料とされることになる。

このように行為の危険性を根拠づける主観面は行為者の行為意思であり，その内容として犯行計画全般が考慮されるが，未遂犯も故意犯であるから，未遂犯が成立するためには当然ながら故意が必要である。そして，未遂犯が既遂犯の構成要件を修正したものであることから，未遂犯の故意の内容としては，既遂犯の構成要件実現の認識・予見が要求される。たとえば被害者に対してけん銃を構える行為について殺人未遂罪の成立を認めるためには，行為の客観的危険性を基礎づける内容として，「被害者に向けて発砲しようとする意思」（行為意思）が必要である。これに対して，未遂犯の故意としては，自らがけん銃を構えており，その後の発砲行為によって被害者（＝人）が死亡することの認識・予見が要求される。行為意思は危険性を基礎づける違法要素，故意は責任要素として機能することになる。

21)　鈴木・前掲注20)89頁，山口285頁，佐伯109頁などを参照。これに対して，佐藤・前掲注16)107頁以下は，行為の規範違反性を根拠づける要素として，実行の着手の判断においては故意が考慮されるとする。いずれにせよ未遂犯の成立のために（既遂結果実現に向けられた）故意が要求されることはそのとおりであるが，故意それ自体が法益侵害の危険性に影響を持つわけではない。

(2) 犯行計画による危険性の根拠づけ

平成16年判例の事案では，第1行為はクロロホルム吸引行為というそれ自体が生命に危険性の高い行為であった。そのため，第1行為段階で客観的危険性が認められるのは当然にみえるかもしれない。しかし，実行担当者らは第1行為それ自体が死亡結果を引き起こす危険性を認識していなかったから，この危険性を根拠として未遂犯の成立を肯定することができない。そこで最高裁は，クロロホルム吸引行為それ自体の危険性ではなく，実行担当者らの犯行計画を判断資料とすれば，第1行為を行えば直ちに第2行為に転ずる危険性が高いことを重視して，実行の着手にたりる危険性を肯定している。このように平成16年判例の事案においては，①第1行為それだけでも死亡結果が発生する可能性，②犯行計画上，第1行為から直ちに第2行為が行われ，それによって死亡結果が発生する可能性の両者の危険性が併存しているところ，行為者の犯行計画に対応して，後者②の危険性が実行の着手の危険を根拠づけていることになる。

したがって，平成16年判例の事案を修正し，実行担当者が本件と同様の犯行計画のもと，クロロホルムではなく，生命に危険性が全くない睡眠薬を利用して被害者を昏倒させた場合であっても[22]，②の危険性は同様に認められるのであるから，その段階で殺人罪の実行の着手が認められることになるだろう[23]。生命に対する危険性がない睡眠薬の投与について殺人未遂罪の成立を認めることについては違和感もあるかもしれないが，その段階で（直後に行われうる第2行為によって）被害者が溺死するに至る危険性が既に発生している以上，これを生命に対する危険性を有する行為と評価することは十分に可能である。

放火罪の実行の着手についても，上記①②の危険性が交錯する場合がある。たとえば横浜地判昭和58・7・20（判時1108号138頁）は，妻の家出に悲観して焼身自殺を意図した被告人が，自宅家屋に放火する計画のもと家屋内に大量

22） もちろんクロロホルムの吸引行為と同様に長時間，確実に被害者の抵抗を排除できることが議論の前提となる。

23） 橋爪隆「判批」ジュリ1321号（2006年）235頁，平木・前掲注14)171頁を参照。

24） 本件においては，被告人が放火行為に及ぶ前に「死ぬ前に最後のタバコを吸おうと思い」ライターで点火したところ，ガソリンの蒸気が引火し，火災に至っており，いわゆる早すぎた構成要件実現が問題となっている。平成16年判例の論理に従えば，ガソリンを撒布する段階で実行の

のガソリンを撒布した時点において，「ガソリンの強い引火性を考慮すると，そこに何らかの火気が発すれば本件家屋に撒布されたガソリンに引火し，火災が起こることは，必定の状況にあったのであるから，被告人はガソリンを撒布することによって放火について企図したところの大半を終えたものといってよ」いとして，実行の着手が認められている[24)]。ガソリンは揮発性が高く，何らかの火気が生ずれば引火する危険性が高いのであるから，本件行為についても，①撒布されたガソリンが何らかの火気に引火して，撒布行為から直接に火災が発生する危険性がある。また，これと同時に，自分以外現在していない住居にガソリンを撒布すれば，後は点火するだけなのであるから，②ガソリン撒布行為には，点火行為の直前行為としての危険性も認められる。この①②の危険性は，本来，別個独立に判断することができるはずだが，上記の引用からは，本判決では，両者の危険性が明確に区別されていないようにも思われる。

これに対して，放火の意図で灯油を撒布する場合については，被告人が直ちに点火行為に及ぶ犯行計画を有しており，またそれが客観的にも可能であれば，上記②の危険性が同様に認められるが，灯油はガソリンと比べて引火性が乏しいことから，上記①の危険性は十分には認められない。本書の理解からは，行為者の犯行計画を前提として，②の危険性が十分に認められるのであれば，それだけで実行の着手を認めることができることになるが，裁判例においては，灯油を撒布するだけでは具体的な危険性が乏しいとして実行の着手が否定されるのが一般的のようである[25)]。これは推測の域を出ないが，実務においては，犯行計画のみを根拠として未遂犯の成立を認めることには相当に慎重であり，原則として上記①②の危険性がともに認められる場合に限って，未遂犯の成立を認める感覚が強いのかもしれない。たとえば近時の裁判例（名古屋高判平成19・2・16判タ1247号342頁）は，被告人が被害者女性に殺意を有するに至ったが，被害者女性が敏捷であることから，被害者の動きを止めるためにまず同女に自動車を衝突させて同人を転倒させ，それから包丁で刺殺すると

着手が認められれば，放火既遂罪が成立することになる。

25)　灯油を撒布する段階で着手を否定した裁判例として，岡山地判平成14・4・26裁判所ウェブサイト，千葉地判平成16・5・25判タ1188号347頁，横浜地判平成18・11・14判タ1244号316頁，青森地八戸支判平成23・6・8公刊物未登載などを参照。また，福岡地判平成7・10・12判タ910号242頁は，灯油を撒布した上，ラッカー薄め液を振り掛けた新聞紙に点火した段階で実行の着手を認めており，灯油の撒布段階では着手を否定する趣旨と解される。

いう犯行計画を立てた上で，時速約20kmの速度で同女に自動車を衝突させた事案について[26]，犯行計画によれば自動車を被害者に衝突させた時点で「殺人に至る客観的な現実的危険性も認められる」として，殺人未遂罪の成立を認めているが，あわせて（殺人未遂を否定した原判決に対する批判として）「被告人は四輪自動車を時速約20キロメートルで被害者の背後から衝突させているところ，この行為自体で被害者を死亡に至らせることがあることは経験則上明らかであ」ると判示しており，衝突行為それ自体の危険性もあわせて重視している。

かりにこのような態度が実務の一般的感覚であるとすると，上記の睡眠薬の事例についても，睡眠薬の投与それ自体によって死亡する危険性はないとして，実行の着手が否定され，殺人予備罪（および傷害罪）が成立するにとどまることになるのだろうか。それ自体危険性の乏しい手段を用いた場合，犯行計画の具体的内容を立証することが困難になるという意味においては，納得できるところもあるが，理論的にはこのような限定は不要であり，①②いずれかの危険性が認められれば，実行の着手を肯定することができると思われる（もっとも，実務が謙抑的な態度を採っているのに，あえてそれを拡張する議論をする必要はないかもしれない）。

(3) 犯行計画と実行の着手時期の関係

行為者の犯行計画全般をそのまま考慮する以上，その内容によっては実行の着手時期が遅れる場合も考えられる。たとえば平成16年判例の事案であっても，かりに実行担当者が被害者をクロロホルムで昏倒させた後，別の場所に移動させ，そこで（意識が回復した被害者と）何らかの交渉を行い，交渉決裂時には海に突き落とすという犯行計画を有している場合であれば，第1行為それ自体が全く同じ行為であっても，この段階で実行の着手を認めることはできないだろう。16年判例の事案においては，被害者が覚醒しないうちに，そのまま

26） 自動車を衝突させた段階で被害者の顔を見て翻意して，犯行の継続を断念していることから，中止未遂の成立が認められている。

27） 本件では強姦行為は既遂に至っているが，ダンプカーの運転席に引きずり込む段階で被害者が負傷していることから，（旧）強姦致傷罪の成否をめぐって着手時期が問題とされている。もちろん，ダンプカーに引きずり込む段階の暴行は強姦罪の実行行為としての暴行ではないから，着手が認められるとしても，強姦致傷罪が成立するとは限らないという指摘もある（たとえば松原

海に転落させる犯行計画を有していたことが，実行の着手を認定する上では重要であったと思われる。

このような観点から興味深いのは，（旧）強姦罪（現行法における強制性交等罪）の実行の着手に関する判断である。最高裁判例（最決昭和45・7・28刑集24巻7号585頁）は，被告人が共犯者とともに被害者をダンプカーの運転席に引きずり込み，その後，約5800m離れた工事現場まで移動し，同所において運転席内で被害者を強姦した事件について，被害者を「ダンプカーの運転席に引きずり込もうとした段階においてすでに強姦に至る客観的な危険性が明らかに認められるから，その時点において強姦行為の着手があった」と判示している[27]。本件の被告人の犯行計画の具体的内容は明らかではないが，現実の犯行内容から遡って推認するに，人気のないところまで移動した上で被害者を強姦しようとするものであったと思われる[28]。このような犯行計画によれば，被告人らが被害者を運転席に引きずり込んだ現場で直ちに強姦行為に出るつもりはなく，人気のない場所まで移動するために多少の時間を要することになるが[29]，その間，ダンプカーの運転席に閉じ込められた被害者による抵抗は事実上困難であるから，犯行計画上，この程度の時間的な隔絶が留保されている場合であっても，実行の着手が認められたものと解される。

もっとも，このような理解からは，行為者の具体的犯行計画によれば，強姦行為の実行がさらに時間的に先延ばしされており，その間，何らかの支障が生じうるような場合であれば，犯行計画全体を考慮することによって，実行の着手が否定される可能性もありうることになる。たとえば車内で強姦する意図はなく，長時間，自動車で移動してホテルに到着してから同所で強姦行為に及ぶ犯行計画を有している場合には，ホテルに向かう間に何らかの障害が生じうる可能性もあり，また，時間的にも相当の隔絶が予定されていることから，自動車の運転席に引きずり込もうとする段階においては，実行の着手が否定される場合も十分に考えられる[30]。

芳博「判批」百選〔5版〕129頁など）。もっとも，それ自体が強姦罪の実行行為でなくても，強姦未遂を構成する行為は，強姦罪の実行行為に密接に関連する行為といえるから，その行為から死傷結果が発生した場合には強姦致死傷罪の成立が認められるべきであろう。

28）　大久保太郎「判解」最判解刑事篇昭和45年度246頁以下を参照。

29）　このような犯行計画を重視して，ダンプカーに引きずり込む段階で実行の着手を否定する見解として，野村稔『未遂犯の研究』（成文堂，1984年）302頁を参照。

なお，行為者の犯行計画の内容がそもそも実現可能性の乏しいものであれば，それに従って構成要件的結果が発生する具体的危険性が乏しいことから，着手が否定される場合があることは当然である31)。たとえば強制性交等の目的で女性を自動車の中に引きずり込もうとしても，周囲の状況や自動車の構造などから，車内に引きずり込むことが困難な場合には，強制性交等罪の実行の着手を認めることはできないだろう32)。

Ⅳ．間接正犯・離隔犯の実行の着手

1．行為説・結果説

繰り返し述べるように，未遂犯の成立を肯定するためには構成要件実現の具体的危険性が必要である。そして，実行行為またはそれに接着する行為を行っていれば，通常は結果発生の具体的危険性も認められるため，未遂犯が成立する。しかし，間接正犯の事例については，実行行為の段階で（未遂犯の処罰を正当化する）具体的危険性が発生しているのであろうか。たとえばXが日頃から虐待しており，自分の意のままに従わせている娘Aに対してスーパーで万引きをするように命令した場合，Xには窃盗罪の間接正犯が成立しうるが，この場合，いかなる段階でXに窃盗未遂罪が成立するのだろうか。

まず確認しておくべきことは，上記事例におけるXの実行行為（構成要件該当行為）はAに対する命令行為に尽きることである。Aが実際にスーパーで商品を物色し，窃取する行為はAの行為であり，Xの行為ではない33)。した

30）このような指摘として，たとえば松宮241頁を参照。なお，東京高判昭和57・9・21判タ489号130頁は，タクシーをホテルの前に停車させて，ホテルの裏手出入口門から被害女性を無理矢理にホテルに引っ張り込もうとして失敗した事件について，(旧)強姦罪の実行の着手を認めているが，本件ホテルが「普通のホテルではなく，従業員らにおいて顧客の男女関係について容喙を差し控えるであろう」ホテルであることなどの事情を考慮した上で，犯行計画に基づいてホテルの一室で強姦行為に及ぶ危険性が高かったことを慎重に認定している。

31）金澤真理「実行の着手判断における行為計画の意義」法学75巻6号（2012年）112頁が，「客観化され現実化された手順としての計画」に限って危険性判断で考慮されるとするのはこのような趣旨であろうか。

32）着手を否定した裁判例として，京都地判昭和43・11・26判時543号91頁，大阪地判平成15・4・11判タ1126号284頁，広島高判平成16・3・23高刑集57巻1号13頁などがある。

33）間接正犯は，被利用者の行為をあたかも利用行為者の行為と同視して，利用行為者に帰属させるための特殊なルールを設定したものではない。間接正犯に関する特別な処罰規定が存在するわけではないから，あくまでも利用行為者の命令行為等が個別の構成要件における実行行為と評価

がって，「危険な行為の開始」を基準として未遂犯を判断する見解（行為説）からは，XがAに窃盗を命ずる段階で実行の着手を認めざるを得ないであろう[34]。しかし，Aがスーパーに立ち入ってもいない段階で，スーパーの商品が窃取される具体的危険性が生じているとは思われない。このことはX自らが万引きの意思でスーパーに向かったとしても，店内に立ち入り，物色行為などを開始しなければ窃取の危険性が認められないことからも明らかであろう。このような理解に対しては，Xが自ら万引きをする場合には，Xは構成要件実現のためになすべきことを全て行っていないが，Aを利用する場合は，XはAに対する命令行為によって，自らがなすべきことをすべて行っているから，間接正犯については，命令行為の段階で着手を認めることができるという反論がある（手放し説）[35]。確かに，行為者が構成要件実現のためになすべきことをすべて行った場合には，その後の因果経過によっては，行為者の想定した結果が実現する可能性が認められる。しかし，未遂犯の処罰においては，後述するように，「いつ結果が発生してもおかしくない」という切迫した危険性を原則として要求すべきであろう。このような切迫した危険性が認められる場合に限って，被害者に一定の具体的な不利益が生じたとして，刑罰権の発動が正当化されるからである[36]。

このようにXのAに対する命令段階で十分な具体的危険性が認められないと解した場合，行為説の立場からは深刻なディレンマが生ずる。つまり，命令行為の段階では具体的危険性がないから，この段階で未遂犯の成立を認めることはできないが，これ以降にXの行為は存在しないから，この段階で未遂犯

できる場合に限って，間接正犯が成立することになる。

34）　学説においては，利用行為について現実的危険性が乏しい場合には，利用行為者はその後，被利用者による結果発生を防止する作為義務を負うとして，不作為の実行行為の継続を認める見解も有力である（たとえば大塚175頁注17，佐久間85頁など）。もっとも（この場合にそもそも作為義務が認められるかという点を措くとしても）利用行為以降に常に作為可能性や結果回避可能性が認められるわけではないから，このような説明には限界があると思われる。なお，原口伸夫『未遂犯論の諸問題』（成文堂，2018年）43頁以下は，間接正犯における利用行為と被利用者の行動は全体として1つの行為（全体的行為）と把握できるとして，個別の事案ごとに，社会心理的な衝撃が生じた段階で着手を認める立場を示すが，このような理解からも，全体的行為の開始は利用行為段階に求められる以上，この段階で着手を否定する論拠が求められることになると思われる。

35）　このような理解として，佐藤・前掲注16)269頁以下を参照。

36）　同様の指摘として，松原322頁を参照。

の成立を認めないと，その後，事態がどのように展開しても未遂犯の成立を認めることができない。それは不当だと考えると，結局，命令行為の段階で，具体的危険性が乏しいにもかかわらず，着手を認めざるを得ない[37]。このような問題は，まさに行為の段階で終局的に危険性の存否を判断することに無理があることを示すものであろう。やはり行為後の経過を判断資料に含めて危険性の存否を考慮できる点において，未遂犯においても具体的危険という結果の惹起を要求し，危険性が発生した段階で未遂犯の成立を認める見解（結果説）のほうが優れていると思われる。このような前提に立った場合，間接正犯については，原則として，現実の法益侵害行為を担当している者（被利用者）の行為を基準として，実行の着手が判断されることになろう。

このような理解からは，いわゆる離隔犯，すなわち実行行為から結果発生に至るまでの時間的・場所的な離隔が大きい類型についても，実行行為段階に常に実行の着手を認める必要はなく，一定の因果経過を経て，結果発生の具体的危険が生じた段階で未遂犯の成立を認めることができる。したがって，たとえばXがAを殺害する目的で毒の入ったワインを宅配便で送付する行為についても，発送段階ではなく，A宅に到達した段階で未遂犯の成立が認められることになる（到達時説）。大審院判例（大判大正7・11・16刑録24輯1352頁）も毒入り砂糖を郵送した事件について，被害者が郵便を受領した段階で被害者家族の「食用シ得ヘキ状態ノ下ニ置カレタ」として実行の着手を認めており，到達時説を採用していると解される[38]。

なお，結果説については，43条の「犯罪の実行に着手し」という文言の解釈としては無理があるという批判があるが，未遂犯の（修正された）構成要件の書かれざる要素として，既遂結果発生の具体的危険性が結果として発生して

37） 和田・前掲注1)212頁を参照。このような問題意識から，齋野彦弥「危険概念の認識論的構造」内藤謙先生古稀祝賀『刑事法学の現代的状況』（有斐閣，1994年）79頁以下，山中765頁以下は，危険の発生によって遡及的に「実行行為」性が認められるとする。

38） さらに宇都宮地判昭和40・12・9下刑集7巻12号2189頁も，農道の道端に毒入りジュースを置いた事件について，被害者がジュースを拾得し，飲用しようとする段階ではじめて殺人罪の実行の着手を認めている。なお，東京高判昭和42・3・24高刑集20巻3号229頁は，郵便局員が，局長が管理する郵便物を自己の居所に配達させようとして，その宛名を書き換えて配達用の郵便物区分棚に置いた段階で，窃盗の実行の着手を認めており，発送時説を採用した裁判例と評価されることがある（たとえば野村稔「実行の着手」芝原邦爾編『刑法の基本判例』〔1988年〕55頁参照)。しかしながら，本件では占有の移転それ自体を既遂結果とする窃盗罪について実行の着手が問われたため，占有の移転に向けられた行為の段階で着手が認められたにすぎず，殺人罪に

いることを要求することは十分に可能であると思われる[39]。

2. 時間的切迫性の要否

上記の毒ワイン配達の事例については，既に述べたように，被害者A宅に到着した段階で実行の着手を認めるべきである。このことは，かりにXが自ら毒ワインをお歳暮と称して，A宅に持参する場合においても，Xが毒ワインを持って自宅を出た段階ではなく，A宅に到着した段階で着手を認めるべきであることと整合的な結論であると思われる。もっとも，現在の郵便・宅配便事情においては，発送した荷物が被害者宅に到着することはほぼ確実である。そして，被害者が毒入りであることに気が付かずにワインを飲むことが十分にありうるのであれば，発送行為の段階で既に結果発生の高度の蓋然性を認めることも十分に可能であろう[40]。それにもかかわらず，被害者宅に到着してはじめて実行の着手を認めるという理解は，客観的危険性の内容として，結果発生の高度の蓋然性だけではなく，さらに結果発生の時間的切迫性を要求していることになる。もちろん結果発生までに相当の時間を要する場合，その間に何らかの障害が生ずる可能性があり，その分だけ結果発生の蓋然性が低くなる場合が考えられるが，上記の毒ワインの事例などについては，到着までの間に何らかの障害が生ずることはほとんど想定されないであろう。このように結果発生の蓋然性と時間的切迫性は別個独立の内容を有することになる[41]。

もっとも，通常，「危険性」という概念は結果発生の蓋然性（可能性）という意味で理解されていることから[42]，未遂犯の実行の着手についても，結果発生の蓋然性があれば十分であり，結果発生の時間的切迫性を独立に要求する必要はないという見解も主張されている[43]。しかしながら，毒ワインが到着

ついての着手の判断とは全く次元が異なる。佐藤拓磨「判批」百選133頁を参照。

39)　このような理解を示すものとして，たとえば高橋406頁，松原323頁などを参照。さらに，より端的に「実行の着手」を未遂結果が発生した段階を画する時間的概念として理解するものとして，山口285頁，佐伯342頁などを参照。

40)　このような理解から，平野Ⅱ320頁は，発送時に着手を認めてよい場合が多いとされていた。

41)　たとえば佐伯343頁，松原321頁などを参照。

42)　このような指摘として，鈴木・前掲注20)89頁を参照。

43)　和田・前掲注1)219頁以下は，結果発生の確実性（蓋然性）を判断する資料として切迫性が考慮されるにすぎないとする。また，佐藤・前掲注16)269頁以下は，時間的切迫性は処罰範囲を限定するための外在的制約にすぎず，既に実行行為を行っている間接正犯については，処罰範囲をことさらに限定する必要がないことから，時間的切迫性は不要であるとする。

しなければ被害者は絶対に死なないのである[44)]。被害者宅に毒ワインが到着して，結果発生の「現実的な可能性」，すなわち「いつ結果が発生してもおかしくない状態」が発生してはじめて未遂犯の処罰を肯定するという理解は，とりわけ未遂犯処罰においても，被害者に一定の不利益な状態が生じたことを要求する立場からは，十分に合理的なものであると思われる。

もっとも，このように時間的切迫性を厳格に理解した場合，たとえば1か月先に爆発する時限爆弾を，被害者宅の天井裏など絶対に発見されない場所に設置した場合，その段階では着手を認めることができないことになるが，このような結論の妥当性については疑問の余地がある[45)]。改めて考えてみれば，毒ワインの事例についても，届けられたワインを被害者がいつ飲むかは全く分からないのであるから，結果発生が数か月，場合によっては数年間先延ばしされることは十分にありうる。時間的切迫性を厳格に解して，被害者がコルクを開けたときに着手を認めるという理解は現実的に採用しがたいであろう[46)]。このような意味においては，時間的切迫性を常に厳格に要求することは妥当ではないように思われる。

本書は，未遂犯も結果犯であり，被害者にとって一定の不利益な状態が発生することが未遂犯処罰の不可欠の前提であると考えている。そして，この不利益な状態の典型例が，結果発生が切迫した状態だといえる。もっとも，別の観点から，被害者にとって不利益な状態に至ったことを基礎付けることができれば，時間的切迫性を要求しないことも可能なのかもしれない。学説においては，実行の着手の判断基準（の1つ）として，行為の影響が被害者の領域に及んでいるか否かを重視する見解も主張されているが[47)]，これも時間的切迫性とは異なる角度から，被害者にとっての不利益な状態の現実化を問題にする立場と評価することができる。なお，検討を要するが，未遂犯の成否にとって

---

44)　山口厚「コメント①」山口ほか・最前線197頁を参照。

45)　この点について，井田436頁，443頁を参照。なお，佐伯・前掲注6)205頁は，このような指摘は「時限爆弾は誤っていつ爆発するかもしれない，という考慮」を忍び込ませているとするが，ここでは，もし本当に1か月は絶対に爆発しない爆弾があった場合，設置段階で着手を否定してよいのかが問題とされている。また，かりに設置段階で着手を認めない場合，その後，爆発する直前までは全く外界の変更が生じないのであるから，そもそも着手時期を明確に認定することができるのかという問題も生ずる。

46)　毒ワインの事例は，実は，情を知らない宅配便業者と被害者の両者を道具として利用する間接正犯としての性質を有する。到着時に着手を認めるという理解は，宅配便業者の被利用行為が行

は，客観的に被害者にとって不利益な事態が生じていることが重要であり，これを判断する資料としては，時間的近接性と物理的近接性の両者が考慮されると解するのであれば，前者が不十分な状況であっても，後者が十分に充たされる場合には，なお未遂犯の成立を認めることが可能であるようにも思われる。このような理解からは，間接正犯・離隔犯の着手時期について，一般論としては，被利用者基準説・到達時説を採用しつつも，物理的近接性が十分に充たされる場合については，着手時期を繰り上げる余地が生ずることになる。

V．密接行為としての未遂行為

1．総説

(1)　形式的基準・実質的基準の併用

既にみたように，平成16年判例は「第1行為は第2行為に密接な行為であり，実行犯3名が第1行為を開始した時点で既に殺人に至る客観的な危険性が明らかに認められる」ことを根拠として，第1行為段階で殺人罪の実行の着手を認めており，ここでは第1行為段階における客観的な危険性に加えて，第1行為が第2行為（＝実行行為）に密接な行為であることが重視されている。未遂犯の処罰根拠は結果発生の客観的危険性の惹起に求められるのであるから，客観的危険性の惹起が認められればそれだけで未遂犯処罰を肯定できるという理解もありうるかもしれないが，危険性という概念は必ずしも明確ではなく，その判断にも幅がありうることから，実行行為との密接性という形式的な観点からの限界づけを行うことには十分な理由があると思われる[48]。このような理解からは，未遂犯の成立要件は，①実行行為またはそれに密接に関連する行為を行い，②既遂結果発生の客観的危険性を惹起したことに求められることに

われた後，被害者の被利用行為が開始する前に着手を認めていることになり，被利用者基準説が貫徹されているわけではない。

47)　塩見淳「間接正犯・離隔犯における実行の着手時期」川端博ほか編『理論刑法学の探究④』（成文堂，2011年）28頁以下は，実行の着手を利用行為に求める立場を前提としつつも，これを修正して，被害者または被害者領域に対する働き掛けがなされた時点で未遂犯の成立を認めている。

48)　このような指摘として，山口283頁，松原310頁などを参照。既に平野Ⅱ314頁も「形式的ないし時間的な限定が必要である」としていた。

なる。

もっとも，平成16年判例自体，実行行為との密接な関連性を厳格に要求しているわけではない。本件の実行分担者は第1行為の後，現場から約2km離れた港まで移動した上で第2行為に出ることを計画しているが，それでも時間的場所的近接性が肯定されている[49)]。また，（旧）強姦罪に関する前掲最決昭和45・7・28では，ダンプカーに被害者を引きずり込んだ地点と強姦行為の現場が約5800m離れているが，この程度の距離でも時間的場所的近接性は肯定されると解されている[50)]。このような判例の立場を前提にした場合，密接な行為といっても，時間的場所的に直前の段階の行為に限定されているわけではなく，既遂結果発生に至る危険性が発現する行為であり，かつ，特段の障害がなければ「実行行為に連なりうる行為」全般について，ある程度，広く認められることになるだろう。結局のところ，危険性と密接性の要件は重なり合う場合がほとんどであり[51)]，両者をわけて検討する意味はそれほど大きいわけではないが，少なくとも時間的場所的な隔絶が著しい場合や，犯行計画においても何らかの断絶がある場合については，密接性が欠けるとして，それだけで着手が否定される余地がある。

このような理解からは，窃盗罪についても，窃取行為の直前に位置する物色行為を厳格に要求する必要はなく，具体的状況や犯行計画によっては，住居等に侵入し，窃取しようとする財物に接近する行為があれば，その段階で着手を認めることができる。最決昭和40・3・9（刑集19巻2号69頁）は夜間，電気器具店に侵入した上で，金を取ろうと思ってレジスターのある煙草売場の方に行きかけた段階で窃盗罪の実行の着手を認めているが[52)]，妥当な判断であろう。また，倉庫や自動車などについては，内部に侵入することに成功すれば，財物を発見し，それを窃取することが直ちに行われうることから，侵入行為の段階で着手を認めることができる。なお，解錠して侵入に成功した場合に着手

49） なお，実行の着手は第1行為の段階で判断されることになるから，時間的場所的近接性は現実に行われた第2行為ではなく，実行担当者が計画していた第2行為を基準として判断されることになる。

50） 平木・前掲注14)173頁はこのような評価を示している。

51） この点について，平木・前掲注14)163頁を参照。

52） この段階で被害者が帰宅したため，被告人は逮捕を免れるため同人等を殺傷しており，事後強盗致死傷罪の成否をめぐって，窃盗罪の実行の着手時期が問題とされている。

53） 名古屋高判昭和25・11・14高刑集3巻4号748頁は土蔵の壁の一部を破壊したり，外扉の錠

を認めるのか，それとも鍵を開けようとする段階で着手を認めるのかがさらに問題となりうるが，解錠がそれほど困難ではなければ，後者の段階で着手を認めることができるだろう[53)]。

(2) 犯行計画の進捗度としての「実行の着手」

このように通説的見解が，実質的基準としての危険性と，形式的基準としての密接性を併用するのに対して，近時の学説においては，実行の着手の判断基準としては，危険性という観点を離れて，行為者の犯行計画を前提として，犯行の進捗度それ自体を判断基準とする見解が有力に主張されている[54)]。このような立場の見解の中でも，微妙なニュアンスの相違があるが，不能犯をめぐる問題（結果発生の可能性の存否）と実行の着手をめぐる問題（犯行の進捗度）を明確に区別し，実行の着手をもっぱら犯行計画に基づく進捗度の問題として理解する点に，特徴がある。

これらの見解が適切に指摘するように，実行の着手をめぐる問題は「どこまで構成要件実現に接近した場合に未遂犯の成立を認めるべきか」という問題であり，「そもそも結果が発生する可能性があったか」という不能犯をめぐる問題と異なる観点が含まれていることは否定できない。しかしながら，実行の着手をめぐる問題において，もっぱら犯行計画の進捗が問題になっているようにみえるのは，その犯行計画が進展すれば，結果が発生する危険性が高いからである。かりに犯行計画においては十分に考慮されていないが，客観的には障害となる事情が介入しうる場合（たとえば被害者の抵抗が容易に想定される場合など）については，犯行計画が進展したとしても，それだけで着手を認めることはできない場合があるだろう[55)]。このような理解からは，犯行の進捗度それ自体を独立の要件とするのではなく，これを危険性判断の重要な一要素として位置付け，他の事情と相関的に判断する方が適切であるように思われる。実行

を破壊した段階で着手を認めている。また，東京地判平成2・11・15判時1373号144頁は自動車ドアの鍵穴にドライバーを差し込んで開けようとする段階で，着手を認めている。

54)　たとえば樋口亮介「実行の着手」東京大学法科大学院ローレビュー13号（2018年）56頁以下，佐藤拓磨「実行の着手について」研修838号（2018年）4頁以下などを参照。

55)　たとえば前掲京都地判昭和43・11・26は，被告人が通行中の女性を強制性交の目的で軽自動車に引きずり込もうとしたが，車内が狭隘であり，引きずり込むことが困難であったとして，この段階で実行の着手を否定しているが，かりに被告人が車内の狭隘さを十分に認識しておらず，車内で強制性交に至ることを計画していたとしても，着手を認めることはできないだろう。

の着手をめぐる判例が，常に結果発生の「危険性」に言及しているのも，主観的な計画の進捗だけではなく，それによって犯罪が実現される可能性が高まっていくことを重視したものとして，評価することも可能だろう。

2. 結合犯の実行の着手

このような「未遂行為」の形式的限定に関連して，強盗罪，強制性交等罪などの結合犯の実行の着手時期について触れておきたい。暴行・脅迫など特定の手段によって既遂結果を惹起することが構成要件上要求されている結合犯の着手時期については，その手段たる行為（たとえば暴行・脅迫）を開始することが要求されるのが一般である[56)]。すなわち結合犯については構成要件該当行為の一部実行が要求されているのである。窃盗罪，殺人罪など特定の手段が構成要件上要求されていない犯罪については，構成要件の一部実行がなくても未遂犯が成立しうるのであるから，結合犯に限って特別な基準が適用されているということもできる。この点については，結合犯は「行為者の計画全体によれば法益侵害の危険が直接に切迫した行為」を手段として構成要件化したものであることから，手段たる行為に着手してはじめて具体的な危険性が認められるという説明がされている[57)]。

しかしながら，未遂犯は既遂構成要件が充足された場合ではなく，充足される危険性がある場合に認められるのであるから，構成要件が要求する行為・手段についても，それが現実に開始される必要はなく，それが実現される危険性があればたりるように思われる[58)]。たとえば（旧）強姦罪における前掲最決昭和45・7・28においても，ダンプカーに引きずり込む段階における暴行は強制性交等の手段としての暴行ではないから，強制性交等罪の構成要件が要求する実行行為としての「暴行」には該当しないのである[59)]。

56） たとえば野村・前掲注29)306頁，大越義久「実行の着手」芝原邦爾ほか編『刑法理論の現代的展開 総論Ⅱ』（日本評論社，1990年）143頁，伊藤渉「未遂犯」法教278号（2003年）99頁などを参照。

57） 野村・前掲注29)306頁を参照。

58） このような指摘として，佐伯347頁を参照。同旨の見解として，さらに佐藤・前掲注16)218頁以下を参照。

59） したがって結合犯については構成要件が規定する行為・手段の開始が必要とする理解からは，昭和45年判例の結論に対して疑問が示されることもある（たとえば大越・前掲注56)144頁，伊藤・前掲注56)99頁参照）。

60） このような理解を示すものとして，西田325頁，井田440頁注34，松原313頁などを参照。

もっとも多数説，そして（おそらく）実務の一般的な理解は，この事例について，ダンプカーに引きずり込むときの暴行それ自体は強制性交等の手段としての「暴行」ではないが，その後の強制性交等の手段としての「暴行」に密接に連なる行為であるから，全体として「一連の暴行」の開始が認められ，したがってダンプカーに引きずり込む段階で強制性交等未遂罪が成立すると解するのであろう。したがって，人気のないところに移動して強制性交する犯行計画を秘して，「ドライブをしよう」と被害者をだまして自動車に誘い込んだ事例については，行為者の犯行計画によれば，被害者が車内に入った段階での客観的危険性は共通であるにもかかわらず，「一連の暴行」の開始が認められないことから，自動車に誘い込むだけでは，強制性交等罪の実行の着手が否定されることになる60)。たとえば，だまされて車に乗った被害者が，移動中に犯人間の会話から強制性交の計画に気が付き，必死に逃走を図ろうとして，自動車から転落して負傷した場合であっても，強制性交等致傷罪は成立しないことになる（監禁罪の理解にもよるが，監禁致傷罪は成立しうるだろう）。

このように「一連の実行行為」の着手を要求する理解は，条文の文言に即して未遂犯の成立範囲を形式的に限定する手法として十分に理解しうるところである61)。しかしながら，このような理解は結局のところ，形式的客観説に帰着するものであり，十分な根拠を欠くように思われる62)。未遂犯処罰のためには実行行為に密接に関連する行為が必要であるとしても，密接に関連する行為が構成要件的な内容を示す必要はないと思われる。実際，このような形式的限定を貫徹した場合，同種の犯罪であっても，行為態様の限定があるか否かによって，着手時期が大幅に異なることになる。たとえば176条前段の強制わいせつ罪は暴行・脅迫を手段とするから，13歳の被害者にわいせつな行為をする意図で被害者をだまして自室に連れ込んだ場合には，被害者に対する暴行・

もちろん，単にだまして誘い込むだけでは，行為者の犯意が確定的に発現しておらず，犯意を撤回することも十分に可能であるため，そもそも強制性交に至る危険性が乏しいとして，着手を否定すべき場合が多いだろう。すなわち，「もう後戻りできない」状態に至ることが，犯行実現の危険性の存否に影響を及ぼすことが考えられるから，このような観点からは，被害者を強引に引きずり込んだか，だまして誘い入れたかの違いが，危険性判断に影響を及ぼす可能性は否定できない。

61)　このような形式的限定を罪刑法定主義（または立法者意思）に基づく要請とするものとして，二本柳誠「詐欺罪における実行の着手」刑事法ジャーナル57号（2018年）38頁以下を参照。

62)　このような指摘として，山口283頁を参照。

脅迫を開始した段階ではじめて強制わいせつ罪の未遂が成立することになるが，被害者が13歳未満の場合（たとえば12歳），およそ手段の限定がないため（同条後段参照），「わいせつ行為に密接に関連する行為」があれば十分であり，具体的な事実関係によっては，部屋に連れ込んだだけで着手が認められる余地がある。しかし，被害者が12歳か13歳かによって，着手時期が異なってくることは妥当ではないように思われる[63]。

VI. 最近の判例の動向

1. 無許可輸出罪の実行の着手（最判平成26・11・7刑集68巻9号963頁）

(1) 事実関係・判旨

実行の着手については，最近，重要な判例が出ている。簡単に紹介しておきたい。まず，関税法における無許可輸出罪の（111条1項1号）の未遂（同条3項）の成否である。関税法は「輸出」について「内国貨物を外国に向けて送り出すことをいう」（2条1項2号）と定義しており，国際線の飛行機に荷物を積載する類型については，航空機に積載する段階で「輸出」が既遂に達したと解されている。本件当時，成田国際空港における航空機への機内預託手荷物については，チェックインカウンターエリア入口に設けられたエックス線検査装置による保安検査が行われ，検査が終わった手荷物には検査済みシールが貼付され，検査済みシールが貼付された荷物は，保安検査を終了して問題がなかった手荷物と判断され，そのまま機内預託手荷物として預かって航空機に積み込む扱いとなっていた。一方，機内持込手荷物については，出発エリアの手前にある保安検査場においてエックス線検査を行うため，チェックインカウンターエリア入口での保安検査は行われていなかった[64]。被告人らはスーツケースに隠匿してうなぎの稚魚を密輸出しようとしたが，その手口は，①衣類在中のダミーのスーツケースについて，機内預託手荷物と偽って，同エリア入口でエッ

63） もちろん176条後段の類型についても，暴行・脅迫またはわいせつ行為が開始された段階で着手を認める方向で着手時期を揃える可能性もありうるだろう。しかし，このような理解を殺人罪，窃盗罪にも及ぼした場合，従来の判例・通説の理解と比べて大幅に着手時期が遅れることになろう。

64） 現在では検査の時期・方法が改められているようである。秋吉淳一郎「判解」最判解刑事篇平成26年度309頁注1を参照。

クス線検査装置による保安検査を受け，そのスーツケースに検査済みシールを貼付してもらった後，そのまま同エリアを出て，検査済みシールを剝がし，②うなぎの稚魚が隠匿されたスーツケースについては，機内持込手荷物と偽って，上記エックス線検査を回避して同エリアに入り，先に入手した検査済みシールをそのスーツケースに貼付し，③これをチェックインカウンターで機内預託手荷物として預け，航空機に乗り込むというものであった。犯行当日，被告人らは，ダミーのスーツケースについて保安検査を受け，検査済みシール6枚の貼付を受けた後，上記計画通り，そのシールをうなぎの稚魚が入ったスーツケースに貼り替えたが，その段階で本件犯行が発覚した。

原審の東京高裁（東京高判平成25・8・6前掲刑集1013頁参照）は，「航空機の搭乗手続の際に，機内預託手荷物として運送委託をすれば，特段の事情のない限り，自動的に航空機に積載される」ことから，本件スーツケースを（チェックインカウンターで）運送委託した段階ではじめて実行の着手が認められるとして，運送委託に至っていない本件について，無許可輸出罪の未遂犯の成立を否定した（予備罪の成立を肯定）。これに対して，最高裁は，「検査済みシールを貼付された手荷物は，航空機積載に向けた一連の手続のうち，無許可輸出が発覚する可能性が最も高い保安検査で問題のないことが確認されたものとして，チェックインカウンターでの運送委託の際にも再確認されることなく，通常，そのまま機内預託手荷物として航空機に積載される扱いとなっていたのである。そうすると，本件スーツケース6個を，機内預託手荷物として搭乗予約済みの航空機に積載させる意図の下，機内持込手荷物と偽って保安検査を回避して同エリア内に持ち込み，不正に入手した検査済みシールを貼付した時点では，既に航空機に積載するに至る客観的な危険性が明らかに認められるから，関税法111条3項，1項1号の無許可輸出罪の実行の着手があったものと解するのが相当である」と判示し，原判決を破棄して，同罪の実行の着手を認めている[65]。

65）本判決には千葉勝美裁判官の補足意見が付されており，同意見は，シールの貼り替えによって「密輸出の成功の鍵を握る偽装工作が成功裏に完了し，輸出のための手続の重要な部分が終了して」いることから，「このような状況は，密輸出に至る客観的な危険性が明らかに認められると同時に，構成要件該当行為である機内への無許可輸出品の運送委託に密接な行為が行われたと評価することもできる」と述べている。

(2) 検討

本判決は，チェックインカウンターエリア内で検査済みシールを貼付された手荷物については，その後，運送委託手続が行われれば，保安検査等で内容が確認されることなく，そのまま航空機に積載される扱いになっていたことを重視して，スーツケースにシールを貼付した時点で「既に航空機に積載するに至る客観的な危険性が明らかに認められる」として，無許可輸出罪の実行の着手を認めたものである。シールを貼付する行為は，それ自体が「輸出」，すなわち航空機への積載に向けられた実行行為の一部と評価できるわけではない[66)]。しかしながら，被告人らの犯行計画を実現させる上では，まさにシールの貼替作業が不可欠の前提であり，シールの貼替えによって，本件密輸出はまさに「最大の関門」を超え，これ以降は特段の障害が生じない状態に至ったといえる。このような事実を重視して，本判決はシールの貼付行為の段階で実行の着手を認めたものと解される。被告人らの犯行計画を判断資料に含めた上で，客観的に構成要件が実現される危険性（客観的危険性）を重視した判断であり，実質的客観説に親和的な判断といえるだろう[67)]。

なお，既に指摘されているように，無許可輸出は荷物を航空機に積載する行為によって既遂に達するから，本件の無許可輸出行為も，情を知らない空港職員らを利用した間接正犯形態の犯行である[68)]。間接正犯の実行の着手をめぐっては，既にみたように，利用行為基準説，被利用行為基準説の対立があるところ，本書は切迫性を要求する観点から，基本的には被利用行為が基準とされると述べてきたが，本判決は，シールを貼り替えた段階で着手を認めているわけだから，被利用行為（職員らの積載に向けられた行為）どころか，利用行為（運送委託行為）が行われる前の段階で未遂犯の成立を認めていることになる。これは，被告人らの計画を前提とすれば，シールの貼付行為の後，直ちに利用行為，被利用行為が行われる関係があることから，貼付行為の段階で既に切迫した危険性が認められたことに起因するものであろう[69)]。さらにいえば，本件が殺人罪，窃盗罪のように，被利用者の被利用行為によって結果が発生することを要求する犯罪ではなく，被利用行為（＝積載行為）それ自体によって既

66) このような観点を強調した場合，原審のように，チェックインカウンターで本件スーツケースの運送委託を開始した段階で実行の着手が認められることになるだろう。なお，どこまでを一連の「輸出」行為と評価できるかという問題については，佐伯和也「判批」刑事法ジャーナル44号（2015年）94頁を参照。

遂に達する犯罪だったことも，着手を早める方向で機能していると考えられる。

2. 詐欺罪の実行の着手（最判平成30・3・22刑集72巻1号82頁）

(1) 事実関係・判旨

本件の被害者は既に特殊詐欺によって100万円の被害を受けているところ，氏名不詳者らは，被害者に預金口座から現金を払い戻させた上で，警察官を装って被害者宅を訪問し，これを交付させることを計画し，警察官を名乗って被害者に電話して，「銀行に今すぐ行って全部下ろした方がいいですよ」，「前日の100万円を取り返すので協力してほしい」などと申し向け（1回目の電話），さらにその後の電話で，「僕，向かいますから」などと申し向けた（2回目の電話）。その後，警察官を装って本件被害者から現金を受け取る旨の指示を受けた被告人が，その指示に従って被害者宅に向かったが，到着する前に逮捕されたため，この段階で詐欺罪の実行の着手が認められるかが問題となった。

原審（東京高判平成29・2・2東高刑時報68巻1～12号34頁）は，これらの架電行為では，「現金の交付という財物の交付に向けてなされた犯人の欺罔行為が記載されたと解し得るものがない」として，詐欺罪の実行の着手を否定し，被告人を無罪としたが，最高裁は，2回の電話で嘘（本件嘘）を述べた行為は，「被告人に対して現金を交付させるための計画の一環として行われたものであり，本件嘘の内容は，その犯行計画上，被害者が現金を交付するか否かを判断する前提となるよう予定された事項に係る重要なものであったと認められる。そして，このように段階を踏んで嘘を重ねながら現金を交付させるための犯行計画の下において述べられた本件嘘には，預金口座から現金を下ろして被害者宅に移動させることを求める趣旨の文言や，間もなく警察官が被害者宅を訪問することを予告する文言といった，被害者に現金の交付を求める行為に直接つながる嘘が含まれており，既に100万円の詐欺被害に遭っていた被害者に対し，本件嘘を真実であると誤信させることは，被害者において，間もなく被害

---

67)　この点について，秋吉・前掲注64)307頁以下を参照。

68)　この点について，城下裕二「無許可輸出罪における実行の着手について」渡辺咲子先生古稀記念『変動する社会と格闘する判例・法の動き』（信山社，2017年）57頁などを参照。

69)　この点について，松原324頁を参照。

者宅を訪問しようとしていた被告人の求めに応じて即座に現金を交付してしまう危険性を著しく高めるものといえる」ことから，「本件嘘を一連のものとして被害者に対して述べた段階において，被害者に現金の交付を求める文言を述べていないとしても，詐欺罪の実行の着手があったと認められる」と判示して，詐欺未遂罪の成立を肯定している。

本判決には，山口厚裁判官の補足意見が付されている点においても注目される。同意見は，クロロホルム判例を引用しつつ，「犯罪の実行行為自体ではなくとも，実行行為に密接であって，被害を生じさせる客観的な危険性が認められる行為に着手することによっても未遂罪は成立し得る」という理解を前提として，詐欺罪についても，「実行行為である『人を欺く行為』自体への着手がいまだ認められないとはいえても，詐欺未遂罪が成立しないということを必ずしも意味するものではない。未遂罪の成否において問題となるのは，実行行為に『密接』で『客観的な危険性』が認められる行為への着手が認められるかであ」るとしつつ，本件については少なくとも，2回目の電話によって，「密接」な行為が行われていると解することができる。「また，前日詐欺被害にあった被害者が本件の一連の嘘により欺かれて現金を交付する危険性は，上記2回目の電話により著しく高まったものと認められる。こうして……2回の電話が一連のものとして行われた本件事案においては，1回目の電話の時点で未遂罪が成立し得るかどうかはともかく，2回目の電話によって，詐欺の実行行為に密接な行為がなされたと明らかにいえ，詐欺未遂罪の成立を肯定することができる」としている。

⑵ 検討

詐欺罪の実行行為である「人を欺く行為」（欺罔行為）は，被害者の交付に向けられた行為であり，「交付の判断の基礎となる重要な事項」について虚偽の事実を示す行為と解されているから，警察官であると偽って100万円を預かる旨を告げる行為がこれに該当することは当然である。本件は，その段階に至っておらず，現金の交付を求める旨の嘘を述べていなくても，その前提となる嘘を述べた段階で，詐欺罪の実行の着手を認めたものである。この段階で詐欺罪の実行の着手を認めるためには，2つの構成がありうる。1つは，本件嘘を述べる行為は，詐欺罪の実行行為である欺罔行為の一部を構成するわけではないが，実行行為に密接で危険な行為であるとして，実行の着手を認める理解である。これに対して，あくまでも詐欺罪の実行の着手は欺罔行為の開始時点に求められる必要があるとしつつ，財物を直接要求する行為ではなくても，その前提として嘘をつく行為も含めて，一連の嘘を述べる行為を（一連の）「欺罔行為」（実行行為）と評価するアプローチも考えられる。

これはいうまでもなく，詐欺罪のように実行行為の手段・態様が限定されている犯罪について実行の着手を認めるために，（一連の）実行行為の開始を要求すべきかという問題の反映ということができる。山口補足意見が前者の理解を採用していることは明らかだが，法廷意見がどちらのアプローチを採用しているのかは必ずしも明らかではない[70]。おそらく法廷意見は，本件の事案の解決においては，いずれのアプローチでも結論は異ならないことから，その点に関する具体的な判断を差し控えたものだと推測される[71]。両者の対立が顕在化するのは，欺罔行為に密接に関連する行為といえるが，しかし，人を欺く行為の一部と評価することが困難な行為が行われた場合だろう。たとえば，レジの従業員に対して商品の価格を欺き，定価よりも安い金額を支払って商品の交付を受ける犯行計画のもと，店内で当該商品の値札やバーコードを貼り替える行為を行う場合，値札等の貼り替え行為は欺罔行為に密接で危険な行為と評価する余地があるが，人の意思決定に対する働き掛けが具体化していない以上，これを欺罔行為の一部と評価することは困難であろう。繰り返しになるが，本書の立場からは，実行行為の一部実行を要求する必然性はないとして，前者の立場が支持されることになる。

70）　法廷意見は，本件嘘の内容は「その犯行計画上，被害者が現金を交付するか否かを判断する前提となるよう予定された事項に係る重要なものであった」と判示しているが，これも「重要な事項」性を肯定したものと考えると，本件嘘を欺罔行為の一部と解するアプローチに親和的である。もっとも，「交付の判断の基礎となる……事項」と「判断する前提となるよう予定された事項」という表現の相違を強調するのであれば，本件嘘を述べる行為を欺罔行為の前段階の行為として把握していると理解することも不可能ではない。

71）　塩見淳「特殊詐欺事案で見えてきた解釈問題」法教461号（2019年）51頁も，両者のアプローチの「対立を先鋭的に捉えるのは適切でない」とする。

第13章
共同正犯の構造(1)
――共犯としての共同正犯

I. はじめに

本章と次章で共同正犯の成立要件について検討を加えることにしたい。共同正犯は刑法典の中では，第11章「共犯」の章に規定されており，教唆犯，幇助犯とともに「広義の共犯」の一類型である。しかし同時に，共同正犯は「すべて正犯」として取り扱われており，「正犯」としての実体を有している点において，狭義の共犯（教唆，幇助）と区別される。既に言い尽くされている感もあるが，共同正犯の理解においては，共同正犯が「共犯」としての性質を有するとともに，「正犯」としての処罰に値する実体を備えている，という2つの異なる側面を把握することが重要である。つまり共同正犯の成立要件についても，①広義の共犯として（教唆，幇助と同じように）要求される内容と，②正犯性を基礎づける内容に分けることが可能である1)。共同正犯は「共犯」か「正犯」か，という問いかけがなされることがあるが，共同正犯は「共犯」でもあり，また，「正犯」でもある2)。本章では，広義の共犯一般として要求される要件，とりわけ「共謀の射程」をめぐる問題について，検討を加えることにしたい3)。

1） 亀井源太郎『正犯と共犯を区別するということ』（弘文堂，2005年）3頁は，①を共犯の「外側の限界」，②を共犯の「内側の限界」と呼んで区別する。

2） もちろん，「共犯」と「正犯」のウェイトの置き方，より厳密には，正犯性をどの程度強調するかによって，共同正犯の理解が大きく異なってくることになる。山口厚「共同正犯の基本問

Ⅱ．共同正犯の基本的な理解

1．広義の共犯としての共同正犯

(1) 処罰根拠としての因果性

まず，共同正犯の基本的な理解を簡単に示しておくことにしたい。共同正犯においては「一部実行全部責任」の法理が妥当するといわれる。たとえば【事例1】X，YがP殺害の共謀を遂げた上で，同人に向かってけん銃を発砲した結果，Xの発射した弾丸は逸れたが，Yの発射した弾丸がPに命中し，同人が死亡した場合，X・Yの両者は当然に殺人罪の共同正犯の罪責を負う。また，【事例2】A，BがQに対して強盗をする旨の共謀を遂げた上で，Aがもっぱら暴行・脅迫を担当し，Bが反抗抑圧されたQから財物を強取した場合についても，A・Bは強盗罪の共同正犯の罪責を負う。このように共同正犯の関係が認められれば，関与者は自らが直接的に惹起した内容に加えて，相手方の惹起した法益侵害結果についてもあわせて罪責を問われることになる。

それでは，なぜ共同正犯が成立する場合，関与者は相手の惹起した結果についても責任を負うのであろうか。その点については，相手方を介した間接的因果性，とりわけ心理的因果性に求めざるを得ないであろう[4]。すなわち，Xの発砲行為は単独で評価した場合，殺人未遂を構成する行為にすぎないが，共謀によってYの心理面に影響を及ぼし，その発砲行為および結果惹起に間接的な因果性を及ぼしているからこそ，殺人既遂の罪責を負うのである。同様にAの関与は暴行罪・脅迫罪としての処罰を基礎づけるにとどまるが，共謀によってBの強取行為に心理的因果性を有することによって，強盗罪の構成要件該当事実すべてについて因果性を有することになる。このように（少なくとも構成要件該当事実の一部については）他の関与者を介した間接的因果性を有することが，共同正犯処罰の根拠とされるべきである[5]。したがって，「一部実行全部責任」といっても，自らの関与と（直接的または間接的に）因果性のある範囲の結果惹起について責任を負うことを意味するだけであり，因果性のない結果惹起について共同正犯として罪責を負うことはあり得ない。このように

題」山口ほか・最前線210頁以下を参照。

3）　この問題については，既に橋爪隆「共謀の射程と共犯の錯誤」法教359号（2010年）20頁以下で検討を加えている。

4）　この点について，たとえば平野Ⅱ381頁，西田345頁，林403頁，佐伯383頁などを参照。

共同正犯の処罰の前提は結果惹起に対する（間接的な）因果性であり，この点は狭義の共犯と本質的には異ならない。このような意味において，因果性を広義の共犯共通の成立要件として位置づけることができる。

このように因果性を共同正犯の成立要件の１つとして理解した場合，その内容は基本的に狭義の共犯と異ならない。したがって，共同正犯においても，狭義の共犯同様，個別の関与と結果惹起との間に厳格な条件関係（結果回避可能性）までは要求されない。すなわち，幇助犯の因果関係について，通説的見解は，厳格な条件関係（結果回避可能性）までは必要ではなく，結果惹起を促進・強化する関係があればたりると解しているが[6]，共同正犯においても個別の関与者と結果惹起との間には，同様の関係があれば十分であろう。たとえば複数名が犯行の共謀を遂げ，現場に行って犯罪を共同実行したが，かりに１人の者が犯行に関わっていないとしても，当該犯罪が全く同様に行われた可能性がある場合は十分に考えられるが，このような場合でも，その者の関与が実行分担者に重要な因果的影響を及ぼし，結果惹起を促進・強化した関係があれば，共同正犯の成立を認める余地がある[7]。たとえば【事例 1】のＸがそもそも現場に行かず，また，発砲行為を共同しなくても，Ｙは全く同じように発砲行為を行い，Ａを殺害したかもしれない。しかし，Ｘが共謀の上，現場に同行し，発砲行為を共同することによって，Ｙは勇気づけられ，その犯意は強化されている。このような意味において，実行行為を分担しているＸの関与には，結果惹起を促進した因果性を認めることができる。

(2) 故意の内容

共犯についても，故意犯の成立を認めるためには，少なくとも構成要件該当事実の認識・予見が必要である[8]。構成要件的符合説の立場からは，認識した

5） このような理解は，共謀に基づいて実行行為をすべて単独で実行する者（たとえば【事例 1】のＸ）には当てはまらないようにみえる。しかし，共同正犯が成立する場面とは，刑法 60 条を適用しなければ処罰できない類型のほか，単独正犯としても構成可能であるが共謀に基づいて犯行を実行したことを法的評価に反映させるべく，共同正犯として構成している類型も含まれており，単独で実行行為を遂行する者はまさに後者の類型である。前者の類型に限って，間接的因果性によって処罰範囲が拡張されていることになる。

6） 幇助犯の因果性について，このような理解を示す判例・裁判例として，大判大正 2・7・9 刑録 19 輯 771 頁，東京高判平成 2・2・21 判タ 733 号 232 頁などを参照。

7） もちろんこのような場合，共同正犯の正犯性を慎重に判断する必要が生ずるであろう。

構成要件と実現した構成要件が実質的に符合する限度で故意犯の罪責が認められる。たとえばXがYに対して窃盗を教唆したところ，Yが強盗罪を犯した場合，Yが強盗行為に出る可能性が十分にありうる状況であれば，Xは客観的にはYの強盗行為に因果性を有することになるが，Xの故意のある限度で教唆犯としての罪責を負うことになるため，Xには窃盗罪の教唆犯が成立する。このことは共同正犯の場合であっても同様である。共同正犯については犯罪共同説と行為共同説の対立があるが，これは重い犯罪の故意を有する者を共同正犯として評価するか，それとも単独正犯として評価するかの問題であり，軽い罪の故意を有する関与者をその故意の限度で処罰するという意味においては，狭義の共犯の場合と異なるものではない。たとえばA・Bが窃盗罪の共謀を遂げた上で，Aの見張りのもと，Bが財物を窃取しようとしたが，警備員に発見されたため，Bが同人を暴行して財物を強取したという事例の場合，犯罪共同説，行為共同説の対立にかかわらず，Aは窃盗罪の共同正犯の限度で処罰されることになる[9)]。

もっとも，共犯規定がいわゆる修正された構成要件であることから，共犯の故意を認めるためには，関与類型ごとに修正された構成要件についての認識・予見が必要となるため，たとえば幇助犯と共同正犯では，故意の内容が異なってくることになる。すなわち幇助犯の故意を認めるためには，自分の関与が正犯者の犯行を容易にするものであることを認識し，かつ，正犯者の行為を介して結果を惹起することの認識・予見が必要とされるのに対して，共同正犯の故意としては，自らが正犯として評価されるだけの関与をしていること（正犯性）の認識が要求される。したがって，かりに結果発生に対して重要な関与をしており，共同正犯と評価されうる場合であっても，自分の関与の重要性を基礎づける事情を認識していない者については，共同正犯の故意を欠き，幇助犯

8）構成要件該当事実の認識・予見が認められても，違法性阻却事由の誤信がある場合には故意が阻却される点については，単独正犯の場合と全く同様である。したがって，たとえばAが，Bが正当防衛状況にあると誤信して同人にナイフを貸した結果，Bが（正当防衛状況にないにもかかわらず）そのナイフを用いて傷害結果を惹起した場合には，Aは傷害罪の幇助に該当しうるが，誤想防衛として故意が阻却されることになる。

9）Bについては強盗罪の共同正犯が成立するか（行為共同説），それとも強盗罪については単独正犯であり，窃盗罪の限度でAと共同正犯の関係に立つか（部分的犯罪共同説）の対立があるが，Aの罪責には直接的に影響しない。

の限度で故意責任を問われることになるだろう。

このように因果性は広義の共犯共通の前提要件である。また，故意犯の成立を認めるためには，いずれの関与形式であっても，自らが実現した構成要件該当事実の認識・予見が必要である。これらの点については，共同正犯についても，狭義の共犯と基本的に同一の視点から検討することができる。

2. 共同正犯の正犯性

(1) 総説

上記のように共同正犯は広義の共犯の一類型として，狭義の共犯と共通した側面を有しているが，あくまでも「正犯」として処罰される点において，狭義の共犯と決定的に相違している。この共同正犯の正犯性について，伝統的な学説が実行行為（構成要件該当行為）の共同実行を重視していたことは周知のとおりである。もっとも，現在の通説・判例はいわゆる共謀共同正犯を肯定しているため，共同正犯の正犯性は別の観点から基礎づける必要が生ずる。この点については，次章で詳しく検討することにしたい。

共同正犯が「正犯」として処罰されるということは，各関与者が「正犯」であり，狭義の共犯のように正犯に従属する関係（従属性）が不要とされることを意味する[10)]。たとえば幇助犯Ｘが正犯者Ｙの強盗行為を支援する場合，Ｘを強盗罪の幇助として処罰するためには，当然ながら，Ｙの行為が強盗罪の構成要件に該当することが必要であり，さらに要素従属性に関する制限従属性説の立場からは，Ｙの正犯行為が違法であることが要求される。このように（制限従属性説の立場からは）正犯に構成要件該当性・違法性が備わっている場合に限って，背後の関与者は狭義の共犯として処罰可能であり，共犯処罰は正犯行為に従属している。これに対して，共同正犯はそれぞれが「正犯」として処罰されるのであるから，一方の処罰が他方の行為に従属する関係は必要ないし，そもそも，上記のＹのように単独で構成要件に該当する者の存在が要求されていない。たとえば上記の【事例 2】のＡは暴行・脅迫行為のみを行っ

10）　この点について，齊藤誠二「共同正犯の性格をめぐる管見」『神山敏雄先生古稀祝賀論文集(1)』（成文堂，2006 年）367 頁以下，高橋則夫『規範論と刑法解釈論』（成文堂，2007 年）132 頁，山口 332 頁などを参照。これに対して，松宮 285 頁は，適法行為に関する共謀を排除する趣旨から，共同正犯においても従属性が妥当するとする。

11）　このような指摘として，島田聡一郎「間接正犯と共同正犯」前掲注 10)『神山古稀』466 頁以下

ており，Bは財物の奪取行為のみを担当しているから，この場合，強盗罪の構成要件を単独で充足する者は誰も存在しない。この場合，一方が他方に従属するということがおよそ観念できないのである。このように単独正犯に従属する関係が要求されないことから，①共同正犯が問題となる場合，関与者の誰かが構成要件の内容を単独で充足する必要はなく，共同正犯の関係に立つ者全員の関与を一体として評価して，構成要件該当性が認められればたりることになる[11]。さらに，②共同正犯の場合，要素従属性の要請が働かないことから，適法行為と違法行為との間の共同正犯を認める余地もある。

(2)　共犯の従属性と共同正犯

このように共同正犯は「正犯」であり，狭義の共犯のように正犯行為に対する従属性は不要と解されるが，この点は，学生のみなさんからよく質問を受けるところである。そこで少し紙幅を割いて，この問題について確認しておくことにしたい。共犯の従属性については，①実行従属性，②罪名従属性，③要素従属性の３つの従属性に分類するのが一般的な議論である[12]。①～③について，順次検討する。

まず，①実行従属性である。これは正犯者が実行に着手した場合にはじめて未遂犯の共犯が成立するという理解であるが，未遂犯の成立には構成要件的結果発生の具体的・現実的危険性が必要であるという未遂犯論の帰結にすぎず，共犯の従属性と関係する問題ではない[13]。この点については共同正犯についても全く同様であり，共同正犯の関係に立つ者の一部の者が実行に着手することによって結果惹起の危険性が認められ，未遂犯の共同正犯が成立することになる。また，②罪名従属性についても，既に述べたように，狭義の共犯については，関与者の故意に応じた犯罪が成立することになるから，そもそも正犯者の罪名に従属する関係が要求されていない。共同正犯の場合，判例・多数説の部分的犯罪共同説を前提とした場合，罪名の一致する限度で共同正犯が成立することになるが，これは特定の構成要件該当事実について意思連絡がある場合

を参照。

12)　たとえば平野Ⅱ 345頁以下を参照。

13)　なお，予備罪の共同正犯，予備罪に対する共犯を認める余地があることから，その場合には実行従属性は要求されないことになる。もっとも，正犯者の予備行為の開始が要求される点においては，基本的な構造は共通である。

に限って共同正犯の成立を認めることの帰結であり，実行担当者への従属性が要求されているわけではない（実行担当者が殺意を有したとしても，背後者とは傷害致死罪の限度で共同正犯となることは十分に考えられる）。また，行為共同説を採用した場合，各人の故意に応じた罪名の共同正犯が成立することになるから，その処理は狭義の共犯と全く同様であり，従属性はおよそ問題にならないことになる。

③要素従属性の問題が，まさしく狭義の共犯の従属性の問題である。通説的見解である制限従属性説に従った場合，狭義の共犯が成立するためには正犯者の構成要件該当性・違法性が必要となるが，既に述べたように，共同正犯の場合にはこのような制約は不要である。このような理解に対しては，とりわけ共謀共同正犯の場合，実行正犯を介して結果を惹起するという点においては狭義の共犯と何ら異ならないのに，なぜ従属性が不要とされるのかという疑問がありうるところであろう。

まず出発点として，狭義の共犯においても，正犯者の可罰性を借用して処罰するわけではなく，自らの関与について刑事責任を負うのであるから，本来，共犯の違法性も正犯とは別個独立に判断する必要があることを確認しておきたい。すなわち因果共犯論は，共犯者が正犯者を介して間接的に法益を侵害すると理解するものであるから，あくまでも共犯も自分の関与について責任を負い，自分の関与が違法な法益侵害を惹起したかを関与者ごとに個別に判断することになる。しかし，共犯は正犯を介して法益を侵害するのであるから，共犯も正犯も同じ法益侵害結果について罪責を問われることになる。たとえば正犯者が被害者の生命を侵害した場合，それは共犯者からみても生命侵害である。つまり処罰の対象となる結果無価値の惹起は共通である。また，違法性判断において行為無価値を考慮するとしても，それは関与者の単なる心情ではなく，現実の実行行為として発現した内容を対象として判断される必要があるから，実行行為を行っている正犯者の行為態様や主観面を基準として判断するほかはない[14)]。したがって，違法性は本来，個別に判断するのが出発点であるが，その判断対象が同一の行為および結果になることから，実際には違法性評価の帰結がほとんど一致することになる。共犯において違法性が連帯するというのは，このように「個別に判断する必要があるが，しかし，個別に判断しても，実際には違法性判断の結論が一致する場合がほとんどである」という意味で理解するべきである。

しかし，違法性は本来，関与者ごとに個別に判断することが許されるのであるから，一定の結果惹起が正犯者の立場からは違法な法益侵害と評価されても，共犯者からは違法な結果と評価されない場合も例外的にありうることになる[15)]。そして，この逆に，正犯者からみれば違法性を欠く結果であっても，背後の共犯者の立場からは違法な法益侵害と評価される場合もありうることになる[16)]。しかし，正犯者の行為が適法行為と評価される場合について，あえて背後の共犯の罪責を追及するべきではない。このような実質的考慮から，狭義の共犯については制限従属性説が主張されており，正犯について違法性が認められる場合に限って，背後の共犯の処罰が可能とされているのである[17)]。つまり「正犯は適法，共犯は違法」という場面は理論的にはありうることになるが，狭義の共犯が二次的な刑事責任であることから，制限従属性説の採用によって，そのような事態は政策的に排除されていることになる。

共同正犯についても，本来，違法性判断は個別に判断すべきところ，対象となる結果惹起が共通であることから，ほとんどの場合に違法性の判断が一致してくること，しかし，本来個別に判断するのであるから，各人の立場や認識に

14)　行為無価値論が行為者の主観面を考慮するといっても，それは実行行為に関連した主観面である必要があるから，結局は実行行為を行う者の主観面が判断基準とされることになろう。このような指摘として，町野朔「惹起説の整備・点検」内藤謙先生古稀祝賀『刑事法学の現代的状況』（有斐閣，1994年）123頁を参照。

15)　典型的なケースがいわゆる必要的共犯における対向犯の関係である。たとえばわいせつ物を自己に販売するように依頼する者は，わいせつ物頒布等罪の教唆犯の罪責を負わないと解されるが，その実質的根拠は，わいせつ物を購入する者が同罪の実質的被害者の立場にもあるため，正犯の行為が違法であっても，それを教唆犯（＝購入者）の立場から評価した場合，実質的違法性を欠くと評価される点に求めることができる。いわゆる混合惹起説の立場からは，正犯からみて違法であり，かつ，共犯からみても違法な結果を惹起した場合に限って共犯の成立が認められるから，本文で述べるように，①正犯と共犯とで違法性の判断が異なりうること，および，②要素従属性に関して制限従属性説を採用することが導かれることになる。混合惹起説については，高橋則夫『共犯体系と共犯理論』（成文堂，1988年）153頁以下，松宮322頁以下などを参照。

16)　たとえばＡがＢに対して自殺を教唆し，Ｂが自殺に着手した場合，Ａには自殺教唆の未遂罪が成立するが，実際に自殺しようとしたＢの行為は（自己利益の侵害であり）違法な行為とは評価されないであろう。自殺教唆自体が独立の構成要件とされているため，必ずしも適切な例とはいえないが，この場合，Ｂからみれば適法な結果が，背後のＡからみると違法な結果と評価されていることになる。

17)　このような理解として，山口326頁以下，松宮284頁以下を参照。これに対して，最小従属性説を採用する場合，正犯が適法，共犯が違法となる例外的な局面（たとえば違法性阻却事由の判断が関与者間で個別化しうる場合）について，背後の共犯の処罰が可能とされることになる。このような立場として，大谷407頁以下，西田395頁，島田聡一郎『正犯・共犯論の基礎理論』（東京大学出版会，2002年）198頁などを参照。

よって違法性判断が例外的に相対化してくる場合がありうることは，狭義の共犯の場合と全く同じである。しかしながら，共同正犯の場合，各人が「正犯」として一次的な刑事責任を負うのであるから，制限従属性説を採用して処罰範囲を限定する必要は乏しい。したがって，例外的に関与者間で違法評価が相対化する可能性は排除されないことになる。たとえば急迫不正の侵害に対してAとBが共謀の上，相当な防衛行為と評価される傷害行為を共同実行したが，Aの対抗行為は防衛意思に基づくものであるが，Bには防衛意思が認められないという事例であれば（防衛意思必要性を前提とする），A，Bは傷害罪の構成要件該当事実を共同惹起していると評価されるが，正当防衛による違法性阻却の判断はA，B間で相対化してくる。適法行為と違法行為の間に共同正犯が成立するのかという疑問がありうるのかもしれないが，共同正犯は修正された構成要件の段階の問題であり，構成要件該当事実の共同惹起があればたりると解するのであれば，このような結論を正当化することも可能であろう。

Ⅲ．共謀という概念について

判例は片面的共同正犯の成立を否定し，関与者間の共謀を共同正犯の不可欠の要件として理解している。この立場からは，共同正犯は共謀に基づいて構成要件該当事実を共同実現したと評価できる場合に限り，成立することになる。もっとも，従来の学説・実務において「共謀」の存否として検討されてきた問題の中には，理論的に異なる問題が併存していると思われる。【事例3】～【事例5】を手がかりにして考えてみることにしたい。

【事例3】XとYはA宅について住居侵入・窃盗の共謀を遂げ，Xが共謀に基づいてA宅に侵入して窃盗に着手したところ，予期に反してAが在宅しており，Xを捕まえようとしたため，Xは逮捕を免れようとして同人に暴行・脅迫を加えた。

【事例4】XとYは，A宅について住居侵入・窃盗の共謀を遂げ，その犯行計画に従ってXが単独でA宅に向かったところ，A宅には家人が在宅しており，侵入が困難であったためXはA宅侵入を断念した。しかし，Xは手ぶらでは帰ることができないと思い，周囲の家屋を物色し，適当なB宅を発見したため，B宅に侵入して窃盗を完遂した。もっとも，共謀の段階では，X・Y

はもっぱら A 宅について詳細な準備を進めており，A 宅の侵入が困難であれば，そのまま引き返してくることを固く打ち合わせていた。

【事例 5】X は A 宅について住居侵入・窃盗を決意し，配下の Y に犯行計画を説明した上で，A 宅付近まで自動車を運転し，自らの送迎をすることを指示した。Y の運転で現場に到着した X は，単独で A 宅に侵入して窃盗を完遂した。

いずれの事例についても，X が実現した犯罪結果について，Y に共謀が認められるかが問題となりそうである。しかし，各事例で問題となる内容は全く異なっている。【事例 5】の場合，Y が X の住居侵入・窃盗行為を促進した関係は認められるが，その関与は従属的な内容にとどまっている。このような Y を住居侵入罪・窃盗罪の共同正犯として処罰すべきか，それとも幇助犯にとどめるべきかをめぐって，本件で X・Y 間に「共謀」が認められるかが問題となる。これは明らかに共同正犯の正犯性の存否をめぐる問題である。また，【事例 3】についても，X・Y は窃盗の限度で共謀を遂げたにすぎず，事後強盗については共謀が認められないと説明することは十分に可能である。しかし，ここで問題になっているのは Y の故意の存否である。Y が事後強盗罪の共同正犯の罪責を負わないのは，同人には X が事後強盗行為を行うことに関する認識・予見が欠けるからである[18]。ここでは「共謀」という表現を用いるか否かはともかくとして，実際には故意の存否が問題となっているにすぎない。

これに対して，【事例 4】の場合，判例・多数説の抽象的法定符合説を前提とした場合，Y について住居侵入罪・窃盗罪の故意が認められることになる。しかし，このような事例については，X・Y の間にはあくまでも A 宅侵入窃盗に限って共謀があったにすぎず，B 宅侵入窃盗は，共謀に基づいて行われたのではなく，あくまでも X 個人の犯行として行われたとして，Y について共同正犯の成立を否定する余地がある。その理由は，まさしく心理的因果性の欠

18)　このように考えた場合，【事例 3】において，Y が（X との意思疎通なしに）A の在宅を認識しており，X が事後強盗を行うことについて未必的に予見していた場合には，Y には事後強盗罪の故意が認められることになる。この場合，同人に事後強盗罪の共同正犯が成立するのかは，事後強盗行為について意思連絡が欠ける場合であっても，Y に正犯性が認められるかという問題に帰着することになろう（片面的共同正犯を否定する判例の立場からは，消極に解されることになるだろう。もっとも，片面的幇助が認められる以上，少なくとも事後強盗罪の幇助は成立すると思われる）。

如に求めるべきであろう。すなわち，あくまでもX・Yの共謀はA宅侵入窃盗についてXの犯意を強化し，その犯行を促進する効果を有しているところ，B宅侵入窃盗は共謀の因果的影響下で行われたわけではなく，X独自の意思決定によって行われたと評価できる。このように心理的因果性が具体的結果に及ばない場合には，そもそも広義の共犯としての処罰根拠を欠くのであるから，Yは共同正犯としての罪責を負わないことになる。

このように「共謀」の存否として議論されている問題は，①結果惹起に対する故意の存否，②実行担当者の行為に対する心理的因果性の存否，③正犯性の存否というレベルの問題に区別することができる。具体的な事案の分析においては，広義の共犯の共通の要件が問題となっており，それが否定されると無罪になる場合と，共同正犯と狭義の共犯の限界として論じられている問題を分けることが重要であろう。いうまでもなく，前者の問題が①②，後者の問題が③である。

なお，学修上のポイントについて付言しておきたい。上記①〜③は理論的には異なる次元に属する問題であるが，実際の事案の解決においては，①〜③の判断で考慮されるべき事情が大幅に重なり合っていることも多い。したがって，上記3点の相違を意識することは重要であるが，常に3段階を分けて具体的な検討を加える必要があるわけではない。たとえば【事例3】の場合，そもそもX・Yは窃盗に限って共謀を遂げていたのであるから，X・Yの共謀はXの事後強盗行為に心理的因果性を及ぼしているのかを問題にすることは可能である。窃盗が事後強盗に発展することは通常ありうるとして，心理的因果性を肯定すべき場合がほとんどだろうが，具体的な事実関係によっては心理的因果性に疑問が生ずる場合もないわけではない[19]。しかし，いずれにせよ，Yに事後強盗罪に関する故意が欠けるのであるから，心理的因果性の存否を問題にするまでもなく，同罪の共同正犯の成立が否定される。【事例4】についても，具体的法定符合説の立場を前提とし，Yにとっては方法の錯誤が生じていると解するのであれば[20]，いずれにせよYはB宅侵入窃盗につき故意を欠くこ

19) たとえば「かりに人がいた場合にはすぐに逃げてこい，絶対に手を出すな」と事前に相談していたような事例であれば，暴行・脅迫については心理的因果性を欠く場合もありうるかもしれない。

20) このような理解として，西田246頁以下などを参照。

21) 議論の嚆矢として，十河太朗「共謀の射程について」川端博ほか編『理論刑法学の探究③』

となるから，心理的因果性の存否を具体的に検討することの実益は失われる。このように考えると，共謀に基づく心理的因果性を慎重に検討すべき事例は，(1)故意・錯誤論としては，発生した（想定外の）結果について故意を否定しがたい事例，(2)共謀の範囲を超えた結果惹起について結果的加重犯の共同正犯の成否が問題となる事例，(3)正当防衛など違法性阻却事由に該当する事実について意思連絡が認められるが，実行担当者によって違法性阻却の範囲を逸脱した結果が惹起された事例などに事実上，限定されてくることになるだろう。

Ⅳ．共謀の射程をめぐって

1．「共謀の射程」の意義

最近の議論では，「共謀の射程」が問題とされる機会が増えている[21)]。「共謀の射程」論とは，共同正犯が共謀に基づく構成要件の共同実現であることから，共謀を遂げた者は，実行担当者による結果惹起が「共謀に基づくもの」，すなわち「共謀の射程」内の結果惹起と評価される場合に限って，共同正犯としての罪責を負うという理解である。実行行為を分担していない者については，まさに犯罪事実について共謀を遂げたことが共同正犯処罰の根拠となるのであるから，共謀に基づいて結果が発生した場合に限って罪責を負うことは当然のことであり，何か特別の法理が問題になっているわけではない。

「共謀の射程」という概念のもとでは，これまで，①故意の存否，②心理的因果性の限界，③正犯性の限界という上記の3つの問題領域が複合的に取り扱われてきた印象を受ける[22)]。「共謀の射程」という概念に一義的な定義があるわけではないから，これをどのような意味で使うのも自由である。たとえば【事例3】のように本来は故意の範囲が問題になる事例についても，事後強盗は「共謀の射程外」であると説明しても構わないだろう。しかしながら，既に述べてきたように，①〜③は理論的には別の内容を含んでおり，その区別を十分に意識することが重要であるところ，これらをすべて「共謀の射程」という

（成文堂，2010年）73頁以下が重要である。筆者自身の検討として，橋爪・前掲注3)20頁以下のほか，同「共謀の限界について」刑法雑誌53巻2号（2014年）169頁以下も参照。

22)　同様の指摘として，嶋矢貴之「共犯の諸問題」法時85巻1号（2013年）33頁を参照。さらに，島田聡一郎「共謀共同正犯論の現状と課題」川端ほか編・前掲注21)51頁以下も参照。

概念に包摂してしまい，あたかも本質的には同じ問題領域であるかのような説明をすることが適切であるとは思われない。共謀の射程を「共謀に基づく」結果惹起を把握する概念として理解するのであれば，これを，②共謀による心理的因果性の射程を画する概念として位置づけることが適当であると思われる。

学説においては，「共謀の射程」を心理的因果性の問題に解消するのではなく，さらに相互利用補充関係の及ぶ範囲として理解する見解も有力である[23)]。このような理解によれば，結果惹起について心理的因果性が及ぶ場合であっても，共同正犯固有の相互利用補充関係に基づいて結果を惹起したといえない場合には，「共謀の射程」が及ばず，共同正犯の成立が否定されることになる。繰り返し述べるように，「共謀の射程」という概念に一義的な定義があるわけではないから，このような理解ももちろん可能であるし，そもそも「共謀の射程」という概念の定義をめぐって議論すること自体，およそ意味のあることではない。ただ，②の観点から広義の共犯の成立が否定されて不可罰となる場合と，③の観点から正犯性が否定されて狭義の共犯の成立が認められる場合は，全く事情も異なるし，その観点が欠落した場合の法的効果も異なる。すなわち，心理的因果性が欠ける場合には関与者は（その結果惹起については）不可罰とされるが，正犯性が否定されるだけであれば，なお，狭義の共犯としての処罰の可能性が残るのである。このように②と③の観点は大きく性質が異なる以上，両者を「共謀の射程」という概念にまとめてみても，あまり意味がないように思われる。概念の整理の問題にすぎないが，本書ではこのような理解から，「共謀の射程」を共謀の心理的因果性の及ぶ範囲という趣旨で用いることにしたい。したがって「共謀の射程」が及ばない場合，結果に対する因果性が欠ける以上，関与者は当該結果について（広義の共犯として）およそ罪責を負わないことになる。

なお，このような心理的因果性の存否は広義の共犯一般に当てはまる問題であるから，教唆犯，幇助犯についてもそれぞれ「教唆の射程」，「幇助の射程」として，関与行為の心理的因果性の範囲が問題になる。たとえば【事例 4】において，Y が共同正犯ではなく，教唆犯と評価される場合であっても，教唆

---

23)　十河・前掲注 21)98 頁以下，高橋 465 頁以下などを参照。さらに仲道祐樹「共謀による義務付けと共謀の射程」高橋則夫ほか『理論刑法学入門』（日本評論社，2014 年）241 頁以下は，共謀による「相互的義務付け」の範囲としてこの問題を理解する。

行為の心理的因果性はA宅侵入窃盗に限られており，B宅侵入窃盗にまでは及んでいないとして，教唆犯の成立を否定することが可能である[24)]。

2. 共謀の危険実現

(1) 総説

このように「共謀の射程」を心理的因果性が及ぶ範囲として理解した場合，何か特別な問題が生ずるわけではない。共謀の心理的因果性，すなわち共謀によって実行担当者の主観面に働き掛け，その犯行を促進・強化する関係がいかなる範囲で認められるかを具体的事実関係に即して判断するだけのことである。そして，因果関係を実行行為の危険の現実化として理解する立場からは，共謀の心理的因果性についても，共謀の危険の現実化として実行担当者の行為が行われ，結果が発生した関係が必要とされることになる。危険の現実化の判断については，①介在事情を介した間接的実現類型と，②実行行為の危険が直接的に結果に及んでいる直接的実現類型に分類することができるが[25)]，この場合，直接的な結果惹起は実行担当者によって行われているため，もっぱら前者の観点から危険実現の関係が問題とされることになる。したがって，実行担当者の犯行が共謀の影響によって誘発されうる行為と評価できる場合には，共謀の危険実現を肯定することができる。たとえば現場で突発的な事態に直面した実行担当者が，興奮や動揺のあまり，共謀の内容から大幅に逸脱した犯行を実現したような場合については，共謀が当該犯行を招いた事実上の関係（条件関係）は否定できないかもしれないが，本件の実行担当者の意思決定は共謀によって誘発されることが一般的な内容ではなく，むしろ独自の意思決定と評価すべきであるとして，共謀の危険実現を否定する余地があると思われる。

このような共謀の危険実現の関係は当然ながら個別の事案ごとに判断されることになるが，一応の判断基準となりうることをごく簡単に指摘しておくことにしたい。まず，当事者間の意思連絡の内容が決定的な基準になることはいうまでもない。共謀によって関与者は特定の犯罪実現に向けて互いに動機づけを行っており，実行担当者は共謀によって犯行に向けられた動機を形成・強化さ

24)　教唆犯の成否について，このような判断を示したものとして，最判昭和25・7・11刑集4巻7号1261頁を参照。
25)　このような理解については，本書10頁以下を参照。

れ，その影響下で現実の犯行を実現することになる。したがって，当初の共謀と実質的には同一内容の犯罪が実現された場合には，当然に共謀の射程が認められる。逆に，共謀の内容と実現された犯罪の内容が大きくかけ離れている場合には，共謀の射程が否定される場合が多くなるだろう。

もっとも，共謀による危険実現が実行担当者の内心に働き掛け，その犯行に向けた動機形成を媒介として結果を惹起するものであることにかんがみれば，より決定的な基準は実行担当者の動機の同一性・連続性に求められるべきであろう[26)]。かりに共謀内容と現実の犯行との間に何らかの齟齬が生じていたとしても，共謀の内容を実現しようとする過程でこのような変更が生じたにすぎず，当初の動機づけの同一性が維持されていると評価できる場合には危険実現の関係を肯定すべきであろう。たとえばＸとＹが強盗の共謀を遂げ，実行担当者Ｘが現場に向かったところ，被害者宅の家人が不在であったため（強盗から窃盗に計画を変更し）財物を窃取したが，その後，帰宅した家人に発見され，暴行・脅迫に及んだという事例の場合，状況の変化に伴ってＸの犯行計画は強盗から窃盗，さらに事後強盗と変更されているが，その動機づけの一体性・連続性を肯定することは十分に可能である。この場合にはＸ・Ｙの強盗に関する共謀の危険が実現したと評価することができる[27)]。

繰り返し述べるように，共謀の危険実現の範囲は，具体的な共謀内容や関与者間の関係などに即して個別に検討する必要がある。たとえば特定の犯罪に限って共謀が行われており，それ以外の犯罪行為は行わないような留保が付されている場合には，まさに背後者は特定の犯罪計画に限って支援する旨を表明し，その限度で犯行に向けた動機付けを強化していると解されるから，実行担当者が共謀内容と異なる犯行を実現した場合には，共謀の射程を否定すべき場合が多くなるであろう。まさに【事例 4】がそのような場合である。本事例については「Ａ宅以外には絶対侵入してはいけない」という留保が示されてい

---

26)　このような指摘として，島田・前掲注 17)370 頁以下を参照。

27)　この場合，実現事実（事後強盗）と認識事実（強盗）が構成要件的に符合することから，事後強盗罪の故意が認められ，共同正犯が成立することになる。

28)　この場合，①実行担当者があえて犯行計画を変更し，全く別の犯罪を実現した場合，もはや実行担当者は共謀の心理的拘束を離脱して，自らの意思決定に基づいて別個の犯罪を実現したと評価される場合が多くなるだろう。もっとも，②当初の共謀内容を実現しようとしたところ障害が介在したため，指示内容を遵守しようとするあまり，阻害要因を排除するべく別の犯罪を犯した場合であれば，共謀の射程を認めるべき場合が多くなるであろう。たとえば暴力団組長Ｘから

たからこそ，共謀の射程が否定されうるのであり，このような限定が十分に施されていない場合には，B宅侵入窃盗についても共謀の射程を肯定する余地がある。また，背後者が実行担当者の主観面に及ぼす影響の程度も重要な考慮要素である。たとえば背後者が実行担当者に対して強い心理的拘束を及ぼしうる関係にある場合，実行担当者は共謀によって強い動機づけを与えられ，その指示を忠実に実行しようとする場合が多いだろう[28)]。逆に背後者の立場が従属的であり，実行担当者に与える心理的影響が軽微な場合には，実行担当者が現場で急遽，犯行計画を変更した事例については，もはや当初の共謀の影響は残存しておらず，実行担当者独自の意思決定によって犯行を実現したと評価される場合が多くなると思われる。

(2)　共謀と故意の関係

繰り返し述べるように，共謀の射程は共謀がいかなる行為を誘発し，いかなる事態に発展するのが一般的かという観点から判断されることになるから，当事者が事前に予見していた事態に限定されるわけではない。したがって，本書の理解からは，共謀と故意は別の概念として論理的に区別される。たとえば【事例6】XとYがA傷害の共謀を遂げ，計画に基づいてXがナイフを持ってAのもとに赴いたが，Aの抵抗に直面し，激高したXが殺意をいだき，同人を殺害したという事例についても，A殺害という事態は当初の共謀段階では想定されていなかった事情ではあるが，ナイフを用いた傷害を共謀すれば，被害者の抵抗などの事情が契機となって実行担当者が殺害行為に至ることも十分にありうる事態であり，共謀の心理的因果性が認められる場合が多いと思われる[29)]。もちろん，Yは傷害致死罪の共同正犯の罪責を負うにとどまるが，それは殺人罪についての故意を欠くことの帰結にすぎない。傷害罪ではなく，傷害致死罪の罪責を負うということ自体，Xによる殺害結果が共謀の心理的

対立組織のA殺害を命じられたYが，A宅に赴いたところ（予期に反して）警護役B，Cが在宅しており，両人による妨害が想定されたため，Xの命令を確実に実行するためにB，Cを殺傷したような場合については，共謀の射程を認めるべき場合が多いと思われる。この点については，橋爪・前掲注21)173頁以下もあわせて参照。

29)　もちろん，Xの殺害行為について常に共謀の因果性が及ぶとは限らないから，この点については共謀の内容や犯行の状況等を考慮した慎重な検討が必要である。このような問題意識から【事例6】ではナイフを用いた傷害を共謀した事例としている。

因果性に基づいて現実化していることを意味している。もちろん，X・Yは傷害の共謀を遂げたにすぎないが，その共謀内容には殺害行為に発展する危険性があり，その危険実現としてAの死亡結果が惹起されたと説明することができる。

もっとも，従来の学説や実務では，共謀と故意を必ずしも厳密に区別しない処理が一般的であったように推測される。たとえば【事例6】についても，故意と共謀を同一視して，Yには傷害致死の限度で共謀が認められるというのが普通の説明だろう。そして，本書の理解からも，Yが傷害致死罪の限度で共同正犯の罪責を負うという結論に変わりはないから，この事例について，あえて共謀の因果性は及ぶが故意がないという議論をする実益は乏しい（むしろ，こういう議論をしないほうが無難である）。ただ，【事例6】とは逆に，故意・錯誤論としては符合を否定することができないが，実行担当者の独自の意思決定による犯行であり，共謀の射程が及ばない場合は存在するのであり，この場合に背後者を不可罰にするためには，やはり共謀と故意を峻別した議論が必要になるのである。私個人としては，今後，共謀と故意を明確に区別した議論が一般化することを強く期待したいが，当面は，故意・錯誤論としては解決できない事例に限って，両者の区別を意識した議論をすることをお勧めしておきたい。

(3) 具体例の検討

最後に，裁判例・判例の具体的事案に即して，共謀の射程の判断の在り方を示しておくことにしたい[30]。

① 東京高判昭和60・9・30（判タ620号214頁）

暴力団組長である被告人Xとその配下の構成員Yらが順次共謀の上，対立していたAを拉致し，監禁することの共謀を遂げた（その際に暴行・傷害を加えることについても未必的な認識があったとされている）。もっとも，Yら実行担当者はAの拉致に失敗したため，このままでは自分たちの面子が立たないと考え，（Xを除く）実行担当者の間で相談した上で「被告人のためではなく，自分たちの意地のために」A殺害を計画にするに至り，翌日，A宅に押し入って同人ら2名を殺害した。このような事実関係について，東京高裁は，Xに

30）それ以外の裁判例の分析については，十河・前掲注21)78頁以下を参照。
31）このような指摘として，中森喜彦「判批」判評400号（判時1415号）（1992年）62頁を参照。

はそもそもＡに対する殺人罪の故意が欠けるとした上で，拉致・監禁に随伴しうる暴行・傷害の故意があったことから，傷害致死罪の共同正犯の成否について検討を加えたが，ＹらがＡ宅に侵入して同人らを殺害する行為は「拉致の謀議に基づく実行行為中における殺害という類型」に客観的に当てはまらず，さらに「客観的な行為態様のみならず，実行担当者の主観的な意識の面をも併せ見れば」，本件殺害行為は当初の謀議に基づくものではなく，Ｙらによる新たな謀議に基づいて行われたものであるとして，Ｘを無罪とした。

本件の具体的な事実関係をみると，そもそもＸはＡらとの抗争を避けようとしていたが，構成員からの突き上げを抑えることができず，やむなくＡとの交渉を有利に進めるため，同人の拉致・監禁を許したという事情がある。すなわちＸはＹらを指揮監督すべき立場にあるが，本件の犯行計画の策定において主導的な地位にあったわけではない。しかも，Ａの拉致に失敗した後，Ｘは上位組織の幹部から当面は動かないように指示があったこともあり，消極的な対応に終始していたところ，それに苛立ちを覚えたＹらが「自分たちの意地のために」，しかも当初の共謀内容から大きく逸脱する殺害行為を行ったという事情も認められる。これらの事情が重視されて，本判決においては，Ａ殺害行為はＹらの新たな共謀に基づくものであり，当初の共謀に基づく犯行ではないとして，共謀の射程が否定されたものと思われる[31]。

このように共謀の射程を論ずるに当たっては，犯行の態様，動機，共謀に至る経緯，当事者の態度などの具体的な事情を適切に考慮する必要があり，その判断も微妙なものにならざるを得ない。たとえば，かりにＹらが当初の犯行計画通り，再度Ａを拉致・監禁しようとしたところ，Ａの抵抗に直面したことから実行担当者の一部が激高し，同人を殺害するに至ったような事例であれば，当初の共謀の射程が及ぶとして，Ｘは（故意が符合する限度で）傷害致死罪の共同正犯の罪責を負った可能性もあると思われる[32]。また，本件と全く同じように，Ｙらが「自分たちの意地のため」だけにＡらを襲撃し，傷害を負わせたような事案であると，判断は微妙になるが，犯行動機の同一性・連続性が欠けると評価できるのであれば，やはり本判決同様，共謀の射程が否定されることになるだろう。

32）その場合，被告人Ｘについては共犯関係からの離脱が問題となるが，実行担当者に対して当面は動かないように伝えるだけでは，因果性の解消として十分とはいえないであろう。

② 東京地判平成 7・10・9（判時 1598 号 155 頁）

Aは B女とともにスナックの経営者を睡眠薬で眠らせ，金品を盗取するという昏酔強盗を過去に行ったことがあったが，遊興費目的で再び昏酔強盗を計画するに至り，Bの提案によって，同女の遊び仲間である被告人X女が呼び出され，XもAらの昏酔強盗の犯行計画に同意した（XとAは初対面であった)。3名はCが経営するスナックに入店し，隙を見てCのビールに睡眠薬を入れたが，Cがなかなか眠り込まないため，Aが犯行計画を変更し，いきなりCに激しい暴行を加えて気絶させると，その後，A，B，Xの3名で店内の金品を奪い去った。このような事実関係につき，東京地裁は，「昏酔強盗とは手段方法が質的に異なっている暴行脅迫を手段とする強盗についての共謀」を新たに認定する必要があるという前提のもと，被告人が「昏酔強盗の計画が暴行脅迫を手段とする強盗へと発展する可能性を認識していたとは認められ」ないとして，強盗に関する新たな共謀の成立を否定している33)。しかし，一般論としていえば，昏酔強盗の犯行計画を有する者が，被害者が眠り込まないため，計画を変更して強盗行為に転ずることは，共謀内容を達成するための臨機応変の判断として十分に考えられる事態であると思われる34)。むしろ，本件については，本件犯行の主導者はAであり，Xは犯行計画の策定に具体的に加わっていたわけではないという事情が重要であろう。しかもAとXは当日まで面識もなかったのであるから，Xの関与は従属的なものにとどまっており，Aに対して及ぼす心理的影響も相当に希薄なものであったと思われる35)。このような具体的事情があるからこそ，現場におけるAの計画変更はもっぱら同人の判断であり，Xとの共謀による心理的影響はもはや残存していないと評価することが可能であったように思われる。かりに当初からXが昏酔強盗の犯行計画の策定に積極的に関わっていたり，Aの判断に影響を及ぼしうるような立場にあれば，共謀の射程に関する判断は異なった可能性があるだろう36)。

---

33)　もっとも，XはA，Bによる暴行脅迫を認容した上で，それを利用して財物を取得していることから，強盗罪の承継的共同正犯の成立が認められている（傷害結果については承継が否定されている)。

34)　このような指摘として，十河・前掲注 21)107 頁以下を参照。さらに，前田雅英「判批」東京都立大学法学会雑誌 38 巻 2 号（1997 年）484 頁，勝丸充啓「判批」警察学論集 50 巻 3 号（1997 年）200 頁も参照。

③ 最判平成6・12・6（刑集48巻8号509頁）

被告人Xが友人Yらと雑談をしていたところ，AがXの友人の1人であるB女の髪をつかんで引き回すなどの暴行を始めたため，Bの髪から手を離させようとして，X，Yら4名でAに暴行を加えたが（第1暴行），Aの攻撃が終了した後，さらにYが同人の顔面を殴打し（第2暴行），頭蓋骨骨折等の重傷を負わせたという事件である。最高裁は，第1暴行は正当防衛に当たるところ，第2暴行段階では侵害が既に終了しているため，第1暴行・第2暴行をともに実行したYについては両暴行を一体的に評価して，量的過剰防衛が成立することを前提とした上で，第1暴行について現場共謀を遂げたXの罪責については，「侵害現在時と侵害終了後とに分けて考察するのが相当であり，侵害現在時における暴行が正当防衛と認められる場合には，侵害終了後の暴行については，侵害現在時における防衛行為としての暴行の共同意思から離脱したかどうかではなく，新たに共謀が成立したかどうかを検討すべき」であると判示し，本件の事実関係のもとでは，第2暴行について新たな共謀が現場で成立したことを認定することができないとして，Xを無罪としている。

本判決は，正当防衛としての第1暴行について共謀を遂げたとしても，その共謀の射程には，侵害終了後の追撃行為である第2暴行までは含まれないことを示した判例として理解することができる。この点については，正当防衛は適法行為であり，犯罪行為とはいえないことから，正当防衛である第1暴行に関する意思連絡はそもそも共同正犯における「共謀」に該当しないという理解が一般的である[37)]。このような理解からは，そもそも第1暴行に関する意思連絡は「共謀」と評価されないのであるから，共同正犯が成立するためには，第2暴行段階で新たな共謀を認定する必要があることは，当然の帰結ということになる。

本判決は，「侵害現在時における暴行が正当防衛と認められる場合には……新たに共謀が成立したかどうかを検討すべき」と判示しており，第1暴行が正

35)　このような意味においては，そもそもXについては，共同正犯の正犯性についても，問題が生じうる事案であったように思われる。

36)　かりに共謀の射程が認められた場合，昏酔強盗罪と強盗罪の間には，反抗抑圧状態を利用して財物等を奪取するという点において，構成要件の実質的符合を認める余地があるから，実現した犯罪について故意を認めることが可能であろう。

37)　たとえば山口380頁，松宮267頁，井田565頁などを参照。

当防衛と評価される場合には，具体的な事実関係を問わず，一律に第２暴行に関する新たな共謀を要求する旨の判断を示しているから，上記の一般的理解が本判決の最も素直な解釈であることは否定できない。このような理解からは，第１暴行が正当防衛と評価されるか否かが決定的であるから，第１暴行が質的過剰防衛と評価される場合には結論が異なりうることになる。

しかしながら，私自身は，このような解釈に若干の疑問を覚えている。適法行為に関する意思連絡であっても，それが違法行為に発展する場合がないわけではない。この場合に，共同正犯としての処罰の可能性を全面的に排除すべきではないように思われる。共同正犯が修正された構成要件の問題であり，違法性判断に先行して判断されるべき問題であること，すなわち第１暴行が正当防衛か否かを判断する前に共同正犯の成否を決する必要があることも，このような理解の根拠となりうるであろう[38]。

むしろ本判決の結論を正当化するためには，第１暴行と第２暴行の具体的な態様や動機・目的が大きく異なることから，第１暴行に関する共謀の射程に第２暴行が含まれないという評価を重視すべきであろう。すなわち，防衛行為としての第１暴行と侵害終了後の追撃行為としての第２暴行では，その行為の動機・目的に本質的な相違が生ずる場合が多い。もちろん量的過剰を肯定できるということは，第２暴行段階においても防衛意思が継続されており[39]，その意味では意思内容の同一性は維持されているということもできるが，本件においては，第１暴行はＢに対する暴行を排除しようとする防衛目的のもとで行われたのに対して，第２暴行においてはむしろ報復・攻撃目的が主となっているといえる。ここでは動機の一体性・連続性が重要であるから，防衛意思の継続性が認められる場合であっても，動機・目的の連続性が否定されることは十分にありうると思われる[40]。とりわけ本件は自己防衛の事例ではなく，第三者防衛の事例であることから，第１暴行を共同実行することそれ自体で激高し，攻撃意思を強めて第２暴行に至るという展開は，通常の自己防衛の場合と

38）　このような指摘として，佐伯仁志「判批」ジュリ1125号（1997年）149頁を参照。

39）　この点については，最決平成20・6・25刑集62巻6号1859頁を参照。

40）　十河太朗「共謀の射程と量的過剰防衛」『川端博先生古稀記念論文集(上)』（成文堂，2014年）723頁以下は，行為の動機・目的を重視する立場から，実行担当者が侵害の終了を認識しつつ追撃行為に出た場合には（量的過剰を肯定できる場合であっても）動機・目的の連続性が失われ，共謀の射程が否定されうるが，侵害が終了していないと誤信している場合には当初の共謀の射程が及ぶことが多くなるとする。

比べれば，それほど一般的に生ずるわけでもないと考えることもできよう41)。

このような理解からは，本判決は正当防衛の共謀に関する一般準則を示したものではなく，あくまでも本件の具体的事案に限った事例判例として位置づけられる。したがって，かりに第1暴行それ自体が質的過剰防衛であれば，それ自体が危険な暴行行為であり，関与者の攻撃意思を増幅させ，第2暴行を誘発する可能性が高まる場合が多いとはいえるが42)，その場合でも被告人の共謀に関する関与の程度，第1暴行の内容などの具体的事情によっては，共謀の射程が否定される場合もありうることになる。逆に第1暴行が正当防衛であっても，第1暴行における被告人の関与の程度や（防衛意思を否定するほどではない）攻撃意思の存否などの事情によっては，第2暴行が第1暴行の共謀の射程に含まれる場合も考えられるであろう43)。

④　東京地判平成29・7・3（公刊物未登載）

本件被告人は，香港在住のAから，日本への覚せい剤の密輸を持ち掛けられ，同人から覚せい剤1kgを購入することを決めたが，覚せい剤は浄水フィルター（飲水機）の中に入れて送るが，1本あたり450gの覚せい剤しか入らず，また，100gの覚せい剤だけをフィルターの中に入れることはできないことから，結局，フィルター3本分の覚せい剤を購入することになった。Aとの打ち合わせの結果，2本分の覚せい剤はP市の住所に，1本分の覚せい剤はQ市の住所にそれぞれ送られることになったが，AからはQ市にもフィルター2本分の覚せい剤が送られてきた（いずれも税関職員に発見されて輸入は未遂に終わっている）。本件では，Q市への発送について，被告人にフィルター2本分の覚せい剤輸入の故意が認められるかが争点とされたが，本判決は，被告人は「飲水機1本分の覚せい剤が送られてくるものと認識しており，多少の量の増加であれば被告人もこれを許容していたとみ得る余地はあるにしても，飲水機2本分の覚せい剤が送られてくることは想定していなかった」と認定した上で，同一構成要件の範囲内であれば，客観的に生じた結果全体について故意が

41)　このような指摘として，川口政明「判解」最判解刑事篇平成6年度223頁を参照。

42)　川口・前掲注41)228頁注9はこのような可能性を示唆する。十河・前掲注40)726頁以下も同旨。

43)　共謀の射程が認められても，XがYによって追撃行為が行われ，量的過剰防衛に至ることを認識・予見していなければ，過剰性の認識を欠くことになり，故意が阻却される（過失犯が成立する場合には36条2項が適用される）。嶋矢貴之「判批」百選〔6版〕197頁を参照。

認められるという検察官の主張に対しては，「本件のように，被告人の想定を外れる量の覚せい剤が共犯者から一方的に送られてきたような事案において，検察官の主張するような錯誤に関する一般的な理論が妥当するとはいい難い上，実質的にみても，共犯者の一方的な行為の結果を被告人に負わせるのは責任を不当に拡大するものであって，相当とはいえない」と判示し，Q 市への発送行為については，フィルター 1 個分の限度で覚せい剤輸入の故意を認めている。

故意・錯誤論としては，法定的符合説を前提とする限り，覚せい剤の数量に関する誤信があったとしても，客観的に輸入された覚せい剤全体について輸入罪の故意が及ぶのは当然である。本件について，覚せい剤輸入罪の故意をフィルター 1 個分に限定する合理的な根拠は乏しいといわざるを得ない。むしろ本件で争点とされるべきは，A が事前の打ち合わせに反して，Q 市の住所にフィルター 2 本分の覚せい剤を発送した行為が，当初の共謀に基づく行為といえるか，という点であろう。「共犯者の一方的な行為の結果を被告人に負わせる」べきではない，という本判決の問題意識は正当であるが，それは故意の問題としてではなく，共謀の射程の問題として解決されるべきである。

このように共謀の射程として本件を検討した場合，被告人が Q 市にフィルター 2 本分が発送されることを想定していなかったとしても，それだけで直ちに共謀の射程が否定されるわけではない。むしろ，A がフィルター 2 本分の覚せい剤を Q 市に発送することが，当初の共謀から生じうる事態といえるかという観点からの検討が重要であり，その際には，①被告人と A との間で数量についても厳格な取り決めがなされていたか，②薬物の輸入事犯において，何らかの事情で犯行計画よりも多量の薬物が発送されることがありうるのか，といった観点から，具体的に検討する必要があったと思われる。

V. おわりに

私だけかもしれないが，最近の刑法の学修においては，「共謀の射程」という概念が過剰に強調されている印象を受ける。しかしながら，犯行計画を実行に移す場合，さまざまな外在的要因などによって，その計画が変更されることは当然に想定されるのであるから，共謀段階の計画と実際の犯行が多少異なっているとしても，それだけで共謀の射程が否定されるわけではない。共謀の射程を否定すべき場合とは，共謀の心理的因果性が実質的に断絶しており，実行担当者の独自の意思決定によって犯行が行われたような例外的な場面にとどまるというべきである。たとえば，窃盗の共謀を遂げた後，実行担当者が強盗に転じた場合であっても，（特段の事情がない限り）強盗行為について共謀の射程が及ぶのは当然であり，共謀者が窃盗罪の共同正犯にとどまるのは故意が欠けるからである（したがって窃盗の限度で共同正犯が成立する）。学生のみなさんの中には，この場合にも「共謀の射程が及ばない」と考える人がいるかもしれないが，そのような理解は適切なものとはいえない。単独正犯における因果関係の判断においても，きわめて異常性の高い事態が介在しない限り，危険の現実化の関係が否定されないことを改めて想起していただきたい。

第14章 共同正犯の構造(2)——正犯としての共同正犯

I. はじめに

第13章に引き続いて，共同正犯の成立要件について検討を加えることにしたい。共同正犯は広義の共犯の一類型として教唆犯・幇助犯と共通の側面を有するとともに，「正犯」として処罰されるに相応しい実質を有している。本章ではもっぱら後者の正犯性をめぐる問題を取り扱うことにする。

II. 実行行為の分担の要否

1. 問題の所在

刑法60条は「二人以上共同して犯罪を実行した者は，すべて正犯とする」と規定している。そして，同条の解釈として，伝統的な学説は，実行行為それ自体を「共同して」「実行」する必要があると解していたことは周知の通りである。これに対して，判例実務においては，実行行為を分担していなくても，事前の「共謀」もしくは「謀議」に参加して，犯行計画策定の段階で重要な影響を及ぼした者については，いわゆる共謀共同正犯としての処罰が認められている。学説においても，共謀共同正犯の成立を認める見解が支配的であるが，なお実行行為の段階における共同実行を要求して，共謀共同正犯の成立を否定する見解も主張されている[1)]。

判例実務が共謀共同正犯の処罰を広く肯定するのは，いうまでもなく「背後の黒幕」の正犯としての処罰の必要性である。しかし，このような処罰の必要性だけを強調して共謀共同正犯の成立を認めることは妥当ではないだろう[2)]。処罰の必要性が高いことは，議論の前提としては重要であるとしても，それ自体が処罰の正当性を根拠付けるわけではない。また，共謀共同正犯を肯定する学説の一部には，本来は実行行為の分担が必要だが，それを要求すると妥当な結論を導くことができないため，例外的に実行行為の分担と同視できる事情を要求して，共謀共同正犯の成立を認める傾向がなかったわけではない[3)]。しかし，このような議論は，処罰の必要性から理論を枉げることは妥当ではないという批判を免れることができないだろう。むしろ正面から，共同正犯において実行行為の分担は，文言上も，また，理論上も要求されていないことを示すことによって，共謀共同正犯が共同正犯の原則的な類型（の1つ）であることを根拠づけるべきであろう。

このうち，刑法60条の文言は，既に繰り返し指摘されているように[4)]，共謀共同正犯肯定説の妨げになるわけではない。「共同して犯罪を実行した」という文言は，もちろん，共謀共同正犯否定説のように「実行行為を共同実行した」という趣旨で解釈することもできるが，複数人が「共同して」犯罪構成要件を実現したという意味で解釈することもできるから，文言それ自体が共謀共同正犯の肯定・否定の決め手となるわけではない。問題は刑法理論として，共謀共同正犯否定説が十分な論拠を有しているかである。

1）　現在における共謀共同正犯否定説としては，たとえば村井敏邦「共謀共同正犯」刑法雑誌31巻3号（1991年）66頁以下，浅田431頁，曽根255頁，松宮277頁，金尚均「共謀共同正犯における正犯性について」龍谷法学38巻1号（2005年）27頁以下などを参照。後掲注8)に掲げる論者も基本的には否定説として評価することができる。なお，判例においては，旧刑法の時代から，一貫して共謀共同正犯が認められている。黄士軒「共謀共同正犯に関する基礎的研究(1)」法協134巻2号（2017年）21頁以下を参照。

2）　この点について，丸山雅夫「共謀共同正犯」南山法学33巻3＝4号（2010年）69頁以下を参照。

3）　島田聡一郎「共謀共同正犯論の現状と課題」川端博ほか編『理論刑法学の探究③』（成文堂，2010年）33頁以下は，一部の学説が共謀共同正犯の肯定に際して，何らかの「やましさ」を感じていたと指摘する（そして同論文は，その「やましさ」には十分な理由がなかったことを示そうとするものである）。

4）　たとえば平野Ⅱ 402頁，松原芳博「共謀共同正犯論の現在」曹時63巻7号（2011年）6頁などを参照。

2. 検討

共謀共同正犯否定説の論拠は，①共同正犯は正犯である。②正犯とは実行行為を行う者である。したがって，③共同正犯は実行行為を分担しなければならない，という論法に集約することができる。しかし，共同正犯は「正犯」として処罰されるとはいえ，本来の正犯（単独正犯）とは根本的な違いがある。共同正犯と単独正犯（直接正犯・間接正犯）を同視している点において，上記の論法には大きな問題がある。たとえばX・Yが強盗の共謀を遂げた上で，事前の計画に従って，Xがもっぱら暴行・脅迫を担当し，Yが財物奪取行為のみを分担した場合，X・Yは当然に強盗罪の共同正犯の罪責を負うことになるが，X・Yは強盗罪の実行行為すべてを単独で遂行しているわけではなく，その一部を分担しているにすぎない。それにもかかわらず両者が強盗罪の共同正犯の罪責を負うのは，犯行を共謀し，しかも実行行為を分担することによって，各人は相手方の行為に対しても強い心理的因果性を有しているからである。つまり，実行行為を分担している場合であっても，自己が分担していない範囲の帰責については，共謀に基づく心理的因果性が処罰の根拠とされているのである。そのような意味において，共同正犯は本来の正犯（＝自ら構成要件該当行為を実行する者）ではあり得ない。共同正犯は本来，共犯として処罰される類型のうち，その関与の重大性などの事情にかんがみて，「正犯」に格上げして処罰されている類型として理解すべきである。あくまでも本来の正犯は構成要件該当事実をすべて単独で実現している者であり[5)]，単独正犯と共同正犯の間には埋められないギャップが存在するのである。

このように共同正犯の本来的な性質を共犯であると解するとしても，共同正犯はあくまでも「正犯」として処罰されている以上，「正犯」に格上げする事

5） 間接正犯についても，相手を利用する行為それ自体が構成要件該当行為と評価される場合であり，自己の行為について構成要件のすべてが充足されることになる。

6） この点については，ＡとＢが一緒に発砲することによって命中する可能性が高まる点を重視する理解がありうる（たとえば山口厚「共同正犯の基本問題」山口ほか・最前線212頁参照）。しかしながら，事前の危険増加は未遂犯の可罰性を基礎づけるとしても，殺人既遂としての処罰を正当化するものではないと思われる。命中しなかったＢの発砲行為の危険性はＰの死亡結果に実現していないのである。佐伯仁志「コメント②」山口ほか・最前線235頁以下を参照。

7） これに対して，浅田和茂「共犯論覚書」『中山研一先生古稀祝賀論文集(3)』（成文堂，1997年）

情が必要であり，それが実行行為の分担であるという理解がないわけではない。しかし，このような理解にも十分な理由はないと思われる。たとえばA・BがP殺害の共謀を遂げ，犯行現場でPに対して同時にけん銃を発砲したが，もっぱらAの弾丸が命中してPが死亡したという場合，A・Bには殺人既遂罪の共同正犯が成立することになるが，自分が発射した弾丸が命中していないBが殺人既遂の罪責を負うのは，Bが共謀によってAの発砲行為に対して強い心理的因果性を有するからであり，自らが発砲行為を分担したことに決定的な意義があるわけではない[6)]。したがって，かりにBのけん銃にたまたま実弾が装塡されていなかったり，あるいは，故障のため実弾が発射されなかった場合であっても，BはAと一緒に発砲行為を行おうとしたという事実によって，Aの犯意を維持・強化しているのであるから，やはりBは殺人既遂罪の共同正犯の罪責を負うべきであろう[7)]。さらにいえば，発砲の直前になってP殺害に躊躇を覚えたBが引き金をひくことができず，Aに気が付かないように発砲するふりにとどめた場合であっても，そのことがAに気が付かれていないのであれば，Aに対して与える心理的効果には変わりはない以上，同様に解すべきである。このようにBが発砲行為（＝実行行為）を現実に共同実行していることそれ自体に，決定的な意味は付与されていないのである。もちろん，BがAとともに現場に来て，共同して発砲しようとしていることがAの犯意を強化し，同人の犯行を決定的に促進するとともに，本件犯行がA・B共同の犯罪であるという評価をもたらしていることは明らかである。しかし，このような影響を与えることが重要なのであれば，現場に行かず，実行行為を分担していない場合であっても，Aに対して同様の影響を与える関与について共同正犯の成立が認められるはずである。

学説の中には，共謀共同正犯否定説を前提としつつ，犯行現場で何らかの指

280頁は，実行行為の分担を厳格に要求する立場から，Bのけん銃が不発だった場合には同人については殺人未遂罪の成立にとどめ，さらに，そもそも弾丸が装塡されていなかった場合には不能犯となる余地を認めている。実行行為の分担を要するという立場からは一貫しているが，それであれば，Bの弾丸が命中しなかった場合にも同様の帰結に至らざるを得ないだろう。

8）　たとえば橋本正博「『共謀共同正犯』概念再考」『神山敏雄先生古稀祝賀論文集(1)』（成文堂，2006年）399頁，山中936頁以下などを参照。照沼亮介『体系的共犯論と刑事不法論』（弘文堂，2005年）143頁以下も，実行行為段階における行為寄与を要求しており，同様の結論に至りうると思われる。

示を下したり，付近の見張り行為をするなど，実行行為時に犯行現場で何らかの事実的寄与があれば，実質的には実行行為を共同しているとして共同正犯の成立を肯定する見解も主張されている[8)]。しかし，見張りや指示行為は実行行為それ自体ではあり得ない。たとえ実質的・全般的な評価を行うといっても，そもそも実行行為の一部ではない行為が　実行行為の一部に転ずるわけではないだろう[9)]。おそらく，このような見解は，実行行為者に対する（時間的・場所的な）同時的コントロールの可能性を（共同正犯の）正犯性の要件として重視するものと思われる。しかし，たとえ同時的コントロールを及ぼしうるといっても，最終的には結果惹起は実行分担者の意思決定および実行行為に委ねられており，実行行為を分担していない者は実行担当者の心理面を介して間接的に影響を及ぼしているにすぎないことには変わりはない。この場合に，同時的なコントロールの可能性を特別に重視する必然性は乏しいように思われる。実際，犯行現場で指示を与える場合も，現場から離れて携帯電話で指示を与える場合も，実行担当者に対する心理的影響に相違はない[10)]。それであれば，事前に詳密な指示を下す場合であっても，その心理的影響が実行行為の段階まで継続的に及んでいるのであれば，共同正犯の成立を否定する合理的理由は乏しいだろう[11)]。

Ⅲ．共同正犯の正犯性

1．総説

(1)　議論の出発点

既に述べたように，共同正犯は本来，「共犯」として処罰されるべき類型を，その関与の重大性にかんがみて，「正犯」として格上げして処罰するものと理解される。このような前提からは，共同正犯は「共犯」なのだから，実行行為の分担はそもそも要求されない。また，実行行為を一部分担している場合であっても，自分が分担していない部分については，他の共同正犯者の実行行為を介して間接的に因果性を有することになる。したがって，実行行為の分担の

9）　このような指摘として，平野Ⅱ 397 頁以下，丸山・前掲注 2)62 頁などを参照。

10）　この点は山中教授も認められるところである。山中 937 頁を参照。

11）　この点について，佐伯 401 頁を参照。

12）　片面的共同正犯の成否については争いがあるところだが，ここではひとまず判例・通説の立場

存否にかかわらず，共謀によって他の共同正犯者に因果性を及ぼしあう関係が必要となる[12]。すなわち，すべての共同正犯は，自分が直接的に実行行為を分担した範囲を除いては，共謀に基づく因果性によって処罰が根拠づけられていることになる。学説には実行共同正犯が本来の共同正犯であり，共謀共同正犯は例外的現象であるような理解も根強いが，このような理解は実行行為の分担の意義を過度に重視し，また，共謀に基づく影響力を過小に評価するものであって，妥当ではないと思われる。すべての共同正犯は（共謀によって帰責範囲が拡張されているという意味において）共謀共同正犯であり，その一部の類型について実行行為の分担が認められるにすぎない。

(2)　機能的行為支配説

もっとも，共同正犯は「正犯」として処罰されている。したがって，本書の立場からは，本来は共犯にすぎないものを「正犯」として処罰することを正当化する根拠を示すことがぜひとも必要になる。この点について，学説上有力な見解が行為支配説である。行為支配説は構成要件実現に至る事象経過を支配しており，「事象の中心的人物」を正犯として把握する理解であり，ドイツの通説的見解の影響を受けてわが国でも有力に主張されている。そして，構成要件該当事実を直接に惹起する者（直接正犯）は当然に結果惹起を支配しており，間接正犯は被利用者の意思を支配することで結果を惹起している（意思支配）。そして，共同正犯も犯行計画に基づいて不可欠な寄与を分担することによって，「その者の寄与がなければ全体の計画が実現し得ない」という意味において，事象経過を支配している（機能的行為支配）[13]。このように共同正犯は犯行計画の一部しか分担しない者であるにもかかわらず，全体の犯行計画について機能的行為支配を有するがゆえに，正犯としての評価に値するとされるのである。

機能的行為支配説は，共同正犯が単に共謀に参加しているだけでは不十分であり，犯罪の実現において不可欠な役割を果たす必要があることを強調する点において，重要な意義を有している。もっとも，私は次の2点において，行為支配説による根拠づけに疑問を覚える。まず第1に「正犯」としての位置づけ

（否定説）を前提にすることにしたい。

13)　この立場から共同正犯を根拠づけるものとして，たとえば井田良『刑法総論の理論構造』（成文堂，2005年）349頁以下，橋本正博『「行為支配論」と正犯理論』（有斐閣，2000年）180頁以下，照沼・前掲注8)138頁以下などを参照。

である。この見解は，あくまでも共同正犯は「正犯」であるという出発点を重視して，直接正犯・間接正犯との同等性を強調するアプローチを採用する。しかし，既に述べたように，自らの単独の行為が構成要件を完全に充足する単独正犯（直接正犯・間接正犯）と，その一部を充足するにすぎない共同正犯の間には本質的な相違がある。もちろん，両者を抽象度の高い「行為支配」という上位概念に包摂することは可能だが[14)]，両者の決定的な相違点を捨象して，単独正犯と同程度の支配性を要求することは不可能だろう。

さらに，このような「正犯」としての前提理解と密接に関係しているが，機能的行為支配説はその帰結として，共同正犯の成立範囲を過度に限定する可能性がある[15)]。この見解によれば，各関与者が「自己の寄与を撤回することによって全体の計画を挫折させうる」関係がある場合に限って，機能的行為支配が認められ，共同正犯が成立することになる。しかし，このような理解をそのまま適用すれば，その者が関与しなければ犯行計画がおよそ実現できなかったような場合に限って，共同正犯が成立することになる。逆にいうと，その者の関与がなくても同じように犯行計画が実現された可能性がある場合には，共同正犯の成立が認められないことになる。したがって，共同正犯の成立を認めるためには，「その者が関与しなければ犯行計画が大きく変更されたであろう」という事実を，合理的な疑いを超える程度に証明する必要があるが，このような立証は，「主犯格」の関与者を除いて，きわめて困難であろう。もちろん，首謀者に限って共同正犯の成立を認めるという解釈論はそれ自体成立しうるものだが，現在の判例実務における共同正犯の理解とはあまりにもかけ離れてしまう。

(3) 重要性・共同性

共同正犯の正犯性を認めるためには，その関与内容の重要性（因果的寄与の

---

14) 島田・前掲注 3)456 頁は，このようなアプローチは，別種の動物である人と犬を「ほ乳類」という概念の下に包摂するのと同じような試みにすぎない，とする。

15) このような指摘として，佐伯 403 頁以下を参照。

16) 西田典之『共犯理論の展開』（成文堂，2010 年）51 頁以下，前田 348 頁，井田 517 頁，佐伯 404 頁などを参照。亀井源太郎『正犯と共犯を区別するということ』（弘文堂，2005 年）109 頁以下は，このような理解を「役割分担モデル」として支持する。

17) 島田・前掲注 3)64 頁以下を参照。

18) 高橋則夫『規範論と刑法解釈論』（成文堂，2007 年）174 頁以下は「他人の行為が自己の行為として相互的に帰属される点」に共同正犯の帰属の根拠を認めている。さらに川端博『共犯の理論』（成文堂，2008 年）54 頁は，「個々人の人的結合が強化」され，「人的結合が緊密」になるこ

重要性）を要求すべきであろう[16]。実行行為を分担しない共謀共同正犯を肯定する以上，共同正犯と幇助犯は連続的な実体を有することになるが，幇助犯は従犯として刑が減軽されている（63条参照）。したがって，共同正犯としての処罰を肯定するためには，幇助犯として刑を減軽する必要がない程度に，結果惹起について重要な影響を及ぼしていることが必要とされるべきである[17]。もっとも，重要な影響といっても，それは単独正犯のような結果発生の支配である必要はない。複数人が関与する共犯現象を広く想定した上で，その中で比較的重要な関与があればたりると考えるべきであろう。たとえば特定の犯罪を数名で分担して実行しているが，そのうちの1名が抜けてもその分担内容は他の関与者によって補うことも可能である場合，各人の関与内容は常に決定的な意味を有しているわけではないだろう。しかし，この程度の関与であっても，犯罪実行を分担している点に一定の重要性を肯定することは可能であり，具体的事実関係によっては，共同正犯の成立を認める余地があると思われる。

もっとも，因果的影響の重要性という観点だけでは，共同正犯の「正犯」性を把握するには十分ではない。60条は「共同して犯罪を実行した」ことを要求しているから，単に間接的に重要な影響を及ぼしているだけでは十分ではなく，関与者全員が「共同」して構成要件を実現したと評価するだけの関係性が必要とされるべきである[18]。すなわち，共同正犯は複数人が一体となって，強い関係性に基づいて犯罪を共同実行するものであり，より容易に反対動機を乗り越えて犯罪が実現されやすいという意味において，単独正犯よりも処罰の必要性が高いと解される。このような一体性・共同性が認められるからこそ，単独正犯と比べて，関与の重要性や結果支配の程度が劣後しているにもかかわらず，同じように「正犯」として処罰することが正当化されるのである[19]。このような関与者間の密接な関係性を「共同性」と呼ぶことにしたい。

とによって，「協同関係に基づく合同力が強くなって犯罪遂行が確実になる」とする。

19）　このような意味において，いわゆる共同意思主体説の着眼点に正当な内容が含まれていることは否定しがたい。同説は「共同意思主体」という超個人的な主体を観念した点において個人責任の原則に反するという厳しい批判を受けたが，複数の関与者の間に密接な関係性がある場合に，その行為が一体として法的評価の対象となると解する点は，まさに正当な問題意識であろう。現在，共同意思主体説を支持する見解として，たとえば西原(下)324頁以下（もっとも，野村稔ほか「討論の経緯」刑法雑誌31巻3号〔1991年〕79頁［西原春夫発言］では，自説を共同意思主体と位置付けられていない），曽根255頁（広義の共犯の本質に関する理論と位置付ける），萩原滋「共同正犯の構造について」岡法59巻1号（2009年）29頁などを参照。

この「共同性」の要件は，教唆犯との区別において重要な基準となる。教唆犯の教唆行為とは「人に特定の犯罪を実行する決意を生じさせ」るもの（最決平成18・11・21刑集60巻9号770頁参照），すなわち，いまだ犯意を固めていない者に働き掛けて，具体的な犯行決意を生じさせる行為である[20]。そして，実行担当者の犯意を形成することが犯罪実現にとって決定的な要素であり，教唆行為が結果発生に向けた重要な因果的寄与であることは否定できないだろう。したがって，重要な因果的寄与があれば共同正犯の正犯性を肯定する理解からは，教唆行為はすべて共同正犯に解消されてしまうことになりかねず，教唆犯と共同正犯の区別を説明することができない[21]。しかし，既に述べたように，共同正犯の成立のためには，重要な因果的寄与に加えて，関与者間の密接な関係性（共同性）が認められる必要がある。そのため，実行担当者に犯行を決意させる関与であっても，「共同性」の要件を充足していない働き掛けについては，共同正犯の成立を認めることができず，教唆犯として評価されることになる[22]。

このように共同正犯の正犯性は，①因果的寄与の重要性と②関与者間の共同性の両者によって認めることができる[23]。前者は幇助犯との区別において重要な基準であり，後者の基準は教唆犯との限界を画することになる[24]。以下では，両者の内容について，具体的な問題に即して検討を加えることにしたい。

2. 重要な因果的寄与

(1) 総説

重要な因果的寄与の存否は当然ながら，個別の事案ごとに検討する必要があ

20) 前田巌「判解」最判解刑事篇平成18年度452頁以下を参照。

21) このような指摘として，山口341頁，松原・前掲注4)11頁を参照。これに対して，松澤伸「教唆犯と共謀共同正犯の一考察」Law&Practice4号（2010年）101頁以下は，共謀共同正犯の成立を認めることによって教唆犯は独自の意義を失い（原則として）共謀共同正犯に解消されたとする。論者の問題意識は十分に理解できるが，現行法に教唆犯という類型が存在する以上，共同正犯と区別された教唆犯独自の存在意義を見いだす必要がある。

22) もちろん共同正犯として評価されうる関与があっても，検察官がそれを教唆として起訴することは可能であり，その場合，裁判所は教唆犯として有罪判決を下すことが可能であろう。もっとも，たとえば窃盗罪の共謀共同正犯としての実質を有する被告人を窃盗罪の教唆犯として起訴し，盗品等関与罪との併合罪の成立を認めることができるのかについては，なお検討が必要であろう（財産犯の本犯の共同正犯は盗品等関与罪の主体たりえないが，本犯の狭義の共犯については盗品等関与罪が成立し，併合罪の関係に立つと解するのが通説・判例の立場である。したがって，教唆犯と構成することが被告人の不利益になる可能性があるため，問題が生ずる）。関連す

るが，あえて一般的な指針を示しておくことにしたい[25)]。

まず実行行為の段階において，当該犯行にとって不可欠な行為を分担しており，しかも，他の関与者による代替可能性が乏しい場合には，当然に重要な寄与が認められる。もっとも，そこまで決定的な重要性が認められなくても，その者が実行行為に加わったことによって，犯行がより確実に遂行できる関係があれば，重要な寄与を肯定してもよいと思われる。したがって見張り行為や実行担当者の送迎役などの関与者については，その者の関与が犯行計画全般においていかなる意義を有しているかに即して，個別に判断されることになる。

さらに，犯行計画を立案し，事前の準備を進める段階で重要な影響を果たした者についても，重要な寄与が肯定されるべきである。首謀者がこれに当たることは当然であるが，それ以外にも謀議の段階において，犯行計画の立案，指示，情報提供など重要な役割を果たした者についても，重要な寄与が認められることになるだろう。また，実行担当者に与える心理的影響の程度も重要な判断基準となると思われる。「この人からの指示であれば絶対に従おう／従わなければいけない」といった心理的影響をもたらす場合には，背後者の影響は重大であり，重要な寄与を肯定することができるだろう。このような意味においては，犯罪が一定の組織的関係を利用して行われる場合には，組織内における地位や権限の存否が重要な間接資料となる[26)]。たとえば組織が一体となって犯行を計画し，実行に移したような場合であれば，組織の上位者については重要な寄与が肯定される場合が多くなるだろう[27)]。

このように重大な寄与の存否を判断する際には，実行行為段階だけではなく，準備段階の具体的な関与も判断の対象となるから，両者いずれの段階でも

る問題について，嶋矢貴之「判批」ジュリ1363号（2008年）133頁以下を参照。

23)　山口340頁以下は，共同正犯の成立の基準として，構成要件該当事実の実質的共同惹起を示しつつ，その重要な下位基準として「重要な因果的寄与」を挙げている。

24)　このような観点を明確に示すものとして，嶋矢貴之「過失犯の共同正犯論（2・完）」法協121巻10号（2004年）189頁以下を参照。島田・前掲注3)51頁以下も，①関与者相互の関係，結びつきと，②当該関与者自身の関与の程度，積極性というファクターを（狭義の共犯と区別される）共同正犯固有の要件としており，同方向の主張といえよう。

25)　この点については，今井ほか385頁以下［島田聡一郎］の分析が大変参考になる。

26)　この場合でも，あくまでも個別の犯罪ごとに重要性を判断する必要があるから，地位・権限だけで重要な因果的寄与が認められるわけではない。その者の地位・権限に基づいて何らかの働き掛けが行われた事実が重要である。

27)　今井ほか386頁［島田］参照。

関与している者については，両者を総合的に評価することによって，関与の重要性の存否が判断されることになる。たとえば犯行計画の立案段階に関与した者が，さらに犯行現場において見張りや送迎役などの役割を分担した場合には，計画段階と実行段階の関与をトータルで評価して，重要な関与が認められる場合が多くなるだろう。かりに犯行現場での役割の重要性が乏しいとしても，事前の計画段階で重要な影響を及ぼしていれば，犯行計画全体における因果的寄与は重要と評価されることになる。実行行為段階における役割のみを過度に重視すべきではない。

(2) 実行行為の分担

重要な因果的寄与の存否の判断に関連して，関与者が実行行為（＝構成要件該当行為）を分担している事実の法的評価が問題となる。共謀共同正犯否定説からは，実行行為の分担が正犯性の根拠となる以上，実行行為を分担していれば常に共同正犯の成立が認められることになる。これに対して，共謀共同正犯肯定説からは，実行行為の分担という観点から切り離して正犯性を認定することになるため，理論的には，実行行為を行う者を幇助犯として評価する可能性が生じうることになる。

実際，裁判例においては，いわゆる「故意ある幇助的道具」として実行行為を担当する者を幇助犯として処罰するものが散見される[28]。たとえば横浜地川崎支判昭和 51・11・25（判時 842 号 127 頁）は，X から覚せい剤調達の依頼を受けた被告人が Y から購入する段取りを付け，X と取引場所に赴いたが，Y が X と対面することを嫌がったため，被告人が覚せい剤を Y から受け取り，それを X に手渡したという事件について，「右所為における被告人は，覚せい剤譲渡の正犯意思を欠き，Y の X に対する右譲渡行為を幇助する意思のみを有したに過ぎないと認めざるをえないので，いわゆる正犯の犯行を容易ならしめる故意のある幇助的道具と認むべく……これを正犯に問擬することはできない」として覚せい剤譲渡罪の幇助犯の成立を肯定している。さらに福岡地判昭和 59・8・30（判時 1152 号 182 頁）は，被告人が知り合いの暴力団員 A に

28） 裁判例の分析については，中森喜彦「実行行為を行う従犯」判タ 560 号（1985 年）67 頁以下，亀井・前掲注 16）123 頁以下などを参照。

29） たとえば島田聡一郎『正犯・共犯論の基礎理論』（東京大学出版会，2002 年）221 頁以下，佐

誘われ，Bらと共謀の上，被害者Cを殺害して覚せい剤を奪取する強盗殺人の計画に巻き込まれてしまい，Aらの指示のもと，ホテルの一室で覚せい剤売買の取り次ぎ役を装って，Cから覚せい剤を受け取ってそのまま現場から逃走し，その直後にBがけん銃を発砲してCを殺害しようとしたが未遂に終わったという事件について，強盗殺人未遂罪の共同正犯として起訴された被告人に対して，覚せい剤の「搬出行為が被告人によって行なわれること自体にさほど重要な意義があったとも認められず，本件犯行を全体として見れば，被告人は本件犯行において不可欠の存在であったとは考えられないこと」などの事情を指摘した上で，「被告人自身，実行行為の一部を担当した事実があるにもかかわらず，Aら他の共犯者と共同して本件強盗殺人を遂行しようとするような正犯意思，すなわち共同実行の意思は到底認めることができない」として，被告人を幇助犯にとどめている。これらの裁判例は正犯意思の欠如を共同正犯の直接的な根拠としているが，それに加えて（あるいは正犯意思の認定資料として）犯行計画全体において，被告人の関与の重要性が乏しいという客観的な事情もあわせて考慮していると解される。

それでは重要な因果的寄与の存否という観点から検討を加えた場合，実行行為を担当している者の関与が重要ではないとして，共同正犯の成立を否定することができるのだろうか。学説においては，実行行為のすべてを単独で実現した場合とその一部を分担しているにすぎない場合とを分けた上で，前者については正犯としての寄与が十分に認められることから常に共同正犯の成立を認めるが，後者については，犯行計画全体において重要性の乏しい行為を分担しているにすぎない場合には，重要な因果的寄与が欠けるとして，共同正犯の成立を否定する見解が有力に主張されている[29)]。実行行為のすべてを単独で実行している場合には，そもそも行為者には単独正犯としての処罰の実質が備わっているのであるから，背後者との意思連絡のもと，実行行為に及んだ場合についても，共同正犯が成立するのは当然であろう。問題は，実行行為の一部を分担している者の処理である。

たしかに実行行為の一部を分担しているといっても，その内容がきわめて機

伯 410 頁以下などを参照。西田・前掲注 16)68 頁も「実行行為の一部を行ったにすぎない者の場合」に限って「幇助犯に落とす」可能性を示唆する。これに対して，亀井・前掲注 16)120 頁以下は（本文で示した）両類型を分けることなく「実行行為を行う従犯」を肯定している。

械的な単純作業である場合は考えられるから，そのような場合には事実的寄与が軽微であるとして，幇助犯の成立にとどめることは理論的には十分にありうるだろう。もっとも，刑法理論はまさに構成要件該当事実を軸として構成されているのであるから，規範的評価としては，構成要件該当行為（＝実行行為）の分担は原則として重要な関与内容として評価すべきであろう。さらにいえば，実行行為の一部を分担する者を幇助犯として処罰する可能性を認めた場合，その共同実行者の評価が困難な問題となる。たとえばＰの指示のもと，Ｑが実行行為の一部を分担し，Ｐがそれ以外の部分を分担した場合，かりにＱを幇助犯として処罰した場合，Ｐをどのように処理すればよいのだろうか。単独の共同正犯という概念を認めることはできないし，実行行為を単独ですべて実行しているわけでもないので直接正犯と評価することもできない。また，Ｑの意思を抑圧する程度に支配・利用している場合でなければ，間接正犯の成立を認めることもできない[30)]。このような難点を考慮すると，実行行為の一部を分担しており，しかも他の関与者の「道具」として利用・支配されていない者については，共同正犯の成立を認めるべきであると思われる。

もっとも，形式的には実行行為を分担しているようにみえても，構成要件の実質的な解釈によって，その者が実質的には実行行為を分担していないと評価することができれば，幇助犯の成立を認めることは十分に可能だろう[31)]。たとえば前掲の横浜地裁川崎支部判決についても，覚せい剤譲渡罪の解釈として，譲渡行為が実質的にはＹとＸの間で行われていると評価できるのであれば，被告人は実質的には譲渡行為を分担しているわけではないと解した上で，その関与を幇助と評価する余地がある。また，福岡地裁判決についても，強盗殺人罪の未遂は，強盗結果の既遂・未遂を問わず，殺害行為が未遂に終わった

30）実行行為をかりにＰ，Ｑ，Ｒの３名で分担している場合であれば，Ｑを幇助犯としても，Ｐ・Ｒを共同正犯として処理できるため問題が生じないが，関与者が２名か３名以上かだけの違いによって，Ｑが共同正犯か幇助犯かが異なってくることは，合理的ではないように思われる。もっとも，多数人が実行行為を分担しており，その一部の者に限って，「共同性」を基礎づけるにたりる密接な関係が認められる場合には，実行行為を分担しているが「共同性」が欠ける関与者について，正犯性が否定され，幇助犯が成立することになろう。したがって，本書の立場からも，一定の範囲では「実行行為を行う従犯」が認められることになる。

31）このような解釈の意義については，島田・前掲注 29)227 頁以下を参照。

32）このような指摘として，松宮孝明「正犯概念」中山ほか① 49 頁を参照。さらに福岡地裁の事案については，被告人が覚せい剤を持ち去って逃走した段階で，既に被害者は覚せい剤の占有を失っていると解すべきであるから，その後，被害者を殺害しようとした行為は，覚せい剤を強取

場合に成立するのであるから，覚せい剤を強取した事実それ自体は強盗殺人罪の実行行為ではないと解する余地があるだろう[32]。

3. 関与者間の共同性

(1) 意思連絡の要否

共同正犯の成立を認めるためには，関与者が共同して構成要件該当事実を惹起したと評価するにたりる関係性（共同性）が必要となり，この点において（同様に重要な因果的影響が認められる）教唆犯と区別することができる。伝統的な学説は，この共同性を認める前提として意思連絡を要求してきたものと思われる。したがって，共同性がなくても因果性があればたりる幇助犯については片面的幇助の成立が認められるが，共同性として（因果性とは別の観点から）意思連絡が要求される共同正犯については，片面的共同正犯が否定されてきたと解される[33]。

本書のように共同正犯の要件として関与者間の共同性を重視する立場からは，共同性と評価できる密接な関係を認める前提として，関与者間の意思連絡を要求することは，自然な解釈であろう[34]。①過失犯においても共同正犯の成立を認める余地があること，②実行行為を分担するなど関与者が客観的に密接な関係にある場合については，意思連絡がなくても例外的に共同性を肯定することが可能であることなどを考慮すると，意思連絡を共同正犯成立の不可欠の要件とすることには，なお疑問の余地がないわけではないが，このような例外的な状況を度外視すれば，（故意犯の）共同正犯の成立が認められる場面は，実際には，意思連絡のある場合に限られてくると思われる。

するための行為ではなく，覚せい剤の返還請求または代金請求を免れるための行為であり，2項強盗殺人（未遂）として評価すべきであろう（実際，本件の本犯者Bについて，最決昭和61・11・18刑集40巻7号523頁は1項強盗殺人未遂罪の成立を否定し，窃盗罪または詐欺罪と2項強盗殺人未遂罪の包括一罪の成立を認めている）。本件事案をこのように構成するのであれば，2項強盗殺人罪の実行行為はけん銃発砲行為に尽きるのであり，そもそも被告人は（窃盗罪・詐欺罪はともかく）強盗殺人罪の実行行為を分担していないことになる。この点について，植村立郎「判批」百選159頁を参照。

33) なお，「意思連絡」要件の共同正犯における位置づけについては，内海朋子「共同正犯における『意思連絡』の意義について(1)」亜細亜法学39巻2号（2005年）91頁以下を参照。

34) 佐伯・前掲注6)239頁は，片面的共同正犯を肯定すべきかに関して，「共同性を心理的共同性がある場合に限定することもできるし，物理的共同性で足りるとすることもできる」とする。

(2) 教唆犯との区別の基準

共同正犯と教唆犯の区別については，最決平成13・10・25（刑集55巻6号519頁）が重要である。本件はA子（被告人）が生活費欲しさから強盗を計画し，当時12歳10か月の長男Bに対して，覆面をしてエアーガンを突き付けて脅迫するなどの方法によってスナック経営者から金品を奪い取ってくるように指示命令して，強盗を行わせた事案である。最高裁は，Bには是非弁別の能力があり，被告人の指示命令はBの意思を抑圧するにたる程度のものではなかったことなどからAについて間接正犯の成立を否定した上で，さらに「被告人は，生活費欲しさから本件強盗を計画し，Bに対し犯行方法を教示するとともに犯行道具を与えるなどして本件強盗の実行を指示命令した上，Bが奪ってきた金品をすべて自ら領得したことなどからすると，被告人については本件強盗の教唆犯ではなく共同正犯が成立するものと認められる」と判示している。本件のAとBの関係，犯行に至る経緯や指示命令の内容，利益の帰属などの具体的事情にかんがみれば，Aは教唆犯ではなく，共同正犯として評価されるのは当然の帰結であるように思われる[35)]。もっとも，これらの事情の中で何が決定的な事実なのかは，実は必ずしも明らかではない。

この点については，共同正犯の「共同性」の要件として，関与者が相互に因果的影響を及ぼしあっている関係を要求する見解が主張されており，注目される[36)]。この見解によれば，たとえば互いに相談しあって犯行計画を策定したり，犯行現場で助けあって犯行を実現するなど，関与者間で双方向的な影響を及ぼしあっている場合について，「共同性」の要件が充足され，共同正犯が成立することになる。しかしながら，このような見解を徹底すると，たとえば組織暴力団の組長が構成員に対して一方的に指示・命令をしたような場合には，因果的な影響が一方的であることから背後の組長は教唆犯ということになり，共謀共同正犯の典型的な場面をカバーできないという問題が生ずる[37)]。双方向的な因果的影響が認められる場合は共同正犯の典型的な事例といえるが，こ

---

35) 平木正洋「判解」最判解刑事篇平成13年度158頁参照。島田聡一郎「判批」平成13年度重判解（ジュリ1224号）(2002年) 158頁などを参照。これに対して，橋本・前掲注8)399頁は「母親には教唆犯が成立するというのが自然である」とするが，これは実行行為段階の事実的な寄与を要求する前提からの帰結である。

36) 嶋矢・前掲注24)191頁を参照。同様に共犯者間の「双方向的な意思のやりとり」を要求するものとして，杉本一敏「意思連絡について」高橋則夫ほか『理論刑法学入門』（日本評論社，2014年）221頁以下を参照。

れをすべての共同正犯に要求することは困難であるように思われる。

関与者間に共同性が認められるといえるかは，個別の事実関係に依存するところが多いから，この点については，具体的な事例ごとに個別に検討する必要がある。まず，①実行行為の実質的な分担がある場合，まさに関与者は互いの行為を利用・補充しあって結果を惹起しているのであるから，共同性が認められる。また，②犯行準備の段階で互いに相談しながら犯行計画を策定し，それに基づいて，その中の一部の者によって犯罪が実行された場合などについても，当然に共同性を認めることができよう。これらはまさに双方向的な因果的影響が肯定される場面である。

これに対して，平成13年判例の事実関係のように，③背後者が実行担当者に指示命令をする場合，実行担当者については，実行行為のすべてを担当したという事実によって既に正犯性を認めることができる。したがって，この場合にはもっぱら背後者の正犯性のみが問題となるのであるから，共同性の要件といっても，両者の関係性というよりも，背後者に実行分担者との一体性を認めるにたりる関与が認められるかが重要であろう。つまり，実行担当者に任せっぱなしにしているのではなく，その具体的な犯行内容などについて背後者が立ち入った関与をしていることが両者の一体性・共同性を基礎づけることになる。たとえば具体的な犯行内容を指示・説明したり，凶器を準備・提供するなどの関与の存否が重要であろう。このように背後者の犯罪計画にかかる積極的な態度が実行担当者との共同性を基礎づけると解することができる[38)]。もっとも，このように解すると，暴力団の組長が犯行を命令したものの，具体的な犯行方法についてはいっさい指示を下しておらず，実行担当者に任せていた場合は関与の積極性・具体性が欠け，共同正犯が成立しないようにも思われる。しかし，④実行担当者が背後者に心理的に拘束されるような関係があり，実行担当者が犯行計画を立案するに際しても，事実上，背後者の意を汲む必要があり，自身の自由な判断が制約されている場合がありうる[39)]。この場合も，背

37)　注釈827頁［島田聡一郎］，松澤・前掲注21)102頁，松原・前掲注4)11頁などを参照。

38)　「積極的な態度」といっても，意思それ自体を問題にするのではなく，それが外部に客観化された状況が重要であろう。なお，平野Ⅱ403頁は，共謀共同正犯の成立は「実行行為が『共同の意思にもとづく』ものといえるような『意思方向』を持つ者に限られるべき」だが，「この『意思方向』は，単に主観的なものであるだけでなく，犯罪の遂行に客観的に重要な影響力を持つものでなければならない」とする。

後者は実行分担者を心理的に拘束することによって，実質的には積極的に犯行に関わっていると評価して，③と同様に，実行担当者との共同性を認めることができると思われる。

なお，共同正犯の根拠づけにおいては，伝統的に「相互利用補充関係」という表現が多用されてきた[40]。しかし，上記の検討から明らかなように，常に関与者の間に相互に利用・補充しあう関係が要求されているわけではない。実行担当者に指示命令をして犯罪を行わせる背後者は，実行担当者を利用しているが，実行担当者が背後者を利用しているわけではない。もちろん「相互利用補充関係」という概念は典型的な共同正犯をイメージさせる上では有用なものだが，あくまでも大まかなイメージであり，共同正犯すべての類型を正確に根拠づけ，具体的な成立要件を導き出すものではない点に留意すべきである[41]。

4. 共同正犯の構造

(1) ここまでの整理

ここまでで既に長くなったので，共同正犯の構造に関する本書の理解をまとめておくことにしたい。

共同正犯は本質的に「共犯」の一類型であるが，因果的寄与の重要性と関与の共同性に基づいて，「正犯」に格上げされて処罰されている。したがって，共同正犯の成立要件としては，まず広義の共犯の共通の要件として，①結果惹起に対する因果性が必要である。これは，心理的因果性，物理的因果性の両者によって判断されることになるが，後述②の共同性の要件として，当事者間の意思連絡が原則として要求されることから，共同正犯の場合，心理的因果性が不可欠の要件として理解され，共謀の心理的因果性に基づいて構成要件が実現されることが要求される（共謀の射程）。

さらに，狭義の共犯と区別され，正犯性を基礎づける事情としては，②共同性と③重要な因果的寄与が必要である。前者はとりわけ教唆犯との区別で問題となり，当事者相互の関係性や実行行為への関わり方の積極性によって判断さ

39） 松原・前掲注4)11頁以下は，このような問題意識から，実行担当者に対する心理的拘束を正犯性の要件として重視する。なお，林幹人「正犯の内容」研修601号（1998年）8頁以下は，実行担当者の心理に及ぼした重大な影響などを重視して，関与者の精神関係を基準として対等以上の立場にあった者を正犯と評価する（精神関係説）。

40） たとえば大塚300頁，大谷448頁，川端557頁，阿部力也「共同正犯における各関与者の相互

れる。後者の要件は，①因果性の存在を前提として，その関与内容が重要なものといえるかを客観的に判断することになる。したがって，事実上，①と③は一括して判断される。そして，故意犯の共同正犯が問題になる場合には，④故意の内容として，共同正犯の成立要件に関する認識・予見が必要になるから，（基本的構成要件の認識・予見に加えて）①～③の事情についても認識が要求されることになる。

(2)　共謀共同正犯・実行共同正犯

このような本書の理解からは，客観的に上記①～③の要件を充たせば，共同正犯の成立を認めることができるから，実行行為の分担の存否は共同正犯の成立にとって重要な相違ではない。むしろ，実行行為を分担しない共謀共同正犯が共同正犯の典型的な類型であり，実行行為の分担という事実は，上記②③の要件の充足を基礎付ける 1 つの事情として評価されることになる。

この点において興味深いのが，危険運転致死傷罪の共同正犯に関する最近の判例（最決平成 30・10・23 刑集 72 巻 5 号 471 頁）である。本件被告人と A は，それぞれ自動車を運転していたが，片側 2 車線道路を互いの自動車の速度を競い合うように高速度で走行しようとして，事故現場の 2km 以上手前の交差点において，赤色信号に従い停止した第三者運転の自動車の後ろにそれぞれ自車を停止させた後，信号表示が青色に変わると，共に自車を急激に加速させ，強引な車線変更で先行車両を追い越し，時速 100km以上の高速度で連なって走行し，対面信号機が赤色を表示していたのに，これを殊更に無視して進行しようと考え，両名ともに重大な交通の危険を生じさせる速度で交差点内に自車を進入させたことにより，左方道路から信号に従い進行してきた B 運転の普通貨物自動車（C，D，E 及び F 同乗）に A が A 車を衝突させ，さらに被告人が，衝突のショックで車外に放出された D を被告人車で轢過するなどし，B，C，D，E を死亡させ，F に重傷を負わせた。

被告人，A それぞれの行為が，赤色信号殊更無視類型（現行の自動車運転死

利用補充関係について」明治大学法科大学院論集 9 号（2011 年）165 頁以下などを参照。

41）「相互利用補充関係」という概念を厳格に要求した場合，嶋矢説のように双方向的因果性を要求するか，あるいは，共謀共同正犯の成立範囲を大幅に限定する理解に至るように思われる。嶋矢・前掲注 24）191 頁が「相互利用補充関係」を積極的に評価するのは，この点において一貫している。

傷行為処罰法2条5号）に当たるとしても，被告人の危険運転行為と直接の因果関係を有するのはDの死傷結果に限られるから，本件事故の死傷結果すべてを被告人とAに帰責するためには，両名について，危険運転致死傷罪の共同正犯の成立を認める必要がある。この問題について，本決定は，本件の行為態様に照らせば，「被告人とAは，互いに，相手が本件交差点において赤色信号を殊更に無視する意思であることを認識しながら，相手の運転行為にも触発され，速度を競うように高速度のまま本件交差点を通過する意図の下に赤色信号を殊更に無視する意思を強め合い，時速100kmを上回る高速度で一体となって自車を本件交差点に進入させたといえる。以上の事実関係によれば，被告人とAは，赤色信号を殊更に無視し，かつ，重大な交通の危険を生じさせる速度で自動車を運転する意思を暗黙に相通じた上，共同して危険運転行為を行ったものといえるから，被告人には，A車による死傷の結果も含め，法2条5号の危険運転致死傷罪の共同正犯が成立するというべきである」という判断を示している。

本書の立場から，本件の被告人に危険運転致死傷罪の共同正犯の成立を肯定するためには，②被告人とAとの間に共同性が認められること，③被告人がAの危険運転行為に重要な因果的寄与を及ぼしたことを認定する必要がある。また，本件においては，単なる高速度による無謀運転に関する共同正犯が問題になっているわけではなく，「赤色信号……を殊更に無視」する危険運転が問題となっているから，Aの赤色信号殊更無視行為に即して，上記②③の要件を認めることが必要となる。この点に関して，本件においては，被告人とAがスピードを競い合い，それぞれが時速100kmを上回る高速度で，しかも減速することなく交差点に向かって進行し続けた行為それ自体が，お互いの「赤色信号を殊更に無視する意思を強め合」う関係にあった（③重要な心理的因果性）。また，両者が（赤色信号殊更無視を当然の前提としつつ）スピードを競い合うことを事前に計画し，また，実際に「一体となって」高速度で運転した事実が，両者の密接な関係性（②共同性）を根拠付けるといえる。このような事情を重視すれば，本決定が危険運転致死傷罪の共同正犯の成立を認めたことは妥当な判断であったと思われる[42)]。

42）控訴審に関する検討であるが，橋爪隆「最近の危険運転致死傷罪に関する裁判例について」ひろば70巻5号（2017年）42頁を参照。

本決定は，共謀という表現を用いておらず，かつ，「共同して危険運転行為を行った」として共同正犯の成立を認めていることから，本件を共謀共同正犯ではなく，実行行為の分担がある実行共同正犯の事案として把握していると解される43)。たしかに，本件については，被告人が実際に危険運転を共同して実行したという事実が，上記②③の要件を根拠付ける上では重要な意義を有している。しかし，既に述べたことから明らかなように，本書の立場からは，事前の共謀段階および実行行為の段階の関与を総合的に考慮して，②③の要件を充足すればよいのであるから，そもそも共謀共同正犯と実行共同正犯を厳格に区別する必要がない。実行行為の共同があるという事実は，②③の要件を肯定する方向で積極的に考慮されるべきであるが，実行共同正犯を共謀共同正犯と全く異なる類型として把握する必然性は乏しいように思われる44)。実際，本件で共同正犯の成立を認めるためには，被告人が実際に赤色信号を殊更に無視したことではなく，A が被告人とのカーチェイスの過程で，被告人も赤色信号を殊更に無視するだろうと確信したという事実が重要であろう。たとえば本件で，交差点の直前で被告人が急に翻意し，（A が既に交差点に進入した後に）急ブレーキを踏んで，赤色信号を殊更に無視せず，それゆえ危険運転の実行行為を共同実行しなかったとしても，②③の要件は十分に充たされる以上，（共謀）共同正犯として A の運転による死傷結果が帰責されたと思われる。

なお，本節では，実行行為の一部分担があれば，共同正犯の成立を認めるべきだと述べたが（Ⅲ 2 (2)参照），これは，処罰対象となる構成要件該当行為それ自体の一部分担という趣旨である（たとえば強盗の共謀のもと，X が暴行・脅迫を行い，Y が財物強取を分担するような場合である）。これに対して，本件の被告人と A は，それぞれが危険運転致死傷に該当する行為を同時に行っている場合であり，単一の実行行為を分担し合う状況ではない（むしろ殺人の共謀のもと，X，Y がけん銃を発射したが，X の弾丸のみが命中したという事例に近い）。したがって，本書の立場からも，常に共同正犯の成立を認めるというわけではなく，上記②③の要件を充たす限りで，正犯性が肯定されることになると解される。

43)　この点について，久禮博一「判解」ジュリ 1534 号（2019 年）99 頁を参照。
44)　この点について，三好幹夫「判批」判例秘書ジャーナル HJ200013（2019 年）8 頁を参照。

Ⅳ．判例における共謀の意義

1．判例の展開

判例における共謀共同正犯の理解においては，３つの最高裁判例が重要である。まずはその位置づけについて，検討を加えることにしたい。

① 最大判昭和33・5・28（刑集12巻8号1718頁）〔練馬事件〕

本件は多数人が，駐在所を襲撃して警察官に暴行を加えることについて，順次協議した結果，その一部の者が駐在所に赴き，警察官を殴打し，死亡させた事件であり，襲撃に参加しなかった者に傷害致死罪の共同正犯の成否が争われた。本判決は「共謀共同正犯が成立するには，二人以上の者が，特定の犯罪を行うため，共同意思の下に一体となって互に他人の行為を利用し，各自の意思を実行に移すことを内容とする謀議をなし，よって犯罪を実行した事実が認められなければならない。したがって右のような関係において共謀に参加した事実が認められる以上，直接実行行為に関与しない者でも，他人の行為をいわば自己の手段として犯罪を行ったという意味において，その間刑責の成立に差異を生ずると解すべき理由はない」として，共謀共同正犯の成立を認めている。

本判決については，各自の意思を実行に移すことを内容とする「謀議」を行い，これによって「共謀に参加した事実」が共謀共同正犯の要件として要求されていることが重要である。本判決は「謀議」の内容を具体的に明らかにするものではないが，おそらく数名が順次，集まるなどして協議する行為がイメージされていたと思われる。そして，本判決の理解として，単に関与者の内心における「意思の合致」があるだけでは十分ではなく，客観的な謀議行為が必要であるとする理解（客観的謀議説）が示されたのである[45]。

しかし，このような客観的な謀議行為の存在を明確に立証することは困難な

45） 岩田誠「判解」最判解刑事篇昭和33年度405頁以下を参照。

46） このような指摘として，小林充「共同正犯と狭義の共犯の区別」曹時51巻8号（1999年）12頁以下などを参照。

47） たとえば石井一正＝片岡博「共謀共同正犯」小林充＝香城敏麿編『刑事事実認定㊤』（判例タイムズ社，1992年）343頁，小林・前掲注46)14頁などを参照。

48） 本決定には，いわゆる優越的行為支配説の立場から共謀共同正犯の成立を認める団藤重光裁判官の補足意見が付されている。団藤意見では，被告人が以前から（自分より年少の）実行担当者Bの面倒をみており，しかも，Bが外国旅行を切望していたことに目を付けてタイ行きを応諾さ

場合が多いであろう。関与者間に意思連絡が存することが明らかであっても，各人がいつ，どのように意思疎通して，犯行に至ったかを立証できない場合は十分に考えられるからである[46]。この点において練馬事件判決も，「『共謀』または『謀議』は，共謀共同正犯における『罪となるべき事実』にほかならないから，これを認めるためには厳格な証明によらなければならない」としつつも，「謀議の行われた日時，場所またはその内容の詳細」について具体的に判示することは必要ではないとしており，「謀議」の具体的な位置づけについてはやや不明確な点が残されていた。そして，その後の実務においては，客観的な謀議行為は必要ではなく，関与者の主観面において犯罪遂行の合意が形成されていればたりるとする見解（主観的謀議説）が有力になったのである[47]。

② 最決昭和 57・7・16（刑集 36 巻 6 号 695 頁）〔大麻密輸事件〕

本決定は「被告人は，タイ国からの大麻密輸入を計画した A からその実行担当者になって欲しい旨頼まれるや，大麻を入手したい欲求にかられ，執行猶予中の身であることを理由にこれを断ったものの，知人の B に対し事情を明かして協力を求め，同人を自己の身代りとして A に引き合わせるとともに，密輸入した大麻の一部をもらい受ける約束のもとにその資金の一部（金 20 万円）を A に提供したというのであるから，これらの行為を通じ被告人が右 A 及び B らと本件大麻密輸入の謀議を遂げたと認めた原判断は，正当である」と判示している[48]。

本決定は単に被告人が A，B と意思連絡をしていたという事実だけではなく，被告人が本件犯行の実現に向けて果たした客観的な役割やその積極的態度，利害関係などを具体的に認定した上で，「謀議を遂げた」という結論を導いている[49]。ここではまさに練馬事件がいうように「共同意思の下に一体となって互に他人の行為を利用し，各自の意思を実行に移すことを内容とする」謀議，すなわち共同正犯としての処罰にたる程度の主体的・積極的な関与が客

せたなど，法廷意見には挙げられていない事実関係が示された上で，「本件犯行計画において B を自分の思うように行動させてこれに実行をさせたもの」と判示されている。これらの判示からは，団藤裁判官があくまでも本件を支配型の類型と評価して，共謀共同正犯を例外的に肯定していることが窺われよう。

49)　この点について，木谷明「判解」最判解刑事篇昭和 57 年度 227 頁以下，菊池則明「共謀(2)――対等型共謀」小林充 = 植村立郎編『刑事事実認定重要判決 50 選(上)〔第 2 版〕』（立花書房，2013 年）281 頁以下などを参照。

観的な関与内容などに基づいて認定されていると解することができる。そして,「これらの行為を通じ」という本決定の文言からは,客観的な計画遂行の過程を通して,段階的に「謀議」(と評価するにたる実体)が熟していくイメージを読み取ることができよう。

③ 最決平成15・5・1(刑集57巻5号507頁)〔スワット事件〕

本件被告人は関西地方にある大規模な暴力団の組長であり,被告人のもとには「スワット」と呼ばれる専属のボディガードが複数名おり,被告人が外出するときは常に行動を共にして警護する役割を担っていた。スワットは警護に際してけん銃等を携行することが一般的であり,被告人もそのことを十分に認識していたが,被告人からスワットらに対してけん銃を携行するように指示をした事実は認定されていない。そして,被告人が遊興等の目的で上京することを決め,これを組長秘書見習いAに伝えたところ,AはスワットのBと警護態勢について相談を重ね,被告人が上京した際には,その警護計画に基づいて,被告人が乗車する自動車の前後をけん銃を携帯したスワットが乗車する自動車で囲み,隊列を組んで移動していた。この段階のけん銃所持が発覚し,被告人にけん銃不法所持罪の共謀共同正犯の成否が問題となった。

このように本件では被告人とスワットの間に客観的謀議行為を認定することは困難であるため,弁護人は本件で共謀共同正犯を認めることは練馬事件判例に違反すると主張したが,最高裁は,本件と練馬事件は「事案を異にする」として判例違反の主張を排斥した上で,「被告人は,スワットらに対してけん銃等を携行して警護するように直接指示を下さなくても,スワットらが自発的に被告人を警護するために本件けん銃等を所持していることを確定的に認識しながら,それを当然のこととして受け入れて認容していたものであり,そのことをスワットらも承知していた」ことから,「被告人とスワットらとの間にけん銃等の所持につき黙示的に意思の連絡があったといえる。そして,スワットらは被告人の警護のために本件けん銃等を所持しながら終始被告人の近辺にいて被告人と行動を共にしていたものであり,彼らを指揮命令する権限を有する被告人の地位と彼らによって警護を受けるという被告人の立場を併せ考えれば,実質的には,正に被告人がスワットらに本件けん銃等を所持させていたと評し得る」として,共謀共同正犯の成立を肯定している。

本決定は,客観的な謀議行為が認定できず,関与者間に黙示的な意思連絡が認められるにすぎない場合であっても,共謀共同正犯の成立を認めた点において重要な意義を有する[50]。もっとも，これは練馬事件判例を変更したものではない。練馬事件の被告人は事前の「謀議」に参加しただけであり，犯行現場にも同行していないのに対して，本決定ではけん銃不法所持の現場に同行しており，しかも，スワットを指揮命令する権限を有し，かつ，けん銃によって警護されている被告人について共同正犯性が判断されている[51]。あえて単純化していえば，練馬事件では「謀議」に参加した事実，大麻密輸事件では実行担当者の紹介，密輸資金の提供などの積極的な関与，スワット事件では被告人の指揮命令権限や警護を受けている状況などが，共同正犯の根拠づけとして援用されているといえる。

2. 意思連絡の意義

(1) 客観的謀議説／主観的謀議説

判例における「共謀」または「謀議」の理解については，客観的謀議説と主観的謀議説の対立があったところ，スワット事件によって，判例が主観的謀議説に立つことが明らかになったといえよう。もっとも，主観的謀議説に対しては，実行行為を分担しない共謀共同正犯においてはもっぱら共謀を遂げたことが処罰対象となる以上，行為主義の観点から客観的な「謀議行為」を認定する必要があるという批判がある[52]。たしかに当事者間で意思疎通があっても，外部的な行為が全く存在しない場合に，その意思内容だけを根拠に共同正犯として処罰することは不当であろう。しかし，スワット事件においても，被告人が何らかの行為や態度によって共謀を遂げたことは認められているのであり，それが「謀議」行為というかたちで具体化することまでが要求されていないにすぎない[53]。また，共謀共同正犯に限って特定の「謀議行為」を要求するというのは，実行行為の分担を補う客観的関与という意味では，十分に理解でき

50)　佐伯397頁などを参照。

51)　本決定に付された深澤武久裁判官の補足意見はまさにこのような事情を指摘している。前掲刑集515頁参照。

52)　松原芳博「共謀共同正犯と行為主義」『鈴木茂嗣先生古稀祝賀論文集(上)』（成文堂，2007年）536頁以下参照。さらに西原春夫「憂慮すべき最近の共謀共同正犯実務」刑事法ジャーナル3号（2006年）55頁も「謀議参加といった客観的態度に匹敵する外部的行動，態度」が必要であるとする。

53)　このような指摘として，亀井源太郎「共謀共同正犯における共謀概念」法学研究84巻9号（2011年）101頁以下を参照。

るものであるが，共謀共同正犯と実行共同正犯で異なる要件を課しているような印象を与える。しかし，刑法60条は2つの類型の共同正犯を別々に規定しているわけではないから，既に述べたとおり，両者をことさらに区別するような説明は適切ではないように思われる[54)]。

既に述べたように，共同正犯の正犯性を肯定するためには，①重要な因果的寄与，②関与の共同性の要件を充たす必要がある。共謀共同正犯の場合，実行行為の分担がないため，それ以外の事実から①②を認定する必要がある。たとえば積極的に「謀議」に参加して犯行計画を策定するような場合，その関与行為から①②が認定できるであろう。しかしながら，①②を認定できる判断資料が謀議行為に限られるわけではないから，たとえば実行担当者と行動を共にするなどの態度や実行担当者との人的関係などの事情によって，正犯性を認定することは十分に可能であると思われる。

(2) 黙示の意思連絡

スワット事件においては，実は正犯性の存否ではなく，広義の共犯の成立要件としての心理的因果性の認定が重要であったと思われる。すなわち，本件においては，被告人がスワットらと直接の接点を有しておらず，何らかの指示・命令を下した事実も認定されていないにもかかわらず，被告人がスワットらのけん銃所持を心理的に促進・強化するような影響（心理的因果性）を及ぼしたといえるかが重要な問題となったと解される。かりに黙示の意思連絡が認定され，それによって心理的因果性が肯定できるのであれば，広義の共犯としての可罰性は既に認められることになるが，その場合，被告人の組長としての地位やスワットらに対する指揮命令権限などにかんがみれば，被告人が幇助犯に落

54） このような指摘として，朝山芳史「共謀の認定と判例理論」木谷明編著『刑事事実認定の基本問題〔第3版〕』（成文堂，2015年）164頁を参照。

55） この点について，亀井源太郎「判批」法教280号（2004年）115頁，林・判例190頁などを参照。

56） このような指摘として，亀井・前掲注53)106頁，朝山芳史「実務における共同正犯論の現状」刑法雑誌53巻2号（2014年）192頁などを参照。

57） この点について，松原・前掲注4)21頁以下を参照。

58） スワット事件判例の後，大阪のホテルに宿泊していた暴力団員がけん銃を所持していたことから，K会会長のA，H会総長のBについてけん銃不法所持罪の共謀共同正犯の成否が問題となったが，警護態勢など組織内部の状況が必ずしも十分に解明されていないこともあり，黙示の意思連絡の認定がきわめて微妙な問題となった。Aについては，大阪地判平成13・3・14判時

ちる可能性はおよそ考えられないだろう55)。本件においては共同正犯と幇助の限界ではなく，広義の共犯としての可罰性の限界が問われていると解すべきである。

スワット事件の被告人は，Aに上京する旨を告げた後，その後，東京で警護された状況で自動車に乗車していたにすぎない。このような行為がどのような意味でスワットらに対して心理的因果性を有するのであろうか。この点においては，本件犯行に至った背景事情や組織内における共通了解を十分に考慮する必要がある。すなわち被告人が組長の地位にある暴力団では，スワットによるけん銃等を使用した警護が組織的・常態的に行われており，しかも本件上京の数か月前には神戸のホテルで関連組織の組長が殺害される事件が起きており，被告人に対する襲撃も懸念される状況があった。このような前提事情があるからこそ，被告人が上京する旨を告げた上で東京に移動する行為には，被告人がけん銃による警護を受けることを当然に想定した上で，スワットらのけん銃携行を容認し，あるいは，それを促す意味が黙示的に内在しているのである56)。そして，このような意味合いが組織内にまさに共通了解として共有されているからこそ，スワットらもその意味を察知し，それによってけん銃携帯の犯意が維持・強化されているといえる。これは詐欺罪の議論において，一定の申込行為などが，その行為の背景事情や契約内容とあいまって，挙動による欺罔行為と評価される場合と同様の関係にあるといえよう57)。

逆にいうと，スワット事件の判例の射程はこのような背景事情・共通了解が十分に認められる場合に限られることになる。したがって，暴力団組長が外出する際には配下が組織的にけん銃で警護するのが当然であるという理解が関与者間で共有されていない場合には，本決定の射程は及ばないと解される58)。

1746号159頁が無罪判決を下したが，大阪高判平成16・2・24判時1881号140頁は共謀共同正犯の成立を肯定し，最決平成17・11・29集刑288号543頁も，これを是認した。Bについては，大阪地判平成16・3・23裁判所ウェブサイト，大阪高判平成18・4・24公刊物未登載がいずれも共謀共同正犯の成立を否定したのに対して，最判平成21・10・19判タ1311号82頁は「特段の事情がない限り，被告人においても……けん銃を所持していることを認識した上で，それを当然のこととして受け入れて認容していたものと推認するのが相当である」と判示し，原判決及び第1審判決を破棄し，事件を大阪地裁に差し戻した。差戻後の大阪地判平成23・5・24裁判所ウェブサイトは被告人を再び無罪としたが，大阪高判平成25・8・30公刊物未登載は原判決を破棄・差戻しとし，差戻審である大阪地判平成29・3・24判時2364号111頁ではじめて共謀共同正犯の成立を認める有罪判決が示されるに至った。

いうまでもなく，この場合には正犯性のみが否定されるのではなく，広義の共犯の要件としての心理的因果性を欠き，組長は不可罰となる。また，暴力団組長本人ではなく，たとえば親族が上京するためにスワットらに同行を命じたような場合であれば，親族であってもけん銃で警護するのが当然であるという観念が組織内部で共有されている場合でない限り，組長を共同正犯として処罰することは困難であろう[59]。

3. 共謀の位置づけ

(1) 自己の犯罪／他人の犯罪

判例実務においては，共同正犯と幇助犯の区別の基準として，被告人の主観的事情が重視されるというのが一般的な理解である。すなわち自己の犯罪を遂行する意思（正犯意思）で犯行に加わっているか，それとも他人の犯罪に加功する意思かによって，共同正犯と幇助犯が区別されると解されている[60]。もっとも，判例の立場においても，正犯意思の認定においては，実行行為への関与の程度，組織内の人的関係，犯行前後の徴表行為（準備行為，犯行隠蔽工作など）の遂行などの客観的事情が間接事実として重視されており，結局のところ，客観的に重要な役割を担った関与者については，事実上，正犯意思が肯定される傾向がある[61]。しかし，このようにもっぱら正犯意思の存否が決定的であり，客観的な事情があくまでも正犯意思を認定するための資料にとどまるのであれば，たとえば被告人本人は自分がリーダーとして犯行を主導しているつもりだったが，他の関与者は全くそのように評価しておらず，客観的な行動もほとんど無意味なものにとどまっていたという（さみしい）事例についても，正犯意思が認められる以上，被告人は共同正犯の罪責を負うはずである。しかし，実務家サイドからも，このような主観的要素だけで共同正犯を認定するのは困難であるという指摘が既になされているところである[62]。

このような理解を前提とした場合，実務において正犯意思に基づいて共同正犯の成立を認めるためには，それに対応する客観的な裏付けが要求されていることになる。すなわち主観面において正犯意思が認められ，しかも，客観面に

59） この点については，蘆澤政治「判解」最判解刑事篇平成 15 年度 312 頁注 25 を参照。

60） たとえば松本時夫「共謀共同正犯と判例・実務」刑法雑誌 31 巻 3 号（1991 年）44 頁以下，小林・前掲注 46)14 頁以下などを参照。

61） たとえば石井＝片岡・前掲注 47)343 頁，村瀬均「共謀(1)——支配型共謀」小林＝植村編・前

おいても正犯と評価されるにたりる重要な関与を行っている場合に限って，共同正犯の成立が認められるのである。逆にいうと，共同正犯の成立が否定されて幇助犯にとどまるのは，そもそも客観的な関与が不十分な場合か（この場合は，主観面だけで正犯性を基礎づけることができない），客観的にはそれなりに重要な役割を果たしていても，たとえば背後者の命令でやむなく犯行に加わっているなど，その態度や意欲がきわめて消極的・従属的なものであり，正犯意思が否定される場合に限られることになる。つまり正犯意思はそれが欠ける場合に共同正犯の成立を阻却するというかたちで，もっぱら消極的な方向で機能していることになる。

このように判例実務においても，正犯意思という主観面だけが過度に強調されているのではなく，主観的な意思内容と客観的な関与があわせて考慮されていると解される。実務家の分析の中には，実務における共謀共同正犯の成立要件について，主観的要件と客観的要件に区別した分類を試みるものがあるが[63]，適切な理解であると思われる。そして，このように実務の共同正犯論を理解した場合，本書の立場との相違は，客観的には重要な関与が認められるが，その態度や意思が消極的・従属的なものである場合に，共同正犯の成立を例外的に否定する余地を認めるか，という点に尽きる。

(2)　概念の整理

上記のように実務における共同正犯論を理解した場合，共同正犯が成立するためには，①当事者間に意思の連絡があることを前提としつつ，②正犯意思と評価できるような主観面が充たされ，かつ，③それに対応する客観的に重要な関与が要求されることになる。そして，一般的には①～③すべての要件を充たした場合に限って，被告人は「共謀」を遂げたと評価されるのだろう。つまり，「共謀」という概念には正犯性を基礎づける主観的・客観的事情をすべて束ねる意義が認められることになる。このような理解からは，共同正犯の成立要件は，「共謀」とそれに基づく構成要件実現に集約されることになるだろう。

もちろん，概念の整理の問題にすぎないから，どのように「共謀」という概

掲注49)266頁などを参照。

62)　菊池・前掲注49)285頁参照。既に松本・前掲注60)47頁も行為者の「主観のみでその行為の性質が定まるものではない」として，客観的要件の重要性を指摘していた。

63)　朝山・前掲注54)165頁以下を参照。

念を理解しても構わないが，客観的な関与の程度を「共謀」概念に包摂することには少し無理があるようにも思われる。このような問題意識からは，「共謀」を①②の事情に限定し，それとは別に正犯性の客観的要件（③）を要求する理解もありうるところであろう[64)]。このような整理からは，共同正犯の成立要件は，主観面における「共謀」（＝正犯としての意思連絡），客観面における正犯としての関与，そして，これに基づく構成要件実現として整理することができる。

64）この点について，佐伯406頁を参照。

第15章 共犯関係の解消について

Ⅰ．はじめに

共犯関係にある者のうち，一部の者が翻意するなどして，それ以降の犯行に加わらなかったが，それ以外の関与者によって犯行が完遂された場合，途中から関与しなかった者はいかなる範囲で共犯の罪責を負うのだろうか。これが「共犯関係の解消」と呼ばれる問題である。この問題については，関与者の因果的寄与が解消された場合には，関与者はそれ以降の犯罪について責任を負わないとする見解（因果性遮断説）が有力に主張されており，最高裁判例も同説の立場から説明可能と評価されるのが一般的である[1)]。

もっとも，最近の学説においては，因果性遮断説だけではこの問題を十分に解決することができない，という批判が強くなっている。私自身は，因果性遮断説は「共犯関係の解消」に関する判断基準として十分に維持することができると考えているが[2)]，これらの批判に対応するためには，同説の内容をさらに具体化させる必要があるだろう。本章では，このような問題意識から，因果性

1） 因果性遮断説の代表的な見解として，西田典之『共犯理論の展開』（成文堂，2010年）240頁以下を参照。また，後掲最決平成元・6・26，後掲最決平成21・6・30の調査官解説も，ともに因果性遮断説の立場から判例を解説している。原田國男「判解」最判解刑事篇平成元年度181頁以下，任介辰哉「判解」最判解刑事篇平成21年度180頁以下を参照。

2） この問題について，不十分ながら検討を加えた論稿として，既に橋爪隆「共謀の限界について」刑法雑誌53巻2号（2014年）176頁以下がある。

遮断説の意義とその課題について検討を加えることにしたい。

なお，この問題領域については「共犯関係の解消」，「共犯からの離脱」，「共謀関係の解消」，「共犯の中止」など，いろいろな表現が用いられており，論者によって使い分けがなされていることも多い。言葉の問題にすぎないから，どのような表現を用いても構わないが，誤解を避けるため，本章においては，犯行から抜けようとする事実的な行為を「離脱」と表現し，その行為によって法的にもそれ以降の行為について責任を負わない状態を「共犯関係の解消」と呼ぶことにしたい[3)]。また，「共犯関係の解消」という表現のもとでは，共同正犯，狭義の共犯の両者をカバーすることとし，もっぱら共同正犯の成否に関わる場合に限って，「共謀（関係）の解消」という表現を併用することにする。

Ⅱ．因果性遮断説の基本的な理解

1．総説

(1) 因果性の解消

共犯関係の解消をめぐって，かつて有力な見解は，未遂犯規定（43条）の準用による問題解決を提唱していた。この見解によれば，共犯者によって結果が発生した場合には関与者全員は既遂の罪責を負うのが本来だが，犯意を放棄し，共犯者による犯行を阻止しようと真摯な努力を傾注した者については，43条本文の規定を準用して刑を減軽する余地が生ずる[4)]。しかし，いったん共犯関係が成立しても，その共犯関係が解消された場合には，かりに残余者によって犯行が継続されて結果が発生したとしても，それは自らとは無関係な話にすぎないから，そもそも離脱者は既遂犯の罪責を負わないはずである。このような理解からは，この見解が「既遂の責任を負わなければいけないが，未遂犯の

3） 後掲最決平成21・6・30もこのような観点で「離脱」と「解消」を使い分けていると思われる。任介・前掲注1)172頁以下を参照。なお，学説においては，共犯関係がなお存続している状況で関与者が「離脱」した場合と，そもそも当初の共犯関係が「解消」し，その後，まったく別個の犯罪が行われた場合とを区別する理解も有力である（たとえば大塚348頁注31，塩見125頁以下など）。もちろん，両類型を区別することは十分に可能であるが，いずれにせよ，関与者がそれ以降の犯罪について罪責を負わないことは共通であるので，本章では両者を厳格に区別することなく，本文のような用語法に従うことにしたい。

4） 大塚仁「共同正犯関係からの離脱」同『刑法論集(2)』（有斐閣，1976年）35頁以下を参照。同趣旨の理解として，佐久間403頁以下を参照（真摯な中止努力によって既遂結果との相当因果関係が欠けるとする）。もっとも，大塚・前掲書39頁以下では，他の共同者の実行に与えた影響を

規定を準用する」というのは不徹底であり，むしろ，「そもそも未遂犯しか成立しない場合」を明確にする必要があることになる5)。

因果的共犯論の立場からは，自らの関与と因果性を有する範囲で共犯処罰が正当化されるのであるから，いったん共犯関係が成立した場合でも，その後，自らが設定した結果惹起に至る因果性を解消すれば，その後の展開は自らの関与とは関係のない事態にすぎず，共犯の罪責を負わないことになる。これが因果性遮断説の基本的な発想である。また，狭義の共犯と共同正犯は（共同正犯性を基礎づける）正犯性の存否という観点によって区別されるが，結果との因果性は広義の共犯全般に関する共通の要件である。したがって，因果性遮断説の理解は，共同正犯・狭義の共犯の区別に関わりなく妥当することになる。

(2)　心理的因果性・物理的因果性

広義の共犯は実行行為を担当する者の行為を媒介として，結果惹起との間に間接的な因果性を有する。間接的因果性の在り方としては，実行担当者の心理面に働き掛け，犯行を決意させたり，あるいは犯意を強化したり，その意思を拘束するなどして実行担当者による結果実現を強化・促進する場合（心理的因果性）が典型的であるが，このような犯意の促進・強化を伴わなくても，犯行に必要な道具の提供，犯行を容易にする状況の設定・準備など，物理的な観点から実行分担者の犯行実現を容易にし，結果発生を促進する場合（物理的因果性）もある。学説では，心理的因果性のみが共犯処罰の根拠となるとする見解も主張されている6)。しかしながら，実行担当者の行為を容易にし，結果発生を促進・強化する点に（広義の）共犯の本質があると解される以上，因果性の内容を心理的因果性に限定する必然性は乏しいように思われる。また，たとえば凶器を提供する行為を通して実行担当者を励ました場合，この見解を前提にす

「断ち切った」ことを問題にしており，この見解を因果的遮断説の萌芽的見解と評価することもできる。

5）　このような指摘として，西田・前掲注1)259頁，成瀬幸典「共犯関係からの離脱について」立教法務研究7号（2014年）124頁などを参照。

6）　町野朔「惹起説の整備・点検」内藤謙先生古稀祝賀『刑事法学の現代的状況』（有斐閣，1994年）136頁以下を参照。この立場からは片面的共犯は全面的に否定されることになるし，また，共犯関係の解消についても，心理的影響力を解消すればたりることになる（なお，本文でも後述するように，片面的共同正犯を否定する通説・判例の立場からは，共同正犯については心理的因果性が不可欠の要素ということになる）。

れば，凶器の提供によって実行担当者が心理的に鼓舞され，犯意が強化されていれば（心理的因果性が認められることから）背後者は共犯の罪責を負うが，凶器の提供によって犯行が物理的に容易になっただけであれば，共犯が成立しないことになる。しかし，このような微妙な相違によって可罰性の判断が左右されることは適切ではないだろう[7]。

このように共犯の因果性が心理的因果性・物理的因果性の両者によって基礎づけられていると解する以上，その因果性を遮断するためには，心理的因果性・物理的因果性の両者をともに解消することが原則として必要となる[8]。なお，心理的因果性の本質を意思連絡に基づく心理的な促進・強化に求めるのであれば，犯行に必要となる情報の提供（たとえば解錠用の暗証番号，犯行方法などの伝達）それ自体は，実行担当者の心理面に影響を及ぼしているとしても，むしろ犯行に必要な前提条件を整備するという意味で，物理的因果性の内容に位置づけるべきであろう[9]。もちろん，有益な情報の提供を受けたということ自体が，正犯者を安心させ，その犯意を強化させる効果を持つ場合には，それは心理的因果性として作用することになるが，これはけん銃などの凶器の貸与の場合でも同じである。

(3) 因果的影響を及ぼす時点

狭義の共犯については，教唆行為・幇助行為によって，正犯者による結果惹起に間接的な因果性を及ぼしたことが処罰の根拠とされる。したがって，共犯行為を行ったことが処罰の根拠であり，またその段階で故意の存否が判断されることになる。また，狭義の共犯として処罰するためには，正犯者に事前に与えた影響がそのまま持続して，正犯者の結果に実現した関係が必要である。たとえばXが窃盗の計画を有するYを支援する意思で，犯行に必要な道具を提供した場合，事前に道具を提供した行為が幇助行為の内容となるが，同罪が成立するためには，Yに対する因果的影響が維持されて，Yによる窃盗行為を現実に容易にした関係が必要である。また，故意の存否は幇助行為の段階で判

7） このような指摘として，山口・探究 259 頁を参照。

8） たとえば西田 399 頁以下，山口 377 頁などを参照。

9） このような指摘として，佐伯 371 頁注 4 を参照。このような意味においては，そもそも心理的因果性・物理的因果性という表現が必ずしも適切ではないのかもしれない。

10） もちろん，全体の関与について共同正犯の成立を認めるためには，①②全体の関与が同一の故

断されることから，たとえばXが道具を貸与した後，Yを支援する意思を失ったり，あるいはYが犯行を断念したと誤信したとしても，窃盗幇助の故意の存否には影響しないことになる。

共同正犯についても，基本的には同様のことが当てはまるが，教唆・幇助のように処罰対象となる行為が限定されていないため，少し議論が複雑になる。判例・通説のように共謀共同正犯の成立を肯定する場合，共同正犯としての帰責を根拠づける関与は，実行行為段階の行為に限られることなく，事前の共謀段階における関与も含まれることになる。たとえば，①事前に犯行計画を立案する段階で犯行に加担し，さらに②犯行現場にも同行し，何らかの役割を担った場合には，①②の関与内容をトータルで評価して，共同正犯としての帰責が基礎づけられる[10)]。したがって因果性遮断説の立場からは，②の影響を解消するだけでは不十分であり，さらに，①の段階で与えた（心理的・物理的）因果性を事後的に断ち切る措置が必要とされる。学生のみなさんの中には，犯行現場において離脱の意思を示し，共犯者の了解のもと現場を離れれば，それ以降の犯行について心理的因果性は失われると考えている方が多い印象を受けるが，②の関与を解消したとしても，さらに，①の段階の寄与が実行分担者の心理面に持続的に影響を及ぼしている可能性がある（たとえば①の段階で共犯者の犯意の形成に重大な影響を与えている場合など）。共犯関係の解消の判断においては，①の段階の因果的寄与が解消されたかについても，慎重に検討する必要があることを強調しておきたい[11)]。

2. 実行の着手前の離脱

(1)　総説

因果性遮断説の立場からは，自らの与えた因果的影響の解消が唯一の判断基準ということになるから，実行の着手の前後によって共犯関係の解消の判断が異なってくるわけではない。もっとも，従来の学説においては両者を区別する分析が一般的であったこと，また，実際の事案においても考慮されるべき事情

意に包摂される必要がある。

11)　幇助犯についても，事前の支援，行為時の支援（たとえば見張り行為）が競合する場合があるので，その場合は同様に検討する必要がある。この点を指摘するものとして，成瀬・前掲注5) 147頁を参照。

が異なってくる場合が多いことから，便宜上，両者に分けて簡単に検討することにしたい。

実行の着手前の離脱については，離脱の意思を表示し，それが残余の共犯者によって了承された場合には共犯関係の解消が認められるという理解が一般的である[12]。しかし，このような理解については，次の２点について修正が必要である。まず，これは心理的因果性に関する基準にすぎず，物理的因果性の解消を念頭に置いたものではない。さらに心理的因果性に限っても，因果性を解消するために常に離脱の意思表示と了承が要求されるわけでもないし，また逆に，離脱の意思表示とその了承があっても因果性が解消されない場合も考えられる。

(2) 物理的因果性の解消

たとえば犯行に不可欠な道具を提供しつつ（物理的因果性），実行担当者を励まして犯行を支援する態度を示したような場合（心理的因果性），離脱の意思表示と了承によって心理的因果性が解消されたとしても，実行分担者がその道具を用いて（当初から計画されていた）犯行に出た場合，物理的因果性が解消されておらず，道具を提供した者は共犯の罪責を負うことになる[13]。このような場合，道具提供者が完全に共犯の罪責を免れるためには，離脱の意思表示＋了承によって心理的因果性を解消した上で，さらに提供した道具を取り戻すか，それ以外の方法で使用できないようにして，物理的因果性を解消する措置が原則として必要になる。また，犯行に不可欠な情報を提供した場合については，それを忘れさせる手段（催眠術？）が困難であれば，その情報を用いて犯行が実現される可能性を排除する措置が要求されることになる。たとえば（窃取の目的である）機密資料が保管されている会議室に立ち入るための暗証番号を実行担当者に教えた場合，暗証番号を変更したり，警備員に通報することなどで侵入が困難な態勢を講じていれば，提供された情報を利用した犯罪実現の危険性は解消されているとして，因果性の解消を認める余地があるだろう。

12）　たとえば大谷 471 頁以下などを参照。

13）　提供された道具が現実に用いられなかった場合には，提供者は心理的にも物理的にも結果に影響を及ぼしていないことになるから，共犯の罪責を負わない。なお，心理的因果性を解消した場合に物理的因果性の残存だけを根拠として共同正犯の成立を認めることができるかについては，

(3)　心理的因果性の解消

心理的因果性の解消についても，自らが与えた心理的影響の内容・程度によって，共犯関係の解消のために要求される措置は異なってくる。まず教唆犯については，正犯者の意思に働き掛けて犯行の決意をさせたことが心理的因果性の内容である以上，正犯者に少なくともいったんは翻意させなければ因果性の解消を肯定することはできないだろう。これに対して心理的幇助の場合，正犯者の犯行を支援する態度を示すことによって，その犯意を促進・強化している点が因果性の内容ということになるから，正犯者に対して，自らがこれ以上，犯行を支援しない旨を表示し，正犯者がその趣旨を認識していれば，心理的因果性の解消を認めることが可能であろう。

共謀共同正犯の場合についても，その心理的影響の内容によって，教唆・幇助に準じて考えることができる。たとえば暴力団の組長が配下の構成員に犯行を指示する場合のように，事前の謀議によって実行担当者に犯行に出る動機を付与した場合には，教唆犯と同様に，その犯意をいったんは放棄させる必要がある。この場合，かりに組長が離脱の意思を表明し，配下の構成員がそれを了承したとしても，結局は組長抜きで指示通りの犯行が行われた場合，組長抜きの犯行であっても，あくまでも組長が付与した動機に基づいて犯行が行われている以上，心理的因果性の解消を肯定することは困難だろう。この点について，松江地判昭和 51・11・2（刑月 8 巻 11＝12 号 495 頁）は，「離脱しようとするものが共謀者団体の頭にして他の共謀者を統制支配しうる立場にあるものであれば，離脱者において共謀関係がなかった状態に復元させなければ，共謀関係の解消がなされたとはいえないというべきである」と判示している[14)]。

これに対して，既に犯意を固めた関与者に対して，その犯意を強化するなど心理的な促進効果を与えた共同正犯については，幇助犯に準じて考えることができる。もちろん共同正犯として評価されている以上，その心理的影響の程度も強く，解消のために必要な措置もそれだけ厳格になるが，関与者がこれ以上犯行に加担しない意思を示し，相手方もその旨を認識していれば，心理的因果性の解消を肯定することができると思われる。この場合にも残余者の「了承」

後述する（Ⅳ 2 参照）。

14)　旭川地判平成 15・11・14 公刊物未登載も侵入強盗の首謀者については，「共謀を解消させて共謀関係がなかった状態に復元させるなどの相当な措置を取ることが必要である」と判示している。同判決については，小池健治「判批」研修 670 号（2004 年）27 頁以下を参照。

を厳格に要求する必要はないだろう[15]。離脱者がこれ以上犯行に加担しない事実を正確に認識していれば，その事実を了承せずに，「そんな勝手なこと，俺は絶対許さない」と思っていようとも，いずれにせよ離脱者の関与・支援を期待できないことは理解している以上，心理的因果性の解消を認めることができるからである[16]。

さらにいえば，離脱の意思表示についても，犯行計画の打合せに現れない，犯行現場から立ち去るなどの行動によって離脱の意思が黙示的に示された場合であっても，残余者がその趣旨を理解していれば（首謀者の地位にある者でない限り）心理的因果性の解消を認めるべきであろう。たとえば大阪地判平成2・4・24（判タ764号264頁）においては，暴力団の幹部から反対組織の襲撃の方法を具体的に指示されたにもかかわらず，適当な理由を言って犯行現場から帰宅し，関係者と電話をしたときにもあいまいな発言に終始し，それ以降，関与者と連絡を絶って姿を隠したという事案について，被告人が犯意を放棄したことはその言動によって他の共犯者にも伝わっていたとして，共犯関係の解消が肯定されている[17]。

3. 実行の着手後の離脱

実行の着手後についても，自らの関与による因果的影響を解消するという基準それ自体は何ら異なるものではない。もっとも，実行の着手の段階に至った場合，結果発生の危険性が既に現実化していることが重要である。たとえば強盗の共謀に基づいて既に被害者に対する暴行・脅迫が着手された場合，事前の共謀は単なる心理的影響のレベルにとどまらず，暴行・脅迫行為という客観的事実として現実化している。そして，このような客観的な事実それ自体が，それを利用して強盗行為が既遂に達する危険性を高め，また，実行担当者の犯意をさらに強固にする影響力を有している[18]。

このように実行の着手後においては，既に共謀内容の一部が客観的な事実に

---

15) この点について，佐伯389頁，長岡哲次「中止犯と共犯からの離脱」大塚仁＝佐藤文哉編『新実例刑法〔総論〕』（青林書院，2001年）391頁などを参照。

16) このような指摘として，今井猛嘉「共犯関係からの離脱」争点118頁を参照。

17) さらに福岡高判昭和28・1・12高刑集6巻1号1頁は，強盗の犯罪計画に関わった者の1人がその非を悟り現場を立ち去った場合について，離脱の意思が「黙示的の表意」によって示されているとして，共犯関係の解消を認めている。もっとも，本件の被告人は犯行において主導的な立場にあったことから，現場を立ち去っただけで解消を認めるべきかについては，疑問の余地もあ

転化していることから，共謀に基づく因果的影響を払拭するためには，このような客観的状況を前提に犯行が継続される可能性を排除する必要がある。学説において一般に，実行の着手後の離脱の要件として，①離脱の意思表明と相手方の了承に加えて，②結果防止に向けられた措置が要求されていることは，このような趣旨で理解することができる。前者①の基準が心理的因果性の解消，後者②の基準が物理的因果性の解消の要件であるようにみえるが，厳密に考えると，このような対応関係は存在しない。実行の着手によって，それまでの心理的影響・物理的影響が客観的事実に発展しているところ，それを解消することが②の要件として理解されていることになるから，②の要件のもとでは，心理的因果性か物理的因果性かを問わず，関与者の事前の加功内容が客観化・現実化した場合に，それを解消することが要求されていることになる。

最判昭和24・12・17（刑集3巻12号2028頁）は，被告人XがYと共謀の上，A宅に侵入し，それぞれ包丁，ナイフを突き付けて脅迫を行い，YがAの妻が差し出した900円を受け取ったところ，Xが「お前の家も金がないのならばその様な金は取らん」などと言って，Yに「帰ろう」と促し，先に外に出たところ，Yはいったんは900円を布団の上に置いたものの，再びそれを手に取って持ち去ったという事実関係を前提にして[19]，「同人方を立ち去った事情が所論の通りであるとしても，被告人において，その共謀者たる一審相被告人Yが判示のごとく右金員を強取することを阻止せず放任した以上，所論のように，被告人のみを中止犯として論ずることはできない」として，強盗罪の共同正犯の成立を認めている。本判決については，Xの翻意およびYに対する説得によって，共謀の心理的影響は消滅しているとして，Xについて共犯関係の解消を認めるべきであったとする理解が有力である[20]。確かに「その様な金は取らん」と言って現場を立ち去る行為によって離脱の意思を明確に示し，Yにもその意思は十分に伝わったと思われるので，上記①の要件は充足されるだろう。もっとも，問題は②の要件である。X・Yの脅迫によってA

る。西田・前掲注1)252頁，原田・前掲注1)189頁などを参照。

18)　このような指摘として，原田・前掲注1)184頁を参照。

19)　このような事実が原審判決で認定されているわけではなく，あくまでも弁護人が上告趣意の中で主張している事実である。

20)　たとえば平野Ⅱ386頁，西田・前掲注1)266頁などを参照。このような理解からは，Xは強盗未遂の限度で共同正犯の罪責を負うことになり，さらに中止未遂の要件を充たせば，43条但書によって刑が減免されることになる。

の家人の反抗が抑圧されており，しかも，現金900円が目の前に示されるに至っている。このように財物の強取に至りうる客観的事情が形成されている以上，Xの言動によってAに対する畏怖状態を解消させたと評価できない限り[21]，Yは共謀によって作出された状況を利用して犯行を継続しており，共犯関係の解消を認めることは困難であろう[22]。

Ⅲ．判例の理解

共犯関係の解消については，2つの最高裁判例の理解が重要である。ともに著名な判例であるが，改めて検討を加えておくことにしたい。

① 最決平成元・6・26（刑集43巻6号567頁）

被告人Xは，Yとともに深夜のスナックでAと口論になり，同人に謝らせるべく，車でY方に連行した。XはYとともに，同所でAの態度などを難詰したが，同人が反抗的な態度を取り続けたことに激昂し，両名で1時間ないし1時間半にわたり，竹刀や木刀でAの顔面，背部等を多数回殴打するなどの暴行を加えた（第1暴行）。その後，XはY方を立ち去ったが，その際「おれ帰る」といっただけで，Yに翻意を促すこともなく，現場をそのままにして立ち去った。その後，YはAの言動に再び激昂して，その顔を木刀で突くなどの暴行を加えた結果（第2暴行），Aは骨折に基づく頸部圧迫等により窒息死したが，死因となった傷害が第1暴行から生じたか，第2暴行から生じたかは断定できない。このような事実関係について，最高裁は「被告人が帰った時点では，Yにおいてなお制裁を加えるおそれが消滅していなかったのに，被告人において格別これを防止する措置を講ずることなく，成り行きに任せて現場を去ったに過ぎないのであるから，Yとの間の当初の共犯関係が右の時点で解消したということはできず，その後のYの暴行も右の共謀に基づくものと認めるのが相当である」としてXに傷害致死罪の成立を肯定している[23]。

本決定は，Xが帰った時点で「Yにおいてなお制裁を加えるおそれ」が消滅していなかったことを重視している。具体的には，Xと第1暴行を共同実

21）　西田・前掲注1)266頁は，本件ではこのような事情も認められるとされる。

22）　同旨の指摘として，原田・前掲注1)190頁などを参照。

23）　このように本決定は死因が不明な事件に関する判断である。第1暴行から死因が生じていればXが傷害致死罪の共同正犯の罪責を負うことは当然であるから，かりに第2暴行から生じた場

行したことによって，ＹのＡに対する暴行の犯意は強化されており，何かのはずみで暴行を再開しやすい心理状態が形成されていたといえる。さらにＸ・Ｙが共同してＡをＹ方に連行し，第１暴行によって同人に重傷を加えて抵抗が困難な状況を作出したことによって，客観的にも暴行の継続が容易な状況が形成されている。このような「制裁を加えるおそれ」はまさにＸ・Ｙの共謀に基づいて作出された状況といえるから，Ｘには因果性を遮断するために，「これ〔＝Ｙによる制裁〕を防止する措置を講ずること」が要求されるのである。このように本決定は，共謀に基づいて作出された犯行継続の危険性を重視し，それに基づく犯行を防止する措置を要求している点において，因果性遮断説の立場に親和的な判断と評価することができる。

本決定は「これを防止する措置」の具体的内容を明確に示しているわけではないが，Ｘが「自分としてはＡに対しこれ以上制裁を加えることを止めるという趣旨のことを告げず，Ｙに対しても，以後はＡに暴行を加えることを止めるよう求めたり，あるいは同人を寝かせてやってほしいとか，病院に連れていってほしいなどと頼んだりせずに，現場をそのままにして立ち去った」と判示していることにかんがみれば，かりにＸがこれらの措置を講じていれば，共犯関係の解消が認められた可能性があるように推測される。この推測が正しいのであれば，本決定は，共謀によって形成された心理的・物理的因果性を完全に解消しなくても，暴行が再開される危険性を相当程度に減少させていれば，共犯関係の解消を認める余地を示したものとして理解することができる[24)]。上記のような発言や依頼をしたとしても，第１暴行によって形成された因果的影響は，完全に解消されるわけではないからである。

② 最決平成21・6・30（刑集63巻5号475頁）

被告人は以前にも本件の共犯者らとともに強盗を行ったことがあったが，本件犯行に誘われると，前日に共犯者らと被害者方付近の下見をした後，共犯者７名との間で，被害者方の明かりが消えたら共犯者２名が屋内に侵入し，内部から入口のかぎを開けて侵入口を確保した上で，被告人を含む他の共犯者らも屋内に侵入して強盗に及ぶという住居侵入・強盗の共謀を遂げた。本件当日，

合であっても同罪の成立を認めることができるかという観点から，共犯関係の解消の可否が判断されている（両暴行に加担しているＹについては，当然に傷害致死罪の成立が認められる）。

24)　この点について，原田・前掲注1)185頁を参照。

共犯者２名は屋外から被害者方に侵入し，内側から住居等につながるドアの施錠を外して他の共犯者らのための侵入口を確保した。もっとも，見張り役の共犯者は，屋内の共犯者２名が強盗に着手する前の段階において，現場付近に人が集まってきたのを見て犯行の発覚をおそれ，屋内の共犯者らに電話をかけ，「人が集まっている。早くやめて出てきた方がいい」と言ったところ，「もう少し待って」などと言われたので，「危ないから待てない。先に帰る」と一方的に伝えて電話を切り，付近に止めてあった自動車に乗り込んだ。車内では，被告人と他の共犯者１名が強盗の実行行為に及ぶべく待機していたが，被告人ら３名は話し合って一緒に逃げることとし，被告人が運転する自動車で現場付近から立ち去った。屋内の共犯者２名は，いったん被害者方を出て，被告人ら３名が立ち去ったことを知ったが，現場付近に残っていた共犯者３名とそのまま強盗を実行した。最高裁は上記事実を前提として，「被告人において格別それ以後の犯行を防止する措置を講ずることなく待機していた場所から見張り役らと共に離脱したにすぎず，残された共犯者らがそのまま強盗に及んだものと認められる」として，「被告人が離脱したのは強盗行為に着手する前であり，たとえ被告人も見張り役の上記電話内容を認識した上で離脱し，残された共犯者らが被告人の離脱をその後知るに至ったという事情があったとしても，当初の共謀関係が解消したということはできず，その後の共犯者らの強盗も当初の共謀に基づいて行われたものと認めるのが相当である」と判示している。

本件では強盗行為に着手する前の離脱が問題となっている。被告人本人が残余の共犯者に対して離脱の意思を明示的に示したわけではないが，犯行現場を立ち去ることによって離脱の意思を黙示的に示したと評価することができるし，実行分担者も被告人らが立ち去ったことを知った上で，それを前提にして犯行を継続しているのであるから，それに関する認識・了承を認めることも不可能ではない。しかしながら，本決定は平成元年決定と同様に，「格別それ以後の犯行を防止する措置を講ずることなく」離脱したにすぎないとして，共犯関係の解消を否定している。このように本決定は，実行の着手前の離脱の事例であっても，犯行を防止するための措置が要求される場合があることを示した点に，重要な意義がある。

既に述べたように，因果性遮断説の立場からは実行の着手の前後でその判断がまったく異なってくるわけではないから[25]，犯行防止措置の要否についても，実行の着手前後で形式的に区別されるのではなく，実質的な観点から個別に判断する必要がある。そして，本件の事案においては，既に共謀内容の一部が現実化・客観化されており，これを前提に犯行が継続されやすい状況が形成されていたことが重要である[26]。すなわち犯行計画に基づいて既に実行分担者は住居内に侵入し，他の共犯者のための侵入口も確保されており，これを利用して強盗が実現されやすい状況が既に形成されており，実際に共犯者はこのような状況を利用して強盗を完遂しているのである。このように共謀内容の一部が既に現実化しているという意味においては，本件事案は実質的には実行の着手後の離脱の事案に類似した実質を有しているといえよう[27]。したがって，本件についても，因果的影響を解消するために，上記のような状況を利用して犯行が継続されることを防止するための措置が要求されるのである[28]。

このように考えると，共犯関係の解消の要件として積極的な犯行防止措置が要求されるか否かの判断においては，実行の着手の前後という形式的区別ではなく，共謀内容の一部が既に現実化しており，それを前提に犯行が継続されやすい状況が形成されていたことが重要である。たとえば，被害者を監禁して強制性交等，恐喝，傷害などの犯罪を実現する場合，監禁行為によって被害者の抵抗を困難にした段階で，それ以降の犯罪のための必要な前提条件が作出されている以上，（強制性交等，恐喝などの犯罪に関する）共犯関係を解消するためには，それらの犯罪に関する実行の着手の有無にかかわらず，被害者を解放するなどの犯行防止措置が要求されることになる。

Ⅳ．解消の限界について

1．問題の所在

因果性遮断説に対しては，因果性の解消を厳格に要求した場合，いったん与

25）　この点について，任介・前掲注1）180頁を参照。

26）　このような指摘として，島田聡一郎「共犯からの離脱・再考」研修741号（2010年）5頁，西田・前掲注1）287頁などを参照。

27）　このような指摘として，中川深雪「判批」警察学論集62巻11号（2009年）190頁以下，豊田兼彦「判批」刑事法ジャーナル27号（2011年）84頁，高橋516頁などを参照。

28）　この点に関連して，三村三緒「共犯からの離脱」池田修＝杉田宗久編『新実例刑法〔総論〕』（青林書院，2014年）403頁を参照。したがって，かりに被告人が犯行計画の策定に加担しておらず，犯行の段取りを知らされないまま，見張り役を頼まれたにすぎないような場合であれば，犯行防止措置が要求されない可能性がある。宮崎香織「判批」研修735号（2009年）34頁注8を参照。

えた因果的影響を事後的に解消することは困難であり，その結果，共犯関係の解消を認める範囲がきわめて限られてくるという批判がある[29)]。たとえば平成21年決定の事案についても，共謀に基づく因果性を全面的に解消するためには，実行担当者に働き掛けて強盗の犯意を放棄させ，被害者方から連れ出すなどの措置が必要になるだろう。しかし，ここまで徹底した措置を講じていれば，そもそも強盗行為が継続されることもあり得ないから，「他の関与者によって犯行が継続されたが，被告人については共犯関係の解消を認めるべき場合」がおよそ観念できないことになってしまう[30)]。このような問題意識から，最近では，因果性遮断説の限界を指摘しつつ，因果性が残存していても，規範的な観点から共犯関係の解消の余地を認める見解が有力に主張されている。たとえば塩見淳教授は，現実に因果性を解消したか否かではなく，離脱に向けられた行為が「行為者の立場でなし得る，通常であれば行為者が生じさせた危険を消滅させるに足る」措置といえるか（離脱行為の的確性）が重要であるとされている[31)]。

このような学説の問題意識には十分な理由があると思われるが，だからといって，因果性遮断説が維持できないわけではない。共犯の因果性とは事実的因果関係に尽きるわけではなく，危険の実現という観点から一定の規範的な内容を含むものである。したがって，被告人の関与と（他の共犯者による）結果惹起との間に事実的な関連性は否定できないとしても，①被告人の犯行防止に向けた措置が新たな阻害要因として介入することによって，当初の共謀通りに犯罪が実現されることが著しく困難になった場合，②被告人の翻意，撤回などによって，そもそも共謀段階の影響力が大幅に減殺されており，それが実行分担者の意思決定を支配・誘発しているとは評価できないような場合などについては，実行分担者のそれ以降の犯行は共謀の危険実現とはいえないと評価する余地があるように思われる。たとえば平成21年決定の事案についても，被告人が被害者方に侵入した共犯者に電話をかけて，「すぐに出てこなければ警察

29）　このような指摘として，たとえば松宮319頁，山中1026頁などを参照。

30）　この点に関連して，嶋矢貴之「共犯の諸問題」法時85巻1号（2013年）29頁注10を参照。

31）　塩見136頁を参照。さらに葛原力三「判批」平成21年度重判解（ジュリ1398号）（2010年）180頁も参照。

32）　このような理解として，西田・前掲注1)270頁を参照。また，松原417頁は，首謀者が通常ならば翻意させるに十分な方法で他の共犯者に中止を要請したにもかかわらず，あえてそれを無視

を呼ぶぞ」などと強い態度で翻意を迫った場合であれば，それを無視して，そのまま犯行を継続することは通常想定されない事態ということができるから，共犯者があえて強盗行為に出たとしても，それは当初の共謀の危険実現ではないとして，因果性の遮断を認める余地があるだろう[32]。

このように因果性の内容として規範的な観点を併せ考慮するのであれば，最近の学説の問題意識も，因果性判断の枠内で十分に評価することができると思われる[33]。もっとも，規範的な判断といっても，どんな考慮でも危険実現の判断構造の中に組み込むことができるわけではない。共同正犯の正犯性の判断をめぐる問題も含めて，いくつかの角度から具体的に考えてみることにしたい。

2.　正犯性の解消

因果性遮断説は広義の共犯の要件である因果性に着目して，因果性が存続している限度で共犯の可罰性を認める見解である。もっとも，共同正犯の成立を認めるためには，結果に対する因果性だけでは不十分であり，さらに共同正犯の正犯性を基礎づける事情が必要である。そして，正犯性を根拠づける事情としては，既に第14章で検討したように，重要な因果的寄与と関与者間の共同性を要求すべきである。したがって，因果性を解消していなくても，一定の働き掛けによって，関与の重要性が失われるか，あるいは関与者間の共同性が失われたと評価できる場合には，広義の共犯としての処罰は可能であっても，共同正犯の「正犯性」が失われることから，関与者は共同正犯から狭義の共犯に「格下げ」されることになる。とりわけ意思連絡によって心理的因果性を与えている状況が関与の重要性・共同性を根拠づけている場合には，心理的因果性が解消されていれば，物理的因果性が残存しているとしても，共同正犯の成立を否定し，幇助犯の限度で処罰すべきであろう[34]。このことは片面的共同正犯の成立を否定する判例・通説の立場とも整合的であると思われる。

して犯罪が遂行されたような場合についても，共謀と犯罪実行との間の相当因果関係が否定される余地を認める。

33)　このように因果性遮断説の規範的な性質を重視する見解として，井田561頁以下，前田366頁，伊東386頁，照沼亮介「共犯からの離脱」松原芳博編『刑法の判例〔総論〕』（成文堂，2011年）268頁，成瀬・前掲注5)148頁以下などを参照。

たとえば平成元年決定の事案についていえば，XがYに対して，これ以上，暴行を加えないように説得を試みたが，結局，Yはこのような説得をあまり気にとめることなく，Xが帰宅した後，暴行を再開したような場合であれば，Xの第1暴行に基づく因果的影響は完全に解消されてはいないものの，その心理的因果性の重要性は既に失われていると解する余地があるから，Xは第2暴行については幇助犯の限度で罪責を負うと解する余地があるだろう。なお，このように離脱前の関与に関する共同正犯と離脱後の関与に関する幇助犯の競合を認める場合，同一の関与内容が傷害罪の限度では共同正犯と評価され，かつ，傷害致死罪との関係では幇助犯と評価されることになるから，傷害罪の共同正犯と傷害致死罪の幇助犯が包括一罪の関係に立つことになると思われる[35)]。共同正犯と幇助犯が競合するという事態が過度に技巧的であり適切ではないのであれば，トータルで因果的影響が重要性を失ったとして，端的に傷害致死罪の幇助犯として処理することもありうるだろう。

3. 共謀の射程との関係

一定の犯罪について共謀を遂げたが，その後，実行担当者が共謀内容とまったく異なる犯罪を実行した場合，実行担当者による結果惹起には当初の共謀に基づく心理的因果性が及ばず，共謀のみに関与した者は共同正犯の罪責を負わないことになる。いわゆる「共謀の射程」をめぐる問題である（第13章参照）。「共謀の射程」と「共犯関係の解消」はともに結果惹起に対する（心理的）因果性の問題として，共通の側面を有している。後者の問題では，他の関与者に対する因果的影響がなお存続しているため，それを積極的に遮断する離脱行為が必要とされるのに対して，前者の「共謀の射程」が否定される場面とは，他の関与者が独自の意思決定に基づいて「別個の犯罪事実」に出ることによって，当初の共謀に基づく因果性が外在的に消滅する状況として整理することができる[36)]。

たとえばX・Y・Zが3名でA宅に侵入して強盗を共同実行する犯行計画を策定し，それを実行に移そうとしたが，何らかの障害が生じ，当日の犯行を断

34）このような可能性を認める見解として，山中敬一「共謀関係からの離脱」『立石二六先生古稀祝賀論文集』（成文堂，2010年）569頁以下，松原芳博「共謀共同正犯論の現在」曹時63巻7号（2011年）30頁以下，佐伯389頁以下，成瀬・前掲注5)141頁以下などを参照。原田・前掲注1)187頁も既にこのような可能性を示唆していた。

念したとする。Xは適当な機会に改めてA宅に強盗に入るべきであり，それ以外の家に押し入るべきではないと繰り返し強く主張していたが，Y・Zは，A宅以外の家でも十分に強盗を完遂することは可能であり，Xの指示に従う必要はないと考え，両者でB宅に強盗に入ることを相談し，それを実行に移したとする。この場合，Xは共犯関係の解消に向けた具体的な措置を講じているわけではないが，Y・ZはXとの共謀関係から離れて，両者の独自の意思決定によってBに対する強盗を実行していると評価することができる。このような理解を前提とすれば，Aに対する強盗とBに対する強盗は「別個の犯罪事実」と評価されるべきであり，Xは後者については共謀を遂げておらず，共同正犯の罪責を負わないことになる。

これに対して，X・Y・Zの3名がA宅の近くまで来たが，Xが急に翻意して，「やっぱり強盗はやめよう，俺は帰る」と一方的に言って現場から立ち去ったため，Y・ZはXの翻意に戸惑いつつも，現場付近で改めて相談した結果，やはり当初の計画通りに強盗に入る決意を固め，A宅に強盗に入った場合はどうだろうか。本件強盗行為はXを除外して行われているが，犯行計画の内容が同一性を失うような変更を伴っていなければ，なお当初の共謀の射程が及ぶと解すべきであろう。そうすると，Xには共犯関係の解消のための措置が求められることになる。本件のXが3名の中で従属的な立場にあれば，翻意して現場を立ち去るだけでも解消を認めるべき場合もあるだろうが，犯行計画の立案において重要な役割を有している場合には，これだけでは因果性の解消としては十分ではなく，Xは強盗罪の共同正犯の罪責を負うことになるだろう。

このように「共謀の射程」と「共犯関係の解消」の問題領域を区別することは一応可能である。もっとも，いずれについても心理的因果性の存否が問題となる以上，両者の観点の併用によって共犯関係を否定すべき場合もありうるだろう。たとえばXが離脱に向けた一定の働き掛けを行い，しかも，Y・Zが当初の共謀内容から逸脱した犯行に出たような場合には，それぞれの観点を個別に判断したのでは処罰を否定するのに十分ではないとしても，両者の観点を併せて評価することによって，共謀の因果性が結果惹起には及んでいないとし

35）　既にこのような問題を検討するものとして，斎藤297頁以下を参照。本文の例に即していえば，幇助犯は刑を必要的に減軽するので，処断刑の重い傷害罪の共同正犯が優先的に成立することになると思われる。

36）　橋爪隆「共謀の射程と共犯の錯誤」法教359号（2010年）22頁を参照。

て，共同正犯の成立を否定する余地がある[37)]。

なお，共謀の射程はもっぱら共謀の心理的因果性に関わる問題であるため，物理的因果性の存否については，別個に検討する必要がある。共謀の射程が及ばないとしても，貸与した凶器が実行担当者によって用いられたような場合には，共謀者は結果惹起に対してもっぱら物理的因果性を有していることになるから，共犯関係の解消の場面において，心理的因果性のみが解消された場合と同様であり，もっぱら幇助犯の成否が問題となるだろう。

4. 犯行からの排除

共謀を遂げた者のうち，その一部の者が自己の意思に反して共犯関係から一方的に排除された場合はどうだろうか。たとえばＰ・Ｑ・ＲがＰの主導のもと，強盗の共謀を遂げて，周到な準備を進めていたが，Ｑ・ＲはＰに利益を分配するのが惜しくなり，３名が強盗行為に着手した後，両者が示し合わせて，Ｐを殴打して失神させた上で，Ｑ・Ｒの２名でそのまま計画通り，強盗を完遂したような場合，Ｐは強盗（既遂）罪の共同正犯の罪責を負うのだろうか。もちろん，Ｐを除外した強盗行為の内容が当初の計画とはまったく異質のものであれば，当初の共謀の射程を否定する余地があるが，Ｐを排除したとしても，基本的には当初の計画通りの犯行が実現された場合であれば，共謀の影響に基づいて強盗が実現された関係は否定しがたいように思われる。たしかにこの事例の場合，Ｑ・Ｒは強盗を行う段階においてはＰの関与は必要ないと判断して，Ｐを排除したのであるから，犯行現場における寄与はもはや存在しない。しかし，既に述べたように，因果性の解消の判断においては，事前の寄与が継続的に影響を及ぼしている可能性を検討する必要がある。そして，Ｐが中心になって策定された犯行計画に基づき，３名が強盗行為の一部を開始しており，それを前提としてＱ・Ｒの犯行が継続されているのであれば，やはりＰが失神した後の犯行についても，同人の因果的影響は及んでいるといわざるを得ないであろう。

この問題に関して，名古屋高判平成14・8・29（判時1831号158頁）は，被

---

37)　なお島田・前掲注26)11頁以下は，関与者が自らの寄与を完全には撤回していないとしても，共謀内容と「別個の犯罪事実」については，共犯としての罪責を負わない可能性を指摘している。

38)　もっとも，本判決は，原因となった暴行が第１暴行か第２暴行かが不明である傷害結果につい

告人がX主導のもと，X・Yらとともに A 暴行の共謀を遂げ，A を連れ出して，共同して第1暴行を行ったが，いったん暴行を中止した際に，被告人が A をベンチに連れて行って「大丈夫か」などと問いかけたところ，勝手なことをしていると考えて立腹した X に殴打されて失神した後，さらに別の場所でX・Yらによる第2暴行が行われたという事案について，「X を中心とし被告人を含めて形成された共犯関係は，被告人に対する暴行とその結果失神した被告人の放置という X 自身の行動によって一方的に解消され，その後の第二の暴行は被告人の意思・関与を排除して X，Y らのみによってなされたものと解するのが相当である」と判示している[38]。本判決については，学説でも肯定的な評価が多数を占めている[39]。しかしながら，既に述べたように，共犯関係から一方的に排除したという事情は，それ以降に新たな因果的寄与が生じ得ないことを意味するにすぎず，それ以前の関与が有する因果的影響を切断したことを必ずしも意味しない。そして，本件においても，被告人がXらと共謀の上，A に対する第1暴行を共同することによって，X らの犯意は強化され，また，被害者 A が抵抗できない状態，すなわち継続的に暴行を加えやすい状況が形成されている。これらの状況に基づいて第2暴行が行われたのであれば，第2暴行についても X の因果的影響は及んでおり，共犯関係の解消という結論を正当化することは困難であるように思われる[40]。かりに被告人が A を介抱しながら，X らに対して「もう俺はこんなことはしない，もう帰る」と申し向けて，そのまま現場を離れたのであれば，おそらく共犯関係の解消を否定するのが一般的な理解であろう。本件事案は，実質的にはこの事例と異ならないように思われる。

このような理解からは，「犯行からの一方的な排除」によって共犯としての罪責を負わない場合は，他の関与者によって犯行計画が大幅に変更され，実質的には「別個の犯罪」が実現したと評価できる場合に限られることになる。

5. 因果的影響を打ち消す寄与？

因果性遮断説の立場からは，自己の関与による因果的影響を解消したか否か

ても，同時傷害の規定によって被告人に帰責されることを認めている。

39)　たとえば豊田・前掲注 27)86 頁，島田・前掲注 26)12 頁などを参照。

40)　このような指摘として，小林憲太郎「判批」判評 546 号（判時 1858 号）（2004 年）40 頁を参照。

が決定的であり，その際に関与者が真摯な努力を傾注したか否かは重要ではない。たとえばけん銃を貸与した行為者が，実行担当者に対してけん銃を返すように懸命に働き掛けたとしても，実行担当者がその説得を意に介さず，そのけん銃を用いて殺傷行為に及んだ場合には，やはり行為者は共犯としての責任を負うことになる。かりに懸命な努力をしていれば共犯関係の解消を認めるべきだという感覚があるのであれば，それは因果性の遮断と中止未遂の成否を混同するものであり，妥当ではないと思われる[41)]。

それでは，平成21年決定の事案において，かりに被告人らが内部に侵入した共犯者に翻意を促したが奏功しなかったため，共犯者による強盗を阻止するべく，強盗の着手前の段階で警察に通報した場合はどうだろうか。具体的に，①警察官の出動が間に合わず，結局，計画通り，強盗が完遂された場合と，②強盗に着手したが，警察官が臨場し，強盗が未遂で終わった場合について考えてみたい。まず①であるが，被告人の努力にもかかわらず，当初の共謀に基づいて強盗が既遂に達したことになるから，因果性は遮断されず，被告人は強盗罪の共同正犯の罪責を負うことになりそうである。そして，このように解するのであれば，②についても，強盗未遂の結果については，まさに共謀に基づく因果性が及んでいるのであるから，同じように考えざるを得ないだろう。したがって，②の事例についても被告人は強盗未遂の共同正犯の罪責を負い，警察に通報して犯行を中止させたことは，中止未遂による刑の減免として評価されることになる。

もっとも，とりわけ②の場合については，警察に通報して強盗の完遂の阻止に成功した被告人について，たとえ中止未遂による減免を認めるとしても，強

---

41)　この点について，小林憲太郎『刑法総論の理論と実務』（判例時報社，2018年）581頁以下を参照。もちろん，懸命な説得によって心理的因果性が解消されることはあるが，本文の事例の場合，けん銃を取り返さない限り，物理的因果性を解消することができないだろう。

42)　豊田・前掲注27)86頁が，「自己の与えた因果的寄与を『帳消しにした』（相殺した）と評価し得る態度をとった場合」に解消を認めるのはまさにそのような趣旨であろう。これを支持する見解として，島田聡一郎「判批」判評641号（判時2148号）（2012年）33頁を参照。さらに松宮318頁が「自分の作りだした『犯行寄与』を帳消しにするだけの阻止の真摯な努力」を要求するのも同旨であろう。

43)　なお，東京地判平成12・7・4判時1769号158頁は，被害者を監禁し，身の代金を要求した事件において，監禁場所を提供したり，身の代金の受取り役を担当した被告人が，身の代金の受取り時に逮捕されたが，その後，捜査機関の説得に応じて，情報提供するなど捜査に協力した事件について，「被告人は，警察官らに逮捕された後，その説得に応じて捜査協力をしたことにより，

盗未遂の共同正犯の成立を認めるのは酷にすぎるという評価もあるだろう。1つの考え方としてありうるのは，被告人が与えた因果的影響それ自体を解消しなくても，別の観点から，犯行の継続を妨げるような行為に出れば，犯罪を促進する危険性と犯罪を阻止する可能性がともに作用し，互いの影響力を打ち消しあうことによって，結局，犯罪を促進する方向の因果的寄与が「相殺」され，共謀の危険の現実化が否定されるという理解であろう[42]。つまり，被告人は共謀によるプラス方向の影響力を解消していないが，その解消に代えて，犯罪実現を阻害する方向（＝マイナス方向）の努力を行えば，いわばプラスマイナスゼロとして，共犯関係の解消を認めるという理解である[43]。このような理解からは，②はもちろん，①の場合であっても，犯罪の完成を阻止するにたりる影響を与えていることには変わりはないから，共犯関係の解消を認める余地があるのかもしれない[44]。

このように自らの因果的影響力を解消する行為が行われなくても，それに代えて，一般的に犯罪遂行を阻止しうる行動に出ていれば，共犯関係の解消を認めるというのは魅力的な発想である[45]。もっとも，あくまでも具体的な影響力を解消することが因果性遮断説の基本的な理解であり，だからこそ，行為者の因果的寄与の具体的内容に即して，共犯関係の解消に必要な措置の内容が検討されてきたのである。因果的寄与の「質」を無視して，促進要因／阻害要因という量的な観点だけで因果性を把握することが正当化できるのかについては，なお慎重な検討が必要であろう[46]。実際，単独正犯の因果関係の判断においては，もっぱら実行行為に内在する危険性が実現したか否かが問われており，何らかの結果発生防止に向けた行為を行ったとしても，そのこと自体を考

自らの加功により本件各犯行に与えた影響を将来に向けて消去したものと評価できる」として，逮捕された後の監禁・身の代金要求行為については共犯関係を否定している。本判決も，被告人が及ぼした心理的・物理的因果性それ自体とは異なる内容の危険減少行為の存在によって，共犯関係の解消を認めたものと解する余地がある（もっとも，本件の場合，そもそも被告人が犯行に及ぼし得た影響力がきわめて乏しかったことから，捜査に協力していなくても，いずれにせよ解消が認められた可能性がある）。本判決については，島田聡一郎「判批」判評534号（判時1821号）（2003年）36頁以下を参照。

44)　これに対して，小池・前掲注14)40頁は，警察によって犯行が現実に阻止された場合に限って，共謀による影響の解消を認める余地があるとする。

45)　この点については，さらに嶋矢・前掲注30)29頁以下を参照。

46)　林・判例149頁は，犯行防止措置それ自体が決定的なのではなく，因果性の存否を判断する1つの事情にすぎないとする。

慮して，因果関係を否定するという理解はあり得ない[47]。共犯に限って，このような考慮によって処罰を否定することが理論的に正当化できるかが，問われることになるだろう。

47) たとえば単独犯として毒ワインを発送した後，翻意して，さまざまな結果防止措置を講じたとしても，結局，被害者宅にワインが到着し，同人が死亡した場合に殺人罪の成立を否定する理解はあり得ない。また，被害者が飲もうとした瞬間に何とかそれを阻止したとしても，殺人未遂罪の成立を否定することはできないだろう。

第16章 承継的共犯について

Ⅰ．はじめに

承継的共犯とは，先行行為者が構成要件該当事実を一部実現した段階において，そのような事情を認識しつつ，その後の構成要件該当行為のみに関与した後行行為者について，いかなる限度で共犯の罪責を問うことができるかという問題である。この問題については，従来から，先行行為者の行為を認識・認容した上で積極的に利用した場合に限って，その承継を認める理解が有力に主張されてきた。もっとも，近時，最高裁が傷害罪の承継的共同正犯の成否について明示的な判断を下したこともあり，判例の理解をめぐって活発な議論が展開されるに至っている[1)]。本章においては，これらの議論を踏まえて，若干の検討を試みることにしたい。

Ⅱ．従来の議論の概観

1．判例・裁判例

承継的共犯について，これまで明示的に判断を示した最高裁判例は存在しなかった[2)]。大審院の判例（大判昭和13・11・18刑集17巻839頁）には，被告人の夫が強盗目的で被害者を殺害したことを知った上で，協力を求められたため，現場でロウソクを照らして，夫の金品奪取を容易にしたという事件について，「刑法第二百四十条後段ノ罪ハ強盗罪ト殺人罪若ハ傷害致死罪ヨリ組成セラレ右各罪種カ結合セラレテ単純一罪ヲ構成スルモノナルヲ以テ他人カ強盗ノ目的ヲ以テ人ヲ殺害シタル事実ヲ知悉シ其ノ企図スル犯行ヲ容易ナラシムル意思ノ下ニ該強盗殺人罪ノ一部タル強取行為ニ加担シ之ヲ幇助シタルトキハ其ノ所為ニ対シテハ強盗殺人罪ノ従犯ヲ以テ問擬スルヲ相当トシ之ヲ以テ単ニ強盗罪若ハ窃盗罪ノ従犯ヲ構成スルニ止マルモノト為スヘキニアラス」として，強盗殺人罪の幇助犯の成立を認めている。ここでは強盗殺人罪が単純一罪であり，その一部に関与した共犯者は全体について共犯の罪責を負うという論理が示されており，共犯については罪名が一致するという完全犯罪共同説の理解が前提にされていたといえよう[3)]。

もっとも，一罪の一部に関与すれば，常に全体に関する共犯が成立するというのはあまりにも形式的な論理であろう。また，完全犯罪共同説それ自体も，その後の判例・学説に受け入れられているわけではない[4)]。このような意味から，現在においては，本判決の判例としての意義は乏しいものといえる。実際，先行行為者が強盗目的で暴行を加えて被害者を死傷させた後，後行行為者が財物奪取のみに関わった事例についても，強盗致死傷罪の共同正犯の成立を認めた裁判例もあれば[5)]，強盗罪の限度で共同正犯の成立を認めた裁判例[6)]，さらに窃盗罪の共同正犯の成立にとどめた裁判例もあり[7)]，全面的に承継を認める立場が貫徹されているわけではない[8)]。

このように下級審裁判例の判断は必ずしも統一されていないものの，一罪性のみを根拠として全面的に承継を肯定する裁判例はむしろ少数であり，一定の

1） 後掲平成 24 年決定以降の議論として，たとえば山口・新判例 107 頁以下，松宮孝明「『承継的』共犯について」立命館法学 352 号（2013 年）355 頁以下，宮﨑万壽夫「承継的共犯論の新展開」青山法務研究論集 7 号（2013 年）21 頁以下，小林憲太郎「いわゆる承継的共犯をめぐって」研修 791 号（2014 年）3 頁以下，阿部力也「承継的共同正犯について——部分的肯定説の再検討」『川端博先生古稀記念論文集(上)』（成文堂，2014 年）531 頁以下，髙橋則夫「承継的共同正犯について」同 557 頁以下，橋本正博「『承継的共同正犯』について」同 579 頁以下，佐久間修「共犯と未遂・離脱（その 1）」警察学論集 67 巻 10 号（2014 年）152 頁以下，芦澤政治「承継的共犯」池田修＝杉田宗久編『新実例刑法〔総論〕』（青林書院，2014 年）346 頁以下，豊田兼彦「共犯の因果性——承継的共犯の問題を中心に」刑事法ジャーナル 44 号（2015 年）4 頁以下，髙橋直哉「承継的共犯論の帰趨」川端博ほか編『理論刑法学の探究⑨』（成文堂，2016 年）159 頁以下，山口厚「承継的共犯論の新展開」曹時 68 巻 2 号（2016 年）1 頁以下，井田良「承継的共同正犯についての覚書」『山中敬一先生古稀祝賀論文集(上)』（成文堂，2017 年）631 頁以下，林幹人「承継的共犯について」立教法学 97 号（2018 年）118 頁以下，齊藤彰子「承継的共犯」法教 453 号（2018 年）22 頁以下などを参照。

2） 宮﨑・前掲注 1)24 頁は，このような重要論点について最高裁判例がなかったというのは「あ

要件を充たす限度で承継を肯定する裁判例が多数といってよい。そして，承継を肯定する論拠としては，先行行為を認識・認容しつつ，それを自己の犯罪遂行の手段として積極的に利用していることが重視される傾向がある。その代表的な裁判例が大阪高判昭和62・7・10（高刑集40巻3号720頁）である。本判決は，①先行行為者Aらが被害者の居室やタクシー内，さらに暴力団事務所で被害者に対して暴行を加えた後，現場に現れた被告人が事態のなりゆきを察知した上で，被害者の顎を殴打したほか，②Aらが恐喝目的で被害者を脅迫し，畏怖させていることを知りつつ，被告人自ら金員の受領役を買って出て，被害者から金員を受領したという事件について，「実体法上の一罪のすべてが絶対に分割不可能であるということは，独断であるといわなければならない」から，全面的に承継を肯定する立場は妥当ではないが，「いわゆる承継的共同正犯が成立するのは，後行者において，先行者の行為及びこれによつて生じた結果を認識・認容するに止まらず，これを自己の犯罪遂行の手段として積極的に利用する意思のもとに，実体法上の一罪（狭義の単純一罪に限らない。）を構成する先行者の犯罪に途中から共謀加担し，右行為等を現にそのような手段として利用した場合に限られると解するのが相当である」という前提を示し，①の事実については，被告人が先行行為者の行為等を自己の犯罪遂行手段として利用したとまではいえないとして，傷害罪について承継的共同正犯の成立を否定しつつ，②の事実については，「自らも喝取金の分配に与りたいという気持になり，同人〔＝被害者〕からの金員の受領役を買つて出，同人が，Aらの

る意味不思議でもあった」とする。

3）　厳密にいえば，本件の被告人は幇助犯（狭義の共犯）であるから，共同正犯に関する議論である完全犯罪共同説が直接的に当てはまる場合ではない。

4）　現在の判例の立場は部分的犯罪共同説であると解される（最決平成17・7・4刑集59巻6号403頁〔シャクティパット事件〕参照）。

5）　札幌高判昭和28・6・30高刑集6巻7号859頁，神戸地判昭和39・3・10下刑集6巻3＝4号204頁などを参照。

6）　福岡地判昭和40・2・24下刑集7巻2号227頁，東京地判平成7・10・9判時1598号155頁〔共犯者の一部が昏酔強盗から強盗致傷に転じた事例について，共謀の射程を否定した上で，財物奪取行為について承継的共同正犯として強盗罪の成立を認めた事例〕などを参照。

7）　名古屋高判昭和29・10・28高刑集7巻11号1655頁などを参照。

8）　判例の分析については，照沼亮介『体系的共犯論と刑事不法論』（弘文堂，2005年）214頁以下，髙橋直哉「承継的共犯に関する一考察」法学新報113巻3＝4号（2007年）120頁以下，西田典之『共犯理論の展開』（成文堂，2010年）216頁以下などを参照。

脅迫により畏怖していることを知りながら，これを積極的に利用して，自らも金員喝取の犯行に共謀加担した」として，恐喝罪の共同正犯の成立を肯定している[9]。

このように先行行為者の行為を認識・認容しつつ，積極的に利用した場合に限って，承継を肯定するという理解に立った場合，強盗罪，強制性交等罪，詐欺罪，恐喝罪など，特定の手段を利用して結果を惹起することが構成要件上，予定されている結合犯については，後行行為者が先行事実を認識しつつ犯行に加われば，先行事実を積極的に利用する関係が認められることが多くなるから，原則的に承継的共同正犯の成立が肯定される。たとえば横浜地判昭和56・7・17（判時1011号142頁）は，先行事実を「自己の犯行の手段として積極的に利用すべく自己の犯罪行為の内容に取り入れ」た場合に限って承継が認められると判示しつつ，先行行為者の脅迫によって被害者が畏怖状態にあることを認識して金員受領行為のみに加担した被告人について恐喝罪の承継的共犯の成立を肯定している[10]。また，東京高判平成17・11・1（東高刑時報56巻1～12号75頁）も，強盗目的で被害者に傷害を負わせ，その反抗が抑圧された後，財物領得のみに関与した被告人について，強盗罪の共同正犯の成立を認めている[11]。

これに対して，監禁罪，傷害罪など特定の手段が前提とされていない犯罪については，後行行為者が犯罪を実現する際に，先行行為を利用する関係が想定されているわけではない。したがって，たとえば傷害罪の場合，後行行為者の犯行の契機や動機などに関して，「先行行為者の行為ないし結果等を自己の犯罪遂行の手段として利用したと評価すべき特別の事情」（東京高判平成8・8・7

9） もっとも，本判決の認定によれば，被告人は脅迫行為の段階から（恐喝罪の共謀を遂げていたとは認められないが）Aらの恐喝の計画を知りつつ，これに助力を与えていたから，Aらの脅迫行為が終わった後，はじめて関与したという事例ではない。

10） 本判決は被告人には恐喝罪の正犯意思が認められないとして，恐喝罪の幇助の成立を認めている。もっとも，「自己の犯行の手段」として積極的に利用しているという判断と，正犯意思を否定した判断とが両立しうるかについては，検討が必要であろう。

11） これに対して，東京高判平成21・3・10東高刑時報60巻1～12号35頁は恐喝未遂罪について承継的共同正犯の成立を否定しているが，これは先行する脅迫行為（恐喝未遂行為）による畏怖状態が継続していなかったため，被告人が関与した以降に，新たな脅迫，金員要求が必要であった事件であり，そもそも先行行為を十分に利用できなかった事例である。

12） もっとも本判決は，被告人が加担する前後の暴行によって生じた傷害の程度・範囲を明確に確定しがたいことから，積極的な利用関係の存否にかかわらず，「分離評価に適さない状態」にあ

東高刑時報47巻1～12号103頁参照)[12]が認められない限り，原則として承継的共犯の成立が否定されることになる。実際，傷害罪については承継的共犯の成立を否定する裁判例が多数，存在する[13]。

2. 学説

学説においても，一罪性のみを根拠として全面的に承継を認める見解は，現在では少数説にとどまっており，一定の限度で承継を肯定する立場（限定肯定説）が多数説といえよう。もっとも，限定肯定説の論拠は，大別して2つの方向に分類することが可能である。

(1) 積極的利用説

第1に，先行事実を自己の犯罪手段として積極的に利用したことを根拠として承継を肯定する見解である（以下，積極的利用説ということにしたい）[14]。この見解は，先行事実の積極的利用が認められる場合に限って，共同正犯性を基礎づける相互利用補充関係が認められるとして，承継的共同正犯の成立を肯定している。学説においては，結合犯に限って，その内部を任意に分解するべきではないとして承継を肯定する見解もあるが[15]，既に裁判例の分析で示したように，結論においては，積極的利用説と同趣旨の見解と評価することができよう。この見解の立場を，次の事例に即して確認しておくことにしたい。

【事例1】XがAの財物を詐取する意思で，Aを欺罔した後，YはXの指示のもと，事情を知った上で，Aから財物を受領した。

り，加担前に生じた傷害について「刑責を問われてやむを得ない場合である」として，傷害罪の承継的共同正犯の成立を肯定している。

13)　たとえば大阪地判平成9・8・20判タ995号286頁，神戸地判平成15・7・17裁判所HP，横浜地判平成22・4・26公刊物未登載などを参照。これに対して，東京地判平成8・4・16判時1601号157頁は恐喝手段として積極的に利用する意思のもと，被告人が加担した後もさらに暴行を加えた事件について，傷害罪の承継的共同正犯の成立を認めているが，ここでは恐喝罪・傷害罪を一体として積極的利用意思が肯定されている。

14)　藤木290頁以下，福田平「承継的共同正犯の成立範囲」同『刑法解釈学の諸問題』（有斐閣，2007年）130頁以下，大谷421頁，川端571頁，前田360頁以下，佐久間369頁，阿部・前掲注1)554頁以下，外木央晃「承継的共犯」明治大学法学研究論集38号（2013年）155頁以下などを参照。

15)　大塚仁「承継的共同正犯」同『刑法論集(2)』（有斐閣，1976年）29頁以下を参照。

【事例 2】X が A の財物を奪取する意思で，A に対して暴行を加えた結果，A は傷害を負い，意識を失った。その後，Y が加わり，X とともに A の財物を奪取した。

【事例 3】X が A に対して暴行を加え，傷害を負わせた後，Y が犯行に加わり，さらに共同して暴行を加えた結果，A の傷害の範囲・程度が拡大した。

積極的利用説の立場からは，【事例 1】の Y については，X の欺罔行為による A の錯誤を利用して財物を受領していることから，詐欺罪の共同正犯が成立する。【事例 2】の Y については，強盗傷害罪ではなく，強盗罪の限度で共同正犯の成立を認める理解が一般である。その理由は，Y は X の暴行による反抗抑圧状態を利用して財物を強取しているが，傷害結果それ自体を利用しているわけではないことに求められる[16]。もっとも，既に繰り返し指摘されているように，たとえば【事例 2】の場合，まさに A が負傷し，失神している事実それ自体が反抗抑圧状態を意味するのであるから，反抗抑圧状態と傷害結果を切り分けて評価することの妥当性が問題となる[17]。さらに【事例 3】については，積極的利用説の立場からは，原則として承継は否定されることになるが，「積極的利用」の理解によっては，たとえば Y が，A が負傷して抵抗困難になっていることをことさらに利用して暴行を実行したような場合であれば，Y は X の暴行行為を承継し，全体としての傷害について共同正犯の罪責を負う可能性があるだろう。もっとも，後述のように，平成 24 年決定は，傷害罪について，このような解釈の余地を否定したものと解される。

(2) 全体的評価説

限定肯定説については，異なる観点からの根拠づけも有力である。この見解は因果的共犯論の立場から，先行して生じた法益侵害について，後行行為者が遡って罪責を問われることはないという理解から出発する。しかし，たとえば

16) たとえば藤木 291 頁，大谷 422 頁，前田 363 頁などを参照。
17) たとえば十河太朗「承継的共犯の一考察」同志社法学 64 巻 3 号（2012 年）364 頁を参照。
18) 平野Ⅱ 383 頁，西田 395 頁以下，佐伯 387 頁，松宮 274 頁以下（ただし，幇助犯とすべき場合が多いとする）などを参照。さらに橋本・前掲注 1)584 頁以下が，構成要件の本質的・中核的部分の実現を左右することができた場合には承継的共同正犯の成立を肯定するのも，基本的に同趣旨であろう（ただし，橋本 282 頁は，このような場合は限定的であり，承継的幇助を認めるべき場合が多くなるとする）。

先行行為者が強盗目的で暴行を加えて被害者が反抗抑圧された後，後行行為者がその状態を利用して財物を奪取する行為は，先行行為者の行為との関係では，強盗罪における「強取」としての法益侵害である。つまり後行行為者は単に「窃取」に因果性を有するのではなく，強盗罪の法益侵害である「強取」に因果性を及ぼしており，それゆえ後行行為者には強盗罪の共同正犯が成立する[18)]。この見解は，先行行為の責任を承継するのではなく，あくまでも後行行為による結果惹起に限って共犯の成立を認めるものであるが，その法益侵害性の評価において，先行行為を含めた犯行全体を判断基準とするものといえる[19)]。必ずしも適切なネーミングではないが，全体的評価説と呼ぶことにしたい。

この立場からは，【事例1】のYはもっぱら財物受領行為に因果性を有しているが，Xによって欺罔され，錯誤に陥ったAから財物の交付を受ける行為はまさに「詐取」と評価されることから，Yの行為によって「詐取」が実現されており，詐欺罪の共同正犯が認められる。【事例2】についても，Yの財物奪取は「強取」と評価されることから，Yには強盗罪の共同正犯が成立する。なお，傷害結果はXが惹起したものであり，Yの関与とは無関係であることから，Yが罪責を負わないのは当然である。【事例3】についても，Yが関与した以降の傷害結果について罪責を負うことになる。

(3)　全面否定説

このような限定肯定説の立場に対して，因果的共犯論の立場を徹底し，承継的共犯の成立を全面的に否定する見解も有力である[20)]。この立場は，共犯についても構成要件該当事実すべてについて因果性を及ぼしている必要があるという理解を出発点とする。したがって，後行行為者が因果的影響を与えた行為・結果のみを独立に評価し，それが一定の構成要件に該当する限度で共犯が成立することになる。すなわち，【事例1】のYは，錯誤に陥った者から財物

---

19)　この点について，髙橋・前掲注8)153頁を参照。

20)　曽根258頁，浅田435頁以下，林380頁以下，山口370頁以下，松原410頁以下，相内信「承継的共犯について」金沢法学25巻2号（1983年）42頁以下，町野朔「惹起説の整備・点検」内藤謙先生古稀祝賀『刑事法学の現代的状況』（有斐閣，1994年）133頁，金尚均「承継的共同正犯における因果性」立命館法学310号（2006年）150頁以下（なお，承継的幇助の成否については結論を留保する）などを参照。

を受領する行為を独立に処罰する構成要件は存在しない以上，詐欺罪の共犯としては処罰されないことになる21)。【事例 2】についても，自らに帰責されない事情によって反抗抑圧された被害者から財物を奪取したとしても，それは強盗罪ではなく，窃盗罪の構成要件に該当するから，Y は窃盗罪の限度で共同正犯の罪責を負う22)。【事例 3】についても，Y は自らが関与した後の傷害結果に限って罪責を負うのは当然である。

(4) 共同正犯・幇助犯を区別する見解

最近の学説においては，共同正犯と幇助犯を区別して，共同正犯については全面否定説に立ちつつ，幇助犯に限って承継的幇助の成立を部分的に認める見解も有力に主張されている23)。この見解については，①幇助犯については承継的共犯の成立を部分的に肯定する根拠，②共同正犯については全面否定説を採用する根拠に分けて検討する必要がある。前者①については，結局のところ，㋐積極的利用説，㋑全体的評価説などの立場から，いかなる根拠で承継を認めるかを検討する必要があるから，上記㋐説または㋑説の当否の問題に解消されることになる24)。また，後者②については，共同正犯の正犯性という観点から，共同正犯と幇助犯とで異なった取扱いを正当化できるかが問題となる。この立場からは，構成要件の一部にしか因果的影響を有しない場合であっても，承継的幇助が認められるのであるから，（広義の共犯の成立要件としての）因果的影響の要件は充たされることになる。したがって，共同正犯について全面否定説を採用するということは，構成要件の一部しか実行していない者については，共同正犯の正犯性の要件が充たされていないという説明になる。しかし，これはもちろん正犯性の要件の理解にもよるが，実行行為の一部の関与であっても，それが重要な関与であり，関与者間の共同性を根拠付ける場合がありうることは否定できないだろう25)。構成要件の一部にしか因果性を及ぼし

---

21) なお，全面否定説の立場からも，このような類型を処罰する余地があることについては，後掲本文（Ⅳ 2 (1)）を参照。

22) したがって，X の強盗目的での暴行によって既に A が死亡した後，Y が情を知って財物の奪取のみに加功した場合には，殺害犯人との関係に限って生前の占有を継続的に保護する立場（最判昭和 41・4・8 刑集 20 巻 4 号 207 頁など参照）に立っても，全面否定説の立場からは，第三者によって殺害された被害者から財物を領得した事例と異なるところはなく，占有離脱物横領罪の共同正犯が成立することになると思われる。

23) 山中 916 頁，962 頁以下，斎藤 274 頁，高橋 474 頁，斉藤誠二「承継的共同正犯をめぐって」

ていないことを根拠として（因果性の要件ではなく）共同正犯の正犯性を一律に排除することは困難であるように思われる。

Ⅲ．平成24年決定の意義について

1．判例の概要

(1)　事実関係

最高裁は近時，傷害罪の承継的共同正犯の成否について，はじめて明示的な判断を下した（最決平成24・11・6刑集66巻11号1281頁）。本件の事実関係は次のとおりである。

AおよびBは，平成22年5月26日午前3時頃，携帯電話販売店に隣接する駐車場等において，C，Dに対して暴行を加えた。その態様は，Dに対して複数回顔面を殴打し，顔面や腹部を膝蹴りするなどし，Cに対して右手の親指辺りを石で殴打したほか，複数回殴打し，足で蹴るなどするものであった。その後，AらはCらを連れて本件現場に向かったが，その際，被告人にもCらを連れて本件現場に行く旨を伝えていた。Aらは本件現場に到着後，さらにDに対して，頭を殴打し，金属製はしごや角材を上半身に向かって投げつけるなど，また，Cに対しては金属製はしごを投げつけるなどの暴行を加えた。これらの一連の暴行によって，Cらは既に流血し，負傷していた。

同日午前4時過ぎ頃，被告人は本件現場に到着し，CらがAらから暴行を受けて逃走や抵抗が困難であることを認識しつつAらと共謀の上，さらに同人らに暴行を加えた。その態様は，Dに対して角材で背中，腹，足などを殴打し，頭や腹を足で蹴り，金属製はしごを何度も投げつけるなど，Cに対し，金属製はしごや角材や手拳で頭，肩，背中などを多数回殴打し，同人の足を金属製はしごで殴打するなどというものであった。被告人らの暴行は同日午前5

筑波法政8号（1985年）31頁以下，照沼・前掲注8)244頁以下などを参照。なお，承継的共同正犯を否定しつつ，幇助については承継を全面的に肯定する見解として，山本雅子「承継的共同正犯論」『立石二六先生古稀祝賀論文集』（成文堂，2010年）475頁以下，小島秀夫『幇助犯の規範構造と処罰根拠』（成文堂，2015年）139頁以下などを参照。

24)　この点について，山口・新判例119頁などを参照。

25)　このような指摘として，亀井源太郎「承継的共犯」松原芳博編『刑法の判例〔総論〕』（成文堂，2011年）266頁を参照。なお，井田522頁以下も共同正犯・幇助犯を区別する見解に立ちつつ，承継的共同正犯が成立する可能性を認める（523頁以下）。

時頃まで続いたが，共謀加担後に加えられた被告人の暴行の方がそれ以前のAらの暴行よりも激しいものであった。これら一連の暴行の結果，Dは，約3週間の安静加療を要する見込みの頭部外傷擦過打撲，顔面両耳鼻部打撲擦過，両上肢・背部右肋骨・右肩甲部打撲擦過，両膝両下腿右足打撲擦過，頸椎捻挫，腰椎捻挫の傷害を負い，Cは，約6週間の安静加療を要する見込みの右母指基節骨骨折，全身打撲，頭部切挫創，両膝挫創の傷害を負った。

第1審判決（松山地判平成23・3・24前掲刑集1299頁参照）は，被告人について，被告人が加担する以前の，A，Bによる傷害を含めた全体について承継的共同正犯の成立を認めた。さらに原判決（高松高判平成23・11・15前掲刑集1324頁参照）も，先行行為者の行為およびこれによって生じた結果を認識・認容するのみならず，自己の犯罪遂行の手段として積極的に利用した場合には，共謀成立以前の行為についても承継して責任を負うという前提のもと，被告人はCらに対する制裁目的での暴行の手段として，Aらの暴行によってCらが逃亡や抵抗が困難になったことを積極的に利用したとして，承継的共同正犯の成立を肯定した。

(2) 決定要旨

これに対して，最高裁は職権で以下のような判断を示した。

「被告人は，Aらが共謀してCらに暴行を加えて傷害を負わせた後に，Aらに共謀加担した上，金属製はしごや角材を用いて，Dの背中や足，Cの頭，肩，背中や足を殴打し，Dの頭を蹴るなど更に強度の暴行を加えており，少なくとも，共謀加担後に暴行を加えた上記部位についてはCらの傷害（したがって，第1審判決が認定した傷害のうちDの顔面両耳鼻部打撲擦過とCの右母指基節骨骨折は除かれる。以下同じ。）を相当程度重篤化させたものと認められる。この場合，被告人は，共謀加担前にAらが既に生じさせていた傷害結果については，被告人の共謀及びそれに基づく行為がこれと因果関係を有することはないから，傷害罪の共同正犯としての責任を負うことはなく，共謀加担後の傷害を引き起こすに足りる暴行によってCらの傷害の発生に寄与したことについてのみ，傷害罪の共同正犯としての責任を負うと解するのが相当である。」

また，上記で示した原判決の判断については，「被告人において，CらがAらの暴行を受けて負傷し，逃亡や抵抗が困難になっている状態を利用して更に暴行に及んだ趣旨をいうものと解されるが，そのような事実があったとしても，それは，被告人が共謀加担後に更に暴行を行った動機ないし契機にすぎず，共謀加担前の傷害結果について刑事責任を問い得る理由とはいえないものであって，傷害罪の共同正犯の成立範囲に関する上記判断を左右するものではない。そうすると，被告人の共謀加担前にＡらが既に生じさせていた傷害結果を含めて被告人に傷害罪の共同正犯の成立を認めた原判決には，傷害罪の共同正犯の成立範囲に関する刑法60条，204条の解釈適用を誤った法令違反があるものといわざるを得ない」[26]。

⑶　千葉補足意見

本決定には，千葉勝美裁判官の補足意見が付されており，その趣旨は次の2点にまとめることができる。

①　共謀加担後の傷害の認定・特定の方法

「一般的には，共謀加担前後の一連の暴行により生じた傷害の中から，後行者の共謀加担後の暴行によって傷害の発生に寄与したことのみを取り出して検察官に主張立証させてその内容を特定させることになるが，実際にはそれが具体的に特定できない場合も容易に想定されよう。」

このような場合については，「事案にもよるが，証拠上認定できる限度で，適宜な方法で主張立証がされ，罪となるべき事実に判示されれば，多くの場合特定は足り，訴因や罪となるべき事実についての特定に欠けることはないというべきである。……本件を例にとれば……被告人の共謀加担後の暴行により傷害を重篤化させた点については，『安静加療約3週間を要する背部右肋骨・右肩甲部打撲擦過等のうち，背部・右肩甲部に係る傷害を相当程度重篤化させる傷害を負わせた』という認定をすることに……なろう。また，本件とは異なり，共謀加担後の傷害が重篤化したものとまでいえない場合……には，まず，共謀加担後の被告人の暴行により傷害の発生に寄与した点を証拠により認定した上で，『安静加療約3週間を要する共謀加担前後の傷害全体のうちの一部（可能な限りその程度を判示する。）の傷害を負わせた』という認定をするしか

26)　もっとも，原判決の法令違反は罪数や処断刑の範囲に具体的な影響を及ぼすものではなく，しかも，本件の量刑判断はなお不当なものとはいえないことから，刑訴法411条によって原判決を破棄すべき場合には当たらないとした。

なく，これで足りるとすべきである。

仮に，共謀加担後の暴行により傷害の発生に寄与したか不明な場合（共謀加担前の暴行による傷害とは別個の傷害が発生したとは認定できない場合）には，傷害罪ではなく，暴行罪の限度での共同正犯の成立に止めることになるのは当然である。」

② 承継的共同正犯の成立範囲

「いわゆる承継的共同正犯において後行者が共同正犯としての責任を負うかどうかについては，強盗，恐喝，詐欺等の罪責を負わせる場合には，共謀加担前の先行者の行為の効果を利用することによって犯罪の結果について因果関係を持ち，犯罪が成立する場合があり得るので，承継的共同正犯の成立を認め得るであろうが，少なくとも傷害罪については，このような因果関係は認め難いので（法廷意見が指摘するように，先行者による暴行・傷害が，単に，後行者の暴行の動機や契機になることがあるに過ぎない。），承継的共同正犯の成立を認め得る場合は，容易には想定し難いところである。」

2. 検討

(1) 本決定の意義

本決定は，本件の事実関係について，傷害罪の承継的共同正犯の成立を否定した点において重要な意義を有する。そして，その論拠としては，「共謀加担前にＡらが既に生じさせていた傷害結果については，被告人の共謀及びそれに基づく行為がこれと因果関係を有することはない」ことが明確に指摘されている。ここでは因果的共犯論に基づく問題解決が示されている点が重要である。

既に述べたように，本件の原判決は積極的利用説の立場から，被告人は被害者が負傷して逃亡や抵抗が困難になっている状態を利用したとして承継を認めたが，本決定は「それは，被告人が共謀加担後に更に暴行を行った動機ないし契機」にすぎず，承継を認める根拠にならないと判示している。積極的利用説の一般的な理解，すなわち強盗致死傷の事案において，先行行為による反抗抑圧状態を利用していても，先行行為者によって惹起された死傷結果それ自体は利用しておらず，したがって強盗の限度で承継を認めるという立場を前提にした場合，本件のような傷害の事案についても，負傷による抵抗困難な状態を利用していても，傷害結果それ自体は利用していないことになるから，やはり傷害結果の承継を根拠づけることは困難であろう。このように考えると，積極的利用説を前提としても，傷害罪について承継的共同正犯の成立を認めることには無理があったといわざるを得ない[27)]。まさに千葉補足意見の前記②が示すように，傷害罪について承継的共同正犯の成立が認められる場合はほとんど想定されないことになる[28)]。

それでは積極的利用説は，傷害罪以外の犯罪類型については，今後も実務において適用可能なのだろうか[29)]。もちろん，本決定は傷害罪に限った判断であるから，それ以外の犯罪類型の承継的共同正犯の成否に関する一般論を示したものではない[30)]。もっとも，本決定が「被告人の共謀及びそれに基づく行為」と結果との間の「因果関係」を要求している点は，他の犯罪類型についても重要な意味を持つと考えるべきである。結果惹起との間に因果関係が要求されるのは，まさに犯罪論における基本的な要求であり，傷害罪の問題に限った話ではないからである。

なお，この点に関して，千葉補足意見の前掲②は，本件の解決を離れて強盗罪，恐喝罪，詐欺罪等の場合について言及した上で，これらの場合には「先行者の行為の効果を利用することによって犯罪の結果について因果関係を持ち，犯罪が成立する場合があり得る」ことを指摘している。これは本決定が承継的共同正犯を全面的に否定するものとして理解されることを懸念し，本決定の理解からも，傷害罪以外の犯罪類型については承継的共同正犯が成立する余地があることを示そうとしたものと推察されるが[31)]，ここでも「犯罪の結果について因果関係を持」つことが必要であるという立場は堅持されている。本決定については，法廷意見，補足意見を問わず，「因果関係を有する行為および結果に限って罪責を負う」という発想が一貫して示されていると評することができるだろう。

---

27)　このような指摘として，山口・新判例 120 頁などを参照。

28)　松宮・前掲注 1)367 頁以下，照沼亮介「判批」平成 25 年度重判解（ジュリ 1466 号）(2014 年）165 頁，森住信人「判批」専修法学論集 119 号（2013 年）98 頁などを参照。

29)　なお，平成 24 年判例以降の下級審裁判例のうち，東京地立川支判平成 26・3・20 公刊物未登載は，先行する死体遺棄行為を「積極的に利用しようとしたとまでは認められない」として，同罪に関する承継的共同正犯の成立を否定している。本判決については，宮川基「判批」セレクト 2014［Ⅰ］(法教 413 号別冊付録）(2015 年）29 頁を参照。

30)　この点について，石田寿一「判解」最判解刑事篇平成 24 年度 461 頁以下を参照。

31)　山口・新判例 113 頁などを参照。

(2) 傷害結果の把握

本決定は，被告人は「共謀加担後の傷害を引き起こすに足りる暴行によってCらの傷害の発生に寄与したことについてのみ」傷害罪の共同正犯の罪責を負う旨を判示しているから，もっぱらAらによる先行行為によって形成され，しかも，被告人がその拡大に寄与していない傷害が帰責範囲から除外されることは明らかである。本決定が，もっぱら先行暴行によって惹起された「Dの顔面両耳鼻部打撲擦過とCの右母指基節骨骨折」を除外しているのはその趣旨であろう。もっとも，先行する暴行によって既に傷害が形成されているところ，それが被告人の関与した暴行によって拡大し，傷害が重篤化した場合については，(a)被告人の暴行が全体としての傷害の形成に寄与しているとして，現実化した傷害全体について責任を負うのか，それとも，(b)あくまでも被告人の暴行によって重篤化した範囲に限って罪責を負うのかは，必ずしも明らかではない。この点について，千葉補足意見の前記①は，まさに(b)の解決を示したものと解されるが，法廷意見については，現実の傷害結果の中に被告人の行為の寄与が含まれていればたりるとして，(a)のような趣旨で理解することも不可能ではないだろう[32)]。

たとえば先行行為者の暴行によって致命傷を負ったが，後行行為者の暴行によって死期が早められた場合，後行行為者の暴行が現実の死亡結果の惹起に因果関係を有していることは否定できない。このように発生した結果が不可分一体の事実であり，その寄与に応じて分断することが困難な場合，後行行為者は(たとえその寄与の程度が軽微であっても）死亡結果全体について因果性を有すると考えざるを得ない[33)]。これに対して，傷害の内容・程度によって結果を切り分けることが容易な事案であれば，後行行為者の関与と因果性のある範囲の傷害に限定した処罰がむしろ自然であろう。結局のところ，これは後行行為者が寄与した傷害結果をどのように表現すべきかという問題であり，具体的な傷害の内容・部位に応じて，(a)(b)の理解を使い分けることも許されるように思わ

32) 石田・前掲注30)455頁は，本決定は(a)の立場から，被告人の寄与によって生じた傷害結果全体について責任を負う旨を判示したものと理解する。このような理解を支持するものとして，松尾誠紀「事後的な関与と傷害結果の帰責」法と政治（関西学院大学）64巻1号（2013年）17頁以下，水落伸介「判批」法学新報121巻3＝4号（2014年）335頁を参照。

33) 傷害結果が問題になる場合も，たとえば先行する暴行によって骨折が不可避な状況になっていたところ，後行行為者の暴行が直接の契機となって現実に骨折が生じた場合などについては，同様に考えることになるだろう。もちろん，これらの場合，後行行為者の寄与が比較的軽微であっ

れる。したがって，そもそも後行行為者の暴行が，先行する暴行によって生じた傷害の重篤化に寄与したか否かが明らかではない事例については，(a)(b)いずれの理解からも，後行行為者について傷害罪の共同正犯の成立が否定されることになる[34)]。

Ⅳ．若干の検討

1．総説

共犯についても個人責任の原則が妥当する以上，行為者は自己の関与と因果関係を有する限度で共犯としての罪責を負うと解すべきである。この当然の前提を否定することはできないだろう。まさに平成24年決定が示したように，後行行為者が加担する前に既に生じていた結果については，後行行為者の行為が因果関係を有することはあり得ないのであり，時間的に遡って帰責を正当化することは許されない。あくまでも後行行為者の関与と因果性を有する結果惹起が処罰の対象とされるべきである。これは広義の共犯の要件として因果性が要求されることの帰結であり，共犯関係の解消の問題が因果性遮断説によって解決されるべきであることと表裏の関係にあるといえよう。

このような前提からは，積極的利用説が因果性の及ばない結果惹起であっても，積極的な利用関係があれば遡って処罰を基礎づけようとするものであれば，同説を正当化することは困難であろう。一定の状態を積極的に利用していることと，その結果について因果性を有することは全く別の事実である。たとえばXがAに暴行を加えて失神させ，現場を立ち去った後，たまたまXの行為を見ていたYが，Aが失神している状況を利用して（Xとは意思の連絡なく）Aの財物を持ち去ったとしても，Yは窃盗罪の罪責を負うだけであり，強盗罪の罪責を負うことはあり得ない。YはXの暴行によるAの反抗抑圧状態を積極的に利用しているといえるが，だからといって，Xの暴行について因果

たことは，量刑事情としては当然に考慮されるべきであろう。

34）　もっとも，この場合，同時傷害の特例（207条）の適用の余地が残ることになる。平成24年決定は207条の適否について言及していないが，これは被告人の暴行による傷害の重篤化が認定できた事件であったため，そもそも同条の適用を検討する必要がなかったからであり，同条の適用をことさらに否定したものではないと思われる。この点については，高橋(則)・前掲注1)564頁などを参照。

性を有しているわけではないからである。そして，上記の事例でＸとＹの間に意思の連絡があったとしても，ＹがＸによる暴行およびＡの負傷に関して因果性を有していないことには変わりはない[35]。

おそらく積極的利用説の論者は，共同正犯の本質（正犯性）を相互利用補充関係に求める立場を前提として，後行行為者に先行行為者との間の利用・補充関係を肯定するために，先行事実を積極的に利用して犯罪に加功した事実を要求しているのだろう[36]。ここではまさに共同正犯の正犯性の問題として，先行行為を承継する基準が設定されている[37]。しかしながら，共同正犯の正犯性の存否を論ずる前に，そもそも後行行為者が広義の共犯として処罰可能かが問われるべきである。因果性の欠如を正犯性（相互利用補充関係）で埋め合わせることは不可能であろう。

このように後行行為者は自らが因果性を有する範囲に限って共犯の罪責を負うことになるから，関与する前の事実について，「承継」して罪責を負うことはあり得ない。繰り返し述べるように，この点が議論の出発点となるべきである。そして，このような前提のもと，検討すべき問題は，共犯処罰において要求される因果性の内容である。すなわち共犯処罰を正当化するためには，構成要件該当事実全体について因果関係が必要なのだろうか，それとも構成要件的結果の惹起との間に存すればたりるのであろうか。この点については，正犯と（広義の）共犯は，構成要件該当事実に対して直接的な因果性を有するか，間接的な因果性を有するかの違いがあるにすぎない，という理解からは，前者のように解するのが自然な理解であろう[38]。そして，このような前者の立場からは，承継的共犯の成否についても，全面否定説が導かれることになる。

もっとも，全面否定説については，詐欺罪，恐喝罪において財物の受領のみに加功する者が不可罰になるなど，後行行為者を適切に処罰することができな

35）　このような指摘として，十河・前掲注 17)363 頁を参照。

36）　たとえば大谷 421 頁，川端 571 頁では，積極的な利用関係によって明示的に相互利用補充関係が基礎づけられている。

37）　このような指摘として，松宮・前掲注 1)355 頁注 1，山口・新判例 121 頁，嶋矢貴之「共犯の諸問題」法時 85 巻 1 号（2013 年）31 頁などを参照。したがって，かりに積極的利用説を前提としても，承継的幇助の成否については「積極的利用」をそのまま基準とすることは困難であろう。

38）　山口厚「『共犯の因果性』の一断面」『神山敏雄先生古稀祝賀論文集(1)』（成文堂，2006 年）350 頁は，このような理解は「あまりに当然のことである」とする。

39）　千葉補足意見も「犯罪の結果について因果関係を持ち……承継的共同正犯の成立を認め得る」

いという問題が繰り返し指摘されている。かりに全面否定説からこのような問題が生じるのであれば，共犯については，結果惹起との間に因果性があればたりると解することで，共犯の成立範囲を適切に確保する余地もあるように思われる。このような問題意識から改めて平成24年決定をみると，同決定は「傷害結果」と被告人の関与との間の因果関係を問題にしており，このような立場を前提にしているようにも評価できる[39]。このような理解の当否について，若干の検討を試みることにしたい。

2.　全面否定説の検討

(1)　後行行為者の処罰

まず，そもそも全面否定説の立場から，処罰の間隙が生ずるのかについて確認しておくことにしたい。たとえば上記【事例2】のように強盗罪における財物奪取行為に加功する場合については，全面否定説からも窃盗罪（被害者が既に死亡していた場合には占有離脱物横領罪）の成立を認めることができるから，後行行為者の処罰について，特段の問題が生ずるわけではない。問題とされているのは，【事例1】のように詐欺罪の受領行為のみに関与する場合である。たとえば特殊詐欺の事案で，騙し役（「架け子」といわれる）が被害者を欺罔した後ではじめて犯行に加わり，首謀者の指示で被害者のもとに赴くなどして金員を受領する者（「受け子」といわれる）については，全面否定説の立場からは，詐欺罪の共犯の成立を認めることができるかが問題となる[40]。この点においては，「受け子」が被害者と対面するときに，その言動によって被害者の錯誤を維持・強化していれば，「受け子」自身の言動について，新たな「挙動による欺罔行為」を認定し，詐欺罪の成立を認めることができる[41]。また，事案によっては，被害者が錯誤に陥っていることを知りつつ，それを利用して

として，「犯罪結果」との因果性に着目している。

40)　なお，被害者に指定の銀行口座に振込みを行わせた後，ATMを利用して被害金を払い戻す場合については，引き出し役の関与者（「出し子」と呼ばれる）に，詐欺行為に関する共謀が認定できなくても，ATM管理者の意思に反して金員の占有を移転させたとして，窃盗罪の正犯が成立すると解されている。詳細については，橋爪隆「銀行預金の引出しと財産犯の成否」研修735号（2009年）3頁以下を参照。「受け子」の処罰についても，このような「出し子」の処罰との均衡を意識する必要がある。

41)　この点について，橋爪隆「特殊詐欺の『受け子』の罪責について」研修827号（2017年）3頁以下を参照。

いる「受け子」に作為義務を認め，不作為の欺罔行為を肯定する余地もあるだろう[42]。このような構成によって，後行行為者にも詐欺罪の成立を認めることができる場合には，全面否定説からも処罰の間隙が生ずるわけではない[43]。しかしながら，被害者と対面することなく，たとえば私書箱やコインロッカーなどに届けられた金員を受領する者，あるいは被害者からではなく，宅配便業者や郵便職員から金員を受領する者については，このような構成によって新たな欺罔行為を認定することは困難であろう[44]。かりに不作為の欺罔行為という構成を採用するとしても，被害者と対面する機会がない場合，その錯誤を解消する可能性（作為可能性）が乏しい以上，不作為犯として処罰することも困難であると思われる。

恐喝罪の場合についても，同様の指摘が可能である。被害者と対面して財物を受領する場合には，現場での言動それ自体を新たな脅迫行為と構成する余地があるが，単に郵便物を受領する行為などについては，そのような構成は不可能である。また，不作為犯構成についても，「脅迫」とは害悪の告知を意味する以上，被害者の畏怖を解消しない不作為を「脅迫」の一類型と評価することは困難であろう（不作為の暴行については，なおさら困難であろう）[45]。さらにいえば，そもそも不作為犯構成とは，犯罪の実行を開始した先行行為者に犯罪結果を回避する義務があることを前提に，後行行為者にも，共謀に加担したことを根拠として作為義務を認めることを前提とするものと解されるが[46]，犯罪の実行を開始すれば常に作為義務を負うという理解は，不作為犯の処罰範囲を著しく拡張する契機を含むものであり，その採否については慎重な検討を要する。たとえば自らの暴行・脅迫によって被害者を反抗抑圧状態に陥らせた後，はじめて財物領得の意思が生じ，財物を奪取した場合に，強盗罪の成立を認めるためには，財物奪取に向けられた新たな暴行・脅迫を必要とするのが多数説

42） たとえば山口・新判例123頁以下，松宮・前掲注1)380頁，松原387頁などを参照。不作為の欺罔行為による解決については，既に牧野英一『刑法研究(9)』（有斐閣，1940年）187頁以下が主張していた。

43） さらに取得した財物を領得する段階で，占有離脱物横領罪の成立を認める見解として，浅田437頁を参照。

44） このような指摘として，小林・前掲注1)11頁を参照（なお，コインロッカー管理者などに対する窃盗罪は成立しないことをひとまず前提にしておきたい。また，金員の占有移転時期も問題になるが，「受け子」が金員を受領した段階で占有が移転すると解しておくことにしたい）。なお，宅配便業者等からの受領については，偽名などを用いた受領行為である点を捉えて，宅配便

の理解であるが[47]，実行行為者に犯罪結果を回避する義務を認める立場からは，この場合にも不作為の暴行・脅迫によって強盗罪の成立が認められることになりかねず，妥当ではないように思われる。

(2)　先行行為者の処罰

全面否定説の当否については，さらに先行行為者の処罰についても検討が必要である。【事例 1】の場合，後行行為者 Y について挙動または不作為による欺罔行為を認めることができれば，欺罔行為の内容が厳密には異なるものの，先行行為者 X についても詐欺罪の共同正犯の成立を認めることができる[48]。問題は，Y の加功について新たな欺罔行為を認定することができなかった場合である。この場合には，X は詐欺罪の構成要件該当事実をすべて単独で実現しているわけではないから単独正犯として処罰することができないし，さらに（単独での共同正犯という概念を認めない限り）共同正犯として処罰することも困難である。また，Y が自律的な意思決定を失って，道具として受領行為に関与しているわけでもないから，間接正犯としての処罰も困難である。したがって，このような場合については，先行行為者についても処罰の間隙が生ずることになる。たとえば上記の特殊詐欺の設例についても，「受け子」について詐欺罪の共同正犯の成立を否定した場合，「架け子」を詐欺既遂について処罰することは困難であり，「架け子」は詐欺未遂罪の限度で処罰されることになるが，このような結論は妥当ではないように思われる。

3.　犯罪結果との因果性

(1)　総説

因果性の要請を充たしつつ，同時に，全面否定説による処罰の間隙を回避す

業者等に対する詐欺罪の成立を認めることは不可能ではないが，本来の被害者ではなく，宅配便業者等を被害者として構成せざるを得ない点において，違和感が残ることは否定できない。

45)　これに対して，山口 374 頁は，不作為の暴行を認めることはできないが，畏怖状態を解消しないことを「不作為による脅迫という余地は十分にある」とする。

46)　このような理解を明確に示すものとして，山口 374 頁以下を参照。

47)　たとえば西田典之〔橋爪隆補訂〕『刑法各論〔第 7 版〕』（弘文堂，2018 年）186 頁，山口厚『刑法各論〔第 2 版〕』（有斐閣，2010 年）221 頁以下などを参照。

48)　この点を指摘するものとして，山口・新判例 123 頁を参照。

るためには，共犯においては，構成要件該当事実すべてではなく，構成要件的結果の惹起について因果性があればたりると解することが考えられる。そして，結論からいえば，このような理解は不可能ではないように思われる。共犯は修正された構成要件であり，単独正犯と同様の処罰原理が妥当するわけではない。したがって，単独犯のように構成要件該当事実すべてに対する因果性を要求せずに，正犯の構成要件該当行為を介して，その結果発生に因果性を有していればたりると解することも可能であろう。すなわち構成要件該当事実は構成要件該当行為（＝実行行為）と構成要件的結果に分類することができるが，結果惹起こそが不法内容の本質的要素であり，実行行為は罪刑法定主義の要請から処罰範囲の限定のために要求されていると解するのであれば[49)]，共犯は不法内容である結果惹起に因果性を有していれば十分であり，罪刑法定主義の要請は，正犯者の行為について構成要件該当性が認められ，共犯者はそれを媒介として結果を惹起しているという点において，既に充足されていると解することができよう[50)]。前出の全体的評価説についても，後行行為者が，実行行為に因果性を有していなくても，法益侵害結果に因果性を与えていることを処罰の根拠とするものであれば，基本的に同趣旨の見解として積極的に評価することができる。なお，このように結果発生に対する因果性があればたりると解する立場からは，先行事実を積極的に利用する関係までは不要と解すべきであろう。積極的利用の存否は，結果惹起に因果性を有している事実を左右するものではないからである。これに対して，故意犯処罰のためには構成要件該当事実の認識・予見が必要となるから，自らが実現した構成要件の認識として先行事実に関する認識が要求されることは当然である。

さらに，このような因果性の緩和は狭義の共犯に限られるか，それとも共同正犯にも当てはまるかが問題となる。この点については，共同正犯の正犯性を重視する立場から，正犯性を根拠づけるためには構成要件該当事実すべてに関する因果性が必要だと解する余地もあるだろう[51)]。このような理解からは，

49）結果無価値論の立場からは，このような理解を正当化することが可能であろう。なお，抽象的事実の錯誤の事例においては構成要件の実質的符合の基準が問題となるが，その際にも行為態様の相違は決定的ではなく，保護法益の同一性が符合の重要な基準となると解される（詳細は本書168頁参照）。このような理解からも，構成要件の要素がすべて同価値なのではなく，結果惹起に中核的な意義が付与されていることを根拠づけることができるだろう。

50）このような理解として，注釈860頁［島田聡一郎］，十河・前掲注17)366頁以下などを参照。

承継的共同正犯の成立は否定され，後行行為者はもっぱら幇助犯として処罰されることになる。しかしながら，①共同正犯といっても，共謀共同正犯を広く認める理解のもとでは，狭義の共犯と決定的な相違があるわけではないこと，②少なくとも構成要件該当事実の一部を共同惹起することによって，関与者間の共同性を認める余地があること，さらに，③かりに実行行為（の一部）を分担する後行行為者を幇助犯と評価した場合，とりわけ先行行為者が単独の事例については，その者を共同正犯として評価することが困難になることを考慮すると，共同正犯についても因果性の要請を緩和し，各人の関与がそれぞれ結果惹起との間で因果性を有していることに加えて，共同正犯者全体の行為を併せて評価することで構成要件該当事実が実現されていればたりると解すべきであろう。

(2)　構成要件的結果の意義

このように共犯者は構成要件的結果に因果性を有していればたりると解したとしても，実はこれだけで問題が解決するわけではない。このような理解からは，個別の構成要件ごとに「結果」として評価される事実の範囲を明らかにする必要が生ずる。そして，何が個別の構成要件の「結果」かについては，条文構造から形式的に判断されるべきではなく，当該犯罪の法益侵害の内実に即した，実質的な検討が必要である。

このような理解からは，【事例 2】のような強盗罪の類型については，後行行為者Ｙに強盗罪の共同正犯の成立を認めることは困難である[52]。すなわち強盗罪の法益侵害性は財産権侵害に尽きるわけではなく，暴行・脅迫による身体の安全や意思決定の自由の侵害が含まれている[53]。これらの法益侵害がまさしく強盗罪の「結果」であると解すべきであるから，強盗罪の共犯の成立を認めるためには，すべての法益侵害について因果性を有する必要がある。そうすると，【事例 2】のＹについては，財産権侵害の限度でしか因果性を有して

51)　このような可能性を示唆するものとして，佐伯 387 頁を参照。

52)　もちろん，Ｙの関与後に新たな暴行・脅迫行為を認定できない場合を念頭におくことにしたい。

53)　強盗罪の法益侵害性に関する近時の研究として，嶋矢貴之「強盗罪と恐喝罪の区別」『山口厚先生献呈論文集』（成文堂，2014 年）334 頁以下を参照。

いない以上，やはり強盗罪で処罰することはできず，窃盗罪の限度で罪責を負うことになる。この点については，複数の法益侵害が構成要件上要求されている犯罪類型については，第一次的な法益侵害について因果関係があれば十分であり，副次的な法益侵害との間の因果関係は不要であるとする見解も主張されている[54]。しかしながら，強盗罪においてはまさに暴行・脅迫の法益侵害性が（窃盗罪と比較して）法定刑を加重する関係にあるのだから，暴行・脅迫結果に因果性を有していない関与者を（窃盗罪ではなく）強盗罪の共同正犯として処罰する根拠は乏しいように思われる。

それでは詐欺罪，恐喝罪の場合はどうか。この場合についても，欺罔行為や恐喝行為によって被害者の意思に不当な影響を与え，財物に対する事実的支配を弱めることも，これらの犯罪の法益侵害性の一部であると解するのであれば[55]，強盗罪の場合と同じように，後行行為者は詐欺罪，恐喝罪の結果すべてについて因果性を有しておらず，したがって共犯処罰が否定されることになる。この点については，個別の犯罪類型ごとにその罪質に関する検討を加える必要があるが，少なくとも詐欺罪については，被害者を欺くこと自体を独自の結果として把握する必要はなく，錯誤に陥った被害者を道具として利用しつつ，財物等の占有を移転させる点に同罪の法益侵害性があると解することが可能であろう。このような理解からは，財物の受領のみに関与した後行行為者についても，詐欺罪の「結果」との間に因果関係が認められ，同罪の共同正犯の成立を肯定することができる[56]。

V．だまされたふり作戦と詐欺未遂罪の承継的共同正犯

1．問題の所在

最近の特殊詐欺の捜査においては，被害者が電話の内容が詐欺であることに気付いて警察に通報した後も，引き続きだまされたふりをして，「架け子」の

54）　このような理解として，十河・前掲注 17)367 頁以下を参照。

55）　このような理解として，林 383 頁，町野・前掲注 20)133 頁，小林・前掲注 1)10 頁などを参照。

56）　なお検討を要するが，恐喝罪については，①恐喝の手段たる暴行・脅迫それ自体が既に可罰的な行為であること，②被害者が（瑕疵があるとはいえ）自分の意思で財物等を移転させているにもかかわらず，意思に反する占有移転（窃盗罪）と同様に処罰されていることからは，その「穴

指示どおり，模擬紙幣等を宅配便で送付するなどして，送付先付近に張り込んでいた警察官が，荷物を受領した「受け子」を検挙するという「だまされたふり作戦」が実施されることが多くなっている。このように被害者が錯誤に陥っておらず，「だまされたふり作戦」が実行されている段階に至って，はじめて犯行に参加して，模擬紙幣等の受領行為のみに加功した「受け子」を詐欺未遂罪の共同正犯として処罰することができるだろうか[57]。

この問題も，詐欺罪の実行行為が開始し，それが既遂に達する前に関与した後行行為者の罪責をめぐる問題である以上，承継的共同正犯の問題として解決する必要がある。既に述べたように，本書の立場からは，結果発生に因果性を及ぼしている限度において，共同正犯の成立を認めることができる。そして，本件では詐欺未遂罪の成否が問題となっているところ，未遂犯とは，結果発生の具体的危険性を惹起したことを根拠として処罰されるのであるから，結果発生の具体的危険性を未遂犯の「結果」として把握することが可能である。したがって，だまされたふり作戦が実行されている段階で加功した「受け子」について，詐欺未遂罪の共同正犯が成立するか否かは，「受け子」の受領行為によって詐欺罪が実現する危険性が新たに生じたといえるか，という点に帰着する。もっとも，当然のことであるが，だまされたふり作戦が実行されている以上，詐欺罪が既遂に達することは客観的には不可能になっている。このような状況においても，「受け子」の受領行為に詐欺罪実現の危険性が認められるか，という意味において，未遂犯と不能犯の限界と同様の問題が顕在化することになる。

2. 平成29年判例とその評価

(1)　判例の概要

この問題について，具体的な判断を示したのが，最決平成29・12・11（刑集71巻10号535頁）である。本件事案における「架け子」は，被害者Aに対

埋め」として，暴行・脅迫の不法内容が刑を加重する機能を有していると解されることなどを考慮すると，強盗罪と同じように，暴行・脅迫も恐喝罪の結果の一部を構成すると解すべきであろう（詐欺罪の場合，法益関係的錯誤に陥った被害者を利用する占有移転として評価することが可能であり，窃盗罪の間接正犯と同視可能な不法内容を有することなどを考慮すると，②の根拠が妥当しないと解される）。

57)　筆者自身の検討として，既に橋爪・前掲注41)7頁以下がある。

して，ロト6の特別抽選に関する違約金を支払わないといけないなどと嘘を言って，現金150万円の交付を要求し，Aを誤信させ，大阪市内所在の空き部屋に現金120万円を配送させて，「受け子」である被告人が受取人を装って配送業者から受け取る方法により，現金をだまし取ろうとしたが，警察官に相談したAが嘘を見破り，現金が入っていない箱1個を発送したため，その目的を遂げなかった。被告人は，だまされたふり作戦が開始されたことを認識せずに，氏名不詳者から報酬約束のもとに荷物の受領を依頼され，それが詐欺の被害金を受け取る役割である可能性を認識しつつこれを引き受け，上記空き部屋で，Aから発送された現金が入っていない荷物を受領した。本件では，被告人と「架け子」らの事前共謀の成立が否定されたため，欺罔行為後，だまされたふり作戦が開始した後に被告人がはじめて加担した場合であっても，詐欺未遂罪の共同正犯が成立するかが問題となった。

第1審判決（福岡地判平成28・9・12判時2363号133頁）は，被告人の共謀加担前に共犯者が欺罔行為によって詐欺の結果発生の危険性を生じさせたことについては，それを被告人に帰責することができず，かつ，「被告人が，共謀加担後，詐欺の結果が生じる危険性を発生させることについて何らかの因果性（寄与）を及ぼしたとはいえず，詐欺未遂の承継的共同正犯の罪責を負うとは認められない」として，被告人を無罪とした。これに対して，控訴審判決（福岡高判平成29・5・31判タ1442号65頁）は，①「詐欺罪における本質的な保護法益は個人の財産であって……錯誤に陥った者から財物の交付を受ける点に，同罪の法益侵害性がある」という理解を前提として，「欺罔行為の終了後，財物交付の部分のみに関与した者についても，本質的法益の侵害について因果性を有する以上，詐欺罪の共犯と認めてよいし，その役割の重要度等に照らせば正犯性も肯定できる」として，詐欺罪の承継的共同正犯を認める余地がある旨を判示した上で，②不能犯における具体的危険性と同様の観点から，被告人の受領行為にも「詐欺の既遂に至る現実的危険性があったということができる」として，詐欺未遂罪の共同正犯の成立を肯定している。このように第1審判決，控訴審判決は，被告人の受領行為の危険性判断の帰結こそ異なるが，被告人の受領行為が詐欺罪実現の危険性を惹起したといえるか否かによって，詐欺未遂罪の（承継的）共同正犯の成否を判断しようとするものであり，その判断構造は，基本的に，本書で示した理解と親和的なものであると評価することができる。

これに対して，最高裁は，「被告人は，本件詐欺につき，共犯者による本件欺罔行為がされた後，だまされたふり作戦が開始されたことを認識せずに，共犯者らと共謀の上，本件詐欺を完遂する上で本件欺罔行為と一体のものとして予定されていた本件受領行為に関与している。そうすると，だまされたふり作戦の開始いかんにかかわらず，被告人は，その加功前の本件欺罔行為の点も含めた本件詐欺につき，詐欺未遂罪の共同正犯としての責任を負うと解するのが相当である」と判示して，原判決の結論を是認している。

(2)　若干の検討

本決定は，最高裁として，詐欺罪の承継的共同正犯が認められることを示した点に重要な意義がある。すなわち平成24年判例はあくまでも傷害罪について承継を否定する判断を示したものにすぎず，判例が承継的共同正犯について，全面否定説に依拠しているわけではないことを改めて確認したものといえる。

最高裁決定は，詐欺（未遂）罪の承継的共同正犯を肯定する根拠として，特定の理論構成を明示するものではないが，その実質的根拠として，詐欺罪において欺罔行為と受領行為が一体のものとして予定されていること，すなわち同罪における欺罔行為と受領行為の一体性に言及している[58)]。これは，詐欺罪が構成要件上，欺罔行為を手段として被害者から財物の交付を受けることを予定した犯罪であり，欺罔行為と受領行為が手段・結果の関係に立ち，いわば不可分な関係に立つことを重視したものと解することもできる。この一体性・不可分性という概念が，手段・結果の関係にある犯罪については，結果の共同惹起があれば犯罪全体について共同正犯が成立するという趣旨であれば，本書の立場に引き付けて理解することもできるが，一体性が強い犯罪については，全体が不可分であり，一部の加功であっても犯罪全体について帰責されるという趣旨で理解することも可能であろう。もっとも，後者の理解については，因果性を有する結果惹起に限って共同正犯の罪責を負う旨を明示した平成24年判例と整合的に理解することができるのか，という疑問がある。

本決定は，だまされたふり作戦が実施されており，既に詐欺罪の実現が不可能になった後の受領行為の危険性の存否については，具体的な判断を示してい

---

58)　この点について，川田宏一「判解」曹時71巻11号（2019年）304頁を参照。

ない。この点についても，本件においては当然に（潜在的・仮定的な可能性としては）詐欺罪実現の危険性が認められることから，最高裁としてあえて不能犯に関する一般論の判断を回避したという理解も可能である[59]。もっとも，本決定が，被告人は「その加功前の本件欺罔行為の点も含め」て共同正犯の責任を負うと判示している意義を強調した場合，承継的共同正犯の成立が認められる場合には，被告人は欺罔行為を分担した共犯者と同一の法的評価を受けることになり（＝欺罔行為から関与していた者と同様に評価されることになり），それゆえ受領行為に限った危険性判断は不要と解しているという評価も可能だろう[60]。とりわけ詐欺罪の一体性・不可分性を重視する理解からは，危険性判断についても，このような一体性判断が強調されることになるだろう。もっとも，繰り返しになるが，自らが関与した行為それ自体に法益侵害の危険性が存在しないにもかかわらず，共同正犯としての帰責を認めるというのでは，因果的共犯論の立場からは正当化が困難であろう。私個人としては，本決定についても，平成24年判例と整合的に理解するべく，因果的共犯論の枠内で説明を試みたいと考えている。

59）　このような可能性について，川田・前掲注58)307頁注39を参照。

60）　このような分析として，松原芳博「詐欺罪と承継的共犯」曹時70巻9号（2018年）23頁以下，佐藤拓磨「判批」刑事法ジャーナル55号（2018年）104頁以下などを参照。

第17章 共同正犯と正当防衛・過剰防衛

Ⅰ．はじめに

本章では，複数人が防衛行為に関与した場合の法的処理について検討を加えることにしたい。この問題は，正当防衛・過剰防衛の判断と共犯関係の処理が競合するため，刑法総論の「つまずきの石」の１つになっている印象を受ける。すなわち，判例の立場によれば，正当防衛の成立要件は，防衛行為段階の客観的状況だけから判断されるのではなく，不正の侵害が切迫する以前の事情（当然，それは関与者ごとに異なりうる）を考慮し，さらに行為者の主観的事情を取り入れた内容になっている（詳細は第４章参照）。したがって，関与者ごとに正当防衛状況に至った経緯やその主観面によって，正当防衛の判断が異なりうるところ，さらに共犯関係といっても，現場で防衛行為を分担する場合，もっぱら共謀共同正犯として関与する場合，狭義の共犯として加功する場合など，さまざまな類型がありうるため，議論が錯綜してくる。本章においては，基本的な事例について検討し，考え方の筋道を示すことに努めたい[1)]。

1） この問題について，筆者自身が既に検討を加えたものとして，橋爪隆「正当防衛状況における複数人の関与」『神山敏雄先生古稀祝賀論文集⑴』（成文堂，2006年）635頁以下がある。

Ⅱ．平成４年決定の分析

1．事実関係

この問題を考える上で重要な判例が最決平成4・6・5（刑集46巻4号245頁）である。本件の事実関係は下記のとおりである。

被告人Ｘは，午前4時ころ，友人Ｙの居室から飲食店Ａに電話をかけて同店に勤務中の女友達と話していたところ，店長Ｂに電話を切られたことが契機となって，同人と口論になった。ＸはＢに侮辱的な言葉を浴びせられるなどしたことから憤激し，殺してやるなどと激しく怒号し，Ａ店に押しかけようと決意して，同行を渋るＹを説得し，包丁を持たせて一緒にタクシーで同店に向かった。Ｘはタクシー内で，自分もＢとは面識がないのに，Ｙに対し，「おれは顔が知られているからお前先に行ってくれ。けんかになったらお前をほうっておかない」などと言い，さらに，Ｂを殺害することもやむを得ないとの意思のもとに，「やられたらナイフを使え」と指示するなどして説得し，午前5時ころ，Ａ店付近に到着後，Ｙを同店出入口付近に行かせ，少し離れた場所で待機していた。Ｙは，Ｂに対し自分から進んで暴行を加えるまでの意思はなかったものの，Ｂとは面識がないからいきなり暴力を振るわれることもないだろうなどと考え，Ａ店出入口付近でＸの指示を待っていたところ，予想外にも，同店から出て来たＢにＸと取り違えられ，いきなりえり首をつかまれて引きずり回された上，顔面を殴打され，コンクリートの路上に転倒させられて足蹴にされるなどの暴行を受けたため，自己の生命・身体を防衛する意思で，とっさに包丁を取り出し，Ｘの前記指示通り包丁を使用してＢを殺害することになってもやむを得ないと決意し，包丁でＢの左胸部等を数回突き刺し，同人を殺害した。

第1審判決（東京地判平成元・7・13前掲刑集256頁参照）は，ＸとＹはＡに到着する前，タクシーの車内で既に「包丁を用いて被害者を殺害することもやむなしとの意思を相通じて，被害者を殺害することの共謀を遂げ」たと認定した。そして，ＹはＢと喧嘩になることを予期しつつ，その機会に同人を殺害することもやむなしと考えて現場に赴いたことから，Ｙにも積極的加害意思が認められ，したがってＢの侵害について急迫性が否定され，過剰防衛の成立が否定された。これに対して，原審（東京高判平成2・6・5判時1371号148

頁）は，X については，タクシーで A に向かう間に既に B に対する未必の殺意が生じていたが，Y については，A に到着するまではいきなり喧嘩になるとまでは予期しておらず，突然 B から激しい暴行を振るわれた段階ではじめて B を殺害する決意をし，その段階で B 殺害に関する共謀が成立したと認定した。このように Y について事前の共謀が否定されたことから，Y は B の侵害を十分に予期しておらず，したがって B に対する積極的加害意思が認められないとして，過剰防衛の成立が認められた（Y については原審で確定)。これに対して，X については「積極的な加害の意思で侵害に臨んだものであるから，B の Y に対する暴行は X にとっては急迫性を欠くものである」として過剰防衛の成立が否定された。

2. 決定要旨

これに対して，X が上告したが，最高裁は上告を棄却しつつ，職権で以下のような判断を示した。

「共同正犯が成立する場合における過剰防衛の成否は，共同正犯者の各人につきそれぞれその要件を満たすかどうかを検討して決するべきであって，共同正犯者の一人について過剰防衛が成立したとしても，その結果当然に他の共同正犯者についても過剰防衛が成立することになるものではない。

原判決の認定によると，被告人は，B の攻撃を予期し，その機会を利用して Y をして包丁で B に反撃を加えさせようとしていたもので，積極的な加害の意思で侵害に臨んだものであるから，B の Y に対する暴行は，積極的な加害の意思がなかった Y にとっては急迫不正の侵害であるとしても，被告人にとっては急迫性を欠くものであって……，Y について過剰防衛の成立を認め，被告人についてこれを認めなかった原判断は，正当として是認することができる。」

3. 検討

(1) 共謀の認定

本件では，X，Y の間の共謀がいかなる段階で成立したかが重要な問題となる[2)]。すなわち，はじめから X，Y が B による侵害行為を予期しつつ，あえて凶器を準備して A 店に赴いていれば，Y も侵害を予期しつつ，積極的加害意思を有して不正の侵害に臨んだことになるから，判例（最決昭和 52・7・21 刑集31巻4号747頁）の立場からは，Yについても，Bによる侵害の急迫性が否定されることになる[3]。第1審判決がこのような前提から，Yについても過剰防衛の成立を否定したのに対して，原判決は，Yが現場でBによる侵害に直面した段階ではじめて殺人罪に関する共謀が成立したと判断した。つまり，タクシーの車内でXからYに対してB殺害にかかる共謀の（いわば）申込みがなされたが，その段階ではYはBを殺害する事態に至ることまでの認識を欠いており，Xの指示をそれほど真摯に受け止めていなかったところ，現場でBからの侵害に直面した段階で，はじめてXからの申込みを受諾し，共謀が成立したという理解である。このように，いわばX，Yが「時間差」で共謀を遂げたと認定することによって，Xには積極的加害意思が認められるが，Yには認められないという結論が導かれている。タクシーの車内ではXからの指示を真に受けていなかったYが，現場でBからの侵害に直面した瞬間に，Xの指示が頭をよぎり，現場で共謀を遂げた上で殺害行為に及ぶという認定については，やや技巧的な印象を受けるかもしれないが[4]，Yが包丁を携帯して現場に向かい，Bからの侵害に直面した段階で包丁を用いた対抗行為に及んだという事実は，まさに事前にXが指示したとおりの内容である。このような事実が実現されたということからは，Xの指示に基づく心理的影響力が実行行為の瞬間においても継続的に作用していたことを窺うことができる。

(2) 過剰防衛判断の相対化

本決定は，共同正犯については過剰防衛の成否を個別に判断すべきであることを明示した点において，重要な意義を有する。過剰防衛の刑の減免の根拠をめぐっては，周知のとおり，違法減少説，責任減少説，違法・責任減少説の対立があるが，責任減少の観点を重視する立場によれば，責任の存否およびその程度は行為者ごとに個別に判断されるべきであるから，過剰防衛の成否が個別に判断されるというのはその当然の帰結にすぎない，ということになるだろ

2） この点について，橋本正博「判批」平成4年度重判解（ジュリ1024号）（1993年）167頁を参照。

3） その後の最決平成29・4・26刑集71巻4号275頁は，侵害の予期が認められる事例については，侵害の急迫性は「対抗行為に先行する事情を含めた行為全般の状況に照らして検討すべき」と判示しているが，積極的加害意思が認められる場合に侵害の急迫性が否定されるという帰結には変更はない。

4） このような批判として，福田平＝大塚仁「〔対談〕最近の重要判例に見る刑法理論上の諸問題

う[5])。

しかしながら，本決定の結論は，侵害の急迫性の判断が関与者の積極的加害意思の存否によって相対化しうることから導かれたものである。もちろん本決定は過剰防衛の成否に限った判断を示したものではあるが[6])，侵害の急迫性要件が正当防衛・過剰防衛に共通の前提要件である以上，かりに実行担当者Yの対抗行為が正当防衛と評価された場合であっても，やはり正当防衛の判断が相対化し，積極的加害意思を有するXについては正当防衛の成立が否定されたものと思われる[7])。

このように，本決定は正当防衛の判断についても，共同正犯者間で相対化しうることを前提にしたものと解した場合，共同正犯者間で違法性評価が相対化し，適法行為と違法行為との間の共同正犯も認められることになる。学説においては，このような違法性の相対評価が認められるか，また，背後者が狭義の共犯の場合にはどのように解すべきかをめぐって，活発な議論が展開されてきた。これらは，共同正犯と狭義の共犯の異同，共同正犯の本質を考える上で重要な問題であろう。

もっとも，本件については，さらに重要な問題がある。関与者間で正当防衛・過剰防衛の要件を個別に判断するといっても，具体的にどのように判断すればよいのだろうか。かりに，XとYが2人で防衛行為を共同実行していれば，それぞれの防衛行為やその主観面を個別に評価して，正当防衛・過剰防衛の要件を判断するという理解はありうるのかもしれない（この点はⅣで改めて検討する）。しかし，本件ではもっぱらYが不正の侵害に直面し，単独で防衛行為を実行している。この場合，侵害に直面しておらず，防衛行為を分担してないXについて，正当防衛・過剰防衛の成否を個別に判断するといった場合，Xのいかなる段階の，また，いかなる関与内容を前提として，正当防衛・過剰防衛の成立要件を判断すればよいのだろうか。これらの点について，項を改めて具体的に検討してみたい。

⑴)」現代刑事法 26 号（2001 年）11 頁［福田］，山中敬一「判批」法セ 452 号（1992 年）135 頁などを参照。

5）　このような指摘として，たとえば大塚 395 頁注 6，松宮 267 頁などを参照。

6）　本件の調査官解説はこの点を強調する。小川正持「判解」最判解刑事篇平成 4 年度 45 頁以下を参照。

7）　山口・基本判例 254 頁，井田 514 頁注 30，佐伯 378 頁などを参照。

Ⅲ．共謀共同正犯における正当防衛の判断

1．正当防衛の個別判断？

(1) 共謀行為を基準とする理解

検討の便宜上，平成4年判例の事実関係を修正して，YのBに対する防衛行為が相当性の要件を充たしており，正当防衛と評価された場合を想定することにしたい（【事例1】）。この場合，X，Yについて正当防衛の要件を個別に判断するという前提からは，Xについてはどのように判断すればよいのだろうか。

1つの考え方としてありうるのは，あくまでもXの共同正犯としての関与は，タクシーの車内でYに包丁を貸与しつつ，B殺害を指示した行為に尽きるのであるから，このような事前の働き掛けを基準として正当防衛の成否を判断するという理解である。しかし，このような理解に立った場合，タクシーの車内では侵害が切迫していない以上，この段階の働き掛けが正当防衛の要件を充たしていないのは当然であり，本件のような事前の働き掛けが問題となる事例については，積極的加害意思の存否を検討するまでもなく，Xにはおよそ正当防衛が成立しないことになる[8]。この点については，事前に傷害，殺人等の故意で働き掛けを行っている関与者については積極的加害意思が認められるから，正当防衛の成立が否定されるのは当然である，と思われるかもしれない。しかし，事前の共謀があるからといって，常に急迫性が否定されるわけではない。たとえば本件についても，現実のBの侵害の程度・内容がXの予期した内容をはるかに超えたものであれば，Xが事前に未必の殺意を有していても，現実の侵害について（Xの予期を前提としても）急迫性が認められる可能性がある。また，侵害の予期があっても，現場に行かざるを得ない必然性がある場合であれば，事前の働き掛けを根拠として急迫性を否定することは困難であろう。これらの事案を考慮した場合，事前の働き掛けの時点では侵害が切迫していないことを理由として，一律に違法性阻却の余地を否定することは妥当ではないと思われる。

8）　このような結論を認めるものとして，福田＝大塚・前掲注4)12頁［福田］，明照博章「共同正犯と正当防衛」松山大学論集25巻6号（2014年）110頁以下などを参照。

それでは，X が防衛行為を分担していないが，侵害行為が現実化した段階で何らかの働き掛けをした場合はどうか。たとえば X，Y が B からの侵害を予期することなく A 店に赴いたところ，突然，もっぱら Y が B から攻撃を受けたため，X が Y に対して「お前のナイフを使え」，「B を刺せ」などと現場で指示を下した場合について考えてみたい（【事例 2】）。この場合，X の指示行為の段階で既に不正の侵害が切迫しているから，これを基準として正当防衛の成否が判断できるようにも思われる。しかし，指示行為について防衛行為の相当性をどのように判断すればよいのだろうか。当然のことではあるが，指示行為それ自体は防衛行為に当たるわけではない。したがって，指示の内容や態様（声の大きさ？）それ自体について相当性を判断することはできないだろう。あくまでも X の指示に基づいて，（Y の）いかなる防衛行為が惹起されたかを基準として相当性要件を判断せざるを得ない。たとえば【事例 2】において，X が防衛行為の相当性を逸脱する内容の指示を下したにもかかわらず，Y が慎重に必要最小限度の防衛行為に徹した結果，Y について正当防衛が成立する場合において，X の発言内容を判断資料として，X についてだけ防衛行為の相当性を否定し，過剰防衛とすることは妥当ではないだろう。

このようにいかなる段階の働き掛けであっても，それ自体が防衛行為と評価されない共謀行為を基準として，正当防衛の成否を判断することはできない。正当防衛・過剰防衛の成否を判断する以上，現実の防衛行為が判断基準となることは否定しがたいように思われる。

(2)　共同実行の仮定的考慮

このように，指示命令行為それ自体ではなく，あくまでも現実の防衛行為が判断対象となると考えた場合，判例の結論はどのようにして正当化できるのだろうか。共謀共同正犯の根拠づけについて，練馬事件判例（最大判昭和 33・5・28 刑集 12 巻 8 号 1718 頁）は，「直接実行行為に関与しない者でも，他人の行為をいわば自己の手段として犯罪を行つたという意味において，その間刑責の成立に差異を生ずると解すべき理由はない」と判示している。この判示からは，共謀共同正犯も，実行担当者の行為を手段として利用することによって，自らが実行行為を行ったものと同視することができる，という理解を導く余地がある。つまり，共謀共同正犯は現実には実行行為を分担しているわけではないが，規範的には実行担当者とともに自ら実行行為を行ったものとみなされるという理解である。このような理解を前掲の【事例1】に援用した場合，現実にはY単独で防衛行為が行われているところ，規範的にはX，Yが防衛行為を共同実行していると評価されることになるため，「もしXが，Yの防衛行為を行っていたならば，それはどのように評価されただろうか」という観点から，Xについて正当防衛の成否が判断されることになる。すなわち，現実のYの防衛行為を判断対象としつつ，その行為主体をYからXに仮定的に置き換えた上で，正当防衛の成否を判断するという発想である。このような理解からは，BのYに対する侵害は，Yからみれば急迫不正の侵害であっても，かりに，その行為主体が積極的加害意思を有するXであれば侵害の急迫性が認められないから，Xについては正当防衛の成立が否定される。そして，このような理解を推し進めた場合，防衛行為の客観的な要件については，Yによる現実の防衛行為を基準として連帯的に判断されるが，行為者の主観面などの人的要素については，関与者ごとに個別に判断するという帰結が導かれることになる[9)]。

このような説明は，客観的要件は現実の防衛行為を基準として判断しつつ，主観的要件に限って，背後者の主観面を考慮することを可能とするものであり，判例の結論を合理的に説明できるようにみえる。しかし，背後の共謀共同正犯は現実には実行行為を分担していない。それにもかかわらず，「かりに背後者が実行行為を行っていたら」という仮定によって，正当防衛の要件を判断するというのは，フィクションにすぎないように思われる。

さらに，このような理解を前提とした場合，たとえば前掲の【事例2】を修正して，XがYに対して「ナイフを使え」と叫ぶ際に，実はYの生命・身体の保護にまったく関心がなく，この機会にBが死傷すればよいと思い，もっぱらB加害の目的でYに（防衛行為の相当性を充たす内容の）指示を与えた場合（【事例3】）については，Xについては，防衛意思の存否が個別的に判断されることによって（防衛意思必要説の立場からは）正当防衛の成立が否定されることになる。しかし，Xは客観的には適切な内容の指示を与えているのであり，その際の心情だけを重視して同人を処罰することは妥当ではない。防衛意思必要説の立場からも，防衛意思の存否はあくまでも現実の防衛行為を行って

9） 結論として，このような立場を示すものとして，川端博『正当防衛権の再生』（成文堂，1998年）271頁以下などを参照。また，橋田久「判批」甲南法学35巻1号（1994年）108頁も，現実に行われた防衛行為を基準としつつも，主観的要件については個別判断が受け入れやすい，とする。

いる者の主観面について判断されるべきであり，防衛行為を分担していないXの認識や動機を問題にすべきではないと思われる。【事例 3】についても，Yの対抗行為が正当防衛と評価されるのであれば，XはYに対して正当防衛行為に出ることを指示しているにすぎず，それがどのような動機・目的でなされたとしても，違法性阻却の連帯的適用を認めるべきであろう。

このように考えると，防衛行為を現実に分担していない者について，正当防衛の成立要件を個別に判断することは困難であり，正当防衛の成否は，現実に防衛行為を担当している者の行為を基準として判断せざるを得ない。むしろ検討すべき問題は，正当防衛の要件それ自体を関与者ごとに個別に判断するか否かではなく，実行分担者に正当防衛が成立する場合に，その違法性阻却の効果を背後者に連帯的に作用させるべきか，それとも違法性阻却の効果が個別的・属人的に作用する余地を認めるか，という点にある。

2. 違法性阻却の連帯性

実行分担者Yに正当防衛による違法性阻却が認められた場合，その違法性阻却の効果は背後者Xにも連帯的に作用すべきであろうか。ここでは，共犯においては一般に違法性が連帯すると解されていることの意味とその限界が問題となる。

既に第 13 章で述べたように，共犯も自らの関与について罪責を負うのであり，他人の関与について連帯責任を負うわけではない。したがって，違法性の評価も個別に行うのが出発点となる。しかしながら，共犯は実行分担者を介して間接的に法益侵害を惹起するのであり，関与者は共通の結果惹起について罪責を問われている。このように法益侵害結果が共通であることから，関与者ごとに個別に違法性を判断するといっても，ほとんどの場合には関与者間で違法性評価が一致することになる。このことは正当防衛のように違法性阻却が問題になる場合にも変わりはない。正当防衛の違法性阻却の根拠については争いがあるが，「不正」の侵害者の法益と「正」の被侵害者の法益が対立する状況においては，「不正」対「正」の関係を前提とする以上，前者の利益よりも後者の利益が優先的に保護されるべきであることから，優越的利益を実現した点に違法性阻却の根拠を求めることができる[10)]。すなわち，防衛行為者は法益侵害結果（結果無価値）と防衛効果（結果価値）をともに惹起しており，後者の価値が前者に優越すると評価されることから違法性が阻却されることになる。そうすると，（広義の）共犯として正当防衛行為に加功した者も，実行担当者の行為を介して，法益侵害結果と防衛効果の両者に因果性を及ぼしていることになるから，やはり優越的利益を（間接的に）実現していることになり，正当防衛による違法性阻却が連帯的に適用されるのが原則となる。町野朔教授が，背後者は実行分担者の「正当防衛による合法な結果を惹起したのであり，違法結果を惹起したことはない。正当防衛を利用した彼の行為を違法とすることはできない」[11]として，違法性阻却の連帯性を強調したのも，まさにこのような趣旨であろう[12]。このような理解からは，平成4年決定はあくまでも過剰防衛を責任減少の観点から理解した判断にすぎないと評価され，正当防衛の成否については共同正犯者間で連帯的に判断されることになる[13]。

しかしながら，繰り返し述べるように，違法性評価の連帯性は共犯の本質的要素ではなく，事実上，違法性評価が一致する場合が多いという一般的な傾向にすぎない。したがって，一定の合理的な理由がある場合については，違法性評価が個別化する余地を認めることは十分に可能である。たとえばわいせつ物の購入者がわいせつ物頒布等罪の共犯として処罰されないと解されているのも，購入者という立場が，実質的にはわいせつ物頒布等罪の被害者としての立場にもあるため，購入者の立場からは，わいせつ物頒布行為が違法と評価されないからであろう[14]。ここでは実質的に被害者の立場にあることが[15]，違法性評価の個別性を導いていることになる。

そして，違法性阻却事由が問題になる状況についても，背後者が正当な理由なく，違法性阻却の前提状況を作出した場合については，違法性阻却の効果を相対的に解することは十分に可能である。正当防衛状況といっても，侵害者の法益の要保護性が全面的に否定されているわけではない。あくまでも被侵害者の法益を優先的に保護する必要があり，また，被侵害者の法益を保護するため

---

10) このような理解として，山口118頁以下，橋爪隆『正当防衛論の基礎』（有斐閣，2007年）71頁以下などを参照。

11) 町野朔「惹起説の整備・点検」内藤謙先生古稀祝賀『刑事法学の現代的状況』（有斐閣，1994年）122頁を参照。

12) もっとも，その後，町野教授は改説され，後掲の島田教授の見解を支持するに至っている。町野朔「違法性の概念」争点33頁を参照。

13) このような理解として，前田雅英「正当防衛と共同正犯」内藤古稀・前掲注11)175頁以下，浅田和茂「共犯論覚書」『中山研一先生古稀祝賀論文集(3)』（成文堂，1997年）281頁，曽根威彦『刑事違法論の研究』（成文堂，1998年）274頁以下，山中856頁以下などを参照。さらに高橋488頁は，適法行為に対しては（結果帰属がないことから）共同正犯性が否定され，さらに制度

には侵害者の法益を侵害する必要性（緊急状況性）があるからこそ，例外的に法益侵害行為が違法性阻却されるのである。このように考えると，Xが，防衛行為者Yを喧嘩闘争目的であえて現場に行かせてBとの喧嘩を演出し，正当な理由なく緊急状況を作り出した場合については，Yについて正当防衛が成立し，違法性が阻却されても，その効果はXには及ばないと解すべきであろう。自ら不必要に緊急状況を作り出したXについて，それを前提とした違法性阻却の効果を及ぼし，有利に扱うことは明らかに妥当ではないからである。この点について，島田聡一郎教授は「背後者によってはじめて違法阻却の前提状況が作出され」た場合，背後者は利益衝突状況を「自己の掌中に収めており，本来それをそもそも衝突させるべきではなかった。従って，そのような場合には，背後者は，行為媒介者の違法性阻却事由を自己の有利に援用することはできず……違法に行為したと考えるべきである」[16]と主張されているが，正当な理解であると思われる[17]。このような理解からは，実行担当者に違法性減少が認められる場合についても，同様の観点から，違法性減少の前提状況を不必要に作出した背後者については，違法性減少の連帯的適用が否定されることになるだろう。

このような理解を具体的な事例について確認しておきたい。【事例1】において，Xは正当な理由がないにもかかわらず，喧嘩闘争目的でYをBのもとに赴かせており，YとBとの間の利益衝突状況を不必要に作出している。したがって，XはYの防衛行為による防衛効果（結果価値）の惹起を援用することができず，正当防衛による違法性阻却が連帯しないと解される。これに対して，そもそもXらとBが喧嘩になる可能性についての予期が十分ではなく，また，XがBと交渉を進めるなど，A店に行かざるを得ない正当な理由がある場合には，緊急状況の作出それ自体が許容されていることになるから，この

従属性説の立場から狭義の共犯の成立も否定される結果，場合により，殺人予備罪が成立するにとどまるとする。

14)　このような理解については，平野Ⅱ 379頁，山口358頁などを参照。

15)　わいせつ物頒布等罪は社会的法益に対する罪であり，購入者の承諾があっても当然に犯罪が成立するから，あくまでも「実質的」な意味における被害者である。

16)　島田聡一郎『正犯・共犯論の基礎理論』（東京大学出版会，2002年）198頁を参照。

17)　さらに松原芳博「判批」百選179頁を参照。また，林423頁注120も，平成4年決定の事案について「背後者に過剰防衛を否定するべき根拠は，彼こそが，過剰防衛を行った者の法益を相手の攻撃の危険にさらした者だという客観的な事情にある」としており，基本的に同趣旨の理解であると思われる。

ような例外的状況に当てはまらず，X にも Y の違法性阻却が連帯的に作用することになる。このように緊急状況の作出を重視する以上，【事例 2】の X については，Y に成立する正当防衛・過剰防衛の効果が連帯的に作用することになる。X は緊急状況の事前作出に何ら寄与していないからである。この結論は，【事例 3】のように，X が Y の防衛行為時において不当な動機・目的を有していた場合であっても，変わりはないと考えるべきである。

これまで述べたことから明らかなように，本書の理解は，背後者である X について個別に正当防衛の要件を判断するものではない。正当防衛の要件は（主観的な要件も含め）もっぱら防衛行為者 Y を基準に判断した上で，その違法性阻却の効果を背後者 X に連帯的に作用させるべきか否かを問題としている。その意味では，この議論は正当防衛の要件論ではなく，違法性阻却の一般原理にかかわる問題である[18]。もっとも，正当防衛における侵害の急迫性判断や自招侵害論も，自らの先行行為によって不必要に緊急状況を作出した者には，正当防衛による法的保護を与えるべきではない，という価値判断を前提にしたものであるから，①正当防衛の要件論として，対抗行為に先行する事情を考慮して，正当防衛の成立を否定する議論と，②違法性阻却の一般原理として，緊急状況を作出した者に連帯的適用を否定する議論とは，基本的には同一の原理に支えられている[19]。そして，両者の判断が実質的には同一内容であるからこそ，平成 4 年判例が「積極的加害意思に基づいて急迫性が個別的に判断される」と判示するところも，「事前の緊急状況の作出を理由として違法性阻却が個別的に判断される」と読み換えて理解することができるのである。もっとも，本書の立場からは，本来は後者のような表現が望ましいことになる。

3. 狭義の共犯の場合

それでは【事例 1】の X が共謀共同正犯ではなく，教唆犯として評価された場合はどうだろうか。この場合であっても，X が Y を現場に行かせること

18）　このような指摘として，小林 163 頁を参照。

19）　西田 141 頁以下は，違法性阻却の一般原理として回避義務の原則を掲げているが，これは本文の①②の状況の両者を包摂した理解であると思われる。

20）　島田・前掲注 16）198 頁を参照。これを支持する見解として，佐伯 379 頁を参照。

21）　最小従属性説を支持する見解として，たとえば平野 II 358 頁，西田 428 頁，大谷實「最小限従属性説について」『西原春夫先生古稀祝賀論文集(2)』（成文堂，1998 年）472 頁以下などを参照。もっとも，これらの見解も，違法性評価が連帯するのが一般的であるとしつつ，ごく例外的な場

によって，不必要に緊急状況を作出したことには変わりはないから，Xが狭義の共犯にとどまる場合であっても，Yの違法性阻却の連帯的適用を否定し，Yが正当防衛によって違法性阻却される場合であっても，背後のXについて教唆犯の成立を認める理解がありうるだろう[20]。狭義の共犯の要素従属性をめぐる議論について，正犯に構成要件該当性・違法性が認められる場合に限って，共犯の成立が認められるとする制限従属性説を前提とした場合，Yが違法性阻却される場合には背後のXを共犯として処罰する可能性が排除されるが，上記の見解は，そもそも制限従属性説ではなく，正犯の構成要件該当行為が認められればたりるとする立場（最小従属性説）を前提に主張されている[21]。

教唆犯と共同正犯は，ともに間接的な法益侵害を主たる処罰対象にする犯罪類型であり，両者は関与の共同性・積極性が認められるか否かによって区別されるにすぎない。したがって，両者を同一の基準によって解決する理解には，十分な理論的根拠がある。しかしながら，共犯処罰は政策的な処罰拡張事由であり，また，狭義の共犯は補充的な処罰規定であることを重視するのであれば，正犯の違法性が阻却される場合，すなわち，その行為をあえて処罰する必要がないと評価されている場合まで，その背後者まで遡って刑事責任を追及する必然性は乏しいように思われる[22]。このような共犯の「二次的責任」性を重視する立場からは，処罰範囲の限定という見地から，制限従属性説を維持して，Xが狭義の共犯にとどまる場合には，Xの処罰を否定すべきであろう[23]。あえて敷衍すれば，実質的にはXの関与は違法性阻却されるべき関与とはいえないが，共犯の補充性・従属性の観点から，共犯処罰の可能性が政策的に排除されることになる[24]。

なお，このような理解を前提とした場合，平成4年決定の事案のようにYの防衛行為が過剰防衛と評価される状況において，かりにXの関与が教唆犯として評価される場合はどのように処理されるのだろうか。既に述べたように，過剰防衛の刑の減免の根拠をもっぱら責任減少によって理解した場合には

面に限って，適法行為の背後の共犯の成立の余地を認めようとするものである。

22）共犯の処罰根拠として，共犯からみても違法であり，かつ，正犯からみても違法な法益侵害の惹起を要求する見解（混合惹起説）からは，制限従属性説が支持されることになる（制限従属性説は，混合惹起説の帰結を言い換えたものにすぎない）。

23）このような理解として，林幹人「適法行為を利用する違法行為」同『刑法の現代的課題』（有斐閣，1991年）117頁以下，松宮孝明「共犯の『従属性』について」同『刑事立法と犯罪体系』（成文堂，2003年）253頁以下，山口359頁などを参照。

特段の問題は生じないが，違法性減少の要素を考慮する立場からは，狭義の共犯については違法性減少の効果を連帯させる必要があるとの理解もありうるところであろう。しかしながら，あくまでも制限従属性説は，共犯が成立するためには，正犯の構成要件に該当する違法な行為が必要であるという理解にすぎず，正犯の違法性の程度を共犯が超えてはならない，という内容を含んでいるわけではない[25)]。このような理解からは，正犯に違法性減少が認められるとしても，そのような状況を作出した背後の共犯については，違法性減少の効果が連帯的に作用しないと解して，過剰防衛による刑の減免を否定することが可能である。

Ⅳ．実行共同正犯における正当防衛判断

1．問題の所在

続いて，X，Yが実行共同正犯として防衛行為を共同実行する場合を考えてみたい。たとえばX，YがBによる侵害に直面し，両者で反撃行為として暴行を共同実行したが，Xは事前にBの侵害を予期しており，積極的加害意思を有しつつ，事情を知らないYを引き連れて現場に向かっていたという事案である（【事例4】）。この場合，XとYは構成要件レベルでは，暴行行為を共同実行していることになる。そして，構成要件該当行為が防衛行為として違法性阻却の評価の対象となるのであるから，X，Yの構成要件的行為を個別化するのではなく，全体を一体的に評価した上で，正当防衛の成否を判断することになる。したがって，正当防衛の成否の判断は，関与者間で連帯的に判断されるのが原則ということになろう。

しかしながら，正当防衛の要件として行為者の主観的事情（積極的加害意思，防衛意思など）を考慮する立場からは，関与者の主観面の相違によって，Yにとっては正当防衛と評価できても，Xにとっては適法な行為とはいえない，

24）　なお，背後者がことさらに利益衝突状況を作り出したような場合には，そもそも背後者が共同正犯として処罰可能な場合がほとんどであるから，狭義の共犯を一律に不可罰と解したとしても，それほどの処罰の間隙は生じないように思われる。このような指摘として，林425頁を参照。

25）　この点に関連して，小川・前掲注6)41頁を参照。

26）　本文では積極的加害意思の問題を中心として検討を加えているが，前掲平成29年判例は，積

という相対的評価の余地が生ずることになる。前掲の【事例 1】については，現実の防衛行為はもっぱら Y によって行われているため，正当防衛の要件は Y の行為を基準に判断せざるを得ないと述べたが，【事例 4】の場合，X による防衛行為，Y による防衛行為が現実に競合しているため，各人の主観面によって防衛行為それ自体の法的評価が異なることがありうると思われる。たとえば防衛意思必要説の立場からは，対抗行為が防衛意思によってカバーされている場合に限って，その行為は適法と評価されることになるから，防衛意思を有する A と防衛意思を有しない B が防衛行為を共同実行した場合，その行為は A からみれば適法な防衛行為と評価されるが，B からみれば違法な侵害行為にすぎない，と解されることになろう。

2. 正当防衛制限の基準

もっとも，【事例 4】のように，積極的加害意思など対抗行為に先行する事情に基づく正当防衛の制限が問題となる事例については，さらに検討すべき問題がある。すなわち，これらの正当防衛の制限については，防衛行為者の事情が基準となるのか，それとも被侵害者の事情が基準となるのか，という問題である[26)]。通常の正当防衛の事案においては，被侵害者自らが自己の生命・身体等を防衛するために防衛行為に出るため，被侵害者＝防衛行為者であり，この問題は顕在化しないが，第三者のための正当防衛を念頭においた場合，どちらの主観面を基準として正当防衛の成否を検討するかが，重要な問題となる[27)]。

この点について十分な議論があるわけではないが，正当防衛は防衛行為者による法益侵害を正当化する規定であることから，おそらく防衛行為者の主観的・客観的事情を重視して，侵害の急迫性を判断するのが一般的な理解であったように推測される。もっとも，侵害を予期しつつ，正当な理由がないにもかかわらず，積極的加害意思をもって侵害に臨んだ場合などについては，その者

極的加害意思が認められなくても，侵害の予期と「行為全般の状況」によって急迫性が否定される余地を認めており，同判例を前提とした場合，侵害の予期が誰に必要か，また，「行為全般の状況」は被侵害者，防衛行為者のいずれの状況について判断されるべきかという観点から，同様の問題が論じられることになる。本書の立場からは，本文で検討するとおり，これらの事情についても，すべて被侵害者の主観的・客観的状況が基準とされるべきである。

27)　不十分ながら，一定の検討を加えたものとして，橋爪・前掲注 1)639 頁以下を参照。

に対する法益侵害の危険は「行為者が敢えてこれを受け入れた結果であるから，行為者にその結果を甘受させるべき」[28]とする理解からは，誰が防衛行為に出たかではなく，誰の法益を保護する必要があるかが重要である以上，被侵害者の事情を基準として，正当防衛の制限を論ずる必要があるように思われる[29]。最高裁判例には，被告人の長男Aが，Bと喧嘩闘争になったが，その過程で包丁を構えたBに徐々に追い詰められていたところ，被告人はAがBから一方的に攻撃を受けていると誤信し，Bに対して猟銃を発射して，同人に重傷を負わせた事件について，「原判決が被告人の本件所為につき，誤想防衛であるがその防衛の程度を超えたものであるとし，刑法36条2項により処断したのは相当である」と判示したものがある（最決昭和41・7・7刑集20巻6号554頁）。本決定が被告人の所為を誤想（過剰）防衛と評価したのは，本件のBのAに対する侵害は，Aが積極的加害意思のもと自ら招いたものであり，喧嘩闘争の一環にすぎないことから，侵害の急迫性が認められないという理解を前提にしたものであろう。ここでは，本書の立場と同様に，被侵害者の事情が基準となって侵害の急迫性が判断されていると解される。その上で，本決定は，侵害の急迫性が否定される事情を認識していない被告人については，急迫性の存否について誤信があるとして，誤想過剰防衛の成立を認めたものと解すべきであろう[30]。

このように被侵害者の事情を基準として正当防衛の可否を検討する立場を前提とした場合，【事例4】についても，積極的加害意思によって侵害を自ら招いたXについては，その法益は正当防衛によって保護する必要性が乏しいと解されることになり，X，Yの防衛行為はもっぱらYの生命・身体を保護するための行為として法的に評価されることになる[31]。したがって，X，Yによって共同実行された防衛行為が，（Xの法益保護を度外視して）Yのみの生

28）香城敏麿「正当防衛における急迫性」小林充＝香城敏麿編『刑事事実認定(上)』（判例タイムズ社，1992年）263頁を参照。

29）これに対して，防衛行為者が正当防衛権を行使する資格・権限を有するかという観点を重視する場合，むしろ防衛行為者の主観面を基準として正当防衛の可否が決せられることになろう。防衛意思必要説はこのような点を重視する見解といえる。また，正当防衛を法確証原理によって説明する見解にも，このような傾向が強いと思われる。

30）本決定については，船田三雄「判解」最判解刑事篇昭和41年度108頁以下を参照。

31）なお，山口厚「共同正犯の基本問題」山口ほか・最前線216頁以下は，この問題を正当防衛の成立が認められる主体（A）と正当防衛が否定される主体（B）との共同実行の問題として把握し，Bによって惹起された侵害に限って処罰の対象とする。基本的な問題意識は共通だが，本書

命・身体を防衛するための防衛手段としても相当性を有しているのであれば，Yについては正当防衛が成立することになる[32]。これに対して，Xの防衛行為の評価においては，まず，①X自身の法益を保護するための防衛行為については，既に述べたように，正当防衛による法的保護の必要性が失われることから，正当化されないことになる。さらに，②Yを保護するための防衛行為の評価についても，Xは，Yに対する侵害も自ら不必要に作出したと評価できることから，やはり防衛行為は正当化されず，結局，Xについては正当防衛の成立が全面的に否定されることになると思われる。

V．共同正犯間における認識の不一致

最後に，複数人が過剰防衛と評価される行為を共同実行したが，その過剰性の認識について齟齬が生ずる事例について，簡単に検討しておくことにしたい。たとえばX，Yが，突然Bから侵害を受けたため，現場で共謀の上，防衛行為を共同実行したが，そのうち，Yの行為が相当性を逸脱しており，その行為によってBが死亡したような場合である（【事例5】）。この場合，そもそもYの行為についてX，Yの共謀の射程が及ぶかを検討する必要がある。たとえば，X，Yが素手で防衛することを現場で共謀し，暴行行為を共同実行したところ，激高したYが突然，包丁を持ち出して，Bの胸を数回切り付けたような事件であれば（もちろん具体的な事実関係によるが）Yの刺突行為はX，Yの共謀に基づく行為ではなく，Yの現場での独自の意思決定に基づく行為であるとして，共謀の射程を否定すべき場合が多くなるだろう[33]。この場合，Yについては全体の防衛行為を一体として評価して，過剰防衛が成立するが，Xはもっぱら正当防衛行為に限って因果性を有することになり，違法性阻却

の理解は，「誰が防衛したか」ではなく「誰を防衛したか」を基準として，違法な法益侵害を切り分けるものである。

32)　かりにX，Y両者の法益を保護するための手段としては相当だが，Y単独の利益を保護する手段としては相当性の範囲を逸脱している場合には，Yの行為は過剰防衛と評価されることになるが，YがXの積極的加害意思などを認識していない場合には，相当性の逸脱について認識を欠くことから，故意が阻却されることになる。

33)　いわゆる共同正犯における量的過剰が問題となった最判平成6・12・6刑集48巻8号509頁についても，侵害終了後の追撃行為については当初の共謀の射程が及ばないと解することができる。詳細は本書319頁以下を参照。

されることになる。

これに対して，X，Yの当初の防衛行為が徐々にエスカレートして，その結果，Yによる過剰な防衛行為（質的過剰行為）に至ったような場合については，当初の共謀およびそれに基づく防衛行為から，その程度が段階的に拡大していくことは十分にありうるとして，過剰な防衛結果（＝Bの死亡結果）についても共謀の射程を肯定することができる場合が多いだろう。このような場合，X，Yは共謀に基づき（構成要件レベルにおいて）傷害致死の構成要件該当事実を共同惹起したことになる。そして，共同正犯が成立する以上，X，Yには，それぞれが分担した行為だけではなく，X，Y全体の行為およびそれに基づく結果が帰責されることになるため，全体としての行為・結果を対象として正当防衛の要件が判断されることになる。したがって，客観的にはYはもちろん，Xの関与についても防衛行為の相当性が否定され，X，Yはともに過剰防衛として処理されることになる[34)]。

もっとも，Xについては，Yが過剰な防衛行為に出ることを予見していない場合がありうる。そのような場合には，Xには自らの共謀およびそれに基づく共同実行から過剰な結果が生ずる認識がないことから，過剰性の認識が欠け，故意犯の成立が否定される。この点について，東京地判平成14・11・21（判時1823号156頁）は，A，B，Cが，同居の親族Dが酩酊して暴行を振るったことから，3人がかりで同人を押さえつけていたところ，Cが防衛行為として，うつぶせに倒れたDの後頸部を強く圧迫したことからDが窒息死したが[35)]，A，Bは，Cがそれほど後頸部を強く押さえつけていることの認識を欠いていたという事件について，「複数の者が……反撃行為を共同して行った場合，相当性判断の基礎となる事実の認識の有無は，各人について個別に判断すべきものと解されるから，そのうちの一人の反撃行為が，防衛行為の相当性の範囲を逸脱したものであり，そのような反撃行為により生じた結果につき，客観的には，共同して反撃行為を行った他の者の行為との間の因果関係を否定し得ない場合であっても，共同して反撃行為を行った者において，相当性判断の基礎となる事実に関し錯誤があり，その認識に従えば相当性の範囲を逸脱して

34）　この点について，高橋489頁注57を参照。

35）　かりにCがDの後頸部を押さえつけている間に，Dの侵害が終了していたが，その後もCが後頸部を押さえ続け，Dを死亡させたことが明らかであれば，本件は量的過剰の類型となるが，Dの侵害の終了時期が明らかでなければ，質的過剰の類型として評価されることになろう（量

いないときには，誤想防衛の一場合として，その者に対し，生じた結果についての故意責任を問うことはできないものというべきである」として，Cの行為を認識していなかったA，Bについては「Dに対する傷害致死罪の故意責任を問うことはできない」と判示している。本判決は，A，B，Cが共同して過剰防衛行為を実行したという前提に立ちつつも，A，Bについては過剰性を基礎づける事実の認識がないとして，故意犯の成立を否定したものであり，妥当な判断であると思われる。

なお，部分的犯罪共同説の立場からは，故意の一致する限度で共同正犯が成立することになるため，一部の関与者について故意犯の成立が否定された場合には故意の一致がなく，共同正犯が成立しないのではないか，という問題が生ずる。たとえば【事例5】のXについて過剰性の認識がなく，故意が阻却された場合，Xは不可罰になるか，それとも過失致死の罪責を負うことになるが，その場合，Yはいかなる範囲で共同正犯の罪責を負うのであろうか。この点は，そもそも部分的犯罪共同説がいかなる根拠で，また，犯罪論体系のいかなる段階で認識の共同を要求しているのかが明らかではないため，具体的に検討することは困難であるが，あくまでも共同正犯が構成要件該当性の問題であり，構成要件該当事実の認識の一致があれば十分であると解するのであれば，【事例5】においても，構成要件レベルでは暴行の構成要件該当事実の認識の一致があることから，Yは（Xの罪責とは無関係に）傷害致死罪の共同正犯の罪責を負うことになると思われる[36)]。行為共同説からは，各人の主観面に応じた共同正犯が成立するのは当然である。

的過剰についても，防衛意思が連続する限度で36条2項の適用を認める判例・通説の立場からは，両者の区別は結論には影響を及ぼさない）。

36)　このような指摘として，島田聡一郎「判批」刑事法ジャーナル5号（2006年）124頁を参照。

第18章 不作為と共犯をめぐる問題

Ⅰ．はじめに

不作為犯論と共犯論は，ともに刑法総論の中でも理解が困難な領域である。「不作為と共犯」をめぐる領域とは，この2つの困難な問題が競合するのであるから，まさに刑法総論の「悩みどころ」の1つである。

不作為と共犯をめぐる問題については，①作為犯に対する不作為による加功，②不作為犯に対する作為による加功，③不作為の共同実行などの類型を区別する必要がある。また，④そもそも「不作為による加功」と「作為による加功」をどのような観点から区別するかという問題もある。本章では，まず，④の問題について検討を加え，その後，①から③の問題，とりわけ①の問題を中心に考えてみることにしたい。

Ⅱ．作為の共犯と不作為の共犯の限界

1．総説

作為の正犯が構成要件該当行為を実現するに際して，それを制止することなく現場で傍観するなど，消極的な態度を取っていたものについては，不作為による共犯の成否が問題となりそうである。しかし，現場で犯行を支援する態度を示しているという意味においては，これを作為による共犯として評価することも不可能ではない。そもそも，作為と不作為はどのような観点から区別され

るのであろうか。議論の前提として，単独正犯における作為・不作為の区別から確認しておくことにしたい。

作為を身体の「動」，不作為を身体の「静」として理解した場合，両者は排他的に区別されるようにも思われる。しかし，既に繰り返し指摘されているように[1)]，不作為は「何もしていない状態」ではなく，「期待された作為をしない」ことを意味する。したがって，いわばコインの裏表として，同一の挙動を対象として，作為としての評価・不作為としての評価は併存可能である。たとえば乳児に食事を与えるべき義務を負う母親が，その義務を怠ってパチスロ遊戯に興ずるという事実は，パチスロ遊戯を行うという意味においては作為の行為であるが，わが子に食事を与えないという意味では不作為と評価されるべき行為である。そして，作為・不作為のそれぞれの行為が構成要件に該当するかを個別に検討すればたりるのであり，かりにこの母親が，身体に体感器を装着するなど不正なパチスロ遊戯をしていれば，まさに作為の行為が窃盗罪の構成要件に該当する[2)]。それに対して，不作為の殺人罪の成否を論ずるに際しては，パチスロ遊戯によって生命に対する危険性が創出されているわけではなく，乳児の生命を保護すべき者が食事を与えないという不作為によって，（本来ならば回避されるべき）生命に対する危険がそのまま拡大・発展し，死亡結果に至っているのであるから，不作為犯の成否が問題となる[3)]。

このように作為・不作為が両立しうる概念であることを前提とした場合，本来，どちらかを優先的に検討すべきという順序は存在しないはずである。しかしながら，作為犯については（身分犯の場合を除いて）いかなる者の作為であっても構成要件を充足するのに対して，不真正不作為犯については，作為義務者の不作為のみが構成要件に該当することから，まずは原則的な類型である作為犯を検討し，作為犯の構成要件に該当しない場合に不作為犯の成否を検討するのが一般的な理解であろう。したがって，不作為犯の成否を検討するのは，事実上，作為犯が成立しない場合に限られることになる[4)]。たとえば前方不注視の運転によって被害者を轢いた行為者が，被害者を自車に運び込んで，病院に搬送することなく被害者を（事故に基づく傷害によって）死亡させた場

1）　町野139頁以下，山口78頁などを参照。
2）　最決平成19・4・13刑集61巻3号340頁を参照。
3）　あくまでも構成要件ごとの判断が重要になる。この点について，萩野貴史「作為犯と不作為犯の区別について」獨協ロー・ジャーナル7号（2012年）69頁を参照。

合，行為者は被害者を自車に運び込み，その後，自動車を運転する作為を行っているが，これによって被害者が死亡したわけではない。したがって，被害者の死亡結果については（過失運転致死罪に加えて）病院に搬送しなかった不作為を処罰対象として，不作為犯の成否が問題とされるのである。

2. 作為による共犯の限界

このように作為と不作為は，同一の行為態様に関して併存しうる評価であり，それぞれについて構成要件該当性を判断すればたりる。このような原則は，共犯処罰が問題になるケースについても基本的には変わりはない。たとえばX女の実子であるAに対して，同棲相手のY男が暴行を振るっているところ，Xが同室でその暴行を傍観していたとしよう。この場合，たとえばXが「もっとやりなよ」等の発言によって，Yの暴行の犯意を強化し，その犯行を促進していれば，Xは作為の共犯の罪責を負う。この場合，Xが（共謀）共同正犯の罪責を負うか，幇助犯の限度にとどまるかは，共犯論の一般原則によって解決されるべき問題である。これに対して，作為の行為によってYの犯行を促進する関係が認められない場合には，作為の共犯として処罰することができず，XがAの生命を保護すべき作為義務を有することを前提に，不作為による共犯の成否が検討されることになる。

このような一般論自体はきわめて自明である。もっとも，作為による幇助といっても，それほど積極的な言動が要求されているわけではない。たとえば上記の事例において，Xが具体的な発言をしたことは決定的ではない。たとえばYに対して何度か頷いて，YがAに暴行を加えることを容認し，支持する態度を示した場合であっても，それによってYの犯行が促進・強化された場合であれば，作為の共犯が成立しうるであろう。さらにいえば，Xが頷かな

4）同一の行為の「裏表」というわけではないが，たとえば殺人罪の故意で被害者に重傷を負わせた後，被害者の死亡を予見しつつ，被害者の救命措置を行わなかったとしても，不作為の殺人罪を検討することはない。これは故意の先行行為の場合には作為義務が生じないというよりも，たとえ不作為の殺人罪の成立を認めても，先行する作為の殺人罪が成立する以上，検討の実益がないからであろう。

5）松原芳博「共謀共同正犯と行為主義」『鈴木茂嗣先生古稀祝賀論文集(上)』（成文堂，2007年）539頁以下，島田聡一郎「不作為による共犯について(1)」立教法学64号（2003年）20頁などを参照。これに対して，齊藤彰子「作為正犯者の犯罪行為を阻止しなかった者の刑責」名古屋大学法政論集249号（2013年）251頁以下は，犯行現場にいること自体も作為の共犯に該当するとし

くても，Yと目が合って，同人の暴行を支援する意思を（暗黙のうちに）伝えた場合であっても，話は同じである。結局のところ，共犯行為の態様に関する具体的な限定はなく，正犯者の犯意を強化し，その犯行を容易にする一切の行為がこれに該当することから，作為の言動・態度といっても，その要求水準は必ずしも高いものではない。しかしながら，作為による共犯と評価するためには，作為と評価できる身体の何らかの「動」きが必要とされるべきである。したがって，そこに立っている，座っているという存在それ自体は，原則として作為の共犯行為として評価すべきではなく[5]，それが一定の意思を表明する態度と評価できる場合に限って，例外的に作為の共犯行為として評価可能と解すべきであろう[6]。また，作為としての何らかの言動が認定できるとしても，それによって実行分担者が具体的に犯意を強化されたことが認定できず，したがって構成要件実現に対する因果性が認められない場合には，作為の共犯の成立が否定され，もっぱら不作為による共犯の成否が問題となる。

いわゆるスワット事件（最決平成15・5・1刑集57巻5号507頁）においては，スワット（と呼ばれる専属のボディガード）らによって拳銃による警護が行われることを確定的に認識した上で上京を決定し，また，上京した後も終始，拳銃を携帯したスワットらと行動をともにしていた暴力団組長について，「実質的には，正に被告人がスワットらに本件けん銃等を所持させていたと評し得る」として，拳銃所持について共謀共同正犯の成立が認められている。本件の被告人は，拳銃による警護が付くことを確定的に認識した上で，配下に上京の手配を指示し，上京後もスワットらの警護が付いていることを認識しつつ，自動車に乗り込み，都内を移動している。まさに被告人のこれらの作為が，スワットらが拳銃を携帯する重要な契機となっている以上，本件については作為の共犯が成立する。そして，被告人とスワットらの黙示的な意思連絡（共同性），ス

つつ，現場から立ち去ることを義務付けることを正当化するための要件を要求する。齊藤教授の問題意識は正当なものだと思われるが，結局のところ，作為義務を要求することで，このような関与を不作為の共犯として位置付けることに至ると思われる。

6）たとえば，実行担当者に強い心理的影響を及ぼしうる者が，犯行を逡巡している実行担当者に対して，あえて背中を向けたり，うつむいたりして，早く犯行に着手するようなプレッシャーを与えるような場合などが考えられる。なお，大阪高判平成13・6・21判タ1085号292頁は，被告人が幼児をこたつの天板に叩きつけようとしているのを知りながら，あえて目をそらして被告人を制止しなかった被告人の夫について，被告人との間に「暗黙の共謀が成立した」と判示している。

ワットらを指揮命令する権限（重要な因果的寄与）を考慮して，被告人には共謀共同正犯が認められたと解される。

これに対して，東京高判平成 11・1・29（判時 1683 号 153 頁）では，ゲームセンター A の店長 X が，A の従業員 Y から，A と同じ経営者が経営するパチンコ店 B の売上金を本社に搬送する際に強盗を行う犯行計画を聞かされたため，いったんは Y に対して犯行を止めるように促したが，「X ちゃんには関係ないから」などと言われたため，「関係ないならいいです」と答え，そのまま Y らの強盗行為を放置した事件について，「関係ないならいいです」という発言は，犯行のことを一切他言しないという意思を表明したものとまでは評価できないとして，作為による幇助の成立を否定している。「関係ないならいいです」という X の発言は明らかに作為の言動である。そして，その発言によって Y は，「X によって犯行が妨害されることはない」と多少安心したのかもしれない。しかしながら，犯行を阻止すべき作為義務を有しない者が犯行を阻止しないという事実は[7]，いわば通常の事態にすぎない。そうであれば，「関係ないならいいです」という発言によって犯行を妨害されない旨が示されたとしても，これは殊更に正犯者の犯意を強化し，犯行を積極的に促進する行為とまでは評価できず，作為の共犯の成立を認めることは困難であろう。

なお，最近の最高裁判例（最決平成 25・4・15 刑集 67 巻 4 号 437 頁）は，後輩の同僚であり，遊び仲間でもあった A と飲酒していた被告人両名が，A が飲酒運転をする旨を提案したのに対して，顔を A に向けて頷いたり，「そうしようか」と答えるなどして，了解を与えて同乗し，運転中も態度を変えることなく，これを黙認し続けた行為について，「A と被告人両名との関係，A が被告人両名に本件車両発進につき了解を求めるに至った経緯及び状況，これに対する被告人両名の応答態度等に照らせば，A が本件車両を運転するについては，先輩であり，同乗している被告人両名の意向を確認し，了解を得られたことが重要な契機となっている一方，被告人両名は，A がアルコールの影響により正常な運転が困難な状態であることを認識しながら，本件車両発進に了解を与え，その A の運転を制止することなくそのまま本件車両に同乗してこれを黙

7） 後述するように（Ⅲ **2**(2)），X には B の売上金の本社への搬送を保護すべき義務もなければ，同僚 Y の犯行を阻止する義務も認められないとして，不作為の共犯の成立も否定されている。

8） この点について，駒田秀和「判解」最判解刑事篇平成 25 年度 153 頁注 26，内田浩「判批」刑事法ジャーナル 38 号（2013 年）96 頁，亀井源太郎＝濱田新「判批」法時 86 巻 2 号（2014 年）

認し続けたと認められるのであるから，上記の被告人両名の了解とこれに続く黙認という行為が，A の運転の意思をより強固なものにすることにより，A の危険運転致死傷罪を容易にしたことは明らか」として，危険運転致死傷罪の幇助犯の成立を認めている。本件において被告人らが車両発進について了解を与えた行為が作為の関与であることは明らかであろう。これに対して，同乗し，運転を黙認する行為については（本決定も述べるとおり）その実体は運転を制止しない点に求められるのであるから，不作為による関与という理解もありうるところであろう。もっとも，本決定は，両者を分断することなく「了解とこれに続く黙認という行為」全体を幇助行為として評価している。これは，本件の黙認行為は，既に了解によって示された態度を継続的に表示する行為としての側面を有することから，全体の行為を一体的に評価して，作為の幇助行為を認定したものと解される[8)]。したがって，たとえば自動車に乗ってからはじめて運転者の飲酒酩酊状態に気がついたが，そのまま黙認していた場合のように，先行する了解行為とあわせて評価することができない場合については，黙認それ自体を作為として評価することが困難になり，それゆえ不作為の共犯の成否が問題となるケースが多くなるように思われる。

Ⅲ．不作為による共犯

1．総説

作為犯の犯行を容認する態度を作為による共犯として処罰できない場合については，不作為による共犯としての可罰性が問題となる。まず，不作為の共犯について，本書の理解を簡単に示しておくことにしたい。

不作為による共犯の成立を認めるためには，関与者に作為義務が必要である[9)]。他人の犯罪を傍観している者すべてが共犯の罪責を負うわけではないから，共犯についても，不作為を処罰するためには作為義務が必要であることには変わりはない。また，作為義務を課すことを正当化するためには，その義務の履行が行為者に期待できること（作為可能性・容易性）が要求されるべきこ

126 頁などの分析を参照。

9）　たとえば林幹人「不作為による共犯」齊藤誠二先生古稀記念『刑事法学の現実と展開』（信山社，2003 年）318 頁などを参照。

とも，正犯の場合と同様である。

このように関与者に作為義務が課される場合には，それ以外の共犯の成立要件については，作為による共犯と同様に解するべきである。すなわち，作為の幇助犯における因果性の要件については，正犯による構成要件的結果惹起との間に結果回避可能性は必要ではなく，正犯の犯意を強化するなど，その構成要件実現を促進・強化する関係があればたりると解されている。したがって，不作為の幇助についても，同様の関係があれば，因果性の要件を充たすことになる。また，不作為による共同正犯と幇助犯との区別についても，基本的には，作為犯における共同正犯と共犯との区別の基準を適用すればたりると解される。以下では，このような理解を具体的に示すことにしたい。

2. 共犯における作為義務

(1) 法益保護義務

共犯における作為義務についても，基本的には正犯における作為義務の根拠をめぐる議論が同様に妥当する。すなわち第３章で検討したように，正犯の作為義務については，①結果発生に対する一定の支配関係を前提としつつ，②先行行為による危険の創出，保護の引受け，さらに身分関係や職務上の地位などから，一定の作為の義務付けが正当化できる要件を充たす場合に肯定されると解される。このうち，前者①の支配性の要件については，共犯については内容を修正する必要があるだろう。すなわち，作為の幇助においても，１名の実行正犯に対して，複数名の共犯者がそれぞれに心理的・物理的な促進効果を与えることは十分に可能である。そうすると結果発生についての排他的支配を要求することは当然に不可能であり，結果防止に向けた一定の措置を講ずるに当たり，行為者以外の者にその措置を期待することが困難な状況があれば，基本的には①の要件を充たすと解すべきであろう。つまり，結果防止のためには複数の措置がありうるところ，いずれかの措置の履行が，事実上，行為者に委ねられている関係があれば，①の要件を充たすことになる。

たとえば札幌高判平成 12・3・16（判時 1711 号 170 頁）においては，被告人Ｘが，内縁関係にあるＹ男，実子であるＡ（4 歳），Ｂ（3 歳），Ｃ（10 か月）と生活しており，日頃からＹがＡ，Ｂに対するせっかんを繰り返していたところ，ＹがＢの頭部などを多数回にわたり殴打し，転倒させるなどして死亡させた犯行に際して，Ｙの暴行を阻止しなかった不作為について，Ｘが「Ｙの短気な性格や暴力的な行動傾向を熟知しながら，Yとの同棲期間中常にBらを連れ，Yの下に置いていたこと」，「被告人は，わずか3歳6か月のBの唯一の親権者であったこと」，「Yが本件せっかんに及ぼうとした際，……BがYから暴行を受けることを阻止し得る者は被告人以外存在しなかったこと」などから，「被告人には，YがBに対して暴行に及ぶことを阻止しなければならない作為義務があった」と判示している。ここでは，(a)Xの親権者としての地位，(b)Yによる暴行の危険を熟知しつつ，あえてBらをその下に置いたこと，さらに(c)第三者による結果回避が不可能であったことを挙げつつ，Xの作為義務を認めている。これらの事情があれば，Xに作為義務が認められることは当然であるといえるが，(a)～(c)の要件のいずれかが不十分な場合について，いかなる範囲で作為義務が認められるかについては，なお検討が必要である。本書の理解によれば，(a)，(b)は，かりに一方の事実が不十分であるとしても，もう一方の事実に基づいて作為義務を認める余地があることになる。また，(c)の要件についても，他にXの親族や友人が居合わせたとしても，X以外の者によってYの暴行を阻止することが事実上，困難であれば，作為義務を認めることができるだろう。

(2)　犯罪阻止義務

前掲の札幌高裁平成12年判決においては，まさに被告人Xが実子であるBの生命・身体を保護すべきという観点から作為義務が導かれていたと解される。それでは，Xが内縁関係にあるYとの人的関係に基づき，同人の犯罪行為（＝暴行）を阻止すべきであるという観点から，作為義務を導く余地がないだろうか。このように作為義務を被害法益との関係で導くか，それとも，正犯者との関係で導くかは，たとえば本件のXが第三者によるBに対する暴行を放置した場合，あるいは，Yが無関係の幼児に暴行を加えるのを放置した場合などについて，結論の相違をもたらすことになる。学説においては，前者を法益保護義務，後者を犯罪阻止義務として区別して論ずるのが一般的である[10]。なお，両者の区別は，作為義務を導く根拠に基づくものであり，具体的な義務の内容に基づく区別ではない点に注意を要する。すなわち，法益保護

10)　両者の義務の内容については，神山敏雄『不作為をめぐる共犯論』（成文堂，1994年）424頁以下などを参照。

義務といっても，実際には言葉や実力によって正犯者Ｙに働き掛け，Ｙの暴行を阻止することによってＢの法益を保護することが義務付けられているのであり，そのような意味においては，作為義務の具体的内容は，「犯罪の阻止」に基づく「法益の保護」である[11)]。あくまでも作為義務の発生根拠が，正犯者との関係に求められるのか，それとも，被害法益との関係に基づくのかが区別の基準とされている。

それでは，このような犯罪阻止義務はいかなる範囲で認められるのであろうか[12)]。この点においては，人は自らの判断で自律的・主体的に活動するものであるから，他人の意思決定に介入し，犯罪をしないように働き掛けるべき義務の存否は，きわめて限定的に理解すべきであろう。たとえば同僚，友人が犯罪を行おうとする場面に居合わせたとしても，その犯罪を阻止する義務はないと解すべきである。夫婦間については，同僚，友人よりは相互の関係が密接な場合が多いだろうが，やはり同様に解すべきであるように思われる[13)]。いずれにしても，それぞれが自律的な主体として意思決定を行っている以上，外部者がそれに介入することを刑罰によって義務付ける根拠は乏しいからである。これに対して，たとえば責任無能力者を保護または監視すべき立場にある者については，自らが保護・監視すべき者が第三者の法益を侵害しないように，犯罪阻止義務を負うと解すべきであろう[14)]。

この問題に関連して，前掲の東京高裁平成11年判決は，既に見たように「関係ないならいいです」という発言が作為による幇助に該当しないと判断した上で，ゲームセンターＡの店長Ｘについて不作為の幇助の成否を，法益保護義務，犯罪阻止義務の両者から検討している。まず，法益保護義務については，ＸはＡの業務全般に関与しており，その一環として，店舗内の売上金を

11）　他方，たとえばＹがまさにＢに対する暴行を開始しようとするときに，ＸがＢを連れて逃げ出すことが可能であれば，このような被害者に対する働き掛けが作為義務の内容として要求される場合もありうる。これについても，法益保護義務として要求される場合もあれば，犯罪阻止義務として要求される場合も想定可能である。

12）　詳細な検討については，島田聡一郎「不作為による共犯について（2・完）」立教法学65号（2004年）266頁以下を参照。

13）　この点について，西岡正樹「不作為による幇助に関する一考察」法学75巻6号（2012年）158頁などを参照。もちろん，夫が子どもを虐待しようとしている場合には，妻にはそれを阻止する義務が課される場合があるが，これは法益保護義務という観点から課される義務である。島田・前掲注12)271頁参照。さらに，夫の暴行の決意を知りつつ，それを受け入れて支持する態度を示す場合には，妻には作為の共犯が成立する余地があるが，これも（不作為の共犯の可罰性

「Aの金庫内に保管し，それを一定期間ごとに本社に納入する職務を負っていた」が，その職務はAの金庫から（同じ経営主体の）パチンコ店Bの金庫に運ぶところまでであり，その後，Bの金庫から回収して本社へ搬送する行為はXの職務対象から離れているとして，被害金員に関する法益保護義務を否定している[15]。

また，Aの主任（店長）としての立場から，XにYの犯行を阻止すべき義務が認められるかについても，①Xは店長とはいえ，A店舗内の現場業務を担当しており，「そうした職務とは別途に，他の従業員らを管理・監督するような人事管理上の職務を行っていたわけではなく」，したがって，「被告人Yの行状を監督する職務を特に負っていたものではない」として，犯罪阻止義務を否定している。さらに，②かりに「従業員としての地位一般」から作為義務を課すとしても，それは「犯罪が行われようとしていることが確実で明白な場合に限られる」が，本件はそのような場合ではないとして，このような観点からも犯罪阻止義務を否定し，Xを無罪としている。Xに同僚Yの強盗行為を阻止する義務を否定した結論は妥当なものであろう。もっとも，かりに本判決が，Xが店長として従業員の行状一般を管理する立場にあった場合には犯罪阻止義務が課されるという趣旨であれば，それは妥当ではないように思われる。上司に部下の犯行を阻止する義務があるというのは，それが会社の業務に関して行われている場合に限られるべきだろう。そして，このような場合には会社財産を保護する義務（法益保護義務）の存否を問題にすればたり，あえて部下の犯罪を一般的に阻止すべき犯罪阻止義務を問題にする必然性は乏しいように思われる。また，②の点についても，犯罪が行われることの確実性が直ちに作為義務を課す根拠となるかについては，疑問の余地がある。

を根拠付ける）犯罪阻止義務の存否とは無関係である。

14)　なお，親が刑事未成年者である子どもの犯罪を阻止する義務があるかという問題については，子どもが弁識能力を欠いているような年齢であれば犯罪阻止義務が認められることになるが，実質的には十分に主体的な判断がなしうる段階に達している場合には，犯罪阻止義務を否定する理解もありうるだろう。この点に関する検討として，島田・前掲注12)268頁以下を参照。

15)　なお，本判決は，本文のような判断に引き続き，本件の被害金員の中はすべてBの売上金であり，Aの売上金が含まれていなかったことからも，被害金員に関する保護義務が否定される旨を判示している。しかし，そもそも本社への搬送がXの職務と無関係なのであれば，たとえ被害金の中にAの売上金が含まれているとしても，それだけで不作為犯の成立が認められるべきではないだろう。

このように本書の立場は，職場の上司・同僚，夫婦などの関係性は，原則として犯罪阻止義務の発生根拠たり得ないとするものである。このような理解に対しては，自らと密接な人的関係にある者が犯罪に出ようとしている場合には，それを阻止する義務を課すことが社会通念上，当然ではないかという疑問もありうるだろう。しかし，職場の財産や同居の親族に対する侵害行為が行われようとしている場面であれば，そもそも被害法益との関係に基づいて法益保護義務を課すことができる。また，密接な人的関係にある者から犯行計画を打ち明けられたにもかかわらず，これを止めようとしない場合には，その態度や言動が作為による幇助行為と評価できる場合も多いだろう。これらの範囲を超えて，一般人に犯罪阻止義務を広く課すことは適当ではないと思われる。

これに対して，公務員などが，一定の状況における犯罪を阻止する職務上の義務を有している場合については，職務上の地位に基づく作為義務として，犯罪阻止義務を課す余地があるだろう。典型的な場合が，警察官の犯罪防止義務である。さらに島田聡一郎教授は，危険創出行為を作為義務の発生根拠として理解する立場から，事前に正犯者の意思に働き掛けて犯行決意を誘発するなど，正犯者の意思を介して間接的に危険を創出した場合についても，作為義務（犯罪阻止義務）を認めているが[16)]，基本的に支持することができる。

3. 因果性

幇助犯における因果関係については，結果回避可能性は要求されず，幇助行為によって物理的または心理的に正犯による構成要件実現を促進する関係があればたりると解されている[17)]。共同正犯についても，複数人の関与によって構成要件該当事実が共同惹起されるのであるから，個々の共同正犯者の関与と結果惹起との間に結果回避可能性は不要であり，共謀によって互いの犯意を強

16）　島田・前掲注 12)262 頁以下を参照。

17）　大判大正 2・7・9 刑録 19 輯 771 頁，東京高判平成 2・2・21 判タ 733 号 232 頁などを参照。

18）　この点について，町野朔「『釧路せっかん死事件』について」『三井誠先生古稀祝賀論文集』（有斐閣，2012 年）310 頁以下，濱田新「不作為による幇助の因果関係について」法学政治学論究 104 号（2015 年）199 頁以下などを参照。なお，このような理解を示す裁判例として，名古屋高判平成 17・11・7 高検速報 716 号を参照。

19）　原判決（釧路地判平成 11・2・12 判時 1675 号 148 頁）は結果回避可能性（回避の確実性）を要求しつつ，結果回避可能性が認められる措置は，被告人が身を挺して暴行を阻止する行為に限られるところ，これは被告人自身が重大な暴行を受けるおそれを伴うため，被告人に要求するこ

化し，結果発生を促進する関係があればたりることは，基本的に同様である。

不作為による共犯についても，この一般論をそのまま適用するべきである[18]。すなわち，因果性の内容として結果回避可能性までは不要であり，正犯者による構成要件実現が促進・強化される関係があればたりると解される。そして，不作為によって構成要件実現が促進される関係とは，不作為による関与がなかった場合（＝作為義務を履行した場合）と比較して，不作為による関与があった（＝作為義務を履行しなかった）ことによって，正犯による構成要件実現が容易になったという関係を意味する。これは，裏を返すと，作為義務を履行した場合には正犯による構成要件実現が困難化した関係，すなわち，正犯行為が阻止される可能性があったことを意味する。もちろん，結果回避可能性は不要である以上，ここでいう「正犯行為が阻止される可能性」とは，正犯による結果発生を確実に阻止できたことではなく，犯行を阻止する一応の蓋然性があったことでたりる。

この点に関して，前掲の札幌高裁平成12年判決は，「犯罪の実行をほぼ確実に阻止し得たにもかかわらず，これを放置し〔た〕」という関係までは不要とした上で[19]，たとえばXが「Yの側に寄って監視するだけでも，Yにとっては，Bへの暴行に対する心理的抑制になったものと考えられるから，右作為によってYの暴行を阻止することは可能であった」，言葉によって暴行を制止する行為によっても「Yの暴行を阻止することも相当程度可能であった」などと判示し，「被告人の右不作為の結果，被告人の制止ないし監視行為があった場合に比べて，YのBに対する暴行が容易になったことは疑いがない」として不作為の幇助の成立を認めている。ここでは，確実に結果を回避できた関係を不要としつつ，作為義務の履行によって結果を回避できる一定程度の蓋然性があれば[20]，不作為によって結果発生を促進する関係が認められ，因果性の

とは困難であるとして，被告人を無罪とした。

20）本文引用部分の「暴行を阻止することは可能であった」という表現は，結果回避可能性が認められるという意味ではなく，暴行を阻止する一定程度の可能性（蓋然性）があったという趣旨であろう。「可能性」という表現が多義的であるため，やや分かりにくいところがあるが，「結果回避の確実性」と「結果を回避できる蓋然性」を区別することが重要である（この点に関して，斎藤信治「不真正不作為犯と作為義務の統一的根拠その他」法学新報112巻11＝12号〔2006年〕295頁以下を参照）。不作為や過失犯の単独正犯において要求されている結果回避「可能性」とは，まさに前者の意味（確実性）である。

要件を充足する旨が示されており，妥当な判断だといえよう。

4. 共同正犯と幇助犯の区別

作為義務を負う者の不作為によって，作為の正犯による結果発生が容易になった場合，この者を不作為の（広義の）共犯として処罰することができる。次に問題となるのが，不作為の共同正犯と幇助犯の区別である。学説においては，①原則として正犯の成立を認める見解，②原則として幇助犯として評価する見解，③義務内容によって区別する見解などが主張されているが[21)]，既に述べたように，作為における共同正犯と幇助犯の区別の基準を適用すればたり，不作為犯固有の問題は基本的に存しないと解すべきである。

まず，共同正犯と幇助犯の区別の基準としては，重要な因果的寄与の存否が重要である。原則幇助説は，この点において，作為の実行正犯が直接的に結果を惹起しているのに対して，不作為の関与者は，それを阻止しないというかたちで消極的な関与をしているにとどまるから，その因果的寄与は重要ではないとして，不作為の関与者を幇助犯と評価する見解であり，これが現在の多数説の理解である[22)]。私も，原則幇助説が妥当だと考えているが，不作為による関与は因果的影響が乏しいという説明だけでは十分ではないように思われる。作為の共犯関係であっても，実行行為を分担しない者の関与は，実行行為を担当する者の関与に比べれば因果的影響力が乏しい場合が多いといえるが，だからといって，実行行為を分担しない関与者が常に幇助犯と評価されているわけではない。共謀共同正犯の成立を認める判例・通説の立場のもとでは，結果を直接的に惹起していないとしても，なお共同正犯の成立を認める余地がある。このような理解を不作為の共犯に援用した場合，直接的に結果を惹起していないという理由だけで，因果的寄与が乏しいという帰結を導くことはできないだろう。むしろ，不作為の関与の因果的寄与の重要性を判断するためには，不作為がなかった場合と比較して，不作為の関与によってどの程度，結果発生を容

21) 学説の詳細については，神山・前掲注 10)11 頁以下，中義勝「不作為による共犯」同『刑法上の諸問題』（関西大学出版部，1991 年）330 頁以下，内海朋子「不作為の幇助をめぐる問題について」法学政治学論究 56 号（2003 年）1 頁以下，山中敬一「不作為犯の正犯と共犯」『川端博先生古稀記念論文集(上)』（成文堂，2014 年）663 頁以下などを参照。

22) たとえば佐伯 432 頁以下，松原 457 頁，島田・前掲注 5)57 頁以下などを参照。

23) このような理解として，齊藤彰子「作為正犯者による犯罪実現過程への不作為による関与について」川端博ほか編『理論刑法学の探究⑧』（成文堂，2015 年）56 頁以下，小林憲太郎「不作為

易にしたかを考慮する必要がある[23)]。したがって，かりに作為義務を履行していた場合，正犯者の犯罪行為を阻止できた可能性が高い事案については，不作為によって犯行は大幅に容易になったのであるから，その因果的寄与は重要であると評価することは十分に可能である[24)]。

むしろ原則幇助説は，不作為による関与の場合，当事者間の共同性・一体性が欠落する点に，その論拠を求めるべきであろう。既に第14章で述べたように，共同正犯が成立するためには，因果的寄与の重要性に加えて，関与者間の共同性・一体性が要求されるべきであり，判例・多数説が片面的共同正犯を否定し，関与者間の意思連絡を要求するのも，まさにその現れであろう。このような共同性・一体性という観点を重視した場合，単に正犯者の犯行を止めなかったという関係だけでは，関与者間の密接な共同性を認めることは困難であり，共同性・一体性を認めるためには，少なくとも関与者間の意思連絡が必要とされるべきであろう。しかし，関与者間に意思連絡があり，それによって実行担当者の心理面に重要な影響を与えた場合は，不作為の関与者は何らかの言動（＝作為）によって共謀を遂げたとして，作為の共同正犯として評価されることになるだろう[25)]。このように共同性・一体性の要件を充たす場合，関与者はそもそも作為の共謀共同正犯と評価されてしまうことがほとんどであろう。実行担当者に対する意思連絡が認められる者を，不作為の共同正犯として評価すべき場合とは，何らかの身体の「動」がおよそ観念できなかったり，あるいは，正犯者に対する心理的因果性がきわめて軽微にとどまるなど，ごく例外的な場面に限られてくることになる。このような理解から，結論において，原則幇助説が支持されることになる。

5. 単独正犯の可能性

既に見たように，前掲の札幌高裁平成12年判決は，自分の子Ｂの生命・身体を保護すべき作為義務を有するＸが，内縁関係にあるＹのＢに対する暴行

による関与」判時2249号（2015年）8頁などを参照。

24)　なお，西田典之『共犯理論の展開』（成文堂，2010年）154頁以下は，結果発生を確実に回避できた場合には，不作為の単独正犯（同時犯）の成立を認めるが，単独正犯が成立するためには正犯行為の危険実現の関係が必要であるから，結果回避可能性があれば直ちに単独正犯性が認められるわけではない。

25)　このような理解を徹底して，西田・前掲注24)137頁は，不作為による共犯は（意思連絡が認められない）片面的共犯に限られるとする。

を阻止しない行為について，不作為の幇助犯の成立を肯定している。本件事実関係においては，Y による A，B に対するせっかんが継続的に行われており，X，Y が居住するマンションは，A，B にとっては生命・身体に対する危険性をはらむ場所であると評価することも不可能ではない。このような理解から，X について，保護責任者不保護致死罪の単独正犯の成立を認める余地があるだろうか[26]。たとえば，どう猛な大型犬を放し飼いにしている住居の中に，幼い子どもを放置する行為は，まさに危険な場所に被害者を放置する行為であり，保護責任者不保護罪に該当しうるであろう。問題は，Y によるせっかんの危険が差し迫っていることを，大型犬の襲撃の危険と同視できるかである。後述するように，一定の留保を付す必要があるが，私は，両者の事例を同視すべきではなく，X を保護責任者不保護致死罪の単独正犯と評価することは困難であると考えている。大型犬による侵害のおそれがある場合，人の行為を介在することなく，X の放置行為から直接的に危険な状況が生ずることになる。この場合，直接的危険を回避しない者を，保護責任者不保護罪の正犯として処罰することは十分に可能であろう。これに対して，Y のせっかんの危険といっても，Y の故意有責な意思決定によってはじめて生じる危険にすぎない。この場合，B に対する危険の存否は Y の意思決定に委ねられており，X の不作為は，Y の犯罪行為を阻止しないという意味を有するにすぎない。このような X を単独正犯として処罰することは困難であり，あくまでも不作為の幇助にとどまると解すべきであろう。

このように単独正犯の成否を検討するに際しては，第三者の故意有責な行為による結果惹起が介在しているか否かが重要な視点となるべきである。したがって，かりに Y による B に対する暴行が終了し，Y がその場を立ち去った後，X が直ちに B を病院に搬送して救命治療を受けさせれば確実に救命できたにもかかわらず，あえて B を放置した場合であれば，X に保護責任者遺棄致死罪または不作為の殺人罪の単独正犯を認めることが可能である。この場

26） この可能性を示唆するものとして，平山幹子『不作為犯と正犯原理』（成文堂，2005 年）185 頁以下，松宮 276 頁などを参照。

27） 曽根威彦「不作為犯と共同正犯」『神山敏雄先生古稀祝賀論文集(1)』（成文堂，2006 年）414 頁，島田・前掲注 5)51 頁，松原 457 頁などを参照。これに対して，佐伯 433 頁は，「因果経過の全体を見渡して 2 次的寄与にとどまる」場合は，このような状況についても幇助犯の成立を認める。正犯の実行行為が終了した後の関与についても狭義の共犯の成立を認める余地があるかが，理論的な問題となろう。さらに松尾誠紀「作為犯に対して介在する不作為犯（6・完）」北大法学

合，X はまさに直接的な死亡結果の危険を回避すべき義務を負っているのであり，また，X の不作為と死亡結果発生との間に，第三者の行為が介在していないからである[27]。

もっとも，個別の構成要件の中には，第三者の犯罪行為を阻止することそれ自体を単独正犯の構成要件の義務内容に取り込んでいるものがある。たとえばパチンコ店の従業員であり，客の不正行為を取り締まる職務を担当する者が，客が体感器を装着して不正に遊戯しているのを発見しながらも，あえてそれを見逃した場合については，窃盗に対する不作為の幇助が問題となるが[28]，体感器を利用した遊戯を故意に見逃すことは，まさに従業員の任務違背行為であり，それによって店側に財産上の損害が発生したのであれば，従業員については背任罪の単独正犯も成立する可能性がある[29]。すなわち，背任罪において事務処理者に課されている「任務」の解釈として，他人の犯罪行為を阻止して法益を保護する義務を読み込むことにより，通常であれば共犯として処罰される行為を，独立の正犯行為として評価することが可能となるのである[30]。このような観点からは，保護責任者不保護罪における保護責任の内容として，他人の暴行等を阻止する義務を読み込むことができれば，上記の事例についても，X に保護責任者不保護致死罪の成立を認める余地が生ずる[31]。もっとも，これは個別犯罪の各論的解釈に委ねられるべき問題であり，さらに検討が必要である。

6. 近時の裁判例について

近時の裁判例においては，作為犯に対する不作為的な関与について，不作為による共同正犯の成立を認めるものがあり，注目される。代表的な 2 つの裁判例について，簡単に検討を加えておくことにしたい。

(a) 東京高判平成 20・6・11（判タ 1291 号 306 頁）

本件の被告人はその長男 A（4 歳），次男 B（3 歳）と 3 人で生活していたが，

論集 58 巻 4 号（2007 年）3 頁以下は，不作為犯処罰を限定する立場から，作為犯による犯罪が終了した後に関与する不作為について，犯罪の成立を原則として否定する。

28) 片面的幇助の成立を認めることを前提とする。

29) この場合，背任罪の単独正犯と窃盗罪の幇助犯は，同一の行為に関する異なる法的評価であるから，法条競合の関係に立つと思われる。

30) 松宮 276 頁を参照。

31) この点について，島田・前掲注 5)46 頁以下を参照。

2月のある日，Bに対して暴行を加え，さらに下半身裸の状態で約1時間ほど，同人を屋外に出していた。その後，当時交際中のXが被告人宅を訪れて，Bに関わろうとする態度を示したため[32]，被告人は「手を出さないで」とXに声をかけたところ，「顔は殴らないから」との答えを聞いて，そのまま同じ部屋の流し台の方へ行った。その後，XはBに対して後頭部を床等に打ち付けるなどの暴行を加え，同人を死亡させたが，被告人はXの暴行を阻止しなかった。本判決は，被告人には「他の者によるさらなる暴行を積極的に阻止すべき義務があるというべき」とした上で，「被告人は，本件当時，XのBに対する暴行につきこれを阻止することなく，容認していたと認められるから，被告人の責任は，幇助犯に止まるものではなく，不作為の正犯者のそれに当たるというべきである。そして，顔を殴らないというXの言葉に対して，被告人がこれを了解した時点において，Xの作為犯と被告人の不作為犯との共同意思の連絡，すなわち共謀があったと認められる」と判示して，不作為による共同正犯の成立を肯定している。

本件の被告人は，Bの母親であり，しかも，以前からBに暴行を加えていたXを自宅に招き入れており，また，Xの暴行を阻止できる者は他にいなかったのであるから，被告人にBを保護する作為義務が課されることは明らかであろう。問題は，被告人を不作為による共同正犯として評価する根拠である。既に指摘されているように[33]，被告人がXによる暴行を容認していたという事情は故意を認定する根拠にすぎないから，これが直ちに共同正犯性を導く理由になるわけではないだろう。この点において，本判決は「顔を殴らないというXの言葉に対して，被告人がこれを了解した時点」でXと被告人との間に共謀が成立したと認定している。これは「顔は殴らないから」という言葉は，顔以外の部分には手を出すという趣旨が含まれているところ，被告人はこのような趣旨も含めて了解し，それを黙認していたといえることから，この段階で暴行に関する意思連絡が成立したという趣旨であろう。それであれば，被告人はXがBに暴行を加えることを了解し，これを黙認する態度を示し続けたことになるから，むしろ作為による共謀共同正犯として構成する余地があっ

32） 以前からXは被告人の子どものしつけに口を出しており，特にBに対してはしつけと称して暴行を加えることがよくあった，とされている。

33） 島田聡一郎「不作為による共同正犯」刑事法ジャーナル29号（2011年）45頁を参照。

34） このような指摘として，中森喜彦「不作為による共同正犯」近畿大学法科大学院論集7号

たと思われる[34]。

それにもかかわらず，本判決は被告人について，不作為犯としての共同正犯の成立を認めている。これは推測の域にとどまるが，かりに本件で作為による意思連絡を認定するとしても，被告人は X の犯行を現認していたわけではないから，X の犯行に対して与えた心理的因果性は必ずしも十分ではなく，それだけでは正犯性を基礎付けられない程度の影響力だったのかもしれない。そこで本判決は，①作為の関与によって意思連絡が認められることを前提として，②作為の関与による心理的影響のみならず，（作為義務を有する被告人が X の暴行を阻止しないという意味で）不作為犯としての関与の影響力をあわせて考慮することによって，正犯性を基礎付けるにたりる重要な因果的寄与を認定しようとしたのかもしれない。作為と不作為は一定の関与の裏表といえるから，作為義務者による関与の因果的影響を評価する際には，それぞれの側面からの影響力をいわば合算することによって，重大な因果的寄与を根拠付けることは不可能ではないだろう[35]。もっとも，このような論理を採用して共同正犯の成立を認めるとしても，これを「不作為」の共同正犯と呼ぶことが適切かについては，検討の余地があると思われる[36]。

(b) 東京高判平成 20・10・6（判タ 1309 号 292 頁）

X（17 歳）は友人 Y とともに，遊び仲間である A ～ F らに対して，X が V からいきなり性交渉を求められたことを話したため，不快に思った A らが V を呼び出すと，さらに X が V に強姦されたなどと言ったことから，A らはいっそう憤激し，V に対して激しい暴行を加えて同人を失神させた。その後，A らは V をいったん解放したが，警察に通報されることを恐れて同人を殺害することとして，V を呼び戻すと，その先輩 G に命じて同人を殺害させた。原判決は，X，Y は暴行に関する相互の意思連絡・協力関係が残った状態で，V 殺害に関する謀議に参加し，V を現場まで運搬するなどの重要な前提行為を行ったとして，殺人罪の共謀共同正犯の成立を肯定した。これに対して，東京高裁は，本件の事案については，希薄した内容で現場共謀を認定するよりも，「現場に同行し，実行行為を行わなかった者について共同正犯としての責

（2011 年）126 頁以下を参照。

35)　このような理解として，注釈 930 頁［嶋矢貴之］，村越一浩「不作為の共同正犯・幇助」池田修＝杉田宗久編『新実例刑法〔総論〕』（青林書院，2014 年）375 頁以下を参照。

36)　この点について，萩野貴史「判批」獨協ロー・ジャーナル 7 号（2012 年）192 頁を参照。

任を追及するには，その者について不作為犯が成立するか否かを検討し，その成立が認められる場合には，他の作為犯との意思の連絡による共同正犯の成立を認めるほうが，事案にふさわしい場合があるというべきである」として，先行行為によってＶに対する暴行・殺害の原因を作出したＸ，Ｙについては，真実を説明するなどしてＡらの犯行を阻止する義務があるとして，不作為の共同正犯の成立を認めている。

本件については，既に指摘されているように，そもそも現場で殺害行為に関する謀議を遂げているのであるから，作為の関与として共謀共同正犯を認める余地があったと思われる[37)]。もっとも，おそらく東京高裁は，本件において現場共謀を認めるとしても，それは単に従属的な立場にある者がグループに付いていっているだけであり，それほど内容があるものではない，と考えたのであろう[38)]。このような前提のもと，本判決は，不作為としての共同正犯の成否を検討したものと推測される。判決(a)でも述べたように，作為による意思連絡が認められる事例について，作為としての寄与の影響力が必ずしも十分ではない場合に，作為義務を有する者の不作為による影響力を「合算」することによって，共同正犯性を肯定する論理を前提とすれば（作為か不作為かはともかく）共同正犯の成立を認めることは不可能ではないだろう。もっとも，これは事実認定の問題に立ち入ることになるが，本件の事案については，そもそもＸが真実を訴えたところでＡらの殺害計画を阻止できた可能性はきわめて乏しかったのではないか，との指摘がある[39)]。かりに本件がそのような事案であれば，Ｘ，Ｙの不作為の関与による影響といっても，（たとえ作為の関与と合算しても）正犯性を基礎付けるほどの内容を有していないということになる[40)]。かりに本件事案をこのように分析するのであれば，Ｘ，Ｙについては，現場における謀議に参加した事実（作為）を重視して，それ自体から作為の共同正犯を認定するか，それが困難であれば，Ｘ，Ｙの因果的寄与は重大ではなかったとし

37）　このような指摘として，西田 385 頁などを参照。

38）　このような指摘として，齊藤・前掲注 5)237 頁，小林・前掲注 23)12 頁などを参照。

39）　島田・前掲注 33)47 頁，小林・前掲注 23)12 頁以下などを参照。さらに中森・前掲注 34)128 頁以下は，そもそも作為義務の存在について疑問を示す。

40）　もっとも，本判決は，Ｘが真実を告げた場合，Ａらには暴行・殺害を続ける理由がなくなり，殺害行為に至ることはなかったと判断している。そして，このような事情が存在するのであれば，まさにＸ，Ｙには不作為犯としても重要な因果的寄与が認められることになる。

41）　神山・前掲注 10)326 頁以下，松宮 275 頁，金子博「不作為犯の共同正犯（2・完）」立命館法

て，作為による幇助犯の成立にとどめるべきとの評価が導かれることになろう。

Ⅳ．不作為の共同正犯

作為義務を負う複数の者が，意思連絡のもと，いずれも作為義務を履行することなく，結果が発生した場合については，不作為の共同正犯が成立する。たとえばX男とその妻Yが，その子どもである幼少のAと3人で生活しているところ，XとYが意思を通じて，Aに食事を与えず，その結果，Aが死亡した場合には，X，Yについて不作為の殺人罪の共同正犯が成立することになる。

上記の事例の場合，XもYも，相手と共同することなく，自ら単独でもAを保護する義務を履行することができる。このような考慮から，上記の事例のX，Yは不作為の単独正犯の同時犯にすぎず，不作為の共同正犯の成立を肯定するためには，関与者全員が共同して義務を履行しなければ結果を回避できない関係が必要であるとの見解も主張されている41)。たしかに，上記事例のX，Yについては，共同正犯規定を用いなくても，それぞれを単独正犯として処罰することも可能である。もっとも，このような事態は作為の共同正犯においても生じうる。たとえばPがQとの共謀のもと，P単独で実行行為を行った場合，Pは単独正犯として処罰可能な実体を有しているが，P，Qを共同正犯として処罰するのが一般的な運用である。すなわち，単独正犯として処罰可能な者であっても，他者と協働して結果を惹起した関係が認められるのであれば，そのような関係性を法的評価に反映させ，共同正犯として評価するべきであろう42)。このような理解を前提とすれば，上記事例のX，Yを不作為の共同正犯と評価することも十分に可能であると思われる43)。

これに対して，たとえば上記事例において（Xが長期出張中に）Yのところ

学347号（2013年）193頁以下などを参照。

42)　このような理解として，井田531頁，奥村正雄「犯罪の不阻止と共同正犯」前掲注21)『川端古稀』650頁，島田・前掲注33)38頁，松原455頁などを参照。なお，齊藤彰子「不作為の共同正犯（2・完）」法学論叢149巻5号（2001年）38頁以下は，複数の作為義務者のうち，単独で結果を回避できる者と，他の作為義務者に働き掛けることによってのみ結果を回避できる者とがいる場合，前者のみが正犯であり，後者は（狭義の）共犯の罪責にとどまるとする。

43)　これに対して，当事者間に意思の連絡が欠ける場合には，不作為の同時犯として評価されることになる。佐伯434頁を参照。

にその友人Ｚが遊びに来たところ，ＹとＺが意思連絡のもと，Ａに食事を与えず，同人が死亡した場合はどうだろうか44)。このように作為義務を有する者と作為義務を有しない者が，いわば不作為を共同実行したとしても，作為義務を有しない者を不作為の共同正犯として処罰することはできない。作為義務を有しない者について，作為を義務付け，その不作為を処罰対象にすることはできないからである45)。もちろん，ＺがＹに対して「Ａが死んでも構わない」「食事を与える必要はない」など，その犯意を強化するように働き掛けた場合は別論である（黙示的にそのような趣旨を示した場合でも同様であろう）。この場合のＺは，不作為犯としてではなく，作為によって不作為犯に働き掛けた者として処罰されることになる（後掲Ⅴ参照）。

Ⅴ．不作為犯に対する作為による共犯

上記Ⅳの事例において，ＺがＹに対して，Ａに食事を与えないように唆したり，あるいは，Ｙの犯意をより促進・強化するように働き掛けた場合には，既に述べたように，不作為犯に対して作為によって関与する共犯の成否が問題となる。このような作為による共犯については，その者に作為義務がなくても共犯として処罰することができる。あくまでも関与者は作為によって関与しており，その者の処罰について作為義務を要求する必然性はないし，また，作為義務を有しない者も，作為義務を有する者の不作為に因果性を及ぼすことによって，不作為犯の構成要件を間接的に実現することができるからである。このような実質的考慮は，作為義務を違法身分または構成的身分（65条1項）と解することによって，身分を連帯的に適用し，身分犯の共犯の成立を認めることによって基礎付けることができる46)。

不作為犯に対する作為の関与については，作為義務の存否にかかわらず，行為者を処罰することができるが，そもそも関与の態様が不作為の場合には，その関与者個人に作為義務が認められなければ，不作為犯として処罰することができない。当然のことではあるが，改めて確認しておきたい。

---

44) Ｚには A の生命を保護すべき作為義務が課されないことを前提とする。
45) 島田・前掲注 33)40 頁を参照。
46) たとえば山口 389 頁を参照。

第19章
包括一罪の意義について

Ⅰ．はじめに

包括一罪とは，複数の構成要件該当事実が存在しているが，それらを併合罪として評価することなく，1つの罰条の適用によって包括的に一罪として評価すべき場合である。包括一罪に関する明文の規定は存在しないが，複数の犯罪事実を包括一罪として評価できる場合があることは，判例・学説によって承認されている。もっとも，まさに明文の規定がないことから，包括一罪と評価するための基準は十分に明確にされているとはいいがたい状況である。

最近になって，最高裁は詐欺罪の包括一罪（最決平成22・3・17刑集64巻2号111頁），傷害罪の包括一罪（最決平成26・3・17刑集68巻3号368頁）について，それぞれ重要な判断を下している。本稿においては，包括一罪の意義について概観した上で，2つの判例の意義について検討を加えることにしたい。

Ⅱ．包括一罪の基本的な理解

1．総説

包括一罪については，それを単純一罪，法条競合のような実質的一罪に類似したものとして理解するのか1)，それとも観念的競合，牽連犯など科刑上一罪に近い性質を有するのか2)，という観点から，その本質をめぐる議論が展開されてきた。もっとも，包括一罪とは「単純一罪として評価することはできないが，あえて併合罪として処理する必要はない」類型をまとめた概念であることから，その中にはさまざまな類型が含まれている。たとえば1時間おきに同一の被害者を3回殴打する行為は暴行罪の包括一罪と解されているが，これは暴行罪の単純一罪と実質的にはほとんど変わりがないだろう（立て続けに3回殴打すれば，単純一罪である）。これに対して，財物を詐取した後，暴行・脅迫によって被害者からの返還請求を免れた場合には，後述のとおり，1項詐欺罪と2項強盗罪の包括一罪として，重い後者の刑のみで処断されることになるが，この場合，2つの（別個の）構成要件該当事実が併存していることは明らかであり，前者の罪を後者の罪に吸収して評価すべきかが問題とされている。これらの事例について，何か共通した性質を見いだそうとしても，それはきわめて抽象的なものにならざるを得ず，あまり有益ではないだろう。むしろ，包括一罪には，実質的一罪に近い類型，科刑上一罪に近い類型など，複数の類型が併存していることを認めつつ，それぞれの類型ごとに包括一罪性を認める根拠やその要件を検討するべきであろう[3]。以下では，具体的に問題となる包括一罪の類型について，その概要を簡単に示しておくことにしたい。

2. 包括一罪の類型

(1) 接続犯

同一の機会に連続して行われた複数の行為によって，実質的には同一の法益が侵害された場合には包括一罪と評価される（接続犯と呼ばれる）。この類型については，単純一罪と実質的に同視できることが，包括一罪性を認める根拠となっていると解される。たとえば被害者の金庫から1回にまとめて100万円を窃取する行為と（当然に窃盗の単純一罪である），立て続けに10回，金庫の中に手を入れて10万円ずつ分けて盗み出す行為は実質的には全く異ならない[4]。

1） このような理解として，小林充「包括的一罪について」判時1724号（2000年）4頁以下などを参照。虫明滿『包括一罪の研究』（成文堂，1992年）227頁以下も，包括一罪を本来的一罪として理解する立場から，その類型化を試みている。

2） このような理解として，平野Ⅱ 413頁以下などを参照。山口399頁も「包括一罪は単純一罪ではなく，科刑上一罪に近い性質をもつものといえる」とする。

3） たとえば今井ほか431頁以下［島田聡一郎］では，このような類型化が明示されている。

4） この点について，松原476頁を参照。このように接続犯の類型は単純一罪の類型と実質的な違いがないため，複数の行為の間隔が短い場合には，むしろ単純一罪として評価すべき場合が多くなる（本文の窃盗の事例も単純一罪として評価することも可能であろう）。したがって，この場

すなわち，後者の場合であっても，実行行為が自然的・形式的には複数回行われている点を除けば，①1個の意思決定に基づいて（連続した）実行行為が行われており，しかも，②全体の法益侵害をまとめて一体的に評価することが可能であり，単純一罪と共通した性格が認められるのである。このように，①意思決定の1個性，②法益侵害の一体性が，包括一罪を認める重要な基準とされていることになる。これに対して，行為態様の同一性・連続性は必ずしも重要ではないと思われる。たとえば連続して暴行を加える状況において，凶器を用いた暴行と素手による暴行が併用されているとしても，それぞれの行為態様ごとに数罪が成立するわけではないだろう。むしろ行為態様の同一性・連続性は，全体が1個の意思決定に基づく行為と認定するための判断資料の1つとして位置づけるべきであろう5)。

このような理解からは，全体が1つの意思決定にカバーされていると評価できない場合には，包括一罪の成立が否定される6)。さらに同一の意思決定であるとしても，具体的な被害者・被害法益が異なる場合には一罪性が否定されると解されてきた。たとえば連続して2名の被害者を殴打して傷害を負わせた場合には，2つの傷害罪が成立し，両罪は併合罪の関係に立つことになる。

(2)　連続的包括一罪

接続犯よりも時間的・場所的な連続性が弱いが，なお包括一罪を認めるべき場合が連続的包括一罪（連続犯）と呼ばれる。戦前の刑法には「連続シタル数個ノ行為ニシテ同一ノ罪名ニ触ルルトキハ一罪トシテ之ヲ処断ス」（旧55条）という規定があり，その拡大適用によって，同一の罪名であれば幅広い範囲で一罪性が認められていた7)。連続犯の規定は戦後，廃止されたが8)，判例は連続犯に対応する事例について（限定されたかたちではあるが）包括一罪性を認め

合の単純一罪と包括一罪の区別は相対的なものにすぎない。

5）　このような指摘として，たとえば香城敏麿「罪数概論」同『刑法と行政刑法』（信山社，2005年）144頁以下，林幹人「罪数論」同『刑法の基礎理論』（東京大学出版会，1995年）222頁などを参照。

6）　たとえば業務上過失によって被害者に重傷を負わせた後，殺意をもって同人を殺害した場合には，同一の機会の犯行であっても，1個の意思決定によってカバーされないことから，業務上過失致傷罪と殺人罪の併合罪が成立すると解される（最決昭和53・3・22刑集32巻2号381頁〔熊撃ち事件〕）。

7）　連続犯については，たとえば佐伯仁志「連続的包括一罪について」植村立郎判事退官記念『現代刑事法の諸問題(1)』（立花書房，2011年）24頁以下を参照。

ている。たとえば最判昭和31・8・3（刑集10巻8号1202頁）は，医師が同一の麻薬中毒患者に対してその中毒症状を緩和する目的で，約3か月間に54回，さらに約2か月間に35回，塩酸モルヒネ注射を施用した行為について，「各行為の問に時間的連続と認められる関係が存し」，かつ「いずれも同一の犯罪構成要件に該当し，その向けられている被害法益も同一であるから，単一の犯意にもとづくものと認められる」として，それぞれの各行為は包括一罪に当たると判示している。

連続的包括一罪の類型は，まさに上記判例の事案のように，実行行為が数か月にわたって断続的に行われる場合が想定されており，時間的・場所的な連続性は十分ではない。したがって，これを接続犯と同じ類型に包摂することは困難であろう。もっとも，接続犯において，①意思決定の1個性が認められ，しかも，②被害者・被害法益が実質的に同一であることが一罪性の実質的根拠であると解するのであれば，時間的・場所的な連続性が不十分な事案についても，上記①②の要件が充たされるのであれば，これを包括一罪として評価することが可能であろう。結局のところ，時間的・場所的な連続性についても，それ自体が決定的な意義を有するわけではなく，意思決定や被害法益の1個性の判断資料として機能することになる。

(3) 法益侵害の包括評価・吸収評価

たとえばレストランで代金支払意思・能力がないにもかかわらず，料理を注文し，さらに代金を支払う段階において，従業員を欺いて支払を免れる行為（**【事例1】**）は，それぞれ飲食に対する1項詐欺罪，代金請求権に関する2項詐欺罪を構成することになるが，この両者は包括して詐欺1罪を構成すると解されている[9)]。ここでは同一の機会の犯行であることに加えて，料理それ自体は財物であり，代金請求権は財産上の利益であるが，まさに料理とその代金は実質的には表裏一体の関係であり，実質的に同一の法益侵害であることから，全

8） 連続犯を構成しうる犯罪の一部について確定判決があると，その全体に一事不再理効が及ぶところ，戦後の刑事訴訟法の下では，被疑者の身柄を長期間拘束して余罪の取調べを行うことができなくなったため，犯人を不当に利するおそれが生ずることなどが廃止の理由とされている。中野次雄『逐條改正刑法の研究』（良書普及会，1948年）76頁以下を参照。

9） 大塚仁『刑法概説〔各論〕〔第3版増補版〕』（有斐閣，2005年）266頁，高橋則夫『刑法各論〔第3版〕』（成文堂，2018年）327頁などを参照。この趣旨の裁判例として，東京高判昭和31・

体を包括一罪として評価することが可能とされている。

それでは，窃盗犯人が財物を盗んだ後，数年後にその財物を損壊した場合はどうだろうか（【事例2】）。窃取から数年経っても「他人の物」であることには変わりはないから，損壊行為が器物損壊罪の構成要件に該当することは否定できない。しかし，窃盗罪はまさに財物の利用可能性を保護する犯罪であり，窃取された財物が損壊されるなどして，占有者・所有権者が利用できなくなる事態も織り込んだ上で，構成要件および法定刑が規定されている。したがって，窃盗罪の法定刑に基づく処罰は，行為者が事後的に盗品を損壊する事態もありうるとして，その法益侵害性をも包摂したものと評価できる[10)]。すなわち，窃盗罪と（その後の）器物損壊罪の法益侵害性は，前者が後者を完全に包摂する関係にあるから，窃盗罪と器物損壊罪を併合罪として処罰することは，実質的には所有権侵害を二重に処罰することになり，妥当ではない[11)]。まさにこのような考慮から，器物損壊罪は先行する窃盗罪に吸収されて一罪と評価されるのである。

このように考えると，実は【事例1】と【事例2】は基本的には同じ問題である。【事例1】についても料理を詐取する行為を1項詐欺罪で処罰することによって，財物の利用可能性の侵害が処罰されていることになるが，代金請求権も財物の交付に基づく利益であり，実質的には同一内容の法益である。したがって，前者の処罰によって，後者の法益侵害性も実質的には評価し尽くされているのである。【事例1】が包括一罪として扱われるのは，同一構成要件内部の問題であって，第1行為・第2行為の法定刑の差がないことに伴うものであり，包括一罪か吸収一罪かというネーミングによって，実質的な違いが生ずるわけではない[12)]。

このような理解からは，財物を詐取した後，暴行・脅迫によって代金請求または返還請求を免れた場合には，1項詐欺罪と2項強盗罪が成立するが，前者が後者に吸収されて一罪の関係に立つことになる（【事例3】）。周知のとおり，

11・28高刑裁特3巻23号1138頁がある。

10)　平野龍一「包括一罪についての若干のコメント」同『刑事法研究（最終巻）』（有斐閣，2005年）20頁，西田416頁，山口厚「不可罰的事後行為と共罰的事後行為」山口ほか・最前線Ⅱ 231頁以下などを参照。

11)　井田良「コメント①」山口ほか・最前線Ⅱ 253頁を参照。小林181頁も，二重評価防止を（この類型の）包括一罪の根拠とする。

最決昭和61・11・18（刑集40巻7号523頁）は覚せい剤を窃取または詐取した後，その返還を免れ，あるいは代金の支払を免れる目的で被害者を殺害しようとした事件について，「先行する本件覚せい剤取得行為がそれ自体としては，窃盗罪又は詐欺罪のいずれに当たるにせよ，前記事実関係にかんがみ，本件は，その罪と（二項）強盗殺人未遂罪のいわゆる包括一罪として重い後者の刑で処断すべきものと解するのが相当である」と判示している。本決定は本件の事実関係を前提とした事例判断を示したものであるが，その「事実関係」としては，①覚せい剤の取得とその返還等を免れることの実質的な一体性に加えて，②2つの行為の時間的場所的近接性，③当初から殺害行為が計画されていたことなどが重要であると解されている[13]。

それでは，昭和61年判例の事案において，②，③の事情が欠ける場合はどのように考えるべきであろうか。たとえば覚せい剤をだまし取った後，数週間後に被害者が返還を迫ってきたため，はじめて強盗殺人の故意が生じ，被害者を殺害しようとした場合である。必ずしも十分な議論はないが，両者の行為が同一の機会に行われており，密接に関連することが包括一罪の要件であるとして，それが欠ける場合には，両罪を併合罪と評価する理解が一般的なのかもしれない[14]。しかしながら，両罪の法益侵害の内容が実質的に重なり合っており，両罪でともに処罰することが二重処罰に当たるのであれば，たとえ両者の行為が密接に関連していなくても，併合罪として処罰することは許されないように思われる[15]。たとえば【事例2】については，当然ながら窃盗行為と器物損壊行為は全く別の機会に行われているし，窃盗の段階から盗品を損壊する意思を有しているわけではない。しかし，たとえ数年後の損壊行為であっても，法益侵害の内容が完全に重なり合うことから，吸収一罪が認められているのである。もちろん【事例3】の場合，侵害法益の内容が財物と財産上の利益であ

12）　佐伯仁志「コメント②」山口ほか・最前線Ⅱ 263頁は，【事例2】の事案について，窃盗罪と器物損壊罪の（混合的）包括一罪として処罰する可能性を示唆する。これに対して，城下裕二「混合的包括一罪の再検討」町野朔先生古稀記念『刑事法・医事法の新たな展開(上)』（信山社，2014年）352頁以下は，混合的包括一罪を否定する立場から，包括一罪と吸収一罪の相違を強調する。

13）　安廣文夫「判解」最判解刑事篇昭和61年度310頁を参照。なお，覚せい剤の売買契約は無効であり，しかも，その交付は不法原因給付を構成することから，そもそも本件においては，被害者には民法上保護されるべき返還請求権も代金請求権も存在しなかったと解する余地があるが（したがって，そもそも2項強盗罪が成立しない），本章ではそのことは措くことにしたい。

り，完全にイコールというわけではないが，両者が実質的には同一内容の法益侵害であると解するのであれば，【事例2】と【事例3】を異なって解する必然性は乏しいであろう。すなわち，侵害法益の内容が完全に一致する事例については，その事実だけに基づいて包括一罪（または吸収一罪）の関係を認めるべきであろう。

このような理解においては，同一の被害者に異なる内容の法益侵害が生じているにすぎない場合と，具体的な法益侵害の内容が完全に重なり合っている場合を区別する必要が生ずる[16)]。たとえば同一の被害者から窃盗を繰り返すような場合，被害者は共通であるが，個別の行為によって侵害される財物の内容は当然に異なっている[17)]。このような場合には，複数の（内容が異なる）法益侵害を一体的に評価するために，意思決定の1個性などの他の事情が重ねて要求されることになる。これに対して，法益侵害の具体的内容が実質的に一致している場合は，その事実のみを根拠として包括一罪の成立を認めることができる，というのが本書の主張である。

なお，【事例2】，【事例3】のような事例については，共罰的事前行為・共罰的事後行為という表現が用いられている。これは先行する行為が，後行行為に吸収され，後行行為の処罰によって共に処罰されていると評価される場合（共罰的事前行為），あるいはその逆の評価がなされる場合（共罰的事後行為）である。たとえば【事例2】における器物損壊罪は共罰的事後行為であり，先行の窃盗罪に吸収して評価されているし，また，【事例3】における1項詐欺罪は共罰的事前行為として，後行の2項強盗罪に吸収される。たとえば同一の機会に殺人予備から殺人未遂，殺人既遂と発展した場合の殺人予備罪，殺人未遂罪も，共罰的事前行為として後行の殺人既遂罪に吸収されることになる。

---

14)　たとえば山口403頁以下は，本決定の結論を是認する上で，「両行為の密接関連性」を重視している。

15)　なお，大阪地判平成18・4・10判タ1221号317頁は，1項詐欺罪が既遂に達した後に，はじめて2項強盗罪の故意が生じた事件について，当初からの犯行計画がなくても包括一罪の成立を認めているが，本判決によっても，両者が同一の機会に行われたことは前提とされている。

16)　両者の相違を指摘するものとして，青木陽介「包括一罪に関する議論の新動向(1)」上智法学論集54巻2号（2010年）134頁を参照。

17)　複数の暴行行為を繰り返す場合も同様である。殺人未遂行為を複数回，繰り返した場合についても，個別の行為によって惹起される生命侵害の危険性の内容は異なりうる。

(4) 随伴行為

1個の行為によって複数の法益侵害が惹起されたが，そのうち，軽微な法益侵害（A）が重大な法益侵害（B）に通常，随伴して生じうる場合については，A罪をあえて独立した処罰対象にする必要はなく，B罪に吸収して処罰すればたりると解されている。典型例が殺傷行為の際に生ずる衣服等の損傷である。人は（プールや温泉でなければ）衣服を着て生活しているのであるから，人の殺傷行為には衣服等の損傷が随伴するのが通常である。したがって，殺人罪・傷害罪の法定刑の中には，殺傷行為に通常随伴しうる衣服等の損傷結果が包括的に評価されていると解されることから，この場合，殺人罪・傷害罪と器物損壊罪は観念的競合の関係ではなく，後者は前者に吸収されて一罪として評価される。もっとも，このような理解に対しては，被害者の衣服等がきわめて高価な場合，逆に傷害結果がきわめて軽微な場合もあることから，殺人罪・傷害罪の構成要件が常に衣服等の財産的価値を包括的に評価できるわけではない，という批判がある[18]。

この問題は結局のところ，殺人罪・傷害罪などの構成要件がどの程度の財産的被害までを通常随伴する事態として構成要件的評価に織り込んでいるか，という問題に帰着することになる。身体的な侵害行為に「通常随伴する」と評価される財産的法益侵害は，まさに典型的な場合であり，また，随伴する法益侵害が軽微な場合に限られるであろうから，随伴行為としての吸収一罪を認めるとしても，その射程は限定されたものになると思われる[19]。

(5) 混合的包括一罪

混合的包括一罪とは，異なる構成要件に該当する数個の行為を包括的に評価すべき場合である。かつては包括一罪については，同一の構成要件該当事実の包括評価が一般的であったため，異なる罪名についても包括一罪が認められるかという問題意識から，このような概念が用いられてきた。もっとも，既にみ

18) 只木誠「罪数論」法教371号（2011年）24頁，佐伯・前掲注7)49頁以下などを参照。

19) 東京地判平成7・1・31判時1559号152頁は，メガネを掛けた被害者の顔面を殴打した結果，被害者に傷害を負わせるとともに，メガネを破損させた事件について，包括一罪の成立を認めているが，傷害の程度やメガネの破損の被害の程度についても，具体的に考慮している。たとえば自動車ごと被害者を負傷させる場合などは，自動車の損傷を随伴行為として包括評価することは困難であろう。

たように，現在の議論においては，異なる罪名の行為であっても包括的に評価すべき場合は広く認められている。そして，それぞれの類型によって，異なる罪名の行為を包括的に評価すべき根拠や基準も異なりうるのであるから，これらの類型を混合的包括一罪としてまとめて論ずる実益は乏しいと思われる。

なお，接続犯の類型の事例についても，罪名が異なる行為を包括的に評価すべき場合は考えられる。たとえば窃盗行為が既遂に達した後，家人に発見されたため，同人に暴行・脅迫を加えて別の財物を強取した場合，窃盗罪と強盗罪は包括一罪の関係に立ち，前者は後者に吸収されると解されている（高松高判昭和28・7・27高刑集6巻11号1442頁）。この場合についても，実質的には同一の意思決定に基づく犯行であり，その法益侵害の内容も全体として一体的評価が可能であるから，接続犯と同じ根拠に基づいて，包括一罪の関係を認めることが可能であろう。

Ⅲ．平成22年判例の意義について

1．判例の概要

(1)　事案

本件は，被告人が難病の子供たちの支援活動を装って，街頭募金の名の下に通行人から金をだまし取ろうと企て，平成16年10月21日頃から同年12月22日頃までの間，アルバイトとして雇用した事情を知らない募金活動員らを大阪市，堺市，京都市，神戸市，奈良市などの路上に配置し，おおむね午前10時頃から午後9時頃までの間，募金活動員らに，「幼い命を救おう！」などと書いた立看板を立てさせた上，1箱ずつ募金箱を持たせ，「難病の子供たちを救うために募金に協力をお願いします」などと連呼させるなどして，不特定多数の通行人に対し，NPOによる難病の子供たちへの支援を装った募金活動をさせ，誤信した多数の通行人に，それぞれ1円から1万円までの現金を寄付させて，多数の通行人から総額約2480万円の現金をだまし取ったという街頭募金詐欺の事案である。

本件に関する公訴事実の要旨は「不特定多数の通行人等に対し募金を呼び掛けさせ，9名の者から総額約2万1120円の交付を受けたほか，多数人から応募金名下に現金の交付を受け，合計2493万円余りの金員を詐取した」というものであった[20]。これに対して第1審判決（大阪地判平成19・11・30刑集64巻

2号167頁参照）は，個別の被害者からの被害状況を具体的に判示することなく，「不特定多数の通行人から総額2493万9999円の現金を騙し取った」として，詐欺罪の包括一罪の成立を認めており，控訴審判決（大阪高判平成20・12・11前掲刑集208頁参照）も全体が包括一罪になるという罪数判断を是認した[21]。これに対して被告人が上告した。

⑵ 決定要旨

最高裁は，被告人の上告を棄却しつつ，職権で次のような判断を示した。

「この犯行は，偽装の募金活動を主宰する被告人が，約2か月間にわたり，アルバイトとして雇用した事情を知らない多数の募金活動員を関西一円の通行人の多い場所に配置し，募金の趣旨を立看板で掲示させるとともに，募金箱を持たせて寄付を勧誘する発言を連呼させ，これに応じた通行人から現金をだまし取ったというものであって，個々の被害者ごとに区別して個別に欺もう行為を行うものではなく，不特定多数の通行人一般に対し，一括して，適宜の日，場所において，連日のように，同一内容の定型的な働き掛けを行って寄付を募るという態様のものであり，かつ，被告人の1個の意思，企図に基づき継続して行われた活動であったと認められる。加えて，このような街頭募金においては，これに応じる被害者は，比較的少額の現金を募金箱に投入すると，そのまま名前も告げずに立ち去ってしまうのが通例であり，募金箱に投入された現金は直ちに他の被害者が投入したものと混和して特定性を失うものであって，個々に区別して受領するものではない。以上のような本件街頭募金詐欺の特徴にかんがみると，これを一体のものと評価して包括一罪と解した原判断は是認できる。そして，その罪となるべき事実は，募金に応じた多数人を被害者とした上，被告人の行った募金の方法，その方法により募金を行った期間，場所及びこれにより得た総金額を摘示することをもってその特定に欠けるところはないというべきである。」

本決定には，須藤正彦裁判官，千葉勝美裁判官の補足意見が付されている。

20） 起訴状には別表が付され，9名に対する詐欺の事実については具体的に特定がなされていた。家令和典「判解」最判解刑事篇平成22年度29頁，30頁注1を参照。

21） なお，控訴審判決は，被害金額の中には被告人が以前から所持していた金員が混在している可能性があるとして，被害総額を約2480万円に改めている。

22） 本件は情を知らない第三者を利用した間接正犯の事例である。間接正犯の行為の個数について須藤裁判官の補足意見は「詐欺罪において，複数の被害者がある場合には……一般的にはこれを包括評価するのは困難であ」るとしつつも，「犯意・欺もう行為の単一性，継続性，組織的統合性，時や場所の接着性，被害者の集団性，没個性性，匿名性などの著しい特徴が認められる本件街頭募金詐欺においては，包括評価が可能であり，かつ，相当である」と述べるものである。

また，千葉裁判官の補足意見は，「一般に，包括一罪として扱うためには，犯意が単一で継続していること，被害法益が一個ないし同一であること，犯行態様が類似していること，犯行日時・場所が近接していること等が必要である」という前提を基本的に堅持すべきとしつつも，これら全てが不可欠の要件というわけではないから，本件のように「被害者及び被害法益は特定性が希薄であるという特殊性を有している」事案については，被害者が異なっている場合であっても包括的な評価が可能であると述べた上で，さらに，被害者の特定が可能な出資金詐欺などについては，不特定多数に対する欺罔行為が行われた場合であっても，「被害者を一人一人特定してとらえ，一つ一つの犯罪の成立を認めて全体を併合罪として処理することが可能であるし，そうすべきものである」と述べるものである。

2.　検討

(1)　問題の所在

本件においては，複数の行為によって，複数の被害者に対する詐欺が行われた事案について，詐欺罪の包括一罪を認めることができるかが争点となっている[22]。実体法の観点からみた場合，包括一罪は全体を一罪として処罰するのに対して，複数の行為が併合罪の関係に立つ場合，刑が加重されるため，包括一罪を認めた方が被告人に有利であるようにみえる。しかしながら，併合罪として処理する場合には個別の行為をそれぞれ特定して立証する必要があるが，包括一罪については，犯罪を構成する個別の行為が十分に特定されていなくても，全体としての行為が特定されていればたりると解されている[23]。まさに

は，もっぱら利用行為を基準とするのか，それとも利用行為と被利用行為を一体的に判断対象とするのかが，とりわけ観念的競合と併合罪の区別として問題となるが，本件の場合，複数の第三者に対して，複数の利用行為が行われているため，その点は問題とならない。この点に関連して，佐久間修「第三者を利用した詐欺」研修750号（2010年）5頁以下を参照。

23)　家令・前掲注 20)48 頁を参照。

本件においても，具体的な被害者・被害金額として特定されたのは9名，2万1120円にすぎないが，全体として不特定多数の被害者からの約2480万円についての詐欺罪が認められている。併合罪として処理した場合には，併合罪として刑を加重するとしても，結局，9名に関する詐欺罪しか認めることができないため，量刑評価も自ずからその範囲に限定されることになる[24)]。

このように，包括一罪の成立を認めることは（併合罪加重を免れるという意味で）実体法上は被告人の利益になるとしても，実際の刑事手続においては，具体的には立証されていない個別の行為も包括的に処罰対象になりうるという意味において，被告人に不利益になる場合がある。このように実体法上，手続法上の利益・不利益のねじれが生じうるところ，まさに本件においては，特定された個別行為がごくわずかであったことから，後者の不利益が顕在化しているのである[25)]。両者の関係については，検察官が併合罪加重の要件を立証できない事情があるときには，いわば縮小認定として包括一罪が認められるとの指摘があるが[26)]，包括一罪を認めることが被告人の不利益になる場合がある以上，まさに実体法の議論として，包括一罪を認める積極的根拠を示す必要があると思われる。

(2) 法益侵害の包括的評価の限界

本件について包括一罪の成立を認めるためには，これを連続的包括一罪の類型として位置づける必要がある。そして，連続犯について包括一罪の成立を認めるためには，既に述べたように，一定の時間的・場所的な連続性があることを前提として，意思決定の1個性と法益侵害の一体性が要求されると解するのが一般的である。

本件の欺罔行為は，被告人が情を知らない第三者を利用して，定型的な行為を反復して行わせたのであるから，「被告人の1個の意思，企図に基づき継続して行われた活動であった」と認めることができ，意思決定の1個性を認める

24） これに対して，亀井源太郎「判批」セレクト2010［Ⅰ］（法教365号別冊付録）（2011年）33頁は，特定された被害者のみを個別に訴因とした上で，不特定多数の者の被害を訴因外の余罪として量刑上考慮する可能性を示唆する。

25） この点について，丸山雅夫「連続的包括一罪」同『刑法の論点と解釈』（成文堂，2014年）131頁以下，松原477頁を参照。

26） 香城・前掲注5)141頁を参照。小林179頁も同趣旨か。

ことは可能である[27]。問題は法益侵害の一体的評価の可否である。すなわち，複数の法益侵害を一体的に評価するためには，それが同一の法益主体（被害者）に生じていることが必要と解されるところ，本件においては不特定多数の異なる被害者に財産的被害が生じているため，全体の法益侵害を一体的に評価することが困難になる。

複数の法益侵害を一体的・包括的に評価するためには，個別の法益侵害の「質」の違いを捨象して，全体の法益侵害をいわば「量」として一体的に評価することが必要である[28]。たとえば同一の被害者の財物であれば，バッグ，財布といった客体の性質の相違を無視して，全体を「その人の財物」として一体的に評価することができる。これに対して，被害者が異なる場合，たとえばAに生ずる法益侵害とBに生ずる法益侵害は構成要件的に全く別個の事実として法的に評価されるのであるから，両者の法益侵害を一体的に評価することは困難である。このように包括一罪を認めるためには，具体的な被害者の同一性が原則として必要となることは否定しがたいように思われる[29]。

もっとも，このような原則論を一貫させた場合，詐欺行為によって領得されたことが明らかであるにもかかわらず，個別の行為を具体的に立証することができないため，全体のごく一部の行為しか処罰できない事態が生じてしまう。本決定は，そのような問題を回避するために，本件事案の特殊性を重視して，例外的に包括一罪性を肯定したものと解される。すなわち本決定は，本件事案の特殊性として，①欺罔行為が個別的に行われているのではなく，同一内容の定型的な働き掛けであったこと，②個々の被害者の金銭的被害は比較的少額の現金であったこと，③被害者の匿名性，さらに被害金が混和されて特定性を失うことなどを挙げている。このうち，③の事情は，包括一罪の正当性を積極的に基礎づけるものというよりも，むしろ被害者・被害金額を特定して個別の行為を立証することがほとんど不可能であることから，本件を包括一罪として処理する実務的な必要性を示すものであろう。また，①の事情についても，全体

27）　なお，小野晃正「判批」阪大法学60巻2号（2010年）195頁は，本件が間接正犯の事例であったことを重視するが，かりに募金担当者との間に共謀が認められる事案であっても，意思決定の1個性を認めることは十分に可能であったように思われる。

28）　この点について，只木誠「判批」百選205頁を参照。

29）　このような原則を維持しつつ，本決定に批判的な見解として，松宮孝明「詐欺罪の罪数について」立命館法学329号（2010年）23頁以下，高橋530頁注12，松原477頁以下などを参照。

の犯行が被告人の1個の意思・企図にカバーされていることを確認する意義を有するにすぎないと思われる[30]。

このように考えると，結局のところ，本決定において，包括一罪性を積極的に根拠づけているのは，個々の被害者の被害金額が比較的軽微であるという②の事情ということになる。そして，本決定の結論を正当化するのであれば，このように被害法益の軽微性に着目することが適切であろう[31]。とりわけ財産犯においては，法益侵害の程度が軽微である場合に限って，異なる被害者に生ずる法益侵害であっても，個別の法益侵害はその個性を失うとして[32]，全体を一体的に評価する余地があると思われる[33]。もっとも，繰り返しになるが，被害者が異なる場合には包括一罪が認められないという理解が原則として維持されるべきであり，本決定は，本件事案の特殊性に基づく例外的な修正として理解すべきである[34]。学説においては，本決定を契機として，そもそも財産犯については被害主体の同一性を必要としない理解も示されているが[35]，それは過度な一般化であるように思われる。

(3) 包括一罪と併合罪の限界？

既にみたように，本決定は事情③として，被害者および被害金額を特定することが困難であることを重視している。したがって，まさに千葉補足意見が明示するように，不特定多数に向けられた詐欺事案であっても，たとえば被害者がインターネットバンキングを利用して被害金を振り込むなど，個別の被害者や被害金額の特定が容易な事案については，本決定の射程は及ばず，原則通り，併合罪として処理すべきであると思われる[36]。もっとも，このような理

30) この点に関して，佐伯・前掲注 7)47 頁を参照。

31) このような理解として，佐伯・前掲注 7)44 頁，青木陽介「包括一罪に関する議論の新動向(2・完)」上智法学論集 54 巻 3＝4 号（2011 年）119 頁以下などを参照。

32) 島田聡一郎「判批」ジュリ 1429 号（2011 年）148 頁は，被害法益の軽微性のみに着目するわけではないが，個々の行為の個性が弱いことを包括一罪性の要件として位置づける。

33) かりに本件事案において，数名の被害者が募金の趣旨に強い感銘を受けて，10 万円程度の現金や小切手を募金していた場合はどうだろうか。なお検討を要するが，このような場合には，少なくともこれらの被害者については全体としての詐欺行為の中に包括的に評価することは困難であるように思われる。訴訟法上も，10 万円程度の大金を募金した被害者について，その具体的な状況や態様等をいっさい特定することなく，有罪とすることは困難ではないだろうか。

34) 同様の指摘として，山口 404 頁以下を参照。

35) 島田・前掲注 32)147 頁などを参照。

解は，結局のところ，立証の困難性などの訴訟法上の事情によって，実体法の罪数評価の判断が左右されてしまうことを（例外的とはいえ）認めることになる。

さらに次のような事例を考えてみたい。かりに平成 22 年判例の事案において，捜査機関の懸命な努力によって，100 名程度の被害者・被害金額が特定できたとしよう。もちろん，これでも全体の被害規模からみれば氷山の一角にすぎないが，かりに検察官が 100 名の被害者に絞って併合罪として起訴した場合，裁判所はどのように対応すべきだろうか。本決定の論理に従えば，この 100 名の被害金額についても，金額が少額であり，個性に乏しいのであるから，やはり包括一罪として処理しなければいけないようにも思われる[37]。しかし，そもそも複数の実行行為によって，異なる被害者にそれぞれ法益侵害が生じており，かつ，個々の被害の内容が特定されているのであるから，むしろ併合罪として処理することが適切であろう。そして，このように考えた場合，検察官の訴因構成によって，包括一罪（の一部）としても，併合罪としても構成できる場合があることになる[38]。

罪数はもっぱら実体法の議論であり，一定の事実関係については，必然的に一定の罪数評価が導かれると解されてきた。しかし，実際には，立証可能性や検察官の訴因構成などによって，罪数判断が影響を受ける場面がある[39]。本件についても，当事者の主張に即して，特定可能な被害者に限って併合罪として処理することも，また，個々の被害を特定せずに，全体の被害について包括一罪として処理することも，いずれも可能であったと考えるべきである。もちろん，常に併合罪／包括一罪いずれかの処理以外はあり得ない事例も多数，存

---

36)　欺罔行為が複数の行為によって行われていることを前提とする。なお，この結論は，個別の被害者の被害金額が，本決定の事案と同様に，比較的少額の場合であっても異ならないであろう。

37)　このような結論を示すものとして，丸山・前掲注 25)146 頁を参照。なお，100 名程度の被害者・被害金額が特定されれば，もはや被害者が没個性とはいえず，本件とは事案が異なるように思われるかもしれないが，本件においても 9 名については被害が特定されており，その点は全く共通である。

38)　このような可能性を認めるものとして，島田・前掲注 32)145 頁以下，滝沢誠「判批」専修ロージャーナル 6 号（2011 年）303 頁以下などを参照。

39)　この点について，香城・前掲注 5)141 頁，馬場嘉郎「募金詐欺の包括一罪性」小林充＝植村立郎編『刑事事実認定重要判決 50 選(上)〔第 2 版〕』（立花書房，2013 年）306 頁，只木誠「罪数論・競合論・明示機能・量刑規範」安廣文夫編著『裁判員裁判時代の刑事裁判』（成文堂，2015 年）451 頁などを参照。

在する（むしろ，こちらが通常の場合だろう）。

Ⅳ．平成 26 年判例の意義について

1．判例の概要

(1) 事案

本件の被告人は，殺人事件１件，傷害致死および死体遺棄事件１件，傷害事件７件で起訴されているが，このうち最高裁で問題となったのは，Ａに対する傷害行為およびＥに対する傷害行為の罪数評価である[40]。

Ａに対する傷害については，約４か月の期間内において，被告人が暴力等を通じてＡを支配し，経済面や居住場所も統制する状況の中で，Ａ方住居等というある程度限定された場所で，憂さ晴らしや面白半分という共通の動機に基づきなされた暴行により生じたものであり，その暴行・傷害は，(ア)多数の機会に，被告人が，Ａの両手を燃焼中の石油ストーブの上に押し付けることを主とする暴行を加えて，両手に熱に起因する傷害を負わせ，(イ)多数の機会に，被告人または共犯者が，Ａの下半身を金属製バットで殴打することを主とする暴行を加えて，左臀部挫創，左大転子部挫創の傷害を負わせるものであり，(ウ)このような同じ態様の暴行の反復累行により，個別機会の暴行との対応関係を個々には特定しがたいものの，これら傷害を発生させた上で，拡大・悪化させて，結局，全治不詳の右手皮膚剝離，左手創部感染，左臀部挫創，左大転子部挫創の傷害を負わせたものである。

また，Ｅに対する傷害は，約１か月の期間内において，被告人が，Ｅを運転手として使い，暴力等を通じて服従させる状況の中で，当時の被告人方住居と被告人が関係する暴力団事務所との間を往復する自動車内，同住居付近に駐車中の自動車内およびその付近路上等というある程度限定された場所で，自己の力の誇示，配下の者に対するいたぶりや憂さ晴らしという共通の動機に基づきなされた暴行により生じたものであり，その暴行・傷害は，(ア)多数の機会に，被告人が，Ｅの頭部や左耳を拳やスプレー缶で殴打することを主とする暴行を加えて，左耳挫・裂創，頭部打撲・裂創の傷害を負わせ，(イ)特定の機会に，被

40）殺人事件は継続的な暴行・虐待によって衰弱したＡを海中に転落させ，岸壁につかまろうとするのを妨害した結果，疲労等によって溺死させたものである。

告人が，Eの顔面をプラスチック製の角材で殴る暴行を加えて，三叉神経痛等の傷害を負わせ，(ウ)多数の機会に，被告人または共犯者らが，Eの下半身に燃料をかけライターで点火して燃やし，下半身を蹴り付ける暴行を加えて，臀部から両下肢の一部範囲の熱傷や両膝部への傷害を負わせ，(エ)このうち(ア)および(ウ)については，同じ態様の暴行の反復累行により，個別機会の暴行との対応関係を個々には特定しがたいものの，これら傷害を発生させた上で，拡大ないし悪化させて，結局，(イ)の点を含め，入院加療約4か月間を要する左耳挫・裂創，頭部打撲・裂創，三叉神経痛，臀部から両下肢熱傷，両膝部瘢痕拘縮等の傷害を負わせたものである。

(2)　決定要旨

最高裁は，次のような職権判断を示し，Aに対する傷害，Eに対する傷害がそれぞれ包括一罪の関係にあることを認めた。

「検察官主張に係る一連の暴行によって各被害者に傷害を負わせた事実は，いずれの事件も，約4か月間又は約1か月間という一定の期間内に，被告人が，被害者との上記のような人間関係を背景として，ある程度限定された場所で，共通の動機から繰り返し犯意を生じ，主として同態様の暴行を反復累行し，その結果，個別の機会の暴行と傷害の発生，拡大ないし悪化との対応関係を個々に特定することはできないものの，結局は一人の被害者の身体に一定の傷害を負わせたというものであり，そのような事情に鑑みると，それぞれ，その全体を一体のものと評価し，包括して一罪と解することができる。」

2.　検討

(1)　主観面における一体的評価

本件においても連続的包括一罪の限界が問題となっている。そして法益侵害の一体性評価については，本件は同一被害者に対する暴行が繰り返された事例であるから，基本的に問題はないだろう。Aに対する傷害，Eに対する傷害それぞれについて，傷害の部位はかなり広範に分散しているが，そもそも単純一罪としての傷害罪においても，傷害部位が分散する場合がありうる以上，このことは結果の一体的評価の妨げになるわけではない。また，時間的連続性が必ずしも十分ではない点においても，連続的包括一罪として位置づけるのであれば，それほど問題ではないだろう[41]。

本件で問題となるのは意思決定の1個性である。連続的包括一罪の要件としては，意思決定の1個性を重視する理解が一般的であり，既にみたように，平成22年判例も「被告人の1個の意思，企図に基づき継続して行われた活動」であることを明示しており，この点を重視したものと解される。しかし，本件のAおよびEに対する暴行は，ともに一時的な感情の赴くままの犯行という側面があり，同一の意思決定に基づく行為とは評価しがたい事案である[42]。実際，決定要旨においても，意思決定の1個性に関する言及はなく，その代わりに，被害者を支配し，また服従させる「人間関係を背景として……共通の動機から繰り返し犯意を生じ」ていることが指摘されている[43]。このように本決定については，意思決定の1個性を厳格には要求せずに，一定の人間関係に基づく動機の共通性を根拠として包括一罪の成立を認めた点が特徴的である。

そもそも意思決定の1個性が重視されているのは，一連の犯行が同一の犯意によってカバーされることによって，単純一罪との実質的同質性を確保することができ，また，責任評価の一体性を認めることができるからである[44]。もっとも，単純一罪の事例についても，意思決定の1個性が厳格に要求されているわけではない。たとえば，口論の過程でとっさに被害者に対する暴行に出た後，これまでの憤懣が爆発して，引き続いて暴行を加えた場合については，事前に全体の犯行に関する意思決定が行われているわけではないが，当然に暴行・傷害の単純一罪と評価されるであろう。また，包括一罪が問題となる事案についても，当初から包括的な犯行計画までは不要であり，最初の犯行に成功したために，次の犯行を決意したという場合でもよいと解する見解が有力である[45]。たとえば，はじめは1回だけのつもりで窃盗を行ったが，予想外にうまくいったため，それがきっかけとなって，繰り返し窃盗行為に及んだような場合である。このような場合であっても，先行する意思決定に基づいて連鎖的な意思決定が行われているのであるから，責任評価の一体性を根拠づける余地はあると思われる。

---

41) この点について，丸山雅夫「判批」平成26年度重判解（ジュリ1479号）（2015年）162頁を参照。

42) 西山卓爾「判批」研修800号（2015年）82頁以下を参照。

43) 辻川靖夫「判解」最判解刑事篇平成26年度92頁以下も，本件では「字義通りの意味で『意思の継続性がある』とはいえない」として，主観面を含めて「行為の一体性」を問題にしている。

44) たとえば山口405頁などを参照。

45) たとえば小林・前掲注1)5頁，佐伯・前掲注7)43頁，島田・前掲注32)148頁などを参照。そもそも連続的包括一罪の類型については，実行行為が数か月にわたって行われているのであるか

このように意思決定の1個性を厳格に要求しない立場からは，一連の行為について「継続的な意思連関」があればたりると解すべきである[46]。すなわち，本件における暴行の意思決定は断続的に行われており，現実の意思決定の継続性があるとはいいがたいが，一定の人間関係や共通の動機形成を背景として暴行の意思決定がなされている以上，これらの意思決定には，その基底において一定の共通性・連続性が認められる[47]。このような場合にも，意思の実質的一体性を肯定して包括一罪を認めることが可能であろう[48]。たとえば夫婦間のDVの事件において，飲酒酩酊すると配偶者に対する暴行に出る傾向のある行為者が，飲酒酩酊するたびに同様の暴行行為を反復するような場合も，人的関係や動機の共通性があることから，同様に解する余地があると思われる。

(2)　構成要件充足の基準

本決定でさらに問題となる点は，個別の暴行行為と傷害結果惹起との因果関係が具体的に特定されていない点である。この点は，単純一罪の事案であれば問題とならない。複数の暴行行為が一体として構成要件に該当する以上，個別の暴行と傷害結果の対応関係が明らかでなくても，全体としての暴行によって傷害結果が惹起されたと評価できれば，傷害罪の構成要件該当性が認められるからである。これに対して，包括一罪とは，それぞれ構成要件に該当する複数の犯罪行為が存在するところ，罪数判断のレベルにおいて，それを包括的に一罪として評価する場合として理解されている。このような理解を前提とした場合，傷害罪の包括一罪の成立を認めるためには，個別の暴行行為がそれぞれ傷害罪の成立要件を充たす必要があるようにも思われる[49]。

もっとも，最決平成17・3・29（刑集59巻2号54頁）は，被告人が，約1年半の間にわたり，隣家の被害者らに向けて，連日朝から深夜ないし翌未明まで，ラジオの音声や目覚まし時計のアラーム音を大音量で鳴らし続けるなどし

ら，実質的な意思決定は個別の行為ごとに行われていると考えざるを得ない。意思の1個性といっても，厳格なものではなく，「1個の意思決定に準じた関係」があればたりると解すべきであろう。この点について，山口405頁を参照。

46)　この点について，林・前掲注5)221頁を参照。

47)　この点について，辻川・前掲注43)94頁を参照。

48)　吉川崇「判批」警察学論集68巻3号（2015年）187頁は，「人間関係を背景とした動機の共通性」によって個別の犯意が包摂的に結びつけられる余地があるとする。亀井源太郎「連続的包括一罪について」研修813号（2016年）15頁も同旨。

て，同人に慢性頭痛症，睡眠障害，耳鳴り症の傷害を負わせた事件について，傷害罪の成立を認めており，被告人の一連の行為を全体として傷害罪の実行行為と評価したものと解される[50]。被告人の行為は約1年半にわたるのであるから，これも傷害罪の包括一罪の成立を認めたものと評価すべきであろう。そして，この場合にも，個別の行為と傷害結果の因果関係を証明することはおよそ不可能であり，包括一罪を構成する全体の行為と傷害結果との間に因果関係があればたりることが，当然の前提とされているのである（しかも，この場合の個別の行為は暴行行為でもない）。

そもそも包括一罪については，全体の行為が包括して処罰対象になるのであるから，個別の暴行行為と傷害結果との対応関係を具体的に明らかにする必要がないことは，いわば当然の帰結といえる。実体法の解釈論としても，このような帰結を正当化することは十分に可能であろう。1つの考え方は，連続的包括一罪を実質的には単純一罪と同視することによって，包括的に評価された一連の行為が全体として暴行の実行行為と評価され，これが傷害結果を惹起したとして，傷害罪の構成要件該当性を認める理解である。そもそも単純一罪と包括一罪の限界はきわめて相対的な問題であるから，両者を実質的に同視して，全体としての行為を構成要件評価の対象とする解釈も十分に成り立ちうると思われる。かりに，包括一罪は罪数レベルの問題であり，構成要件レベルの単純一罪と同視することはできないと解するとしても，本件における複数の暴行の一部または全部によって傷害結果が生じたことは明らかである以上，複数の暴行のうち，そのいくつかが傷害罪の構成要件に該当することは立証可能であり，また，その傷害罪の構成要件がそれ以外の暴行罪を吸収することによって，結局，全体の行為が傷害罪の包括一罪を構成するという説明もありうるだろう（やや迂遠な感もあるが）。いずれの説明であっても，包括一罪の関係にある複数の暴行によって傷害結果が発生した場合には，個別の暴行と傷害結果との因果関係は不要であり，全体としての暴行との間に因果関係があればたりる，という結論を正当化することができる。

49）　このような前提から，本決定において個別の暴行と傷害結果との対応関係が明らかにされていない点を批判するものとして，本田稔「判批」法セ720号（2015年）119頁を参照。これに対して山本雅昭「判批」セレクト2014［Ⅰ］（法教413号別冊付録）（2015年）31頁は，暴行と傷害結果の対応関係を特定できないことは問題にならない，とする。

50）　この点について，大野勝則「判解」最判解刑事篇平成17年度68頁を参照。

事項索引

あ　行

か　行

さ　行

た　行

な　行

は　行

ま　行

や　行

ら　行

判例索引

大審院・最高裁判所

高等裁判所

地方裁判所

○ **著者紹介**

橋爪　隆（はしづめ・たかし）

1970年　愛知県に生まれる
1993年　東京大学法学部卒業
現　在　東京大学大学院法学政治学研究科教授

〈主著〉

『正当防衛論の基礎』（有斐閣，2007年）
『ケースブック経済刑法〔第3版〕』（有斐閣，2010年）〔共著〕
『刑法総論〔第2版〕』（有斐閣，2012年）〔共著〕
『刑法各論〔第2版〕』（有斐閣，2013年）〔共著〕
『判例刑法総論〔第7版〕』『同各論〔第7版〕』（有斐閣，2018年）〔共著〕
『刑法事例演習教材〔第3版〕』（有斐閣，2020年）〔共著〕

刑法総論の悩みどころ
Key Points of Criminal Law : General Part

2020年 3月10日　初版第1刷発行
2024年 1月30日　初版第5刷発行

法学教室 LIBRARY

著　者　橋　爪　　隆
発行者　江　草　貞　治
発行所　株式会社　有　斐　閣

郵便番号 101-0051
東京都千代田区神田神保町 2-17
https://www.yuhikaku.co.jp/

印刷・株式会社暁印刷／製本・大口製本印刷株式会社

ISBN 978-4-641-13940-4